INTERNATIONAL CODE OF BOTANICAL NOMENCLATURE

1983

International Code of Botanical Nomenclature
Code International de la Nomenclature Botanique
Internationaler Code der Botanischen Nomenklatur

Regnum vegetabile, a series of publications for the use of plant taxonomists published under the auspices of the International Association for Plant Taxonomy, edited by Frans A. Stafleu.

Volume 111

International Code of Botanical Nomenclature

Adopted by the Thirteenth International Botanical
Congress, Sydney, August 1981

Prepared and edited by

E. G. Voss, Chairman,
H. M. Burdet, W. G. Chaloner, V. Demoulin, P. Hiepko, J. McNeill,
R. D. Meikle, D. H. Nicolson, R. C. Rollins, P. C. Silva, Members,
W. Greuter, Secretary of the Editorial Committee

1983
Bohn, Scheltema & Holkema, Utrecht/Antwerpen
Dr. W. Junk, Publishers, The Hague/Boston

ISBN 90 313 05572 3

D/1983/3407/47

Library of Congress Cataloging in Publication Data

QK96 R4 Vol. 111 581' 012s 83-12277

ISBN 90 313 05572 3 [581' 012]

CONTENTS

Contents

Contents

Contents

PREFACE

This 'Sydney Code' will for the most part look quite familiar to those who have used the 'Leningrad Code'. The same system for numbering paragraphs of Articles and Recommendations is employed (although certain paragraphs have necessarily been given new numbers, when new material was inserted ahead of them). A self-explanatory numbering scheme for examples is now introduced, making reference to these more simple. The Sydney Congress accepted or referred to the Editorial Committee slightly more proposals than did the Leningrad Congress – almost a hundred in all. Most of these, however, did very little to alter the substance of the Code, merely refining existing provisions.

Many botanists will consider the major alteration to be acceptance of conservation of names of species. This authorization was adopted cautiously, with severe warning that it is not to be abused, and with an explicit restriction to names of 'species of major economic importance' (Art. 14.2). No new machinery is established to handle proposals for names of species, which will be considered by the same committees as names at other ranks (including, it is now official, those proposed for rejection under an altered Art. 69). While two Articles (70 and 71) were deleted at Leningrad, only one was deleted at Sydney: Art. 74, dealing with different spellings employed by Linnaeus. The few cases of spellings desirable to retain despite this deletion can (and presumably will) be dealt with via conservation. Arts. 60 and 61 were remodelled – and could even have been easily combined into one, although both numbers were retained by the Editorial Committee because of the usual instructions to maintain numbering insofar as possible.

Art. 59 and related provisions were thoroughly remodelled and a change in the starting-point dates for fungi was adopted, but conferring a privileged nomenclatural status on certain post-Linnaean names. As is probably true for some other proposals as well, not all of the ramifications may yet have been foreseen, and paragraph 9 of the Preamble, endorsing 'established custom' when consequences of a rule are doubtful, may become particularly relevant. The Code includes many dates for the application of various rules (see Taxon 27: 561–562. 1978); at Sydney some of these were actually eliminated (e.g. in Art. 59 and Art. H.10). The provisions for hybrids (App. I) were rather thoroughly overhauled but without significant change except for adoption of the word 'nothotaxon' to refer to a taxon, at any rank, of hybrid origin (including nothogenera, notho-species, etc.). Another change, which will have little real effect on the vast majority of names, is the declaration that the types of names of genera (and higher categories) are actually the same as the types of names of species, i.e. usually specimens. No longer do we say that 'a species' is the type of a generic name, although the type may be referred to by the name of the species of which it is the type (Art. 10.1).

Autonyms have been a source of turmoil almost since they were introduced. Their status (or perhaps more accurately, utter lack of status) was not always understood by authors or editors. At Sydney the choice was whether autonyms are to be treated as not validly published or as validly published. The latter choice was made, with the additional proviso that an autonym has priority over the name(s) of the same date that automatically established it. Autonyms still do not bear author citations, and they themselves do not serve as basionyms – as the Editorial Committee has attempted to illustrate by means of notes and examples (cf. Art. 57.3). In fact, the Committee seized the opportunity to rearrange all the material dealing with autonyms in a more logical and straightforward way, which we hope will clarify the whole subject.

The procedures for producing this edition of the Code have followed the well established outline in use since the Stockholm Congress of 1950. Published proposals for amendment, with technical comments by the Rapporteurs and various relevant reports, were assembled in a Synopsis of Proposals (Taxon 30: 95–293. Feb. 1981). Results of the Preliminary Mail Ballot on these proposals, a strictly advisory but very helpful expression of opinion, were made available at registration for the Nomenclature Section of the XIII International Botanical Congress, in Sydney, Australia. The Section met August 17–21, 1981, just before the regular sessions of the Congress, and made the final decisions on all pro-posals, often with some modifications of text. These decisions were adopted by resolution of the closing plenary session of the Congress on August 28 and became official at that time. A list of them appeared promptly in Taxon (30: 904–911. Nov. 1981). The full Report of the Section, including the essence of the debates and comments made during the deliberations, was published soon afterwards (Englera 2. 124 pp. 1982).

It is the duty of the Editorial Committee, elected by the Section (and, by tradition, from among those present for the discussions), to incorporate the decisions into the Code and to make in it whatever strictly editorial changes are desirable for smooth, consistent, accurate, clear reading. The composition of the Editorial Committee usually changes slightly at each Congress. This time, the changes were perhaps more profound than usual, most notably in the absence of Frans Stafleu, who contributed so much to editing of the Code since 1950. Upon his decision, in 1979, that he could not attend the Sydney Congress, I reluctantly agreed to assume his duties as Rapporteur-général and hence as chairman of the

Editorial Committee. It was a source of enormous satisfaction that Werner Greuter was willing to take over my previous duties as vice-rapporteur for the Congress and as secretary of the Editorial Committee. His faithful and ambitious attention to every detail necessary for distribution of documents and his profound understanding of the Code contributed immensely to clarity and precision of debates in the Nomenclature Section as well as to this edition of the Code. He has my warmest thanks both for the superb way in which he has carried out his official duties and for his hospitality to the Editorial Committee. The five new members of this committee (Hervé Burdet, Wm. Chaloner, John McNeill, Dan Nicolson, and Paul Silva) have carried on its long tradition of friendly spirit and great industry.

After circulation of two drafts of the English text of the new Code, the Editorial Committee met at the Botanischer Garten & Botanisches Museum Berlin-Dahlem, March 1–6, 1982, on the generous invitation of its Director, our secretary. All members of the Committee were present for this essential opportunity to consider a myriad of editorial details. Besides informal discussions, the Committee met together for more than 46 hours – more time discussing the Code than the sessions in Sydney! Yet we would be the last to claim that the wording is perfect. That is a goal doubtless never to be reached. We have tried to avoid certain simple but essentially meaningless or incorrect phrases like 'legitimate epithet' or 'type of a taxon', although eliminating shortcuts such as these may result in a more elaborate – albeit more precise – wording. The Editorial Committee is aware of several instances of imprecise, conflicting, or otherwise unsatisfactory wording which still remain; but it does not believe that a resolution is always in its power as an editorial matter. Any effort to resolve certain points could be interpreted as extending the operation of the Code – or as restricting it, depending upon one's reading of the present text. Failure, therefore, to make a change at a point of ambiguity does not necessarily mean that we consider the present text to be satisfactory. Some matters must await the next Congress!

We have continued our effort, to which major attention was given in the Leningrad edition, to be consistent within the Code regarding bibliographic style and details, in a manner which is agreeable and non-confusable to all users. Many aids are now available which did not exist years ago. While none of them provides *all* the answers for achieving standardization in a document which deals with all groups of plants and an incredible diversity of literature, we have made heavy use of 'TL-2' (Taxonomic Literature, ed. 2); 'B-P-H' (Botanico-Periodicum-Huntianum); the Draft Index of Author Abbreviations compiled at The Herbarium, Royal Botanic Gardens, Kew; and the Catalogue des Périodiques de la Bibliothèque des Conservatoire et Jardin Botaniques de la Ville de Genève. Some users of the Code will note that bibliographic details of former editions are no longer always given in the Examples. Most persons who wish to use the Examples for pedagogical purposes or to study them in great detail will have access to 'ING' (Index Nominum Genericorum), and the existence of that new work has meant that references to place of publication of generic names could be omitted; similarly, when names at other ranks are adequately indexed, it is not necessary for the Code to repeat the references.

All members of the Editorial Committee participated in drawing up the official English text of the Code. The French and German texts are also considered official, but should there be any effective difference between the versions (due to inconsistencies in translation – not necessarily typographical errors), the English wording is arbitrarily regarded as correct. The French and German translations were prepared by Hervé Burdet, Vincent Demoulin, Werner Greuter, and Paul Hiepko, who finalized their work at a meeting in Berlin early in October of 1982. Changes in Art. 10 necessitated changes in the format of a number of entries in Appendix III, where a type must now be stated as a binomial (meaning, the type of that binomial) or (under certain conditions) as a specimen (or other element). Various members of the Editorial Committee assumed responsibility for updating App. II and III in this and other respects: Paul Silva (Algae), Vincent Demoulin (Fungi & Lichenes – now in a single list), John McNeill and Dan Nicolson (other groups). The English index entries were revamped by Desmond Meikle and myself.

Besides the members of the Editorial Committee, who maintained a gruelling schedule with exceptional good humor in order that the Code might be more promptly published, I am grateful to many other persons and agencies: Frans Stafleu was happily able to be in Berlin when the Editorial Committee met, and served as a wise consultant; many persons contributed editorial suggestions, including Peter Yeo in regard to Appendix I and other matters relating to hybrids, R. K. Brummitt in regard to autonyms, and Richard Korf on matters relating to fungi, including the lists of conserved names; the Organising Committee of the Congress (W. J. Cram, executive secretary), the University of Sydney, and Hansjörg Eichler saw to it that our facilities in Sydney were provided with every convenience for efficient and enjoyable sessions; the Berlin Herbarium made possible editorial meetings, publication of the Report of the Section, and the herculean work of the secretary of this Committee; the institutions with which many of the Committee members are affiliated supported their attendance at meetings; the National Science Foundation of the U.S. provided funds for my travel, necessary supplies and assistance, and bibliographical investigations.

The scores of botanists who serve on the nomenclature committees are at work the year 'round, especially between Congresses, dealing with proposals for conservation or, in the case of ad hoc committees, the special problems assigned to them by the Nomenclature Section. Botanical Nomenclature is remarkable for the large number of taxonomists who voluntarily work so effectively and for such long hours, to the immeasurable benefit of all their colleagues who must use plant names and on whose behalf this word of sincere thanks is expressed.

The International Code of Botanical Nomenclature is published under the ultimate authority of the International Botanical Congress. Provisions for modification of it are detailed in Division III of the Code and are described above. An account of the international organization of botanical nomenclature appears in McVaugh, Ross, and Stafleu, An Annotated Glossary of Botanical Nomenclature (Regnum Vegetabile 56: 28–30. 1969). The various special committees listed in Division III operate under the auspices of the International Association for Plant Taxonomy (IAPT), which is itself a section of the International Union of Biological Sciences (IUBS). The secretaries of these committees, along with additional ex officio and elected members, constitute the General Committee, which represents botanical nomenclature between Congresses and serves dually as the Commission on Nomenclature of Plants of IUBS.

The truly international and cooperative nature which characterizes the nomenclature committees, the broad democratic way in which the Code is subject to modification, and the common consent by which its provisions are accepted throughout the world, all make it a pleasure as well as a privilege for each of us to serve in these endeavours.

December 1982   Edward G. Voss

INTERNATIONAL CODE OF BOTANICAL NOMENCLATURE

PREAMBLE

1. Botany requires a precise and simple system of nomenclature used by botanists in all countries, dealing on the one hand with the terms which denote the ranks of taxonomic groups or units, and on the other hand with the scientific names which are applied to the individual taxonomic groups of plants. The purpose of giving a name to a taxonomic group is not to indicate its characters or history, but to supply a means of referring to it and to indicate its taxonomic rank. This Code aims at the provision of a stable method of naming taxonomic groups, avoiding and rejecting the use of names which may cause error or ambiguity or throw science into confusion. Next in importance is the avoidance of the useless creation of names. Other considerations, such as absolute grammatical correctness, regularity or euphony of names, more or less prevailing custom, regard for persons, etc., notwithstanding their undeniable importance, are relatively accessory.

2. The Principles form the basis of the system of botanical nomenclature.

3. The detailed Provisions are divided into Rules, set out in the Articles, and Recommendations. Examples (Ex.) are added to the rules and recommendations to illustrate them.

4. The object of the Rules is to put the nomenclature of the past into order and to provide for that of the future; names contrary to a rule cannot be maintained.

5. The Recommendations deal with subsidiary points, their object being to bring about greater uniformity and clearness, especially in future nomenclature; names contrary to a recommendation cannot, on that account, be rejected, but they are not examples to be followed.

6. The provisions regulating the modification of this Code form its last division.

7. The rules and recommendations apply to all organisms treated as plants (including fungi but excluding bacteria), whether fossil or non-fossil*. Nomen-

---

* In this Code, the term 'fossil' is applied to a taxon when its name is based on a fossil type and the term 'non-fossil' is applied to a taxon when its name is based on a non-fossil type (see Art. 13.3).

clature of bacteria is governed by the International Code of Nomenclature of Bacteria. Special provisions are needed for certain groups of plants: The International Code of Nomenclature for Cultivated Plants-1980 was adopted by the International Commission for the Nomenclature of Cultivated Plants; provisions for the names of hybrids appear in Appendix I.

8. The only proper reasons for changing a name are either a more profound knowledge of the facts resulting from adequate taxonomic study or the necessity of giving up a nomenclature that is contrary to the rules.

9. In the absence of a relevant rule or where the consequences of rules are doubtful, established custom is followed.

10. This edition of the Code supersedes all previous editions.

DIVISION I. PRINCIPLES

Principle I

Botanical nomenclature is independent of zoological nomenclature.
The Code applies equally to names of taxonomic groups treated as plants whether or not these groups were originally so treated*.

Principle II

The application of names of taxonomic groups is determined by means of nomenclatural types.

Principle III

The nomenclature of a taxonomic group is based upon priority of publication.

Principle IV

Each taxonomic group with a particular circumscription, position, and rank can bear only one correct name, the earliest that is in accordance with the Rules, except in specified cases.

Principle V

Scientific names of taxonomic groups are treated as Latin regardless of their derivation.

Principle VI

The Rules of nomenclature are retroactive unless expressly limited.

---

* For the purposes of this Code, 'plants' do not include bacteria.

DIVISION II. RULES AND RECOMMENDATIONS

CHAPTER I. RANKS OF TAXA,
AND THE TERMS DENOTING THEM

Article 1

1.1. Taxonomic groups of any rank will, in this Code, be referred to as *taxa* (singular: *taxon*).

Article 2

2.1. Every individual plant is treated as belonging to a number of taxa of consecutively subordinate ranks, among which the rank of species (*species*) is basal.

Article 3

3.1. The principal ranks of taxa in ascending sequence are: species (*species*), genus (*genus*), family (*familia*), order (*ordo*), class (*classis*), division (*divisio*), and kingdom (*regnum*). Thus, except for some fossil plants (see 3.2), each species is assignable to a genus, each genus to a family, etc.

3.2. Because of the fragmentary nature of the specimens on which the species of some fossil plants are based, the genera to which they are assigned are not assignable to a family, although they may be referable to a taxon of higher rank. Such genera are known as form-genera (*forma-genera*).

Ex. 1. Not form-genera: *Lepidocarpon* D. Scott (*Lepidocarpaceae*), *Mazocarpon* M. Benson (*Sigillariaceae*), *Siltaria* Traverse (*Fagaceae*).

Ex. 2. Form-genera: *Dadoxylon* Endl. (Coniferopsida), *Pecopteris* (Brongn.) Sternb. (Pteropsida), *Stigmaria* Brongn. (Lepidodendrales), *Spermatites* Miner (seed-bearing plants).

Note 1. For the terms denoting ranks of hybrid taxa, see Art. H.3.1.

Note 2. Art. 59 provides for form-taxa for asexual forms (anamorphs) of certain pleomorphic fungi, at any rank.

3.3. As in the case of certain pleomorphic fungi, the provisions of this Code do not prevent the publication and use of names of form-genera of fossils.

Article 4

4.1. If a greater number of ranks of taxa is required, the terms for these are made either by adding the prefix *sub-* to the terms denoting the ranks or by the introduction of supplementary terms. A plant may be assigned to taxa of the following subordinate ranks: *regnum, subregnum, divisio, subdivisio, classis, subclassis, ordo, subordo, familia, subfamilia, tribus, subtribus, genus, subgenus, sectio, subsectio, series, subseries, species, subspecies, varietas, subvarietas, forma, subforma.*

4.2. Further supplementary ranks may be intercalated or added, provided that confusion or error is not thereby introduced.

Note 1. For hybrids and certain variants of species in cultivation, see Appendix I and Art. 28.

Note 2. In classifying parasites, especially fungi, authors who do not give specific, subspecific or varietal value to taxa characterized from a physiological standpoint but scarcely or not at all from a morphological standpoint may distinguish within the species special forms (*formae speciales*) characterized by their adaptation to different hosts, but the nomenclature of special forms shall not be governed by the provisions of this Code.

Article 5

5.1. The relative order of the ranks specified in Arts. 3 and 4 must not be altered.

CHAPTER II. NAMES OF TAXA (GENERAL PROVISIONS)

SECTION 1. DEFINITIONS

Article 6

6.1. Effective publication is publication in accordance with Arts. 29-31.

6.2. Valid publication of names is publication in accordance with Arts. 32-45 or H.9 (see also Art. 75).

6.3. A legitimate name is one that is in accordance with the rules.

6.4. An illegitimate name is one that is designated as such in Arts. 18.3 or 63-67 (see also Art. 21 Note 1 and Art. 24 Note 1). A name which according to this Code was illegitimate when published cannot become legitimate later unless it is conserved.

6.5. The correct name of a taxon with a particular circumscription, position, and rank is the legitimate name which must be adopted for it under the rules (see Art. 11).

Ex. 1. The generic name *Vexillifera* Ducke (1922), based on the single species *V. micranthera*, is legitimate because it is in accordance with the rules. The same is true of the generic name *Dussia* Krug & Urban ex Taubert (1892), based on the single species *D. martinicensis*. Both generic names are correct when the genera are thought to be separate. Harms (Repert. Spec. Nov. Regni Veg. 19: 291. 1924), however, united *Vexillifera* Ducke and *Dussia* Krug & Urban ex Taubert in a single genus; when this treatment is accepted the latter name is the only correct one for the genus with this particular circumscription. The legitimate name *Vexillifera* may therefore be correct or incorrect according to different concepts of the taxa.

6.6. In this Code, unless otherwise indicated, the word 'name' means a name that has been validly published, whether it is legitimate or illegitimate (see Art. 12).

6.7. The name of a taxon below the rank of genus, consisting of the name of a genus combined with one or two epithets, is termed a combination (see Arts. 21, 23, and 24).

Ex. 2. Combinations: *Gentiana lutea, Gentiana tenella* var. *occidentalis, Equisetum palustre* var. *americanum, Equisetum palustre* f. *fluitans, Mouriri* subg. *Pericrene, Arytera* sect. *Mischarytera.*

6.8. Autonyms are such names as can be established automatically under Arts. 19.4, 22.2, and 26.2, whether they were formally created or not.

SECTION 2. TYPIFICATION*

Article 7

7.1. The application of names of taxa of the rank of family or below is determined by means of nomenclatural types (types of names of taxa). The application of names of taxa in the higher ranks is also determined by types when the names are ultimately based on generic names (see Art. 10.5).

7.2. A nomenclatural type (*typus*) is that element to which the name of a taxon is permanently attached, whether as a correct name or as a synonym. The nomenclatural type is not necessarily the most typical or representative element of a taxon.

7.3. A holotype is the one specimen or other element used by the author or designated by him as the nomenclatural type. As long as a holotype is extant, it automatically fixes the application of the name concerned.

7.4. If no holotype was indicated by the author who described a taxon, or when the holotype has been lost or destroyed, a lectotype or a neotype as a substitute for it may be designated. A lectotype always takes precedence over a neotype. An isotype, if such exists, must be chosen as the lectotype. If no isotype exists, the lectotype must be chosen from among the syntypes, if such exist. If neither an isotype nor a syntype nor any of the original material is extant, a neotype may be selected.

7.5. A lectotype is a specimen or other element selected from the original material to serve as a nomenclatural type when no holotype was indicated at the time of publication or as long as it is missing. When two or more specimens have been designated as types by the author of a specific or infraspecific name (e.g. male and female, flowering and fruiting, etc.), the lectotype must be chosen from among them.

7.6. An isotype is any duplicate (part of a single gathering made by a collector at one time) of the holotype; it is always a specimen.

7.7. A syntype is any one of two or more specimens cited by the author when no holotype was designated, or any one of two or more specimens simultaneously designated as types.

7.8. A neotype is a specimen or other element selected to serve as nomenclatural

---

* See also Guide for the determination of types (p. 79).

type as long as all of the material on which the name of the taxon was based is missing.

7.9. A new name published as an avowed substitute (*nomen novum*) for an older name is typified by the type of the older name (see Art. 33.2; but see Art. 33 Note 1).

Ex. 1. Myrcia lucida McVaugh (1969) was published as a nomen novum for *M. laevis* O. Berg (1862), an illegitimate homonym of *M. laevis* G. Don (1832). The type of *M. lucida* is therefore the type of *M. laevis* O. Berg (non G. Don), namely, Spruce 3502.

7.10. A new name formed from a previously published legitimate name (*stat. nov., comb. nov.*) is, in all circumstances, typified by the type of the basionym (see Art. 55.2).

Ex. 2. Iridaea splendens (Setch. & Gardner) Papenf., *I. cordata* var. *splendens* (Setch. & Gardner) Abbott, and *Gigartina cordata* var. *splendens* (Setch. & Gardner) Kim all have the same type as their basionym, *Iridophycus splendens* Setch. & Gardner, namely, Gardner 7781 (UC 539565).

7.11. A name which was nomenclaturally superfluous when published (see Art. 63) is automatically typified by the type of the name which ought to have been adopted under the rules, unless the author of the superfluous name has definitely indicated a different type.

7.12. The type of a name of a taxon assigned to a group with a nomenclatural starting-point later than 1753 (see Art. 13) is to be determined in accordance with the indication or description and other matter accompanying its valid publication (see Arts. 32-45).

7.13. When valid publication is by reference to a pre-starting-point description, the latter must be used for purposes of typification as though newly published.

7.14. A change of the listed type of a conserved generic name (see Art. 14 and App. III) can be effected only by a procedure similar to that adopted for the conservation of generic names.

Ex. 3. Bullock and Killick published in Taxon (6: 239. 1957) a proposal that the type of *Plectranthus* L'Hér. be changed from *P. punctatus* (L.f.) L'Hér. to *P. fruticosus* L'Hér. This proposal was approved by the appropriate Committees and by an International Botanical Congress.

7.15. The type of the name of a taxon of fossil plants of the rank of species or below is the specimen whose figure accompanies or is cited in the valid publication of the name (see Art. 38). If figures of more than one specimen were given or cited when the name was validly published, one of those specimens must be chosen as type.

7.16. The typification of names of form-genera of plant fossils (Art. 3.2), of fungal anamorphs (Art. 59), and of any other analogous genera or lower taxa does not differ from that indicated above.

Note 1. See also Art. 59 for details regarding typification of names in certain pleomorphic fungi.

7.17. Typification of names adopted in one of the works specified in Art. 13.1(d), and thereby sanctioned, is based on everything associated with the name in that work.

7.18. The type of an autonym is the same as that of the name from which it is derived.

Recommendation 7A

7A.1. It is strongly recommended that the material on which the name of a taxon is based, especially the holotype, be deposited in a permanent, responsible institution and that it be scrupulously conserved.

Article 8

8.1. The author who first designates a lectotype or a neotype must be followed, but his choice is superseded if the holotype or, in the case of a neotype, any of the original material is rediscovered; it may also be superseded if it can be shown that it is in serious conflict with the protologue* and another element is available which is not in conflict with the protologue, or that it was based on a largely mechanical method of selection, or that it is contrary to Art. 9.2.

Ex. 1. Authors following the American Code of Botanical Nomenclature, Canon 15 (Bull. Torrey Bot. Club 34: 172. 1907), designated as type 'the first binomial species in order' eligible under certain provisions. This method of selection is considered to be largely mechanical. Thus the lectotypification of *Elymus* L. by *E. arenarius* L. (Nash in Britton & Brown, Ill. Fl. N. U.S. ed. 2, 1: 288. 1913), the first species to be listed by Linnaeus, has been superseded by the choice of *E. sibiricus* L. by Hitchcock & Green (Nomencl. Prop. Brit. Botanists 121. 1929).

Article 9

9.1. The type (holotype, lectotype, or neotype) of a name of a species or infraspecific taxon is a single specimen or other element except in the following case: for small herbaceous plants and for most non-vascular plants, the type may consist of more than one individual, which ought to be conserved permanently on one herbarium sheet or in one equivalent preparation (e.g., box, packet, jar, microscope slide).

9.2. If it is later proved that such a type herbarium sheet or preparation contains parts belonging to more than one taxon, the name must remain attached to that part (lectotype) which corresponds most nearly with the original description.

Ex. 1. The holotype of the name *Rheedia kappleri* Eyma, which applies to a polygamous species, is a

---

* Protologue (from $\pi\rho\omega\tau\sigma\varsigma$, first; $\lambda o\gamma o\varsigma$, discourse): everything associated with a name at its valid publication, i.e., diagnosis, description, illustrations, references, synonymy, geographical data, citation of specimens, discussion, and comments.

male specimen collected by Kappler (593a in U). The author designated a hermaphroditic specimen collected by the Forestry Service of Surinam as a paratype* (B. W. 1618 in U).

Ex. 2. The type of the name *Tillandsia bryoides* Griseb. ex Baker (1878) is Lorentz 128 in BM; this, however, proved to be a mixture. L. B. Smith (Proc. Amer. Acad. Arts 70: 192. 1935) acted in accordance with this rule in designating one part of Lorentz's gathering as the lectotype.

9.3. If it is impossible to preserve a specimen as the type of a name of a species or infraspecific taxon of non-fossil plants, or if such a name is without a type specimen, the type may be a description or figure.

9.4. One whole specimen used in establishing a taxon of fossil plants is to be considered the nomenclatural type. If this specimen is cut into pieces (sections of fossil wood, pieces of coal-ball plants, etc.), all parts originally used in establishing the diagnosis ought to be clearly marked.

9.5. Type specimens of names of taxa must be preserved permanently and cannot be living plants or cultures.

Recommendation 9A

9A.1. Whenever practicable a living culture should be prepared from the holotype material of the name of a newly described taxon of fungi or algae and deposited in a reputable culture collection. (Such action does not obviate the requirement for a holotype specimen under Art. 9.5.).

Article 10

10.1. The type of a name of a genus or of any subdivision of a genus** is the type of a name of a species (except as provided by Art. 10.3). For purposes of designation or citation of a type, the species name alone suffices, i.e., it is considered as the full equivalent of its type.

10.2. If in the protologue of the name of a genus or of any subdivision of a genus reference to one or more species names is definitely included, the type must be chosen from among the types of these names. If no reference to a species name is definitely included, a type must be otherwise chosen. Such a typification is to be superseded if it can be demonstrated that the selected type is not conspecific with any of the material associated with the protologue.

10.3. By conservation, the type of the name of a genus can be a specimen used by the author in the preparation of the protologue, other than the type of a name of an included species.

10.4. The type of a name of a family or of any subdivision of a family *** is the same as that of the generic name on which it is based (see Art. 18.1). For purposes

---

* See Guide for the determination of types, T.4(c).
** Here and elsewhere in this Code the phrase 'subdivision of a genus' refers only to taxa between genus and species in rank.
*** Here and elsewhere in this Code the phrase 'subdivision of a family' refers only to taxa between family and genus in rank.

of designation or citation of a type, the generic name alone suffices. The type of a name of a family or subfamily not based on a generic name is the same as that of the corresponding alternative name (Arts. 18.5 and 19.7).

10.5. The principle of typification does not apply to names of taxa above the rank of family, except for names that are automatically typified by being based on generic names (see Art. 16). The type of such a name is the same as that of the generic name on which it is based.

Note 1. For the typification of some names of subdivisions of genera see Art. 22.

Recommendation 10A

10A.1. If the element selected under Art. 10.3 is the type of a species name, that name may be cited as the type of the generic name. If the element selected is not the type of a species name the type element should be cited and, optionally, a parenthetical reference to its correct name may be given.

SECTION 3. PRIORITY

Article 11

11.1. Each family or taxon of lower rank with a particular circumscription, position, and rank can bear only one correct name, special exceptions being made for 9 families and 1 subfamily for which alternative names are permitted (see Arts. 18.5 and 19.7). However, the use of separate names for the form-taxa of fungi and for form-genera of fossil plants is allowed under Arts. 3.3 and 59.5.

11.2. For any taxon from family to genus inclusive, the correct name is the earliest legitimate one with the same rank, except in cases of limitation of priority by conservation (see Art. 14) or where Arts. 13.1(d), 19.3, 58, or 59 apply.

11.3. For any taxon below the rank of genus, the correct name is the combination of the final epithet* of the earliest legitimate name of the taxon in the same rank, with the correct name of the genus or species to which it is assigned, except *(a)* in cases of limitation of priority under Arts. 13.1(d) and 14, or *(b)* if the resulting combination would be invalid under Art. 32.1(b) or illegitimate under Art. 64, or *(c)* if Arts. 22.1, 26.1, 58, or 59 rule that a different combination is to be used.

11.4. The principle of priority is not mandatory for names of taxa above the rank of family (but see Rec. 16B).

---

* Here and elsewhere in this Code, the phrase 'final epithet' refers to the last epithet in sequence in any particular combination, whether that of a subdivision of a genus or of a species or of an infraspecific taxon.

Article 12

12.1. A name of a taxon has no status under this Code unless it is validly published (see Arts. 32–45).

SECTION 4. LIMITATION OF THE PRINCIPLE OF PRIORITY

Article 13

13.1. Valid publication of names for plants of the different groups is treated as beginning at the following dates (for each group a work is mentioned which is treated as having been published on the date given for that group):

Non-fossil plants:
(a) SPERMATOPHYTA and PTERIDOPHYTA, 1 May 1753 (Linnaeus, Species Plantarum ed. 1).
(b) MUSCI (the Sphagnaceae excepted), 1 Jan. 1801 (Hedwig, Species Muscorum).
(c) SPHAGNACEAE and HEPATICAE, 1 May 1753 (Linnaeus, Species Plantarum ed. 1).
(d) FUNGI (including Myxomycetes and lichen-forming fungi), 1 May 1753 (Linnaeus, Species Plantarum ed. 1). Names in the Uredinales, Ustilaginales, and Gasteromycetes adopted by Persoon (Synopsis Methodica Fungorum, 31 Dec. 1801) and names of Fungi Caeteri (excluding Myxomycetes and lichen-forming fungi) adopted by Fries (Systema Mycologicum, vols. 1 (1 Jan. 1821) to 3, and Elenchus Fungorum, vols. 1–2), are sanctioned, i.e., are treated as if conserved against earlier homonyms and competing synonyms. For nomenclatural purposes names given to lichens shall be considered as applying to their fungal component.
(e) ALGAE, 1 May 1753 (Linnaeus, Species Plantarum ed. 1). Exceptions:
NOSTOCACEAE HOMOCYSTEAE, 1 Jan. 1892 (Gomont, Monographie des Oscillariées, Ann. Sci. Nat. Bot. ser. 7, 15: 263–368; 16: 91–264). The two parts of Gomont's 'Monographie', which appeared in 1892 and 1893 respectively, are treated as having been published simultaneously on 1 Jan. 1892.
NOSTOCACEAE HETEROCYSTEAE, 1 Jan. 1886 (Bornet & Flahault, Révision des Nostocacées hétérocystées, Ann. Sci. Nat. Bot. ser. 7, 3: 323–381; 4: 343–373; 5: 51–129; 7: 177–262). The four parts of the 'Révision', which appeared in 1886, 1886, 1887, and 1888 respectively, are treated as having been published simultaneously on 1 Jan. 1886.
DESMIDIACEAE, 1 Jan. 1848 (Ralfs, British Desmidieae).
OEDOGONIACEAE, 1 Jan. 1900 (Hirn, Monographie und Iconographie der Oedogoniaceen, Acta Soc. Sci. Fenn. 27(1)).

Fossil plants:

(f) ALL GROUPS, 31 Dec. 1820 (Sternberg, Flora der Vorwelt, Versuch 1: 1–24. t. 1–13). Schlotheim, Petrefactenkunde, 1820, is regarded as published before 31 Dec. 1820.

13.2. The group to which a name is assigned for the purposes of this Article is determined by the accepted taxonomic position of the type of the name.

Ex. 1. The genus *Porella* and its single species, *P. pinnata*, were referred by Linnaeus (1753) to the Musci; if the type specimen of *P. pinnata* is accepted as belonging to the Hepaticae, the names were validly published in 1753.

Ex. 2. The lectotype of *Lycopodium* L. (1753) is *L. clavatum* L. (1753) and the type specimen of this is currently accepted as a pteridophyte. Accordingly, although the genus is listed by Linnaeus among the Musci, the generic name and the names of the pteridophyte species included by Linnaeus under it were validly published in 1753.

13.3. For nomenclatural purposes, a name is treated as pertaining to a non-fossil taxon unless its type is fossil in origin. Fossil material is distinguished from non-fossil material by stratigraphic relations at the site of original occurrence. In cases of doubtful stratigraphic relations, provisions for non-fossil taxa apply.

13.4. Generic names which first appear in Linnaeus' Species Plantarum ed. 1 (1753) and ed. 2 (1762–63) are associated with the first subsequent description given under those names in Linnaeus' Genera Plantarum ed. 5 (1754) and ed. 6 (1764) (see Art. 41). The spelling of the generic names included in the Species Plantarum ed. 1 is not to be altered because a different spelling has been used in the Genera Plantarum ed. 5.

13.5. The two volumes of Linnaeus' Species Plantarum ed. 1 (1753), which appeared in May and August, 1753, respectively, are treated as having been published simultaneously on the former date (1 May 1753).

Ex. 3. The generic names *Thea* L. Sp. Pl. 515 (May 1753) and *Camellia* L. Sp. Pl. 698 (Aug. 1753), Gen. Pl. ed. 5. 311 (1754) are treated as having been published simultaneously in May 1753. Under Art. 57 the combined genus bears the name *Camellia*, since Sweet (Hort. Suburb. Lond. 157. 1818), who was the first to unite the two genera, chose that name, citing *Thea* as a synonym.

13.6. Names of anamorphs of fungi with a pleomorphic life cycle do not, irrespective of priority, affect the nomenclatural status of the names of the correlated holomorphs (see Art. 59.4).

Article 14

14.1. In order to avoid disadvantageous changes in the nomenclature of families, genera, and species entailed by the strict application of the rules, and especially of the principle of priority in starting from the dates given in Art. 13, this Code provides, in Appendices II and III, lists of names that are conserved (*nomina conservanda*) and must be retained as useful exceptions.

14.2. Conservation aims at retention of those names which best serve stability of nomenclature (see Rec. 50E). Conservation of specific names is restricted to species of major economic importance.

14.3. The application of both conserved and rejected names is determined by nomenclatural types.

14.4. A conserved name of a family or genus is conserved against all other names in the same rank based on the same type (nomenclatural synonyms, which are to be rejected) whether these are cited in the corresponding list of rejected names or not, and against those names based on different types (taxonomic synonyms) that are cited in that list*. A conserved name of a species is conserved against all names listed as rejected, and against all combinations based on the rejected names.

14.5. When a conserved name competes with one or more other names based on different types and against which it is not explicitly conserved, the earliest of the competing names is adopted in accordance with Art. 57.1, except for conserved family names (Appendix II), which are conserved against unlisted names.

Ex. 1. If the genus *Weihea* Sprengel (1825) is united with *Cassipourea* Aublet (1775), the combined genus will bear the prior name *Cassipourea*, although *Weihea* is conserved and *Cassipourea* is not.

Ex. 2. If *Mahonia* Nutt. (1818) is united with *Berberis* L. (1753), the combined genus will bear the prior name *Berberis*, although *Mahonia* is conserved.

Ex. 3. *Nasturtium* R. Br. (1812) was conserved only against the homonym *Nasturtium* Miller (1754) and the nomenclatural synonym *Cardaminum* Moench (1794); consequently if reunited with *Rorippa* Scop. (1760) it must bear the name *Rorippa*.

14.6. When a name of a taxon has been conserved against an earlier name based on a different type, the latter is to be restored, subject to Art. 11, if it is considered the name of a taxon at the same rank distinct from that of the nomen conservandum except when the earlier rejected name is a homonym of the conserved name.

Ex. 4. The generic name *Luzuriaga* Ruiz & Pavón (1802) is conserved against the earlier names *Enargea* Banks & Sol. ex Gaertner (1788) and *Callixene* Comm. ex A. L. Juss. (1789). If, however, *Enargea* Banks & Sol. ex Gaertner is considered to be a separate genus, the name *Enargea* is retained for it.

14.7. A rejected name, or a combination based on a rejected name, may not be restored for a taxon which includes the type of the corresponding conserved name.

Ex. 5. *Enallagma* Baillon (1888) is conserved against *Dendrosicus* Raf. (1838), but not against *Amphitecna* Miers (1868); if *Enallagma* and *Amphitecna* are united, the combined genus must bear the name *Amphitecna*, although the latter is not explicitly conserved against *Dendrosicus*.

* The International Code of Zoological Nomenclature and the International Code of Nomenclature of Bacteria use the terms 'objective synonym' and 'subjective synonym' for nomenclatural and taxonomic synonym, respectively.

14.8. A name may be conserved with a different type from that designated by the author or determined by application of the Code (see Art. 10.3). A name with a type so conserved (*typ. cons.*) is legitimate even if it would otherwise be illegitimate under Art. 63. When a name is conserved with a type different from that of the original author, the author of the name as conserved, with the new type, must be cited.

Ex. 6. *Bulbostylis* Kunth (1837), nom. cons. (non *Bulbostylis* Steven 1817). This is not to be cited as *Bulbostylis* Steven emend. Kunth, since the type listed was not included in *Bulbostylis* by Steven in 1817.

14.9. A conserved name, and the corresponding autonyms, are conserved against all earlier homonyms.

Ex. 7. The generic name *Smithia* Aiton (1789), conserved against *Damapana* Adanson (1763), is thereby conserved automatically against the earlier homonym *Smithia* Scop. (1777).

14.10. A name can be conserved in order to preserve a particular orthography. A name so conserved is to be attributed without change of priority to the author who validly published it, not to the author whose spelling is conserved.

Ex. 8. The spelling *Rhodymenia*, used by Montagne (1839), has been conserved against the original spelling *Rhodomenia*, used by Greville (1830). The name is to be cited as *Rhodymenia* Grev. (1830).

14.11. The lists of conserved names will remain permanently open for additions and changes. Entries of conserved names cannot be deleted. Any proposal of an additional name must be accompanied by a detailed statement of the cases both for and against its conservation. Such proposals must be submitted to the General Committee (see Division III), which will refer them for examination to the committees for the various taxonomic groups.

Article 15

15.1. When a proposal for the conservation (or rejection under Art. 69) of a name has been approved by the General Committee after study by the Committee for the taxonomic group concerned, retention (or rejection) of that name is authorized subject to the decision of a later International Botanical Congress.

Recommendation 15A

15A.1. When a proposal for the conservation or rejection of a name has been referred to the appropriate Committee for study, authors should follow existing usage as far as possible pending the General Committee's recommendation on the proposal.

CHAPTER III. NOMENCLATURE OF TAXA ACCORDING TO THEIR RANK

SECTION 1. NAMES OF TAXA ABOVE THE RANK OF FAMILY

Article 16

16.1. Names of taxa above the rank of family are automatically typified if they are based on generic names (see Art. 10.5); for such automatically typified names, the name of a subdivision which includes the type of the adopted name of a division, the name of a subclass which includes the type of the adopted name of a class, and the name of a suborder which includes the type of the adopted name of an order, are to be based on the generic name equivalent to that type, but without the citation of an author's name.

16.2. Where one of the stems *-monado-*, *-cocco-*, *-nemato-*, or *-clado-* as the second part of a generic name has been omitted before the termination *-phyceae* or *-phyta*, the shortened class or division name is regarded as based on the generic name in question if such derivation is obvious or is indicated at establishment of the group name.

Ex. 1. *Raphidophyceae* Chadefaud ex P. C. Silva (1980) was indicated by its author to be based on *Raphidomonas* F. Stein (1878).

Note 1. The principle of priority is not mandatory for names of taxa above the rank of family (Art. 11.4).

Recommendation 16A

16A.1. The name of a division is taken either from distinctive characters of the division (descriptive names) or from a name of an included genus; it should end in *-phyta*, except when it is a division of fungi, in which case it should end in *-mycota*.

16A.2. The name of a subdivision is formed in a similar manner; it is distinguished from a divisional name by an appropriate prefix or suffix or by the termination *-phytina*, except when it is a subdivision of fungi, in which case it should end in *-mycotina*.

16A.3. The name of a class or of a subclass is formed in a similar manner and should end as follows:
(a) In the Algae: *-phyceae* (class) and *-phycidae* (subclass);
(b) In the Fungi: *-mycetes* (class) and *-mycetidae* (subclass);
(c) In the Cormophyta: *-opsida* (class) and *-idae* (subclass).

16A.4. When a name has been published with a termination not agreeing with this recommendation, the termination may be changed to accord with it, without change of author's name or date of publication.

16B.1. In choosing among typified names for a taxon above the rank of family, authors should generally follow the principle of priority.

Article 17

17.1. The name of an order or suborder is taken either from distinctive characters of the taxon (descriptive name) or from a legitimate name of an included family based on a generic name (automatically typified name). An ordinal name of the second category is formed by adding the termination *-ales* to the stem of the name of the genus. A subordinal name of the second category is similarly formed, with the termination *-ineae*.

Ex. 1. Descriptive names of orders: *Centrospermae, Parietales, Farinosae;* of a suborder: *Enantio-blastae.*

Ex. 2. Automatically typified names: *Fucales, Polygonales, Ustilaginales; Bromeliineae, Malvineae.*

17.2. Names intended as names of orders, but published with their rank denoted by a term such as 'cohors', 'nixus', 'alliance', or 'Reihe' instead of 'order', are treated as having been published as names of orders.

17.3. When the name of an order or suborder based on a name of a genus has been published with an improper termination, this termination must be changed to accord with the rule, without change of the author's name or date of publication.

17A.1. Authors should not publish new names of orders for taxa of that rank which include a family from whose name an existing ordinal name is derived.

SECTION 2. NAMES OF FAMILIES AND SUBFAMILIES, TRIBES AND SUBTRIBES

Article 18

18.1. The name of a family is a plural adjective used as a substantive; it is formed by adding the termination *-aceae* to the stem of a legitimate name of an included genus (see also Art. 10). (For the treatment of final vowels of stems in composition, see Rec. 73G.)

Ex. 1. Rosaceae (from *Rosa*), *Salicaceae* (from *Salix*), *Plumbaginaceae* (from *Plumbago*).

18.2. Names intended as names of families, but published with their rank denoted by one of the terms 'order' (*ordo*) or 'natural order' (*ordo naturalis*) instead of 'family', are treated as having been published as names of families.

18.3. A name of a family based on the stem of an illegitimate generic name is illegitimate unless conserved. Contrary to Art. 32.1(b) such a name is validly published if it complies with the other requirements for valid publication.

Ex. 2. Caryophyllaceae, nom. cons. (from *Caryophyllus* Miller non L.); *Winteraceae*, nom. cons. (from *Wintera* Murray, an illegitimate synonym of *Drimys* Forster & Forster f.).

18.4. When a name of a family has been published with an improper Latin termination, the termination must be changed to conform with the rule, without change of the author's name or date of publication (see Art. 32.5).

Ex. 3. 'Coscinodisceae' Kütz. is to be accepted as *Coscinodiscaceae* Kütz. and not attributed to De Toni, who first used the correct spelling (Notarisia 5: 915. 1890).

Ex. 4. 'Atherospermeae' R. Br. is to be accepted as *Atherospermataceae* R. Br. and not attributed to Airy Shaw (in Willis, Dict. Fl. Pl. ed. 7. 104. 1966), who first used the correct spelling, or to Lindley, who used the spelling *'Atherospermaceae'* (Veg. Kingd. 300. 1846).

Ex. 5. However, Tricholomées Roze (Bull. Soc. Bot. France 23: 49. 1876) is not to be accepted as *Tricholomataceae* Roze, because it has a French rather than a Latin termination.

18.5. The following names, sanctioned by long usage, are treated as validly published: *Palmae* (*Arecaceae*; type, *Areca* L.); *Gramineae* (*Poaceae*; type, *Poa* L.); *Cruciferae* (*Brassicaceae*; type, *Brassica* L.); *Leguminosae* (*Fabaceae*; type, *Faba* Miller (= *Vicia* L. p.p.)); *Guttiferae* (*Clusiaceae*; type, *Clusia* L.); *Umbelliferae* (*Apiaceae*; type, *Apium* L.); *Labiatae* (*Lamiaceae*; type, *Lamium* L.); *Compositae* (*Asteraceae*; type, *Aster* L.). When the *Papilionaceae* (*Fabaceae*; type, *Faba* Miller) are regarded as a family distinct from the remainder of the *Leguminosae*, the name *Papilionaceae* is conserved against *Leguminosae* (see Art. 51.2).

18.6. The use, as alternatives, of the names indicated in parentheses in Art. 18.5 is authorized.

Article 19

19.1. The name of a subfamily is a plural adjective used as a substantive; it is formed by adding the termination *-oideae* to the stem of a legitimate name of an included genus.

19.2. A tribe is designated in a similar manner, with the termination *-eae*, and a subtribe similarly with the termination *-inae*.

19.3. The name of any subdivision of a family that includes the type of the adopted, legitimate name of the family to which it is assigned is to be based on the generic name equivalent to that type, but not followed by an author's name (see Art. 46). Such names are termed autonyms (Art. 6.8; see also Art. 7.18).

Ex. 1. The type of the family name *Rosaceae* A. L. Juss. is *Rosa* L. and hence the subfamily and tribe which include *Rosa* are to be called *Rosoideae* and *Roseae*.

Ex. 2. The type of the family name *Poaceae* Barnhart (nom. alt., *Gramineae* A. L. Juss. – see Art.

18.5) is *Poa* L. and hence the subfamily and tribe which include *Poa* are to be called *Pooideae* and *Poëae*.

Note 1. This provision applies only to the names of those subordinate taxa that include the type of the adopted name of the family (but see Rec. 19A).

Ex. 3. The subfamily including the type of the family name *Ericaceae* A. L. Juss. (*Erica* L.) is called *Ericoideae*, and the tribe including this type is called *Ericeae*. However, the correct name of the tribe including both *Rhododendron* L., the type of the subfamily name *Rhododendroideae* Endl., and *Rhodora* L. is *Rhodoreae* G. Don (the oldest legitimate name), and not *Rhododendreae*.

Ex. 4. The subfamily of the family *Asteraceae* Dumort. (nom. alt., *Compositae* Giseke) including *Aster* L., the type of the family name, is called *Asteroideae*, and the tribe and subtribe including *Aster* are called *Astereae* and *Asterinae*, respectively. However, the correct name of the tribe including both *Cichorium* L., the type of the subfamily name *Cichorioideae* Kitamura, and *Lactuca* L. is *Lactuceae* Cass., not *Cichorieae*, while that of the subtribe including both *Cichorium* and *Hyoseris* L. is *Hyoseridinae* Less., not *Cichoriinae* (unless the *Cichoriaceae* A. L. Juss. are accepted as a family distinct from *Compositae*).

19.4. The first valid publication of a name of a subdivision of a family that does not include the type of the adopted, legitimate name of the family automatically establishes the corresponding autonym (see also Arts. 32.6 and 57.3).

19.5. The name of a subdivision of a family may not be based on the same stem of a generic name as is the name of the family or of any subdivision of the same family unless it has the same type as that name.

19.6. When a name of a taxon assigned to one of the above categories has been published with an improper Latin termination, such as *-eae* for a subfamily or *-oideae* for a tribe, the termination must be changed to accord with the rule, without change of the author's name or date of publication (see Art. 32.5).

Ex. 5. The subfamily name *'Climacieae'* Grout (Moss Fl. N. Amer. 3: 4. 1928) is to be changed to *Climacioideae* with rank and author's name unchanged.

19.7. When the *Papilionaceae* are included in the family *Leguminosae* (nom.alt., *Fabaceae*; see Art. 18.5) as a subfamily, the name *Papilionoideae* may be used as an alternative to *Faboideae*.

Recommendation 19A

19A.1. If a legitimate name is not available for a subdivision of a family which includes the type of the correct name of another taxon of higher or lower rank (e.g., subfamily, tribe, or subtribe), but not of the family to which it is assigned, the new name of that taxon should be based on the same generic name as the name of the higher or lower taxon.

Ex. 1. Three tribes of the family *Ericaceae*, none of which includes the type of that family name (*Erica* L.), are *Pyroleae* D. Don, *Monotropeae* D. Don, and *Vaccinieae* D. Don. The names of the later-described subfamilies *Pyroloideae* (D. Don) A. Gray, *Monotropoideae* (D. Don) A. Gray, and *Vaccinioideae* (D. Don) Endl. are based on the same generic names.

SECTION 3. NAMES OF GENERA AND SUBDIVISIONS OF GENERA

Article 20

20.1. The name of a genus is a substantive in the singular number, or a word treated as such. It may be taken from any source whatever, and may even be composed in an absolutely arbitrary manner.

Ex. 1. *Rosa, Convolvulus, Hedysarum, Bartramia, Liquidambar, Gloriosa, Impatiens, Rhododendron, Manihot, Ifloga* (an anagram of *Filago*).

20.2. The name of a genus may not coincide with a technical term currently used in morphology unless it was published before 1 Jan. 1912 and accompanied by a specific name published in accordance with the binary system of Linnaeus.

Ex. 2. The generic name *Radicula* Hill (1756) coincides with the technical term 'radicula' (radicle) and was not accompanied by a specific name in accordance with the binary system of Linnaeus. The name is correctly attributed to Moench (1794), who first combined it with specific epithets, but at that time he included in the genus the type of the generic name *Rorippa* Scop. (1760). *Radicula* Moench is therefore rejected in favour of *Rorippa*.

Ex. 3. *Tuber* Wigg.: Fr., when published in 1780, was accompanied by a binary specific name (*Tuber gulosorum* Wigg.) and is therefore validly published.

Ex. 4. The generic names *Lanceolatus* Plumstead (1952) and *Lobata* V. J. Chapman (1952) coincide with technical terms and are therefore not validly published.

Ex. 5. Names such as *Radix, Caulis, Folium, Spina*, etc., cannot now be validly published as generic names.

20.3. The name of a genus may not consist of two words, unless these words are joined by a hyphen.

Ex. 6. The generic name *Uva ursi* Miller (1754) as originally published consisted of two separate words unconnected by a hyphen, and is therefore rejected; the name is correctly attributed to Duhamel (1755) as *Uva-ursi* (hyphened when published).

Ex. 7. However, names such as *Quisqualis* (formed by combining two words into one when originally published), *Sebastiano-schaueria*, and *Neves-armondia* (both hyphened when originally published) are validly published.

Note 1. The names of intergeneric hybrids are formed according to the provisions of Appendix I, Art. H.6.

20.4. The following are not to be regarded as generic names:

(a) Words not intended as names.

Ex. 8. *Anonymos* Walter (Fl. Carol. 2, 4, 9, etc. 1788) is rejected as being a word applied to 28 different genera by Walter to indicate that they were without names.

Ex. 9. *Schaenoides* and *Scirpoides*, as used by Rottbøll (Descr. Pl. Rar. Progr. 14, 27. 1772) to indicate unnamed genera resembling *Schoenus* and *Scirpus* which he stated (on page 7) he intended to name later, are token words and not generic names. *Kyllinga* Rottb. and *Fuirena* Rottb. (1773) are the first legitimate names of these genera.

(b) Unitary designations of species.

Ex. 10. Ehrhart (Phytophylacium 1780, and Beitr. 4: 145–150. 1789) proposed unitary names for various species known at that time under binary names, e.g. *Phaeocephalum* for *Schoenus fuscus*, and *Leptostachys* for *Carex leptostachys*. These names, which resemble generic names, should not be confused with them and are to be rejected, unless they have been published as generic names by a subsequent author; for example, the name *Baeothryon*, employed as a unitary name of a species by Ehrhart, was subsequently published as a generic name by A. Dietrich.

Ex. 11. Necker in his Elementa Botanica, 1790, proposed unitary designations for his 'species naturales'. These names, which resemble generic names, are not to be treated as such, unless they have been published as generic names by a subsequent author; for example *Anthopogon*, employed by Necker for one of his 'species naturales', was published as a generic name by Rafinesque: *Anthopogon* Raf. non Nutt.

Recommendation 20A

20A.1. Authors forming generic names should comply with the following suggestions:
(a) To use Latin terminations insofar as possible.
(b) To avoid names not readily adaptable to the Latin language.
(c) Not to make names which are very long or difficult to pronounce in Latin.
(d) Not to make names by combining words from different languages.
(e) To indicate, if possible, by the formation or ending of the name the affinities or analogies of the genus.
(f) To avoid adjectives used as nouns.
(g) Not to use a name similar to or derived from the epithet of one of the species of the genus.
(h) Not to dedicate genera to persons quite unconnected with botany or at least with natural science.
(i) To give a feminine form to all personal generic names, whether they commemorate a man or a woman (see Rec. 73B).
(j) Not to form generic names by combining parts of two existing generic names, e.g. *Hordelymus* from *Hordeum* and *Elymus*, because such names are likely to be confused with nothogeneric names (see Art. H.6).

Article 21

21.1. The name of a subdivision of a genus is a combination of a generic name and a subdivisional epithet connected by a term (subgenus, sectio, series, etc.) denoting its rank.

21.2. The epithet is either of the same form as a generic name, or a plural adjective agreeing in gender with the generic name and written with a capital initial letter (see Art. 32.5).

21.3. The epithet of a subgenus or section is not to be formed from the name of the genus to which it belongs by adding the prefix *Eu-*.

Ex. 1. Costus subg. *Metacostus; Ricinocarpos* sect. *Anomodiscus; Sapium* subsect. *Patentinervia; Valeriana* sect. *Valerianopsis; Euphorbia* sect. *Tithymalus; Euphorbia* subsect. *Tenellae; Arenaria* ser. *Anomalae;* but not *Carex* sect. *Eucarex.*

Note 1. The use within the same genus of the same epithet in names of subdivisions of the genus, even in different ranks, based on different types is illegitimate under Art. 64.

Note 2. The names of hybrids with the rank of a subdivision of a genus are formed according to the provisions of Appendix I, Art. H.7.

21A.1. When it is desired to indicate the name of a subdivision of the genus to which a particular species belongs in connection with the generic name and specific epithet, its epithet should be placed in parentheses between the two; when desirable, its rank may also be indicated.

Ex. 1. Astragalus (Cycloglottis) contortuplicatus; Astragalus (Phaca) umbellatus; Loranthus (sect. *Ischnanthus) gabonensis.*

21B.1. The epithet of a subgenus or section is preferably a substantive, that of a subsection or lower subdivision of a genus preferably a plural adjective.

21B.2. Authors, when proposing new epithets for subdivisions of genera, should avoid those in the form of a substantive when other co-ordinate subdivisions of the same genus have them in the form of a plural adjective, and vice-versa. They should also avoid, when proposing an epithet for a subdivision of a genus, one already used for a subdivision of a closely related genus, or one which is identical with the name of such a genus.

Article 22

22.1. The name of any subdivision of a genus that includes the type of the adopted, legitimate name of the genus to which it is assigned is to repeat that generic name unaltered as its epithet, but not followed by an author's name (see Art. 46). Such names are termed autonyms (Art. 6.8; see also Art. 7.18).

Note 1. This provision applies only to the names of those subordinate taxa that include the type of the adopted name of the genus (but see Rec. 22A).

22.2. The first valid publication of a name of a subdivision of a genus that does not include the type of the adopted, legitimate name of the genus automatically establishes the corresponding autonym (see also Arts. 32.6 and 57.3).

Ex. 1. The subgenus of *Malpighia* L. which includes the lectotype of the generic name (*M. glabra* L.) is called *Malpighia* subg. *Malpighia,* and not *Malpighia* subg. *Homoiostylis* Niedenzu.

Ex. 2. The section of *Malpighia* L. including the lectotype of the generic name is called *Malpighia* sect. *Malpighia,* and not *Malpighia* sect. *Apyrae* DC.

Ex. 3. However, the correct name of the section of the genus *Rhododendron* L. which includes *Rhododendron luteum* Sweet, the type of *Rhododendron* subg. *Anthodendron* (Reichenb.) Rehder, is *Rhododendron* sect. *Pentanthera* G. Don, the oldest legitimate name for that section, and not *Rhododendron* sect. *Anthodendron.*

22.3. The epithet in the name of a subdivision of a genus may not repeat unchanged the correct name of the genus, except when the two names have the same type.

22.4. When the epithet of a subdivision of a genus is identical with or derived from the epithet of one of its constituent species, the type of the name of the subdivision of the genus is the same as that of the species name, unless the original author of the subdivisional name designated another type.

Ex. 4. The type of *Euphorbia* subg. *Esula* Pers. is *E. esula* L.; the designation of *E. peplus* L. as lectotype by Croizat (Revista Sudamer. Bot. 6: 13. 1939) is rejected.

Ex. 5. The type of *Lobelia* sect. *Eutupa* Wimmer is *L. tupa* L.

22.5. When the epithet of a subdivision of a genus is identical with or derived from the epithet of a specific name that is a later homonym, it is the type of that later homonym, whose correct name necessarily has a different epithet, that is the nomenclatural type.

Recommendation 22A

22A.1. A section including the type of the correct name of a subgenus, but not including the type of the correct name of the genus, should, where there is no obstacle under the rules, be given a name with the same epithet and type as the subgeneric name.

22A.2. A subgenus not including the type of the correct name of the genus should, where there is no obstacle under the rules, be given a name with the same epithet and type as a name of one of its subordinate sections.

Ex. 1. Instead of using a new name at the subgeneric level, Brizicky raised *Rhamnus* sect. *Pseudofrangula* Grubov to the rank of subgenus as *Rhamnus* subg. *Pseudofrangula* (Grubov) Briz. The type of both names is the same, *R. alnifolia* L'Hér.

SECTION 4. NAMES OF SPECIES

Article 23

23.1. The name of a species is a binary combination consisting of the name of the genus followed by a single specific epithet. If an epithet consists of two or more words, these are to be united or hyphened. An epithet not so joined when originally published is not to be rejected but, when used, is to be united or hyphened (see Art. 73.9).

23.2. The epithet in the name of a species may be taken from any source whatever, and may even be composed arbitrarily.

Ex. 1. *Cornus sanguinea, Dianthus monspessulanus, Papaver rhoeas, Uromyces fabae, Fumaria gussonei, Geranium robertianum, Embelia sarasiniorum, Atropa bella-donna, Impatiens noli-tangere, Adiantum capillus-veneris, Spondias mombin* (an indeclinable epithet).

23.3. Symbols forming part of specific epithets proposed by Linnaeus must be transcribed.

Ex. 2. *Scandix pecten* ♀ L. is to be transcribed as *Scandix pecten-veneris; Veronica anagallis* ∇ L. is to be transcribed as *Veronica anagallis-aquatica.*

23.4. The specific epithet may not exactly repeat the generic name with or without the addition of a transcribed symbol (tautonym).

Ex. 3. *Linaria linaria, Nasturtium nasturtium-aquaticum.*

23.5. The specific epithet, when adjectival in form and not used as a substantive, agrees grammatically with the generic name (see Art. 32.5).

Ex. 4. Helleborus niger, Brassica nigra, Verbascum nigrum; Vinca major, Tropaeolum majus; Rubus amnicola, the specific epithet being a Latin substantive; *Peridermium balsameum* Peck, but also *Gloeosporium balsameae* J. J. Davis, both derived from the epithet of *Abies balsamea,* the specific epithet of which is treated as a substantive in the second example.

23.6. The following are not to be regarded as specific epithets:
(a) Words not intended as epithets.

Ex. 5. Viola 'qualis' Krocker (Fl. Siles. 2: 512, 517. 1790); *Urtica 'dubia?'* Forsskål (Fl. Aegypt. -Arab. cxxi. 1775), the word 'dubia?' being repeatedly used in that work for species which could not be reliably identified.

Ex. 6. Atriplex 'nova' Winterl (Index Horti Bot. Univ. Pest. fol. A. 8, recto et verso. 1788), the word 'nova' being here used in connection with four different species of *Atriplex.*

Ex. 7. However, in *Artemisia nova* A. Nelson (Bull. Torrey Bot. Club 27: 274. 1900), *nova* was intended as a specific epithet, the species having been newly distinguished from others.

(b) Ordinal adjectives used for enumeration.

Ex. 8. Boletus vicesimus sextus, Agaricus octogesimus nonus.

(c) Epithets published in works in which the Linnaean system of binary nomenclature for species is not consistently employed. Linnaeus is regarded as having used binary nomenclature for species consistently from 1753 onwards, although there are exceptions, e.g. *Apocynum fol. androsaemi* L. (Sp. Pl. 213. 1753 ≡ *Apocynum androsaemifolium* L. Sp. Pl. ed. 2. 311. 1762).

Ex. 9. The name *Abutilon album* Hill (Brit. Herb. 49. 1756) is a descriptive phrase reduced to two words, not a binary name in accordance with the Linnaean system, and is to be rejected: Hill's other species was *Abutilon flore flavo.*

Ex. 10. Secretan (Mycographie Suisse. 1833) introduced a large number of new specific names, more than half of them not binomials, e.g. *Agaricus albus corticis, Boletus testaceus scaber, Boletus aereus carne lutea.* He is therefore considered not to have consistently used the Linnaean system of binary nomenclature and none of the specific names, even those with a single epithet, in this work are validly published.

Ex. 11. Other works in which the Linnaean system of binary nomenclature is not consistently employed: Gilibert (Fl. Lit. Inch. 1781; Exerc. Phyt. 1792), Miller (Gard. Dict. Abr. ed. 4. 1754), W. Kramer (Elench. Veg. 1756).

(d) Formulae designating hybrids (see Art. H.10.3).

Recommendation 23A

23A.1. Names of men and women and also of countries and localities used as specific epithets should be in the form of substantives in the genitive (*clusii, porsildiorum, saharae*) or of adjectives (*clusianus, dahuricus*) (see also Art. 73, Recs. 73C and D).

23A.2. The use of the genitive and the adjectival form of the same word to designate two different species of the same genus should be avoided (e.g. *Lysimachia hemsleyana* Oliver and *L. hemsleyi* Franchet).

Recommendation 23B

23B.1. In forming specific epithets, authors should comply also with the following suggestions:
(a) To use Latin terminations insofar as possible.
(b) To avoid epithets which are very long and difficult to pronounce in Latin.
(c) Not to make epithets by combining words from different languages.
(d) To avoid those formed of two or more hyphened words.
(e) To avoid those which have the same meaning as the generic name (pleonasm)
(f) To avoid those which express a character common to all or nearly all the species of a genus.
(g) To avoid in the same genus those which are very much alike, especially those which differ only in their last letters or in the arrangement of two letters.
(h) To avoid those which have been used before in any closely allied genus.
(i) Not to adopt unpublished names found in correspondence, travellers' notes, herbarium labels, or similar sources, attributing them to their authors, unless these authors have approved publication.
(j) To avoid using the names of little-known or very restricted localities, unless the species is quite local.

SECTION 5. NAMES OF TAXA BELOW THE RANK OF SPECIES
(INFRASPECIFIC TAXA)

Article 24

24.1. The name of an infraspecific taxon is a combination of the name of a species and an infraspecific epithet connected by a term denoting its rank.

Ex. 1. Saxifraga aizoon subforma *surculosa* Engler & Irmscher. This can also be cited as *Saxifraga aizoon* var. *aizoon* subvar. *brevifolia* forma *multicaulis* subforma *surculosa* Engler & Irmscher; in this way a full classification of the subforma within the species is given.

24.2. Infraspecific epithets are formed as those of species and, when adjectival in form and not used as substantives, they agree grammatically with the generic name (see Art. 32.5).

Ex. 2. Trifolium stellatum forma *nanum* (not *nana*).

24.3. Infraspecific epithets such as *typicus, originalis, originarius, genuinus, verus,* and *veridicus,* purporting to indicate the taxon containing the nomenclatural type of the next higher taxon, are inadmissible and cannot be validly published except where they repeat the specific epithet because Art. 26 requires their use.

24.4. The use of a binary combination instead of an infraspecific epithet is not admissible. Contrary to Art. 32.1(b), names so constructed are validly published but are to be altered to the proper form without change of the author's name or date of publication.

Ex. 3. '*Salvia grandiflora* subsp. *S. willeana*' Holmboe is to be cited as *Salvia grandiflora* subsp. *willeana* Holmboe.

Ex. 4. '*Phyllerpa prolifera* var. *Ph. firma*' Kütz. is to be altered to *Phyllerpa prolifera* var. *firma* Kütz.

24.5. Infraspecific taxa within different species may bear the same epithets; those within one species may bear the same epithets as other species (but see Rec. 24B).

Ex. 5. *Rosa jundzillii* var. *leioclada* and *Rosa glutinosa* var. *leioclada; Viola tricolor* var. *hirta* in spite of the previous existence of a different species named *Viola hirta*.

Note 1. The use within the same species of the same epithet for infraspecific taxa, even if they are of different rank, based on different types is illegitimate under Art. 64.3.

Recommendation 24A
24A.1. Recommendations made for specific epithets (Recs. 23A, B) apply equally to infraspecific epithets.

Recommendation 24B
24B.1. Authors proposing new infraspecific epithets should avoid those previously used for species in the same genus.

Article 25

25.1. For nomenclatural purposes, a species or any taxon below the rank of species is regarded as the sum of its subordinate taxa, if any. In fungi, a holomorph (see Art. 59.4) also includes its correlated form-taxa.

Ex. 1. When *Montia parvifolia* (DC.) Greene is treated as containing two subspecies, the name *M. parvifolia* applies to the sum of these subordinate taxa. Under this taxonomic treatment, one must write *M. parvifolia* (DC.) Greene subsp. *parvifolia* if only that part of *M. parvifolia* which includes its nomenclatural type and excludes the type of the name of the other subspecies (*M. parvifolia* subsp. *flagellaris* (Bong.) Ferris) is meant.

Article 26

26.1. The name of any infraspecific taxon that includes the type of the adopted, legitimate name of the species to which it is assigned is to repeat the specific epithet unaltered as its final epithet, but not followed by an author's name (see Art. 46). Such names are termed autonyms (Art. 6.8; see also Art. 7.18).

Ex. 1. The combination *Lobelia spicata* var. *originalis* McVaugh, applying to a taxon which includes the type of the name *Lobelia spicata* Lam., is to be replaced by *Lobelia spicata* Lam. var. *spicata*.

Note 1. This provision applies only to the names of those subordinate taxa that include the type of the adopted name of the species (but see Rec. 26A).

26.2. The first valid publication of a name of an infraspecific taxon that does not include the type of the adopted, legitimate name of the species automatically establishes the corresponding autonym (see also Arts. 32.6 and 57.3).

Ex. 2. The publication of the name *Lycopodium inundatum* var. *bigelovii* Tuckerman (1843) automatically established the name of another variety, *Lycopodium inundatum* L. var. *inundatum*, the type of which is that of the name *Lycopodium inundatum* L.

Ex. 3. *Utricularia stellaris* L. f. (1781) includes *U. stellaris* var. *coromandeliana* A. DC. (1844) and *U. stellaris* L. f. var. *stellaris* (1844) automatically established at the same time. When *U. stellaris* is included in *U. inflexa* Forsskål (1775) as a variety the correct name of the variety, under Art. 57.3, is *U. inflexa* var. *stellaris* (L. f.) P. Taylor (1961).

Recommendation 26A

26A.1. A variety including the type of the correct name of a subspecies, but not including the type of the correct name of the species, should, where there is no obstacle under the rules, be given a name with the same epithet and type as the subspecies name.

26A.2. A subspecies not including the type of the correct name of the species should, where there is no obstacle under the rules, be given a name with the same epithet and type as a name of one of its subordinate varieties.

26A.3. A taxon of lower rank than variety which includes the type of the correct name of a subspecies or variety, but not the type of the correct name of the species, should, where there is no obstacle under the rules, be given a name with the same epithet and type as the name of the subspecies or variety. On the other hand, a subspecies or variety which does not include the type of the correct name of the species should not be given a name with the same epithet as the name of one of its subordinate taxa below the rank of variety.

Ex. 1. Fernald treated *Stachys palustris* subsp. *pilosa* (Nutt.) Epling as composed of five varieties, for one of which (that including the type of subsp. *pilosa*) he made the combination *S. palustris* var. *pilosa* (Nutt.) Fern., there being no legitimate varietal name available.

Ex. 2. There being no legitimate name available at the rank of subspecies, Bonaparte made the combination *Pteridium aquilinum* subsp. *caudatum* (L.) Bonap., using the same epithet that Sadebeck had used earlier in the combination *P. aquilinum* var. *caudatum* (L.) Sadeb. (both names based on *Pteris caudata* L.). Each name is legitimate, and both can be used, as by Tryon, who treated *P. aquilinum* var. *caudatum* as one of four varieties under subsp. *caudatum*.

Article 27

27.1. The final epithet in the name of an infraspecific taxon may not repeat unchanged the epithet of the correct name of the species to which the taxon is assigned except when the two names have the same type.

SECTION 6. NAMES OF PLANTS IN CULTIVATION

Article 28

28.1. Plants brought from the wild into cultivation retain the names that are applied to the same taxa growing in nature.

28.2. Hybrids, including those arising in cultivation, may receive names as provided in Appendix I (see also Arts. 40 and 50).

Note 1. Additional, independent designations for plants used in agriculture, forestry, and horticulture (and arising either in nature or cultivation) are dealt with in the International Code of Nomenclature for Cultivated Plants, where regulations are provided for their formation and use. However, nothing precludes the use for cultivated plants of names published in accordance with the requirements of the International Code of Botanical Nomenclature.

Note 2. Epithets published in conformity with the International Code of Botanical Nomenclature may be used as cultivar epithets under the rules of the International Code of Nomenclature for Cultivated Plants, when this is considered to be the appropriate status for the groups concerned. Otherwise, cultivar epithets published on or after 1 January 1959 in conformity with the International Code of Nomenclature for Cultivated Plants are required to be fancy names markedly different from epithets of names in Latin form governed by the International Code of Botanical Nomenclature (see that Code, Art. 27).

Ex. 1. Cultivar names: *Taxus baccata* 'Variegata' or *Taxus baccata* cv. Variegata (based on *T. baccata* var. *variegata* Weston), *Phlox drummondii* 'Sternenzauber', *Viburnum* × *bodnantense* 'Dawn'.

CHAPTER IV. EFFECTIVE AND VALID PUBLICATION

SECTION 1. CONDITIONS AND DATES OF EFFECTIVE PUBLICATION

Article 29

29.1. Publication is effected, under this Code, only by distribution of printed matter (through sale, exchange, or gift) to the general public or at least to botanical institutions with libraries accessible to botanists generally. It is not effected by communication of new names at a public meeting, by the placing of names in collections or gardens open to the public, or by the issue of microfilm made from manuscripts, type-scripts or other unpublished material.

Ex. 1. Cusson announced his establishment of the genus *Physospermum* in a memoir read at the Société des Sciences de Montpellier in 1770, and later in 1782 or 1783 at the Société de Médecine de Paris, but its effective publication dates from 1787 in the Mémoires de la Société Royale de Médecine de Paris 5(1): 279.

29.2. Offer for sale of printed matter that does not exist does not constitute effective publication.

29.3. Publication by indelible autograph before 1 Jan. 1953 is effective.

Ex. 2. Salvia oxyodon Webb & Heldr. was effectively published in July 1850 in an autograph catalogue placed on sale (Webb & Heldreich, Catalogus Plantarum Hispanicarum . . . ab A. Blanco lectarum. Paris, July 1850, folio).

Ex. 3. H. Léveillé, Flore du Kouy Tchéou (1914–1915), a work lithographed from the handwritten manuscript, is effectively published.

29.4. For the purpose of this Article, handwritten material, even though reproduced by some mechanical or graphic process (such as lithography, offset, or metallic etching), is still considered as autographic.

29.5. Publication on or after 1 Jan. 1953 in tradesmen's catalogues or non-scientific newspapers, and on or after 1 Jan. 1973 in seed-exchange lists, does not constitute effective publication.

Recommendation 29A

29A.1. It is strongly recommended that authors avoid publishing new names and descriptions of new taxa in ephemeral printed matter of any kind, in particular that which is multiplied in restricted and uncertain numbers, where the permanence of the text may be limited, where the effective publication in terms of number of copies is not obvious, or where the printed matter is unlikely to reach the general public. Authors should also avoid publishing new names and descriptions in popular periodicals, in abstracting journals, or on correction slips.

Article 30

30.1. The date of effective publication is the date on which the printed matter became available as defined in Art. 29. In the absence of proof establishing some other date, the one appearing in the printed matter must be accepted as correct.

Ex. 1. Individual parts of Willdenow's Species Plantarum were published as follows: 1(1), 1797; 1(2), 1798; 2(1), 1799; 2(2), 1799 or January 1800; 3(1) (to page 850), 1800; 3(2) (to page 1470), 1802; 3(3) (to page 2409), 1803 (and later than Michaux's Flora Boreali-Americana); 4(1) (to page 630), 1805; 4(2), 1806; these dates, which are partly in disagreement with those on the title-pages of the volumes, are accepted as the correct dates of effective publication.

30.2. When separates from periodicals or other works placed on sale are issued in advance, the date on the separate is accepted as the date of effective publication unless there is evidence that it is erroneous.

Ex. 2. Publication in separates issued in advance: the names of the *Selaginella* species published by Hieronymus in Hedwigia 51: 241–272 (1912) were effectively published on 15 Oct. 1911, since the volume in which the paper appeared states (p. ii) that the separate appeared on that date.

Recommendation 30A

30A.1. The date on which the publisher or his agent delivers printed matter to one of the usual carriers for distribution to the public should be accepted as its date of effective publication.

Article 31

31.1. The distribution on or after 1 Jan. 1953 of printed matter accompanying exsiccata does not constitute effective publication.

Note 1. If the printed matter is also distributed independently of the exsiccata, this constitutes effective publication.

Ex. 1. Works such as Schedae operis . . . plantae finlandiae exsiccatae, Helsingfors 1. 1906, 2. 1916, 3. 1933, 1944, or Lundell & Nannfeldt, Fungi exsiccati suecici etc., Uppsala 1–. . ., 1934–. . ., distributed independently of the exsiccata, whether published before or after 1 Jan. 1953, are effectively published.

SECTION 2. CONDITIONS AND DATES OF VALID PUBLICATION OF NAMES

Article 32

32.1. In order to be validly published, a name of a taxon (autonyms excepted) must *(a)* be effectively published (see Art. 29) on or after the starting-point date of the respective group (Art. 13.1); *(b)* have a form which complies with the provisions of Arts. 16–27 and Arts. H.6–7; *(c)* be accompanied by a description or diagnosis or by a reference (direct or indirect) to a previously and effectively published description or diagnosis (except as provided in Art. H.9); and *(d)* comply with the special provisions of Arts. 33–45.

Ex. 1. Egeria Néraud (in Gaudichaud, Voy. Uranie, Bot. 25, 28. 1826), published without a description or a diagnosis or a reference to a former one, was not validly published.

Ex. 2. The name *Loranthus macrosolen* Steudel originally appeared without a description or diagnosis on the printed tickets issued about the year 1843 with Sect. II. no. 529, 1288, of Schimper's herbarium specimens of Abyssinian plants; it was not validly published, however, until A. Richard (Tent. Fl. Abyss. 1: 340. 1847) supplied a description.

32.2. A name validly published by reference to a previously and effectively published description or diagnosis is to be typified by an element selected from the context of the validating description or diagnosis.

Ex. 3. Since the name *Adenanthera bicolor* Moon (1824) is validated solely by reference to Rumphius, Herbarium Amboinense 3: t. 112, the type of the name, in the absence of the specimen from which it was figured, is the illustration referred to. It is not the specimen, at Kew, collected by Moon and labelled *'Adenanthera bicolor'*.

32.3. A diagnosis of a taxon is a statement of that which in the opinion of its author distinguishes the taxon from others.

32.4. An indirect reference is a clear indication, by the citation of the author's name or in some other way, that a previously and effectively published description or diagnosis applies.

Ex. 4. Kratzmannia Opiz (in Berchtold & Opiz, Oekon.-Techn. Fl. Böhm. 1/2: 398. 1836) is published with a diagnosis, but it was not definitely accepted by the author and is therefore not validly published. It is accepted definitely in Opiz (Seznam 56. 1852), but without any description or diagnosis. The citation of *'Kratzmannia* O.' includes an indirect reference to the previously published diagnosis in 1836.

Ex. 5. Opiz published the name of the genus *Hemisphace* (Bentham) Opiz (1852) without a description or diagnosis, but as he wrote *'Hemisphace* Benth.' he indirectly referred to the previously effectively published description by Bentham (Labiat. Gen. Spec. 193. 1833) of *Salvia* sect. *Hemisphace.*

Ex. 6. The new combination *Cymbopogon martini* (Roxb.) W. Watson (1882) is validated by the addition of the number '309', which, as explained at the top of the same page, is the running-number of the species (*Andropogon martini* Roxb.) in Steudel (Syn. Pl. Glum. 1: 388. 1854). Although the reference to the basionym *Andropogon martini* is indirect, it is perfectly unambiguous.

32.5. Names published with an incorrect Latin termination but otherwise in accordance with this Code are regarded as validly published; they are to be changed to accord with Arts. 17–19, 21, 23, and 24, without change of the author's name or date of publication.

32.6. Autonyms (Art. 6.8) are accepted as validly published names, dating from the publication in which they were established (see Arts. 19.4, 22.2, 26.2), whether or not they appear in print in that publication.

Note 1. In certain circumstances an illustration with analysis is accepted as equivalent to a description (see Arts. 42 and 44).

Note 2. For names of plant taxa that were originally not treated as plants, see Art. 45.

Recommendation 32A

32A.1. A name should not be validated solely by a reference to a description or diagnosis published before 1753.

Recommendation 32B

32B.1. The description or diagnosis of any new taxon should mention the points in which the taxon differs from its allies.

Recommendation 32C

32C.1. Authors should avoid adoption of a name which has been previously but not validly published for a different taxon.

Recommendation 32D

32D.1. In describing new taxa, authors should, when possible, supply figures with details of structure as an aid to identification.

32D.2. In the explanation of the figures, it is valuable to indicate the specimen(s) on which they are based.

32D.3. Authors should indicate clearly and precisely the scale of the figures which they publish.

Recommendation 32E

32E.1. The description or diagnosis of parasitic plants should always be followed by an indication of the hosts, especially those of parasitic fungi. The hosts should be designated by their scientific names and not solely by names in modern languages, the applications of which are often doubtful.

Article 33

33.1. A combination (autonyms excepted) is not validly published unless the author definitely indicates that the epithet or epithets concerned are to be used in that particular combination.

Ex. 1. In Linnaeus's Species Plantarum the placing of the epithet in the margin opposite the name of the genus clearly indicates the combination intended. The same result is attained in Miller's Gardeners Dictionary, ed. 8, by the inclusion of the epithet in parentheses immediately after the name of the genus, in Steudel's Nomenclator Botanicus by the arrangement of the epithets in a list headed by the name of the genus, and in general by any typographical device which indicates that an epithet is associated with a particular generic or specific name.

Ex. 2. Rafinesque's statement under *Blephilia* that 'Le type de ce genre est la *Monarda ciliata* Linn.' (J. Phys. Chim. Hist. Nat. Arts 89: 98. 1819) does not constitute publication of the combination *Blephilia ciliata*, since he did not indicate that that combination was to be used. Similarly, the combination *Eulophus peucedanoides* is not to be ascribed to Bentham on the basis of the listing of '*Cnidium peucedanoides*, H. B. et K.' under *Eulophus* (in Bentham & Hooker, Gen. Pl. 1: 885. 1867).

33.2. A new combination, or an avowed substitute (*nomen novum*), published on or after 1 Jan. 1953, for a previously and validly published name is not validly published unless its basionym (name-bringing or epithet-bringing synonym) or the replaced synonym (when a new name is proposed) is clearly indicated and a full and direct reference given to its author and place of valid publication with page or plate reference and date. Bibliographic errors of citation do not invalidate publication of a new combination.

Ex. 3. In transferring *Ectocarpus mucronatus* Saund. to *Giffordia*, Kjeldsen & Phinney (Madroño 22: 90. 27 Apr. 1973) cited the basionym and its author but without reference to its place of valid publication. They later (Madroño 22: 154. 2 Jul. 1973) validated the binomial *Giffordia mucronata* (Saund.) Kjeldsen & Phinney by giving a full and direct reference to the place of valid publication of the basionym.

Ex. 4. *Aronia arbutifolia* var. *nigra* (Willd.) Seymour (1969) was published as a new combination 'Based on *Mespilus arbutifolia* L. var. *nigra* Willd., in Sp. Pl. 2: 1013. 1800.' Willdenow treated these plants in the genus *Pyrus*, not *Mespilus*, and publication was in 1799, not 1800; these errors are treated as bibliographic errors of citation and do not invalidate the new combination.

Ex. 5. The combination *Trichipteris kalbreyeri* was proposed by Tryon (Contr. Gray Herb. 200: 45. 1970) with a full and direct reference to *Alsophila kalbreyeri* C. Chr. (Index Filic. 44. 1905). This, however, was not the place of valid publication of the basionym, which had previously been published, with the same type, by Baker (Summ. New Ferns 9. 1892). Tryon's bibliographic error of citation does not invalidate this new combination, which is to be cited as *Trichipteris kalbreyeri* (Baker) Tryon.

Ex. 6. The combination *Lasiobelonium corticale* was proposed by Raitviir (1980) with a full and direct reference to *Peziza corticalis* Fr. (Syst. Mycol. 2: 96. 1822). This, however, was not the place of valid publication of the basionym, which, under the Code operating in 1980, was in Mérat (Nouv. Fl. Env. Paris ed. 2, 1: 22. 1821), and under the present Code is in Persoon (Obs. Mycol. 1: 28. 1796). Raitviir's bibliographic error of citation does not invalidate the new combination, which is to be cited as *Lasiobelonium corticale* (Pers.) Raitviir.

33.3. Mere reference to the Index Kewensis, the Index of Fungi, or any work other than that in which the name was validly published does not constitute a full and direct reference to the original publication of a name.

Note 1. The publication of a name for a taxon previously known under a misapplied name must be valid under Arts. 32–45. This procedure is not the same as publishing an avowed substitute (*nomen novum*) for a validly published but illegitimate name (Art. 72.1(b)), the type of which is necessarily the same as that of the name which it replaced (Art. 7.9).

Ex. 7. *Sadleria hillebrandii* Robinson (1913) was introduced as a 'nom. nov.' for '*Sadleria pallida* Hilleb. Fl. Haw. Is. 582. 1888. Not Hook. & Arn. Bot. Beech. 75. 1832.' Since the requirements of Arts. 32–45 were satisfied (for valid publication prior to 1935, simple reference to a previous description in any language is sufficient), the name is validly published. It is, however, to be considered the name of a new species, validated by the citation of the misapplication of *S. pallida* Hooker & Arn. by Hillebrand, and not a nomen novum as stated; hence, Art. 7.9 does not apply.

Ex. 8. *Juncus bufonius* var. *occidentalis* F. J. Herm. (U.S. Forest Serv. Techn. Rep. RM-18: 14. 1975) was published as a 'nom. et stat. nov.' for *J. sphaerocarpus* 'auct. Am., non Nees'. Since there is no Latin diagnosis nor designation of type, nor reference to any previous publication providing these requirements, the name is not validly published.

33.4. A name given to a taxon whose rank is at the same time denoted by a misplaced term (one contrary to Art. 5) is treated as not validly published, examples of such misplacement being a form divided into varieties, a species containing genera, or a genus containing families or tribes.

Ex. 9. The names tribus *Involuta* Huth and tribus *Brevipedunculata* Huth (Bot. Jahrb. Syst. 20: 365, 368. 1895) are not validly published, since Huth misapplied the term 'tribus' to a category of lower rank than section, within the genus *Delphinium*.

Ex. 10. Gandoger, in his Flora Europae (1883–1891), applied the term species ('espèce') and used binary nomenclature for two categories of taxa of consecutive rank, the higher rank being equivalent to that of species in contemporary literature. He misapplied the term species to the lower rank and the names of these taxa ('Gandoger's microspecies') are not validly published.

33.5. An exception to Art. 33.4 is made for names of the subdivisions of genera termed tribes (*tribus*) in Fries's Systema Mycologicum, which are treated as validly published names of subdivisions of genera.

Ex. 11. *Agaricus* tribus *Pholiota* Fr. (1821) is a validly published basionym for the generic name *Pholiota* (Fr.) P. Kummer (1871).

Article 34

34.1. A name is not validly published *(a)* when it is not accepted by the author in the original publication; *(b)* when it is merely proposed in anticipation of the future acceptance of the group concerned, or of a particular circumscription, position, or rank of the group (so-called provisional name); *(c)* when it is merely mentioned incidentally; *(d)* when it is merely cited as a synonym; *(e)* by the mere mention of the subordinate taxa included in the taxon concerned.

34.2. Art. 34.1(a) does not apply to names published with a question mark or other indication of taxonomic doubt, yet published and accepted by the author. Art. 34.1(b) does not apply to names for anamorphs of fungi published in holomorphic genera in anticipation of the discovery of a particular kind of teleomorph (see Art. 59, Ex. 2).

34.3. By 'incidental mention' of a new name or combination is meant mention by an author who does not intend to introduce the new name or combination concerned.

Ex. 1. (a) The name of the monotypic genus *Sebertia* Pierre (ms.) was not validly published by Baillon (Bull. Mens. Soc. Linn. Paris 2: 945. 1891) because he did not accept it. Although he gave a description of the taxon, he referred its only species *Sebertia acuminata* Pierre (ms.) to the genus *Sersalisia* R. Br. as *Sersalisia? acuminata*; under the provision of Art. 34.2 this combination is validly published. The name *Sebertia* Pierre (ms.) was later validly published by Engler (1897).

Ex. 2. (a) The names listed in the left-hand column of the Linnaean thesis Herbarium Amboinense defended by Stickman (1754) were not accepted by Linnaeus upon publication and are not validly published.

Ex. 3. (a)(b) The generic name *Conophyton* Haw., suggested by Haworth (Rev. Pl. Succ. 82. 1821) for *Mesembryanthemum* sect. *Minima* Haw. (Rev. Pl. Succ. 81. 1821) in the words 'If this section proves to be a genus, the name of *Conophyton* would be apt', was not validly published, since Haworth did not adopt that generic name nor accept that genus. The correct name for the genus is *Conophytum* N. E. Br. (1922).

Ex. 4. (d) *Acosmus* Desv. (in Desf., Cat. Pl. Horti Paris. 233. 1829), cited as a synonym of the generic name *Aspicarpa* Rich., was not validly published thereby.

Ex. 5. (d) *Ornithogalum undulatum* hort. Bouch. (in Kunth, Enum. Pl. 4: 348. 1843), cited as a synonym under *Myogalum boucheanum* Kunth, was not validly published thereby; when transferred to *Ornithogalum*, this species is to be called *O. boucheanum* (Kunth) Ascherson (1866).

Ex. 6. (d) *Erythrina micropteryx* Poeppig was not validly published by being cited as a synonym of *Micropteryx poeppigiana* Walp. (1850); the species concerned, when placed under *Erythrina*, is to be called *E. poeppigiana* (Walp.) Cook (1901).

Ex. 7. (e) The family name *Rhaptopetalaceae* Pierre (Bull. Mens. Soc. Linn. Paris 2: 1296. May 1897), which was accompanied merely by mention of constituent genera, *Brazzeia*, *Scytopetalum*, and *Rhaptopetalum*, was not validly published, as Pierre gave no description or diagnosis; the family bears the later name *Scytopetalaceae* Engler (Oct. 1897), which was accompanied by a description.

Ex. 8. (e) The generic name *Ibidium* Salisb. (Trans. Hort. Soc. London 1: 291. 1812) was published merely with the mention of four included species. As Salisbury supplied no generic description or diagnosis, his *Ibidium* is not validly published.

34.4. When, on or after 1 Jan. 1953, two or more different names (so-called alternative names) are proposed simultaneously for the same taxon by the same author, none of them is validly published. This rule does not apply in those cases where the same combination is simultaneously used at different ranks, either for an infraspecific taxon within a species or for a subdivision of a genus within a genus (see Recs. 22A.1–2, 26A.1–3).

Ex. 9. The species of *Brosimum* described by Ducke (Arch. Jard. Bot. Rio de Janeiro 3: 23–29. 1922) were published with alternative names under *Piratinera* added in a footnote (pp. 23–24). The publication of these names, being effected before 1 Jan. 1953, is valid.

Ex. 10. *Euphorbia jaroslavii* Polj. (Bot. Mater. Gerb. Bot. Inst. Komarova Akad. Nauk SSSR 15: 155. tab. 1953) was published with an alternative name, *Tithymalus jaroslavii*. Neither name was validly published. However, one of the names, *Euphorbia yaroslavii* (with a different transliteration of the initial letter), was validly published by Poljakov (1961), who effectively published it with a new reference to the earlier publication and simultaneously rejected the other name.

Ex. 11. Description of *'Malvastrum bicuspidatum* subsp. *tumidum* S. R. Hill var. *tumidum*, subsp. et var. nov.' (Brittonia 32: 474. 1980) simultaneously validated both *M. bicuspidatum* subsp. *tumidum* S. R. Hill and *M. bicuspidatum* var. *tumidum* S. R. Hill.

Note 1. The name of a fungal holomorph and that of a correlated anamorph (see Art. 59), even if validated simultaneously, are not alternative names in the sense of Art. 34.4. They have different types and do not pertain to the same taxon: the circumscription of the holomorph is considered to include the anamorph, but not vice versa.

Ex. 12. *Lasiosphaeria elinorae* Linder (1929), the name of a fungal holomorph, and the simultaneously published name of a correlated anamorph, *Helicosporium elinorae* Linder, are both valid, and both can be used under Art. 59.5.

Recommendation 34A

34A.1. Authors should avoid publishing or mentioning in their publications unpublished names which they do not accept, especially if the persons responsible for these names have not formally authorized their publication (see Rec. 23B.1 (i)).

Article 35

35.1. A new name or combination published on or after 1 Jan. 1953 without a clear indication of the rank of the taxon concerned is not validly published.

35.2. A new name or combination published before 1 Jan. 1953 without a clear indication of rank is validly published provided that all other requirements for valid publication are fulfilled; it is, however, inoperative in questions of priority except for homonymy (see Art. 64.4). If it is a new name, it may serve as a basionym or replaced synonym for subsequent combinations or avowed substitutes in definite ranks.

Ex. 1. The groups *Soldanellae, Sepincoli, Occidentales,* etc., were published without any indication of rank under the genus *Convolvulus* by House (Muhlenbergia 4: 50. 1908). These names are validly published but they are not in any definite rank and have no status in questions of priority except that they may act as homonyms.

Ex. 2. In the genus *Carex*, the epithet *Scirpinae* was published for an infrageneric taxon of no stated rank by Tuckerman (Enum. Caric. 8. 1843); this was assigned sectional rank by Kükenthal (in Engler, Pflanzenr. 38 (IV.20): 81. 1909) and if recognized at this rank is to be cited as *Carex* sect. *Scirpinae* (Tuckerman) Kükenthal.

35.3. If in a given publication prior to 1 Jan. 1890 only one infraspecific rank is admitted it is considered to be that of variety unless this would be contrary to the statements of the author himself in the same publication.

35.4. In questions of indication of rank, all publications appearing under the same title and by the same author, such as different parts of a Flora issued at different times (but not different editions of the same work), must be considered as a whole, and any statement made therein designating the rank of taxa included in the work must be considered as if it had been published together with the first instalment.

Article 36

36.1. In order to be validly published, a name of a new taxon of plants, the algae and all fossils excepted, published on or after 1 Jan. 1935 must be accompanied by a Latin description or diagnosis or by a reference to a previously and effectively published Latin description or diagnosis (but see Art. H.9).

Ex. 1. The names *Schiedea gregoriana* Degener (Fl. Hawaiiensis, fam. 119. 1936, Apr. 9) and *S. kealiae* Caum & Hosaka (Occas. Pap. Bernice Pauahi Bishop Mus. 11(23): 3. 1936, Apr. 10) were proposed for the same plant; the type of the former is a part of the original material of the latter. Since the name *S. gregoriana* is not accompanied by a Latin description or diagnosis it is not validly published; the later *S. kealiae* is legitimate.

36.2. In order to be validly published, a name of a new taxon of non-fossil algae published on or after 1 Jan. 1958 must be accompanied by a Latin description or diagnosis or by a reference to a previously and effectively published Latin description or diagnosis.

36A.1. Authors publishing names of new taxa of non-fossil plants should give or cite a full description in Latin in addition to the diagnosis.

Article 37

37.1. Publication on or after 1 Jan. 1958 of the name of a new taxon of the rank of family or below is valid only when the nomenclatural type is indicated (see Arts. 7–10; but see Art. H.9, Note 1 for the names of certain hybrids).

Recommendation 37A
37A.1. The indication of the nomenclatural type should immediately follow the Latin description or diagnosis and should be given by the insertion of the Latin word 'typus' (or 'holotypus', etc.) immediately before or after the particulars of the type so designated.

Recommendation 37B
36B.1. When the type of a name of a new taxon is a specimen, the place where it is permanently conserved should be indicated.

Article 38

38.1. In order to be validly published, a name of a new taxon of fossil plants of specific or lower rank published on or after 1 Jan. 1912 must be accompanied by an illustration or figure showing the essential characters, in addition to the description or diagnosis, or by a reference to a previously and effectively published illustration or figure.

Article 39

39.1. In order to be validly published, a name of a new taxon of non-fossil algae of specific or lower rank published on or after 1 Jan. 1958 must be accompanied by an illustration or figure showing the distinctive morphological features, in addition to the Latin description or diagnosis, or by a reference to a previously and effectively published illustration or figure.

Recommendation 39A
39A.1. The illustration or figure required by Art. 39 should be prepared from actual specimens, preferably including the holotype.

Article 40

40.1. In order to be validly published, names of hybrids of specific or lower rank with Latin epithets must comply with the same rules as names of non-hybrid taxa of the same rank.

Ex. 1. The name *Nepeta ×faassenii* Bergmans (Vaste Pl. ed. 2. 544. 1939) with a description in Dutch, and in Gentes Herb. 8: 64 (1949) with a description in English, is not validly published, not being accompanied by or associated with a Latin description or diagnosis. The name *Nepeta ×faassenii* Bergmans ex Stearn (1950) is validly published, being accompanied by a Latin description with designation of type.

Ex. 2. The name *Rheum* × *cultorum* Thorsrud & Reis. (Norske Plantenavr. 95. 1948), being here a nomen nudum, is not validly published.

Ex. 3. The name *Fumaria* × *salmonii* Druce (List Brit. Pl. 4. 1908) is not validly published, because only its presumed parentage *F. densiflora* × *F. officinalis* is stated.

Note 1. For names of hybrids of the rank of genus or subdivision of a genus, see Art. H.9.

40.2. For purposes of priority, names in Latin form given to hybrids are subject to the same rules as are those of non-hybrid taxa of equivalent rank.

Ex. 4. The name × *Solidaster* Wehrh. (1932) antedates the name × *Asterago* Everett (1937) for the hybrid *Aster* × *Solidago*.

Ex. 5. The name × *Gaulnettya* W. J. Marchant (1937) antedates the name × *Gaulthettya* Camp (1939) for the hybrid *Gaultheria* × *Pernettya*.

Ex. 6. *Anemone* × *hybrida* Paxton (1848) antedates *A.* × *elegans* Decne. (1852), pro sp., as the binomial for the hybrids derived from *A. hupehensis* × *A. vitifolia*.

Ex. 7. In 1927, Aimée Camus (Bull. Mus. Hist. Nat. (Paris) 33: 538. 1927) published the name *Agroelymus* as the 'generic' name of an intergeneric hybrid, without a Latin diagnosis or description, mentioning only the names of the parents involved (*Agropyron* and *Elymus*). Since this name was not validly published under the Code then in force (Stockholm 1950), Jacques Rousseau, in 1952 (Mém. Jard. Bot. Montréal 29: 10-11), published a Latin diagnosis. However, the date of valid publication of the name × *Agroelymus* under this Code (Art. H.9) is 1927, not 1952, and the name also antedates × *Elymopyrum* Cugnac (Bull. Soc. Hist. Nat. Ardennes 33: 14. 1938) which is accompanied by a statement of parentage and a description in French but not Latin.

Article 41

41.1. In order to be validly published, a name of a family must be accompanied *(a)* by a description or diagnosis of the family, or *(b)* by a reference (direct or indirect) to a previously and effectively published description or diagnosis of a family or subdivision of a family.

41.2. In order to be validly published, a name of a genus must be accompanied *(a)* by a description or diagnosis of the genus (but see Art. 42), or *(b)* by a reference (direct or indirect) to a previously and effectively published description or diagnosis of a genus or subdivision of a genus.

Ex. 1. Validly published generic names: *Carphalea* A. L. Juss., accompanied by a generic description; *Thuspeinanta* T. Durand, accompanied by a reference to the previously described genus *Tapeinanthus* Boiss. (non Herbert); *Aspalathoides* (DC.) K. Koch, based on a previously described section, *Anthyllis* sect. *Aspalathoides* DC.; *Scirpoides* Scheuchzer ex Séguier (Pl. Veron. Suppl. 73. 1754), accepted there but without a generic description, validated by indirect reference (through the title of the book and a general statement in the preface) to the generic diagnosis and further direct references in Séguier (Pl. Veron. 1: 117. 1745).

Note 1. An exception to Art. 41.2 is made for the generic names first published by Linnaeus in Species Plantarum ed. 1 (1753) and ed. 2 (1762–1763), which are treated as having been validly published on those dates (see Art. 13.4).

Note 2. In certain circumstances, an illustration with analysis is accepted as equivalent to a generic description (see Art. 42.2).

Article 42

42.1. The names of a genus and a species may be simultaneously validated by provision of a single description (*descriptio generico-specifica*) or diagnosis, even though this may have been intended as only generic or specific, if all of the following conditions obtain: *(a)* the genus is at that time monotypic; *(b)* no other names (at any rank) have previously been validly published based on the same type; and *(c)* the names of the genus and species otherwise fulfil the requirements for valid publication. Reference to an earlier description or diagnosis is not accepted as provision of such a description or diagnosis.

Note 1. In this context a monotypic genus is one for which a single binomial is validly published, even though the author may indicate that other species are attributable to the genus.

Ex. 1. Strophioblachia fimbriicalyx Boerl. is a new species without separate definition, assigned to the monotypic new genus *Strophioblachia*. Both names are validly published with a combined generic and specific description.

Ex. 2. Piptolepis phillyreoides Bentham is a new species assigned to the monotypic new genus *Piptolepis* published with a combined generic and specific description.

Ex. 3. In publishing the name *Phaelypea* without a generic description P. Browne (Civ. Nat. Hist. Jamaica 269. 1756) included and described a single species, but he gave the species a phrase-name and did not provide a valid binomial. Art. 42 does not therefore apply and the name *Phaelypea* is not validly published.

42.2. Prior to 1 Jan. 1908 an illustration with analysis, or for non-vascular plants a single figure showing details aiding identification, is acceptable, for the purpose of this Article, in place of a written description or diagnosis.

Note 2. An analysis in this context is a figure or group of figures, commonly separate from the main illustration of the plant (though usually on the same page or plate), showing details aiding identification, with or without a separate caption.

Ex. 4. The generic name *Philgamia* Baillon (1894) was validly published, as it appeared on a plate with analysis of the only included species, *P. hibbertioides* Baillon, and was published before 1 Jan. 1908.

Article 43

43.1. A name of a taxon below the rank of genus is not validly published unless the name of the genus or species to which it is assigned is validly published at the same time or was validly published previously.

Ex. 1. Suaeda baccata, S. vera, and names for four other species of *Suaeda* were published with diagnoses and descriptions by Forsskål (Fl. Aegypt.-Arab. 69–71. 1775), but he provided no diagnosis or description for the genus: these specific names were therefore, like the generic name, not validly published by him.

Ex. 2. In 1880, Müller Argoviensis (Flora 63: 286) published the new genus *Phlyctidia* with the species *P. hampeana* n. sp., *P. boliviensis* (= *Phlyctis boliviensis* Nyl.), *P. sorediiformis* (= *Phlyctis sorediiformis* Kremp.), *P. brasiliensis* (= *Phlyctis brasiliensis* Nyl.), and *P. andensis* (= *Phlyctis andensis* Nyl.). These specific names are, however, not validly published in this place, because the generic name *Phlyctidia* was not validly published; Müller gave no generic description or diagnosis but only a description and a diagnosis of the new species *P. hampeana*. This description and diagnosis cannot validate the generic name as a descriptio generico-specifica under Art. 42 since the new genus was not monotypic. Valid publication of the name *Phlyctidia* was by Müller (1895), who provided a short generic diagnosis. The only species mentioned here were *P. ludoviciensis* n. sp. and *P. boliviensis* (Nyl.). The latter combination was validly published in 1895 by the reference to the basionym.

Note 1. This Article applies also to specific and other epithets published under words not to be regarded as generic names (see Art. 20.4).

Ex. 3. The binary combination *Anonymos aquatica* Walter (Fl. Carol. 230. 1788) is not validly published. The correct name for the species concerned is *Planera aquatica* J. F. Gmelin (1791), and the date of the name, for purposes of priority, is 1791. The species must not be cited as *Planera aquatica* (Walter) J. F. Gmelin.

Ex. 4. The binary combination *Scirpoides paradoxus* Rottb. (Descr. Pl. Rar. Progr. 27. 1772) is not validly published since *Scirpoides* in this context is a word not intended as a generic name. The first validly published name for this species is *Fuirena umbellata* Rottb. (1773).

Article 44

44.1. The name of a species or of an infraspecific taxon published before 1 Jan. 1908 is validly published if it is accompanied only by an illustration with analysis (see Art. 42, Note 2).

Ex. 1. Panax nossibiensis Drake (1896) was validly published on a plate with analysis.

44.2. Single figures of non-vascular plants showing details aiding identification are considered as illustrations with analysis (see Art. 42, Note 2).

Ex. 2. Eunotia gibbosa Grunow (1881), a name of a diatom, was validly published by provision of a single figure of the valve.

Article 45

45.1. The date of a name is that of its valid publication. When the various conditions for valid publication are not simultaneously fulfilled, the date is that on which the last is fulfilled. However, the name must always be explicitly accepted in the place of its validation. A name published on or after 1 Jan. 1973 for which the various conditions for valid publication are not simultaneously fulfilled is not validly published unless a full and direct reference is given to the places where these requirements were previously fulfilled.

Ex. 1. The name *Clypeola minor* was first published in the Linnaean thesis Flora Monspeliensis (1756), in a list of names preceded by numerals but without an explanation of the meaning of these numerals and without any other descriptive matter; when the thesis was reprinted in vol. 4 of the Amoenitates Academicae (1759), a statement was added explaining that the numbers referred to earlier descriptions published in Magnol's Botanicon Monspeliense. However, the name *Clypeola minor* was absent from the reprint, being no longer accepted by Linnaeus, and is not therefore validly published.

Ex. 2. Alyssum gionae was one of several new species published by Quézel & Contandriopoulos (Naturalia Monspel. Sér. Bot. 16: 89–149. 1965) with a Latin diagnosis but without citation of a type. Later (Taxon 16: 240. 1967) they designated a type specimen for that name, accompanied by a reference to the earlier description and diagnosis. Although this reference was not full and direct, lacking the page number, *Alyssum gionae* Quézel & Contandr. was, in 1967, validly published.

45.2. A correction of the original spelling of a name (see Art. 73) does not affect its date of valid publication.

Ex. 3. The correction of the orthographic error in *Gluta benghas* L. (Mant. 293. 1771) to *Gluta renghas* L. does not affect the date of publication of the name even though the correction dates only from 1883 (Engler in A. DC. & C. DC., Monogr. Phan. 4: 225).

45.3. For purposes of priority only legitimate names are taken into consideration (see Arts. 11, 63–67). However, validly published earlier homonyms, whether legitimate or not, shall cause rejection of their later homonyms (unless the latter are conserved).

45.4. If a taxon originally assigned to a group not covered by this Code is treated as belonging to a group of plants other than algae, the authorship and date of any of its names are determined by the first publication that satisfies the requirements for valid publication under this Code. If the taxon is treated as belonging to the algae, any of its names need satisfy only the requirements of the pertinent non-botanical code for status equivalent to valid publication under the botanical Code (but see Art. 65, regarding homonymy).

Ex. 4. Amphiprora Ehrenb. (1843) is an available* name for a genus of animals first treated as belonging to the algae by Kützing (1844). *Amphiprora* has priority in botanical nomenclature from 1843, not 1844.

Ex. 5. Petalodinium J. Cachon & M. Cachon (Protistologica 5: 16. 1969) is available under the International Code of Zoological Nomenclature as the name of a genus of dinoflagellates. When the taxon is treated as belonging to the algae, its name retains its original authorship and date even though the original publication lacked a Latin diagnosis.

Ex. 6. Labyrinthodyction Valkanov (Progr. Protozool. 3: 373. 1969), although available under the International Code of Zoological Nomenclature as the name of a genus of rhizopods, is not valid when the taxon is treated as belonging to the fungi because the original publication lacked a Latin diagnosis.

Ex. 7. Protodiniferidae Kofoid & Swezy (Mem. Univ. Calif. 5: 111. 1921), available under the International Code of Zoological Nomenclature, is validly published as a name of a family of algae with its original authorship and date but with the termination *-idae* changed to *-aceae* (in accordance with Arts. 18.4 and 32.5).

Recommendation 45A

45A.1. Authors using new names in works written in a modern language (floras, catalogues, etc.) should simultaneously comply with the requirements of valid publication.

---

* The word 'available' in the International Code of Zoological Nomenclature is equivalent to 'validly published' in the International Code of Botanical Nomenclature.

Recommendation 45B

45B.1. Authors should indicate precisely the dates of publication of their works. In a work appearing in parts the last-published sheet of the volume should indicate the precise dates on which the different fascicles or parts of the volume were published as well as the number of pages and plates in each.

Recommendation 45C

45C.1. On separately printed and issued copies of works published in a periodical, the name of the periodical, the number of its volume or parts, the original pagination, and the date (year, month, and day) should be indicated.

SECTION 3. CITATION OF AUTHORS' NAMES AND OF LITERATURE FOR
PURPOSES OF PRECISION

Article 46

46.1. For the indication of the name of a taxon to be accurate and complete, and in order that the date may be readily verified, it is necessary to cite the name of the author(s) who validly published the name concerned unless the provisions for autonyms apply (Arts. 19.3, 22.1, and 26.1; see also Art. 16.1).

Ex. 1. Rosaceae A. L. Juss., *Rosa* L., *Rosa gallica* L., *Rosa gallica* var. *eriostyla* R. Keller, *Rosa gallica* L. var. *gallica.*

Recommendation 46A

46A.1. Authors' names put after names of plants may be abbreviated, unless they are very short. For this purpose, particles are suppressed unless they are an inseparable part of the name, and the first letters are given without any omission (Lam. for J. B. P. A. Monet Chevalier de Lamarck, but De Wild. for E. De Wildeman).

46A.2. If a name of one syllable is long enough to make it worth while to abridge it, the first consonants only are given (Fr. for Elias Magnus Fries); if the name has two or more syllables, the first syllable and the first letter of the following one are taken, or the two first when both are consonants (Juss. for Jussieu, Rich. for Richard).

46A.3. When it is necessary to give more of a name to avoid confusion between names beginning with the same syllable, the same system is to be followed. For instance, two syllables are given together with the one or two first consonants of the third; or one of the last characteristic consonants of the name is added (Bertol. for Bertoloni, to distinguish it from Bertero; Michx. for Michaux, to distinguish it from Micheli).

46A.4. Given names or accessory designations serving to distinguish two botanists of the same name are abridged in the same way (Adr. Juss. for Adrien de Jussieu, Gaertner f. for Gaertner filius, J. F. Gmelin for Johann Friedrich Gmelin, J. G. Gmelin for Johann Georg Gmelin, C. C. Gmelin for Carl Christian Gmelin, S. G. Gmelin for Samuel Gottlieb Gmelin, Müll. Arg. for Jean Müller of Aargau).

46A.5. When it is a well-established custom to abridge a name in another manner, it is best to conform to it (L. for Linnaeus, DC. for de Candolle, St.-Hil. for Saint-Hilaire, R. Br. for Robert Brown).

Recommendation 46B

46B.1. In citing the author of the scientific name of a taxon, the romanization of the author's name(s) given in the original publication should normally be accepted. Where an author failed to give a romanization, or where an author has at different times used different romanizations, then the romanization known to be preferred by the author or that most frequently adopted by the author should be accepted. In the absence of such information the author's name should be romanized in accordance with an internationally available standard.

46B.2. Authors of scientific names whose personal names are not written in Roman letters should romanize their names, preferably (but not necessarily) in accordance with an internationally available standard and, as a matter of typographic convenience, without diacritical signs. Once authors have selected the romanization of their personal names, they should use it consistently thereafter. Whenever possible, authors should not permit editors or publishers to change the romanization of their personal names.

Recommendation 46C

46C.1. When a name has been published jointly by two authors, the names of both should be cited, linked by means of the word 'et' or by an ampersand (&).

Ex. 1. Didymopanax gleasonii Britton et Wilson (or Britton & Wilson).

46C.2. When a name has been published jointly by more than two authors, the citation should be restricted to that of the first one followed by 'et al.'

Ex. 2. Lapeirousia erythrantha var. *welwitschii* (Baker) Geerinck, Lisowski, Malaisse & Symoens (Bull. Soc. Roy. Bot. Belgique 105: 336. 1972) should be cited as *L. erythrantha* var. *welwitschii* (Baker) Geerinck et al.

Recommendation 46D

46D.1. When a name with a description or diagnosis (or reference to a description or diagnosis) supplied by one author is published in a work by another author, the word 'in' should be used to connect the names of the two authors. In such cases the name of the author who supplied the description or diagnosis is the most important and should be retained when it is desirable to abbreviate such a citation.

Ex. 1. Viburnum ternatum Rehder in Sargent, Trees and Shrubs 2: 37 (1907), or *V. ternatum* Rehder; *Teucrium charidemi* Sandw. in Lacaita, Cavanillesia 3: 38 (1930), or *T. charidemi* Sandw.

Recommendation 46E

46E.1. When an author who validly publishes a name ascribes it to another person, the correct author citation is the name of the actual publishing author, but the name of the other person, followed by the connecting word 'ex', may be inserted before the name of the publishing author, if desired. The same holds for names of garden origin ascribed to 'hort.' (hortulanorum).

Ex. 1. Gossypium tomentosum Seemann or *G. tomentosum* Nutt. ex Seemann; *Lithocarpus polystachyus* (A. DC.) Rehder or *L. polystachyus* (Wall. ex A. DC.) Rehder; *Orchis rotundifolia* Pursh or *O. rotundifolia* Banks ex Pursh; *Carex stipata* Willd. or *C. stipata* Muhlenb. ex Willd.; *Gesneria donklarii* Hooker or *G. donklarii* hort. ex Hooker.

46E.2. When an author who validly publishes a name ascribes it to an author who published the name before the starting point of the group concerned (see Art. 13.1), the author citation may include, when such indication is considered useful or desirable, the name of the pre-starting-point author followed by 'ex' as in Rec. 46E.1.

Ex. 2. Lupinus L. or *Lupinus* Tourn. ex L.; *Euastrum binale* Ralfs or *E. binale* Ehrenb. ex Ralfs.

Recommendation 46F

46F.1. Authors of new names of taxa should not use the expression 'nobis' (*nob.*) or a similar reference to themselves as an author citation but should cite their own names in each instance.

Article 47

47.1. An alteration of the diagnostic characters or of the circumscription of a taxon without the exclusion of the type does not warrant the citation of the name of an author other than the one who first published its name.

Examples: see under Art. 51.

Recommendation 47A

47A.1. When an alteration as mentioned in Art. 47 has been considerable, the nature of the change may be indicated by adding such words, abbreviated where suitable, as 'emendavit' (*emend.*) (followed by the name of the author responsible for the change), 'mutatis characteribus' (*mut. char.*), 'pro parte' (*p.p.*), 'excluso genere' or 'exclusis generibus' (*excl. gen.*), 'exclusa specie' or 'exclusis speciebus' (*excl. sp.*), 'exclusa varietate' or 'exclusis varietatibus' (*excl. var.*), 'sensu amplo' (*s. ampl.*), 'sensu stricto' (*s. str.*), etc.

Ex. 1. Phyllanthus L. emend. Müll. Arg.; *Globularia cordifolia* L. excl. var. (emend. Lam.).

Article 48

48.1. When an author adopts an existing name but explicitly excludes its original type, he is considered to have published a later homonym that must be ascribed solely to him. Similarly, when an author who adopts a name refers to an apparent basionym but explicitly excludes its type, he is considered to have published a new name that must be ascribed solely to him. Explicit exclusion can be effected by simultaneous explicit inclusion of the type in a different taxon by the same author (see also Art. 59.6).

Ex. 1. Sirodot (1872) placed the type of *Lemanea* Bory (1808) in *Sacheria* Sirodot (1872); hence *Lemanea*, as treated by Sirodot (1872), is to be cited as *Lemanea* Sirodot non Bory and not as *Lemanea* Bory emend. Sirodot.

Ex. 2. The name *Amorphophallus campanulatus*, published by Decaisne, was apparently based on *Arum campanulatum* Roxb. However, the type of the latter was explicitly excluded by Decaisne, and the name is to be cited as *Amorphophallus campanulatus* Decne., not as *Amorphophallus campanulatus* (Roxb.) Decne.

Note 1. Misapplication of a new combination to a different taxon, but without explicit exclusion of the type of the basionym, is dealt with under Arts. 55.2 and 56.2.

Note 2. Retention of a name in a sense that excludes the type can be effected only by conservation (see Art. 14.8).

Article 49

49.1. When a genus or a taxon of lower rank is altered in rank but retains its name or epithet, the author of the earlier, epithet-bringing legitimate name (the author of the basionym) must be cited in parentheses, followed by the name of the author who effected the alteration (the author of the new name). The same holds when a taxon of lower rank than genus is transferred to another genus or species, with or without alteration of rank.

Ex. 1. Medicago polymorpha var. *orbicularis* L. when raised to the rank of species becomes *Medicago orbicularis* (L.) Bartal.

Ex. 2. Anthyllis sect. *Aspalathoides* DC. raised to generic rank, retaining the epithet *Aspalathoides* as its name, is cited as *Aspalathoides* (DC.) K. Koch.

Ex. 3. Cineraria sect. *Eriopappus* Dumort. (Fl. Belg. 65. 1827) when transferred to *Tephroseris* (Reichenb.) Reichenb. is cited as *Tephroseris* sect. *Eriopappus* (Dumort.) Holub (Folia Geobot. Phytotax. Bohem. 8: 173. 1973).

Ex. 4. Cistus aegyptiacus L. when transferred to *Helianthemum* Miller is cited as *Helianthemum aegyptiacum* (L.) Miller.

Ex. 5. Fumaria bulbosa var. *solida* L. (1753) was elevated to specific rank as *F. solida* (L.) Miller (1771). The name of this species when transferred to *Corydalis* is to be cited as *C. solida* (L.) Clairv. (1811), not *C. solida* (Miller) Clairv.

Ex. 6. However, *Pulsatilla montana* var. *serbica* W. Zimmerm. (Feddes Repert. Spec. Nov. Regni Veg. 61: 95. 1958), originally placed under *P. montana* subsp. *australis* (Heuffel) Zam., retains the same author citation when placed under *P. montana* subsp. *dacica* Rummelsp. (see Art. 24.1) and is not cited as var. *serbica* (W. Zimmerm.) Rummelsp. (Feddes Repert. 71: 29. 1965).

Ex. 7. Salix subsect. *Myrtilloides* C. Schneider (Ill. Handb. Laubholzk. 1: 63. 1904), originally placed under *S.* sect. *Argenteae* Koch, retains the same author citation when placed under *S.* sect. *Glaucae* Pax and is not cited as *S.* subsect. *Myrtilloides* (C. Schneider) Dorn (Canad. J. Bot. 54: 2777. 1976).

Article 50

50.1. When the status of a taxon at the rank of species or below is altered to the hybrid category (nothotaxon, see Art. H.3) of corresponding rank (Art. H.10.2), or vice versa, the name of the original author is cited and may be followed by an indication in parentheses of the original status. Subsequently, and if the context appears to permit it, the indication of original status may be omitted.

Ex. 1. Stachys ambigua Smith was published as a species. If regarded as a hybrid, it is cited as *Stachys × ambigua* Smith (pro sp.).

Ex. 2. The binary name *Salix × glaucops* Andersson was published as the name of a hybrid. Later, Rydberg (Bull. New York Bot. Gard. 1: 270. 1899) altered the status of the taxon to that of a species. If this view is accepted, the name is cited as *Salix glaucops* Andersson (pro hybr.).

SECTION 4. GENERAL RECOMMENDATIONS ON CITATION

Recommendation 50A

50A.1. In the citation of a name published as a synonym, the words 'as synonym' or 'pro syn.' should be added.

50A.2. When an author has published as a synonym a manuscript name of another author, the word 'ex' should be used in citations to connect the names of the two authors (see Rec. 46E.1).

Ex. 1. Myrtus serratus, a manuscript name of Koenig published by Steudel as a synonym of *Eugenia laurina* Willd., should be cited thus: *Myrtus serratus* Koenig ex Steudel, pro syn.

Recommendation 50B

50B.1. In the citation of a nomen nudum, its status should be indicated by adding the words 'nomen nudum' or 'nom. nud.'

Ex. 1. *Carex bebbii* Olney (Car. Bor.-Am. 2: 12. 1871), published without a diagnosis or description, should be cited as a nomen nudum.

Recommendation 50C

50C.1. The citation of a later homonym should be followed by the name of the author of the earlier homonym preceded by the word 'non', preferably with the date of publication added. In some instances it will be advisable to cite also any other homonyms, preceded by the word 'nec'.

Ex. 1. *Ulmus racemosa* Thomas, Amer. J. Sci. Arts 19: 170 (1831), non Borkh. 1800; *Lindera* Thunb., Nov. Gen. Pl. 64 (1783), non Adanson 1763; *Bartlingia* Brongn., Ann. Sci. Nat. (Paris) 10: 373 (1827), non Reichenb. 1824 nec F. Muell. 1882.

Recommendation 50D

50D.1. Misidentifications should not be included in synonymies but added after them. A misapplied name should be indicated by the words 'auct. non' followed by the name of the original author and the bibliographic reference of the misidentification.

Ex. 1. *Ficus stortophylla* Warb. in Warb. & De Wild., Ann. Mus. Congo Belge, B, Bot. ser. 4, 1: 32 (1904). *F. irumuensis* De Wild., Pl. Bequaert. 1: 341 (1922). *F. exasperata* auct. non Vahl: De Wild. & T. Durand, Ann. Mus. Congo Belge, B, Bot. ser. 2, 1: 54 (1899); De Wild., Miss. Em. Laurent 26 (1905); T. Durand & H. Durand, Syll. Fl. Congol. 505 (1909).

Recommendation 50E

50E.1. If a generic or specific name is accepted as a nomen conservandum (see Art. 14 and App. III) the abbreviation 'nom. cons.' should be added to the citation.

Ex. 1. *Protea* L., Mant. Pl. 187 (1771), nom. cons., non L. 1753; *Combretum* Loefl. (1758), nom. cons. (syn. prius *Grislea* L. 1753).

50E.2. If it is desirable to indicate the sanctioned status of the names of fungi adopted by Persoon or Fries (see Art. 13.1(d)), ': Pers.' or ': Fr.' should be added to the citation.

Ex. 2. *Boletus piperatus* Bull. : Fr.

Recommendation 50F

50F.1. Except as provided in Art. 75, a name cited in synonymy should be spelled exactly as published by its author. If any explanatory words are required, these should be inserted in brackets. If a name is adopted with alterations from the form as originally published, it is desirable that in full citations the exact original form should be added, preferably between quotation marks.

Ex. 1. *Pyrus calleryana* Decne. (*Pyrus mairei* H. Léveillé, Repert. Spec. Nov. Regni Veg. 12: 189. 1913, *'Pirus'*).

Ex. 2. *Zanthoxylum cribrosum* Sprengel, Syst. Veg. 1: 946 (1825), *'Xanthoxylon'*. (*Zanthoxylum caribaeum* var. *floridanum* (Nutt.) A. Gray, Proc. Amer. Acad. Arts 23: 225. 1888, *'Xanthoxylum'*).

Ex. 3. *Spathiphyllum solomonense* Nicolson, Amer. J. Bot. 54: 496 (1967), *'solomonensis'*.

CHAPTER V. RETENTION, CHOICE, AND REJECTION OF NAMES AND EPITHETS

SECTION 1. RETENTION OF NAMES OR EPITHETS WHEN TAXA ARE REMODELLED OR DIVIDED

Article 51

51.1. An alteration of the diagnostic characters or of the circumscription of a taxon does not warrant a change in its name, except as may be required (*a*) by transference of the taxon (Arts. 54–56), or (*b*) by its union with another taxon of the same rank (Arts. 57,58), or (*c*) by a change of its rank (Art. 60).

Ex. 1. The genus *Myosotis* as revised by R. Brown differs from the original genus of Linnaeus, but the generic name has not been changed, nor is a change allowable, since the type of *Myosotis* L. remains in the genus; it is cited as *Myosotis* L. or as *Myosotis* L. emend. R. Br. (see Art. 47, Rec. 47A).

Ex. 2. Various authors have united with *Centaurea jacea* L. one or two species which Linnaeus had kept distinct; the taxon so constituted is called *Centaurea jacea* L. sensu amplo or *Centaurea jacea* L. emend. Cosson & Germ., emend. Vis., or emend. Godron, etc.; any new name for this taxon, such as *Centaurea vulgaris* Godron, is superfluous and illegitimate.

51.2. An exception to Art. 51.1 is made for the family name *Papilionaceae* (see Art. 18.5).

Article 52

52.1. When a genus is divided into two or more genera, the generic name, if correct, must be retained for one of them. If a type was originally designated the generic name must be retained for the genus including that type. If no type has been designated, a type must be chosen (see Guide for the determination of types, p. 79).

Ex. 1. The genus *Dicera* Forster & Forster f. was divided by Rafinesque into the two genera *Misipus* and *Skidanthera*. This procedure is contrary to the rules: the name *Dicera* must be kept for one of the genera, and it is now retained for that part of *Dicera* including the lectotype, *D. dentata*.

Ex. 2. Among the sections which have been recognized in the genus *Aesculus* L. are *Aesculus* sect. *Aesculus*, sect. *Pavia* (Miller) Walp., sect. *Macrothyrsus* (Spach) K. Koch, and sect. *Calothyrsus* (Spach) K. Koch, the last three of which were regarded as distinct genera by the authors cited in parentheses. In the event of these four sections being treated as genera, the name *Aesculus* must be kept for the first of them, which includes *Aesculus hippocastanum* L., the type of the generic name.

Article 53

53.1. When a species is divided into two or more species, the specific name, if correct, must be retained for one of them. If a particular specimen, description, or figure was originally designated as the type, the specific name must be retained for the species including that element. If no type has been designated, a type must be chosen (see Guide for the determination of types, p. 79).

Ex. 1. Arabis beckwithii S. Watson (1887) was based on specimens which represented at least two species in the opinion of Munz, who based *A. shockleyi* Munz (1932) on one of the specimens cited by Watson, retaining the name *A. beckwithii* for the others (one of which may be designated as lectotype of *A. beckwithii*).

Ex. 2. Hemerocallis lilioasphodelus L. (1753) was originally treated by Linnaeus as consisting of two varieties: var. *flava* (*'flavus'*) and var. *fulva* (*'fulvus'*). In 1762 he recognized these as distinct species, calling them *H. flava* and *H. fulva*. The original specific epithet was reinstated for one of these by Farwell (Amer. Midl. Naturalist 11: 51. 1928) and the two species are correctly named *H. lilioasphodelus* L. and *H. fulva* (L.) L.

53.2. The same rule applies to infraspecific taxa, for example, to a subspecies divided into two or more subspecies, or to a variety divided into two or more varieties.

SECTION 2. RETENTION OF EPITHETS OF TAXA BELOW THE RANK OF
GENUS ON TRANSFERENCE TO ANOTHER GENUS OR SPECIES

Article 54

54.1. When a subdivision of a genus is transferred to another genus or placed under another generic name for the same genus without change of rank, the epithet of its formerly correct name must be retained unless one of the following obstacles exists:

(a) The resulting combination has been previously and validly published for a subdivision of a genus based on a different type;

(b) The epithet of an earlier legitimate name of the same rank is available (but see Arts. 13.1(d), 58, 59);

(c) Arts. 21 or 22 provide that another epithet be used.

Ex. 1. Saponaria sect. *Vaccaria* DC. when transferred to *Gypsophila* becomes *Gypsophila* sect. *Vaccaria* (DC.) Godron.

Ex. 2. Primula sect. *Dionysiopsis* Pax (1909) when transferred to the genus *Dionysia* becomes *Dionysia* sect. *Dionysiopsis* (Pax) Melchior (1943); the name *Dionysia* sect. *Ariadne* Wendelbo (1959), based on the same type, is not to be used.

Article 55

55.1. When a species is transferred to another genus or placed under another generic name for the same genus without change of rank, the epithet of its formerly correct name must be retained unless one of the following obstacles exists:

(a) The resulting binary name is a later homonym (Art. 64) or a tautonym (Art. 23.4);

(b) The epithet of an earlier legitimate specific name is available (but see Arts. 13.1(d), 58, 59).

Ex. 1. Antirrhinum spurium L. (1753) when transferred to the genus *Linaria* must be called *Linaria spuria* (L.) Miller (1768).

Ex. 2. Spergula stricta Sw. (1799) when transferred to the genus *Arenaria* must be called *Arenaria uliginosa* Schleicher ex Schlechtendal (1808) because of the existence of the name *Arenaria stricta* Michx. (1803), referring to a different species; but on further transfer to the genus *Minuartia* the epithet *stricta* must be used and the species called *Minuartia stricta* (Sw.) Hiern (1899).

Ex. 3. Conyza candida L. (1753) was illegitimately renamed *Conyza limonifolia* Smith (1813) and *Inula limonifolia* Boiss. (1843). However, the Linnaean epithet must be retained and the correct name of the species, in the genus *Inula*, is *I. candida* (L.) Cass. (1822).

Ex. 4. When transferring *Serratula chamaepeuce* L. (1753) to his new genus *Ptilostemon*, Cassini renamed the species *P. muticus* Cass. (1826, 'muticum'). Lessing rightly reinstated the original specific epithet, creating the combination *Ptilostemon chamaepeuce* (L.) Less. (1832).

Ex. 5. Spartium biflorum Desf. (1798) when transferred to the genus *Cytisus* by Spach in 1849 could not be called *C. biflorus*, because this name had been previously and validly published for a different species by L'Héritier in 1791; the name *C. fontanesii* given by Spach is therefore legitimate.

Ex. 6. Arum dracunculus L. (1753) when transferred to the genus *Dracunculus* was renamed *Dracunculus vulgaris* Schott (1832), as use of the Linnaean epithet would create a tautonym.

Ex. 7. Melissa calamintha L. (1753) when transferred to the genus *Thymus* becomes *T. calamintha* (L.) Scop. (1772); placed in the genus *Calamintha* it may not be called *C. calamintha* (a tautonym) but has been named *C. officinalis* Moench (1794). However, when *C. officinalis* is transferred to the genus *Satureja*, the Linnaean epithet is again available and the name becomes *S. calamintha* (L.) Scheele (1843).

Ex. 8. Cucubalus behen L. (1753) was legitimately renamed *Behen vulgaris* Moench (1794) to avoid the tautonym *Behen behen*. If the species is transferred to the genus *Silene*, it may not retain its original epithet because of the existence of a *Silene behen* L. (1753). Therefore, the substitute name *Silene cucubalus* Wibel (1799) was created. However, the specific epithet *vulgaris* was still available under *Silene*. It was rightly reinstated in the combination *Silene vulgaris* (Moench) Garcke (1869).

55.2. On transference of a specific epithet under another generic name, the resulting combination must be retained for the species to which the type of the basionym belongs, and attributed to the author who first published it, even though it may have been applied erroneously to a different species (Art. 7.10; but see Arts. 48.1 and 59.6).

Ex. 9. Pinus mertensiana Bong. was transferred to the genus *Tsuga* by Carrière, who, however, as is evident from his description, erroneously applied the new combination *Tsuga mertensiana* to another species of *Tsuga*, namely *T. heterophylla* (Raf.) Sarg. The combination *Tsuga mertensiana* (Bong.) Carrière must not be applied to *T. heterophylla* (Raf.) Sarg. but must be retained for *Pinus mertensiana* Bong. when that species is placed in *Tsuga*; the citation in parentheses (under Art. 49) of the name of the original author, Bongard, indicates the type of the name.

Article 56

56.1. When an infraspecific taxon is transferred without change of rank to another genus or species, the final epithet of its formerly correct name must be retained unless one of the following obstacles exists:

(a) The resulting ternary combination, with a different type, has been previously and validly published for an infraspecific taxon of any rank;

(b) The epithet of an earlier legitimate name at the same rank is available (but see Arts. 13.1(d), 58, 59);

(c) Art. 26 provides that another epithet be used.

Ex. 1. Helianthemum italicum var. *micranthum* Gren. & Godron (Fl. France 1: 171. 1847) when transferred as a variety to *H. penicillatum* Thibaud ex Dunal retains its varietal epithet, becoming *H. penicillatum* var. *micranthum* (Gren. & Godron) Grosser (in Engler, Pflanzenr. 14 (IV.193): 115. 1903).

56.2. On transference of an infraspecific epithet under another specific name, the resulting combination must be retained for the taxon to which the type of the basionym belongs, and attributed to the author who first published it, even though it may have been applied erroneously to a different taxon (Art. 7.10; but see Arts. 48.1 and 59.6).

SECTION 3. CHOICE OF NAMES WHEN TAXA OF THE SAME RANK ARE UNITED

Article 57

57.1. When two or more taxa of the same rank are united, the earliest legitimate name or (for taxa below the rank of genus) the final epithet of the earliest legitimate name is retained, unless another epithet or a later name must be accepted under the provisions of Arts. 13.1(d), 14, 16.1, 19.3, 22.1, 26.1, 27, 55.1, 58, or 59.

Ex. 1. Schumann (in Engler & Prantl, Nat. Pflanzenfam. III, 6: 5. 1890), uniting the three genera *Sloanea* L. (1753), *Echinocarpus* Blume (1825), and *Phoenicosperma* Miq. (1865), rightly adopted the earliest of these three generic names, *Sloanea* L., for the resulting genus.

57.2. The author who first unites taxa bearing names of equal priority must choose one of them, unless an autonym is involved (see Art. 57.3). The name he chooses is then treated as having priority.

Ex. 2. If the two genera *Dentaria* L. (1 May 1753) and *Cardamine* L. (1 May 1753) are united, the resulting genus must be called *Cardamine* because that name was chosen by Crantz (Cl. Crucif. Emend. 126. 1769), who was the first to unite the two genera.

Ex. 3. R. Brown (in Tuckey, Narr. Exp. Congo 484. 1818) appears to have been the first to unite *Waltheria americana* L. (1 May 1753) and *W. indica* L. (1 May 1753). He adopted the name *W. indica* for the combined species, and this name is accordingly to be retained.

Ex. 4. Baillon (Adansonia 3: 162. 1863), when uniting for the first time *Sclerocroton integerrimus* Hochst. ex Krauss (Flora 28: 85. 1845) and *Sclerocroton reticulatus* Hochst. ex Krauss (Flora 28: 85. 1845), adopted the epithet *integerrimus* in the name of the combined taxon. Consequently this epithet is to be retained irrespective of the generic name (*Sclerocroton, Stillingia, Excoecaria, Sapium*) with which it is combined.

Ex. 5. Linnaeus in 1753 simultaneously published the names *Verbesina alba* and *V. prostrata.* Later (1771), he published *Eclipta erecta*, a superfluous name because *V. alba* is cited in synonymy, and *E. prostrata*, based on *V. prostrata*. The first author to unite these taxa was Roxburgh (Fl. Ind. 3: 438. 1832), who did so under the name *Eclipta prostrata* (L.) L., which therefore is to be used if these taxa are united and placed in the genus *Eclipta.*

Ex. 6. When the genera *Entoloma* (Fr. ex Rabenh.) P. Kummer (1871), *Leptonia* (Fr.) P. Kummer (1871), *Eccilia* (Fr.) P. Kummer (1871), *Nolanea* (Fr.) P. Kummer (1871), and *Claudopus* Gillet (1876) are united, one of the generic names simultaneously published by Kummer must be used for the whole, as was done by Donk (Bull. Jard. Bot. Buitenzorg ser. 3, 18(1): 157. 1949) who selected *Entoloma.* The name *Rhodophyllus* Quélet (1886), introduced to cover these combined genera, is superfluous.

57.3. An autonym is treated as having priority over the name or names of the same date and rank that established it.

Note 1. When the final epithet of an autonym is used in a new combination under the requirements of Art. 57.3, the basionym of that combination is the name from which the autonym is derived.

Ex. 7. *Heracleum sibiricum* L. (1753) includes *H. sibiricum* subsp. *lecokii* (Godron & Gren.) Nyman (1879) and *H. sibiricum* subsp. *sibiricum* (1879) automatically established at the same time. When *H. sibiricum* is included in *H. sphondylium* L. (1753) as a subspecies, the correct name for the taxon is *H. sphondylium* subsp. *sibiricum* (L.) Simonkai (1887), not subsp. *lecokii.*

Ex. 8. In the classification adopted by Rollins and Shaw, *Lesquerella lasiocarpa* (Hooker ex A. Gray) S. Watson is composed of two subspecies, subsp. *lasiocarpa* (which includes the type of the name of the species and is cited without an author) and subsp. *berlandieri* (A. Gray) Rollins & E. Shaw. The latter subspecies is composed of two varieties. In this classification the correct name of the variety which includes the type of subsp. *berlandieri* is *L. lasiocarpa* var. *berlandieri* (A. Gray) Payson (1922), not *L. lasiocarpa* var. *berlandieri* (cited without an author) nor *L. lasiocarpa* var. *hispida* (S. Watson) Rollins & E. Shaw (1972), based on *Synthlipsis berlandieri* var. *hispida* S. Watson (1882), since publication of the latter name established the autonym *Synthlipsis berlandieri* A. Gray var. *berlandieri* which, at varietal rank, is treated as having priority over var. *hispida.*

Recommendation 57A

57A.1. Authors who have to choose between two generic names should note the following suggestions:
(a) Of two names of the same date, to prefer that which was first accompanied by the description of a species.
(b) Of two names of the same date, both accompanied by descriptions of species, to prefer that which, when the author makes his choice, includes the larger number of species.
(c) In cases of equality from these various points of view, to select the more appropriate name.

Article 58

58.1. When a non-fossil taxon of plants, algae excepted, and a fossil (or subfossil) taxon of the same rank are united, the correct name of the non-fossil taxon is treated as having priority (see Pre.7).

Ex. 1. If *Platycarya* Siebold & Zucc. (1843), a non-fossil genus, and *Petrophiloides* Bowerbank (1840), a fossil genus, are united, the name *Platycarya* is accepted for the combined genus, although it is antedated by *Petrophiloides.*

Ex. 2. The generic name *Metasequoia* Miki (1941) was based on the fossil type of *M. disticha* (Heer) Miki. After discovery of the non-fossil species *M. glyptostroboides* Hu & Cheng, conservation of *Metasequoia* Hu & Cheng (1948) as based on the non-fossil type was approved. Otherwise, any new generic name based on *M. glyptostroboides* would have had to be treated as having priority over *Metasequoia* Miki.

SECTION 4. NAMES OF FUNGI WITH A PLEOMORPHIC LIFE CYCLE

Article 59

59.1. In ascomycetous and basidiomycetous fungi (including Ustilaginales) with mitotic asexual morphs (anamorphs) as well as a meiotic sexual morph (teleomorph), the correct name covering the holomorph (i.e., the species in all its morphs) is – except for lichen-forming fungi – the earliest legitimate name typified by an element representing the teleomorph, i.e. the morph characterized by the production of asci/ascospores, basidia/basidiospores, teliospores, or other basidium-bearing organs.

59.2. For a binary name to qualify as a name of a holomorph, not only must its type specimen be teleomorphic, but also the protologue must include a diagnosis or description of this morph (or be so phrased that the possibility of reference to the teleomorph cannot be excluded).

59.3. If these requirements are not fulfilled, the name is that of a form-taxon and is applicable only to the anamorph represented by its type, as described or referred to in the protologue. The accepted taxonomic disposition of the type of the name determines the application of the name, no matter whether the genus to which a subordinate taxon is assigned by the author(s) is holomorphic or anamorphic.

59.4. The priority of names of holomorphs at any rank is not affected by the earlier publication of names of anamorphs judged to be correlated morphs of the holomorph.

59.5. The provisions of this article shall not be construed as preventing the publication and use of binary names for form-taxa when it is thought necessary or desirable to refer to anamorphs alone.

Note 1. When not already available, specific or infraspecific names for anamorphs may be proposed at the time of publication of the name for the holomorphic fungus or later. The epithets may, if desired, be identical, as long as they are not in homonymous combinations.

59.6. As long as there is direct and unambiguous evidence for the deliberate introduction of a new morph judged by the author(s) to be correlated with the morph typifying a purported basionym, and this evidence is strengthened by fulfilment of all requirements in Arts. 32–45 for valid publication of a name of a new taxon, any indication such as 'comb. nov.' or 'nom. nov.' is regarded as a formal error, and the name introduced is treated as that of a new taxon, and attributed solely to the author(s) thereof. When only the requirements for valid publication of a new combination (Arts. 33, 34) have been fulfilled, the name is accepted as such and based, in accordance with Art. 55, on the type of the declared or implicit basionym.

Ex. 1. The name *Penicillium brefeldianum* Dodge, based on teleomorphic and anamorphic material, is a valid and legitimate name of a holomorph, in spite of the attribution of the species to a form-genus. It is legitimately combined in a holomorphic genus as *Eupenicillium brefeldianum* (Dodge) Stolk & Scott. *P. brefeldianum* is not available for use in a restricted sense for the anamorph alone.

Ex. 2. The name *Ravenelia cubensis* Arthur & Johnston, based on a specimen bearing only uredinia (an anamorph), is a valid and legitimate name of an anamorph, in spite of the attribution of the species to a holomorphic genus. It is legitimately combined in a form-genus as *Uredo cubensis* (Arthur & Johnston) Cummins. *R. cubensis* is not available for use inclusive of the teleomorph.

Ex. 3. *Mycosphaerella aleuritidis* was published as '(Miyake) Ou comb. nov., syn. *Cercospora aleuritidis* Miyake' but with a Latin diagnosis of the teleomorph. The indication 'comb. nov.' is taken as a formal error, and *M. aleuritidis* Ou is accepted as a validly published new specific name for the holomorph, typified by the teleomorphic material described by Ou.

Ex. 4. *Corticium microsclerotium* was published in 1939 as '(Matz) Weber, comb. nov., syn. *Rhizoctonia microsclerotia* Matz' with a description, only in English, of the teleomorph. Because of Art. 36, this may not be considered as the valid publication of the name of a new species, and so *C. microsclerotium* (Matz) Weber must be considered a validly published and legitimate new combination based on the specimen of the anamorph that typifies its basionym. *C. microsclerotium* Weber, as published in 1951 with a Latin description and a teleomorphic type, is an illegitimate later homonym of the combination *C. microsclerotium* (Matz) Weber (1939), typified by an anamorph.

Ex. 5. *Hypomyces chrysospermus* Tul. (Ann. Sci. Nat. Bot. ser. 4, 13: 16. 1860), presented as the name of a holomorph without the indication 'comb. nov.' but with explicit reference to *Mucor chrysospermus* (Bull.) Bull. and *Sepedonium chrysospermum* (Bull.) Fr., which are names of its anamorph, is not to be considered as a new combination but as the name of a newly described species, with a teleomorphic type.

Recommendation 59A

59A.1. When a new morph of a fungus is described, it should be published either as a new taxon (e.g., gen. nov., sp. nov., var. nov.) whose name has a teleomorphic type, or as a new anamorph (anam. nov.) whose name has an anamorphic type.

59A.2. When in naming a new morph of a fungus the epithet of the name of a different, earlier described morph of the same fungus is used, the new name should be designated as the name of a new taxon or anamorph, as the case may be, but not as a new combination based on the earlier name.

SECTION 5. CHOICE OF NAMES WHEN THE RANK OF A TAXON IS CHANGED

Article 60

60.1. In no case does a name have priority outside its own rank.

Ex. 1. *Campanula* sect. *Campanopsis* R. Br. (Prodr. 561. 1810) as a genus is called *Wahlenbergia*

Roth (1821), a name conserved against the taxonomic synonym *Cervicina* Delile (1813), and not *Campanopsis* (R. Br.) Kuntze (1891).

Ex. 2. Magnolia virginiana var. *foetida* L. (1753) when raised to specific rank is called *Magnolia grandiflora* L. (1759), not *M. foetida* (L.) Sarg. (1889).

Ex. 3. Lythrum intermedium Ledeb. (1822) when treated as a variety of *Lythrum salicaria* L. (1753) has been called *L. salicaria* var. *glabrum* Ledeb. (Fl. Ross. 2: 127. 1843), and hence may not be called *L. salicaria* var. *intermedium* (Ledeb.) Koehne (Bot. Jahrb. Syst. 1: 327. 1881).

Article 61

61.1. When a taxon at the rank of family or below is changed to another such rank, the correct name is the earliest legitimate one available in the new rank.

Recommendation 61A

61A.1. When a family or subdivision of a family is changed in rank and no earlier legitimate name is available in the new rank, the stem of the name should be retained and only the termination (*-aceae, -oideae, -eae, -inae*) altered, unless the resulting name would be a later homonym.

Ex. 1. The subtribe *Drypetinae* Pax (1890) (*Euphorbiaceae*) when raised to the rank of tribe was named *Drypeteae* (Pax) Hurusawa (1954); the subtribe *Antidesmatinae* Pax (1890) (*Euphorbiaceae*) when raised to the rank of subfamily was named *Antidesmatoideae* (Pax) Hurusawa (1954).

61A.2. When a section or a subgenus is raised in rank to a genus, or the inverse change occurs, the original name or epithet should be retained unless the resulting name would be contrary to this Code.

61A.3. When an infraspecific taxon is raised in rank to a species, or the inverse change occurs, the original epithet should be retained unless the resulting combination would be contrary to this Code.

61A.4. When an infraspecific taxon is changed in rank within the species, the original epithet should be retained unless the resulting combination would be contrary to this Code.

SECTION 6. REJECTION OF NAMES AND EPITHETS

Article 62

62.1. An epithet or a legitimate name must not be rejected merely because it is inappropriate or disagreeable, or because another is preferable or better known, or because it has lost its original meaning, or (in pleomorphic fungi with names governed by Art. 59) because the generic name does not accord with the morph represented by its type.

Ex. 1. The following changes are contrary to the rule: *Staphylea* to *Staphylis, Tamus* to *Thamnos, Thamnus,* or *Tamnus, Mentha* to *Minthe, Tillaea* to *Tillia, Vincetoxicum* to *Alexitoxicum;* and *Orobanche rapum* to *O. sarothamnophyta, O. columbariae* to *O. columbarihaerens, O. artemisiae* to *O. artemisiepiphyta.* All these modifications are to be rejected.

Ex. 2. Ardisia quinquegona Blume (1825) is not to be changed to *A. pentagona* A. DC. (1834), although the specific epithet *quinquegona* is a hybrid word (Latin and Greek) (see Rec. 23B.1(c)).

Ex. 3. The name *Scilla peruviana* L. is not to be rejected merely because the species does not grow in Peru.

Ex. 4. The name *Petrosimonia oppositifolia* (Pallas) Litv., based on *Polycnemum oppositifolium* Pallas, is not to be rejected merely because the species has leaves only partly opposite, and partly alternate, although there is another closely related species, *Petrosimonia brachiata* (Pallas) Bunge, having all its leaves opposite.

Ex. 5. *Richardia* L. is not to be changed to *Richardsonia*, as was done by Kunth, although the name was originally dedicated to the British botanist, Richardson.

62.2. The names of species and of subdivisions of genera assigned to genera whose names are conserved later homonyms, and which had earlier been assigned to the genera under the rejected homonymic names, are legitimate under the conserved names without change of authorship or date if there is no other obstacle under the rules.

Ex. 6. *Alpinia languas* J. F. Gmelin (1791) and *Alpinia galanga* (L.) Willd. (1797) are to be accepted although *Alpinia* L. (1753), to which they were assigned by their authors, is rejected and the genus in which they are now placed is *Alpinia* Roxb. (1810), nom. cons.

Article 63

63.1. A name is illegitimate and is to be rejected if it was nomenclaturally superfluous when published, i.e. if the taxon to which it was applied, as circumscribed by its author, included the type of a name which ought to have been adopted, or whose epithet ought to have been adopted, under the rules (but see Art. 63.3).

Ex. 1. The generic name *Cainito* Adanson (1763) is illegitimate because it was a superfluous name for *Chrysophyllum* L. (1753) which Adanson cited as a synonym.

Ex. 2. *Chrysophyllum sericeum* Salisb. (1796) is illegitimate, being a superfluous name for *C. cainito* L. (1753), which Salisbury cited as a synonym.

Ex. 3. On the other hand, *Salix myrsinifolia* Salisb. (1796) is legitimate, being explicitly based upon *S. myrsinites* of Hoffmann (Hist. Salic. Ill. 71. 1787), a misapplication of the name *S. myrsinites* L.

Ex. 4. *Picea excelsa* Link is illegitimate because it is based on *Pinus excelsa* Lam. (1778), a superfluous name for *Pinus abies* L. (1753). Under *Picea* the proper name is *Picea abies* (L.) H. Karsten.

Ex. 5. On the other hand, *Cucubalus latifolius* Miller and *C. angustifolius* Miller (1768) are not illegitimate names, although these species are now united with the species previously named *C. behen* L. (1753): *C. latifolius* Miller and *C. angustifolius* Miller as circumscribed by Miller did not include the type of *C. behen* L., which name he adopted for another independent species.

63.2. The inclusion of a type (see Art. 7) is here understood to mean the citation of the type specimen, the citation of an illustration of the type specimen, the citation of the type of a name, or the citation of the name itself unless the type is at the same time excluded either explicitly or by implication.

Ex. 6. Explicit exclusion of type: When publishing the name *Galium tricornutum*, Dandy (Watsonia 4: 47. 1957) cited *G. tricorne* Stokes (1787) pro parte as a synonym, but explicitly excluded the type of the latter name.

Ex. 7. Exclusion of type by implication: *Cedrus* Duhamel (1755) is a legitimate name even though *Juniperus* L. was cited as a synonym; only some of the species of *Juniperus* L. were included in *Cedrus* and the differences between the two genera are discussed, *Juniperus* (including its type) being recognized in the same work as an independent genus.

Ex. 8. *Tmesipteris elongata* Dangeard (Botaniste 2: 213. 1890-1891) was published as a new species but *Psilotum truncatum* R. Br. was cited as a synonym. However, on the following page (214), *T. truncata* (R. Br.) Desv. is recognized as a different species and on p. 216 the two are distinguished in a key, thus showing that the meaning of the cited synonym was either '*P. truncatum* R. Br. pro parte' or '*P. truncatum* auct. non R. Br.'

Ex. 9. *Solanum torvum* Sw. (Prodr. 47. 1788) was published with a new diagnosis but *S. indicum* L. (1753) was cited as a synonym. In accord with the practice in his Prodromus, Swartz indicated where the species was to be inserted in the latest edition [14, Murray] of the Systema Vegetabilium. *S. torvum* was to be inserted between species 26 *(S. insanum)* and 27 (*S. ferox*); the number of *S. indicum* in this edition of the Systema is 32. *S. torvum* is thus a legitimate name; the type of *S. indicum* is excluded by implication.

63.3. A name that was nomenclaturally superfluous when published is not illegitimate if its basionym is legitimate, or if it is based on the stem of a legitimate generic name. When published it is incorrect, but it may become correct later.

Ex. 10. *Chloris radiata* (L.) Sw. (1788), based on *Agrostis radiata* L. (1759), was nomenclaturally superfluous when published, since Swartz also cited *Andropogon fasciculatus* L. (1753) as a synonym. It is, however, the correct name in the genus *Chloris* for *Agrostis radiata* when *Andropogon fasciculatus* is treated as a different species, as was done by Hackel (in A. DC. & C. DC., Monogr. Phan. 6: 177. 1889).

Ex. 11. The generic name *Hordelymus* (Jessen) Jessen (1885), based on the legitimate *Hordeum* subg. *Hordelymus* Jessen (Deutschl. Gräser 202. 1863), was superfluous when published because its type, *Elymus europaeus* L., is also the type of *Cuviera* Koeler (1802). *Cuviera* Koeler has since been rejected in favour of its later homonym *Cuviera* DC., and *Hordelymus* (Jessen) Jessen can now be used as a correct name for the segregate genus containing *Elymus europaeus* L.

63.4. A statement of parentage accompanying the publication of a name for a hybrid cannot make the name superfluous.

Ex. 12. The name *Polypodium* × *shivasiae* Rothm. (1962) was proposed for hybrids between *P. australe* and *P. vulgare* subsp. *prionodes*, while at the same time the author accepted *P.* × *font-queri* Rothm. (1936) for hybrids between *P. australe* and *P. vulgare* subsp. *vulgare*. Under Art. H.4.1, *P.* × *shivasiae* is a synonym of *P.* × *font-queri*; nevertheless, it is not a superfluous name.

Article 64

64.1. A name, unless conserved (Art. 14) or sanctioned under Art. 13.1(d), is illegitimate if it is a later homonym, that is, if it is spelled exactly like a name based on a different type that was previously and validly published for a taxon of the same rank.

Note 1. Even if the earlier homonym is illegitimate, or is generally treated as a synonym on taxonomic grounds, the later homonym must be rejected.

Ex. 1. The name *Tapeinanthus* Boiss. ex Bentham (1848), given to a genus of *Labiatae*, is a later homonym of *Tapeinanthus* Herbert (1837), a name previously and validly published for a genus of *Amaryllidaceae; Tapeinanthus* Boiss. ex Bentham is therefore rejected, as was done by T. Durand (1888), who renamed it *Thuspeinanta*.

Ex. 2. The generic name *Amblyanthera* Müll. Arg. (1860) is a later homonym of the validly published generic name *Amblyanthera* Blume (1849) and is therefore rejected, although *Amblyanthera* Blume is now considered to be a synonym of *Osbeckia* L. (1753).

Ex. 3. The name *Torreya* Arn. (1838) is a nomen conservandum and is therefore not to be rejected because of the existence of the earlier homonym *Torreya* Raf. (1818).

Ex. 4. Astragalus rhizanthus Boiss. (1843) is a later homonym of the validly published name *Astragalus rhizanthus* Royle (1835) and it is therefore rejected, as was done by Boissier in 1849, who renamed it *A. cariensis.*

64.2. When two or more generic, specific, or infraspecific names based on different types are so similar that they are likely to be confused*, because they are applied to related taxa or for any other reason, they are to be treated as homonyms.

Ex. 5. Names treated as homonyms: *Astrostemma* Bentham and *Asterostemma* Decne.; *Pleuripetalum* Hooker and *Pleuropetalum* T. Durand; *Eschweilera* DC. and *Eschweileria* Boerl.; *Skytanthus* Meyen and *Scytanthus* Hooker.

Ex. 6. The three generic names *Bradlea* Adanson, *Bradleja* Banks ex Gaertner, and *Braddleya* Vell., all commemorating Richard Bradley, must be treated as homonyms because only one can be used without serious risk of confusion.

Ex. 7. Kadalia Raf. and *Kadali* Adanson (both *Melastomataceae*) are treated as homonyms (Taxon 15: 287. 1966); *Acanthoica* Lohmann and *Acanthoeca* W. Ellis (both flagellates) are sufficiently alike to be considered homonyms (Taxon 22: 313. 1973); *Solanum saltiense* S. L. Moore and *S. saltense* (Bitter) C. Morton should be treated as homonyms (Taxon 22: 153. 1973).

Ex. 8. Epithets so similar that they are likely to be confused if combined under the same generic or specific name: *chinensis* and *sinensis; ceylanica* and *zeylanica; napaulensis, nepalensis,* and *nipalensis; polyanthemos* and *polyanthemus; macrostachys* and *macrostachyus; heteropus* and *heteropodus; poikilantha* and *poikilanthes; pteroides* and *pteroideus; trinervis* and *trinervius; macrocarpon* and *macrocarpum; trachycaulum* and *trachycaulon.*

Ex. 9. Names not likely to be confused: *Rubia* L. and *Rubus* L.; *Monochaete* Doell and *Monochaetum* (DC.) Naudin; *Peponia* Grev. and *Peponium* Engler; *Iria* (Pers.) Hedwig and *Iris* L.; *Desmostachys* Miers and *Desmostachya* (Stapf) Stapf; *Symphyostemon* Miers and *Symphostemon* Hiern; *Gerrardina* Oliver and *Gerardiina* Engler; *Durvillaea* Bory and *Urvillea* Kunth; *Peltophorus* Desv. (*Gramineae*) and *Peltophorum* (Vogel) Bentham (*Leguminosae*); *Senecio napaeifolius* (DC.) Schultz-Bip. and *S. napifolius* MacOwan (the epithets being derived respectively from *Napaea* and *Napus*); *Lysimachia hemsleyana* Oliver and *L. hemsleyi* Franchet (see, however, Rec. 23A.2); *Euphorbia peplis* L. and *E. peplus* L.

---

* When it is doubtful whether names are sufficiently alike to be confused, a request for a decision may be submitted to the General Committee (see Division III) which will refer it for examination to the committee or committees for the appropriate taxonomic group or groups. A recommendation may then be put forward to an International Botanical Congress, and, if ratified, will become a binding decision. (This provision was adopted in 1981 and none of the examples are yet in the nature of a binding decision.)

Ex. 10. Acanthococcus Lagerh. (an alga) and *Acanthococos* Barb. Rodr. (a palm) are not likely to be confused and should not be treated as homonyms (Taxon 18: 735. 1969).

Ex. 11. Names conserved against earlier names treated as homonyms (see App. III): *Lyngbya* Gomont (vs. *Lyngbyea* Sommerf.); *Columellia* Ruiz & Pavón (vs. *Columella* Lour.), both commemorating Columella, the Roman writer on agriculture; *Cephalotus* Labill. (vs. *Cephalotos* Adanson); *Simarouba* Aublet (vs. *Simaruba* Boehmer).

64.3. The names of two subdivisions of the same genus, or of two infraspecific taxa within the same species, even if they are of different rank, are treated as homonyms if they have the same epithet and are not based on the same type. The same epithet may be used for subdivisions of different genera, and for infraspecific taxa within different species.

Ex. 12. Verbascum sect. *Aulacosperma* Murb. (1933) is allowed, although there was already a *Celsia* sect. *Aulacospermae* Murb. (1926). This, however, is not an example to be followed, since it is contrary to Rec. 21B.2.

Ex. 13. The names *Andropogon sorghum* subsp. *halepensis* (L.) Hackel and *A. sorghum* var. *halepensis* (L.) Hackel (in A. DC & C.DC., Monogr. Phan. 6: 502. 1889) are legitimate, since both have the same type and the epithet may be repeated under Rec. 26A.1.

Ex. 14. Anagallis arvensis var. *caerulea* (L.) Gouan (Fl. Monsp. 30. 1765), based on *A. caerulea* L. (1759), makes illegitimate the combination *A. arvensis* subsp. *caerulea* Hartman (Sv. Norsk Exc.-Fl. 32. 1846), based on the later homonym *A. caerulea* Schreber (1771).

64.4. When two or more homonyms have equal priority, the first of them that is adopted by an author who simultaneously rejects the other(s) is treated as having priority. Likewise, if an author substitutes other names for all but one of these homonyms, the homonym for the taxon that is not renamed is treated as having priority.

Ex. 15. Linnaeus simultaneously published both *Mimosa* 10 *cinerea* (Sp. Pl. 517. 1753) and *Mimosa* 25 *cinerea* (Sp. Pl. 520. 1753). In 1759, he renamed species 10 *Mimosa cineraria* and retained the name *Mimosa cinerea* for species 25; *Mimosa cinerea* is thus a legitimate name for species 25.

Ex. 16. Rouy & Foucaud (Fl. France 2: 30. 1895) published the name *Erysimum hieraciifolium* var. *longisiliquum*, with two different types, for two different taxa under different subspecies. Only one of these names can be maintained.

Article 65

65.1. Consideration of homonymy does not extend to the names of taxa not treated as plants, except as stated below:

(a) Later homonyms of the names of taxa once treated as plants are illegitimate, even though the taxa have been reassigned to a different group of organisms to which this Code does not apply.

(b) A name originally published for a taxon other than a plant, even if validly published under Arts. 32–45 of this Code, is illegitimate if it becomes a homonym of a plant name when the taxon to which it applies is first treated as a plant (see also Art. 45.4).

Note 1. The International Code of Nomenclature of Bacteria provides that a bacterial name is illegitimate if it is a later homonym of a name of a taxon of bacteria, fungi, algae, protozoa, or viruses.

Article 66

66.1. A name of a subdivision of a genus is illegitimate and is to be rejected if it was published in contravention of Arts. 51, 54, 57, 58, or 60, i.e. if its author did not adopt the epithet of the earliest legitimate name available for the taxon with its particular circumscription, position, and rank (but see Art. 63.3).

Note 1. Illegitimate names are not to be taken into consideration for purposes of priority (see Art. 45.3) except in the rejection of a later homonym (Art. 64).

Note 2. An epithet originally published as part of an illegitimate name may be adopted later for the same taxon, but in another combination (see Art. 72).

Article 67

67.1. A specific or infraspecific name is illegitimate and is to be rejected if it was published in contravention of Arts. 51, 53, 55, 56, or 60, i.e. if its author did not adopt the final epithet of the earliest legitimate name available for the taxon with its particular circumscription, position, and rank (but see Art. 63.3).

Note 1. Illegitimate names are not to be taken into consideration for purposes of priority (see Art. 45.3) except in the rejection of a later homonym (Art. 64).

Note 2. A final epithet originally published as part of an illegitimate name may be adopted later for the same taxon, but in another combination (see Art. 72).

Article 68

68.1. A specific name is not illegitimate merely because its epithet was originally combined with an illegitimate generic name, but is to be taken into consideration for purposes of priority if the epithet and the corresponding combination are in other respects in accordance with the rules.

Ex. 1. Agathophyllum A. L. Juss. (1789) is an illegitimate generic name, being a superfluous substitute for *Ravensara* Sonn. (1782). Nevertheless the validly published name *Agathophyllum neesianum* Blume (1851) is legitimate. Because Meisner cited *Agathophyllum neesianum* as a synonym of *Mespilodaphne mauritiana* Meisner (1864) but did not adopt its epithet, *M. mauritiana* is a superfluous name and hence illegitimate.

68.2. An infraspecific name may be legitimate even if its final epithet was originally placed under an illegitimate name.

Article 69

69.1. A name may be ruled as rejected if it has been widely and persistently used for a taxon or taxa not including its type. A name thus rejected, or its basionym if it has one, is placed on a list of nomina rejicienda. Along with the listed names, all combinations based on them are similarly rejected, and none is to be used.

69.2. The list of rejected names will remain permanently open for additions and changes. Any proposal of an additional name must be accompanied by a detailed statement of the cases both for and against its rejection. Such proposals must be submitted to the General Committee (see Division III), which will refer them for examination to the committees for the various taxonomic groups (see also Art. 15 and Rec. 15A).

Article 70

[Article 70, dealing with discordant elements, was deleted by the Leningrad Congress, 1975.]

Article 71

[Article 71, dealing with monstrosities, was deleted by the Leningrad Congress, 1975.]

Article 72

72.1. A name rejected under Arts. 63–67 or 69 is replaced by the name that has priority (Art. 11) in the rank concerned. If none exists in any rank a new name must be chosen: *(a)* the taxon may be treated as new and another name published for it, or *(b)* if the illegitimate name is a later homonym, an avowed substitute (nomen novum) based on the same type as the rejected name may be published for it. If a name is available in another rank, one of the above alternatives may be chosen, or *(c)* a new combination, based on the name in the other rank, may be published.

72.2. Similar action is to be taken if transfer of an epithet of a legitimate name would result in a combination that cannot be validly published under Arts. 21.3 or 23.4.

Ex. 1. Linum radiola L. (1753) when transferred to the genus *Radiola* may not be named *Radiola radiola* (L.) H. Karsten (1882), as that combination is invalid (see Arts. 23.4 and 32.1(b)). The next oldest name, *L. multiflorum* Lam. (1779), is illegitimate, being a superfluous name for *L. radiola* L. Under *Radiola*, the species has been given the legitimate name *R. linoides* Roth (1788).

Note 1. When a new epithet is required, an author may adopt an epithet previously given to the taxon in an illegitimate name if there is no obstacle to its employment in the new position or sense; the resultant combination is treated as the name of a new taxon or as a nomen novum, as the case may be.

Ex. 2. The name *Talinum polyandrum* Hooker (1855) is illegitimate, being a later homonym of *T. polyandrum* Ruiz & Pavón (1798). When Bentham, in 1863, transferred *T. polyandrum* Hooker to *Calandrinia*, he called it *Calandrinia polyandra*. This name is treated as having priority from 1863, and should be cited as *Calandrinia polyandra* Bentham, not *C. polyandra* (Hooker) Bentham.

Ex. 3. Cenomyce ecmocyna Achar. (1810) is a superfluous name for *Lichen gracilis* L. (1753), and so is *Scyphophora ecmocyna* Gray (1821), the type of *L. gracilis* still being included. However, when proposing the combination *Cladonia ecmocyna*, Leighton (1866) explicitly excluded that type and thereby published a new, legitimate name, *Cladonia ecmocyna* Leighton.

Recommendation 72A

72A.1. Authors should avoid adoption of the epithet of an illegitimate name previously published for the same taxon.

CHAPTER VI. ORTHOGRAPHY OF NAMES AND EPITHETS AND GENDER OF GENERIC NAMES

SECTION 1. ORTHOGRAPHY OF NAMES AND EPITHETS

Article 73

73.1. The original spelling of a name or epithet is to be retained, except for the correction of typographic or orthographic errors (but see Art. 32.5).

Ex. 1. Retention of original spelling: The generic names *Mesembryanthemum* L. (1753) and *Amaranthus* L. (1753) were deliberately so spelled by Linnaeus and the spelling is not to be altered to *Mesembrianthemum* and *Amarantus* respectively, although these latter forms are philologically preferable (see Bull. Misc. Inform. 1928: 113, 287). – *Phoradendron* Nutt. is not to be altered to *Phoradendrum.* – *Triaspis mozambica* Adr. Juss. is not to be altered to *T. mossambica*, as in Engler (Pflanzenw. Ost-Afrikas C: 232. 1895). – *Alyxia ceylanica* Wight is not to be altered to *A. zeylanica*, as in Trimen (Handb. Fl. Ceyl. 3: 127. 1895). – *Fagus sylvatica* L. is not to be altered to *F. silvatica*. The classical spelling *silvatica* is recommended for adoption in the case of a new name (Rec. 73E), but the mediaeval spelling *sylvatica* is not treated as an orthographic error. – *Scirpus cespitosus* L. is not to be altered to *S. caespitosus*.

Ex. 2. Typographic errors: *Globba brachycarpa* Baker (1890) and *Hetaeria alba* Ridley (1896) are typographic errors for *Globba trachycarpa* Baker and *Hetaeria alta* Ridley respectively (see J. Bot. 59: 349. 1921). – *Thevetia nereifolia* Adr. Juss. ex Steudel is an obvious typographic error for *T. neriifolia*.

Ex. 3. Orthographic error: *Gluta benghas* L. (1771), being an orthographic error for *G. renghas*, should be cited as *G. renghas* L., as has been done by Engler (in A. DC. & C. DC., Monogr. Phan. 4: 225. 1883); the vernacular name used as a specific epithet by Linnaeus is 'Renghas', not 'Benghas'.

Note 1. Art. 14.10 provides for the conservation of an altered spelling of a generic name.

Ex. 4. Bougainvillea (see Appendix III, Spermatophyta, no. 2350).

73.2. The words 'original spelling' in this Article mean the spelling employed when the name was validly published. They do not refer to the use of an initial capital or small letter, this being a matter of typography (see Art. 21.2, Rec. 73F).

73.3. The liberty of correcting a name is to be used with reserve, especially if the change affects the first syllable and, above all, the first letter of the name.

Ex. 5. The spelling of the generic name *Lespedeza* is not to be altered, although it commemorates Vicente Manuel de Céspedes (see Rhodora 36: 130–132, 390–392. 1934).

73.4. The letters *w* and *y*, foreign to classical Latin, and *k*, rare in that language, are permissible in Latin plant names.

73.5. When a name or epithet has been published in a work where the letters *u, v* or *i, j* are used interchangeably or in any other way incompatible with modern practices (one of those letters is not used or only in capitals), those letters should be transcribed in conformity with modern botanical usage.

Ex. 6. Uffenbachia Fabr., not *Vffenbachia; Taraxacum* Zinn, not *Taraxacvm; Curculigo* Gaertner, not *Cvrcvligo.*

Ex. 7. Geastrvm hygrometricvm Pers. and *Vredo pvstvlata* Pers. (1801) should be written respectively *Geastrum hygrometricum* and *Uredo pustulata.*

Ex. 8. Bromus iaponicus Thunb. (1784) should be written *Bromus japonicus.*

73.6. Diacritical signs are not used in Latin plant names. In names (either new or old) drawn from words in which such signs appear, the signs are to be suppressed with the necessary transcription of the letters so modified; for example *ä, ö, ü* become respectively *ae, oe, ue; é, è, ê* become *e,* or sometimes *ae; ñ* becomes *n; φ* becomes *oe; å* becomes *ao;* the diaeresis, however, is permissible.

Note 2. The diaeresis should be used where required in works in which diphthongs are not represented by special type, e.g. *Cephaëlis,* not *Cephaelis,* in works in which there is *Arisaema,* not *Arisæma.*

73.7. When changes made in orthography by earlier authors who adopt personal, geographic, or vernacular names in nomenclature are intentional latinizations, they are to be preserved, except for terminations covered by Art. 73.10.

Ex. 9. Valantia L. (1753), *Gleditsia* L. (1753), and *Clutia* L. (1753), commemorating Vaillant, Gleditsch, and Cluyt respectively, are not to be altered to *Vaillantia, Gleditschia,* and *Cluytia;* Linnaeus latinized the names of these botanists deliberately as 'Valantius', 'Gleditsius', and 'Clutius'.

Ex. 10. Zygophyllum billardierii DC. was named for J. J. H. de Labillardière (de la Billardière). The intended latinization is 'Billardierius' (in nominative), but the change in the termination is not acceptable under Art. 73.10 and the name is correctly spelled *Z. billardierei* DC.

73.8. The use of an incorrect compounding form in an epithet is treated as an orthographic error to be corrected (see Rec. 73G).

Ex. 11. Pereskia opuntiaeflora DC. is to be cited as *P. opuntiiflora* DC.

Ex. 12. Cacalia napeaefolia DC. and *Senecio napeaefolius* (DC.) Schultz-Bip. are to be cited as *Cacalia napaeifolia* DC. and *Senecio napaeifolius* (DC.) Schultz-Bip. respectively; the specific epithet refers to the resemblance of the leaves to those of the genus *Napaea* (not *Napea*), and the substitute (connecting) vowel *-i* should have been used instead of the genitive singular inflection *-ae.*

73.9. The use of a hyphen after a compounding form in an epithet is treated as an orthographic error to be corrected.

Ex. 13. Acer pseudoplatanus L., not *A. pseudo-platanus; Ficus neoëbudarum* Summerh., not *F. neo-ebudarum; Lycoperdon atropurpureum* Vitt., not *L. atro-purpureum; Croton ciliatoglandulifer*

Ortega, not *C. ciliato-glandulifer; Scirpus* sect. *Pseudoëriophorum* Jurtzer, not *S.* sect. *Pseudoeriophorum.*

Note 3. Art. 73.9 refers only to epithets (in combinations), not to names of genera or taxa in higher ranks; a generic name published with a hyphen can be changed only by conservation.

Ex. 14. Pseudo-salvinia Piton (1940).

Note 4. A hyphen is permitted in an epithet after a word which could stand independently (not a compounding form) (see Art. 23.1).

Ex. 15. Aster novae-angliae L., *Coix lacryma-jobi* L., *Peperomia san-felipensis* J. D. Smith, *Arctostaphylos uva-ursi* (L.) Sprengel, *Veronica anagallis-aquatica* L. (Art. 23.3).

73.10. The wrong use of the terminations, for example *-i, -ii, -ae, -iae, -anus,* and *-ianus,* mentioned in Rec. 73C.1 is treated as an orthographic error to be corrected (see also Art. 32.5).

Ex. 16. Rosa pissarti Carrière (Rev. Hort. 1880: 314) is a typographic error for *R. pissardi* (see Rev. Hort. 1881: 190), which in its turn is treated as an orthographic error for *R. pissardii* (see Rec. 73C.1(b)).

Recommendation 73A

73A.1. When a new name or epithet is to be derived from Greek, the transliteration to Latin should conform to classical usage.

73A.2. The spiritus asper should be transcribed in Latin as the letter *h*.

Recommendation 73B

73B.1. When a new name for a genus, subgenus, or section is taken from the name of a person, it should be formed as follows:

(a) When the name of the person ends in a vowel, the letter *-a* is added (thus *Ottoa* after Otto; *Sloanea* after Sloane), except when the name ends in *-a*, when *-ea* is added (e.g. *Collaea* after Colla), or in *-ea* (as *Correa*), when no letter is added.

(b) When the name of the person ends in a consonant, the letters *-ia* are added, except when the name ends in *-er*, when *-a* is added (e.g. *Kernera* after Kerner). In latinized names ending in *-us*, this termination is dropped before adding the suffix (*Dillenia* after Dillenius).

(c) The syllables not modified by these endings retain their original spelling, unless they contain letters foreign to Latin plant names or diacritical signs (see Art. 73.6).

Note 1. Names may be accompanied by a prefix or a suffix, or be modified by anagram or abbreviation. In these cases they count as different words from the original name.

Ex. 1. Durvillaea and *Urvillea; Lapeirousia* and *Peyrousea; Englera, Englerastrum,* and *Englerella; Bouchea* and *Ubochea; Gerardia* and *Graderia; Martia* and *Martiusia.*

Recommendation 73C

73C.1. Modern personal names may be given Latin terminations and used to form specific and infraspecific epithets as follows:

(a) If the personal name ends in a vowel or *-er*, substantive epithets are formed by adding the genitive inflection appropriate to the gender and number of the person(s) honoured (e.g., *scopoli-i* for Scopoli (m), *fedtschenko-i* for Fedtschenko (m), *glaziou-i* for Glaziou (m), *lace-ae* for Lace (f), *hooker-orum* for the Hookers), except when the name ends in *-a*, in which case adding *-e* (singular) or *-rum* (plural) is appropriate (e.g. *triana-e* for Triana (m)).

(b) If the personal name ends in a consonant (except *-er*), substantive epithets are formed by adding *-i-* (stem augmentation) plus the genitive inflection appropriate to the gender and number of the person(s) honoured (e.g. *lecard-ii* for Lecard (m), *wilson-iae* for Wilson (f), *verlot-iorum* for the Verlot brothers, *braun-iarum* for the Braun sisters).

(c) If the personal name ends in a vowel, adjectival epithets are formed by adding *-an-* plus the nominative singular inflection appropriate to the gender of the generic name (e.g., *Cyperus heyneanus* for Heyne, *Vanda lindley-ana* for Lindley, *Aspidium bertero-anum* for Bertero), except when the personal name ends in *-a* in which case *-n-* plus the appropriate inflection is added (e.g. *balansa-nus* (m), *balansa-na* (f), and *balansa-num* (n) for Balansa).

(d) If the personal name ends in a consonant, adjectival epithets are formed by adding *-i-* (stem augmentation) plus *-an-* (stem of adjectival suffix) plus the nominative singular inflection appropriate to the gender of the generic name (e.g. *Rosa webb-iana* for Webb, *Desmodium griffith-ianum* for Griffith, *Verbena hassler-iana* for Hassler).

Note 1. The hyphens in the above examples are used only to set off the total appropriate termination.

73C.2. Personal names already in Greek or Latin, or possessing a well-established latinized form, should be given their appropriate Latin genitive to form substantive epithets (e.g. *alexandri* from Alexander or Alexandre, *augusti* from Augustus or August or Auguste, *linnaei* from Linnaeus, *martii* from Martius, *beatricis* from Beatrix or Béatrice, *hectoris* from Hector). (However, modern personal names are subject to the provisions of Art. 73.10.) Treating modern names as if they were in Third Declension should be avoided (e.g. *munronis* from Munro, *richardsonis* from Richardson).

73C.3. In forming new epithets based on personal names the original spelling of the personal name should not be modified unless it contains letters foreign to Latin plant names or diacritical signs (see Art. 73.6).

73C.4. Prefixes and particles ought to be treated as follows:

(a) The Scottish patronymic prefix 'Mac', 'Mc' or 'M', meaning 'son of', should be spelled 'mac' and united with the rest of the name, e.g. *macfadyenii* after Macfadyen, *macgillivrayi* after MacGillivray, *macnabii* after McNab, *mackenii* after M'Ken.

(b) The Irish patronymic prefix 'O' should be united with the rest of the name or omitted, e.g. *obrienii, brienianus* after O'Brien, *okellyi* after O'Kelly.

(c) A prefix consisting of an article, e.g. le, la, l', les, el, il, lo, or containing an article e.g. du, de la, des, del, della, should be united to the name, e.g. *leclercii* after Le Clerc, *dubuyssonii* after DuBuysson, *lafarinae* after La Farina, *logatoi* after Lo Gato.

(d) A prefix to a surname indicating ennoblement or canonization should be omitted, e.g. *candollei* after de Candolle, *jussieui* after de Jussieu, *hilairei* after Saint-Hilaire, *remyi* after St. Rémy; in geographical epithets, however, 'St.' is rendered as *sanctus* (m) or *sancta* (f), e.g. *sancti-johannis*, of St. John, *sanctae-helenae*, of St. Helena.

(e) A German or Dutch prefix when it is normally treated as part of the family name, as often happens outside its country of origin, e.g. in the United States, may be included in the epithet, e.g. *vonhausenii* after Vonhausen, *vanderhoekii* after Vanderhoek, *vanbruntiae* after Mrs. Van Brunt, but should otherwise be omitted, e.g. *iheringii* after von Ihering, *martii* after von Martius, *steenisii* after van Steenis, *strassenii* after zu Strassen, *vechtii* after van der Vecht.

Recommendation 73D

73D.1. An epithet derived from a geographical name is preferably an adjective and usually takes the termination *-ensis, -(a)nus, -inus,* or *-icus*.

Ex. 1. Rubus quebecensis (from Quebec), *Ostrya virginiana* (from Virginia), *Eryngium amorginum* (from Amorgos), *Polygonum pensylvanicum* (from Pennsylvania).

Recommendation 73E

73E.1. A new epithet should be written in conformity with the original spelling of the word or words from which it is derived and in accordance with the accepted usage of Latin and latinization (see Art. 23.5).

Ex. 1. sinensis (not *chinensis*).

Recommendation 73F

73F.1. All specific and infraspecific epithets should be written with a small initial letter, although authors desiring to use capital initial letters may do so when the epithets are directly derived from the names of persons (whether actual or mythical), or are vernacular (or non-Latin) names, or are former generic names.

Recommendation 73G

73G.1. A compound name or an epithet which combines elements derived from two or more Greek or Latin words should be formed, as far as practicable, in accordance with classical usage (see Art. 73.8). This may be stated as follows:

(a) In a true compound, a noun or adjective in non-final position appears as a stem without case ending with one of the following modifications to derive its compounding forms:

(1) If the stem ends in a consonant, a connecting vowel (-*o*- in Greek, -*i*- in Latin) is inserted before a following consonant (*Leont-o-podium*, stem *leont-; cord-i-folius*, stem *cord-*). Before a following vowel the connecting vowel is omitted (*Leont-ice; cord-atus*).

(2) If the stem ends, or appears to end, in the vowels -*a*, -*e*, -*o*, or -*u*, this stem vowel is normally deleted before a following consonant. For Greek words, -*o* is substituted (*Acantho-panax*, stem *acantha-; Limno-charis*, stem *limne-; Cyclo-sorus*, stem *cyclo-*). For Latin words, -*i* is substituted (*magnolii-florus*, stem *magnolia-; lilii-florus*, stem *lilio-; querci-folius*, stem *quercu-*), except for the rare *e*-stems. Before a following vowel the above stem vowels are deleted and the Greek -*o* and Latin -*i* are not substituted (*Acanth-ella, Limn-anthes, Cycl-anthus, Magnoli-aceae, Lili-ales, querc-etum*). In certain words the stem vowel may be preserved; this can only be determined by comparison with existing classical compounds (*Coryne-phorus*, stem *coryne-; re-cula, re-al*, stem *re-*).

(3) If the stem ends in the vowels -*y*, -*i*, or the rare diphthongs -*au*, -*eu*, or -*ou*, the stem vowel is normally preserved (*Pachy-phytum, Pachy-anthus*, stem *pachy-; Lysi-machia, Lisi-anthus*, stem *lysi-; Nau-clea*, stem *nau-*). For certain stems, such as those of Greek nouns ending in -*y* or sometimes -*i*, the connecting vowel -*o*- is added before a consonant (*Ichthy-o-there*, stem *ichthy-; Ophi-o-glossum*, stem *ophi-*). The Greek diphthong stem endings are normally preserved but often undergo changes (*Bo-opis*, stem *bou-; oreo-comus*, stem *oreu-; Basilo-xylon*, stem *basileu-*).

(b) A pseudocompound is a noun or adjectival phrase treated as if it were a single compound word. In a pseudocompound, a noun or adjective in a non-final position appears as a word with a case ending, not as a modified stem. Examples are: *nidus-avis* (nest of bird), *Myos-otis* (ear of mouse), *cannae-folius* (leaf of canna), *albo-marginatus* (margined with white), etc. Some irregular forms have been developed on the analogy of pseudocompounds, such as *atro-purpureus* (purple with black, where the correct phrasing could have been *purpureus cum atro*). Others have been deliberately introduced to reveal etymological differences when different word elements have the same compounding forms, such as *tubi-* from tube (*tubus, tubi*, stem *tubo-*) or from trumpet (*tuba, tubae*, stem *tuba-*) where *tubaeflorus* can only mean trumpet-flowered; also *carici-* is the compounding form from both papaya (*carica, caricae*, stem *carica-*) and sedge (*carex, caricis*, stem *caric-*) where *caricaefolius* can only mean papaya-leaved. The latter use of genitive singular of First Declension for pseudocompounding is treated as an error to be corrected unless it makes an etymological distinction.

(c) Some common irregular forms are used in compounding. Examples are *hydro-* and *hydr-* (*Hydrophyllum*) where the regular noun stem is *hydat-; calli-* (*Calli-stemon*) where the regular adjective stem is *calo-;* and *meli-* (*Meli-osma, Meli-lotus*) where the regular noun stem is *melit-*.

Note 1. The hyphens in the above examples are given solely for explanatory reasons. For the use of hyphens in botanical names and epithets see Arts. 20.3, 23.1, and 73.9.

Recommendation 73H

73H.1. Epithets of fungus names derived from the generic name of the host plant should be spelled in accordance with the accepted spelling of this name; other spellings are regarded as orthographic variants to be corrected (see Art. 75).

Ex. 1. *Phyllachora anonicola* Chardon is to be altered to *P. annonicola*, since the spelling *Annona* is now accepted in preference to *Anona*. – *Meliola albizziae* Hansford & Deighton is to be altered to *M. albiziae*, since the spelling *Albizia* is now accepted in preference to *Albizzia*.

Recommendation 73I

73I.1 The etymology of new names and epithets should be given when the meaning of these is not obvious.

Article 74

[Article 74, dealing with variant spellings of Linnaean generic names, was deleted by the Sydney Congress, 1981 (but see Art. 13.4).]

Article 75

75.1. Only one orthographic variant of any one name is treated as validly published, the form which appears in the original publication except as provided in Art. 73 (orthographic and typographic errors), Art. 14.10 (conserved spellings), and Art. 32.5 (incorrect Latin terminations).

Note 1. Orthographic variants are the various spelling, compounding, and inflectional forms of a name or epithet (including typographic errors), only one type being involved. (For confusingly similar names based on different types, see Art. 64.2-3.)

75.2. If orthographic variants of a name appear in the original publication, the one that conforms to the rules and best suits the recommendations of Art. 73 is to be retained; otherwise the first author who explicitly adopts one of the variants, rejecting the other(s), must be followed.

75.3. The orthographic variants of a name are to be automatically corrected to the validly published form of that name. Whenever such a variant appears in print, it is to be treated as if it were printed in its corrected form.

SECTION 2. GENDER OF GENERIC NAMES

Recommendation 75A

75A.1. A Greek or Latin word adopted as a generic name should retain its gender. When the gender varies the author should choose one of the alternative genders. In doubtful cases general usage should be followed. The following names, however, should be treated as feminine in accordance with botanical custom, irrespective of classical usage or the author's original usage: *Adonis, Diospyros, Hemerocallis, Orchis, Stachys,* and *Strychnos.*

Ex. 1. The classical gender of *Atriplex* varied (e.g. feminine in Columella, neuter in Pliny); Linnaeus treated the name as feminine and should be followed. However, *Phyteuma* was consistently neuter (e.g. Dioscorides, Pliny), *Sicyos* consistently masculine (Theophrastus, Dioscorides), and *Erigeron* consistently masculine (Theophrastus, Dioscorides, Pliny), and these should retain their classical gender even though Linnaeus treated them otherwise.

75A.2. Generic names compounded from two or more Greek or Latin words should take the gender of the last. If the termination is altered, however, the gender should follow it.

(a) Modern compounds ending in *-codon, -myces, -odon, -panax, -pogon, -stemon,* and other masculine words should be masculine, irrespective of the fact that the generic names *Andropogon* L. and *Oplopanax* (Torrey & A. Gray) Miq. were originally treated as neuter by their authors.

(b) Similarly, all modern compounds ending in *-achne, -chlamys, -daphne, -mecon, -osma* (the modern transcription of the feminine Greek word osmé) and other feminine words should be feminine, irrespective of the fact that *Dendromecon* Bentham and *Hesperomecon* E. Greene were originally ascribed the neuter gender. An exception should be made in the case of names ending in *-gaster,* which strictly speaking ought to be feminine, but which should be treated as masculine in accordance with botanical custom.

(c) Similarly, all modern compounds ending in *-ceras, -dendron, -nema, -stigma, -stoma* and other neuter words should be neuter, irrespective of the fact that Robert Brown and Bunge respectively made *Aceras* and *Xanthoceras* feminine. An exception should be made for names ending in *-anthos* (or *-anthus*) and *-chilos* (*-chilus* or *-cheilos*), which ought to be neuter, since that is the gender of the Greek words anthos and cheilos, but which have generally been treated as masculine and should have that gender assigned to them.

Ex. 2. Compound generic names where the termination of the last word is altered: *Stenocarpus, Dipterocarpus,* and all other modern compounds ending in the Greek masculine *-carpos* (or *-carpus*), e.g. *Hymenocarpos,* should be masculine; those in *-carpa* or *-carpaea,* however, should be feminine e.g. *Callicarpa* and *Polycarpaea;* and those in *-carpon, -carpum,* or *-carpium* should be neuter, e.g. *Polycarpon, Ormocarpum,* and *Pisocarpium.*

75A.3. Arbitrarily formed generic names or vernacular names or adjectives used as generic names, whose gender is not apparent, should take the gender assigned to them by their authors. Where the original author has failed to indicate the gender, the next subsequent author may choose a gender, and his choice should be accepted.

Ex. 3. Taonabo Aublet should be feminine: Aublet's two species were *T. dentata* and *T. punctata.*

Ex. 4. Agati Adanson was published without indication of gender: the feminine gender was assigned to it by Desvaux (J. Bot. Agric. 1: 120. 1813), who was the first subsequent author to adopt the name, and his choice should be accepted.

Ex. 5. Boehmer (in Ludwig, Def. Gen. Pl. ed. 3. 436. 1760) and Adanson (Fam. Pl. 2: 356. 1763) failed to indicate the gender of *Manihot:* the first author to supply specific epithets was Crantz (Inst. Rei Herb. 1: 167. 1766), who proposed the names *Manihot gossypiifolia,* etc., and *Manihot* should therefore be treated as feminine.

75A.4. Generic names ending in *-oides* or *-odes* should be treated as feminine and those ending in *-ites* as masculine, irrespective of the gender assigned to them by the original author.

Recommendation 75B

75B.1. When a genus is divided into two or more genera, the gender of the new generic name or names should be that of the generic name that is retained.

Ex. 1. When *Boletus* is divided, the gender of the new generic names should be masculine: *Xerocomus*, *Boletellus*, etc.

DIVISION III. PROVISIONS FOR MODIFICATION
OF THE CODE

Div.III.1. Modification of the Code. The Code may be modified only by action of a plenary session of an International Botanical Congress on a resolution moved by the Nomenclature Section of that Congress.*

Div.III.2. Nomenclature Committees. Permanent Nomenclature Committees are established under the auspices of the International Association for Plant Taxonomy. Members of these committees are elected by an International Botanical Congress. The Committees have power to co-opt and to establish subcommittees; such officers as may be desired are elected.

(1) General Committee, composed of the secretaries of the other committees, the rapporteur-général, the president and the secretary of the International Association for Plant Taxonomy, and at least 5 members to be appointed by the Nomenclature Section. The rapporteur-général is charged with the presentation of nomenclature proposals to the International Botanical Congress.

(2) Committee for Spermatophyta.

(3) Committee for Pteridophyta.

(4) Committee for Bryophyta.

(5) Committee for Fungi and Lichens.

(6) Committee for Algae.

(7) Committee for Hybrids.

(8) Committee for Fossil Plants.

(9) Editorial Committee, charged with the preparation and publication of the Code in conformity with the decisions adopted by the International Botanical Congress. Chairman: the rapporteur-général of the previous Congress, who is charged with the general duties in connection with the editing of the Code.

Div.III.3. The Bureau of Nomenclature of the International Botanical Congress. Its officers are: *(1)* the president of the Nomenclature Section, elected by

---

* In the event that there should not be another International Botanical Congress, authority for the International Code of Botanical Nomenclature shall be transferred to the International Union of Biological Sciences or to an organization at that time corresponding to it. The General Committee is empowered to define the machinery to achieve this.

the organizing committee of the International Botanical Congress in question; *(2)* the recorder, appointed by the same organizing committee; *(3)* the rapporteur-général, elected by the previous Congress; *(4)* the vice-rapporteur, elected by the organizing committee on the proposal of the rapporteur-général.

Div.III.4. The voting on nomenclature proposals is of two kinds: *(a)* a preliminary guiding mail vote and *(b)* a final and binding vote at the Nomenclature Section of the International Botanical Congress.

Qualifications for voting:
(a) Preliminary mail vote:
    (1) The members of the International Association for Plant Taxonomy.
    (2) The authors of proposals.
    (3) The members of the nomenclature committees.

Note 1. No accumulation or transfer of personal votes is permissible.

(b) Final vote at the sessions of the Nomenclature Section:
    (1) All officially enrolled members of the Section. No accumulation or transfer of personal votes is permissible.
    (2) Official delegates or vice-delegates of the institutes appearing on a list drawn up by the Bureau of Nomenclature of the International Botanical Congress and submitted to the General Committee for final approval; such institutes are entitled to 1–7 votes, as specified on the list.* Transfer of institutional votes to specified vice-delegates is permissible, but no single person will be allowed more than 15 votes, his personal vote included. Institutional votes may be deposited at the Bureau of Nomenclature to be counted in a specified way for specified proposals.

---

* The Sydney Congress directed that no single institution, even in the wide sense of the term, shall be entitled to more than 7 votes.

APPENDIX I

NAMES OF HYBRIDS

Article H.1

H.1.1. Hybridity is indicated by the use of the multiplication sign ×, or by the addition of the prefix 'notho-'* to the term denoting the rank of the taxon.

Article H.2

H.2.1. A hybrid between named taxa may be indicated by placing the multiplication sign between the names of the taxa; the whole expression is then called a hybrid formula.

Ex. 1. Agrostis L. × *Polypogon* Desf.; *Agrostis stolonifera* L. × *Polypogon monspeliensis* (L.) Desf.; *Salix aurita* L. × *S. caprea* L.; *Mentha aquatica* L. × *M. arvensis* L. × *M. spicata* L.; *Polypodium vulgare* subsp. *prionodes* Rothm. × subsp. *vulgare.*

Recommendation H.2A

H.2A.1. It is usually preferable to place the names or epithets in a formula in alphabetical order. The direction of a cross may be indicated by including the sexual symbols (♀: female; ♂: male) in the formula, or by placing the female parent first. If a non-alphabetical sequence is used, its basis should be clearly indicated.

Article H.3

H.3.1. Hybrids between representatives of two or more taxa may receive a name. The hybrid nature of a taxon is indicated by placing the multiplication sign × before the name of an intergeneric hybrid or before the epithet of an interspecific hybrid, or by prefixing the term 'notho-' (optionally abbreviated 'n-') to the term denoting the rank of the taxon (see Art. 4.1). All such taxa are designated nothotaxa.

Ex. 1. (The putative or known parentage is found in Art. H.2, Ex.1.) × *Agropogon* P. Fourn.; × *Agropogon littoralis* (Smith) C. E. Hubb.; *Salix* × *capreola* Kerner ex Andersson; *Mentha* × *smithiana* R. A. Graham; *Polypodium vulgare* nothosubsp. *mantoniae* (Rothm.) Schidlay.

---

* From the Greek nothos (νοθος) meaning hybrid.

H.3.2. A nothotaxon cannot be designated unless at least one parental taxon is known or can be postulated.

H.3.3. The epithet of a nothospecies is termed a collective epithet.

H.3.4. For purposes of homonymy and synonymy the multiplication sign and the prefix 'notho-' are disregarded.

Ex. 2. × *Hordelymus* Bacht. & Darevskaja (1950) (= *Elymus* L. × *Hordeum* L.) is a later homonym of *Hordelymus* (Jessen) Jessen (1885).

Note 1. Taxa which are believed to be of hybrid origin need not be designated as nothotaxa.

Ex. 3. The true-breeding tetraploid raised from the artificial cross *Digitalis grandiflora* L. × *D. purpurea* L. may, if desired, be referred to as *D. mertonensis* Buxton & Darl.; *Triticum aestivum* L. is treated as a species although it is not found in nature and its genome has been shown to be composed of those of *T. monococcum, Aegilops speltoides*, and *A. squarrosa*; the taxon known as *Phlox divaricata* subsp. *laphamii* (Wood) Wherry is believed by Levin (Evolution 21: 92–108. 1967) to be a stabilized product of hybridization between *P. divaricata* L. subsp. *divaricata* and *P. pilosa* subsp. *ozarkana* Wherry.

Note 2. The term 'collective epithet' is used in the International Code of Nomenclature for Cultivated Plants-1980 to include also epithets in modern language.

Recommendation H.3A

H.3A.1. The multiplication sign in the name of a nothotaxon should be placed against the initial letter of the name or epithet. However, if the mathematical symbol is not available and the letter *x* is used instead, a single letter space may be left between it and the epithet if this helps to avoid ambiguity. The letter *x* should be in lower case.

Article H.4

H.4.1. When all the parent taxa can be postulated or are known, a nothotaxon is circumscribed so as to include all individuals (as far as they can be recognized) derived from the crossing of the stated set of parent taxa (i.e. not only the F_1 but subsequent filial generations and also back-crosses and combinations of these). There can thus be only one correct name corresponding to a particular hybrid formula; this is the earliest legitimate name (see Art. 6.3) in the appropriate rank (Art. H.5), and other names to which the same hybrid formula applies are synonyms of it.

Ex. 1. The names *Oenothera* × *wienii* Renner ex Rostański (1977) and *O.* × *hoelscheri* Renner ex Rostański (1968) are both considered to apply to the hybrid *O. rubricaulis* × *O. depressa;* the types of the two nothospecific names are known to differ by a whole gene-complex; nevertheless, the later name is treated as a synonym of the earlier.

Note 1. Variation within nothospecies and nothotaxa of lower rank may be treated according to Art. H.12 or, if appropriate, according to the International Code of Nomenclature for Cultivated Plants-1980.

Article H.5

H.5.1. A nothotaxon has the same rank as its postulated or known parent taxa.

H.5.2. If the postulated or known parent taxa are of unequal rank the nothotaxon must have the lower rank (see Art. H.11.2).

Article H.6

H.6.1. A nothogeneric name (i.e. the name at generic rank for a hybrid between two or more genera) is a condensed formula or is equivalent to a condensed formula.

H.6.2. The nothogeneric name of a bigeneric hybrid is a condensed formula in which the names adopted for the parental genera are combined into a single word, using the first part or the whole of one, the last part or the whole of the other (but not the whole of both) and, if desirable, a connecting vowel.

Ex. 1. × *Agropogon* P. Fourn. (= *Agrostis* × *Polypogon*); × *Gymnanacamptis* Asch. & Graebner (= *Anacamptis* × *Gymnadenia*); × *Cupressocyparis* Dallimore (= *Chamaecyparis* × *Cupressus*); × *Seleniphyllum* Rowley (= *Epiphyllum* × *Selenicereus*).

Ex. 2. × *Amarcrinum* Coutts (1925) is correct for *Amaryllis* L. × *Crinum* L., not × *Crindonna* Ragion. (1921). The latter name was proposed for the same nothogenus, but was formed from the generic name adopted for one parent (*Crinum*) and a synonym (*Belladonna* Sweet) of the generic name adopted for the other (*Amaryllis*). Being contrary to Art. H.6, it is not validly published under Art. 32.1(b).

Ex. 3. The name × *Leucadenia* Schlechter is correct for *Leucorchis* E. Meyer × *Gymnadenia* R. Br., but if the generic name *Pseudorchis* Séguier is adopted instead of *Leucorchis*, × *Pseudadenia* P. Hunt is correct.

Ex. 4. × *Aporophyllum* Johnson when first published was defined as *Aporocactus* × members of the 'Orchid Cacti'. The latter constitute the epicacti ('epiphyllums' of horticulture) – a complex descended from 4 or 5 separate genera. This name is hence not validly published (Art. 32.1(b)) because it conflicts with Art. H.6.3. For the bigeneric hybrid *Aporocactus* × *Epiphyllum* a different name applies (× *Aporepiphyllum* Rowley).

Ex. 5. Boivin (1967) published × *Maltea* for what he considered to be the intergeneric hybrid *Phippsia* × *Puccinellia*. As this is not a condensed formula, the name cannot be used for that intergeneric hybrid, for which the correct name is × *Pucciphippsia* Tzvelev (1971). Boivin did, however, provide a Latin description and designate a type; consequently, *Maltea* is a validly published generic name and is correct if its type is treated as belonging to a separate genus, not to a nothogenus.

H.6.3. The nothogeneric name of an intergeneric hybrid derived from four or more genera is formed from the name of a collector, grower, or student of the group, to which is added the termination *-ara*; no such name may exceed eight syllables. Such a name is regarded as a condensed formula.

Ex. 6. × *Potinara* hort. (= *Brassavola* × *Cattleya* × *Laelia* × *Sophronitis*).

H.6.4. The nothogeneric name of a trigeneric hybrid is either *(a)* a condensed formula in which the three names adopted for the parental genera are combined into a single word not exceeding eight syllables, using the whole or first part of one, followed by the whole or any part of another, followed by the whole or last part of the third (but not the whole of all three) and, if desirable, one or two connecting vowels, or *(b)* a name formed like that of a nothogenus derived from four or more genera, i.e., from a personal name to which is added the termination *-ara*.

Ex. 7. × *Sophrolaeliocattleya* hort. (= *Cattleya* × *Laelia* × *Sophronitis*); × *Vascostylis* hort. (= *Ascocentrum* × *Rhynchostylis* × *Vanda*); × *Rodrettiopsis* Moir (= *Comparettia* × *Ionopsis* × *Rodriguezia*); × *Wilsonara* hort. (= *Cochlioda* × *Odontoglossum* × *Oncidium*).

Article H.7

H.7.1. The name of a nothotaxon which is a hybrid between subdivisions of a genus is a combination of an epithet, which is a condensed formula formed in the same way as a nothogeneric name (Art. H.6.2), with the name of the genus.

Ex. 1. Ptilostemon nothosect. *Platon* Greuter (Boissiera 22: 159. 1973), comprising hybrids between *Ptilostemon* sect. *Platyrhaphium* Greuter and *P.* sect. *Ptilostemon; Ptilostemon* nothosect. *Plinia* Greuter (Boissiera 22: 158. 1973), comprising hybrids between *Ptilostemon* sect. *Platyrhaphium* and *P.* sect. *Cassinia* Greuter.

Article H.8

H.8.1. When the name or epithet of a nothotaxon is a condensed formula (Arts. H.6 and H.7), the parental names used in its formation must be those which are correct for the particular circumscription, position, and rank accepted for the parental taxa.

Ex. 1. If the genus *Triticum* L. is interpreted on taxonomic grounds as including *Triticum* (s. str.) and *Agropyron* Gaertner, and the genus *Hordeum* L. as including *Hordeum* (s. str.) and *Elymus* L., then hybrids between *Agropyron* and *Elymus* as well as between *Triticum* (s. str.) and *Hordeum* (s. str.) are placed in the same nothogenus, × *Tritordeum* Asch. & Graebner (1902). If, however, *Agropyron* is separated generically from *Triticum*, hybrids between *Agropyron* and *Hordeum* (s. str. or s. lat.) are placed in the nothogenus × *Agrohordeum* A. Camus (1927). Similarly, if *Elymus* is separated generically from *Hordeum*, hybrids between *Elymus* and *Triticum* (s. str. or s. lat.) are placed in the nothogenus × *Elymotriticum* P. Fourn. (1935). If both *Agropyron* and *Elymus* are given generic rank, hybrids between them are placed in the nothogenus × *Agroelymus* A. Camus (1927); × *Tritordeum* is then restricted to hybrids between *Hordeum* (s. str.) and *Triticum* (s. str.), and hybrids between *Elymus* and *Hordeum* are placed in × *Elyhordeum* Mansf. ex Tsitsin & Petrova (1955), a substitute name for × *Hordelymus* Bacht. & Darevskaja (1950) non *Hordelymus* (Jessen) Jessen (1885).

H.8.2. Names ending in *-ara* for nothogenera, which are equivalent to condensed formulae (Art. H.6.3-4), are applicable only to plants which are accepted taxonomically as derived from the parents named.

Ex. 2. If *Euanthe* is recognized as a distinct genus, hybrids simultaneously involving its only species,

E. sanderiana, and the three genera *Arachnis, Renanthera*, and *Vanda* must be placed in × *Cogniauxara* Garay & H. Sweet; if on the other hand *E. sanderiana* is included in *Vanda*, the same hybrids are placed in × *Holttumara* hort. (*Arachnis* × *Renanthera* × *Vanda*).

Article H.9

H.9.1. In order to be validly published, the name of a nothogenus or of a nothotaxon with the rank of subdivision of a genus (Arts. H.6 and H.7) must be effectively published (see Art. 29) with a statement of the names of the parent genera or subdivisions of genera, but no description or diagnosis is necessary, whether in Latin or in any other language.

Ex. 1. Validly published names: × *Philageria* Masters (1872), published with a statement of parentage, *Lapageria* × *Philesia; Eryngium* nothosect. *Alpestria* Burdet & Miège, pro sect. (Candollea 23: 116. 1968), published with a statement of its parentage, *Eryngium* sect. *Alpina* × sect. *Campestria;* × *Agrohordeum* A. Camus (1927) (= *Agropyron* Gaertner × *Hordeum* L.), of which × *Hordeopyron* Simonet (1935, '*Hordeopyrum*') is a later synonym.

Note 1. Since the names of nothogenera and nothotaxa with the rank of a subdivision of a genus are condensed formulae or treated as such, they do not have types.

Ex. 2. The name × *Ericalluna bealei* Krüssm. (1960) was published for plants which were thought to be variants of the cross *Calluna vulgaris* × *Erica cinerea*. If it is considered that these are not hybrids, but are forms of *Erica cinerea*, the name × *Ericalluna* Krüssm. remains available for use if and when known or postulated plants of *Calluna* × *Erica* should appear.

Ex. 3. × *Arabidobrassica* Gleba & Fr. Hoffm. (Naturwissenschaften 66: 548. 1979), a nothogeneric name which was validly published with a statement of parentage for the result of somatic hybridization by protoplast fusion of *Arabidopsis thaliana* with *Brassica campestris*, is also available for intergeneric hybrids resulting from normal crosses between *Arabidopsis* and *Brassica*, should any be produced.

Note 2. However, names published merely in anticipation of the existence of a hybrid are not validly published under Art. 34.1(b).

Article H.10

H.10.1. Names of nothotaxa at the rank of species or below must conform with the provisions *(a)* in the body of the Code applicable to the same ranks and *(b)* in Art. H.3. Infringements of Art. H.3.1. are to be corrected.

H.10.2. Taxa previously published as species or infraspecific taxa which are later considered to be nothotaxa may be indicated as such, without change of rank, in conformity with Arts. 3 and 4 and by the application of Art. 50 (which also operates in the reverse direction).

H.10.3. The following are considered to be formulae and not true epithets: designations consisting of the epithets of the names of the parents combined in unaltered form by a hyphen, or with only the termination of one epithet changed, or consisting of the specific epithet of the name of one parent combined with the generic name of the other (with or without change of termination).

Ex. 1. The designation *Potentilla atrosanguinea-pedata* published by Maund (Bot. Gard. 5: no. 385, t. 97. 1833) is considered to be a formula meaning *Potentilla atrosanguinea* Lodd. ex D. Don × *P. pedata* Nestler.

Ex. 2. Verbascum nigro-lychnitis Schiede (Pl. Hybr. 40. 1825) is considered to be a formula, *Verbascum lychnitis* L. × *V. nigrum* L.; the correct binary name for this hybrid is *Verbascum* × *schiedeanum* Koch (1844).

Ex. 3. The following names include true epithets: *Acaena* × *anserovina* Orch. (1969) (from *anserinifolia* and *ovina*); *Micromeria* × *benthamineolens* Svent. (1969) (from *benthamii* and *pineolens*).

Note 1. Since the name of a nothotaxon at the rank of species or below has a type, statements of parentage play a secondary part in determining the application of the name.

Ex. 4. Quercus × *deamii* Trel. was described as *Q. alba* L. × *Q. muehlenbergii* Engelm. However, progeny grown from acorns from the type tree led Bartlett to conclude that the parents were in fact *Q. macrocarpa* Michx. and *Q. muehlenbergii*. If this conclusion is accepted, the name *Q.* × *deamii* applies to *Q. macrocarpa* × *Q. muehlenbergii*, and not to *Q. alba* × *Q. muehlenbergii*.

Recommendation H.10A

H.10A.1. In forming epithets for nothotaxa at the rank of species and below, authors should avoid combining parts of the epithets of the names of the parents.

Recommendation H.10B

H.10B.1. For hybrids between named infraspecific taxa the use of hybrid formulae is more informative, and entails less danger of confusion, than the naming of nothotaxa.

Article H.11

H.11.1. The name of a nothospecies of which the postulated or known parent species belong to different genera is a combination of a nothospecific (collective) epithet with a nothogeneric name.

Ex. 1. × *Heucherella tiarelloides* Wehrh. ex Stearn (considered to be *Heuchera* × *brizoides* hort. × *Tiarella cordifolia* L., for which *Heuchera* × *tiarelloides* is incorrect).

Ex. 2. When *Orchis fuchsii* Druce was renamed *Dactylorhiza fuschsii* (Druce) Soó the name × *Orchicoeloglossum mixtum* Asch. & Graebner (for its hybrid with *Coeloglossum viride* (L.) Hartman) became the basis of the necessary new combination × *Dactyloglossum mixtum* (Asch. & Graebner) Rauschert (1969).

H.11.2. The epithet of an infraspecific nothotaxon, of which the postulated or known parental taxa are assigned to different taxa at a higher rank, may be placed subordinate to the name of a nothotaxon at that higher rank (see Art. 24.1). If this higher-ranking nothotaxon is a nothospecies the name of the subordinate nothotaxon is a combination of its epithet with the nothospecific name (but see Rec. H.10B).

Ex. 3. Mentha × *piperita* L. nothosubsp. *piperita* (= *M. aquatica* L. × *M. spicata* L. subsp. *spicata*); *Mentha* × *piperita* nothosubsp. *pyramidalis* (Ten.) R. Harley (= *M. aquatica* L. × *M. spicata* subsp. *tomentosa* (Briq.) R. Harley).

Article H.12

H.12.1. Subordinate taxa within nothotaxa of specific or infraspecific rank may be recognized without an obligation to specify parent taxa at the subordinate rank. In this case non-hybrid infraspecific categories of the appropriate rank are used.

Ex. 1. Mentha × *piperita* forma *hirsuta* Sole; *Populus* × *canadensis* var. *serotina* (Hartig) Rehder and *P.* × *canadensis* var. *marilandica* (Poiret) Rehder (see also Art. H.4, Note 2).

Note 1. As there is no statement of parentage at the rank concerned there is no control of circumscription at this rank by parentage (compare Art. H.4.).

Note 2. It is not feasible to treat subdivisions of nothospecies by the methods of both Art. H.10 and H.12.1 at the same rank.

H.12.2. Names published at the rank of nothomorph* are treated as having been published as names of varieties (see Art. 50).

APPENDIX II

Nomina familiarum conservanda see pp. 249–269.

APPENDIX III

Nomina generica conservanda et rejicienda see pp. 270–426.

APPENDIX IV

Nomina utique rejicienda see p. 427.

---

* Previous editions of the Code (1978, Art. H.10, and the corresponding article in earlier editions) permitted only one rank under provisions equivalent to H.12. That rank was equivalent to variety and the category was termed 'nothomorph'.

GUIDE FOR THE DETERMINATION OF TYPES

The following is intended as a guide to the determination or selection of the nomenclatural types of previously published names. Where the application of a rule is concerned, reference is made to the appropriate Article.

T.1. The choice made by the original author, if definitely expressed at the time of the original publication of the name of the taxon, is final. If he included only one element, that one must always be accepted as the *holotype* (Arts. 7, 9, 10). If a new name is based on a previously published description of the taxon, the same considerations apply to material cited by the earlier author.

T.2. A new name published as an avowed substitute (*nomen novum*) for an older name is typified by the type of the older name (Art.7.9).

T.3. A *lectotype* may be chosen only when an author failed to designate a holotype, or when, for species or taxa of lower rank, the type has been lost or destroyed (Art. 7.4).

T.4. Designation of a lectotype should be undertaken only in the light of an understanding of the group concerned. In choosing a lectotype, all aspects of the protologue should be considered as a basic guide. Mechanical methods, such as the automatic selection of the first species or specimen cited or of a specimen collected by the person after whom a species is named, should be avoided as unscientific and productive of possible future confusion and further change (see Art. 8).

(a) A lectotype must be chosen from among elements that were definitely studied by the author up to the time the name of the taxon was published.
(b) A specimen is to be given preference over pre-Linnaean or other cited descriptions or illustrations when lectotypes of names of species or infraspecific taxa are designated (see Art. 9.3).
(c) If a holotype was designated by the original author and has been lost or destroyed, an *isotype* (Art. 7.6), if such exists, must be chosen as the lectotype. If no holotype was designated by the original author and if *syntypes* (Art. 7.7) exist, one of them must be chosen as the lectotype. If no holotype was designated by the original author and if no syntypes are extant, the

lectotype should be chosen from among duplicates* of the syntypes (*isosyntypes*), if such exist. If neither an isotype, a syntype, nor an isosyntype is extant, a *paratype*** if such exists, may be chosen as lectotype.

(d) In choosing a lectotype, any indication of intent by the author of a name should be given preference unless such indication is contrary to the protologue. Such indications are manuscript notes, annotations on herbarium sheets, recognizable figures, and epithets such as *typicus, genuinus, vulgaris, communis,* etc.

(e) In cases where two or more heterogeneous elements were included in or cited with the original description, the lectotype should be so selected as to preserve current usage. In particular, if another author has already segregated one or more elements as other taxa, the residue or part of it should be designated as the lectotype provided that this element is not in conflict with the original description or diagnosis. If it can be shown that the element thus selected is in serious conflict with the protologue, then one of the previously segregated elements is to be selected as the lectotype.

(f) The first choice of a lectotype must be followed by subsequent workers (Art. 8) unless the holotype is rediscovered, or unless it can be shown that the choice was in serious conflict with the protologue, or that it was based on a largely mechanical method of selection (see also Art. 9.2).

T.5. A *neotype* may be designated only when all of the originally cited material or material seen by the author but not cited, and its duplicates, are believed lost or destroyed; a neotype may be selected from any material that is not original material (Art. 7.8). In selecting a neotype particular care and critical knowledge are essential, as the reviewer usually has no guide except his own judgement as to what best fits the protologue. If his selection proves to be faulty it will inevitably result in further change. The first choice of a neotype must be followed by subsequent workers unless any of the original material is rediscovered, or unless the choice neglected an available lectotype, or it can be shown that the choice was in serious conflict with the protologue. A lectotype always takes precedence over a neotype (Art. 7.4).

T.6. For the name of a fossil species, the lectotype, when one is needed, should, if possible, be a specimen illustrated at the time of the first valid publication (Art. 7.15).

---

* The word duplicate is here given its usual meaning in herbarium curatorial practice. It is part of a single gathering made by a collector at one time. However, the possibility of a mixed gathering must always be considered by an author choosing a lectotype and corresponding caution used.

** A paratype is a specimen cited in the protologue other than the holotype, isotype(s), or syntypes. In most cases where no holotype was designated there will also be no paratypes, since all the cited specimens will be syntypes. However, in cases where an author cited two or more specimens as types (Art. 7.5) the remaining cited specimens are paratypes and not syntypes.

CODE INTERNATIONAL DE LA NOMENCLATURE BOTANIQUE

PRÉAMBULE

1. La botanique requiert un système de nomenclature à la fois simple et précis, qui soit employé par les botanistes de tous les pays et traite, d'une part, des termes qui désignent les rangs des unités ou des groupes taxonomiques, d'autre part des noms scientifiques propres à chaque groupe taxonomique de plantes. Le nom d'un groupe taxonomique ne sert pas à en indiquer les caractères ni à en retracer l'histoire, mais bien à le désigner avec son rang taxonomique. Le présent Code tend à établir une méthode stable de dénomination des groupes taxonomiques, permettant d'éviter et de rejeter les noms qui peuvent être source d'erreur ou d'équivoque ou qui engendrent la confusion dans la science. Après quoi, l'important est d'éviter toute création de noms inutiles. D'autres considérations, telles que la parfaite correction grammaticale, la régularité ou l'euphonie des noms, un usage plus ou moins répandu, les égards pour les personnes, etc., malgré leur importance incontestable, sont plutôt accessoires.

2. Le système de la nomenclature botanique repose sur des Principes.

3. Les Prescriptions comprennent des Règles, présentées sous forme d'Articles, ainsi que des Recommandations. Les Exemples (Ex.) servent à illustrer les règles et les recommandations.

4. Les Règles ont pour but de mettre de l'ordre dans la nomenclature léguée par le passé et de préparer celle de l'avenir; les noms en contradiction avec une règle ne peuvent être maintenus.

5. Les Recommandations portent sur des points secondaires et ont pour but de donner plus d'uniformité et de clarté, surtout pour l'avenir; les noms en contradiction avec une recommandation ne peuvent être rejetés pour cette raison, mais ne constituent pas des modèles à imiter.

6. Les prescriptions réglant l'amendement du Code constituent sa dernière division.

7. Les règles et les recommandations s'appliquent à tous les organismes considérés comme plantes (y compris les champignons, mais à l'exclusion des bactéries), qu'ils soient fossiles ou non-fossiles*. La nomenclature des bactéries est régie par l'"International Code of Nomenclature of Bacteria'. Des prescriptions spéciales sont nécessaires pour certains groupes de plantes: l'"International Code of Nomenclature for Cultivated Plants-1980' a été adopté par la commission internationale de la nomenclature des plantes cultivées; l'Appendice I du présent Code contient des dispositions relatives aux noms d'hybrides.

8. Les seules raisons qui justifient un changement de nom sont, soit une connaissance plus approfondie, résultant d'une étude taxonomique adéquate, soit la nécessité d'abandonner une nomenclature contraire aux règles.

9. A défaut de règle ou en cas de doute, l'usage établi prévaut.

10. La présente édition du Code annule toutes les précédentes.

---

* Dans ce code, le terme 'fossile' est utilisé pour un taxon dont le nom est lié à un type fossile et le terme 'non-fossile' est utilisé pour un taxon dont le nom est lié à un type non-fossile (cf. Art. 13.3).

DIVISION I. PRINCIPES

Principe I

La nomenclature botanique est indépendante de la nomenclature zoologique. Le Code s'applique uniformément à tous les noms de groupes taxonomiques considérés comme plantes,* même si à l'origine ils n'ont pas été traités comme tels.

Principe II

L'application des noms de groupes taxonomiques est déterminée par la méthode des types nomenclaturaux.

Principe III

La nomenclature d'un groupe taxonomique se fonde sur la priorité de la publication.

Principe IV

Chaque groupe taxonomique de délimitation, position et rang donnés ne peut porter qu'un nom correct, à savoir le plus ancien en conformité avec les règles, sauf exceptions spécifiées.

Principe V

Les noms scientifiques des groupes taxonomiques sont réputés latins, quelle que soit leur étymologie.

Principe VI

Les règles de la nomenclature ont un effet rétroactif, sauf indication contraire.

---

* Au sens du présent Code, les 'plantes' ne comprennent pas les bactéries.

DIVISION II. RÈGLES ET RECOMMANDATIONS

CHAPITRE I. RANGS DES TAXONS ET TERMES QUI LES DÉSIGNENT

Article 1

1.1. Dans le Code, les groupes taxonomiques de tous rangs se nomment taxons (*taxa*, singulier: *taxon*).

Article 2

2.1. Chaque individu végétal est considéré comme appartenant à un certain nombre de taxons de rangs hiérarchiquement subordonnés et dont l'espèce (*species*) constitue le rang de base.

Article 3

3.1. Les principaux rangs des taxons en ordre ascendant sont: l'espèce (*species*), le genre (*genus*), la famille (*familia*), l'ordre (*ordo*), la classe (*classis*), l'embranchement (*divisio*) et le règne (*regnum*). Ainsi, à l'exception de certaines plantes fossiles (cf. 3.2), chaque espèce peut être affectée à un genre, chaque genre à une famille, etc.

3.2. En raison de la nature fragmentaire des spécimens sur lesquels certaines espèces de plantes fossiles sont fondées, les genres auxquels elles sont affectées ne sont pas attribuables à une famille, bien qu'ils puissent parfois être rattachés à un taxon de rang plus élevé. De tels genres sont appelés genres de forme (*forma-genera*).

Ex. 1. Genres n'étant pas des genres de forme: *Lepidocarpon* D. Scott (*Lepidocarpaceae*), *Mazocarpon* M. Benson (*Sigillariaceae*), *Siltaria* Traverse (*Fagaceae*).

Ex. 2. Genres de forme: *Dadoxylon* Endl. (Coniferopsida), *Pecopteris* (Brongn.) Sternb. (Pteropsida), *Stigmaria* Brongn. (Lepidodendrales), *Spermatites* Miner (plantes à graines).

Note 1. Pour les termes désignant les rangs des taxons d'hybrides, cf. Art. H.3.1.

Note 2. L'Art. 59 prévoit des taxons de forme de tout rang pour les formes asexuées (anamorphes) de certains champignons pléomorphes.

3.3. Tout comme dans le cas de certains champignons pléomorphes (cf. Art. 59), les dispositions de ce Code ne s'opposent pas à la publication et à l'utilisation de noms de genres de forme pour les fossiles.

Article 4

4.1. Si l'on a besoin d'un plus grand nombre de rangs de taxons, leur nom se forme par l'addition du préfixe sous-(*sub-*) au nom de rang ou par l'introduction de nouveaux termes. Une plante peut ainsi se classer dans les taxons suivants par ordre décroissant de rang: *regnum, subregnum, divisio, subdivisio, classis, subclassis, ordo, subordo, familia, subfamilia, tribus, subtribus, genus, subgenus, sectio, subsectio, series, subseries, species, subspecies, varietas, subvarietas, forma, subforma.*

4.2. On peut prévoir encore des rangs supplémentaires, pourvu qu'ils ne deviennent pas source de confusion ou d'erreur.

Note 1. Pour les hybrides et certaines variétés horticoles, cf. Appendice I et Art. 28.

Note 2. En classant des parasites, surtout des champignons, les auteurs qui n'attribuent pas de rang spécifique, subspécifique ou variétal aux taxons reconnaissables par leurs caractères physiologiques mais à peine ou pas du tout par leurs caractères morphologiques, peuvent distinguer, à l'intérieur de l'espèce, des formes spéciales (*formae speciales*), caractérisées par leur adaptation à des hôtes différents, mais dont la nomenclature ne sera pas réglée par le Code.

Article 5

5.1. L'ordre relatif des rangs, fixé aux Art. 3 et 4, ne doit pas être changé.

CHAPITRE II. NOMS DES TAXONS
(DISPOSITIONS GÉNÉRALES)

SECTION 1. DÉFINITIONS

Article 6

6.1. Une publication est effective si elle est conforme aux Art. 29-31.

6.2 Une publication est valide si elle est conforme aux Art. 32-45 ou H.9 (voir aussi l'Art. 75).

6.3. Un nom est légitime s'il est conforme aux régles.

6.4. Un nom est illégitime lorsqu'il est ainsi désigné par les Art. 18.3 ou 63-67 (voir aussi l'Art. 21 Note 1 et l'Art. 24 Note 1). Un nom qui selon ce Code était illégitime lors de sa publication ne peut devenir légitime ultérieurement, à moins qu'il ne soit conservé.

6.5. Le nom correct d'un taxon de délimitation, position et rang donnés est le nom légitime qui doit être adopté d'après les règles (cf. Art.II).

Ex. 1. Le nom du genre *Vexillifera* Ducke (1922), fondé sur l'espèce unique *V. micranthera*, est légitime parce qu'il est conforme aux règles. Il en est de même du nom générique *Dussia* Krug et Urban ex Taubert (1892) fondé sur l'espèce unique *D. martinicensis*. Ces deux noms génériques sont corrects si les deux genres sont tenus pour distincts. Harms (Repert. Spec. Nov. Regni Veg. 19: 291. 1924) a cependant réuni *Vexillifera* Ducke et *Dussia* Krug et Urban ex Taubert en un seul genre, pour lequel le dernier nom est le seul correct. Le nom légitime *Vexillifera* peut donc être correct ou non selon la manière dont chacun conçoit les taxons.

6.6. Dans ce Code, à moins d'indication contraire, le mot 'nom' désigne un nom dont la publication est valide, qu'il soit légitime ou illégitime (cf. Art. 12).

6.7 Le nom d'un taxon de rang inférieur au genre, comprenant le nom d'un genre combiné avec une ou deux épithètes, est appelé combinaison (cf. Art. 21, 23 et 24).

Ex. 2. Combinaisons: *Gentiana lutea*, *Gentiana tenella* var. *occidentalis*, *Equisetum palustre* var. *americanum*, *Equisetum palustre* f. *fluitans*, *Mouriri* subg. *Pericrene*, *Arytera* sect. *Mischarytera*.

6.8. Les autonymes sont tous les noms qui peuvent être établis automatiquement en fonction des Art. 19.4, 22.2 et 26.2, qu'ils aient été formellement créés ou non.

SECTION 2. TYPIFICATION*

Article 7

7.1. L'application des noms de taxons du rang de famille ou d'un rang inférieur est régie par la méthode des types nomenclaturaux (types des noms de taxons). L'application des noms de taxons dans les rangs supérieurs est également régie par des types lorsque les noms dérivent de noms génériques (cf. Art. 10.5).

7.2. Un type nomenclatural (*typus*) est l'élément auquel le nom d'un taxon, qu'il soit correct ou synonyme, est attaché d'une manière permanente. Le type nomenclatural n'est pas nécessairement l'élément le plus typique ou le plus représentatif d'un taxon.

7.3. L'holotype est le spécimen ou un autre élément que l'auteur a utilisé ou désigné comme type nomenclatural; tant qu'il existe, il règle automatiquement l'application du nom correspondant.

7.4. Si l'auteur d'un taxon n'a pas indiqué d'holotype ou si l'holotype a été perdu ou détruit, on peut choisir un lectotype ou un néotype. Un lectotype prime toujours un néotype; il doit être choisi parmi les isotypes. S'il n'en existe aucun, le lectotype doit être choisi parmi les syntypes. S'il n'y a ni isotype ni syntype et qu'il ne reste rien du matériel original, on peut désigner un néotype.

7.5. Le lectotype est un spécimen ou un autre élément choisi parmi le matériel original pour servir de type nomenclatural, si l'holotype n'a pas été indiqué lors de la publication ou aussi longtemps qu'il fait défaut. Si l'auteur d'un nom spécifique ou infraspécifique a désigné plusieurs spécimens comme types (par ex.: mâle et femelle, matériel en fleurs et en fruits, etc.), l'un d'eux doit être choisi comme lectotype.

7.6. Un isotype est un double quelconque (partie d'une même récolte effectuée en une fois par un collecteur) de l'holotype; c'est toujours un spécimen.

7.7. Un syntype est l'un des spécimens cités originalement par l'auteur qui n'a pas désigné d'holotype ou qui en a désigné simultanément plusieurs comme types.

7.8. Le néotype est un spécimen ou un autre élément choisi pour servir de type nomenclatural tant que tous les matériaux sur lesquels a été fondé le nom du taxon font défaut.

7.9. Un nom de remplacement (*nomen novum*) publié délibérément pour être substitué à un autre est typifié par le type de ce dernier (cf. Art. 33.2, voir aussi Art. 33, Note 1).

---

* Voir aussi le Guide pour la détermination des types (p. 160).

Ex. 1. Myrcia lucida Mc Vaugh (1969) a été publié comme nomen novum pour _M. laevis_ O. Berg (1862), un homonyme illégitime de _M. laevis_ G. Don (1832). Le type de _M. lucida_ est donc le type de _M. laevis_ O. Berg (non G. Don), c'est-à-dire l'échantillon Spruce 3502.

7.10. Un nom nouveau formé à partir d'un nom légitime publié antérieurement (_stat. nov., comb. nov._) est toujours typifié par le type du basionyme (cf. Art. 55.2).

Ex. 2. Iridaea splendens (Setch. & Gardner) Papenf., _I. cordata_ var. _splendens_ (Setch. & Gardner) Abbott et _Gigartina cordata_ var. _splendens_ (Setch. & Gardner) Kim ont tous le même type que leur basionyme, _Iridophycus splendens_ Setch. & Gardner, à savoir Gardner 7781 (UC 539565).

7.11. Un nom nomenclaturalement superflu lors de sa publication (cf. Art. 63) est automatiquement typifié par le type du nom qui s'imposait selon les règles, à moins que l'auteur du nom superflu n'ait expressément indiqué un type différent.

7.12. Le type du nom d'un taxon assigné à un groupe dont la nomenclature a un point de départ postérieur à 1753 (cf. Art. 13) doit être déterminé conformément à la description ou à toute autre indication qui accompagne la publication valide (cf. Art. 32-45).

7.13. Si la publication valide a été effectuée par référence à une description antérieure au point de départ, cette description doit servir pour fixer le type, comme si elle était publiée à nouveau.

7.14. Le type d'un nom de genre conservé (cf. Art. 14 et App. III) ne peut être changé qu'en suivant la procédure qui régit la conservation des noms génériques.

_Ex. 3._ Bullock et Killick ont proposé dans Taxon (6: 239. 1957) que le type de _Plectranthus_ L'Hér., _P. punctatus_ (L.f.) L'Hér., fût remplacé par _P. fruticosus_ L'Hér. La proposition a été acceptée par les comités compétents et approuvée par un Congrès International de Botanique.

7.15. Pour les taxons de plantes fossiles de rang spécifique ou inférieur, le type du nom est le spécimen illustré lors de la publication valide du nom ou dont la figure est citée à cette occasion (cf. Art. 38). Si plusieurs spécimens sont figurés ou cités lors de la publication valide du nom, l'un d'eux doit être choisi comme type.

7.16. La procédure de typification des noms de genres de forme de plantes fossiles (Art.3.2), d'anamorphes de champignons (Art. 59) et d'autres taxons analogues de rang générique ou inférieur ne diffère pas de celle indiquée ci-dessus.

Note 1. Voir également l'Art. 59 pour les détails concernant la typification des noms de certains champignons pléomorphes.

7.17. La typification des noms adoptés, et par là sanctionnés, dans l'un des ouvrages spécifiés à l'Art. 13.1(d) est fondée sur tout ce qui est associé au nom dans cet ouvrage.

7.18. Le type d'un autonyme est le même que celui du nom dont il est dérivé.

Recommandation 7A

7.A.1. Les matériaux originaux et tout spécialement l'holotype du nom d'un taxon devraient être déposés dans un établissement permanent et responsable qui en assure la conservation parfaite.

Article 8

8.1. L'auteur qui, le premier, a désigné un lectotype ou un néotype doit être suivi. Toutefois son choix est annulé si l'holotype est repéré ou, quand il s'agit d'un néotype, si une partie quelconque du matériel original est retrouvée. Il peut également être annulé si l'on peut démontrer que le type choisi est en contradiction flagrante avec le protologue* alors qu'un autre élément qui ne l'est pas est disponible; ou que le choix reposait sur une méthode de sélection essentiellement automatique, ou était contraire à l'Art. 9.2.

Ex. 1. Les auteurs qui suivaient l'"American Code of Botanical Nomenclature', Canon 15 (Bull. Torrey Bot. Club 34: 172. 1907) désignaient comme type 'la première espèce binomiale par ordre' éligible sous certaines conditions. Ceci est considéré comme une méthode de sélection essentiellement automatique. De ce fait la lectotypification d'*Elymus* L. par *E. arenarius* L. (Nash in Britton & Brown, Ill. Fl. N. U. S. ed. 2, 1: 288. 1913), la première espèce énumérée par Linné, a été supplantée par le choix d'*E. sibiricus* L. par Hitchcock & Green (Nomencl. Prop. Brit. Botanists 121. 1929)

Article 9

9.1. Le type (holotype, lectotype ou néotype) du nom d'une espèce ou d'un taxon infraspécifique consiste en un spécimen unique ou un autre élément, excepté dans le cas suivant: pour les plantes herbacées de petite taille et pour la plupart des plantes non vasculaires, le type peut consister en plusieurs individus, à conserver de façon permanente sur une même feuille d'herbier ou en une seule préparation équivalente (par ex.: boîte, sachet, bocal, préparation microscopique).

9.2. Si l'on démontre subséquemment que la feuille d'herbier ou la préparation contient des éléments de plusieurs taxons, le nom doit rester attaché à la partie (lectotype) qui correspond le mieux à la description originale.

Ex. 1. L'holotype du nom *Rheedia kappleri* Eyma, qui désigne une espèce polygame, est un spécimen mâle, récolté par Kappler (593a in U). L'auteur a désigné un spécimen hermaphrodite récolté par le Service Forestier de Suriname comme paratype** (B.W. 1618 in U).

Ex. 2. Le type du nom *Tillandsia bryoides* Griseb. ex Baker (1878) est Lorentz 128 in BM; cette feuille contient en fait un mélange. L. B. Smith (Proc. Amer. Acad. Arts 70: 192. 1935) a agi conformément à la présente règle en désignant l'un des éléments de la récolte de Lorentz comme lectotype.

9.3. Pour les noms d'espèces ou de taxons infraspécifiques de plantes non

---

* Protologue (de πρωτος, premier, λογος, discours): tout ce qui est associé au nom lors de sa première publication, c'est-à-dire diagnose, description, illustrations, références, synonymie, renseignements géographiques, citations de spécimens, discussion et commentaires.
** Voir le Guide pour la détermination des types, T.4(c).

fossiles dont il est impossible de conserver un spécimen, ou pour les noms sans spécimen-type, le type peut être une description ou une figure.

9.4. Un spécimen unique et complet utilisé pour établir un taxon de plantes fossiles doit être considéré comme le type nomenclatural. Si ce spécimen a été débité (coupes de bois fossile, fragments de coal-balls, etc.), toutes les parties utilisées pour la diagnose originale sont à marquer clairement.

9.5. Les spécimens-type de noms de taxons doivent être conservés de façon permanente et ne peuvent pas être une plante vivante ou une culture.

Recommandation 9A

9A.1. Chaque fois que cela est possible, une culture vivante devrait être préparée à partir du matériel holotype du nom d'un taxon nouvellement décrit d'algues ou de champignons et déposée auprès d'une collection de cultures de bon renom. (Une telle démarche ne lève pas l'exigence d'un spécimen holotype découlant de l'Art.9.5.)

Article 10

10.1. Le type du nom d'un genre ou de toute subdivision d'un genre* est le type d'un nom d'espèce (sauf exception prévue à l'Art.10.3). Afin de désigner ou de citer un type, le seul nom d'espèce suffit, c'est-à-dire qu'il est considéré comme le parfait équivalent de son type.

10.2. Si le protologue du nom d'un genre ou de toute subdivision d'un genre comprend une référence expresse à un ou plusieurs noms d'espèces, le type doit être choisi parmi les types de ces noms. S'il n'y a pas de référence expresse, un type doit être choisi autrement. Une telle typification doit être supplantée s'il peut être démontré que le type choisi n'est conspécifique d'aucun des matériaux associés au protologue.

10.3. Par conservation, le type du nom d'un genre peut être un spécimen, utilisé par l'auteur lors de la préparation du protologue, autre que le type du nom d'une espèce incluse.

10.4. Le type du nom d'une famille ou de toute subdivision d'une famille** est le même que celui du nom de genre dont il est dérivé (cf. Art. 18.1). Afin de désigner ou de citer un type, le seul nom de genre suffit. Le type d'un nom de famille ou de sous-famille qui n'est pas dérivé d'un nom générique est le même que celui du nom alternatif correspondant (Art. 18.5 et 19.7).

10.5. Le principe de la typification ne s'applique pas aux noms des taxons supérieurs au rang de la famille, sauf à ceux qui sont automatiquement typifiés,

---

* Ici comme ailleurs dans ce Code l'expression 'subdivision d'un genre' ne se rapporte qu'aux taxons de rang intermédiaire entre le genre et l'espèce.
** Ici comme ailleurs dans ce Code l'expression 'subdivision d'une famille' ne se rapporte qu'aux taxons de rang intermédiaire entre la famille et le genre.

étant dérivés d'un nom de genre (cf. Art. 16). Le type d'un tel nom est le même que celui du nom de genre dont il est dérivé.

Note 1. En ce qui concerne la typification de certains noms de subdivisions de genre, voir l'Art.22.

Recommandation 10A

10A.1. Au cas où l'élément choisi en fonction de l'Art. 10.3 est le type d'un nom d'espèce, ce nom peut être cité comme type du nom de genre. Si l'élément choisi n'est pas le type d'un nom d'espèce, l'élément type devrait être cité; facultativement, son nom correct peut être donné entre parenthèses.

SECTION 3. PRIORITÉ

Article 11

11.1. Toute famille ou tout taxon de rang inférieur, de délimitation, position et rang donnés, ne peu porter qu'un seul nom correct; les seules exceptions sont 9 familles et 1 sous-famille pour lesquelles des noms alternatifs sont autorisés (cf. Art. 18.5 et 19.7). Cependant, l'utilisation de noms distincts pour les taxons de forme des champignons et pour les genres de forme des plantes fossiles est autorisée par les Art. 3.3 et 59.5.

11.2. Pour tout taxon de la famille au genre inclusivement, le nom correct est le plus ancien nom légitime de même rang, sauf limitation de la priorité par conservation (cf. Art. 14) ou par application des Art. 13.1(d), 19.3, 58 ou 59.

11.3. Pour tout taxon de rang inférieur au genre le nom correct est la combinaison de l'épithète finale* du plus ancien nom légitime de même rang qui s'applique au taxon avec le nom correct du genre ou de l'espèce auquel il est attribué, sauf *(a)* si la priorité est limitée en fonction des Art. 13.1(d) et 14, ou *(b)* si une telle combinaison est invalide en fonction de l'Art. 32.1(b) ou illégitime en fonction de l'Art. 64, ou *(c)* si les Art. 22. 1, 26. 1, 58 ou 59 stipulent qu'une combinaison différente doit être utilisée.

11.4. L'application du principe de priorité n'est pas obligatoire pour les noms de taxons de rang supérieur à la famille (voir cependant la Rec. 16B).

Article 12

12.1. Ce Code ne reconnaît pas l'existence d'un nom de taxon à moins qu'il ne soit validement publié (cf. Art. 32–45).

---

* Ici comme ailleurs dans ce Code l'expression 'épithète finale' s'applique à la dernière dans la séquence des épithètes de n'importe quelle combinaison, que ce soit le nom d'une subdivision de genre ou d'une espèce ou d'un taxon infraspécifique.

SECTION 4. LIMITATION DU PRINCIPE DE PRIORITÉ

Article 13

13.1. La publication valide des noms de plantes des divers groupes est censée débuter aux dates indiquées ci-dessous (pour chaque groupe, un ouvrage est cité qui est censé avoir été publié à la date qui est donnée comme point de départ):

Plantes non-fossiles:

(a) SPERMATOPHYTA et PTERIDOPHYTA, 1er mai 1753 (Linnaeus, Species Plantarum ed. 1).

(b) MUSCI (Sphagnaceae exceptés), 1er janvier 1801 (Hedwig, Species Muscorum).

(c) SPHAGNACEAE et HEPATICAE, 1er mai 1753 (Linnaeus, Species Plantarum ed. 1).

(d) FUNGI (y compris les Myxomycètes et les champignons formant des lichens), 1er mai 1753 (Linnaeus, Species Plantarum ed. 1). Les noms d'Uredinales, d'Ustilaginales et de Gasteromycètes adoptés par Persoon (Synopsis Methodica Fungorum, 31 Déc. 1801) et les noms des autres champignons (à l'exclusion des Myxomycètes et des champignons formant des lichens) adoptés par Fries (Systema Mycologicum, vol. 1 (1er janv. 1821) à 3 et l'Elenchus Fungorum, vol. 1–2) sont sanctionnés, c'est à dire qu'ils sont traités comme s'ils étaient conservés au détriment des homonymes antérieurs et des synonymes concurrents. Du point de vue de la nomenclature, le nom des lichens s'applique à leur constituant fongique.

(e) ALGAE, 1er mai 1753 (Linnaeus, Species Plantarum, ed. 1). Exceptions: NOSTOCACEAE HOMOCYSTEAE, 1er janvier 1892 (Gomont, Monographie des Oscillariées, Ann. Sci. Nat. Bot. ser. 7, 15: 263-368; 16: 91-264). Les deux parties de la 'Monographie' de Gomont, qui ont paru respectivement en 1892 et 1893, sont considérées comme ayant été publiées simultanément le 1er janvier 1892.

NOSTOCACEAE HETEROCYSTEAE, 1er janvier 1886 (Bornet & Flahault, Révision des Nostocacées hétérocystées, Ann. Sci. Nat. Bot. ser. 7, 3: 323–381; 4: 343–373; 5: 51–129; 7: 177–262). Les quatre parties de la 'Révision', qui ont paru respectivement en 1886, 1886, 1887 et 1888, sont considérées comme ayant été publiées simultanément le 1er janvier 1886.

DESMIDIACEAE, 1er janvier 1848 (Ralfs, British Desmidieae).

OEDOGONIACEAE, 1er janvier 1900 (Hirn, Monographie und Iconographie der Oedogoniaceen, Acta Soc. Sci. Fenn. (27(1)).

Plantes fossiles:

(f) TOUS LES GROUPES, 31 décembre 1820 (Sternberg, Flora der Vorwelt, Versuch 1: 1–24. t. 1–13). On considère que l'ouvrage de Schlotheim, Petrefactenkunde, 1820, est antérieur au 31 décembre 1820.

13.2. Au sens de cet article, le groupe auquel est assigné un nom est établi d'après la position taxonomique acceptée de son type.

Ex. 1. Le genre *Porella* et son unique espèce *P. pinnata* furent assignés par Linné. (1753) aux Musci; si l'échantillon type du *P. pinnata* est reconnu comme appartenant aux Hepaticae, les noms furent validement publiés en 1753.

Ex. 2. Le lectotype de *Lycopodium* L. (1753) est *L. clavatum* L. (1753), dont l'échantillon type est généralement accepté comme ptéridophyte. Il s'ensuit que le nom générique et les noms des espèces de ptéridophytes inclus par Linné dans ce genre étaient validement publiés en 1753, malgré le fait que le genre, pour Linné, figurait parmi les Musci.

13.3. Du point de vue de la nomenclature, un nom est considéré appartenir à un taxon non-fossile à moins que son type soit d'origine fossile. Le matériel fossile se distingue du matériel non-fossile par les relations stratigraphiques du site de la récolte originale. En cas de doute, ce sont les prescriptions propres aux taxons non-fossiles qui s'appliquent.

13.4. Les noms de genres parus pour la première fois dans le Species Plantarum de Linné, ed. 1 (1753) et ed. 2 (1762–1763), se rattachent aux premières descriptions postérieures données dans le Genera Plantarum de Linné, ed. 5 (1754) et ed. 6 (1764) (cf. Art. 41). L'orthographe des noms de genres inclus dans le Species Plantarum, ed. 1, ne doit pas être modifiée parce qu'une orthographe différente a été utilisée dans le Genera Plantarum, ed. 5.

13.5. Les deux volumes du Species Plantarum de Linné, ed. 1 (1753), parus l'un en mai et l'autre en août 1753, sont traités comme ayant été publiés simultanément à la première date (1er mai 1753).

Ex. 3. Les noms génériques *Thea* L. Sp. Pl. 515 (mai 1753) et *Camellia* L. Sp. Pl. 698 (août 1753), Gen. Pl. ed. 5. 311 (1754), sont traités comme s'ils avaient été publiés simultanément en mai 1753. Si l'on réunit ces deux genres, l'ensemble doit porter le nom de *Camellia*, conformément à l'Art. 57, puisque Sweet (Hort. Suburb. Lond. 157. 1818), le premier à les réunir, a choisi le nom de *Camellia* citant *Thea* dans la synonymie.

13.6. Quelle qu'en soit la priorité, les noms d'anamorphes de champignons à cycle pléomorphe n'affectent pas le statut nomenclatural des noms des holomorphes correspondantes (cf. Art. 59.4).

Article 14

14.1. Pour éviter que l'application stricte des règles, et particulièrement du principe de priorité limité par l'Art. 13, ne bouleverse inutilement la nomenclature des familles, des genres et des espèces, les Appendices II et III du Code contiennent des listes de noms conservés (*nomina conservanda*) qui doivent être maintenus à titre d'exceptions utiles.

14.2. La conservation vise à la sauvegarde des noms qui contribuent le mieux à la stabilité de la nomenclature (cf. Rec. 50E). La conservation de noms d'espèces est limitée aux cas d'importance économique majeure.

14.3. L'application des noms conservés et des noms rejetés est déterminée par les types nomenclaturaux.

14.4. Un nom de famille ou de genre conservé prime d'une part tous les autres noms de taxons de même rang fondés sur le même type (synonymes nomenclaturaux, qui doivent être rejetés), que ces noms soient cités ou non dans la liste correspondante des noms à rejeter; d'autre part, il prime tous les noms fondés sur des types différents (synonymes taxonomiques) qui figurent dans cette liste*. Un nom d'espèce conservé prime tous les noms cités dans la liste correspondante des noms rejetés, et toutes les combinaisons fondées sur ces noms rejetés.

14.5. Si un nom conservé est en compétition avec un ou plusieurs noms fondés sur des types différents et contre lesquels il n'est pas explicitement protégé dans la liste, le nom le plus ancien prévaut, conformément à l'Art. 57. 1. Font exception les noms de famille figurant à l'Appendice II, qui sont conservés à l'encontre des noms qui ne sont pas cités.

Ex. 1. Si le genre *Weihea* Sprengel (1825) est uni à *Cassipourea* Aublet (1775), le genre combiné porte le nom le plus ancien de *Cassipourea*, bien que *Weihea* soit conservé alors que *Cassipourea* ne l'est pas.

Ex. 2. Quand le genre *Mahonia* Nutt. (1818) est uni à *Berberis* L. (1753), le genre combiné reçoit le nom le plus ancien de *Berberis*, quoique *Mahonia* figure dans la liste des noms à conserver.

Ex. 3. *Nasturtium* R. Br. (1812) n'a été conservé qu'à l'encontre de l'homonyme *Nasturtium* Miller (1754) et du synonyme nomenclatural *Cardaminum* Moench (1794); il s'ensuit que s'il est réuni à *Rorippa* Scop. (1760), il doit se nommer *Rorippa*.

14.6. Si un nom est conservé au détriment d'un nom antérieur fondé sur un type différent, ce dernier doit être rétabli, conformément à l'Art. 11, si l'on considère qu'il s'applique à un taxon de même rang distinct de celui du nom conservé, sauf si le nom antérieur rejeté est un homonyme du nom conservé.

Ex. 4. Le nom générique *Luzuriaga* Ruiz & Pavón (1802) est conservé à l'encontre des noms antérieurs *Enargea* Banks & Sol. ex Gaertner (1788) et *Callixene* Comm. ex A.L. Juss. (1789). Cependant, si l'on considère *Enargea* Banks & Sol. ex Gaertner comme un genre distinct de *Luzuriaga*, le nom *Enargea* doit être maintenu.

14.7. Un nom qui a été rejeté, ou une combinaison fondée sur un nom rejeté, ne peut pas être réintroduit pour un taxon qui inclut le type du nom conservé correspondant.

Ex. 5. *Enallagma* Baillon (1888) est conservé à l'encontre de *Dendrosicus* Raf. (1838), mais non d'*Amphitecna* Miers (1868); si *Enallagma* et *Amphitecna* sont réunis, le genre ainsi formé doit porter le nom *Amphitecna*, bien que ce dernier ne soit pas explicitement conservé à l'encontre de *Dendrosicus*.

* Le Code International de Nomenclature Zoologique et l' 'International Code of Nomenclature of Bacteria' utilisent respectivement les termes 'synonyme objectif' (objective synonym) et 'synonyme subjectif' (subjective synonym) pour synonyme nomenclatural et synonyme taxonomique.

14.8. Un nom peut être conservé avec un type différent de celui désigné par l'auteur ou déterminé par l'application du Code (cf. Art. 10.3). Un nom pourvu d'un type ainsi conservé (*typ. cons.*) est légitime même s'il était par ailleurs illégitime en fonction de l'Art. 63. Lorsqu'un nom est conservé avec un type différent de l'original, c'est l'auteur du nom, tel que conservé, avec le nouveau type, qui doit être cité.

Ex. 6. Bulbostylis Kunth (1837), nom. cons. (non *Bulbostylis* Steven 1817). Il ne faut pas citer *Bulbostylis* Steven emend. Kunth, car le type conservé n'était pas compris dans *Bulbostylis* par Steven en 1817.

14.9. Un nom conservé et les autonymes correspondants sont conservés au détriment de tous les homonymes antérieurs.

Ex. 7. Le nom générique *Smithia* Aiton (1789), conservé de préférence à *Damapana* Adanson (1763), prévaut automatiquement contre *Smithia* Scop. (1777), homonyme plus ancien.

14.10. Un nom peut être conservé afin de maintenir une orthographe donnée. Un nom conservé pour cette raison doit être attribué sans changement de priorité à l'auteur qui l'a validement publié et non à l'auteur dont l'orthographe est conservée.

Ex. 8. L'orthographe *Rhodymenia*, employée par Montagne (1839), a été conservée à l'encontre de l'orthographe originale *Rhodomenia*, employée par Greville (1830). Le nom doit être cité *Rhodymenia* Grev. (1830).

14.11. Les listes de noms conservés resteront ouvertes en permanence à des additions et modifications. Un nom conservé ne peut être rayé de la liste. Toute proposition d'addition doit être accompagnée d'un exposé détaillé des motifs qui plaident pour et contre la conservation. Ces propositions doivent être soumises au Comité Général (cf. Division III), qui les enverra, pour examen, aux comités compétents pour les divers groupes taxonomiques.

Article 15

15.1. Lorsqu'une proposition de conservation (ou de rejet en fonction de l'Art. 69) d'un nom a été approuvée par le Comité Général sur rapport du comité compétent pour le groupe taxonomique concerné, le maintien (ou le rejet) de ce nom est autorisé en attendant la décision d'un congrès international de botanique ultérieur.

Recommandation 15A

15A.1. Lorsqu'une proposition de conservation ou de rejet d'un nom a été soumise pour étude au comité compétent, les auteurs devraient suivre autant que possible l'usage établi jusqu'à ce que le Comité Général ait formulé une recommandation à ce sujet.

CHAPITRE III. NOMENCLATURE DES TAXONS D'APRÈS LEUR RANG

SECTION 1. NOMS DE TAXONS DE RANG SUPÉRIEUR À LA FAMILLE

Article 16

16.1. Les noms de taxons de rang supérieur à la famille sont automatiquement typifiés s'ils dérivent de noms génériques (cf. Art. 10.5); dans ce cas, le nom d'un sous-embranchement qui inclut le type du nom adopté pour l'embranchement, le nom d'une sous-classe qui inclut le type du nom adopté pour une classe et le nom d'un sous-ordre qui inclut le type du nom adopté pour un ordre doivent dériver du nom de genre correspondant à ce type mais sans citation d'un nom d'auteur.

16.2. Lorsque l'un des radicaux *-monado-*, *-cocco-*, *-nemato-*, ou *-clado-* formant la seconde partie d'un nom générique a été omis devant la terminaison *-phyceae* ou *-phyta*, le nom de classe ou d'embranchement ainsi formé est considéré comme dérivant du nom générique en question si une telle origine est évidente ou si elle est mentionnée lors de la création du nom du groupe.

Ex. 1. L'auteur de *Raphidophyceae* Chadefaud ex P.C.Silva (1980) a indiqué que ce nom dérivait de *Raphidomonas* F. Stein (1878).

Note 1. Il n'est pas obligatoire d'appliquer le principe de priorité aux noms de taxons de rang supérieur à la famille (Art. 11.4).

Recommandation 16A

16A.1. Le nom d'un embranchement est soit dérivé de caractères distinctifs de l'embranchement (noms descriptifs), soit du nom d'un genre inclus; ce nom devrait se terminer en *-phyta*, sauf s'il s'agit d'un embranchement des Fungi dont le nom devrait se terminer en *-mycota*.

16A.2. Le nom d'un sous-embranchement est formé de façon analogue. On le distingue d'un nom d'embranchement par un préfixe ou un suffixe appropriés ou par la terminaison *-phytina*, sauf s'il s'agit d'un embranchement des Fungi dont le nom devrait se terminer en *-mycotina*.

16A.3. Le nom d'une classe ou d'une sous-classe est formé de façon similaire et devrait se terminer comme suit:
(a) Pour les Algae: en *-phyceae* (classe) et *-phycidae* (sous-classe);
(b) Pour les Fungi: en *-mycetes* (classe) et *-mycetidae* (sous-classe);
(c) Pour les Cormophyta: en *-opsida* (classe) et *-idae* (sous-classe).

16A.4. Lorsqu'un nom a été publié avec une terminaison non conforme à cette recommandation, la terminaison peut être changée en conséquence, sans changement du nom d'auteur ou de la date de publication.

96

16B.1. Pour un taxon de rang supérieur à la famille, en cas de choix entre des noms typifiés, les auteurs devraient généralement se conformer au principe de priorité.

Article 17

17.1. Le nom d'un ordre ou d'un sous-ordre est soit dérivé de caractères distinctifs du taxon (nom descriptif) soit d'un nom légitime basé sur un nom de genre d'une famille incluse (nom automatiquement typifié). Un nom d'ordre de la seconde catégorie est formé en ajoutant la terminaison *-ales* au radical du nom du genre. Un nom de sous-ordre de la seconde catégorie est formé de la même manière, avec la terminaison *-ineae*.

Ex. 1. Noms descriptifs d'ordres: *Centrospermae, Parietales, Farinosae*; d'un sous-ordre: *Enantio-blastae.*

Ex. 2. Noms automatiquement typifiés: *Fucales, Polygonales, Ustilaginales*; *Bromeliineae, Malvi-neae.*

17.2. Des noms destinés, dans l'esprit de leur auteur, à être des noms d'ordres mais publiés à un rang désigné par des termes tels que 'cohors', 'nixus', 'alliance' ou 'Reihe' au lieu d''ordre', sont traités comme noms d'ordres.

17.3. Si un nom d'ordre ou de sous-ordre, basé sur un nom de genre, a été publié avec une terminaison impropre, cette dernière sera rectifiée conformément à la règle, sans changement du nom d'auteur, ni de la date de publication.

17A.1. Les auteurs ne devraient pas publier de nouveaux noms d'ordres pour des taxons de ce rang lorsque ceux-ci englobent une famille dont le nom a servi de base à un nom d'ordre.

SECTION 2. NOMS DE FAMILLES, DE SOUS-FAMILLES, DE TRIBUS ET DE SOUS-TRIBUS

Article 18

18.1. Un nom de famille est un adjectif pluriel, employé substantivement; il est formé par l'addition de la terminaison *-aceae* au radical d'un nom légitime d'un genre inclus dans cette famille (voir aussi l'Art. 10). (Pour l'emploi des voyelles finales du radical dans un mot composé, cf. Rec. 73G).

Ex. 1. Rosaceae (de *Rosa*), *Salicaceae* (de *Salix*), *Plumbaginaceae* (de *Plumbago*).

18.2. Les noms destinés, dans l'esprit de leur auteur, à être des noms de famille mais dont le rang lors de la publication était désigné par les termes 'ordre' (*ordo*) ou 'ordre naturel' (*ordo naturalis*), au lieu de 'famille', sont réputés avoir été publiés comme noms de familles.

18.3. Un nom de famille dérivé du radical d'un nom générique illégitime est lui-même illégitime à moins d'être conservé. Nonobstant l'Art. 32.1(b), un tel nom est cependant validement publié si les autres conditions de publication valide sont satisfaites.

Ex. 2. *Caryophyllaceae*, nom. cons. (de *Caryophyllus* Miller non L.), *Winteraceae*, nom. cons. (de *Wintera* Murray, synonyme illégitime de *Drimys* Forster & Forster f.).

18.4. Si un nom de famille a été publié avec une terminaison latine impropre, cette dernière sera rectifiée conformément à la règle, sans changement du nom d'auteur, ni de la date de publication (cf. Art. 32. 5).

Ex. 3. *'Coscinodisceae'* Kütz. doit être changé en *Coscinodiscaceae* Kütz. et ne doit pas être attribué à De Toni qui utilisa le premier la graphie correcte (Notarisia 5: 915. 1890).

Ex. 4. *'Atherospermeae'* R. Br. doit être changé en *Atherospermataceae* R. Br. et ne doit pas être attribué à Airy Shaw (in Willis, Dict. Fl. Pl. ed. 7. 104. 1966), qui utilisa le premier la graphie correcte, ni à Lindley, qui utilisa la graphie *'Atherospermaceae'* (Veg. Kingd. 300. 1846).

Ex. 5. Cependant, Tricholomées Roze (Bull. Soc. Bot. France 23: 49. 1876) ne doit pas être admis comme *Tricholomataceae* Roze, parce que la terminaison -ées est française et non latine.

18.5. Les noms suivants, consacrés par un long usage, font exception à la règle: *Palmae (Arecaceae*; type, *Areca* L.); *Gramineae* (*Poaceae*; type, *Poa* L.); *Cruciferae* (*Brassicaceae*; type, *Brassica* L.); *Leguminosae* (*Fabaceae*; type, *Faba* Miller (= *Vicia* L. p.p.)); *Guttiferae* (*Clusiaceae*; type, *Clusia* L.); *Umbelliferae* (*Apiaceae*; type, *Apium* L.); *Labiatae* (*Lamiaceae*; type, *Lamium* L.); *Compositae* (*Asteraceae*; type, *Aster* L.). Lorsque les *Papilionaceae* (*Fabaceae*; type , *Faba* Miller) sont traitées comme une famille distincte du reste des *Leguminosae*, le nom *Papilionaceae* est conservé à l'encontre de *Leguminosae* (cf. Art. 51.2).

18.6. A titre d'alternative, l'utilisation des noms indiqués entre parenthèses à l'Art. 18.5 est autorisée.

Article 19

19.1. Un nom de sous-famille est un adjectif pluriel, employé substantivement; il est formé par l'addition de la terminaison -*oideae* au radical d'un nom légitime d'un genre inclus dans cette sous-famille.

19.2. Un nom de tribu se forme de façon analogue, mais avec la terminaison -*eae*, celle d'-*inae* étant réservée à la sous-tribu.

19.3. Le nom de toute subdivision d'une famille qui comprend le type du nom légitime adopté pour la famille à laquelle il appartient doit être fondé sur le nom de genre correspondant à ce type et ne pas être suivi d'un nom d'auteur (cf. Art. 46). De tels noms s'appellent des autonymes (Art. 6.8; voir aussi l'Art. 7.18).

Ex. 1. Le type du nom de famille *Rosaceae* A.L. Juss. est *Rosa* L.; il s'ensuit que la sous-famille et la tribu qui comprennent *Rosa* doivent s'appeler *Rosoideae* et *Roseae*.

Ex. 2. Le type du nom de famille *Poaceae* Barnhart (nom. alt. *Gramineae* A.L.Juss. – cf. Art. 18.5) est *Poa* L.; il s'ensuit que la sous-famille et la tribu qui comprennent *Poa* doivent s'appeler *Pooideae* et *Poëae.*

Note 1. Cette prescription ne s'applique qu'aux noms des taxons subordonnés qui comprennent le type du nom adopté pour la famille (voir cependant la Rec. 19A).

Ex. 3. La sous-famille comprenant le type du nom de famille *Ericaceae* A.L.Juss. (*Erica* L.) s'appelle *Ericoideae* et la tribu comprenant ce type s'appelle *Ericeae.* Cependant, le nom correct de la tribu comprenant à la fois *Rhododendron* L., type du nom de sous-famille *Rhododendroideae* Endl., et *Rhodora* L. est *Rhodoreae* G. Don (nom légitime le plus ancien), et non *Rhododendreae.*

Ex. 4. La sous-famille de la famille *Asteraceae* Dumort. (nom alt., *Compositae* Giseke) qui inclut *Aster* L., type du nom de famille, s'appelle *Asteroideae*, et la tribu et la sous-tribu qui comprennent *Aster* sont les *Astereae* et les *Asterinae* respectivement. Cependant, le nom correct de la tribu qui comprend à la fois *Cichorium* L., type du nom de sous-famille *Cichorioideae* Kitamura, et *Lactuca* L. est *Lactuceae* Cass. et non *Cichorieae*; tandis que celui de la sous-tribu qui englobe *Cichorium* et *Hyoseris* L. est *Hyoseridinae* Less. et non *Cichoriinae* (à moins que les *Cichoriaceae* A. L. Juss. ne soient admises comme famille distincte des *Compositae*).

19.4. La première publication valide d'un nom de subdivision de famille qui n'inclut pas le type du nom légitime adopté pour la famille, établit automatiquement l'autonyme correspondant (voir aussi les Art. 32.6 et 57.3).

19.5. Le nom d'une subdivision de famille ne peut être basé sur le même radical générique que le nom de la famille ou de toute autre subdivision de cette famille, à moins qu'il n'ait le même type.

19.6. Si un nom de subdivision de famille a été publié avec une terminaison latine impropre, telle que *-eae* pour une sous-famille ou *-oideae* pour une tribu, cette terminaison sera rectifiée conformément à la règle, sans changement du nom d'auteur ni de la date de publication (cf. Art. 32.5).

Ex. 5. Le nom de sous-famille '*Climacieae*' Grout (Moss Fl. N. Amer. 3: 4. 1928) est transformé en *Climacioideae* sans changement de rang ni de nom d'auteur.

19.7. Lorsque les *Papilionaceae* sont incluses dans la famille des *Leguminosae* (nom. alt., *Fabaceae*; cf. Art. 18.5) en tant que sous-famille, le nom de *Papilionoideae* peut être utilisé au lieu de *Faboideae.*

Recommandation 19A

19A.1. Si aucun nom légitime n'est disponible pour une subdivision de famille qui englobe le type du nom d'un taxon de rang supérieur ou inférieur (par ex., sous-famille, tribu ou sous-tribu), mais non celui de la famille auquel il est assigné, le nouveau nom pour ce taxon devrait être fondé sur le même nom générique que le nom du taxon supérieur ou inférieur.

Ex. 1. Trois tribus de la famille des *Ericaceae*, dont aucune n'englobe le type du nom de la famille (*Erica* L.), sont les *Pyroleae* D. Don, les *Monotropeae* D. Don et les *Vaccinieae* D. Don. Les noms des sous-familles décrites plus récemment, *Pyroloideae* (D. Don) A. Gray, *Monotropoideae* (D. Don) A. Gray et *Vaccinioideae* (D. Don) Endl., sont fondés sur les mêmes noms génériques.

SECTION 3. NOMS DE GENRES ET DE SUBDIVISIONS DE GENRES

Article 20

20.1. Un nom de genre est un substantif au singulier ou un mot traité comme tel. Il peut avoir une origine quelconque et même être constitué de façon tout à fait arbitraire.

Ex. 1. *Rosa, Convolvulus, Hedysarum, Bartramia, Liquidambar, Gloriosa, Impatiens, Rhododendron, Manihot, Ifloga* (anagramme de *Filago*).

20.2. Un nom de genre ne doit pas coïncider avec un terme morphologique courant à moins d'avoir été publié avant le 1er janv. 1912 en étant accompagné d'un nom spécifique conforme à la nomenclature binaire de Linné.

Ex. 2. Le nom générique *Radicula* Hill (1756) coïncide avec le terme morphologique 'radicula' (radicule); en outre, dans la publication originale, il n'était pas accompagné d'un nom spécifique conforme au système linnéen. Le nom *Radicula* est correctement attribué à Moench (1794), qui, le premier, l'a combiné avec des épithètes spécifiques, mais qui, à cette époque, y englobait le type du nom générique *Rorippa* Scop. (1760). *Radicula* Moench est, par conséquent, rejeté en faveur de *Rorippa*.

Ex. 3. *Tuber* Wigg. : Fr. était accompagné lors de sa publication en 1780 d'un nom spécifique binaire (*Tuber gulosorum* Wigg.) et est de ce fait validement publié.

Ex. 4. Les noms de genre *Lanceolatus* Plumstead (1952) et *Lobata* V.J.Chapman (1952) coïncident avec des termes morphologiques et ne sont pas de ce fait validement publiés.

Ex. 5. De nos jours, des noms tels que *Radix, Caulis, Folium, Spina* etc. ne peuvent plus être publiés validement comme noms génériques.

20.3. Un nom de genre ne doit pas être formé de deux mots distincts, à moins que ces mots ne soient reliés par un trait d'union.

Ex. 6. Le nom générique *Uva ursi* Miller (1754), tel que publié à l'origine, était formé de deux mots distincts non reliés par un trait d'union; il est donc rejeté et attribué à Duhamel (1755) sous la forme *Uva-ursi* (pourvu du trait d'union lors de sa publication).

Ex. 7. Cependant des noms tels que *Quisqualis* (formé de deux mots combinés en un seul dans la publication originale), *Sebastiano-schaueria* et *Neves-armondia* (tous deux composés de deux mots reliés par un trait d'union dans la publication originale) sont validement publiés.

Note 1. Les noms d'hybrides intergénériques sont formés selon les prescriptions de l'Appendice I, Art. H. 6.

20.4. Ne sont pas considérés comme noms de genre:
(a) Les mots non destinés à devenir des noms.

Ex. 8. *Anonymos* Walter (Fl. Carol. 2, 4, 9, etc. 1788) est un mot rejeté parce que appliqué par Walter à 28 genres différents pour indiquer simplement que ces genres n'étaient pas nommés.

Ex. 9. *Schaenoides* et *Scirpoides*, tels qu'utilisés par Rottbøll (Descr. Pl. Rar. Progr. 14, 27. 1772) pour désigner des genres innommés, ressemblant à *Schoenus* et *Scirpus* et au sujet desquels il déclarait (cf. p. 7) qu'il les nommerait plus tard, sont des symboles et non pas des noms de genre. *Kyllinga* Rottb. et *Fuirena* Rottb. (1773) sont les premiers noms légitimes de ces genres.

(b) Les mots appartenant à une nomenclature spécifique uninominale.

Ex. 10. F. Ehrhart (Phytophylacium 1780, et Beitr. 4: 145–150. 1789) a proposé une nomenclature uninominale pour diverses espèces connues à cette époque sous des noms binaires; par ex.: *Phaeocephalum* pour *Schoenus fuscus* et *Leptostachys* pour *Carex leptostachys*. Ces noms, qui ressemblent à des noms génériques, ne doivent pas être confondus avec ces derniers et sont rejetés, à moins qu'ils n'aient été publiés plus tard comme noms génériques; par ex. le nom *Baeothryon*, désignation uninominale employée par Ehrhart pour une espèce, a été publié plus tard comme nom de genre par A. Dietrich.

Ex. 11. Necker, dans ses Elementa botanica, 1790, a proposé des désignations uninominales pour ses 'species naturales'. Ces désignations, qui ressemblent à des noms de genre, ne doivent pas être assimilées à ceux-ci, à moins qu'elles n'aient été publiées comme noms de genre par un auteur ultérieur: ainsi *Anthopogon*, employé comme nom de genre par Rafinesque (*Anthopogon* Raf. non Nutt.).

Recommandation 20A

20A.1. Les botanistes qui forment des noms de genre devraient se conformer aux suggestions suivantes:

(a) utiliser autant que possible des terminaisons latines;

(b) éviter les noms difficiles à adapter au latin;

(c) ne pas créer des noms très longs ou difficiles à prononcer en latin;

(d) ne pas créer des noms en combinant des mots de langues différentes;

(e) rappeler, si possible, par la composition ou la terminaison du nom, les affinités ou les analogies du genre;

(f) éviter les adjectifs employés substantivement;

(g) éviter les noms identiques à une épithète d'une espèce du même genre ou qui en soient dérivés;

(h) ne pas dédier des genres à des personnes étrangères à la botanique ou du moins aux sciences naturelles;

(i) donner une forme féminine à tous les noms génériques dérivés de noms de personnes, qu'ils soient dédiés à un homme ou à une femme (cf. Rec. 73B);

(j) ne pas créer des noms de genres en combinant des parties de deux noms génériques déjà existants, par ex. *Hordelymus* de *Hordeum* et *Elymus*, car de tels noms peuvent être pris par erreur pour des noms de nothogenre (cf. Art. H. 6).

Article 21

21.1. Un nom de subdivision de genre est la combinaison d'un nom générique et d'une épithète subdivisionnaire unis par un terme (subgenus, sectio, series etc.) indiquant le rang de la subdivision.

21.2. L'épithète a la même forme que le nom générique ou celle d'un adjectif au pluriel qui s'accorde en genre avec le nom générique; elle s'écrit avec une majuscule (cf. Art. 32.5).

21.3. L'épithète d'un sous-genre ou d'une section ne doit pas être formée du nom du genre auquel il appartient avec le préfixe *Eu-*.

Ex. 1. Costus subg. *Metacostus; Ricinocarpos* sect. *Anomodiscus; Sapium* subsect. *Patentinervia;*

Valeriana sect. *Valerianopsis*; *Euphorbia* sect. *Tithymalus*; *Euphorbia* subsect. *Tenellae*; *Arenaria* ser. *Anomalae*; mais pas *Carex* sect. *Eucarex*.

Note 1. L'emploi, dans un même genre, de la même épithète pour des noms de subdivisions du genre, même de rangs différents, basés sur des types différents est illégitime selon l'Art. 64.

Note 2. Les noms d'hybrides ayant le rang de subdivision de genre sont créés selon les prescriptions de l'Appendice I, Art. H.7.

Recommandation 21A

21A.1. Si l'on désire mentionner, en même temps que le nom générique et l'épithète spécifique, l'épithète de la subdivision du genre auquel appartient une espèce donnée, cette épithète subdivision-naire devrait être placée entre les deux et entre parenthèses; au besoin, on indique aussi le rang.

Ex. 1. *Astragalus* (*Cycloglottis*) *contortuplicatus*; *Astragalus* (*Phaca*) *umbellatus*; *Loranthus* (sect. *Ischnanthus*) *gabonensis*.

Recommandation 21B

21B.1. L'épithète d'un sous-genre ou d'une section est, de préférence, un substantif; celle d'une sous-section ou d'une subdivision inférieure d'un genre est, de préférence, un adjectif au pluriel.

21B.2. En proposant de nouvelles épithètes pour des subdivisions du même genre, les auteurs devraient éviter celles à forme substantive alors que les épithètes des autres subdivisions coordonnées sont des adjectifs au pluriel, ou vice versa. On devrait aussi éviter de proposer, pour une subdivision de genre, une épithète déjà utilisée pour une subdivision d'un genre voisin, ou identique au nom de ce genre.

Article 22

22.1. Le nom de toute subdivision de genre qui comprend le type du nom légitime adopté pour ce genre doit porter, comme épithète, le nom générique inchangé et ne pas être suivi d'un nom d'auteur (cf. Art. 46). De tels noms s'appellent des autonymes (Art. 6.8; voir aussi l'Art. 7.18).

Note 1. Cette prescription ne s'applique qu'aux noms des taxons subordonnés qui comprennent le type du nom adopté pour le genre (voir cependant la Rec. 22A).

22.2. La première publication valide d'un nom d'une subdivision de genre qui n'inclut pas le type du nom légitime adopté pour le genre, établit automatique-ment l'autonyme correspondant (voir aussi les Art. 32.6 et 57.3).

Ex. 1. Le sous-genre de *Malpighia* L. qui englobe le lectotype du nom du genre (*M. glabra* L.) se nomme *Malpighia* subg. *Malpighia* et non *Malpighia* subg. *Homoiostylis* Niedenzu.

Ex. 2. La section qui comprend le lectotype du nom générique *Malpighia* L. se nomme *Malpighia* sect. *Malpighia* et non *Malpighia* sect. *Apyrae* DC.

Ex. 3. Cependant, le nom correct de la section du genre *Rhododendron* L. qui comprend *Rhododen-dron luteum* Sweet, type de *Rhododendron* subg. *Anthodendron* (Reichenb.) Rehder, est *Rhododendron* sect. *Pentanthera* G. Don, nom légitime le plus ancien pour cette section, et non *Rhododendron* sect. *Anthodendron*.

22.3. L'épithète dans le nom d'une subdivision de genre ne peut répéter inchangé le nom correct du genre que lorsque les deux noms sont fondés sur le même type.

22.4. Lorsque l'épithète d'une subdivision de genre est identique à l'épithète d'une de ses espèces constituantes ou en est dérivée, le type du nom de la subdivision de genre est le même que celui du nom d'espèce, à moins que l'auteur du nom de cette subdivision n'ait désigné un autre type.

Ex. 4. Le type d'*Euphorbia* subg. *Esula* Pers. est *E. esula* L.; la désignation d'*E. peplus* L. comme lectotype par Croizat (Revista Sudamer. Bot. 6: 13. 1939) est rejetée.

Ex. 5. Le type de *Lobelia* sect. *Eutupa* Wimmer est *L. tupa* L.

22.5. Lorsque l'épithète d'une subdivision de genre est identique à ou dérivée de l'épithète d'un nom spécifique qui est un homonyme postérieur, c'est le type de cet homonyme postérieur, dont le nom correct porte nécessairement une épithète différente, qui est le type nomenclatural.

Recommandation 22A

22A.1. Le nom d'une section englobant le type du nom correct d'un sous-genre, mais non le type du nom correct du genre, devrait, si les règles ne s'y opposent pas, avoir l'épithète et le type du nom de sous-genre.

22A.2. Le nom d'un sous-genre qui n'englobe pas le type du nom correct du genre devrait, si les règles ne s'y opposent pas, avoir l'épithète et le type d'un nom de l'une de ses sections subordonnées.

Ex. 1. Au lieu de créer un nouveau nom au rang de sous-genre Brizicky éleva *Rhamnus* L. sect. *Pseudofrangula* Grubov au rang de sous-genre: *Rhamnus* subg. *Pseudofrangula* (Grubov) Brizicky. Le type des deux noms est le même, *R. alnifolia* L'Hér.

SECTION 4. NOMS D'ESPÈCES

Article 23

23.1. Un nom d'espèce est une combinaison binaire, formée du nom générique suivi d'une seule épithète spécifique. Si l'épithète comporte plusieurs mots, ceux-ci sont combinés en un seul ou reliés par un trait d'union. Une épithète non assemblée ainsi dans la publication originale n'est pas rejetée, mais ses éléments sont combinés ou reliés (cf. Art. 73.9).

23.2. L'épithète d'une espèce peut avoir une origine quelconque et peut même être formée arbitrairement.

Ex. 1. *Cornus sanguinea, Dianthus monspessulanus, Papaver rhoeas, Uromyces fabae, Fumaria gussonei, Geranium robertianum, Embelia sarasiniorum, Atropa bella-donna, Impatiens noli-tangere, Adiantum capillus-veneris, Spondias mombin* (épithète invariable).

23.3. Les symboles faisant partie des épithètes spécifiques proposées par Linné doivent être transcrits.

Ex. 2. Scandix pecten ♀ L. est transcrit sous la forme: *Scandix pecten-veneris; Veronica anagallis*∇ est transcrit sous la forme: *Veronica anagallis-aquatica.*

23.4. L'épithète spécifique ne doit pas répéter exactement le nom générique (tautonyme), qu'il y ait ou non addition d'un symbole transcrit.

Ex. 3. Linaria linaria, Nasturtium nasturtium-aquaticum.

23.5. L'épithète spécifique de forme adjective et non utilisée substantivement s'accorde grammaticalement avec le nom générique (cf. Art. 32.5).

Ex. 4. Helleborus niger, Brassica nigra, Verbascum nigrum; Vinca major, Tropaeolum majus; Rubus amnicola, l'épithète spécifique étant un substantif latin; *Peridermium balsameum* Peck, mais aussi *Gloeosporium balsameae* J. J. Davis, tous deux dérivés de l'épithète d'*Abies balsamea* mais dont l'épithète spécifique est traitée substantivement dans le second exemple.

23.6. Ne sont pas considérés comme épithètes spécifiques:
(a) Les mots non destinés à être pris comme telles.

Ex. 5. Viola 'qualis' Krocker (Fl. Siles. 2: 512, 517. 1790); *Urtica 'dubia?'* Forsskål (Fl. Aegypt.-Arab. cxxi. 1775), le mot 'dubia?' étant utilisé à plusieurs reprises dans cet ouvrage pour des espèces qui ne pouvaient être sûrement identifiées.

Ex. 6. Atriplex 'nova' Winterl (Index Horti Bot. Univ. Pest. fol. A.8. recto et verso. 1788), le mot 'nova' étant ici utilisé en liaison avec quatre espèces différentes d'*Atriplex.*

Ex. 7. Cependant, dans *Artemisia nova* A. Nelson (Bull. Torrey Bot. Club 27: 274. 1900), *nova* était une épithète spécifique volontairement choisie, la distinction de l'espèce de ses proches étant un fait nouveau.

(b) Les adjectifs ordinaux servant à une énumération.

Ex. 8. Boletus vicesimus sextus, Agaricus octogesimus nonus.

(c) Les épithètes publiées dans des ouvrages où le système linnéen de nomenclature spécifique binaire n'est pas appliqué d'une façon constante. Malgré certaines exceptions, telles qu'*Apocynum fol. androsaemi* L. (Sp. Pl. 213. 1753 ≡ *Apocynum androsaemifolium* L. Sp. Pl. ed. 2. 311. 1762), Linné est réputé avoir utilisé d'une façon constante la nomenclature spécifique binaire depuis 1753.

Ex. 9. Le nom *Abutilon album* Hill (Brit. Herbal 49. 1756) est une phrase descriptive réduite à deux mots et non pas un nom binaire dans le sens linnéen; l'autre espèce de Hill, dans le même genre, est *Abutilon flore flavo; Abutilon album* est donc rejeté.

Ex. 10. Secretan (Mycographie Suisse. 1833) a introduit un grand nombre de noms spécifiques nouveaux dont plus de la moitié ne sont pas des binômes, tels qu'*Agaricus albus corticis, Boletus testaceus scaber, Boletus aereus carne lutea.* Il est donc réputé ne pas avoir utilisé d'une façon constante le système linnéen de nomenclature binaire et aucun nom spécifique, même pourvu d'une seule épithète, n'est validement publié dans cet ouvrage.

Ex. 11. Autres exemples d'ouvrages dans lesquels le système linnéen de nomenclature binaire n'est pas appliqué d'une façon constante: Gilibert (Fl. Lit. Inch. 1781; Exerc. Phyt. 1792), Miller (Gard. Dict. Abr. ed. 4. 1754), W. Kramer (Elench. Veg. 1756).

(d) Les formules désignant des hybrides (cf. Art. H10.3).

Recommandation 23A

23A.1. Les noms de personnes, de pays et de localités, employés comme épithètes spécifiques, peuvent être des substantifs au génitif (*clusii, porsildiorum, saharae*) ou des adjectifs (*clusianus, dahuricus*) (voir aussi l'Art. 73 et les Rec. 73C et D).

23A.2. On devrait éviter l'emploi de formes génitives et adjectives d'un même mot pour désigner deux espèces différentes d'un même genre; par exemple, *Lysimachia hemsleyana* Oliver et *L. hemsleyi* Franchet.

Recommandation 23B

23B.1. Les auteurs qui proposent des épithètes spécifiques devraient, en outre, se conformer aux suggestions suivantes:

(a) utiliser des terminaisons latines autant que possible;

(b) éviter les épithètes très longues et de prononciation difficile en latin;

(c) ne pas combiner des mots empruntés à des langues différentes;

(d) éviter les épithètes formées de mots unis par un trait d'union;

(e) éviter celles qui ont la même signification que le nom générique (pléonasme);

(f) éviter celles qui expriment un caractère commun à la plupart des espèces du genre;

(g) éviter, dans le même genre, des épithètes trop semblables, surtout celles qui ne diffèrent que par leurs dernières lettres ou par la disposition de deux lettres;

(h) éviter celles qui ont déjà été utilisées dans un genre voisin;

(i) ne pas adopter des noms inédits pris dans les notes ou les lettres de voyageurs, sur des étiquettes d'herbier ou à d'autres sources analogues en les attribuant à leurs auteurs, à moins que ces derniers n'en aient approuvé la publication;

(j) éviter les épithètes tirées de noms de localités peu connues ou très limitées, à moins que l'aire de l'espèce ne soit très petite.

SECTION 5. NOMS DES TAXONS INFÉRIEURS À L'ESPÈCE
(TAXONS INFRASPÉCIFIQUES)

Article 24

24.1. Le nom d'un taxon infraspécifique est une combinaison du nom de l'espèce avec une épithète infraspécifique, précédée d'un terme désignant son rang.

Ex. 1. Saxifraga aizoon subforma *surculosa* Engler & Irmscher. Ce taxon peut aussi être désigné comme *Saxifraga aizoon* var. *aizoon* subvar. *brevifolia* forma *multicaulis* subforma *surculosa* Engler & Irmscher; la classification de la sous-forme au sein de l'espèce est ainsi indiquée.

24.2. Les épithètes des taxons infraspécifiques sont formées comme celles des espèces et, lorsqu'elles sont de forme adjective et non utilisées comme substantifs, elles s'accordent grammaticalement avec le nom générique (cf. Art. 32.5).

Ex. 2. Trifolium stellatum forma *nanum* (et non *nana*).

24.3. Les épithètes infraspécifiques telles que *typicus, originalis, originarius, genuinus, verus* et *veridicus*, désignant la subdivision qui contient le type du taxon immédiatement supérieur, sont inadmissibles et ne peuvent être valablement publiées, sauf si elles répètent l'épithète spécifique comme l'exige l'Art. 26.

24.4. L'emploi d'une combinaison binaire au lieu d'une épithète infraspécifique est inadmissible. Nonobstant l'Art. 32.1(b), des noms ainsi formés doivent être rectifiés sans changement du nom d'auteur ni de la date de publication.

Ex. 3. '*Salvia grandiflora* subsp. *S. willeana*' Holmboe doit être cité: *Salvia grandiflora* subsp. *willeana* Holmboe.

Ex. 4. '*Phyllerpa prolifera* var. *Ph. firma*' Kütz. doit être modifié en *Phyllerpa prolifera* var. *firma* Kütz.

24.5. La même épithète peut être utilisée pour des taxons infraspécifiques d'espèces différentes; une subdivision d'espèce peut porter la même épithète qu'une autre espèce (voir cependant la Rec. 24B).

Ex. 5. Rosa jundzillii var. *leioclada* et *Rosa glutinosa* var. *leioclada; Viola tricolor* var. *hirta*, malgré l'existence d'une espèce différente et plus ancienne nommée *Viola hirta.*

Note 1. L'emploi de la même epithète pour des taxons infraspécifiques de la même espèce est illégitime (Art. 64.3) si les noms sont fondés sur des types différents, même si ces taxons sont de rangs différents.

Recommandation 24A

24A.1. Les recommandations concernant les épithètes spécifiques (Rec. 23A, B) s'appliquent également aux épithètes infraspécifiques.

Recommandation 24B

24B.1. Les auteurs qui proposent de nouvelles épithètes infraspécifiques devraient éviter celles déjà employées comme épithètes spécifiques dans le même genre.

Article 25

25.1. Du point de vue de la nomenclature, une espèce ou tout taxon inférieur est considéré comme la somme de ses taxons subordonnés, s'il y en a. Pour les champignons, une holomorphe (cf. Art. 59.4) comprend également les taxons de forme corrélés.

Ex. 1. Lorsque *Montia parvifolia* (DC.) Greene est considéré contenir deux sous-espèces, le nom *M. parvifolia* s'applique à la somme de ces taxons subordonnés. Selon cette conception taxonomique, on doit écrire *M. parvifolia* (DC.) Greene subsp. *parvifolia* si l'on se réfère uniquement à la partie de *M. parvifolia* qui inclut son type nomenclatural et exclut le type du nom de l'autre sous-espèce (*M. parvifolia* subsp. *flagellaris* (Bong.) Ferris).

Article 26

26.1. Le nom de tout taxon infraspécifique qui comprend le type du nom légitime adopté pour l'espèce à laquelle il appartient doit porter comme épithète finale l'épithète inchangée du nom de l'espèce et ne pas être suivi d'un nom d'auteur (cf. Art. 46). De tels noms s'appellent des autonymes (Art. 6.8; voir aussi l'Art. 7.18).

Ex. 1. La combinaison *Lobelia spicata* var. *originalis* McVaugh, s'appliquant à un taxon qui comprend le type du nom *Lobelia spicata* Lam., doit être remplacée par *Lobelia spicata* Lam. var. *spicata.*

Note 1. Cette prescription ne s'applique qu'aux noms des taxons subordonnés qui comprennent le type du nom adopté pour l'espèce (voir aussi la Rec. 26A).

26.2. La première publication valide d'un nom d'un taxon infraspécifique qui n'inclut pas le type du nom légitime adopté pour l'espèce établit automatiquement l'autonyme correspondant (voir aussi les Art. 32.6 et 57.3).

Ex. 2. La publication du nom *Lycopodium inundatum* var. *bigelovii* Tuckerman (1843) établit automatiquement le nom d'une autre variété, *Lycopodium inundatum* L. var. *inundatum*, dont le type est celui du nom *Lycopodium inundatum* L.

Ex. 3. *Utricularia stellaris* L.f. (1781) comprend *U. stellaris* var. *coromandeliana* A.DC. (1844) et *U. stellaris* L.f. var. *stellaris* qui fut automatiquement créé au même moment. Lorsque *U. stellaris* est inclus dans *U. inflexa* Forsskål (1775) en tant que variété, le nom correct de la variété est *U. inflexa* var. *stellaris* (L.f.) P. Taylor (1961).

Recommandation 26A

26A.1. Le nom d'une variété englobant le type du nom correct d'une sous-espèce, mais non le type du nom correct de l'espèce, devrait, si les règles ne s'y opposent pas, avoir l'épithète et le type du nom de la sous-espèce.

26A.2. Le nom d'une sous-espèce qui n'englobe pas le type du nom correct de l'espèce, devrait, si les règles ne s'y opposent pas, avoir l'épithète et le type d'un nom de l'une de ses variétés surbordonnées.

26A.3. Le nom d'un taxon de rang infra-variétal englobant le type du nom correct d'une sous-espèce ou d'une variété, mais non le type du nom correct de l'espèce, devrait, si les règles ne s'y opposent pas, avoir l'épithète et le type du nom de la sous-espèce ou variété. Par ailleurs, le nom d'une sous-espèce ou variété qui n'englobe pas le type du nom correct de l'espèce ne devrait pas avoir l'épithète d'un nom d'un de ses taxons subordonnés, de rang inférieur à la variété.

Ex. 1. Pour Fernald, *Stachys palustris* subsp. *pilosa* (Nutt.) Epling englobait cinq variétés. Pour l'une d'entre elles (celle qui contenait le type du *S. palustris* subsp. *pilosa*) il créa la combinaison *S. palustris* var. *pilosa* (Nutt.) Fern., car aucun nom variétal légitime n'était disponible.

Ex. 2. Comme il n'y avait pas de nom légitime disponible au rang de sous-espèce, Bonaparte (1915) créa la combinaison *Pteridium aquilinum* subsp. *caudatum* (L.) Bonap., tout en employant la même épithète que Sadebeck avait utilisée en 1897 dans la combinaison *P. aquilinum* var. *caudatum* (L.) Sadeb. (Les deux noms sont basés sur le type du nom spécifique *Pteris caudata* L.). Chacun des deux noms est légitime et les deux peuvent être utilisés, comme l'a fait Tryon (1940) qui traita *P. aquilinum* var. *caudatum* comme l'une des quatre variétés du *P. aquilinum* subsp. *caudatum.*

Article 27

27.1. L'épithète finale dans le nom d'un taxon infraspécifique ne peut répéter inchangée l'épithète du nom correct de l'espèce que lorsque les deux noms sont fondés sur le même type.

SECTION 6. NOMS DES PLANTES CULTIVÉES

Article 28

28.1. Les plantes sauvages introduites en culture gardent les noms qu'elles porteraient à l'état naturel.

28.2. Les hybrides, y compris ceux apparus en culture, peuvent recevoir des noms conformément aux provisions de l'Appendice I (voir aussi les Art. 40 et 50).

Note 1. Des désignations indépendantes supplémentaires pour les plantes utilisées en agriculture, sylviculture et horticulture (pouvant avoir leur origine aussi bien dans la nature qu'en culture) sont l'objet de l' 'International Code of Nomenclature for Cultivated Plants', où des règles sont établies pour leur formation et leur utilisation. Cependant, rien n'exclut l'utilisation, pour des plantes cultivées, de noms publiés conformément aux dispositions du Code International de la Nomenclature Botanique.

Note 2. L'utilisation, comme épithètes de cultivars, d'épithètes publiées en accord avec le Code International de la Nomenclature Botanique est autorisée par les règles de l' 'International Code of Nomenclature for Cultivated Plants' (Art. 27), lorsqu'on considère que le statut de cultivar est approprié pour les groupes en question. Dans les autres cas, les épithètes de cultivars publiées à partir du 1er janvier 1959 en conformité avec l' 'International Code of Nomenclature for Cultivated Plants' (Art. 27) doivent être des noms de fantaisie nettement différents des épithètes de noms latins régis par le Code International de la Nomenclature Botanique.

Ex. 1. Noms de cultivars: *Taxus baccata* 'variegata' ou *Taxus baccata* cv. Variegata (fondé sur *T. baccata* var. *variegata* Weston), *Phlox drummondii* 'Sternenzauber', *Viburnum* × *bodnantense* 'Dawn'.

CHAPITRE IV. PUBLICATION EFFECTIVE ET VALIDE

SECTION 1. CONDITIONS ET DATES DE PUBLICATION EFFECTIVE

Article 29

29.1. Aux termes de ce Code, une publication n'est rendue effective que par la distribution publique d'imprimés (par vente, échange ou don) ou, du moins, la distribution d'imprimés à des institutions botaniques dont les bibliothèques sont accessibles aux botanistes en général. La communication de noms nouveaux dans une séance publique, l'apposition de noms dans des collections ou des jardins publics et l'édition de microfilms reproduisant des textes holographes ou dactylographiés ou tout autre matériel non publié, ne constituent pas une publication effective.

Ex. 1. Cusson a annoncé la création du genre *Physospermum* dans un mémoire lu à la Société des Sciences de Montpellier en 1770, puis en 1782 ou 1783 à la Société de Médecine de Paris; mais le genre n'a été publié effectivement qu'en 1787 dans les Mémoires de la Société Royale de Médecine de Paris 5(1): 279.

29.2. L'annonce de la mise en vente d'imprimés qui n'existent pas ne constitue pas une publication effective.

29.3. La publication par autographie indélébile est effective si elle a eu lieu avant le 1er janv. 1953.

Ex. 2. Salvia oxyodon Webb & Heldr. a été publié effectivement en juillet 1850 dans un catalogue autographié mis en vente (Webb & Heldreich, Catalogus Plantarum Hispanicarum ... ab A. Blanco lectarum, Paris, juillet 1850, in-folio).

Ex. 3. H. Léveillé, Flore du Kouy Tchéou (1914–1915), ouvrage reproduit par lithographie d'un texte écrit à la main, est publié effectivement.

29.4. Selon cet article, on considère comme autographiés les textes holographes, même multipliés mécaniquement ou graphiquement par la lithographie, l'offset, la gravure sur métal.

29.5. A partir du 1er janv. 1953, la publication d'un nom nouveau dans un catalogue commercial ou dans un journal d'information non scientifique, et à partir du 1er janv. 1973, dans une liste d'échanges de graines, ne constitue pas une publication effective.

Recommandation 29A

29A.1. Il est vivement recommandé aux auteurs d'éviter de publier de nouveaux noms et des descriptions de nouveaux taxons dans des imprimés éphémères quelconques, notamment dans ceux qui sont multipliés en nombre limité et incertain, dont la persistence peut être mise en doute, dont la publication effective du point de vue du nombre d'exemplaires n'est pas évidente, ou qui n'ont guère de chance de toucher le public. Les auteurs devraient éviter de publier des noms nouveaux et des descriptions dans des périodiques populaires, dans des périodiques de documentation ('abstracting journals') ou sur des feuilles d'errata.

Article 30

30.1. La date de publication effective est celle où l'imprimé devient accessible selon les dispositions de l'Art. 29. En l'absence de preuve permettant de fixer une autre date, celle qui figure sur l'imprimé lui-même doit être tenue pour correcte.

Ex. 1. Les diverses parties du Species Plantarum de Willdenow ont été publiées aux dates suivantes: 1(1), 1797; 1(2), 1798; 2(1), 1799; 2(2), 1799 ou janvier 1800; 3(1) (jusqu'à la page 850), 1800; 3(2) (jusqu'à la page 1470), 1802; 3(3) (jusqu'à la page 2409), 1803 (plus tard que le Flora Boreali-Americana de Michaux); 4(1) (jusqu'à la page 630), 1805; 4(2), 1806; ces dates, dont quelques-unes diffèrent de celles des pages de titre des volumes, sont admises comme étant les dates effectives de publication.

30.2. Pour les tirés-à-part distribués à l'avance, la date de publication effective est celle qui y figure, à moins d'inexactitude démontrée.

Ex. 2. Publication dans des tirés-à-part distribués à l'avance: Les noms d'espèces de *Selaginella* publiés par Hieronymus dans Hedwigia 51: 241–272 (1912) ont été effectivement publiés le 15 oct. 1911, puisque le volume contenant l'article indique (p.ii) que le tiré-à-part a paru à cette date.

Recommandation 30A

30A.1. La date de la remise d'imprimés par l'éditeur ou son représentant à une agence reconnue de distribution devrait être acceptée comme date de publication effective.

Article 31

31.1. A partir du 1er janv. 1953, la distribution de textes imprimés accompagnant des exsiccata ne constitue pas une publication effective.

Note 1. Si les imprimés sont également distribués indépendamment des exsiccata, cela constitue une publication effective.

Ex. 1. Des imprimés comme Schedae operis . . . plantae finlandiae exsiccatae, Helsingfors 1. 1906, 2, 1916, 3. 1933, 1944, ou Lundell & Nannfeldt, Fungi exsiccati suecici etc., Uppsala 1–. . ., 1934–. . ., distribués indépendamment des exsiccata, que ce soit avant ou après le 1er janv. 1953, sont effectivement publiés.

SECTION 2. CONDITIONS ET DATES DE PUBLICATION VALIDE DES NOMS

Article 32

32.1. Pour être publié validement, le nom d'un taxon (autonymes exceptés) doit, à la fois, *(a)* avoir été effectivement publié (cf. Art. 29) depuis la date servant de point de départ pour le groupe correspondant (Art. 13.1); *(b)* avoir une forme qui soit en accord avec les prescriptions des Art. 16–27 et H.6–7; *(c)* être accompagné soit d'une description ou diagnose, soit d'une référence (directe ou indirecte) à une description ou diagnose antérieure effectivement publiée (à l'exception des cas prévus à l'Art. H.9); et *(d)* être conforme aux dispositions particulières des Art. 33–45.

Ex. 1. Egeria Néraud (in Gaudichaud, Voy. Uranie, Bot. 25, 28. 1826), publié sans description ni diagnose, ni renvoi à une description ou à une diagnose antérieure, n'a pas été validement publié.

Ex. 2. Le nom *Loranthus macrosolen* Steudel a paru primitivement, sans description ni diagnose, sur des étiquettes imprimées distribuées aux environs de 1843 avec la section II. no. 529, 1288, des exsiccata d'Abyssinie de Schimper; sa publication valide ne date que de 1847, lorsque A. Richard (Tent. Fl. Abyss. 1: 340) a fourni une description.

32.2. Un nom publié validement par référence à une description ou diagnose antérieure effectivement publiée doit être typifié par un élément choisi en fonction du contexte de la description ou diagnose en question.

Ex. 3. Puisque le nom *Adenanthera bicolor* Moon (1824) n'est validé que par référence à Rumphius, Herbarium Amboinense 3: t.112, c'est cette illustration qui, en l'absence du spécimen qu'elle figure, est le type du nom. Ce n'est pas le spécimen, déposé à Kew, qui fut récolté par Moon et étiqueté '*Adenanthera bicolor*'.

32.3. La diagnose d'un taxon est l'énoncé succinct des caractères qui, dans l'esprit de l'auteur, le distinguent d'autres taxons.

32.4. Une référence indirecte est l'indication univoque, donnée en citant le nom de l'auteur ou par tout autre moyen, qu'une description ou diagnose antérieurement et effectivement publiée s'applique.

Ex. 4. Kratzmannia Opiz (in Berchtold & Opiz, Oekon.-Techn. Fl. Böhm. 1/2: 398. 1836), publié avec une diagnose, n'était pas accepté par l'auteur: il n'était donc pas publié validement. Plus tard, il a été accepté expressément par Opiz, (Seznam 56, 1852), mais sans description ni diagnose. Dans la citation '*Kratzmannia* O.' réside la référence indirecte à la description de 1836.

Ex. 5. Opiz a publié le nom de genre *Hemisphace* (Bentham) Opiz (1852) sans description ni diagnose; en écrivant '*Hemisphace* Benth.', il s'est référé indirectement à la description, effectivement publiée par Bentham (Labiat. Gen. Spec. 193. 1833), de *Salvia* sect. *Hemisphace*.

Ex. 6. La nouvelle combinaison *Cymbopogon martini* (Roxb.) W. Watson (1882) est validée par l'adjonction du nombre '309' qui représente, suivant l'explication donnée en tête de la même page, le numéro d'ordre de l'espèce (*Andropogon martini* Roxb.) dans Steudel (Syn. Pl. Glum. 1: 388. 1854). Bien que la référence au basionyme, *Andropogon martini*, soit indirecte, il n'existe aucune ambiguïté.

32.5. Des noms publiés avec une terminaison latine incorrecte, mais qui, par ailleurs, sont conformes au Code, sont considérés comme étant validement publiés et sont modifiés selon les Art. 17-19, 21, 23 et 24, sans changement du nom d'auteur, ni de la date de publication.

Note 1. Dans certains cas, une illustration accompagnée d'une analyse équivaut à une description (cf. Art. 42 et 44).

Note 2. Pour les noms de taxons végétaux qui à l'origine n'étaient pas considérés comme plantes, cf. Art. 45.

32.6. Les autonymes (Art. 6.8) sont reconnus comme noms valides et datent de la publication où ils furent établis (cf. Art. 19.4, 22.2, 26.2), qu'ils y apparaissent en clair ou non.

Recommandation 32A

32A.1. Un nom ne devrait pas être validé simplement par une référence à une description ou diagnose antérieure à 1753.

Recommandation 32B

32B.1. La description ou la diagnose d'un taxon nouveau devrait mettre en relief les différences entre ce taxon et les taxons affines.

Recommandation 32C

32C.1. Les auteurs devraient éviter l'adoption d'un nom invalide, publié antérieurement pour un taxon différent.

Recommandation 32D

32D.1. La description de taxons nouveaux devrait être accompagnée de figures montrant des détails propres à faciliter l'identification.

32D.2. Dans la légende des figures, il faudrait indiquer le matériel qui a servi de modèle aux dessins.

32D.3. Les auteurs devraient indiquer avec précision l'échelle des figures publiées.

Recommandation 32E

32E.1. La description ou la diagnose d'une plante parasite, et particulièrement d'un champignon parasite, devrait être accompagnée de l'indication des hôtes, désignés par leur nom scientifique et non pas seulement par un nom vernaculaire de signification souvent équivoque.

Article 33

33.1. Une combinaison (autonymes exceptés) n'est validement publiée que si l'auteur précise que la ou les épithètes en question doivent être employées dans cette combinaison.

Ex. 1. En plaçant, dans le Species Plantarum, l'épithète en marge du nom de genre. Linné a clairement indiqué les combinaisons proposées. Miller a atteint le même résultat, dans le Gardeners Dictionary, ed. 8, en plaçant les épithètes entre parenthèses immédiatement après les noms de genre, et Steudel a fait de même, dans le Nomenclator Botanicus, en plaçant une liste des épithètes à la suite du nom générique. On admettra aussi comme publiée validement, la combinaison obtenue au moyen d'artifices typographiques indiquant qu'une épithète est associée à tel nom de genre ou d'espèce.

112

Ex. 2. Le commentaire de Rafinesque au sujet de *Blephilia* (J. Phys. Chim. Hist. Nat. Arts 89: 98. 1819): 'Le type de ce genre est la *Monarda ciliata* Linn.' ne constitue pas une publication de la combinaison *Blephilia ciliata*, puisque l'auteur ne l'a pas formulée explicitement. De même, la combinaison *Eulophus peucedanoides* ne peut être attribuée à Bentham simplement parce que cet auteur cite '*Cnidium peucedanoides* H.B. et K.' aprés la description d'*Eulophus* (in Bentham & Hooker, Gen. Pl. 1: 885. 1867).

33.2. Les combinaisons nouvelles et les noms de remplacement publiés délibérément pour être substitués à d'autres (*nomina nova*), publiés à partir du 1er janv. 1953, ne sont valides que si le basionyme (synonyme porteur du nom ou de l'épithète) ou le synonyme remplacé (lorsqu'un *nomen novum* est proposé), publiés antérieurement de façon valide, sont précisés, avec référence complète et directe à l'auteur et au lieu de publication valide (avec mention de la page ou de la planche et de la date). Une erreur de citation bibliographique n'invalide pas la publication d'une combinaison nouvelle.

Ex. 3. En transférant *Ectocarpus mucronatus* Saund. dans le genre *Giffordia*, Kjeldsen & Phinney (Madroño 22: 90. 27 Avr. 1973) ont cité le basionyme et son auteur mais sans référence au lieu de publication valide. Plus tard (Madroño 22: 154. 2 Juill. 1973) ils ont validé le binôme *Giffordia mucronata* (Saund.) Kjeldsen & Phinney en donnant une référence complète et directe au lieu de publication valide du basionyme.

Ex. 4. *Aronia arbutifolia* var. *nigra* (Willd.) Seymour (1969) a été publié en tant que nouvelle combinaison basée sur '*Mespilus arbutifolia* L. var. *nigra* Willd., in Sp. Pl. 2: 1013. 1800.' Willdenow incluait ces plantes dans le genre *Pyrus* et non *Mespilus* et la publication datait de 1799 et non 1800; ces erreurs sont considérées comme des erreurs de citation bibliographiques et n'invalident pas la nouvelle combinaison.

Ex. 5. La combinaison *Trichipteris kalbreyeri* a été proposée par Tryon (Contr. Gray Herb. 200: 45. 1970) accompagnée d'une référence complète et directe à *Alsophila kalbreyeri* C. Chr. (Index Filic. 44. 1905). Il ne s'agissait toutefois pas du lieu de publication valide du basionyme, qui avait été publié précédemment, avec le même type, par Baker (Summ. New Ferns 9.1892). L'erreur de citation bibliographique de Tryon n'invalide pas cette nouvelle combinaison, qui doit se citer *Trichipteris kalbreyeri* (Baker) Tryon.

Ex. 6. La combinaison *Lasiobelonium corticale* a été proposée par Raitviir (1980) avec une référence complète et directe à *Peziza corticalis* Fr. (Syst. Mycol. 2: 96. 1822). Il s'agissait toutefois pas du lieu de publication valide du basionyme, qui, d'après le Code en opération en 1980, était dans Mérat (Nouv. Fl. Env. Paris ed. 2, 1: 22. 1821) et d'après le présent Code est dans Persoon (Obs. Mycol. 1: 28. 1796). L'erreur de citation bibliographique de Raitviir n'invalide pas la nouvelle combinaison, qui doit être citée: *Lasiobelonium corticale* (Pers.) Raitviir.

33.3. Un simple renvoi à l'Index Kewensis ou à l'Index of Fungi ou à tout autre ouvrage que celui qui contient la publication valide ne constitue pas une référence directe et complète à la publication originale d'un nom.

Note 1. La publication d'un nom pour un taxon précédemment connu sous un nom mal appliqué doit être valide conformément aux articles 32-45. Cette procédure ne doit pas être confondue avec la publication délibérée d'un nom de remplacement pour un nom validement publié mais illégitime (*nomen novum*, Art. 72.1(b)). Le type d'un tel nom est nécessairement le même que celui du nom qu'il remplace (Art. 7.9).

Ex. 7. *Sadleria hillebrandii* Robinson (1913) a été introduit en tant que 'nom, nov.' pour '*Sadleria pallida* Hilleb. Fl. Haw. Is. 582. 1888. Not Hook & Arn. Bot. Beech. 75. 1832.' Comme les conditions prévues par les Art. 32-45 sont remplies (avant 1935, une publication valide pouvait se faire par simple référence à une description antérieure dans n'importe quelle langue), le nom est validement publié. Il doit cependant être considéré comme le nom d'une espèce nouvelle, validé par la citation de la description, par Hillebrand, de plantes nommées à tort *S. pallida* Hooker & Arn., et non comme un nomen novum ainsi qu'indiqué; dès lors l'Art. 7.9 ne s'applique pas.

Ex. 8. *Juncus bufonius* var. *occidentalis* F. J. Herm. (U.S. Forest Serv. Techn. Rep. RM-18: 14. 1975) a été publié comme un 'nom. et stat. nov.' pour *J. sphaerocarpus* 'auct. Am., non Nees'. Vu qu'il n'y a ni diagnose latine, ni désignation de type, ni référence à une publication antérieure où celles-ci se trouveraient, le nom n'est pas validement publié.

33.4. Le nom d'un taxon dont le rang est désigné par un terme impropre (infraction à l'Art. 5) n'est pas validement publié; c'est le cas par ex. d'une forme divisée en variétés, d'une espèce divisée en genres, d'un genre divisé en familles ou en tribus.

Ex. 9. La publication des noms tribus *Involuta* Huth et tribus *Brevipedunculatae* Huth (Bot. Jahrb. Syst. 20: 365, 368. 1895) n'est pas valide, puisque Huth a, au sein du genre *Delphinium*, appliqué à tort le terme 'tribus' à une catégorie de rang inférieur à celui de la section.

Ex. 10. Gandoger, dans sa Flora Europae (1883–1891), employa le terme 'espèce' et utilisa une nomenclature binaire pour deux catégories de taxons de rang différent, ceux du rang supérieur étant équivalents aux espèces de la littérature contemporaine. Il appliqua à tort le terme espèce au rang inférieur, de sorte que les noms de ces taxons (les micro-espèces de Gandoger) ne sont pas validement publiés.

33.5. On fait exception à l'Art. 33.4 pour les noms de subdivisions de genres désignés comme tribus (*tribus*) dans le Systema Mycologicum de Fries, qui sont considérés comme des noms de subdivisions de genres validement publiés.

Ex. 11. *Agaricus* tribus *Pholiota* Fr. (1821) est un basionyme validement publié pour le nom de genre *Pholiota* (Fr.) P. Kummer (1871).

Article 34

34.1. Un nom n'est pas validement publié: (*a*) s'il n'est pas accepté par l'auteur dans la publication originale; (*b*) s'il est simplement proposé en anticipant sur l'acceptation future du groupe lui-même, de ses limites, de sa position ou de son rang (nom provisoire); (*c*) s'il n'est mentionné qu'incidemment; (*d*) s'il n'est cité qu'en tant que synonyme; (*e*) s'il n'est déterminé que par la mention des taxons subordonnés qu'il englobe.

34.2. L'Art. 34.1(a) ne s'applique pas à des noms publiés avec un point d'interrogation ou tout autre signe exprimant un doute d'ordre taxonomique de la part de l'auteur, qui cependant les accepte et les publie. L'Art. 34.1(b) ne s'applique pas aux noms d'anamorphes de champignons publiés dans des genres holomorphes en prévision de la découverte d'un type particulier de téléomorphe (cf. Art. 59, Ex. 2).

34.3. 'Mentionné incidemment' signifie que l'auteur n'a pas l'intention d'introduire la combinaison nouvelle ou le nom nouveau.

Ex. 1. (a) Le nom du genre monotypique *Sebertia* Pierre (ms.) n'a pas été validement publié par Baillon (Bull. Mens. Soc. Linn. Paris 2: 945. 1891) qui n'a pas accepté ce nom. Bien qu'il ait fourni une description du taxon, il a affecté l'unique espèce *Sebertia acuminata* (ms.) au genre *Sersalisia* R. Br., sous le nom de *Sersalisia? acuminata*. Selon les stipulations de l'Art. 34.2, cette combinaison a été validement publiée. Le nom *Sebertia* Pierre (ms.) a été ultérieurement publié validement par Engler (1897).

Ex. 2. (a) Les noms placés dans la colonne de gauche de la thèse linnéenne Herbarium Amboinense soutenue par Stickman (1754) n'étaient pas acceptés par Linné lors de la publication et ne sont pas validement publiés.

Ex. 3. (a) (b) Le nom de genre *Conophyton* Haw. a été proposé par Haworth (Rev. Pl. Succ. 82. 1821) pour *Mesembryanthemum* sect. *Minima* Haw. (Rev. Pl. Succ. 81. 1821) en ces termes: 'If this section proves to be a genus, the name of *Conophyton* would be apt', publication non valide, puisque Haworth n'acceptait ni le nom ni le genre; le nom correct est *Conophytum* N. E. Br. (1922).

Ex. 4. (d) *Acosmus* Desv. (in Desf., Cat. Pl. Horti Paris. 233. 1829), cité comme synonyme du nom générique *Aspicarpa* Rich., n'a pas été de ce fait publié validement.

Ex. 5. (d) *Ornithogalum undulatum* hort. Bouch. (in Kunth, Enum. Pl. 4: 348. 1843), cité comme synonyme de *Myogalum boucheanum* Kunth, n'a pas été publié validement de ce fait; tranférée dans le genre *Ornithogalum*, cette espèce sera appelée *O. boucheanum* (Kunth) Ascherson (1866).

Ex. 6. (d) *Erythrina micropteryx* Poeppig n'a pas été validé par la citation de ce nom dans la synonymie de *Micropteryx poeppigiana* Walp. (1850); quand l'espèce est placée dans le genre *Erythrina*, elle s'appelle *E. poeppigiana* (Walp.) Cook (1901).

Ex. 7. (e) Le nom de famille *Rhaptopetalaceae* Pierre (Bull. Mens. Soc. Linn. Paris 2: 1296. mai 1897), accompagné de la simple mention de ses constituants, les genres *Brazzeia, Scytopetalum* et *Rhaptopetalum*, n'a pas été publié validement, parce que Pierre n'en a donné aucune description ni diagnose. La famille doit donc porter le nom plus récent de *Scytopetalaceae* Engler (oct. 1897), qui est accompagné d'une description.

Ex. 8. (e) Le nom générique *Ibidium* Salisb. (Trans. Hort. Soc. London 1: 291. 1812) a été publié avec la seule énumération de quatre espèces constituantes. Salisbury n'ayant fourni aucune description ni diagnose, *Ibidium* n'est pas validement publié.

34.4. A partir du 1er janv. 1953, aucun des noms différents (noms alternatifs) proposés simultanément pour un même taxon par le même auteur n'est publié validement. Cette règle ne s'applique pas aux cas où la même combinaison est utilisée simultanément à des rangs différents, soit pour un taxon infraspécifique au sein d'une espèce, soit pour une subdivision de genre au sein d'un genre (cf. Rec. 22A. 1-2, 26A.1-3).

Ex. 9. Les espèces de *Brosimum* décrites par Ducke (Arch. Jard. Bot. Rio de Janeiro 3: 23-29. 1922) ont reçu, en même temps, des noms alternatifs dans le genre *Piratinera* ajoutés en note infrapaginale (pp. 23-24). La publication de ces noms, ayant été effectuée avant le 1er janvier 1953, est valide.

Ex. 10. *Euphorbia jaroslavii* Polj. (Bot. Mater. Gerb. Bot. Inst. Komarova Akad. Nauk SSSR 15: 155. tab. 1953) a été publié avec le nom alternatif *Tithymalus jaroslavii*. Aucun de ces noms n'est validement publié. L'un d'eux, *Euphorbia yaroslavii*, a été validé par Poljakov (1961) qui l'a effectivement publié avec référence à la publication antérieure et translitération différente de la lettre initiale. Poljakov, en même temps, a rejeté l'autre nom.

Ex. 11. La description de '*Malvastrum bicuspidatum* subsp. *tumidum* S. R. Hill var. *tumidum*, subsp. et var. nov.' (Brittonia 32: 474. 1980) a validé simultanément *M. bicuspidatum* subsp. *tumidum* S. R. Hill et *M. bicuspidatum* var. *tumidum* S. R. Hill.

Note 1. Le nom d'une holomorphe de champignon et celui d'une anamorphe correspondante (cf. Art. 59), même s'ils sont validés simultanément, ne sont pas des noms alternatifs au sens de l'Art. 34.4. Ils possèdent des types différents et n'appartiennent pas au même taxon: on considère que la circonscription de l'holomorphe inclut l'anamorphe mais non l'inverse.

Ex. 12. Lasiosphaeria elinorae Linder (1929), le nom d'une holomorphe de champignon, et le nom publié simultanément d'une anamorphe correspondante, *Helicosporium elinorae* Linder, sont tous deux valides et peuvent être utilisés en fonction de l'Art. 59.5.

Recommandation 34A

34A.1. Les auteurs devraient éviter de publier ou même de mentionner dans leurs textes des noms inédits qu'ils n'acceptent pas, surtout si les responsables de ces noms n'en ont pas autorisé formellement la publication (cf. Rec. 23B.1(i)).

Article 35

35.1. A partir du 1er janv. 1953, un nom nouveau ou une combinaison nouvelle, sans indication précise du rang du taxon auquel il s'applique, n'est pas validement publié.

35.2. Un nom nouveau ou une combinaison nouvelle publiés avant le 1er jan. 1953 sans indication précise de rang sont validement publiés pour autant que toutes les autres conditions nécessaires pour une publication valide soient remplies; ils ne jouent toutefois aucun rôle en matière de priorité, si ce n'est pour l'homonymie (cf. Art. 64.4). S'il s'agit d'un nom nouveau, il peut servir de basionyme ou de synonyme à remplacer pour des combinaisons ultérieures ou des nomina nova à des rangs définis.

Ex. 1. Les groupes *Soldanellae, Sepincoli, Occidentales*, etc. furent publiés au sein du genre *Convolvulus* par House (Muhlenbergia 4:50. 1908) sans aucune indication de rang. Ces noms sont validement publiés mais n'occupent pas de rang défini et ne possèdent pas de statut en matière de priorité, si ce n'est qu'ils peuvent constituer des homonymes.

Ex. 2. Dans le genre *Carex*, l'épithète *Scirpinae* a été publiée par Tuckerman (Enum. Caric. 8. 1843) pour un taxon infragénérique de rang non défini; le rang de section lui a été attribué par Kükenthal (in Engler, Pflanzenr. 38 (IV. 20): 81. 1909) et si on lui reconnaît ce rang, il doit être cité sous la forme *Carex* sect. *Scirpinae* (Tuckerman) Kükenthal.

35.3. Si dans une publication antérieure au 1er janv. 1890 il n'est admis qu'un seul rang infraspécifique, celui-ci est considéré comme étant variétal, pour autant que cela ne soit pas contraire aux déclarations de l'auteur lui-même dans la même publication.

35.4. En matière d'indication de rang, l'ensemble des publications du même auteur sous un même titre, telles que les différentes parties d'une flore parues à différentes dates (mais non pas les différentes éditions du même ouvrage), doivent être prises comme un tout, et toute indication y incluse concernant le rang des taxons compris dans l'ouvrage doit être considérée comme publiée en même temps que la première livraison.

Article 36

36.1. A partir du 1er janv. 1935, le nom d'un taxon végétal nouveau (algues et fossiles exceptés) n'est publié validement que s'il est accompagné d'une description ou diagnose latine, ou d'un renvoi à une diagnose ou description latine du taxon publiée antérieurement de façon effective (voir cependant l'Art. H.9).

Ex. 1. Les noms *Schiedea gregoriana* Degener (Fl. Hawaiiensis, fam. 119. 1936, avr. 9) et *S. kealiae* Caum & Hosaka (Occas. Pap. Bernice Pauahi Bishop Mus. 11 (23): 3. 1936, avr. 10) ont été proposés pour la même plante; le type du premier nom est une partie du matériel original du second. Le nom *S. gregoriana* n'est pas accompagné d'une diagnose ou d'une description latine, il n'est donc pas validement publié; le nom postérieur *S. kealiae* est par contre légitime.

36.2. A partir du 1er janv. 1958, le nom d'un taxon nouveau d'algues non fossiles n'est validement publié que s'il est accompagné d'une diagnose ou description latine ou d'un renvoi à une diagnose ou description latine du taxon publiée de façon effective antérieurement.

Recommandation 36A

36A.1. Les auteurs qui publient des noms de taxons nouveaux de plantes non fossiles devraient, en plus de la diagnose, donner ou citer une description complète en latin.

Article 37

37.1. A partir du 1er janv. 1958, le nom d'un taxon nouveau de rang familial ou inférieur n'est validement publié que si le type nomenclatural est indiqué (cf. Art. 7-10; voir cependant l'Art. H.9, Note 1, pour les noms de certains hybrides).

Recommandation 37A

37A.1. La mention du type nomenclatural devrait suivre immédiatement la description ou diagnose latine et être signalée par le mot latin 'typus' (ou 'holotypus', etc.) placé juste avant ou après les coordonnées du type ainsi désigné.

Recommandation 37B

37B.1. Si le type du nom d'un taxon nouveau est un spécimen d'herbier, on devrait indiquer l'endroit où le spécimen est déposé.

Article 38

38.1. A partir du 1er janv. 1912, le nom d'un taxon nouveau de plantes fossiles de rang spécifique ou infraspécifique n'est publié validement que si sa description ou diagnose est accompagnée d'une illustration montrant les caractères essentiels, ou du renvoi à une illustration publiée de façon effective antérieurement.

Article 39

39.1. A partir du 1er janv. 1958, le nom d'un taxon nouveau d'algues non-fossiles de rang spécifique ou infraspécifique n'est publié validement que si la description ou diagnose latine est accompagnée d'une illustration montrant les caractères morphologiques distinctifs, ou du renvoi à une illustration publiée de façon effective antérieurement.

Recommandation 39A

39A.1. L'illustration requise pour satisfaire aux conditions de l'Art. 39 devrait être préparée à partir des spécimens mêmes, dont si possible l'holotype.

Article 40

40.1. Pour être validement publié le nom d'un hybride de rang spécifique ou infraspécifique ayant des épithètes latines devra se conformer aux règles qui s'appliquent aux noms des taxons non-hybrides de rang correspondant.

Ex. 1. Le nom *Nepeta* × *faassenii*, publié par Bergmans avec description néerlandaise (Vaste Pl. ed. 2. 544. 1939) et anglaise (Gentes Herb. 8: 64. 1949), n'est pas validement publié, parce qu' aucune description ou diagnose latine, ni aucune référence à une telle description ou diagnose, ne l'accompagne. Par contre, *Nepeta* × *faassenii* Bergmans ex Stearn (1950) est validement publié parce qu'une description latine, avec indication du type, l'accompagne.

Ex. 2. Le nom *Rheum* × *cultorum* Thorsrud & Reis. (Norske Plantenavr. 95. 1948), étant ici un nomen nudum n'est pas validement publié.

Ex. 3. Le nom *Fumaria* × *salmonii* Druce (List Brit. Pl. 4. 1908) n'est pas validement publié, parce que l'auteur s'est borné à indiquer les parents présumés de l'hybride, *F. densiflora* et *F. officinalis*.

Note 1. Pour les noms d'hybrides au rang de genre ou de subdivision de genre, voir l'Art. H. 9.

40.2. De point de vue de la priorité, les noms latins des hybrides suivent les mêmes règles que ceux des taxons non-hybrides de rang correspondant.

Ex. 4. Le nom × *Solidaster* Wehrh. (1932) a priorité sur × *Asterago* Everett (1937) pour l'hybride *Aster* × *Solidago*.

Ex. 5. Le nom × *Gaulnettya* W. J. Marchant (1937) a priorité sur × *Gaulthettya* Camp (1939) pour l'hybride *Gaultheria* × *Pernettya*.

Ex. 6. *Anemone* × *hybrida* Paxton (1848) a priorité sur *A.* × *elegans* Decne. (1852), pro sp., comme binôme des hybrides provenant d'*A. hupehensis* × *A. vitifolia*.

Ex. 7. En 1927. Aimée Camus (Bull. Mus. Hist. Nat. (Paris) 33: 538. 1927) a publié le nom *Agroelymus* comme nom 'générique' d'un hybride intergénérique mais sans diagnose ni description latine, mentionnant uniquement les noms des parents (*Agropyron* et *Elymus*). Comme le nom n'était pas valide suivant le Code alors en vigueur (Stockholm 1950), Jacques Rousseau, en 1952 (Mém. Jard. Bot. Montréal 29: 10–11), a publié une diagnose latine. Conformément aux prescriptions du présent Code (Art. H.9), la date de publication est 1927 et non 1952. De même, le nom × *Agroelymus* a priorité sur × *Elymopyrum* Cugnac (Bull. Soc. Hist. Nat. Ardennes 33: 14. 1938), qui était accompagné de l'indication des parents et d'une description en français mais non en latin.

Article 41

41.1. Pour qu'il soit valide, le nom d'une famille doit être accompagné *(a)* soit d'une description ou diagnose de la famille, *(b)* soit d'une référence (directe ou indirecte) à une description ou diagnose d'une famille ou subdivision de famille publiée de manière effective antérieurement.

41.2. Pour qu'il soit valide, le nom d'un genre doit être accompagné *(a)* soit d'une description ou diagnose du genre (voir cependant l'Art. 42), *(b)* soit d'une référence (directe ou indirecte) à une description ou diagnose d'un genre ou d'une subdivision de genre publiée de manière effective antérieurement.

Ex. 1. Noms génériques publiés validement: *Carphalea* A. L. Juss., accompagné d'une description générique; *Thuspeinanta* T. Durand, accompagné d'une référence au genre *Tapeinanthus* Boiss. (non Herbert) décrit antérieurement; *Aspalathoides* (DC.) K. Koch, fondé sur une section antérieurement décrite, *Anthyllis* sect. *Aspalathoides* DC.; *Scirpoides* Scheuchzer ex Séguier (Pl. Veron. Suppl. 73. 1754), admis dans cet ouvrage, mais sans description générique, validé par référence indirecte (en raison du titre du livre et d'une indication générale dans la préface) à la diagnose générique ainsi qu'à des références directes complémentaires se trouvant dans Séguier (Pl. Veron. 1. 117. 1745).

Note 1. Seuls font exception à l'Art. 41.2 les noms génériques publiés par Linné dans le Species Plantarum ed. 1 (1753) et ed. 2 (1762–1763), qu'on traite comme s'ils avaient été publiés validement à ces dates (cf. Art. 13.4).

Note 2. Dans certains cas, une illustration avec analyse est l'équivalent d'une description générique (cf. Art. 42.2).

Article 42

42.1. Si toutes les conditions suivantes sont remplies, les noms d'un genre et d'une espèce peuvent être validés simultanément par une description ou diagnose unique (*descriptio generico-specifica*), même si elle était prévue comme uniquement générique ou spécifique: *(a)* au moment de sa description le genre est monotypique; *(b)* aucun autre nom (à quelque rang que ce soit) n'a été précédemment publié validement en étant fondé sur le même type; et *(c)* les noms du genre et de l'espèce répondent par ailleurs aux conditions requises pour une publication valide. La référence à une description ou diagnose antérieure ne peut pas remplacer une telle description ou diagnose.

Note 1. Dans ce contexte, est monotypique le genre dans lequel un seul binôme est validement publié, même si l'auteur indique que d'autres espèces peuvent lui être rattachées.

Ex. 1. Strophioblachia fimbriicalyx Boerl. est une espèce nouvelle dépourvue de description individuelle, attribuée au genre monotypique nouveau *Strophioblachia*. Les deux noms sont validement publiés avec une description combinée du genre et de l'espèce.

Ex. 2. Piptolepis phillyreoides Bentham est une espèce nouvelle attribuée au genre monotypique nouveau *Piptolepis*, publié avec une description combinée du genre et de l'espèce.

Ex. 3. En publiant le nom *Phaelypea* sans description générique P. Browne (Civ. Nat. Hist. Jamaica 269. 1756) y a inclus et décrit une seule espèce, mais il lui donna un nom en forme de phrase et ne fournit pas de binôme valide. L'Art.42 n'est donc pas d'application et le nom *Phaelypea* n'est pas validement publié.

42.2 Avant le 1er Janv. 1908 une illustration avec analyse, ou pour les plantes non-vasculaires une simple figure montrant des détails utiles à l'identification, est acceptable aux termes de cet article, à la place d'une description ou diagnose.

Note 2. Dans ce contexte, une analyse est une figure ou un groupe de figures, fréquemment séparé de l'illustration principale de la plante (quoique habituellement sur la même page ou la même planche), montrant des détails utiles à l'identification, avec ou sans légende séparée.

Ex. 4. Le nom générique *Philgamia* Baillon (1894) a été publié validement, car il a paru avant le 1er janv. 1908 sur une planche avec analyse de l'unique espèce incluse, *P. hibbertioides* Baillon.

Article 43

43.1. Le nom d'un taxon de rang inférieur au genre n'est publié validement que si le nom du genre ou de l'espèce auquel il est attribué est publié validement en même temps ou s'il l'était déjà antérieurement.

Ex. 1. Forsskål (Fl. Aegypt.-Arab. 69-71. 1775) a publié, au moyen de descriptions et de diagnoses, les noms *Suaeda baccata*, *S. vera* et quatre autres du même genre, mais n'a donné ni diagnose ni description du genre: le nom de genre et ceux d'espèce n'étaient donc pas publiés validement.

Ex. 2. En 1880, Müller Argoviensis (Flora 63: 286) a publié le genre nouveau *Phlyctidia*, comprenant les espèces *P. hampeana* n. sp.; *P. boliviensis* (= *Phlyctis boliviensis* Nyl.), *P. sorediiformis* (= *Phlyctis sorediiformis* Kremp.), *P. brasiliensis* (= *Phlyctis brasiliensis* Nyl.) et *P. andensis* (= *Phlyctis andensis* Nyl.) Ces combinaisons nouvelles n'étaient cependant pas valides, car le nom générique *Phlyctidia* n'était pas validement publié. En effet, Müller ne donnait ni diagnose ni description générique, mais seulement une description et une diagnose de l'espèce nouvelle *P. hampeana*. Cette description ne pouvait rendre valide le nom du genre en tant que descriptio generico-specifica au sens de l'Art. 42, puisque le nouveau genre n'était pas monotypique. La publication valide de *Phlyctidia* n'a été effectuée qu'en 1895 par Müller sous forme d'une courte diagnose générique. Les seules espèces mentionées là étaient *P. ludoviciensis* n. sp. et *P. boliviensis* (Nyl.). Cette dernière combinaison a donc été publiée validement en 1895 par référence au basionyme.

Note 1. Cet article s'applique aussi aux épithètes spécifiques ou autres publiées en combinaison avec des mots qui ne peuvent être considérés comme des noms de genres (voir l'Art. 20.4).

Ex. 3. La combinaison binaire *Anonymos aquatica* Walter (Fl. Carol. 230. 1788) n'est pas publiée validement. Le nom correct pour l'espèce en question est *Planera aquatica* J. F. Gmelin (1791). L'espèce ne peut donc pas être citée comme *Planera aquatica* (Walter) J. F. Gmelin.

Ex. 4. La combinaison binaire *Scirpoides paradoxus* Rottb. (Descr. Pl. Rar. Progr. 27. 1772) n'est pas publiée validement vu que dans ce contexte *Scirpoides* n'était pas destiné à être un nom générique. Le premier nom publié validement pour cette espèce est *Fuirena umbellata* Rottb. (1773).

Article 44

44.1. Le nom d'une espèce ou d'un taxon infraspécifique accompagné seulement d'une illustration avec analyse (cf. Art. 42, Note 2) est valide s'il a été publié avant le 1er janv. 1908.

Ex. 1. Panax nossibiensis Drake (1896) a été validement publié sur une planche avec analyse.

44.2. De simples figures de plantes non-vasculaires, montrant des détails utiles à leur identification, sont considérées comme des illustrations avec analyse (cf. Art. 42, Note 2).

Ex. 2. Eunotia gibbosa Grunow (1881), nom de diatomée, est validement publié avec la simple figure d'une valve.

Article 45

45.1. La date d'un nom est celle de sa publication valide. Si toutes les conditions nécessaires à la publication valide ne sont pas réalisées simultanément, la date est celle où la dernière condition est remplie. Cependant, le nom doit toujours être explicitement accepté dans la publication où il est validé. Un nom publié à partir du 1er janv. 1973 pour lequel les diverses conditions de publication valide ne sont pas réalisées simultanément, n'est pas validement publié à moins qu'une référence complète et directe ne soit fournie du ou des lieux où ces exigences furent réalisées antérieurement.

Ex. 1. Le nom *Clypeola minor* a été d'abord publié dans la thèse Linnéenne Flora Monspeliensis (1756), dans une liste de noms précédés de chiffres, mais sans explication du sens de ces chiffres et sans aucun autre élément de description; lorsque la thèse fut réimprimée dans le vol. 4 des Amoenitates Academicae (1759), une mention fut ajoutée expliquant que les chiffres se rapportaient à des descriptions antérieures publiées dans le Botanicon Monspeliense de Magnol. Toutefois, le nom *Clypeola minor* manquait dans la réimpression, n'étant plus admis par Linné, et n'est de ce fait pas validement publié.

Ex. 2. Alyssum gionae était au nombre des nouvelles espèces publiées par Quézel & Contandriopoulos (Naturalia Monspel. Sér. Bot. 16: 89-149. 1965) accompagnées d'une diagnose latine mais sans citation de type. Ultérieurement (Taxon 16: 240. 1967) les auteurs ont désigné un spécimen-type pour ce nom, en se référant à la description et à la diagnose antérieures. Cette référence n'était pas complète et directe, le numéro de la page manquant; *Alyssum gionae* Quézel & Contandr. fut néanmoins validement publié en 1967.

45.2. La correction de l'orthographe originale d'un nom (voir Art. 73) n'affecte pas la date de sa publication valide.

Ex. 3. La correction d'une faute d'orthographe dans le nom *Gluta benghas* L. (Mant. 293. 1771), qui doit se lire *Gluta renghas* L., n'affecte en rien la date de publication du nom bien que la correction ne date que de 1883 (Engler in A. DC. & C. DC., Monogr. Phan. 4: 225).

45.3. En matière de priorité, seuls les noms légitimes sont pris en considération (cf. Art. 11, 63-67). Cependant l'existence d'homonymes antérieurs, validement publiés, légitimes aussi bien qu'illégitimes, entraine le rejet des homonymes postérieurs à moins que ces derniers ne soient conservés.

45.4. Si un taxon primitivement assigné à un groupe non régi par ce Code est traité comme appartenant à un groupe de plantes autre que les algues, la paternité et la date de son ou de ses noms sont déterminés par la première publication conforme aux exigences de ce Code pour une publication valide. Si le taxon est traité comme appartenant aux algues, son ou ses noms ne doivent satisfaire qu'aux exigences du code non-botanique approprié relatives au statut équivalent à celui de la publication valide aux termes du Code botanique (voir cependant l'Art. 65 en ce qui concerne l'homonymie).

Ex. 4. Amphiprora Ehrenb. (1843) est un nom utilisable* pour un genre d'animaux, que Kützing (1844) traita le premier comme appartenant aux algues. *Amphiprora* est prioritaire en matière de nomenclature botanique depuis 1843 et non 1844.

Ex. 5. Petalodinium J. Cachon & M. Cachon (Protistologica 5: 16. 1969) est utilisable au sens du Code International de Nomenclature Zoologique en tant que non d'un genre de dinoflagellés. Lorsque le taxon est traité comme appartenant aux algues, son nom conserve sa paternité et sa date originale bien que la publication originale soit sans diagnose latine.

Ex. 6. Labyrinthodyction Valkanov (Progr. Protozool. 3: 373. 1969), bien qu'utilisable au sens du Code International de Nomenclature Zoologique en tant que nom d'un genre de rhizopodes, n'est pas valide lorsque le taxon est traité comme appartenant aux champignons, car la publication originale ne présentait pas de diagnose latine.

Ex. 7. Protodiniferidae Kofoid & Swezy (Mem. Univ. Calif. 5: 111. 1921), utilisable au sens du Code International de Nomenclature Zoologique, est validement publié en tant que nom de famille d'algues avec sa paternité et sa date originales mais avec le changement de la terminaison *-idae* en *-aceae*, conformément aux Art. 18.4 et 32.5.

Recommandation 45A

45A.1. L'auteur qui utilise de nouveaux noms dans des ouvrage écrits en langue moderne (flores, catalogues, etc.) devrait se conformer simultanément aux conditions requises pour une publication valide.

Recommandation 45B

45B.1. Un auteur devrait indiquer sur chacun de ses ouvrages la date exacte de publication. Dans un ouvrage paraissant en fascicules, la date ainsi que le nombre des pages et des illustrations de chaque fascicule devraient toujours figurer sur la dernière feuille.

Recommandation 45C

45C.1. Les tirés-à-part de périodiques devraient porter la date de publication (année, mois et jour), le nom du périodique, le numéro du volume ou fascicule et la pagination originale.

SECTION 3. CITATION DES NOMS D'AUTEURS ET DE LA BIBLIOGRAPHIE AUX FINS DE PRÉCISION

Article 46

46.1. Pour indiquer avec précision le nom d'un taxon et permettre de mieux vérifier la date de sa publication, il faut citer l'auteur qui a validement publié le

---

* 'Utilisable' dans le Code International de Nomenclature Zoologique est l'équivalent de 'validement publié' dans le Code International de la Nomenclature Botanique.

nom en question, à moins que ne s'appliquent les dispositions relatives aux autonymes (Art. 19.3, 22.1 et 26.1; voir aussi l'Art. 16.1).

Ex. 1. Rosaceae A. L. Juss., *Rosa* L., *Rosa gallica* L., *Rosa gallica* var. *eriostyla* R. Keller, *Rosa gallica* L. var. *gallica.*

Recommandation 46A

46A.1. Les noms d'auteurs cités après les noms de plantes peuvent être abrégés, sauf s'ils sont très courts. A cet effet, après suppression des particules qui ne sont pas inséparables du nom, on garde dans leur ordre toutes les premières lettres (Lam. pour J. B. P. A. Monet Chevalier de Lamarck, mais De Wild. pour É. De Wildeman).

46A.2. S'il y a lieu d'abréger un nom d'une seule syllabe, on en retient seulement les premières lettres (Fr. pour Elias Magnus Fries); si le nom a plus d'une syllabe, on garde la première syllabe et la première lettre de la suivante, ou les deux premières quand ce sont des consonnes (Juss. pour Jussieu, Rich. pour Richard).

46A.3. S'il y a risque de confusion entre des noms qui commencent par la même syllabe, on abrège moins, en suivant le même système. Par exemple, on garde les deux premières syllabes avec une ou deux consonnes de la troisième, ou enfin on ajoute l'une des dernières consonnes caractéristiques du nom (Bertol. pour Bertoloni, afin de le distinguer de Bertero; Michx. pour Michaux, afin de le distinguer de Micheli).

46A.4. Les prénoms et les désignations accessoires propres à distinguer deux botanistes de même nom s'abrègent de la même manière (Adr. Juss. pour Adrien de Jussieu, Gaertner f. pour Gaertner filius. J. F. Gmelin pour Johann Friedrich Gmelin, J. G. Gmelin pour Johann Georg Gmelin, C. C. Gmelin pour Carl Christian Gmelin, S. G. Gmelin pour Samuel Gottlieb Gmelin, Müll. Arg. pour Jean Müller d'Argovie).

46A.5. Quand l'usage a consacré une abréviation particulière, mieux vaut s'y conformer (L. pour Linné, DC. pour de Candolle, St.-Hil. pour Saint-Hilaire, R. Br. pour Robert Brown).

Recommandation 46B

46B.1. En citant l'auteur du nom scientifique d'un taxon, la transcription en caractères romains du nom du ou des auteurs qui est utilisée dans la publication originale devrait normalement être acceptée. Lorsqu'un auteur n'a pas donné de transcription, ou lorsqu'à différents moments il a utilisé des transcriptions différentes, celle pour laquelle la préférence de l'auteur est connue, ou celle qu'il a le plus fréquemment adoptée, devrait être acceptée. A défaut d'une telle information, le nom de l'auteur devrait être transcrit conformément à une norme internationale.

46B.2. Les auteurs de noms scientifiques dont le nom personnel n'est pas écrit en caractères romains devraient transcrire leur nom de préférence (mais pas obligatoirement) conformément à une norme internationale et, pour simplifier les problèmes typographiques, éviter les signes diacritiques. Lorsque les auteurs ont choisi une transcription de leur nom personnel, ils devraient, dans la suite, l'utiliser de manière constante. Autant que possible, les auteurs ne devraient pas permettre aux éditeurs de modifier la transcription de leur nom personnel.

Recommandation 46C

46C.1. Si un nom a été publié conjointement pas deux auteurs, leurs deux noms devraient être cités, reliés par le mot 'et' ou par une esperluète (&).

Ex. 1. Didymopanax gleasonii Britton et Wilson (ou Britton & Wilson).

46C.2. Si un nom a été publié conjointement par plusieurs auteurs, la citation devrait être limitée au nom du premier, suivi de 'et al.'

Ex. 2. Lapeirousia erythrantha var. *welwitschii* (Baker) Geerinck, Lisowski, Malaisse & Symoens (Bull. Soc. Roy. Bot. Belgique 105: 336. 1972) devrait être cité comme *L. erythrantha* var. *welwitschii* (Baker) Geerinck et al.

Recommandation 46D

46D.1. Si un nom a été publié avec description ou diagnose, ou avec renvoi à une description ou à une diagnose, par un auteur dans l'ouvrage d'un autre auteur, les deux noms d'auteurs devraient être reliés par le mot 'in.' Dans de tels cas, le nom de l'auteur qui a fourni la description ou diagnose est le plus important et il devrait être retenu s'il est souhaitable d'abréger la citation.

Ex. 1. Viburnum ternatum Rehder in Sargent, Trees and Shrubs 2: 37 (1907), ou *V. ternatum* Rehder; *Teucrium charidemi* Sandw. in Lacaita, Cavanillesia 3: 38 (1930), ou *T. charidemi* Sandw.

Recommandation 46E

46E.1. Lorsqu'un auteur qui publie un nom valide l'attribue à une autre personne, l'auteur à citer est celui qui publie le nom. Si on le désire, le nom de l'autre personne, suivi du mot 'ex', peut être inséré avant le nom de l'auteur publiant. Il en est de même pour les noms d'origine horticole attribués à 'hort.' (hortulanorum).

Ex. 1. Gossypium tomentosum Nutt. ex Seemann ou *G. tomentosum* Seemann; *Lithocarpus polystachyus* (Wall. ex A. DC.) Rehder ou *L. polystachyus* (A. DC.) Rehder; *Orchis rotundifolia* Pursh ou *O. rotundifolia* Banks ex Pursh; *Carex stipata* Willd. ou *C. stipata* Muhlenb. ex Willd.; *Gesneria donklarii* hort. ex Hooker ou *G. donklarii* Hooker.

46E.2. Lorsqu'un auteur qui publie validement un nom l'attribue à un autre auteur l'ayant publié avant le point de départ du groupe en question (cf. Art. 13.1), ce dernier peut être inclus dans la citation, s'il est estimé utile ou désirable, avant le nom de l'auteur publiant et suivi d'un 'ex' comme cela a été indiqué dans la Rec. 46E.1.

Ex. 2. Lupinus L. ou *Lupinus* Tourn. ex. L.; *Euastrum binale* Ralfs ou *E. binale* Ehrenb. ex Ralfs.

Recommandation 46F

46F.1. Les auteurs de noms nouveaux de taxons ne devraient pas utiliser comme citation d'auteur le mot 'nobis' (*nob.*) ni toute autre référence analogue, ils devraient toujour citer leur propre nom.

Article 47

47.1. Une modification de la diagnose ou de la délimitation d'un taxon, sans exclusion du type, n'autorise pas la citation d'un auteur autre que celui qui, le premier, a publié le nom du taxon.

Exemples: cf. Art. 51

Recommandation 47A

47A.1. Si une modification telle que mentionnée à l'Art. 47 est importante, sa nature peut être indiquée au moyen d'expressions, éventuellement abrégées, telles que 'emendavit' (*emend.*) (suivi du nom de l'auteur responsable de la modification) 'mutatis characteribus' (*mut. char.*), 'pro parte' (*p.p.*), 'excluso genere' ou 'exclusis generibus' (*excl. gen.*), 'exclusa specie' ou 'exclusis speciebus' (*excl. sp.*), *'exclusa varietate' ou 'exclusis varietatibus'* (*excl. var.*), 'sensu amplo' (*s. ampl.*), 'sensu stricto' (*s. str.*), etc.

Ex. 1. Phyllanthus L. emend. Müll. Arg.; *Globularia cordifolia* L. excl. var. (emend. Lam.).

Article 48

48.1. Lorsqu'un auteur adopte un nom préexistant mais exclut explicitement son type original, on considère qu'il a publié un homonyme postérieur, attribuable à lui seul. De même, lorsqu'un auteur en adoptant un nom se réfère en apparence à un basionyme mais en exclut explicitement le type, on considère qu'il a publié un nom nouveau, attribuable à lui seul. L'exclusion explicite peut s'opérer par inclusion explicite et simultanée du type dans un autre taxon par le même auteur (voir aussi l'Art. 59.6).

Ex. 1. Sirodot (1872) plaçait le type de *Lemanea* Bory (1808) dans *Sacheria* Sirodot (1872); de ce fait, *Lemanea*, tel que traité par Sirodot (1872), doit être cité *Lemanea* Sirodot non Bory et non *Lemanea* Bory emend. Sirodot.

Ex. 2. Le nom *Amorphophallus campanulatus*, publié par Decaisne, était en apparence fondé sur *Arum campanulatum* Roxb. Cependant, le type de ce dernier était explicitement exclu par Decaisne, et le nom doit être cité *Amorphophallus campanulatus* Decne., et non *Amorphophallus campanulatus* (Roxb.) Decne.

Note 1. L'application erronée d'une nouvelle combinaison sans exclusion explicite du type du basionyme est traitée aux Art. 55.2 et 56.2.

Note 2. Le maintien d'un nom dans un sens excluant le type n'est possible que par la conservation (cf. Art. 14.8).

Article 49

49.1. Si un genre ou un taxon de rang inférieur change de rang, mais conserve son nom ou son épithète, on cite, entre parenthèses, l'auteur du nom légitime antérieur qui fournit l'épithète (l'auteur du basionyme) et, à la suite, l'auteur qui a effectué le changement (l'auteur du nouveau nom). Il en va de même si un taxon de rang inférieur au genre est transféré dans un autre genre ou dans une autre espèce, avec ou sans changement de rang.

Ex. 1. *Medicago polymorpha* var. *orbicularis* L., élevé au rang d'espèce, doit être cité *Medicago orbicularis* (L.) Bartal.

Ex. 2. *Anthyllis* sect. *Aspalathoides* DC., élevé au rang de genre tout en conservant l'épithète *Aspalathoides* comme nom, se cite: *Aspalathoides* (DC.) K. Koch.

Ex. 3. Transféré dans *Tephroseris* (Reichenb.) Reichenb., *Cineraria* sect. *Eriopappus* Dumort. (Fl. Belg. 65. 1827) se cite: *Tephroseris* sect. *Eriopappus* (Dumort.) Holub (Folia Geobot. Phytotax. Bohem. 8: 173. 1973).

Ex. 4. Transféré dans *Helianthemum* Miller, *Cistus aegyptiacus* L. se cite: *Helianthemum aegyptiacum* (L.) Miller.

Ex. 5. *Fumaria bulbosa* var. *solida* L. a été élevé au rang spécifique comme *F. solida* (L.) Miller (1771). Le nom de cette espèce, transférée dans *Corydalis*, se cite: *C. solida* (L.) Clairv. (1811), et non: *C. solida* (Miller) Clairv.

Ex. 6. Cependant, *Pulsatilla montana* var. *serbica* W. Zimmerm. (Feddes Repert. Spec. Nov. Regni Veg. 61: 95. 1958), initialement placée dans *P. montana* subsp. *australis* (Heuffel) Zam., conserve la même citation d'auteur lorsqu'il est placé dans *P. montana* subsp. *dacica* Rummelsp. (cf. Art. 24.1) et ne se cite pas: var. *serbica* (W. Zimmerm.) Rummelsp. (Feddes Repert. 71: 29. 1965).

Ex. 7. Salix subsect. *Myrtilloides* C. Schneider (Ill. Handb. Laubholzk. 1: 63. 1904), initialement placé dans *S.* sect. *Argenteae* Koch, conserve la même citation d'auteur lorsqu'il est placé dans *S.* sect. *Glaucae* Pax et ne se cite pas: *S.* subsect. *Myrtilloides* (C. Schneider) Dorn (Canad. J. Bot. 54: 2777. 1976).

Article 50

50.1. Lorsque le statut d'une espèce ou d'un taxon de rang inférieur est transformé en un statut d'hybride (nothotaxon, cf. Art. H.3) de rang correspondant (Art. H.10.2), ou vice versa, le nom de l'auteur est cité sans changement et peut être suivi d'une indication entre parenthèses du statut original. Par la suite, si le contexte semble le permettre, l'indication du statut original peut être omise.

Ex. 1. Stachys ambigua Smith a été publié pour une espèce. Traité comme nom d'hybride, il est cité *Stachys* × *ambigua* Smith (pro sp.).

Ex. 2. Le nom binaire *Salix* × *glaucops* Andersson, lors de sa publication, s'appliquait à un hybride. Plus tard, Rydberg (Bull. New York Bot. Gard. 1: 270. 1899) a modifié son satut en celui d'espèce. Si l'on accepte ce point de vue, on cite *Salix glaucops* Andersson (pro hybr.).

SECTION 4. RECOMMANDATIONS GÉNÉRALES RELATIVES AUX CITATIONS

Recommandation 50A

50A.1. La citation d'un nom publié comme synonyme devrait être suivie de l'expression 'comme synonyme' ou 'pro syn.'

50A.2. Le mot 'ex' devrait relier les noms des auteurs dont le second a publié comme synonyme un nom manuscrit du premier (cf. Rec. 46E.1).

Ex. 1. Myrtus serratus, nom inédit de Koenig, publié par Steudel comme synonyme d'*Eugenia laurina* Willd., devrait être cité *Myrtus serratus* Koenig ex Steudel, pro syn.

Recommandation 50B

50B.1. En citant un nomen nudum, on devrait indiquer sa condition en ajoutant les mots 'nomen nudum' ou 'nom. nud.'

Ex. 1. Carex bebbii Olney (Car. Bor.-Am. 2: 12. 1871), publié sans diagnose ni description, devrait être cité comme un nomen nudum.

Recommandation 50C

50C.1. La citation d'un homonyme postérieur devrait être suivie du nom de l'auteur de l'homonyme antérieur précédé par le mot 'non', de préférence avec indication de la date de publication. Dans certains cas, il est à conseiller de citer en outre d'autres homonymes éventuels, précédés du mot 'nec'.

Ex. 1. Ulmus racemosa Thomas, Amer. J. Sci. Arts 19: 170 (1831), non Borkh. 1800; *Lindera* Thunb., Nov. Gen. Pl. 64 (1783), non Adanson 1763; *Bartlingia* Brongn., Ann. Sci. Nat. (Paris) 10: 373 (1827), non Reichenb. 1824 nec F. Muell. 1882.

Recommandation 50D

50D.1. Les erreurs de détermination ne devraient pas être insérées dans les synonymies, mais ajoutées à la suite. Tout nom mal appliqué devrait être signalé par l'expression 'auct. non', suivie du nom de l'auteur original et des citations bibliographiques concernant l'erreur de détermination.

Ex. 1. Ficus stortophylla Warb. in Warb. & De Wild., Ann. Mus. Congo Belge, B, Bot. ser. 4, 1: 32 (1904). *F. irumuensis* De Wild., Pl. Bequaert. 1: 341 (1922). *F. exasperata* auct. non Vahl: De Wild. & T. Durand, Ann. Mus. Congo Belge, B, Bot. ser. 2, 1: 54 (1899); De Wild., Miss. Em. Laurent 26 (1905); T. Durand & H. Durand, Syll. Fl. Congol. 505 (1909).

Recommandation 50E

50E.1. Un nom générique ou spécifique, accepté comme nomen conservandum (cf. Art. 14 et App.III), devrait être cité avec l'abbréviation 'nom. cons.'

Ex. 1. Protea L., Mant. Pl. 187 (1771), nom. cons., non *L.* 1753; *Combretum* Loefl. (1758), nom. cons. (syn. prius *Grislea* L. 1753).

50E.2. S'il est souhaitable d'indiquer le statut sanctionné des noms de champignons adoptés par Persoon ou par Fries (cf. Art. 13.1(d)),': Pers.' ou': Fr.' devrait être ajouté à la citation.

Ex. 2. Boletus piperatus Bull. : Fr.

Recommandation 50F

50F.1. A l'exception des cas prévus à l'Art. 75, en citant un nom dans la synonymie on devrait respecter l'orthographe originale. Les explications supplémentaires devraient figurer entre parenthèses. Quand l'orthographe d'un nom diffère de la forme originale, il est bon d'ajouter cette dernière, entre guillemets, dans la citation complète.

Ex. 1. Pyrus calleryana Decne. (*Pyrus mairei* H. Léveillé, Repert. Spec. Nov. Regni Veg. 12: 189. 1913, '*Pirus*').

Ex. 2. Zanthoxylum cribrosum Sprengel, Syst. Veg. 1: 946 (1825), '*Xanthoxylon*'. (*Zanthoxylum caribaeum* var. *floridanum* (Nutt.) A. Gray, Proc. Amer. Acad. Arts 23: 225. 1888, '*Xanthoxylum*').

Ex. 3. Spathiphyllum solomonense Nicolson, Amer. J. Bot. 54: 496 (1967), '*solomonensis*'.

CHAPITRE V. MAINTIEN, CHOIX ET REJET DES NOMS ET DES ÉPITHÈTES

SECTION 1. MAINTIEN DES NOMS EN CAS DE REMANIEMENT OU DE DIVISION DES TAXONS

Article 51

51.1. Une modification des caractères diagnostiques ou des limites d'un taxon ne justifie pas un changement de nom sauf: *(a)* en cas de transfert du taxon (Art. 54-56), *(b)* en cas de fusion du taxon avec un autre taxon de même rang (Art. 57, 58), *(c)* en cas de changement de rang (Art. 60).

Ex. 1. Le genre *Myosotis*, tel qu'il a été révisé par R. Brown, diffère du genre original de Linné. Cependant, le nom générique n'a pas été et ne doit pas être changé, puisque le type de *Myosotis* L. reste inclus dans le genre; ce nom est donc *Myosotis* L. ou *Myosotis* L. emend. R. Br. (cf. Art. 47, Rec. 47A).

Ex. 2. Divers auteurs ont réuni à *Centaurea jacea* L. une ou deux espèces que Linné considérait comme distinctes: le taxon ainsi constitué est nommé *Centaurea jacea* L. sensu amplo ou *Centaurea jacea* L. emend. Cosson & Germ., emend. Vis., ou emend. Godron, etc.; un nouveau nom pour ce taxon, tel que *Centaurea vulgaris* Godron, est superflu et illégitime.

51.2. Une exception particulière est faite en faveur du nom de la famille des *Papilionaceae* (cf. Art. 18.5)

Article 52

52.1. Lorsqu'un genre est divisé en deux ou plusieurs genres, le nom générique doit, s'il est correct, être maintenu pour l'un d'eux. Si l'on a désigné dès l'origine un type, le nom générique doit rester attaché au genre qui comprend ce type. Si aucun type n'a été désigné, on doit en choisir un (cf. le Guide pour la détermination des types, p. 160).

Ex. 1. Le genre *Dicera* Forster & Forster f. a été divisé par Rafinesque en deux genres, *Misipus* et *Skidanthera*. Cette manière de faire est contraire aux règles: le nom *Dicera* doit être maintenu pour l'un des genres et il l'est actuellement pour la partie de *Dicera* incluant le lectotype, *D. dentata*.

Ex. 2. Parmi les sections qui ont été reconnues au sein du genre *Aesculus* L., on compte *Aesculus* sect. *Aesculus*, sect. *Pavia* (Miller) Walp., sect. *Macrothyrsus* (Spach) K. Koch et sect. *Calothyrsus* (Spach) K. Koch, dont les trois dernières furent considérées comme des genres distincts par les auteurs cités entre parenthèses. Lorsque ces quatre sections sont traitées comme genres, le nom *Aesculus* doit être maintenu pour le premier d'entre eux, qui inclut *Aesculus hippocastanum* L., type du nom du genre.

Article 53

53.1. Lorsqu'une espèce est divisée en plusieurs espèces, le nom d'espèce, s'il est correct, doit être maintenu pour l'une d'entre elles. Si l'on a, dès l'origine, désigné comme type un spécimen, une description ou une figure, le nom spécifique doit rester attaché à l'espèce qui comprend cet élément. Si aucun type n'a été désigné, on doit en choisir un (cf. le Guide pour la détermination des types, p. 160).

Ex. 1. Arabis beckwithii S. Watson (1887) était fondé sur des spécimens qui selon l'opinion de Munz appartenaient à deux espèces au moins. Il créa *A. shockleyi* Munz (1932) pour l'un des spécimens cités par Watson, conservant le nom *A. beckwithii* pour les autres (parmi lesquels un lectotype d'*A. beckwithii* peut être désigné).

Ex. 2. Hemerocallis lilioasphodelus L. (1753) était d'abord considéré par Linné comme composé de deux variétés: var. *flava* ('*flavus*') et var. *fulva* ('*fulvus*'). En 1762 il les reconnut comme deux espèces distinctes, les nommant *H. flava* et *H. fulva*. L'épithète spécifique initiale a été rétablie pour l'une des deux par Farwell (Amer. Midl. Naturalist 11: 51. 1928) et les deux espèces sont correctement nommées *H. lilioasphodelus* L. et *H. fulva* (L.) L.

53.2. La même règle s'applique aux taxons infraspécifiques, par exemple à une sous-espèce divisée en deux ou plusieurs sous-espèces ou à une variété divisée en deux ou plusieurs variétés.

SECTION 2. MAINTIEN DES ÉPITHÈTES EN CAS DE TRANSFERT DE TAXONS DE RANG INFÉRIEUR AU GENRE DANS UN AUTRE GENRE OU UNE AUTRE ESPÈCE

Article 54

54.1. Lorsqu'on transfère, sans en changer le rang, une subdivision de genre à un autre genre ou lorsque le genre dont dépend cette subdivision change de nom, l'épithète de son nom jusqu'ici correct doit être retenue, sauf:
(a) si la combinaison résultante a été validement publiée auparavant pour une subdivision de genre fondée sur un autre type;
(b) si l'épithète d'un nom légitime antérieur de même rang est disponible (voir cependant les Art. 13.1. (d), 58, 59);
(c) si les Art. 21 ou 22 prescrivent l'emploi d'une autre épithète.

Ex. 1. Saponaria sect. *Vaccaria* DC., transféré au genre *Gypsophila*, devient *Gypsophila* sect. *Vaccaria* (DC.) Godron.

Ex. 2. Primula sect. *Dionysiopsis* Pax (1909), transféré au genre *Dionysia*, devient *Dionysia* sect. *Dionysiopsis* (Pax) Melchior (1943); le nom *Dionysia* sect. *Ariadne* Wendelbo (1959), fondé sur le même type, ne peut pas être utilisé.

Article 55

55.1. Lorsqu'on transfère, sans en changer le rang, une espèce d'un genre à un autre, ou lorsque le genre dont dépend cette espèce change de nom, l'épithète de son nom jusqu'ici correct doit être retenue, sauf:

(a) si le nouveau nom binaire est un homonyme postérieur (Art. 64) ou devient un tautonyme (Art. 23.4);

(b) si l'on dispose de l'épithète d'un nom spécifique légitime plus ancien (voir cependant les Art. 13.1 (d), 58, 59).

Ex. 1. Antirrhinum spurium L. (1753), transféré au genre *Linaria*, doit se nommer *Linaria spuria* (L.) Miller (1768).

Ex. 2. Spergula stricta Sw. (1799), transféré au genre *Arenaria*, doit se nommer *Arenaria uliginosa* Schleicher ex Schlechtendal (1808), à cause de l'existence du nom *Arenaria stricta* Michx. (1803), qui désigne une autre espèce; toutefois, lors du transfert de l'espèce au genre *Minuartia*, il faut utiliser l'épithète *stricta* et appeler l'espèce *Minuartia stricta* (Sw.) Hiern (1899).

Ex. 3. Conyza candida L. (1753) reçut ultérieurement les noms illégitimes de *Conyza limonifolia* Smith (1813) et d'*Inula limonifolia* Boiss. (1843), mais l'épithète de Linné doit être maintenue et le nom correct de cette espèce dans le genre *Inula* est *I. candida* (L.) Cass. (1822).

Ex. 4. Lors du transfert de *Serratula chamaepeuce* L. (1753) à son nouveau genre *Ptilostemon*, Cassini rebaptisa l'espèce *P. muticus* Cass. (1826, *'muticum'*). Lessing a rétabli avec raison l'épithète spécifique originale et a créé la combinaison *Ptilostemon chamaepeuce* (L.) Less. (1832).

Ex. 5. Quand Spach a transféré, en 1849, *Spartium biflorum* Desf. (1798) au genre *Cytisus*, l'espèce ne pouvait pas s'appeler *Cytisus biflorus*, parce qu'il existait déjà un *C. biflorus* L'Hér. (1791), nom publié validement pour une espèce différente. Le nom de *C. fontanesii*, donné par Spach, est par conséquent légitime.

Ex. 6. Arum dracunculus L. (1753), transféré au genre *Dracunculus*, a été rebaptisé *Dracunculus vulgaris* Schott (1832), car l'utilisation de l'épithète linnéenne aurait engendré un tautonyme.

Ex. 7. Melissa calamintha L. (1753), transféré au genre *Thymus*, devient *Thymus calamintha* (L.) Scop. (1772); placé dans le genre *Calamintha* il ne peut pas s'appeler *C. calamintha* (tautonyme), mais il doit être dénommé *C. officinalis* Moench (1794). Cependant, si *C. officinalis* est transféré au genre *Satureja*, l'épithète linnéene est à nouveau disponible et le nom devient *S. calamintha* (L.) Scheele (1843).

Ex. 8. Cucubalus behen L. (1753) fut légitimement rebaptisé *Behen vulgaris* Moench (1794) afin d'éviter le tautonyme *Behen behen*. Si l'espèce est transférée au genre *Silene*, elle ne peut conserver son épithète originale vu l'existence d'un *Silene behen* L. (1753). Ainsi fut créé en remplacement le nom *Silence cucubalus* Wibel (1799). Cependant l'épithète spécifique *vulgaris* était toujours disponible sous *Silene*. Elle fut rétablie à juste titre dans la combinaison *Silene vulgaris* (Moench) Garcke (1869).

55.2. Lors du transfert d'une épithète spécifique à un autre nom de genre, le nom qui en résulte doit être retenu pour l'espèce à laquelle appartient le type du basionyme, et doit être attribué à l'auteur qui le premier l'a publié, même s'il peut avoir été appliqué par erreur à une espèce différente (Art. 7.10; voir cependant les Art. 48.1 et 59.6).

Ex. 9. Pinus mertensiana Bong. a été transféré par Carrière au genre *Tsuga*, mais cet auteur, comme il ressort de sa description, a appliqué par erreur la combinaison nouvelle *Tsuga mertensiana* (Bong.) Carrière à une espèce du même genre, *T. heterophylla* (Raf.) Sarg. Le nom *Tsuga mertensiana* (Bong.)

Carrière doit être réservé au *Pinus mertensiana* Bong. quand cette espèce est rattachée au genre *Tsuga*. La citation entre parenthèses (cf. Art. 49) du nom de l'auteur original, Bongard, indique le type du nom.

Article 56

56.1. Lorsqu'on transfère, sans en changer le rang, un taxon infraspécifique à un autre genre ou à une autre espèce, l'epithète terminale de son nom jusqu'ici correct doit être retenue, sauf:

(*a*) si la combinaison ternaire résultante, avec un type différent, a été validement publiée antérieurement pour un taxon infraspécifique de tout rang;

(*b*) si l'épithète d'un nom antérieur légitime de même rang est disponible (voir cependant les Art. 13.1 (d), 58, 59);

(*c*) si l'Art. 26 prescrit l'emploi d'une autre épithète.

Ex. 1. Lorsque *Helianthemum italicum* var. *micranthum* Gren. & Godron (Fl. France 1: 171. 1847) est transféré sans changement de rang à *H. penicillatum* Thibaud ex Dunal, il conserve son épithète variétale et devient *H. penicillatum* var. *micranthum* (Gren. & Godron) Grosser (in Engler, Pflanzenr. 14 (IV. 193): 115. 1903).

56.2. Lors du transfert d'une épithète infraspécifique à un autre nom d'espèce, le nom qui en résulte doit être retenu pour le taxon auquel appartient le type du basionyme, et doit être attribué à l'auteur qui le premier l'a publié, même s'il peut avoir été appliqué par erreur à un taxon différent (Art. 7.10; voir cependant les Art. 48.1 et 59.6).

SECTION 3. CHOIX DES NOMS LORS DE LA RÉUNION DE TAXONS DE MÊME RANG

Article 57

57.1. Lorsqu'on réunit deux ou plusieurs taxons de même rang, on doit maintenir le nom légitime le plus ancien ou (pour les taxons de rang inférieur au genre) l'épithète terminale du nom légitime le plus ancien, à moins qu'une autre épithète ou un nom postérieur ne doive être admis en vertu des Art. 13.1(d), 14, 16.1, 19.3, 22.1, 26.1, 27, 55.1, 58 ou 59.

Ex. 1. Schumann (In Engler & Prantl, Nat. Pflanzenfam. III, 6: 5. 1890), réunissant les trois genres *Sloanea* L. (1753), *Echinocarpus* Blume (1825) et *Phoenicosperma* Miq. (1865), a eu raison d'adopter, pour le genre résultant, le plus ancien des trois noms génériques, à savoir *Sloanea* L.

57.2. L'auteur qui, le premier, réunit des taxons portant des noms d'égale priorité doit en choisir un parmi ceux-ci, à moins qu'un autonyme ne soit impliqué (cf. Art. 57.3). Le nom que l'auteur choisit est alors considéré comme prioritaire.

Ex. 2. Si l'on réunit les deux genres *Dentaria* L. (1er Mai 1753) et *Cardamine* L. (1er mai 1753), le genre ainsi conçu doit s'appeler *Cardamine*, parce que ce nom a été choisi par Crantz (Cl. Crucif. Emend. 126. 1769), qui le premier a réuni les deux genres.

Ex. 3. R. Brown (in Tuckey, Narr. Exp. Congo 484. 1818) parait avoir été le premier à réunir *Waltheria americana* L. (1er mai 1753), et *W. indica* L. (1er mai 1753). Il a adopté le nom *W. indica* pour désigner les espèces réunies et c'est ce nom qui de ce fait doit être maintenu.

Ex. 4. Baillon (Adansonia 3: 162. 1863), en réunissant pour la première fois *Sclerocroton integerrimus* Hochst. ex Krauss (Flora 28: 85. 1845) et *Sclerocroton reticulatus* Hochst. ex Krauss (Flora 28: 85. 1845) a adopté la première épithète pour le taxon combiné; en conséquence c'est cette épithète qui est maintenue quel que soit le nom générique (*Sclerocroton, Stillingia, Excoecaria, Sapium*) auquel elle est combinée.

Ex. 5. Linné en 1753 a publié simultanément les noms *Verbesina alba* et *V. prostrata*. Plus tard (1771), il publia *Eclipta erecta*, un nom superflu, car *V. alba* est cité dans la synonymie, ainsi que *E. prostrata*, basé sur *V. prostrata*.Le premier auteur à réunir ces taxons fut Roxburgh (Fl. Ind. 3: 438. 1832), qui le fit sous le nom d'*Eclipta prostrata* (L.) L. Il s'ensuit que c'est le nom à utiliser si ces taxons sont réunis et placés dans le genre *Eclipta*.

Ex. 6. Lorsque les genres *Entoloma* (Fr. ex Rabenh.) P. Kummer (1871), *Leptonia* (Fr.) P. Kummer (1871), *Eccilia* (Fr.) P. Kummer (1871), *Nolanea* (Fr.) P. Kummer (1871) et *Claudopus* Gillet (1876) sont réunis, l'un des noms génériques publiés simultanément par Kummer doit être utilisé pour l'ensemble comme le fit Donk (Bull. Jard. Bot. Buitenzorg ser. 3, 18 (1): 157. 1949) qui choisit *Entoloma*. Le nom *Rhodophyllus* Quélet (1886), introduit pour couvrir l'ensemble de ces genres, est superflu.

57.3. Un autonyme est considéré avoir priorité sur le ou les noms de même date et de même rang qui l'ont établi.

Note 1. Lorsqu'en vertu de l'Art. 57.3, l'épithète terminale d'un autonyme est utilisée dans une combinaison nouvelle, le basionyme de cette combinaison est le nom dont cet autonyme est dérivé.

Ex. 7. *Heracleum sibiricum* L. (1753) comprend *H. sibiricum* subsp. *lecokii* (Godron & Gren.) Nyman (1879) et *H. sibiricum* subsp. *sibiricum*, automatiquement établi en même temps. Lorsque *H. sibiricum* est inclus dans *H. sphondylium* L. (1753) en tant que sous-espèce, le nom correct du taxon est *H. sphondylium* subsp. *sibiricum* (L.) Simonkai (1887) et non subsp. *lecokii*.

Ex. 8. Dans la classification adoptée par Rollins et Shaw, *Lesquerella lasiocarpa* (Hooker ex A. Gray) S. Watson se compose de deux sous-espèces, subsp. *lasiocarpa* (qui inclut le type du nom de l'espèce et se cite sans nom d'auteur) et subsp. *berlandieri* (A. Gray) Rollins & E. Shaw. Cette dernière sous-espèce se compose de deux variétés. Dans cette classification, le nom correct de la variété qui inclut le type de la sous-espèce *berlandieri* est *L. lasiocarpa* var. *berlandieri* (A. Gray) Payson (1922), et non *L. lasiocarpa* var. *berlandieri* (cité sans nom d'auteur). Ce n'est pas non plus *L. lasiocarpa* var. *hispida* (S. Watson) Rollins & E. Shaw (1972) basé sur *Synthlipsis berlandieri* var. *hispida* S. Watson (1882), puisque la publication de ce dernier nom a établi l'autonyme *Synthlipsis berlandieri* A. Gray var. *berlandieri*, qui au rang de variété est considéré avoir priorité sur var. *hispida*.

Recommandation 57A

57A.1. Les auteurs qui ont à choisir entre deux noms génériques devraient tenir compte des suggestions suivantes:

  (a) Entre deux noms de même date, préférer celui qui, le premier, était accompagné d'une description d'espèce.

  (b) Entre deux noms de même date et accompagnés tous deux de descriptions d'espèces, préférer celui qui comprend le plus grand nombre d'espèces au moment du choix.

  (c) Si aucun de ces points de vue ne l'emporte, choisir le nom le mieux approprié.

Article 58

58.1. Lorsqu'on réunit un taxon de plantes non-fossiles, algues exceptées, et un taxon fossile (ou subfossile) de même rang, le nom correct du taxon non-fossile est considéré avoir priorité (cf. Pre. 7).

Ex. 1. Si l'on réunit *Platycarya* Siebold & Zucc. (1843), genre non-fossile, et *Petrophiloides* Bowerbank (1840), genre fossile, le nom *Platycarya* doit être utilisé pour le genre combiné, bien que le nom *Petrophiloides* soit antérieur.

Ex. 2. Le nom de genre *Metasequoia* Miki (1941) était fondé sur le type fossile de *M. disticha* (Heer) Miki. A la suite de la découverte de l'espèce non-fossile *M. glyptostroboides* Hu & Cheng, la conservation de *Metasquoia* Hu & Cheng (1948), tel que fondé sur le type non-fossile, a été approuvée. Si il n'en avait pas été ainsi, tout nouveau nom de genre fondé sur *M. glyptostroboides* aurait dû être considéré avoir priorité sur *Metasequoia* Miki.

SECTION 4. NOMS DE CHAMPIGNONS À CYCLE ÉVOLUTIF PLÉOMORPHE

Article 59

59.1. Pour les Ascomycètes et les Basidiomycètes (Ustilaginales comprises) présentant des morphes mitotiques asexuées (anamorphes) ainsi qu'une morphe méiotique sexuelle (téléomorphe), le nom correct désignant l'holomorphe (c'est à dire l'espèce sous toutes ses morphes) est – à l'exception des champignons formant des lichens – le nom légitime le plus ancien typifié par un élément représentant la téléomorphe, c'est à dire, la morphe caractérisée par la production d'asques/ascospores, basides/basidiospores, téliospores, ou autres organes porteurs de basides.

59.2. Pour qu'un nom binaire soit admis en tant que nom d'une holomorphe, il faut que non seulement son spécimen-type soit téléomorphe, mais également que le protologue inclue une diagnose ou une description de cette morphe (ou soit rédigé de telle manière que la possibilité d'une référence à la téléomorphe ne puisse être exclue).

59.3. Si ces conditions ne sont pas remplies, le nom est celui d'un taxon de forme et ne s'applique qu'à l'anamorphe représentée par son type, tel que décrit ou mentionné dans le protologue. La position taxonomique admise pour le type du nom détermine l'application du nom, que le genre auquel un taxon subordonné est assigné par son ou ses auteurs soit holomorphe ou anamorphe.

59.4. La priorité des noms d'holomorphes de tout rang n'est pas mise en cause par la publication antérieure de noms d'anamorphes considérées comme des morphes corrélées de l'holomorphe.

59.5. Les prescriptions de cet article ne seront pas interprétées comme s'opposant à la publication et à l'emploi de noms binaires pour des taxons de forme lorsqu'il est jugé nécessaire ou désirable de faire référence aux seules anamorphes.

Note 1. Lorsqu'ils ne sont pas déjà disponibles, des noms spécifiques ou infraspécifiques d'anamorphes peuvent être proposés au moment de la publication du nom du champignon holomorphe, ou plus tard. Les épithètes peuvent, si on le souhaite, être identiques, pour autant qu'elles ne figurent pas dans des combinaisons homonymes.

59.6. Pour autant qu'il y ait une preuve directe et non ambiguë de l'introduction délibérée d'une nouvelle morphe, jugée par son ou ses auteurs être corrélée avec la morphe typifiant un basionyme apparent, et que cette preuve est renforcée par le fait que toutes les conditions requises aux Art. 32–45 pour la publication valide du nom d'un nouveau taxon sont remplies, toute indication telle que 'comb.nov.' ou 'nom.nov.' est considérée comme une erreur formelle, et le nom introduit est considéré comme le nom d'un nouveau taxon que l'on attribue uniquement à son ou ses auteurs. Lorsque seules les conditions nécessaires à la publication d'une nouvelle combinaison (Art. 33, 34) ont été remplies, le nom est accepté en tant que combinaison nouvelle fondée, en accord avec l'Art. 55, sur le type du basionyme explicitement ou implicitement désigné.

Ex. 1. Le nom *Penicillium brefeldianum* Dodge, fondé sur du matériel téléomorphe et anamorphe, est le nom valide et légitime d'une holomorphe, malgré l'attribution de l'espèce à un genre de forme. Il est combiné légitimement dans un genre holomorphe en tant qu'*Eupenicillium brefeldianum* (Dodge) Stolk & Scott. *P. brefeldianum* ne doit pas être utilisé dans un sens restreint, pour désigner l'anamorphe seul.

Ex. 2. Le nom *Ravenelia cubensis* Arthur & Johnston, basé sur un spécimen ne portant que des urédies (une anamorphe), est un nom valide et légitime d'anamorphe, malgré l'attribution de l'espèce à un genre holomorphe. Il est combiné légitimement dans un genre de forme en tant que *Uredo cubensis* (Arthur & Johnston) Cummins. *R. cubensis* ne doit pas être utilisé dans un sens incluant la téléomorphe.

Ex. 3. *Mycosphaerella aleuritidis* a été publié comme '(Miyake) Ou comb.nov., syn. *Cercospora aleuritidis* Miyake', mais avec une diagnose latine de la téléomorphe. L'indication 'comb.nov.' est considérée comme une erreur formelle, et *M. aleuritidis* Ou est accepté comme un nouveau nom d'espèce validement publié désignant l'holomorphe et typifié par le matériel téléomorphe décrit par Ou.

Ex. 4. *Corticium microsclerotium* a été publié en 1939 comme '(Matz) Weber, comb. nov., syn. *Rhizoctonia microsclerotia* Matz', avec une description uniquement anglaise de la téléomorphe. En raison de l'Art. 36, ceci ne peut être considéré comme la publication valide du nom d'une nouvelle espèce, et de ce fait *C. microsclerotium* (Matz) Weber doit être considéré comme une nouvelle combinaison valide et légitime, basée sur le spécimen de l'anamorphe qui typifie son basionyme. *C. microsclerotium* Weber, tel que publié en 1951 avec une description latine et un type téléomorphe, est un homonyme postérieur illégitime de *C. microsclerotium* (Matz) Weber (1939), typifié par une anamorphe.

Ex. 5. *Hypomyces chrysospermus* Tul. (Ann. Sci. Nat. Bot. ser. 4, 13: 16. 1860), a été présenté comme le nom d'une holomorphe sans l'indication 'comb. nov.' mais avec une référence explicite à *Mucor chrysospermus* (Bull.) Bull. et à *Sepedonium chrysospermum* (Bull.) Fr., qui sont des noms de son anamorphe. *Hypomyces chrysospermus* Tul. ne doit pas être considéré comme une nouvelle combinaison mais comme le nom d'une espèce nouvellement décrite, fondé sur un type téléomorphe.

Recommandation 59A

59A.1. Lorsqu'une nouvelle morphe de champignon est décrite, elle devrait être publiée soit en tant que nouveau taxon (par ex., gen. nov., sp. nov., var. nov.) dont le nom possède un type téléomorphe, ou comme nouvelle anamorphe (anam. nov.) dont le nom possède un type anamorphe.

59A.2. Lorsqu'en nommant une nouvelle morphe de champignon on utilise l'épithète antérieure du nom d'une morphe différente du même champignon, on devrait désigner le nouveau nom comme le nom d'un nouveau taxon ou d'une nouvelle anamorphe, selon le cas, et non comme une nouvelle combinaison basée sur le nom antérieur.

SECTION 5. CHOIX DES NOMS LORS DU CHANGEMENT DE RANG D'UN TAXON

Article 60

60.1. En aucun cas, un nom n'a priorité en dehors de son propre rang.

Ex. 1. Campanula sect. *Campanopsis* R. Br. (Prodr. 561. 1810) en tant que genre s'appelle *Wahlenbergia* Roth (1821), nom qui est conservé à l'encontre du synonyme taxonomique *Cervicina* Delile (1813), et non *Campanopsis* (R. Br.) Kuntze (1891).

Ex. 2. Magnolia virginiana var. *foetida* L. (1753), élevé au rang d'espèce, s'appelle *Magnolia grandiflora* L. (1759), et non *M. foetida* (L.) Sargent (1889).

Ex. 3. Lythrum intermedium Ledeb. (1822), traité comme variété de *Lythrum salicaria* L. (1753), s'appelle *L. salicaria* var. *glabrum* Ledeb. (Fl. Ross. 2: 127. 1843), et non *L. salicaria* var. *intermedium* (Ledeb.) Koehne (Bot. Jahrb. Syst. 1: 327. 1881).

Article 61

61.1. Pour les taxons de rang égal ou inférieur à la famille, en cas de changement de rang, le nom correct est le nom légitime le plus ancien disponible dans le nouveau rang.

Recommandation 61A

61A.1. Lorsqu'on change le rang d'une famille ou d'une subdivision de famille et qu'aucun nom légitime antérieur n'est disponible dans le nouveau rang, on devrait maintenir le radical du nom et ne changer que la terminaison (*-aceae, -oideae, -eae, -inae*), à moins que le nom résultant ne soit un homonyme postérieur.

Ex. 1. La sous-tribu *Drypetinae* Pax (1890) (*Euphorbiaceae*), élevée au rang de tribu, a été appelée *Drypeteae* (Pax) Hurusawa (1954); la sous-tribu *Antidesmatinae* Pax (1890) (*Euphorbiaceae*), élevée au rang de sous-famille, a été appelée *Antidesmatoideae* (Pax) Hurusawa (1954).

61A.2. Lorsqu'on élève une section ou un sous-genre au rang de genre, ou qu'on opère le changement inverse, on devrait maintenir les épithètes ou les noms originaux, à moins que le Code ne s'y oppose.

61A.3. Lorsqu'on élève un taxon infraspécifique au rang d'espèce, ou que l'on opère le changement inverse, on devrait maintenir l'épithète originale à moins que le Code ne s'oppose à cette combinaison.

61A.4. Lorsqu'on change le rang d'un taxon infraspécifique à l'intérieur d'une espèce, on devrait maintenir l'épithète originale, à moins que le Code ne s'oppose à cette combinaison.

SECTION 6. REJET DE NOMS ET D'ÉPITHÈTES

Article 62

62.1. Une épithète ou un nom légitime ne doivent pas être rejetés parce qu'ils sont mal choisis ou peu harmonieux, parce que d'autres sont mieux connus et leur seraient préférables, ou parce qu'ils ont perdu leur signification première, ou (chez les champignons pléomorphes dont les noms sont régis par l'Art. 59) parce que le nom générique n'est pas en accord avec la morphe représentée par son type.

Ex. 1. Cette règle a été violée dans les cas suivants: quand on a changé *Staphylea* en *Staphylis*, *Tamus* en *Thamnos*, *Thamnus* ou *Tamnus*, *Mentha* en *Minthe*, *Tillaea* en *Tillia*, *Vincetoxicum* en *Alexitoxicum*, *Orobanche rapum* en *O. sarothamnophyta*, *O. columbariae* en *O. columbarihaerens*, *O. artemisiae* en *O. artemisiepiphyta*. Toutes ces modifications sont à rejeter.

Ex. 2. *Ardisia quinquegona* Blume (1825) n'est pas changé en *A. pentagona* A. DC. (1834), bien que l'épithète spécifique *quinquegona*, réunisse des noms latins et grecs (cf. Rec. 23B. 1(c)).

Ex. 3. Le nom *Scilla peruviana* L. ne doit pas être rejeté parce que l'espèce ne croît pas au Pérou.

Ex. 4. Le nom *Petrosimonia oppositifolia* (Pallas) Litv., fondé sur *Polycnemum oppositifolium* Pallas, ne doit pas être rejeté sous prétexte que l'espèce possède des feuilles partiellement opposées, partiellement alternes et malgré l'existence d'une espèce affine, *Petrosimonia brachiata* (Pallas) Bunge, dont les feuilles sont toutes opposées.

Ex. 5. *Richardia* L. ne doit pas être changé en *Richardsonia*, comme le fit Kunth, bien que le nom fût à l'origine dédié au botaniste britannique Richardson.

62.2. Les noms d'espèces et de subdivisions de genres, attribués à des genres dont les noms sont des homonymes postérieurs conservés et qui, antérieurement, avaient été placés dans ces genres sous les homonymes rejetés, sont légitimes sous les noms conservés sans changement, ni d'auteur, ni de date, si les règles ne s'y opposent pas.

Ex. 6. *Alpinia languas* J. F. Gmelin (1791) et *Alpinia galanga* (L.) Willd. (1797) doivent être acceptés bien qu'*Alpinia* L. auquel ils furent attribués par leurs auteurs soit rejeté. Le genre dans lequel ces espèces sont désormais placées est *Alpinia* Roxb. (1810), nom. cons.

Article 63

63.1. Un nom est à rejeter comme illégitime si, lors de sa publication, il était superflu du point de vue de la nomenclature, c'est-à-dire s'il était appliqué à un taxon qui, tel que délimité par son auteur, incluait le type du nom qui s'imposait selon les règles, ou dont l'épithète aurait dû être adoptée (voir cependant l'Art. 63.3).

Ex. 1. Le nom générique *Cainito* Adanson (1753) est illégitime car il s'agit d'un nom superflu pour *Chrysophyllum* L. (1753), qu'Adanson citait en synonyme.

Ex. 2. *Chrysophyllum sericeum* Salisb. (1796) est illégitime, puisqu'il fait double emploi avec *C. cainito* L. (1753) que Salisbury citait en synonyme.

Ex. 3. Par contre, *Salix myrsinifolia* Salisb. (1796) est légitime, ayant été explicitement fondé sur *S. myrsinites* au sens de Hoffmann (Hist. Salic. Ill. 71. 1787), mauvaise application du nom *S. myrsinites* L.

Ex. 4. *Picea excelsa* Link est illégitime, car il est fondé sur *Pinus excelsa* Lam. (1778), nom superflu pour *Pinus abies* L. (1753). Dans le genre *Picea*, le nom correct est *Picea abies* (L.) H. Karsten.

Ex. 5. En revanche, *Cucubalus latifolius* Miller et *C. angustifolius* Miller (1768) ne sont pas des noms illégitimes, bien que ces espèces soient maintenant réunies à l'espèce dotée d'un nom antérieur *C. behen* L. (1753): *C. latifolius* et *C. angustifolius*, tels que définis par Miller, n'incluaient pas le type de *C. behen* L., nom qu'il adoptait pour une espèce distincte.

63.2. L'inclusion d'un type (voir Art. 7) s'entend ici comme la citation d'un spécimen-type, la citation d'une illustration du spécimen-type, la citation du type d'un nom, ou la citation du nom lui-même, à moins que le type n'en soit en même temps exclu, soit de manière formelle soit implicitement.

Ex. 6. Exclusion explicite du type: Dandy, en publiant le nom *Galium tricornutum* Dandy (Watsonia 4: 47. 1957) cita *G. tricorne* Stokes (1787) pro parte comme synonyme, mais exclut explicitement le type de ce dernier.

Ex. 7. Exclusion implicite du type: *Cedrus* Duhamel (1755) est un nom légitime malgré le fait que *Juniperus* L. était cité dans la synonymie; quelques-unes seulement des espèces de *Juniperus* L. étaient comprises dans *Cedrus* et les différences entre les deux genres étaient l'objet d'une discussion, *Juniperus* (avec son type) étant reconnu comme genre indépendant dans le même ouvrage.

Ex. 8. *Tmesipteris elongata* Dangeard (Botaniste 2: 213. 1890–1891) fut publié comme espèce nouvelle, mais *Psilotum truncatum* R. Br. était cité en synonymie. Cependant, à la page suivante (214), on découvre que *T. truncata* (R. Br.) Desv. est considéré comme une espèce à part et à la page 216 les deux figurent dans une clef, ce qui indique que le synonyme cité signifiait soit un '*P. truncatum* R. Br. pro parte', soit '*P. truncatum* auct. non R. Br.'

Ex. 9. *Solanum torvum* Sw. (Prodr. 47. 1788) fut publié avec une diagnose nouvelle mais *S. indicum* L. (1753) fut cité en synonymie. Swartz, conformément à son habitude dans son Prodromus, indiqua où l'espèce devait être insérée dans la plus récente édition [14, Murray] du Systema Vegetabilium. *S. torvum* devait être intercalé entre les espèces 26 (*S. insanum*) et 27 (*S. ferox*); le numéro du *S. indicum* dans cette édition du Systema est 32. *S. torvum* est ainsi un nom légitime; le type du *S. indicum* est exclu par implication.

63.3. Un nom nomenclaturalement superflu au moment de sa publication n'est pas illégitime s'il dérive d'un basionyme qui est légitime ou s'il est fondé sur le radical d'un nom générique légitime. Il est incorrect au moment de sa publication, mais il peut devenir correct plus tard.

Ex. 10. *Chloris radiata* (L.) Sw. (1788), fondé sur *Agrostis radiata* L. (1759), était superflu lors de sa publication puisque Swartz citait entre autres, comme synonyme, *Andropogon fasciculatus* L. (1753). Cependant, dans le genre *Chloris*, c'est le nom correct pour *Agrostis radiata*, si l'on considère avec Hackel (in A. DC. & C. DC. Monogr. Phan. 6: 177. 1889) *Andropogon fasciculatus* comme une espèce différente.

Ex. 11. Le nom de genre *Hordelymus* (Jessen) Jessen (1885), fondé sur le nom légitime *Hordeum* subg. *Hordelymus* Jessen (Deutschl. Gräser 202. 1863), était superflu au moment de sa publication, car son type, *Elymus europaeus* L., est également le type de *Cuviera* Koeler (1802). *Cuviera* Koeler a depuis été rejeté au bénéfice de son homonyme postérieur *Cuviera* DC., et *Hordelymus* (Jessen) Jessen peut maintenant être utilisé comme nom correct, lorsque l'on distingue un genre comprenant *Elymus europaeus* L.

63.4. Une indication de parenté accompagnant la publication d'un nom d'hybride ne peut rendre le nom superflu.

Ex. 12. Le nom *Polypodium* × *shivasiae* Rothm. (1962) fut proposé pour les hybrides entre *P. australe* et *P. vulgare* subsp. *prionodes*, tandis que simultanément l'auteur acceptait *P.* × *font-queri* Rothm. (1936) pour les hybrides entre *P. australe* et *P. vulgare* subsp. *vulgare*. En vertu de l'Art. H.4.1, *P.* × *shivasiae* est un synonyme de *P.* × *font-queri*; néanmoins, ce n'est pas un nom superflu.

Article 64

64.1. A moins qu'il ne soit conservé (Art. 14) ou sanctionné en vertu de l'Art. 13.1(d), un nom est illégitime s'il est un homonyme postérieur, c'est à dire, s'il répète exactement un nom, fondé sur un type différent, qui était publié antérieurement de façon valide pour un taxon de même rang.

Note 1. Même si l'homonyme ancien est illégitime ou généralement considéré comme synonyme pour des motifs d'ordre taxonomique, l'homonyme postérieur doit être rejeté.

Ex. 1. Le nom *Tapeinanthus* Boiss. ex Bentham (1848), donné à un genre de Labiées, est un homonyme postérieur de *Tapeinanthus* Herbert (1837), nom validement publié antérieurement pour un genre d'Amaryllidacées; le nom *Tapeinanthus* Boiss. ex Bentham est donc rejeté; c'est avec raison que T. Durand (1888) l'a remplacé par *Thuspeinanta*.

Ex. 2. Le nom de genre *Amblyanthera* Müll. Arg. (1860) est un homonyme postérieur d'*Amblyanthera* Blume (1849), nom de genre validement publié. Il est donc rejeté, bien qu'*Amblyanthera* Blume soit maintenant considéré comme synonyme d'*Osbeckia* L. (1753).

Ex. 3. Le nom *Torreya* Arn. (1838) est un nomen conservandum. Il est conservé en dépit de l'existence de l'homonyme antérieur *Torreya* Raf. (1818).

Ex. 4. *Astragalus rhizanthus* Boiss. (1843) est un homonyme postérieur d'*Astragalus rhizanthus* Royle (1835), nom validement publié; il est de ce fait rejeté et c'est avec raison que Boissier l'a remplacé par *A. cariensis*, en 1849.

64.2. Si plusieurs noms génériques, spécifiques ou infraspécifiques, fondés sur des types différents, se ressemblent au point de prêter à confusion*, soit parce qu'ils s'appliquent à des taxons apparentés, soit pour toute autre raison, on les traite comme des homonymes.

Ex. 5. Noms traités comme des homonymes: *Astrostemma* Bentham et *Asterostemma* Decne.; *Pleuripetalum* Hooker et *Pleuropetalum* T. Durand; *Eschweilera* DC. et *Eschweileria* Boerl.; *Skytanthus* Meyen et *Scytanthus* Hooker.

---

* En cas de doute sur la confusion possible, une décision doit être demandée au Comité Général (cf. Division III) qui soumettra cette requête pour examen aux comités compétents pour les groupes taxonomiques en question. Une recommandation peut alors être proposée à un Congrès International de Botanique et, si elle est ratifiée, devra obligatoirement être suivie. (Cette procédure a été adoptée en 1981, et aucun des exemples donnés dans cet article n'illustre encore une décision à suivre obligatoirement.)

Ex. 6. Les trois noms génériques *Bradlea* Adanson, *Bradleja* Banks ex Gaertner et *Braddleya* Vell., tous dédiés à la mémoire de Richard Bradley, doivent être traités comme des homonymes, car seul l'un d'entre eux peut être utilisé sans grand risque de confusion.

Ex. 7. *Kadalia* Raf. et *Kadali* Adanson (tous deux des *Melastomataceae*) sont traités comme des homonymes (Taxon 15: 287. 1966); *Acanthoica* Lohmann et *Acanthoeca* W. Ellis (tous deux des flagellés) sont suffisamment semblables pour être considérés comme homonymes (Taxon 22: 313. 1973); *Solanum saltiense* S. L. Moore et *S. saltense* (Bitter) C. Morton devraient être traités comme des homonymes (Taxon 22: 153. 1973).

Ex. 8. Epithètes se ressemblant au point de prêter à confusion si elles sont combinées avec le même nom de genre ou d'espèce: *chinensis* et *sinensis*; *ceylanica* et *zeylanica*; *napaulensis, nepalensis* et *nipalensis*; *polyanthemos* et *polyanthemus*; *macrostachys* et *macrostachyus*; *heteropus* et *heteropodus*; *poikilantha* et *poikilanthes*; *pteroides* et *pteroideus*; *trinervis* et *trinervius*; *macrocarpon* et *macrocarpum*; *trachycaulum* et *trachycaulon*.

Ex. 9. Noms qui ne risquent pas d'être confondus: *Rubia* L. et *Rubus* L.; *Monochaete* Doell et *Monochaetum* (DC.) Naudin; *Peponia* Grev. et *Peponium* Engler; *Iria* (Pers.) Hedwig et *Iris* L.; *Desmostachys* Miers et *Desmostachya* (Stapf) Stapf; *Symphyostemon* Miers et *Symphostemon* Hiern; *Gerrardina* Oliver et *Gerardiina* Engler; *Durvillaea* Bory et *Urvillea* Kunth; *Peltophorus* Desv. (*Gramineae*) et *Peltophorum* (Vogel) Bentham (*Leguminosae*); *Senecio napaeifolius* (DC.) Schultz-Bip. et *S. napifolius* MacOwan (les épithètes dérivant respectivement de *Napaea* et *Napus*); *Lysimachia hemsleyana* Oliver et *L. hemsleyi* Franchet (cf. cependant la Rec. 23A.2); *Euphorbia peplis* L. et *E. peplus* L.

Ex. 10. *Acanthococcus* Lagerh. (une algue) et *Acanthococos* Barb. Rodr. (un palmier) ne sont guère susceptibles d'être confondus et ne devraient pas être considérés comme des homonymes (Taxon 18: 735. 1969).

Ex. 11. Noms conservés à l'encontre de noms antérieurs traités comme des homonymes (cf. App. III): *Lyngbya* Gomont (vs. *Lyngbyea* Sommerf.); *Columellia* Ruiz & Pavón (versus *Columella* Loureiro), commémorant tous deux Columella, l'auteur latin d'un traité sur l'agriculture; *Cephalotus* Labill. (vs. *Cephalotos* Adanson); *Simarouba* Aublet (vs. *Simaruba* Boehmer).

64.3. Même s'ils sont de rangs différents, les noms de deux subdivisions du même genre ou de deux taxons infraspécifiques compris dans la même espèce sont considérés comme homonymes s'ils ont la même épithète et s'ils sont fondés sur des types distincts. Mais la même épithète peut être utilisée pour des subdivisions de genres différents et pour des taxons infraspécifiques d'espèces différentes.

Ex. 12. *Verbascum* sect. *Aulacosperma* Murb. (1933) est licite, bien que le genre *Celsia* comporte une section qui s'appelle aussi *Aulacospermae* Murb. (1926). Cependant, cet exemple n'est pas à imiter, puisqu'il est en contradiction avec la Rec. 21B.2.

Ex. 13. Les noms *Andropogon sorghum* subsp. *halepensis* (L.) Hackel et *A. sorghum* var. *halepensis* (L.) Hackel (in A. DC. & C. DC., Monogr. Phan. 6: 502. 1889) sont légitimes, car tous deux possèdent le même type et l'épithète peut être répétée conformément à la Rec. 26A.1.

Ex. 14. *Anagallis arvensis* var. *caerulea* (L.) Gouan (Fl. Monsp. 30. 1765), fondé sur *A. caerulea* L. (1759), rend illégitime la combinaison *A. arvensis* subsp. *caerulea* Hartman (Sv. Norsk Exc.-Fl. 32. 1846), fondée sur l'homonyme postérieur *A. caerulea* Schreber (1771).

64.4. Lorsque deux ou plusieurs homonymes sont d'égale priorité, le premier d'entre eux qui est adopté par un auteur qui rejette simultanément le ou les autres est traité comme ayant priorité. De même, si un auteur propose d'autres noms pour tous ces homonymes sauf un, celui-ci est traité comme ayant priorité.

Ex. 15. Linné a publié simultanément *Mimosa* 10 *cinerea* (Sp. Pl. 517. 1753) et *Mimosa* 25 *cinerea* (Sp. Pl. 520. 1753). En 1759, il a donné le nouveau nom *Mimosa cineraria* à l'espèce 10 et conservé le nom *Mimosa cinerea* pour l'espèce 25; *Mimosa cinerea* est donc un nom légitime de l'espèce 25.

Ex. 16. Rouy & Foucaud (Fl. France 2: 30. 1895) ont publié deux fois le nom *Erysimum hieraciifolium* var. *longisiliquum*, avec des types différents, pour des taxons distincts appartenant à des sous-espèces différentes. Un seul de ces noms peut être retenu.

Article 65

65.1. Les noms de taxons qui ne sont pas considérés comme des plantes n'interviennent pas en matière d'homonymie, à l'exception des cas ci-dessous:

(a) Les homonymes postérieurs de noms de taxons considérés à un moment donné comme plantes sont illégitimes, même si ces taxons ont été transférés depuis à un groupe d'organismes auquel ce Code ne s'applique pas.

(b) Un nom publié à l'origine pour un taxon n'appartenant pas à un groupe de plantes, même s'il est validement publié conformément aux Art. 32–45 de ce Code, est illégitime s'il devient un homonyme d'un nom de plante lorsque le taxon auquel il s'applique est pour le première fois traité en tant que plante (voir également l'Art. 45.4).

Note 1. Le code international de la nomenclature des bactéries prévoit qu'un nom de bactérie est illégitime s'il est un homonyme postérieur d'un nom de taxon de bactéries, champignons, algues, protozoaires ou virus.

Article 66

66.1. Le nom d'une subdivision de genre est illégitime et à rejeter s'il a été publié en violation des Art. 51, 54, 57, 58 ou 60, c'est-à-dire si son auteur n'a pas choisi l'épithète du nom légitime le plus ancien disponible pour le taxon, compte tenu de la circonscription, de la position et du rang adoptés (voir cependant l'Art. 63.3).

Note 1. En matière de priorité, on ne tient pas compte des noms illégitimes (cf. Art. 45.3), sauf dans le cas du rejet d'un homonyme plus récent (Art. 64).

Note 2. Une épithète publiée à l'origine dans un nom illégitime peut être adoptée ultérieurement pour le même taxon, mais dans une combinaison différente (cf. Art. 72).

Article 67

67.1. Un nom spécifique ou infraspécifique est illégitime et à rejeter s'il a été publié en violation des Art. 51, 53, 55, 56 ou 60, c'est-à-dire si l'auteur n'a pas adopté l'épithète terminale du nom légitime le plus ancien disponible pour le taxon, compte tenu de la circonscription, de la position et du rang adoptés (voir cependant l'Art. 63.3).

Note 1. En matière de priorité, on ne tient pas compte d'un nom illégitime (cf. Art. 45.3), sauf dans le cas du rejet d'un homonyme plus récent (Art. 64).

Note 2. Une épithète terminale publiée à l'origine dans un nom illégitime peut être adoptée ultérieurement pour le même taxon, mais dans une combinaison différente (cf. Art. 72).

Article 68

68.1. Un nom d'espèce n'est pas illégitime du simple fait que son épithète était à l'origine combinée avec un nom de genre illégitime, mais, du point de vue de la priorité, il doit être pris en considération si l'épithète et la combinaison sont par ailleurs conformes aux règles.

Ex. 1. Agathophyllum A. L. Juss. (1789) est un nom générique illégitime en tant que substitut superflu de *Ravensara* Sonn. (1782). Néanmoins le nom *Agathophyllum neesianum* Blume (1851), validement publié, est légitime. Du fait que Meisner a cité *Agathophyllum neesianum* comme synonyme de *Mespilodaphne mauritiana* Meisn. (1864) sans adopter son épithète, *M. mauritiana* est un nom superflu et donc illégitime.

68.2. Un nom infraspécifique peut être légitime même si son épithète terminale était à l'origine combinée avec un nom illégitime.

Article 69

69.1. La décision peut être prise de rejeter formellement un nom s'il a été largement employé, de manière persistante, pour un taxon n'incluant pas son type. Un nom ainsi rejeté, ou son basionyme s'il en possède, est placé sur une liste de nomina rejicienda. Toutes les combinaisons basées sur les noms de cette liste sont rejetées, comme les noms eux-mêmes, et ni les unes ni les autres ne doivent être employés.

69.2. La liste des noms rejetés restera ouverte en permanence à des additions et modifications. Toute proposition d'addition doit être accompagnée d'un exposé détaillé des motifs qui plaident pour et contre le rejet. Ces propositions doivent être soumises au Comité Général (cf. Division III), qui les enverra, pour examen, aux comités compétents pour les divers groupes taxonomiques (voir aussi l'Art. 15 et la Rec. 15A).

Article 70

[L'Article 70, traitant des éléments hétérogènes, a été supprimé par le Congrès de Leningrad, 1975.]

Article 71

[L'Article 71, traitant des monstruosités, a été supprimé par le Congrès de Leningrad, 1975.]

Article 72

72.1. Un nom rejeté en vertu des Art. 63–67 ou 69 est remplacé par le nom qui a priorité (Art. 11) dans le rang concerné. Si, à aucun rang, il n'existe de nom disponible, un nouveau nom doit être choisi: *(a)* on peut traiter le taxon comme nouveau et publier pour lui un autre nom, ou *(b)* si le nom illégitime est un homonyme postérieur, on peut publier un nom de remplacement (nomen novum), fondé sur le même type que le nom rejeté. Si un nom de rang différent est disponible, une des alternatives précédentes peut être choisie, ou *(c)* on peut publier une nouvelle combinaison, basée sur le nom de rang différent.

72.2. Le même procédé s'applique là où le transfert de l'épithète d'un nom légitime aboutirait à une combinaison qui ne peut être validement publiée en vertu des Art. 21.3 ou 23.4.

Ex. 1. *Linum radiola* L. (1753) placé dans le genre *Radiola* ne peut pas être nommé *Radiola radiola* (L.) H. Karsten (1882) parce que cette combinaison est invalide (cf. Art. 23.4 et 32.1(b)). Le second nom par ordre d'ancienneté, *L. multiflorum* Lam. (1779), est illégitime car c'est un nom superflu pour *L. radiola* L. Dans le genre *Radiola*, l'espèce en question a reçu le nom légitime *R. linoides* Roth (1788).

Note 1. Lorsqu'une épithète nouvelle est nécessaire, l'auteur peut adopter l'épithète d'un nom illégitime antérieurement utilisé pour le taxon en question, à condition qu'il n'y ait pas d'obstacle à son emploi dans sa nouvelle position ou signification. La combinaison résultante est, selon les cas, traitée comme le nom d'un nouveau taxon ou comme un nomen novum.

Ex. 2. Le nom *Talinum polyandrum* Hooker (1855) est illégitime, parce que c'est un homonyme postérieur de *T. polyandrum* Ruiz & Pavón (1798). Lorsqu'en 1863 Bentham transféra *T. polyandrum* Hooker au genre *Calandrinia*, il lui donna le nom *Calandrinia polyandra*. On considère que ce nom prend priorité à partir de 1863 et devrait être cité: *Calandrinia polyandra* Bentham, et non *C. polyandra* (Hooker) Bentham.

Ex. 3. *Cenomyce ecmocyna* Achar. (1810) est un nom superflu pour *Lichen gracilis* L. (1753), de même que *Scyphophora ecmocyna* S. F. Gray (1821) qui inclut aussi le type de *L. gracilis*. Cependant, en proposant la combinaison *Cladonia ecmocyna*, Leighton (1866) exclut explicitement ce type et, de ce fait, publia un nouveau nom, cette fois légitime: *Cladonia ecmocyna* Leighton.

Recommandation 72A
72A.1. Les auteurs devraient éviter l'adoption de l'épithète d'un nom illégitime publié antérieurement pour le même taxon.

CHAPITRE VI. ORTHOGRAPHE DES NOMS ET ÉPITHÈTES ET GENRE GRAMMATICAL DES NOMS GÉNÉRIQUES

SECTION 1. ORTHOGRAPHE DES NOMS ET ÉPITHÈTES

Article 73

73.1. L'orthographe originale d'un nom ou d'une épithète est à maintenir, sous réserve de correction des erreurs typographiques ou des fautes d'orthographe (voir cependant l'Art. 32.5).

Ex. 1. Respect de l'orthographe originale: Les noms génériques *Mesembryanthemum* L. (1753) et *Amaranthus* L. (1753) ont été délibérément orthographiés ainsi par Linné; leur orthographe ne doit pas devenir *Mesembrianthemum* et *Amarantus*, bien que ces dernières formes soient préférables du point de vue philologique (cf. Bull. Misc. Inform. 1928: 113, 287). – *Phoradendron* Nutt. ne doit pas devenir *Phoradendrum*. – *Triaspis mozambica* Adr. Juss. ne doit pas être changé en *T. mossambica*, comme l'a fait Engler (Pflanzenw. Ost-Afrikas C: 232. 1895). – *Alyxia ceylanica* Wight ne doit pas être changé en *A. zeylanica*, comme l'a fait Trimen (Handb. Fl Ceyl. 3: 127. 1895). – *Fagus sylvatica* L. ne doit pas devenir *F. silvatica*; on recommande l'orthographe classique *silvatica* pour un nom nouveau (Rec. 73E), mais l'orthographe mediévale, *sylvatica*, n'est pas considérée comme une faute d'orthographe. – *Scirpus cespitosus* L. ne doit pas être modifié en *S. caespitosus*.

Ex. 2. Erreurs typographiques: *Globba brachycarpa* Baker (1890) et *Hetaeria alba* Ridley (1896) sont des erreurs typographiques pour *Globba trachycarpa* Baker et *Hetaeria alta* Ridley (cf. J. Bot. 59: 349. 1921). – *Thevetia nereifolia* Adr. Juss. ex Steudel est une erreur typographique évidente pour *T. neriifolia*.

Ex. 3. Faute d'orthographe: *Gluta benghas* L. (1771) devrait être écrit *G. renghas* L., comme l'a fait Engler (in A. DC. & C. DC., Monogr. Phan. 4: 225. 1883); le nom vernaculaire que Linné voulait employer est 'Renghas' et non 'Benghas'.

Note 1. L'Art. 14.10 prévoit la possibilité de conserver une orthographe modifiée pour un nom de genre.

Ex. 4. Bougainvillea (cf. Appendice III, Spermatophyta, n° 2350).

73.2. Dans cet article, 'orthographe originale' désigne l'orthographe employée lors de la publication valide du nom et ne concerne pas l'emploi des majuscules ou des minuscules qui relève de la typographie (cf. Art. 21.2, Rec. 73F).

73.3. La faculté de corriger un nom doit être utilisée avec discrétion, surtout si le changement affecte la première syllabe et plus particulièrement la première lettre du nom.

Ex. 5. Le nom générique *Lespedeza* ne doit pas être changé, bien que le genre soit dédié à Vicente Manuel de Céspedes (cf. Rhodora 36: 130–132, 390–392. 1934).

73.4. Les lettres *w* et *y*, étrangères au latin classique, de même que *k*, rare dans cette langue, sont admises dans les noms latins de plantes.

73.5. Lorsqu'un nom ou une épithète a été publié dans un ouvrage où les lettres *u, v, i, j* sont utilisées de manière interchangeable, ou de toute autre manière incompatible avec les usages modernes (une de ces lettres n'est pas utilisée, ou l'est seulement en majuscules), ces lettres devraient être transcrites conformément à la pratique botanique moderne.

Ex. 6. Uffenbachia Fabr., et non *Vffenbachia; Taraxacum* Zinn, et non *Taraxacvm; Curculigo* Gaertner, et non *Cvrcvligo.*

Ex. 7. Geastrvm hygrometricvm Pers. et *Vredo pvstvlata* Pers. (1801) devraient respectivement être écrits *Geastrum hygrometricum* et *Uredo pustulata.*

Ex. 8. Bromus iaponicus Thunb. (1784) devrait s'écrire *Bromus japonicus.*

73.6. Les signes diacritiques sont étrangers à la nomenclature botanique. Lorsque des noms existants ou nouveaux sont tirés de mots en comportant, ils sont supprimés et remplacés par une transcription des lettres qui les portaient; par ex.: *ä, ö* et *ü* deviennent *ae, oe, ue; é, è* et *ê* deviennent *e* et parfois *ae; ñ* devient *n; ø* devient *oe; å* devient *ao*; l'emploi du tréma est toutefois admis.

Note 2. On devrait faire usage de trémas quand la typographie ne permet pas de distinguer, dans le même ouvrage, les diphtongues des voyelles prononcées séparément. Ainsi, il faudrait écrire *Cephaëlis*, et non *Cephaelis*, dans les ouvrages où *Arisæma* s'écrit *Arisaema.*

73.7. On doit respecter les modifications orthographiques voulues par les anciens auteurs pour latiniser des noms propres, géographiques ou vernaculaires, à l'exception des terminaisons dont traite l'Art. 73.10.

Ex. 9. Les noms *Valantia* L. (1753), *Gleditsia* L. (1753) et *Clutia* L. (1753), dédiés à Vaillant, Gleditsch et Cluyt, ne doivent pas être changés en *Vaillantia, Gleditschia* et *Cluytia*; Linné a délibérément latinisé les noms de ces botanistes en 'Valantius', 'Gleditsius' et 'Clutius'.

Ex. 10. Zygophyllum billardierii DC. a été dédié à J. J. H. de Labillardière (de la Billardière). La latinisation voulue est 'Billardierus' (au nominatif), mais le changement de terminaison n'est pas acceptable en vertu de l'Art. 73.10 et le nom s'écrit correctement *Z. billardierei* DC.

73.8. L'utilisation d'une forme de composition incorrecte dans une épithète est considérée comme une erreur orthographique devant être corrigée (cf. Rec. 73G).

Ex. 11. Pereskia opuntiaeflora DC. devrait être cité *P. opuntiiflora* DC.

Ex. 12. Cacalia napeaefolia DC. et *Senecio napeaefolius* (DC.) Schultz-Bip. devraient être cités *Cacalia napeifolia* DC. et *Senecio napeifolius* (DC.) Schultz-Bip.; l'épithète spécifique fait allusion à la ressemblance des feuilles avec celles du genre *Napaea* (et non pas *Napea*), et d'autre part l'auteur aurait dû employer la voyelle de liaison -*i* au lieu de la désinence du génitif singulier -*ae*.

73.9. L'utilisation d'un trait d'union à la suite d'une forme de composition dans une épithète est considérée comme une erreur orthographique devant être corrigée.

Ex. 13. *Acer pseudoplatanus* L., et non *A. pseudo-platanus*; *Ficus neoëbudarum* Summerh., et non *F. neo-ebudarum*; *Lycoperdon atropurpureum* Vitt., et non *L. atro-purpureum*; *Croton ciliatoglandulifer* Ortega, et non *C. ciliato-glandulifer*; *Scirpus* sect. *Pseudoëriophorum* Jurtzev, et non *S. sect. Pseudoeriophorum*.

Note 3. L'Art. 73.9 ne traite que des épithètes (dans des combinaisons), et non des noms de genres ou de taxons de rang supérieur; un nom de genre publié avec un trait d'union ne peut être modifié que par conservation.

Ex. 14. *Pseudo-salvinia* Piton (1940).

Note 4. Un trait d'union est autorisé dans une épithète lorsqu'il fait suite à un mot qui pourrait exister indépendamment (qui n'est donc pas une forme de composition) (cf. Art. 23.1).

Ex. 15. *Aster novae-angliae* L., *Coix lacryma-jobi* L., *Peperomia san-felipensis* J. D. Smith, *Arctostaphylos uva-ursi* (L.) Sprengel, *Veronica anagallis-aquatica* L. (Art. 23.3).

73.10. L'usage incorrect des terminaisons mentionnées à la Rec. 73C.1, par exemple *-i, -ii, -ae, -iae, -anus* et *-ianus*, est considéré comme une erreur orthographique devant être corrigée (voir également l'Art. 32.5).

Ex. 16. *Rosa pissarti* Carrière (Rev. Hort. 1880: 314) est une erreur typographique pour *R. pissardi* (cf. Rev. Hort. 1881: 190) qui, lui-même, est considéré comme une erreur orthographique pour *R. pissardii* (cf. Rec. 73C.1(b)).

Recommandation 73A

73A.1. Lorsqu'un nouveau nom ou une nouvelle épithète doit être dérivé du grec, la translittération en latin devrait suivre l'usage classique.

73A.2. L'esprit rude devrait être transcrit en latin par la lettre *h*.

Recommandation 73B

73B.1. Un nom nouveau de genre, de sous-genre ou de section dérivé d'un nom de personne devrait être formé de la manière suivante:

(a) Si le nom se termine par une voyelle, on ajoute la lettre *-a* (ex.: *Ottoa* d'après Otto, *Sloanea* d'après Sloane), sauf si le nom a déjà soit la terminaison *-a*, auquel cas on ajoute *-ea* (ex.: *Collaea*, d'après Colla), soit la terminaison *-ea* (ex.: *Correa*) auquel cas on n'ajoute rien.

(b) Si le nom se termine par une consonne, on ajoute les lettres *-ia*, sauf quand il s'agit de la terminaison *-er*, auquel cas le mot se termine par *-era* (ex.: *Kernera*, d'après Kerner). Dans les noms latinisés se terminant par *-us*, cette terminaison est remplacée par *-a* (*Dillenia*, d'après Dillenius).

(c) Les autres syllabes du nom conservent leur orthographe originale, à moins qu'elles ne renferment des signes diacritiques ou des lettres étrangères au latin de la nomenclature botanique (cf. Art. 73.6).

Note 1. Les noms peuvent être accompagnés d'un préfixe ou d'un suffixe, ou être modifiés par anagramme ou par abréviation. Dans ces cas, on les considère comme différents du nom primitif.

Ex. 1. *Durvillaea* et *Urvillea*; *Lapeirousia* et *Peyrousea*; *Englera*, *Englerastrum* et *Englerella*; *Bouchea* et *Ubochea*; *Gerardia* et *Graderia*; *Martia* et *Martiusia*.

Recommandation 73C

73C.1. Les noms modernes de personnes peuvent recevoir une terminaison latine et servir à la formation d'épithètes spécifiques et infraspécifiques de la manière suivante:

(a) Si le nom de personne se termine par une voyelle ou *-er*, les épithètes substantives sont formées en ajoutant la désinence du génitif adéquate au genre et au nombre de la personne ou des personnes à qui l'on veut rendre hommage (par ex., *scopoli-i* pour Scopoli(m), *fedtschenko-i* pour Fedtschenko(m), *glaziou-i* pour Glaziou (m), *lace-ae* pour Lace (f), *hooker-orum* pour les Hooker), excepté lorsque le nom se termine en *-a*, auquel cas il convient d'ajouter *-e* (au singulier) ou *-rum* (au pluriel) (par ex. *trianae* pour Triana (m)).

(b) Si le nom de personne se termine par une consonne (à l'exception de *-er*), les épithètes substantives sont formées en ajoutant *-i-* au thème (amplification du thème) plus la désinence du génitif appropriée au genre et au nombre de la personne ou des personnes à qui l'on veut rendre hommage (par ex. *lecard-ii* pour Lecard (m), *wilson-iae* pour Wilson (f), *verlot-iorum* pour les frères Verlot, *braun-iarum* pour les sœurs Braun).

(c) Si le nom de personne se termine par une voyelle, les épithètes adjectives sont formées en ajoutant *-an-* plus la désinence du nominatif singulier appropriée au genre du nom générique (par ex., *Cyperus heyne-anus* pour Heyne, *Vanda lindley-ana* pour Lindley, *Aspidium bertero-anum* pour Bertero), excepté lorsque le nom se termine en *-a*, auquel cas l'on ajoute *-n-* plus la désinence appropriée (par ex. *balansa-nus* (m), *balansa-na* (f), et *balansa-num* (n) pour Balansa).

(d) Si le nom de personne se termine par une consonne, les épithètes adjectives sont formées en ajoutant *-i-* (amplification du thème) plus *-an-* (radical du suffixe adjectif) plus la désinence du nominatif singulier appropriée au genre du nom générique (par ex. *Rosa webb-iana* pour Webb, *Desmodium griffith-ianum* pour Griffith, *Verbena hassler-iana* pour Hassler).

Note 1. Les traits d'union dans les exemples ci-dessus servent simplement à mettre en évidence la terminaison appropriée dans sa totalité.

73C.2. Si le nom de personne est déjà latin ou grec, ou possède une latinisation bien établie, on devrait utiliser le génitif latin approprié lors de la formation d'épithètes substantives (par ex., *alexandri* d'Alexander ou d'Alexandre, *augusti* d'Augustus, August ou Auguste, *linnaei* de Linnaeus, *martii* de Martius, *beatricis* de Beatrix ou Béatrice, *hectoris* d'Hector). (Cependant, les noms modernes de personnes sont sujets aux dispositions de l'Art. 73.10). On devrait éviter de traiter des noms modernes comme s'ils appartenaient à la troisième déclinaison (par ex. *munronis* de Munro, *richardsonis* de Richardson).

73C.3. Lors de la formation de nouvelles épithètes basées sur des noms de personnes, l'orthographe du nom de personne ne devrait pas subir de modification, à moins qu'elle ne contienne des lettres étrangères au latin botanique ou des signes diacritiques (cf. Art. 73.6).

73C.4. Les préfixes et les particules devraient être traités comme suit:

(a) Le préfixe patronymique écossais 'Mac', 'Mc' ou 'M', qui signifie 'le fils de', devrait être transcrit 'mac' et uni au reste du mot; ainsi *macfadyenii* d'après Macfadyen, *macgillivrayi* d'après MacGillivray, *macnabii* d'après McNab, et *mackenii* d'après M'Ken.

(b) Le préfixe patronymique irlandais 'O' devrait être, soit uni au reste du mot, soit omis. Par exemple, *obrienii*, *brienianus* d'après O'Brien, *okellyi* d'après O'Kelly.

(c) Un préfixe qui est un article, par exemple le, la, l', les, el, il ou lo, ou qui contient un article comme du, de la, des, del, della, devrait être uni au mot; ainsi *leclercii* d'après Le Clerc, *dubuyssonii* d'après DuBuysson, *lafarinae* d'après La Farina, *logatoi* d'après Lo Gato.

(d) Un préfixe à un nom de famille indicatif d'anoblissement ou de canonisation devrait être omis, ainsi *candollei* d'après de Candolle. *jussieui* d'après de Jussieu, *hilairei* d'après Saint-Hilaire, *remyi* d'après St. Rémy; cependant lorsqu'il s'agit d'épithètes géographiques le 'St.' est traduit en *sanctus* (m.) ou *sancta* (f.), ainsi *sancti-johannis* d'après Saint-Jean, *sanctae-helenae* d'après Sainte-Hélène.

(e) Un préfixe allemand ou hollandais, lorsqu'il fait normalement partie du nom de famille, comme

c'est souvent le cas en dehors de son pays d'origine, aux Etats-Unis par exemple, peut être intégré à l'épithète; ainsi *vonhausenii* d'après Vonhausen, *vanderhoekii* d'après Vanderhoek, *vanbruntiae* d'après Mme Van Brunt; mais autrement il doit être omis comme dans les cas suivants: *iheringii* d'après von Ihering, *martii* d'après von Martius, *steenisii* d'après van Steenis, *strassenii* d'après zu Strassen, *vechtii* d'après van der Vecht.

Recommandation 73D

73D.1. Les épithètes dérivées de noms géographiques ont de préférence une forme adjective et se terminent ordinairement par les désinences *-ensis, -(a)nus, -inus,* ou *-icus.*

Ex. 1. Rubus quebecensis (du Québec), *Ostrya virginiana* (de Virginie), *Eryngium amorginum* (d'Amorgos), *Polygonum pensylvanicum* (de Pennsylvanie).

Recommandation 73E

73E.1. Les épithètes nouvelles devraient être écrites conformément à l'orthographe primitive des mots dont elles dérivent et être en harmonie avec la pratique de la latinisation (cf. Art. 23.5).

Ex. 1. sinensis (et non *chinensis*).

Recommandation 73F

73F.1. La lettre initiale de toute épithète spécifique ou infraspécifique devrait être une minuscule; cependant, les auteurs qui désirent utiliser une capitale peuvent le faire pour des épithètes directement dérivées de noms de personnes (réelles ou mythiques), de noms vernaculaires (ou non-latins) ou d'anciens noms de genres.

Recommandation 73G

73G.1. Les noms et les épithètes où sont combinés des éléments dérivés du grec ou du latin devraient être formés en respectant autant que possible l'usage classique (cf. Art. 73.8). Ce dernier, dans ses grandes lignes, est le suivant:

(a) Dans un vrai mot composé, un nom ou un adjectif, s'il n'est pas en position terminale, se présente sous la forme d'un thème sans désinence, modifié d'une des manières suivantes pour obtenir ses formes de composition:

(1) Si le thème se termine par une consonne, une voyelle de liaison (*-o-* en grec, *-i-* en latin) est introduite devant une consonne (*Leont-o-podium,* thème *leont-*; *cord-i-folius,* thème *cord-*). Devant une voyelle, la voyelle de liaison est omise (*Leont-ice*; *cord-atus*).

(2) Si le thème se termine, ou semble se terminer, par une des voyelles *-a, -e, -o* ou *-u*, cette voyelle finale du thème tombe normalement devant une consonne. Pour les mots grecs, *-o* la remplace (*Acantho-panax,* thème *acantha-*; *Limno-charis,* thème *limne*; *Cyclo-sorus,* thème *cyclo-*). Pour les mots latins, *-i* la remplace (*magnolii-florus,* thème *magnolia-*; *lilii-florus,* thème *lilio-*; *querci-folius,* thème *quercu-*), sauf dans le cas des rares thèmes en *-e*. Devant une voyelle, les voyelles finales du thème mentionnées ci-dessus tombent et ne sont remplacées ni par *-o* en grec, ni par *-i* en latin (*Acanth-ella, Limn-anthes, Cyel-anthus, Magnoli-aceae, Lili-ales, querc-etum*). Dans certains mots la voyelle finale du thème peut être conservée; ceci ne peut être déterminé que par comparaison avec des composés classiques existants (*Coryne-phorus,* thème *coryne-*; *re-cula, re-al,* thème *re-*).

(3) Si le thème se termine par les voyelles *-y, -i* ou les rares diphtongues *-au, -eu* ou *-ou*, la voyelle finale du thème est normalement conservée (*Pachy-phytum, Pachy-anthus,* thème *pachy-*; *Lysi-machia, Lisi-anthus,* thème *lysi-*; *Nau-clea,* thème *nau-*). Pour certains thèmes, tels que ceux des substantifs grecs se terminant en *-y* ou quelquefois en *-i*, la voyelle de liaison *-o-* est ajoutée devant une consonne (*Ichthy-o-there,* thème *ichthy-*; *Ophi-o-glossum,* thème *ophi-*). Les diphtongues terminant des thèmes grecs sont normalement conservées mais subissent souvent des modifications (*Bo-opis,* thème *bou-*; *oreo-comus,* thème *oreu-*; *Basilo-xylon,* thème *basileu-*).

(b) Un pseudo-composé est une phrase formée de noms ou d'adjectifs et traitée comme s'il s'agissait

d'un seul mot composé. Dans un pseudo-composé, un nom ou un adjectif qui ne se trouve pas en position terminale apparaît comme un mot pourvu d'une désinence, et non comme un thème modifié. Exemples: *nidus-avis* (nid d'oiseau), *Myos-otis* (oreille de souris), *cannae-folius* (feuille de *Canna*), *albo-marginatus* (bordé de blanc) etc. Quelques formes irrégulières ont été développées par analogie avec des pseudo-composés, telles que *atro-purpureus* (pourpre avec du noir, alors que la présentation correcte aurait pu être *purpureus cum atro*). D'autres ont été délibérément introduites de façon à rappeler des distinctions d'ordre étymologique lorsque différents éléments de mots possèdent la même forme de composition, telles que *tubi-* de tube (*tubus, tubi*, thème *tubo-*) ou de trompette (*tuba, tubae*, thème *tuba-*), auquel cas *tubaeflorus* ne peut signifier qu'à fleurs en trompette; de même *carici-* est la forme de composition à la fois du papayer (*carica, caricae*, thème *carica-*) et de la laîche (*carex, caricis*, thème *caric-*), auquel cas *caricaefolius* ne peut signifier qu'à feuilles de papayer. Cette utilisation du génitif singulier de la première déclinaison pour former des pseudo-composés est considérée comme une erreur devant être corrigée, sauf quand elle introduit une distinction étymologique.

(c) Quelques formes irrégulières communes sont utilisées pour la composition de mots.

Exemples: *hydro-* et *hydr-* (*Hydro-phyllum*) alors que le thème régulier du nom est *hydat-*; *calli-* (*Calli-stemon*) alors que le thème régulier de l'adjectif est *calo-*; et *meli-* (*Meli-osma, Meli-lotus*) alors que le thème régulier du nom est *melit-*.

Note 1. Les traits d'union dans les exemples ci-dessus servent simplement à donner plus de clarté à l'explication. Pour l'emploi des traits d'union dans les noms et les épithètes botaniques, voir les Art. 20.3, 23.1 et 73.9.

Recommandation 73H

73H.1. Les épithètes de noms de champignons dérivés du nom générique de l'hôte devraient avoir la même orthographe que celle qui est admise pour ces derniers noms; des orthographes différentes sont considérées comme des variantes devant être corrigées (cf. Art. 75).

Ex. 1. Phyllachora anonicola Chardon (1940) doit être corrigé en *P. annonicola*, puisque l'orthographe *Annona* est actuellement acceptée de préférence à *Anona*. – *Meliola albizziae* Hansford & Deighton (1948) doit être corrigé en *M. albiziae*, puisque l'orthographe *Albizia* est actuellement acceptée de préférence à *Albizzia*.

Recommandation 73I

73I.1. On devrait toujours donner l'étymologie des noms et des épithètes quand elle n'est pas évidente.

Article 74

[L'article 74, traitant de variantes orthographiques parmi les noms de genres linnéens, a été supprimé par le Congrès de Sydney, 1981 (voir cependant l'Art. 13.4)].

Article 75

75.1. Pour tout nom, il n'y a qu'une seule variante orthographique qui est considérée comme validement publiée, celle apparaissant dans la publication originale sauf exceptions prévues aux Art. 73 (fautes d'orthographe ou de typographie), 14.10 (orthographe conservée) et 32.5 (terminaison latine incorrecte).

Note 1. Les variantes orthographiques sont les différentes orthographes, formes de composition et de flexion d'un nom ou d'une épithète (y compris les erreurs typographiques), un seul type étant impliqué. (Pour les noms dont la similitude prête à confusion, fondés sur des types différents, voir l'Art. 64.2–3).

75.2. Si une ou plusieurs variantes orthographiques d'un nom apparaissent dans la publication originale, il faut conserver celle qui, tout en se conformant aux règles, s'accorde le mieux avec les recommandations de l'Art. 73; autrement, le premier auteur qui adopte explicitement l'une des variantes, tout en rejetant l'autre (ou les autres), doit être suivi.

75.3. Les variantes orthographiques d'un nom doivent être automatiquement corrigées en les ramenant à la forme validement publiée de ce nom. Chaque fois qu'une telle variante apparaît dans la littérature, elle doit être lue comme si elle était imprimée sous sa forme corrigée.

SECTION 2. GENRE GRAMMATICAL DES NOMS GÉNÉRIQUES

Recommandation 75A

75A.1. Un mot grec ou latin adopté comme nom générique devrait conserver son genre grammatical. Quand celui-ci n'est pas fixé, il appartient à l'auteur de choisir; en cas de doute, on devrait suivre la coutume générale. Cependant, les noms suivants devraient être traités comme féminins, pour se conformer à l'usage des botanistes, indépendamment de l'usage classique ou du choix de l'auteur original: *Adonis, Diospyros, Hemerocallis, Orchis, Stachys* et *Strychnos.*

Ex. 1. En latin classique le genre du nom *Atriplex* a varié (par exemple, féminin chez Columelle, neutre chez Pline); Linné le considéra comme féminin et devrait être suivi. Cependant, *Phyteuma* était constamment neutre (cf. Dioscoride, Pline), *Sicyos* constamment masculin (Théophraste, Dioscoride) et *Erigeron* constamment masculin (Théophraste, Dioscoride, Pline), et ces noms devraient conserver leur genre classique, bien que Linné les ait considéré différemment.

75A.2. Les noms génériques formés de plusieurs mots grecs ou latins devraient prendre le genre du dernier composant. Si, cependant, la terminaison est changée, le genre grammatical devrait l'être aussi.

(a) Les noms composés modernes terminés par *-codon, -myces, -odon, -panax, -pogon, -stemon* et autres mots masculins devraient être du masculin, sans égard au fait que les noms de genres *Andropogon* L. et *Oplopanax* (Torrey & A. Gray) Miq. ont été traités à l'origine comme neutres par leurs auteurs.

(b) De même, tous les noms composés modernes se terminant par *-achne, -chlamys, -daphne, -mecon,* *-osma* (transcription moderne du mot osmé, féminin en grec) et les autres mots féminins devraient être du féminin, sans égard au fait que *Dendromecon* Bentham et *Hesperomecon* E. Greene ont été traités à l'origine comme neutres. Une exception devrait être faite en faveur des noms se terminant par *-gaster* qui, à vrai dire, devraient être féminins, mais qu'on doit considérer comme masculins si l'on suit l'usage des botanistes.

(c) De même, tous les noms composés modernes se terminant par *-ceras, -dendron, -nema, -stigma,* *-stoma* et autres mots neutres devraient être du neutre, sans égard au fait que R. Brown et Bunge ont considéré comme féminins les noms *Aceras* et *Xanthoceras.* Une exception devrait être faite en faveur des noms terminés par *-anthos* (ou *-anthus*) et *-chilos* (*-chilus* ou *-cheilos*) qui devraient être neutres puisqu'en grec les mots anthos et cheilos sont neutres; mais comme ils ont été généralement traités comme masculins, ils devraient le rester.

Ex. 2. Noms génériques composés où la terminaison du dernier mot est changée: *Stenocarpus*, *Dipterocarpus* et tous les autres composés modernes comme *Hymenocarpos* terminés par le mot grec masculin *-carpos* (ou *-carpus*) devraient être masculins; en revanche, ceux qui se terminent en *-carpa* ou *-carpaea* devraient être féminins (ex.: *Callicarpa* et *Polycarpaea*); tandis que ceux qui se terminent en *-carpon*, *-carpum* ou *-carpium* devraient être neutres (ex.: *Polycarpon*, *Ormocarpum* et *Pisocarpium*).

75A.3. Les noms génériques formés arbitrairement, les noms vernaculaires ou les adjectifs utilisés comme noms génériques dont le genre n'est pas évident devraient conserver le genre grammatical assigné par leur auteur. Lorsque celui-ci a négligé de l'indiquer, l'auteur suivant a le droit de choisir et son choix devrait s'imposer.

Ex. 3. *Taonabo* Aublet devrait être du féminin puisque les deux espèces d'Aublet étaient *T. dentata* et *T. punctata*.

Ex. 4. *Agati* Adanson a été publié sans indication du genre grammatical. Le genre féminin lui ayant été assigné par Desvaux (J. Bot. Agric. 1: 120. 1813), ce choix devrait être décisif, puisque cet auteur est le premier qui a adopté ce nom après Adanson.

Ex. 5. Boehmer (in Ludwig, Def. Gen. Pl. ed. 3. 436. 1760) et Adanson (Fam. Pl. 2: 356. 1763) ont négligé d'indiquer le genre grammatical de *Manihot*. Le premier auteur à lui adjoindre des épithètes spécifiques, Crantz (Inst. Rei Herb. 1: 167. 1766), a proposé les noms de *Manihot gossypiifolia*, etc., de sorte que *Manihot* devrait être traité comme un nom féminin.

75A.4. Les noms génériques finissant en *-oides* ou *-odes* devraient être traités comme féminins, et ceux en *-ites* comme masculins, quel que soit le genre grammatical attribué par leurs auteurs.

Recommandation 75B

75B.1. Quand un genre est divisé en plusieurs genres, le nom ou les noms nouveaux devraient être du même genre grammatical que le nom générique maintenu.

Ex. 1. Si *Boletus* est divisé, le genre grammatical des nouveaux noms génériques devrait être masculin: *Xerocomus*, *Boletellus*, etc.

DIVISION III. DISPOSITIONS RELATIVES À L'AMENDEMENT DU CODE

Div.III.1. Amendement du Code. Le Code ne peut être amendé que par décision d'un Congrès International de Botanique en assemblée plénière et sur proposition de la Section de Nomenclature du Congrès.*

Div.III.2. Comités de Nomenclature. Des Comités de Nomenclature permanents sont institués sous les auspices de l'Association Internationale de Taxonomie Végétale. Les membres de ces comités sont élus par les Congrès Internationaux de Botanique. Chaque comité a le pouvoir de coopter, de créer des sous-comités et d'élire, selon ses besoins, des membres dirigeants.

(1) Le Comité Général se compose des secrétaires des divers comités, du rapporteur-général, du président et du secrétaire de l'Association Internationale de Taxonomie Végétale et d'au moins cinq membres nommés par la Section de Nomenclature. Le rapporteur-général a la tâche de présenter les propositions d'amendement au Code de la Nomenclature lors des Congrès Internationaux de Botanique.

(2) Le Comité pour les Spermatophytes.

(3) Le Comité pour les Ptéridophytes.

(4) Le Comité pour les Bryophytes.

(5) Le Comité pour les Champignons et les Lichens.

(6) Le Comité pour les Algues.

(7) Le Comité pour les Hybrides.

(8) Le Comité pour les Plantes fossiles.

(9) Le Comité de Rédaction, préposé à la publication du Code conformément aux décisions du Congrès International de Botanique. Son Président est le rapporteur-général du Congrès précédent; il a pour tâche de diriger la publication du Code.

Div.III.3. Le Bureau de Nomenclature du Congrès International de Botanique se compose des membres suivants: *(1)* le président de la Section de Nomenclature, nommé par le Comité d'organisation du Congrès International de Botanique;

---

* Au cas où il n'y aurait plus de Congrès International de Botanique, la responsabilité du Code International de la Nomenclature Botanique sera transférée à l'Union Internationale des Sciences Biologiques ou à une organisation qui à ce moment lui correspondrait. Le Comité Général est habilité à mettre au point les moyens d'en venir à cette fin.

(2) le secrétaire, nommé par le même Comité d'organisation; *(3)* le rapporteur-général, élu au Congrès précédent; *(4)* le vice-rapporteur, nommé par le Comité d'organisation sur proposition du rapporteur-général.

Div.III.4. Le vote sur les propositions d'amendement au Code se fait en deux étapes: *(a)* un vote préliminaire d'orientation par correspondance, *(b)* un vote final et décisif émanant de la Section de Nomenclature du Congrès International de Botanique.

Qualifications requises pour les votes:
(a) Pour le vote préliminaire par correspondance, sont qualifiés:

> *(1)* les membres de l'Association Internationale de Taxonomie Végétale,
> *(2)* les auteurs des propositions d'amendement,
> *(3)* les membres des Comités de nomenclature.

Note 1. Le transfert du droit de vote et le vote cumulatif ne sont pas autorisés.

(b) Pour le vote final lors des sessions de la Section de Nomenclature, sont qualifiés:

> *(1)* tous les membres de la Section dûment inscrits. Le transfert du droit de vote et le vote cumulatif ne sont pas autorisés;
> *(2)* les délégués ou vice-délégués officiels des instituts dont le nom paraît sur une liste préparée par le Bureau de Nomenclature du Congrès International de Botanique et soumise pour approbation finale au Comité Général; ces instituts ont droit à 1–7 votes suivant indication sur la dite liste*. Le droit de vote des instituts peut être confié à des vice-délégués désignés, mais aucune personne ne pourra accumuler plus de 15 votes, le sien compris. Les instituts peuvent exercer leur droit de vote en déposant devant le Bureau de Nomenclature une déclaration spécifiant leur intention à l'égard d'une proposition déterminée qui doit faire l'objet d'un scrutin.

---

* Il a été décidé par le Congrès de Sydney qu'aucune institution, même au sens large du terme, n'aura droit à plus de 7 votes.

APPENDICE I

NOMS DES HYBRIDES

Article H.1

H.1.1. L'hybridité est indiquée en utilisant le signe de multiplication × ou en ajoutant le préfixe 'notho-'* au terme désignant le rang du taxon.

Article H.2

H.2.1. Un hybride entre deux taxons déjà pourvus de noms peut être indiqué en plaçant le signe de multiplication entre les noms des taxons: l'ensemble de l'expression est alors appelé une formule d'hybride.

Ex. 1. Agrostis L. × *Polypogon* Desf.; *Agrostis stolonifera* L. × *Polypogon monspeliensis* (L.) Desf.; *Salix aurita* L. × *S. caprea* L.; *Mentha aquatica* L. × *M. arvensis* L. × *M. spicata* L.; *Polypodium vulgare* L. subsp. *prionodes* Rothm. × subsp. *vulgare.*

Recommandation H.2A

H.2A.1. Il est habituellement préférable de placer les noms ou épithètes d'une formule par ordre alphabétique. La direction d'un croisement peut être indiquée en incluant les symboles de sexe (♀: femelle; ♂: mâle) dans la formule, ou en plaçant le parent femelle en premier. Si l'ordre alphabétique n'est pas suivi, les raisons devraient en être clairement indiquées.

Article H.3

H.3.1. Les hybrides entre représentants de deux ou plusieurs taxons peuvent recevoir un nom. La nature hybride d'un taxon est indiquée en plaçant le signe de multiplication × devant le nom d'un hybride intergénérique ou devant l'épithète du nom d'un hybride interspécifique, ou en ajoutant le préfixe 'notho-' (éventuellement abrégé 'n-') au terme désignant le rang du taxon (cf. Art. 4.1). De tels taxons hybrides sont appelés nothotaxons.

Ex. 1. (Les parentés connues ou présumées se trouvent à l'Art. H.2, Ex. 1). × *Agropogon* P. Fourn.; × *Agropogon littoralis* (Smith) C. E. Hubb.; *Salix* × *capreola* Kerner ex Andersson; *Mentha* × *smithiana* R. A. Graham; *Polypodium vulgare* L. nothosubsp. *mantoniae* (Rothm.) Schidlay.

---

* Du grec nothos (νοθος) signifiant hybride.

H.3.2. On ne peut désigner de nothotaxon à moins que l'un des parents au moins ne soit connu ou que son identité ne puisse être présumée.

H.3.3. L'épithète d'une nothoespèce s'appelle une épithète collective.

H.3.4. Le signe de multiplication et le préfixe 'notho-' ne sont pas pris en considération du point de vue de l'homonymie et de la synonymie.

Ex. 2. × *Hordelymus* Bacht. & Darevskaja (1950) (= *Elymus* L. × *Hordeum* L.) est un homonyme postérieur de *Hordelymus* (Jessen) Jessen (1885).

Note 1. Il n'est pas nécessaire de désigner comme nothotaxons les taxons que l'on suppose d'origine hybride.

Ex. 3. Le tétraploïde fertile issu du croisement artificiel *Digitalis grandiflora* L. × *D. purpurea* L. peut, si on le souhaite, être désigné du nom de *D. mertonensis* Buxton & Darl.; *Triticum aestivum* L. est traité comme une espèce, bien qu'il n'existe pas dans la nature et que l'on a démontré que son génôme est composé de ceux de *T. monococcum*, *Aegilops speltoides* et *A. squarrosa*; Levin (Evolution 21: 92–108. 1967) pense que le taxon connu sous le nom de *Phlox divaricata* subsp. *laphamii* (Wood) Wherry est le produit stabilisé de l'hybridation entre *P. divaricata* L. subsp. *divaricata* et *P. pilosa* subsp. *ozarkana* Wherry.

Note 2. Le terme 'collective epithet' est utilisé dans l''International Code of Nomenclature for Cultivated Plants-1980' dans un sens qui inclut également les épithètes en langue moderne.

Recommandation H.3A

H.3A.1. Le signe de multiplication dans le nom d'un nothotaxon devrait être placé contre la première lettre du nom ou de l'épithète. Cependant, si l'on ne peut disposer du symbole mathématique et que l'on utilise à la place la lettre *x*, on peut laisser un espace simple entre elle et l'épithète si cela permet d'éviter une ambiguïté. La lettre *x* devrait être en minuscule.

Article H.4

H.4.1. Lorsque tous les taxons parents sont connus, ou présumés connus, un nothotaxon est circonscrit de manière à inclure tous les individus (pour autant qu'ils puissent être reconnus) dérivés du croisement de l'ensemble des taxons parents (c'est-à-dire, non seulement la première génération d'hybrides (Fl) mais aussi les subséquentes ainsi que les rétrocroisements (back crosses), tous combinés). Il ne peut donc y avoir qu'un seul nom correct correspondant à une formule d'hybride donnée. Il s'agit du nom légitime le plus ancien (cf. Art. 6.3.), dans le rang approprié (Art. H.5). Les autres noms auxquels la même formule d'hybride s'applique en sont des synonymes.

Ex. 1. On considère que les noms *Oenothera* × *wienii* Renner ex Rostański (1977) et *O.* × *hoelscheri* Renner ex Rostański (1968) s'appliquent tous deux à l'hybride *O. rubricaulis* × *O. depressa*; on sait que les types des deux noms de nothoespèce diffèrent par tout un complexe de gènes; cependant, le premier nom est traité comme un synonyme du deuxième.

Note 1. La variation au sein des nothoespèces et des nothotaxons de rang inférieur peut être traitée conformément à l'Art. H.12 ou, si cela est approprié, conformément à l''International Code of Nomenclature for Cultivated Plants-1980'.

Article H.5

H.5.1. Un nothotaxon possède le même rang que ses parents connus ou présumés.

H.5.2. Si les parents connus ou présumés sont de rang différent, le nothotaxon doit être placé au rang inférieur (cf. Art. H.11.2).

Article H.6

H.6.1. Un nom de nothogenre (c'est-à-dire le nom au rang de genre d'un hybride entre deux ou plusieurs genres) est une formule condensée ou son équivalent.

H.6.2. Le nom de nothogenre d'un hybride entre deux genres est une formule condensée dans laquelle les noms adoptés comme corrects des genres parents sont combinés en un seul mot, en utilisant le début ou la totalité de l'un, la fin ou la totalité de l'autre (mais non la totalité des deux) et, si cela est souhaitable, une voyelle de liaison.

Ex. 1. × *Agropogon* P. Fourn. (= *Agrostis* × *Polypogon*); × *Gymnanacamptis* Asch. & Graebner (= *Anacamptis* × *Gymnadenia*); × *Cupressocyparis* Dallimore (= *Chamaecyparis* × *Cupressus*); × *Seleniphyllum* Rowley (= *Epiphyllum* × *Selenicereus*).

Ex. 2. × *Amarcrinum* Coutts (1925) est correct pour *Amaryllis* L. × *Crinum* L., et non pas × *Crindonna* Ragion. (1921). Ce dernier nom fut proposé pour le même nothogenre, mais était dérivé du nom générique adopté pour l'un des parents (*Crinum*) et d'un synonyme (*Belladonna* Sweet) du nom générique adopté pour l'autre (*Amaryllis*). Etant en contradiction avec l'Art. H.6, il n'est pas validement publié, vu l'Art. 32.1(b).

Ex. 3. Le nom × *Leucadenia* Schlechter est correct pour *Leucorchis* E. Meyer × *Gymnadenia* R. Br., mais si l'on adopte le nom de genre *Pseudorchis* Séguier à la place de *Leucorchis*, c'est × *Pseudadenia* P. Hunt qui est correct.

Ex. 4. Lors de sa publication originale, × *Aporophyllum* Johnson fut défini comme *Aporocactus* × membres des 'Orchid Cacti'. Ce dernier groupe correspond aux épicactus ('épiphyllums' des horticulteurs) – un complexe descendant de 4 ou 5 genres distincts. Ce nom n'est donc pas validement publié (Art. 32.1(b)) car il est en conflit avec l'Art. H.6.3. Pour l'hybride bigénérique *Aporocactus* × *Epiphyllum* un nom différent s'applique (× *Aporepiphyllum* Rowley).

Ex. 5. Boivin (1967) a publié × *Maltea* pour ce qu'il pensait être l'hybride intergénérique *Phippsia* × *Puccinellia*. Comme il ne s'agit pas d'une formule condensée, le nom ne peut être utilisé pour cet hybride intergénérique pour lequel le nom correct est × *Pucciphippsia* Tzvelev (1971). Boivin avait cependant fourni une description latine et désigné un type; en conséquence, *Maltea* est un nom de genre validement publié et est correct si on traite son type comme appartenant à un genre distinct, et non à un nothogenre.

H.6.3. Le nom de nothogenre d'un hybride intergénérique dérivé d'au moins quatre genres est formé du nom d'un récolteur, cultivateur ou spécialiste du groupe, auquel on ajoute la terminaison -*ara*; un tel nom ne peut excéder huit syllabes. Il est considéré comme une formule condensée.

Ex. 6. × *Potinara* hort. (= *Brassavola* × *Cattleya* × *Laelia* × *Sophronitis*).

H.6.4. Le nom de nothogenre d'un hybride trigénérique est soit *(a)* une formule condensée dans laquelle les trois noms adoptés comme corrects des genres parents sont combinés en un seul mot ne dépassant pas huit syllabes, en utilisant la totalité ou la première partie de l'un, suivie de la totalité ou de n'importe quelle partie de l'autre, suivie de la totalité ou de la dernière partie du troisième (mais non de la totalité des trois) et, si cela est souhaitable, d'une ou de deux voyelles de liaison, soit *(b)* un nom formé comme celui d'un nothogenre dérivé de quatre genres au moins, c'est à dire, un nom de personne auquel on ajoute la terminaison *-ara*.

Ex. 7. ×*Sophrolaeliocattleya* hort. (= *Cattleya* × *Laelia* × *Sophronitis*); ×*Vascostylis* hort. (= *Ascocentrum* × *Rhynchostylis* × *Vanda*); ×*Rodrettiopsis* Moir (= *Comparettia* × *Ionopsis* × *Rodriguezia*); ×*Wilsonara* hort. (= *Cochlioda* × *Odontoglossum* × *Oncidium*).

Article H.7

H.7.1. Le nom d'un nothotaxon qui est un hybride entre deux subdivisions d'un même genre est la combinaison d'une épithète, qui est une formule condensée formée de la même manière qu'un nom de nothogenre (Art. H.6.2), avec le nom du genre.

Ex. 1. Ptilostemon nothosect. *Platon* Greuter (Boissiera 22: 159. 1973), comprenant les hybrides entre *Ptilostemon* sect. *Platyrhaphium* Greuter et *P.* sect. *Ptilostemon*; *Ptilostemon* nothosect. *Plinia* Greuter (Boissiera 22: 158. 1973), comprenant les hybrides entre *Ptilostemon* sect. *Platyrhaphium* et *P.* sect. *Cassinia* Greuter.

Article H.8

H.8.1. Lorsque le nom ou l'épithète d'un nothotaxon est une formule condensée (Art. H.6 et H.7), les noms des parents utilisés pour le former doivent être ceux qui sont corrects pour la circonscription, la position et le rang adoptés pour les taxons parentaux.

Ex. 1. Si le genre *Triticum* L. est considéré, sur le plan taxonomique, englober *Triticum* (s. str.) et *Agropyron* Gaertn. et si le genre *Hordeum* L. est considéré englober *Hordeum* (s. str.) et *Elymus* L., alors les hybrides entre *Agropyron* et *Elymus* aussi bien que ceux entre *Hordeum* (s. str.) et *Triticum* (s. str.) doivent être placés dans le nothogenre × *Tritordeum* Asch. et Graebner (1902). Si cependant l'on distingue génériquement *Agropyron* de *Triticum*, les hybrides entre *Agropyron* et *Hordeum* (s. str. ou s. lat.) sont placés dans le nothogenre × *Agrohordeum* A. Camus (1927). De même, si *Elymus* est séparé génériquement de *Hordeum*, les hybrides entre *Elymus* et *Triticum* (s. str. ou s. lat.) sont placés dans le nothogenre × *Elymotriticum* P. Fourn. (1935). Si *Agropyron* et *Elymus* sont tous deux traités comme genres, les hybrides entre eux sont placés dans le nothogenre × *Agroelymus* A. Camus (1927); × *Tritordeum* est alors limité aux hybrides entre *Hordeum* (s. str.) et *Triticum* (s. str.), et les hybrides entre *Elymus* et *Hordeum* sont placés dans × *Elyhordeum* Mansf. ex Tsitsin & Petrova (1955), un nom de remplacement pour × *Hordelymus* Bacht. & Darevskaja (1950) non *Hordelymus* (Jessen) Jessen (1885).

H.8.2. Les noms de nothogenres se terminant en *-ara*, qui sont l'équivalent de formules condensées (Art. H.6.3-4), ne sont applicables qu'aux plantes dont on accepte taxonomiquement qu'elles dérivent des genres cités comme parents.

Ex. 2. Si *Euanthe* est reconnu comme genre distinct, les hybrides impliquant simultanément son unique espèce, *E. sanderiana*, et les trois genres *Arachnis*, *Renanthera* et *Vanda* doivent être placés dans × *Cogniauxara* Garay & H. Sweet; si d'autre part *E. sanderiana* est inclus dans *Vanda*, les mêmes hybrides seront placés dans × *Holttumara* hort. (*Arachnis* × *Renanthera* × *Vanda*).

Article H.9

H.9.1. Pour être validement publié, le nom d'un nothogenre ou d'un notho-taxon du rang de subdivision de genre (Art. H.6 et H.7) doit être publié effectivement (cf. Art. 29) avec mention du nom des genres ou subdivisions de genres parents, mais une description ou diagnose n'est pas nécessaire, que ce soit en latin ou en toute autre langue.

Ex. 1. Noms validement publiés: × *Philageria* Masters (1872), publié avec la mention de ses parents *Lapageria* × *Philesia*; *Eryngium* nothosect. *Alpestria* Burdet & Miège, pro sect. (Candollea 23: 116. 1968) publié avec la mention de ses parents, *Eryngium* sect. *Alpina* × sect. *Campestria*; × *Agrohordeum* A. Camus (1927) (= *Agropyron* Gaertner × *Hordeum* L.), dont × *Hordeopyron* Simonet (1935, 'Hordeopyrum') est un synonyme postérieur.

Note 1. Puisque les noms de nothogenre et de nothotaxon du rang de subdivision de genre sont des formules condensées, ou sont traités comme telles, ils ne possèdent pas de type.

Ex. 2. Le nom × *Ericalluna bealei* Krüssm. (1960) a été publié pour des plantes qui étaient considérées comme des variantes du croisement *Calluna vulgaris* × *Erica cinerea*. Si l'on considère qu'il ne s'agit pas d'hybrides, mais de formes d'*Erica cinerea*, le nom × *Ericalluna* Krüssm. reste disponible pour le cas où apparaîtraient des plantes dont la nature hybride *Calluna* × *Erica* serait connue ou présumée.

Ex. 3. × *Arabidobrassica* Gleba & Fr. Hoffm. (Naturwissenschaften 66: 548. 1979) est un nom de nothogenre validement publié avec la mention des parents pour le résultat de l'hybridation somatique entre *Arabidopsis thaliana* et *Brassica campestris* par fusion de protoplastes. Il est également disponible pour les hybrides intergénériques issus de croisements normaux entre *Arabidopsis* et *Brassica*, pour autant que l'on arrive à en produire.

Note 2. Toutefois, les noms qui ne sont publiés qu'en espérant l'existence d'un hybride ne sont pas validement publiés selon l'Art. 34.1(b).

Article H.10

H.10.1. Les noms de nothotaxons du rang d'espèce ou inférieur doivent être conformes aux prescriptions *(a)* de la Division II du Code applicables à ces mêmes rangs et *(b)* de l'Art. H.3. Les manquements à l'Art. H.3.1 doivent être corrigés.

H.10.2. Les taxons d'abord publiés comme espèces ou taxons infraspécifiques qui sont ensuite considérés comme des nothotaxons peuvent se voir ainsi désignés, sans changement de rang, conformément à l'Art. 50 (qui s'applique également dans l'autre sens).

H.10.3. Les expressions suivantes sont considérées comme des formules et non de vraies épithètes: les dénominations consistant en une combinaison à l'aide d'un trait d'union des épithètes des noms des parents sans modification, ou avec modification de la terminaison d'une seule épithète, ou consistant en une combinaison de l'épithète spécifique du nom d'un parent avec le nom de genre de l'autre (avec ou sans changement de terminaison).

Ex. 1. La désignation *Potentilla atrosanguinea-pedata* publiée par Maund (Bot. Gard. 5: n° 385, t. 97. 1833) est considérée comme une formule ayant le sens de *Potentilla atrosanguinea* Lodd. ex D. Don × *P. pedata* Nestler.

Ex. 2. Verbascum nigro-lychnitis Schiede (Pl. Hybr. 40. 1825) est considéré comme une formule, *Verbascum lychnitis* L. × *V. nigrum* L.; le nom binaire correct pour cet hybride est *Verbascum × schiedeanum* Koch (1844).

Ex. 3. Les noms suivants comprennent de vraies épithètes: *Acaena × anserovina* Orch. (1969) (à partir d'*anserinifolia* et *ovina*); *Micromeria × benthamineolens* Svent. (1969) (à partir de *benthamii* et de *pineolens*).

Note 1. Puisque le nom d'un nothotaxon du rang d'espèce ou inférieur possède un type, la mention des parents joue un rôle secondaire lorsqu'il s'agit de déterminer l'application du nom.

Ex. 4. Quercus × deamii Trel. fut décrit comme *Q. alba* L. × *Q. muehlenbergii* Engelm. Cependant, au vu des descendants obtenus à partir de glands de l'arbre type, Bartlett fut amené à conclure que les parents étaient en fait *Q. macrocarpa* Michx. et *Q. muehlenbergii*. Si l'on accepte cette conclusion, le nom *Q. × deamii* s'applique à *Q. macrocarpa × Q. muehlenbergii*, et non à *Q. alba × Q. muehlenbergii*.

Recommandation H.10A

H.10A.1. En créant des épithètes pour des nothotaxons du rang d'espèce ou inférieur, les auteurs devraient éviter de combiner des parties des épithètes des noms des parents.

Recommandation H.10B

H.10B.1. Pour les hybrides entre des taxons infraspécifiques pourvus de noms, l'utilisation de formules d'hybrides est plus informative et amène moins de risques de confusion que la création de noms de nothotaxons.

Article H.11

H.11.1. Le nom d'une nothoespèce dont les espèces parentes, connues ou présumées, appartiennent à des genres différents est la combinaison d'une épithète nothospécifique (collective) avec un nom de nothogenre.

Ex. 1. × *Heucherella tiarelloides* Wehrh. ex Stearn (considéré être *Heuchera × brizoides* hort. × *Tiarella cordifolia* L., nothotaxon pour lequel le nom *Heuchera × tiarelloides* est incorrect).

Ex. 2. Lorsque *Orchis fuchsii* Druce fut nommé *Dactylorhiza fuchsii* (Druce) Soó, le nom × *Orchicoeloglossum mixtum* Asch. & Graebner (pour son hybride avec *Coeloglossum viride* (L.) Hartman) servit de base à la nouvelle combinaison nécessaire, × *Dactyloglossum mixtum* (Asch. & Graebner) Rauschert (1969).

H.11.2. L'épithète d'un nothotaxon infraspécifique dont les taxons parents, connus ou présumés, sont assignés à des taxons de rang supérieur différents peut être subordonné au nom d'un nothotaxon de ce rang supérieur (cf. Art. 24.1). Si ce nothotaxon de rang supérieur est une nothoespèce, le nom du nothotaxon subordonné est une combinaison de son épithète avec le nom nothospécifique (voir cependant la Rec. H.10B).

Ex. 3. Mentha × *piperita* L. nothosubsp. *piperita* (= *M. aquatica* L. × *M. spicata* L. subsp. *spicata*); *Mentha* × *piperita* nothosubsp. *pyramidalis* (= *M. aquatica* L. × *M. spicata* subsp. *tomentosa* (Briq.) R. Harley).

Article H.12

H.12.1. Des taxons subordonnés peuvent être reconnus au sein des nothotaxons de rang inférieur ou égal à l'espèce, sans obligation de préciser les taxons parents au rang subordonné. Dans ce cas, des catégories infraspécifiques non-hybrides de rang approprié sont utilisées.

Ex. 1. Mentha × *piperita* forma *hirsuta* Sole; *Populus* × *canadensis* var. *serotina* (Hartig) Rehder et *P.* × *canadensis* var. *marilandica* (Poiret) Rehder (voir également l'Art. H.4, Note 2).

Note 1. Comme il n'y a pas de mention des parents au rang concerné, on ne peut contrôler la circonscription à ce rang par ce biais (comparer l'Art. H.4).

Note 2. A un rang donné, il n'est pas possible de traiter les subdivisions de nothoespèces à la fois par les méthodes de l'Art. H.10 et de l'Art. 12.1.

H.12.2. Les noms publiés avec le rang de nothomorphe* sont traités comme s'ils avaient été publiés en tant que noms de variétés (cf. Art. 50).

APPENDICE II

Nomina familiarum conservanda, cf. pp. 249–269.

APPENDICE III

Nomina generica conservanda et rejicienda, cf. pp. 270–426.

APPENDICE IV

Nomina utique rejicienda, cf. p. 427.

---

* Dans les éditions précédentes du Code (1978, Art. H.10, et l'article équivalent des éditions antérieures), les dispositions correspondant à l'Art. H.12 ne permettaient qu'un seul rang. Ce rang équivalait à celui de variété et la catégorie était dénommée 'nothomorphe'.

GUIDE POUR LA DÉTERMINATION DES TYPES

Les indications qui suivent servent de guide pour la détermination ou le choix des types nomenclaturaux de taxons déjà publiés. Des renvois permettent de se référer aux articles du Code qui trouvent leur application dans ce guide.

T.1. Le choix fait par l'auteur d'un nom de taxon est définitif s'il a été exprimé au moment de la publication originale. Si un seul élément a été mentionné, cet élément doit toujours être accepté comme *holotype* (Art. 7, 9 et 10). Si un nom nouveau est fondé sur une description du taxon publiée antérieurement, les mêmes remarques s'appliquent aux spécimens cités par le premier auteur.

T.2. Un nom de remplacement (*nomen novum*) publié délibérément pour remplacer un nom ancien est typifié par le type du nom plus ancien (Art. 7.9).

T.3. On ne peut choisir un *lectotype* que si l'auteur n'a pas désigné d'holotype, ou, dans le cas d'une espèce ou d'une subdivision d'espèce, si le type a été perdu ou détruit (Art. 7.4).

T.4. Le choix d'un lectotype ne devrait être effectué qu'avec une parfaite connaissance du groupe en question. Lors du choix d'un lectotype, tous les aspects du protologue devraient être considérés comme un guide fondamental. Les méthodes mécaniques, telles que le choix automatique de la première espèce ou du premier spécimen cité, ou d'un spécimen récolté par la personne à laquelle l'espèce a été dédiée, sont à éviter; elles ne sont pas scientifiques et peuvent devenir source de confusion et entraîner de nouveaux changements (cf. Art. 8).

(a) Un lectotype doit être choisi parmi les éléments qui, sans aucun doute, ont été étudiés par l'auteur avant la publication du nom du taxon.

(b) En désignant le lectotype du nom d'une espèce ou d'un taxon infraspécifique, on donnera la préférence à un spécimen plutôt qu'à des citations de descriptions ou d'illustrations pré- ou postlinnéennes (cf. Art. 9.3).

(c) Si un holotype, désigné par l'auteur original, a été perdu ou détruit, un *isotype* (Art. 7.6), s'il en existe, doit être choisi comme lectotype. Si aucun holotype n'a été désigné par l'auteur original et s'il existe des *syntypes* (Art. 7.7), l'un d'entre eux doit être choisi comme lectotype. Si aucun holotype n'a été désigné par l'auteur original et s'il n'existe pas de syntype, le lectotype

doit être choisi parmi les doubles* des syntypes (*isosyntypes*), s'il en existe. S'il n'y a ni isotype, ni syntype, ni isosyntype, un *paratype***, s'il en existe, peut être choisi comme lectotype.

(d) En choisissant un lectotype, on devrait prendre d'abord en considération toutes les indications concernant les intentions de l'auteur, à moins qu'elles ne soient contraires au protologue. De telles indications sont, par exemple, des notes manuscrites, des annotations sur les feuilles d'herbier, des figures identifiables ou des épithètes telles que *typicus, genuinus, vulgaris, communis* etc.

(e) Dans les cas où deux ou plusieurs éléments hétérogènes étaient inclus dans la description originale, ou cités avec celle-ci, le lectotype devrait être choisi de façon à sauvegarder l'usage courant. En particulier, si un autre auteur a déjà attribué un ou plusieurs de ces éléments à d'autres taxons, le résidu ou une partie de ce dernier devrait être désigné comme lectotype, mais à condition qu'il soit bien conforme à la description ou diagnose originale. S'il peut être démontré que l'élément ainsi choisi est en conflit sérieux avec le protologue, le lectotype sera choisi parmi les éléments déjà attribués à un autre taxon.

(f) Le premier choix d'un lectotype doit être respecté par les auteurs ultérieurs (Art. 8), sauf si l'holotype est retrouvé ou si l'on peut démontrer que le choix était en conflit sérieux avec le protologue, ou qu'il était fondé sur une méthode de sélection essentiellement automatique (voir également l'Art. 9.2).

T.5. Un *néotype* ne peut être désigné que lorsque tout le matériel cité à l'origine et le matériel vu par l'auteur mais non cité, ainsi que ses doubles, sont présumés perdus ou détruits; on peut choisir un néotype parmi n'importe quel matériel qui ne soit pas du matériel original (Art. 7.8). Un soin particulier et une connaissance critique sont essentiels pour choisir un néotype, car l'auteur n'a généralement d'autre guide que sa propre faculté de discerner ce qui s'accorde le mieux avec le protologue. Si son choix est entaché d'erreur, de nouveaux changements seront inévitables. Le premier choix d'un néotype doit être respecté par les auteurs ultérieurs, sauf si le matériel original est retrouvé, en tout ou en partie ou si l'on avait négligé, lors du choix, de désigner un lectotype disponible ou bien si l'on peut démontrer que le choix était en conflit sérieux avec le protologue. Un lectotype prime toujours un néotype (Art. 7.4).

T.6. Le choix du lectotype du nom d'une espèce fossile devrait se porter si possible sur le spécimen qui a été figuré lors de la première publication valide du nom (Art. 7.15).

* 'Double' est pris ici dans le sens qu'on lui donne habituellement en technique d'herbier. C'est l'une des parts d'une seule récolte faite au même moment par un même collecteur. La possibilité d'un mélange ne doit cependant jamais être perdue de vue et des précautions adéquates doivent être prises par l'auteur choisissant un lectotype.

** Un paratype est un spécimen cité dans le protologue, mais qui ne représente ni un holotype ni un isotype ni un syntype. Dans la plupart des cas où aucun holotype n'a été désigné, il n'y aura pas non plus de paratypes puisque tous les spécimens cités seront des syntypes. Cependant lorsqu'un auteur a cité plusieurs spécimens comme types (Art. 7.5) les autres spécimens cités sont des paratypes et non des syntypes.

INTERNATIONALER CODE DER BOTANISCHEN NOMENKLATUR

PRÄAMBEL

1. Die Botanik verlangt ein einfaches, klares, von den Botanikern aller Länder befolgtes System der Nomenklatur, das sich einerseits mit den Fachausdrücken beschäftigt, die zur Bezeichnung der Rangstufen der taxonomischen Gruppen oder Einheiten verwendet werden, und andererseits mit den wissenschaftlichen Namen der einzelnen taxonomischen Pflanzengruppen. Diese Namen bezwekken nicht eine Aussage über die Merkmale oder die Geschichte einer taxonomischen Gruppe, sie sollen lediglich zu deren Bezeichnung dienen und ihre taxonomische Rangstufe anzeigen. Dieser Code soll feste Richtlinien geben für die Benennung taxonomischer Gruppen und für die Vermeidung und Verwerfung von Namen, die zu Irrtum oder Zweifel Anlaß geben oder die Wissenschaft in Verwirrung stürzen. Wichtig ist ferner das Vermeiden der unnützen Aufstellung von Namen. Sonstige Gesichtspunkte, wie völlige grammatische Korrektheit, Regelmäßigkeit oder Wohlklang der Namen, mehr oder weniger allgemein verbreiteter Gebrauch, Rücksicht auf Personen usw., sind trotz ihres unbestreitbaren Wertes von verhältnismäßig nebensächlicher Bedeutung.

2. Die Grundsätze (Prinzipien) bilden die Basis des Systems der botanischen Nomenklatur.

3. Die Bestimmungen gliedern sich in Regeln, die in den Artikeln dargelegt werden, und in Empfehlungen. Beispiele (Ex.) sind den Regeln und Empfehlungen beigefügt, um sie zu erläutern.

4. Den Regeln fällt die Aufgabe zu, einerseits in die Nomenklatur der Vergangenheit Ordnung zu bringen, andererseits der Nomenklatur der Zukunft den Weg zu weisen; Namen, die einer Regel widersprechen, können nicht beibehalten werden.

5. Die Empfehlungen befassen sich mit zusätzlichen Punkten und sollen besonders für die Zukunft mehr Gleichförmigkeit und Klarheit bringen. Namen, die einer Empfehlung widersprechen, können aus diesem Grunde nicht verworfen werden, sind aber nicht als Vorbilder anzusehen.

6. Die Bestimmungen, die die Änderung dieses Code regeln, bilden seinen letzten Teil.

162

7. Die Regeln und Empfehlungen gelten für alle Organismen, die als Pflanzen betrachtet werden (einschließlich der Pilze, aber mit Ausnahme der Bakterien), seien sie fossil* oder nichtfossil. Die Nomenklatur der Bakterien wird durch den 'International Code of Nomenclature of Bacteria' geregelt. Für gewisse Gruppen von Pflanzen sind besondere Bestimmungen notwendig: Der 'International Code of Nomenclature for Cultivated Plants–1980' wurde von der internationalen Kommission für die Nomenklatur der Kulturpflanzen angenommen; Bestimmungen für die Namen von Bastarden finden sich im Anhang I.

8. Die allein maßgeblichen Gründe, einen Namen zu ändern, sind entweder eine gründlichere Kenntnis der Tatsachen, die sich aus sachkundiger taxonomischer Forschung ergibt, oder die Notwendigkeit, eine regelwidrige Benennung aufzugeben.

9. Falls eine einschlägige Regel fehlt oder die Folgen einer Regel zweifelhaft sind, ist der vorherrschende Gebrauch maßgebend.

10. Diese Ausgabe des Code hebt alle früheren Ausgaben auf.

---

* In diesem Code wird der Ausdruck 'fossil' für ein Taxon verwendet, dessen Name auf einen fossilen Typus gegründet ist und der Ausdruck 'nichtfossil' für ein Taxon, dessen Name auf einen nichtfossilen Typus gegründet ist.

TEIL I. GRUNDSÄTZE

Grundsatz I

Die botanische Nomenklatur ist von der zoologischen Nomenklatur unabhängig.
Dieser Code gilt einheitlich für Namen taxonomischer Gruppen, die als Pflanzen behandelt werden, gleichgültig, ob diese Gruppen ursprünglich als solche betrachtet wurden oder nicht*.

Grundsatz II

Die Anwendung der Namen taxonomischer Gruppen wird mit Hilfe nomenklatorischer Typen geregelt.

Grundsatz III

Die Nomenklatur einer taxonomischen Gruppe beruht auf der Priorität der Veröffentlichung.

Grundsatz IV

Jede taxonomische Gruppe mit bestimmter Umgrenzung, Stellung und Rangstufe kann, außer in ausdrücklichen Sonderfällen, nur einen korrekten Namen tragen, nämlich den ältesten, der den Regeln entspricht.

Grundsatz V

Die wissenschaftlichen Namen taxonomischer Gruppen werden ungeachtet ihrer Ableitung wie lateinische Namen behandelt.

Grundsatz VI

Die Regeln der Nomenklatur haben rückwirkende Kraft, wenn nicht ausdrücklich eine Einschränkung gegeben ist.

* Im Sinne dieses Code schließen die 'Pflanzen' die Bakterien nicht ein.

164

TEIL II. REGELN UND EMPFEHLUNGEN

KAPITEL I. DIE RANGSTUFEN DER TAXA UND IHRE
BEZEICHNUNGSWEISE DURCH FACHAUSDRÜCKE

Artikel 1

1.1. Taxonomische Gruppen jeder beliebigen Rangstufe werden in diesem Code
als *Taxa* (Singular: *Taxon*) bezeichnet.

Artikel 2

2.1. Jede einzelne Pflanze wird als zu einer Anzahl von Taxa gehörig behandelt,
deren Rangstufen fortlaufend einander untergeordnet sind; unter diesen ist die
Rangstufe der Art (*species*) die Grundrangstufe.

Artikel 3

3.1. Die Hauptrangstufen der Taxa sind in aufsteigender Reihenfolge: Art
(*species*), Gattung (*genus*), Familie (*familia*), Ordnung (*ordo*), Klasse (*classis*),
Abteilung (*divisio*) und Reich (*regnum*). Mit Ausnahme einiger fossiler Pflanzen
(vgl. 3.2), kann somit jede Art einer Gattung zugewiesen werden, jede Gattung
einer Familie, usw.

3.2. Infolge der fragmentarischen Natur der Exemplare, auf denen die Arten
einiger fossiler Pflanzen basieren, können die Gattungen, denen sie zugewiesen
sind, nicht einer Familie zugeordnet werden, obwohl die Zuordnung zu einem
Taxon höheren Ranges möglich sein kann. Solche Gattungen werden Formgattungen (*forma-genera*) genannt.

Ex. 1. Nicht Formgattungen: *Lepidocarpon* D. Scott (*Lepidocarpaceae*), *Mazocarpon* M. Benson
(*Sigillariaceae*), *Siltaria* Traverse (*Fagaceae*).

Ex. 2. Formgattungen: *Dadoxylon* Endl. (Coniferopsida), *Pecopteris* (Brongn.) Sternb. (Pteropsida), *Stigmaria* Brongn. (Lepidodendrales), *Spermatites* Miner (Samenpflanzen).

Anm. 1. Bezüglich der Bezeichnungen für die Rangstufen der Bastard-Taxa vgl. Art. H.3.1.

Anm. 2. Art. 59 sieht für asexuelle Formen (Anamorphen) gewisser pleomorpher Pilze Formtaxa
jeden Ranges vor.

3.3. Wie im Falle gewisser pleomorpher Pilze verhindern die Bestimmungen
dieses Code nicht die Veröffentlichung und den Gebrauch der Namen von
Formgattungen fossiler Pflanzen.

Artikel 4

4.1. Ist eine größere Zahl von Rangstufen der Taxa erforderlich, so bildet man ihre Bezeichnungen entweder durch Vorsetzen des Wortes Unter- (*sub-*) vor die Bezeichnungen für die Rangstufen, oder man führt zusätzliche Bezeichnungen ein. Eine Pflanze kann den Taxa folgender einander untergeordneter Rangstufen zugewiesen werden: *regnum, subregnum, divisio, subdivisio, classis, subclassis, ordo, subordo, familia, subfamilia, tribus, subtribus, genus, subgenus, sectio, subsectio, series, subseries, species, subspecies, varietas, subvarietas, forma, subforma.*

4.2. Weitere zusätzliche Rangstufen können eingeschaltet oder hinzugefügt werden, sofern dadurch weder Verwirrung noch Irrtum entsteht.

Anm. 1. Bezüglich der Bastarde und bestimmter Kultursorten vgl. Anhang I and Art. 28.

Anm. 2. Beim Klassifizieren von Parasiten, besonders von parasitischen Pilzen, können die Autoren, die lediglich nach physiologischen Gesichtspunkten gekennzeichneten, aber morphologisch nur wenig oder gar nicht unterscheidbaren Taxa keinen Art-, Unterart- oder Varietät-Wert zuerkennen, innerhalb der Art Spezialformen (*formae speciales*) unterscheiden, die durch Anpassung an verschiedene Wirte charakterisiert sind; jedoch soll die Nomenklatur der Spezialformen nicht durch die Bestimmungen dieses Code geregelt werden.

Artikel 5

5.1. Die Reihenfolge der in Art. 3 und 4 aufgeführten Rangstufen darf nicht geändert werden.

KAPITEL II. NAMEN DER TAXA (ALLGEMEINE BESTIMMUNGEN)

ABSCHNITT 1. DEFINITIONEN

Artikel 6

6.1. Wirksam ist eine Veröffentlichung, die die Bedingungen der Artikel 29–31 erfüllt.

6.2. Gültig ist eine Veröffentlichung von Namen, die die Bedingungen der Artikel 32–45 oder H.9 erfüllt (vgl. auch Art. 75).

6.3. Legitim (regelgemäß) sind Namen, welche den Regeln entsprechen.

6.4. Illegitime Namen sind Namen, welche in den Artikeln 18.3 oder 63–67 als solche bezeichnet werden (vgl. auch Art. 21, Anm. 1 und Art. 24, Anm. 1). Ein Name, der diesem Code gemäß bei seiner Veröffentlichung illegitim war, kann später nicht legitim werden, außer durch Konservierung.

6.5. Der korrekte Name eines Taxons mit bestimmter Umgrenzung, Stellung und Rangstufe ist der legitime Name, der nach den Regeln für dieses Taxon angenommen werden muß (vgl. Art. 11).

Ex. 1. Der Gattungsname *Vexillifera* Ducke (1922), der auf die einzige Art *V. micranthera* gegründet ist, ist legitim, da er den Regeln entspricht. Dasselbe gilt für den Gattungsnamen *Dussia* Krug & Urban ex Taubert (1892), der auf die einzige Art *D. martinicensis* gegründet ist. Beide Gattungsnamen sind, wenn man die Gattungen als voneinander verschieden ansieht, korrekt. Harms (Repert. Spec. Nov. Regni Veg. 19: 291. 1924) jedoch vereinigte *Vexillifera* Ducke und *Dussia* Krug & Urban ex Taubert zu einer Gattung; schließt man sich diesem Vorgehen an, so ist der letztgenannte Name für diese Gattung mit dieser bestimmten Umgrenzung allein korrekt. Der legitime Name *Vexillifera* kann also je nach der verschiedenen Fassung der Taxa korrekt oder inkorrekt sein.

6.6. In diesem Code bezeichnet das Wort 'Name', wenn nicht anders angegeben, einen gültig veröffentlichten Namen, gleichgültig, ob er legitim oder illegitim ist (vgl. Art. 12).

6.7. Der Name eines Taxons unterhalb der Rangstufe der Gattung, der aus einem Gattungsnamen in Verbindung mit einem oder zwei Epitheta besteht, wird als Kombination bezeichnet (vgl. Art. 21, 23 und 24).

Ex. 2. Kombinationen: *Gentiana lutea*, *Gentiana tenella* var. *occidentalis*, *Equisetum palustre* var. *americanum*, *Equisetum palustre* f. *fluitans*, *Mouriri* subg. *Pericrene*, *Arytera* sect. *Mischarytera*.

6.8. Autonyme sind diejenigen Namen, die den Artikeln 19.4, 22.2 und 26.2 entsprechend automatisch eingeführt werden können, gleichgültig, ob sie ausdrücklich geschaffen wurden oder nicht.

ABSCHNITT 2. TYPISIERUNG*

Artikel 7

7.1. Die Anwendung der Namen von Taxa auf der Rangstufe der Familie oder darunter wird mittels nomenklatorischer Typen (Typen der Namen von Taxa) geregelt. Die Anwendung der Namen von Taxa höherer Rangstufen ist ebenfalls durch Typen festgelegt, wenn diese Namen letztlich auf Gattungsnamen beruhen (vgl. Art. 10.5).

7.2. Ein nomenklatorischer Typus (*typus*) ist dasjenige Element, woran der Name eines Taxons (korrekter Name oder Synonym) dauernd geknüpft ist. Der nomenklatorische Typus braucht nicht der typischste oder repräsentativste Bestandteil eines Taxons zu sein.

7.3. Der Holotypus ist dasjenige Exemplar oder sonstige Element, das der Autor als nomenklatorischen Typus benutzt oder bezeichnet hat. Solange ein Holotypus vorhanden ist, ist durch ihn die Anwendung des betreffenden Namens automatisch festgelegt.

7.4. Wenn vom Autor bei der Beschreibung eines Taxons kein Holotypus angegeben worden oder wenn der Holotypus verlorengegangen oder vernichtet worden ist, so kann als Ersatz für diesen ein Lectotypus oder ein Neotypus bezeichnet werden. Ein Lectotypus hat stets den Vorrang vor einem Neotypus. Ein Isotypus muß, falls ein solcher vorhanden ist, als der Lectotypus gewählt werden. Ist kein Isotypus vorhanden, so muß ein Syntypus, falls vorhanden, als Lectotypus gewählt werden. Ist weder ein Isotypus noch ein Syntypus noch irgend ein Teil des Originalmaterials vorhanden, so kann ein Neotypus bezeichnet werden.

7.5. Der Lectotypus ist ein Exemplar oder sonstiges Element, das aus dem Originalmaterial ausgewählt wird, um als nomenklatorischer Typus zu dienen, wenn der Holotypus bei der Veröffentlichung nicht angegeben wurde oder solange er nicht auffindbar ist. Wenn zwei oder mehr Exemplare vom Autor eines Artnamens oder infraspezifischen Namens als Typus bezeichnet worden sind (z.B. männliches und weibliches, blühendes und fruchtendes Exemplar usw.), so muß eines von diesen als Lectotypus gewählt werden.

7.6. Ein Isotypus ist jede Dublette (Teil einer einzelnen von einem Sammler zur gleichen Zeit gemachten Aufsammlung) des Holotypus; er ist stets ein Exemplar.

* Vgl. auch die Anleitung für die Bestimmung der Typen (S. 246).

7.7. Ein Syntypus ist jedes von zwei oder mehr von einem Autor, der keinen Holotypus bezeichnet, aufgeführten oder von ihm gleichzeitig als Typen bezeichneten Exemplare.

7.8. Der Neotypus ist ein Exemplar oder sonstiges Element, das als nomenklatorischer Typus gewählt wird, solange das gesamte Material, auf das der Name des Taxons gegründet wurde, nicht auffindbar ist.

7.9. Ein neuer Name, der als ausdrücklicher Ersatz (*nomen novum*) für einen älteren Namen veröffentlicht wird, ist durch den Typus des älteren Namens typisiert (vgl. Art. 33.2, aber auch Art. 33, Anm. 1).

Ex. 1. *Myrcia lucida* McVaugh (1969) wurde als nomen novum für *M. laevis* O. Berg (1862), ein illegitimes Homonym von *M. laevis* G. Don (1832), veröffentlicht. Der Typus von *M. lucida* ist der Typus von *M. laevis* O. Berg (non G. Don): Spruce 3502.

7.10. Ein neuer Name, der ausgehend von einem früher veröffentlichten legitimen Namen gebildet wird (*stat. nov.*, *comb. nov.*), ist unter allen Umständen durch den Typus des Basionyms typisiert (vgl. Art. 55.2).

Ex. 2. *Iridaea splendens* (Setch. & Gardner) Papenf., *I. cordata* var. *splendens* (Setch. & Gardner) Abbott und *Gigartina cordata* var. *splendens* (Setch. & Gardner) Kim haben alle den gleichen Typus wie ihre Basionym *Iridophycus splendens* Setch. & Gardner, nämlich Gardner 7781 (UC 539565).

7.11. Ein bei der Veröffentlichung nomenklatorisch überflüssiger Name (vgl. Art. 63) ist automatisch durch den Typus des Namens typisiert, der nach den Regeln hätte angenommen werden müssen, falls nicht der Autor des überflüssigen Namens ausdrücklich einen anderen Typus angegeben hat.

7.12. Der Typus des Namens eines Taxons, das einer Gruppe zugewiesen ist, deren nomenklatorischer Ausgangspunkt nach 1753 liegt (vgl. Art. 13), muß in Übereinstimmung mit der Beschreibung und anderen Hinweisen, welche die gültige Veröffentlichung (vgl. Art. 32–45) begleiten, festgelegt werden.

7.13. Ist die gültige Veröffentlichung eines Namens durch Hinweis auf eine vor dem nomenklatorischen Ausgangspunkt publizierte Beschreibung erfolgt, so muß diese Beschreibung bei der Typisierung verwendet werden, als wäre sie erneut veröffentlicht.

7.14. Eine Änderung des Typus eines geschützten Gattungsnamens (vgl. Art. 14 und Anhang III) kann nur durch ein Verfahren erwirkt werden, wie es für die Konservierung von Gattungsnamen vorgesehen ist.

Ex. 3. Bullock und Killick veröffentlichten in Taxon (6: 239. 1957) den Vorschlag, den Typus von *Plectranthus* L'Hér. von *P. punctatus* (L. f.) L'Hér. in *P. fruticosus* L'Hér. zu ändern. Dieser Vorschlag wurde von den zuständigen Ausschüssen und einem Internationalen Botanischen Kongreß angenommen.

7.15. Der Typus des Namens eines Taxons fossiler Pflanzen auf der Rangstufe

der Art oder darunter ist das Exemplar, dessen Abbildung die gültige Veröffentlichung des Namens begleitet oder in ihr zitiert ist (vgl. Art. 38). Wurde bei der
gültigen Veröffentlichung des Namens mehr als ein Exemplar abgebildet oder
wurden mehrere Abbildungen zitiert, so muß eines der abgebildeten Exemplare
als Typus gewählt werden.

7.16. Das Vorgehen bei der Typisierung der Namen von Formgattungen von
Pflanzenfossilien (Art. 3.2), pilzlichen Anamorphen (Art. 59) und anderen ana-
logen Gattungen oder Taxa niedrigerer Rangstufe unterscheidet sich nicht vom
weiter oben angegebenen.

Anm. 1. Bezüglich Einzelheiten zur Typisierung der Namen gewisser pleomorpher Pilze siehe auch
Art. 59.

7.17. Die Typisierung von Namen, die in einem der in Art. 13.1(d) aufgeführten
Werke angenommen und dadurch sanktioniert sind, beruht auf allem, was in
diesem Werk mit den Namen verknüpft ist.

7.18. Der Typus eines Autonyms ist derselbe wie der des Namens, von dem es
abgegleitet ist.

Empfehlung 7A

7A.1. Es wird nachdrücklich empfohlen, das Material, worauf sich der Name eines Taxons gründet,
insbesondere den Holotypus, in einem dauerhaften, verantwortungsbewußten Institut niederzulegen
und gewissenhaft aufzubewahren.

Artikel 8

8.1. Dem Autor, der zuerst einen Lectotypus oder Neotypus bezeichnet, muß
gefolgt werden; seine Wahl wird jedoch nichtig, wenn der Holotypus oder, im
Falle eines Neotypus, irgend ein Teil des Originalmaterials wiedergefunden wird.
Die Wahl gilt auch als nichtig, wenn nachgewiesen werden kann, daß sie in
schwerwiegendem Gegensatz zum Protolog* steht und ein anderes Element
vorhanden ist, das nicht im Gegensatz zum Protolog steht, daß sie auf einer
weitgehend mechanischen Auswahlmethode beruhte, oder daß sie Art. 9.2 zuwi-
derläuft.

Ex. 1. Autoren, die Kanon 15 des 'American Code of Botanical Nomenclature' (Bull. Torrey Bot.
Club 34: 172. 1907) befolgten, bezeichneten 'die der Reihenfolge nach erste binomische Art' als
Typus, die unter bestimmten Bedingungen dafür in Frage kam. Dies gilt als eine weitgehend
mechanische Auswahlmethode. Die Lectotypisierung von *Elymus* L. durch *E. arenarius* L. (Nash in
Britton & Brown, Ill. Fl. N. U.S. ed. 2, 1: 288. 1913), die erste von Linné aufgeführte Art, ist deshalb
nichtig und wurde durch die Wahl von *E. sibiricus* L. durch Hitchcock & Green (Nomencl. Prop.
Brit. Botanists 121. 1929) ersetzt.

* Protolog (von πρωτος λογος, erste Rede): alles, was mit dem Namen bei seiner ersten Veröffentlichung verbunden ist, d.h. Diagnose, Beschreibung, Abbildungen, Hinweise, Synonymie, geographi-
sche Angaben, Belegzitate, Erörterungen und Bemerkungen.

Artikel 9

9.1. Der Typus (Holotypus, Lectotypus oder Neotypus) des Namens einer Art oder eines infraspezifischen Taxons ist ein einzelnes Exemplar oder sonstiges Element, mit folgender Ausnahme: Bei kleinen krautigen Pflanzen und bei den meisten Nicht-Gefäßpflanzen kann der Typus aus mehreren Individuen bestehen, die zusammen auf einem Herbarbogen oder in einem entsprechenden Präparat (z.B. Kapsel, Schachtel, Flasche, mikroskopisches Präparat) dauernd aufzubewahren sind.

9.2. Sollte es sich später erweisen, daß ein derartiger Typus-Herbarbogen oder ein derartiges Typus-Präparat Teile umfaßt, die zu mehr als einem Taxon gehören, so muß der Name an den Teil (Lectotypus) gebunden bleiben, der mit der Originalbeschreibung am genauesten übereinstimmt.

Ex. 1. Der Holotypus des Namens der polygamen Art *Rheedia kappleri* Eyma ist ein männliches Exemplar, das von Kappler (593a, in U) gesammelt wurde. Der Autor bezeichnete ein vom Forstdienst von Surinam gesammeltes zwittriges Exemplar als Paratypus* (B.W. 1618, in U).

Ex. 2. Der Typus des Namens *Tillandsia bryoides* Griseb. ex Baker (1878) ist Lorentz 128 in BM. Diese Aufsammlung erwies sich jedoch als Mischbeleg. L. B. Smith (Proc. Amer. Acad. Arts 70: 192. 1935) verfuhr entsprechend dieser Regel, als er einen Teil davon als Lectotypus bezeichnete.

9.3. Falls es unmöglich ist, ein Exemplar als Typus des Namens einer Art oder eines infraspezifischen Taxons nichtfossiler Pflanzen zu konservieren, oder wenn ein derartiger Name ohne Typusexemplar ist, kann eine Beschreibung oder Abbildung als Typus dienen.

9.4. Ein ganzes Exemplar, das bei der Aufstellung eines Taxons fossiler Pflanzen gebraucht wurde, ist als nomenklatorischer Typus zu betrachten. Wird dieses Exemplar in Stücke zerlegt (Dünnschliffe fossiler Hölzer, Stücke von Coal-Ball-Pflanzen usw.), so sind alle ursprünglich bei der Aufstellung der Diagnose gebrauchten Teile deutlich zu kennzeichnen.

9.5. Typusexemplare der Namen von Taxa müssen dauerhaft konserviert werden und dürfen nicht lebende Pflanzen oder Kulturen sein.

Empfehlung 9A

9A.1. Von dem Holotypus-Material des Namens eines neu beschriebenen Taxons von Pilzen oder Algen sollte, wenn immer möglich, eine Kultur angelegt und einer angesehenen Kulturen-Sammlung übergeben werden. (Ein solches Vorgehen entbindet jedoch nicht von der zwingenden Vorschrift eines Holotypus-Exemplares gemäß Art. 9.5.)

Artikel 10

10.1. Der Typus des Namens einer Gattung oder einer Gattungs-Unterabteilung** ist der Typus eines Artnamens (vorbehaltlich Art. 10.3). Für die Bezeich-

---

* Vgl. Anleitung für die Bestimmung der Typen, T.4(c).
** In diesem Code bezieht sich hier wie anderwärts der Ausdruck 'Gattungs-Unterabteilung' nur auf Taxa, die im Rang zwischen Gattung und Art stehen.

nung und das Zitieren eines Typus ist der Artname allein ausreichend, d.h. er wird als vollwertiges Äquivalent seines Typus betrachtet.

10.2. Wenn im Protolog eines Gattungsnamens der Hinweis auf einen oder mehrere Artnamen ausdrücklich enthalten ist, so muß sein Typus aus den Typen dieser Namen ausgewählt werden. Fehlt ein ausdrücklicher Hinweis auf einen Artnamen, so muß der Typus anderweitig gewählt werden. Eine solche Typisierung ist nichtig, wenn nachgewiesen werden kann, daß der ausgewählte Typus mit keinem Teil des mit dem Protolog verknüpften Materials konspezifisch ist.

10.3. Durch Konservierung kann der Typus eines Gattungsnamens ein Exemplar sein, das der Autor bei der Anfertigung des Protologs benutzte, auch wenn es nicht Typus des Namens einer eingeschlossenen Art ist.

10.4. Der Typus des Namens einer Familie oder der Unterabteilung einer Familie* ist derselbe wie der des Gattungsnamens, von dem er abgeleitet is (vgl. Art. 18.1). Für die Bezeichnung und das Zitieren eines Typus ist der Gattungsname allein ausreichend. Der Typus des Namens einer Familie oder Unterfamilie, der nicht von einem Gattungsnamen abgeleitet ist, ist derselbe wie der des entsprechenden Alternativnamens (Art. 18.5 und 19.7).

10.5. Der Grundsatz der Typisierung findet auf Namen von Taxa höherer Rangstufe als der Familie keine Anwendung, mit Ausnahme der Namen, die automatisch typisiert sind, weil sie sich von Gattungsnamen ableiten (vgl. Art. 16). Der Typus eines solchen Namens ist derselbe wie der des Gattungsnamens, von dem er sich ableitet.

Anm. 1. Wegen der Typisierung einiger Namen von Gattungs-Unterabteilungen vgl. Art. 22.

Empfehlung 10A

10A.1. Wenn das nach Art. 10.3 ausgewählte Element der Typus eines Artnamens ist, so kann dieser Artname als Typus des Gattungsnamens zitiert werden. Ist das ausgewählte Element nicht Typus eines Artnamens, sollte das Typuselement zitiert werden; falls erwünscht, kann sein korrekter Name in Klammern beigefügt werden.

ABSCHNITT 3. PRIORITÄT

Artikel 11

11.1. Jede Familie oder jedes Taxon niedrigeren Ranges mit bestimmter Umgrenzung, Stellung und Rangstufe hat nur einen einzigen korrekten Namen; besondere Ausnahmen werden bei 9 Familien und 1 Unterfamilie gemacht, für die Alternativnamen zulässig sind (vgl. Art. 18.5 und 19.7). Der Gebrauch selbständiger Namen für pilzliche Formtaxa und Formgattungen fossiler Pflanzen ist jedoch nach Art. 3.3 und 59.5 zulässig.

* In diesem Code bezieht sich hier wie anderwärts der Ausdruck 'Unterabteilung einer Familie' nur auf Taxa, die im Rang zwischen Familie und Gattung stehen.

11.2. Für jedes Taxon von der Familie bis zur Gattung einschließlich ist der korrekte Name der älteste legitime auf derselben Rangstufe; ausgenommen sind Fälle der Prioritätsbeschränkung durchKonservierung (vgl. Art. 14) oder durch Anwendung von Art. 13.1(d), 19.3, 58 oder 59.

11.3. Für jedes Taxon unterhalb der Gattung ist der korrekte Name die Kombination des letzten Epithetons* des ältesten legitimen Namens des Taxons im selben Rang mit dem korrekten Namen der Gattung oder der Art, der das Taxon zugeordnet wird, ausgenommen *(a)* wenn Fälle von Prioritätsbeschränkung nach Art. 13.1(d) und 14 vorliegen, *(b)* wenn die sich ergebende Kombination nach Art. 32.1(b) ungültig oder nach Art. 64 illegitim ist, oder *(c)* wenn Art. 22.1, 26.1, 58 oder 59 vorschreiben, daß eine andere Kombination verwendet werden muß.

11.4. Die Anwendung des Prioritätsprinzips ist für Namen von Taxa höheren Ranges als der Familie nicht obligatorisch (vgl. jedoch Empf. 16B).

Artikel 12

12.1. Der Name eines Taxons hat nach diesem Code keinen Bestand, solange er nicht gültig veröffentlicht ist (vgl. Art. 32–45).

ABSCHNITT 4. EINSCHRÄNKUNG DES GRUNDSATZES DER PRIORITÄT

Artikel 13

13.1. Als Ausgangspunkte gültiger Veröffentlichung von Namen für Pflanzen der verschiedenen Gruppen werden folgende Daten anerkannt (für jede Gruppe wird ein Werk angeführt, das an dem Datum, das für die jeweilige Gruppe genannt ist, für veröffentlicht gilt):

Nichtfossile Pflanzen:
(a) SPERMATOPHYTA und PTERIDOPHYTA, 1. Mai 1753 (Linnaeus, Species Plantarum ed. 1).
(b) MUSCI (mit Ausnahme der Sphagnaceae), 1. Jan. 1801 (Hedwig, Species Muscorum).
(c) SPHAGNACEAE und HEPATICAE, 1. Mai 1753 (Linnaeus, Species Plantarum ed. 1).
(d) FUNGI (einschließlich Myxomycetes und flechtenbildende Pilze), 1. Mai 1753 (Linnaeus, Species Plantarum ed. 1). Namen von Uredinales, Ustilaginales und Gasteromycetes, die von Persoon (Synopsis Methodica Fungorum, 31.

---

* In diesem Code wird hier und anderwärts der Ausdruck 'letztes Epitheton' für das in der Reihenfolge letzte Epitheton jeder beliebigen Kombination (Name einer Gattungs-Unterabteilung, einer Art oder eines infraspezifischen Taxons) verwendet.

Dez. 1801) angenommen wurden sowie Namen von Fungi Caeteri (ausgenommen Myxomycetes und flechtenbildende Pilze), die von Fries (Systema
Mycologicum, Bd. 1 (1. Jan. 1821) bis 3 und Elenchus Fungorum, Bd. 1–2)
angenommen wurden, sind sanktioniert, d. h. sie werden so behandelt, als
wären sie gegenüber älteren Homonymen und konkurrierenden Synonymen
geschützt. Den Flechten gegebene Namen werden nomenklatorisch auf ihre
Pilzkomponente bezogen.

(e) ALGAE, 1. Mai 1753 (Linnaeus, Species Plantarum ed. 1). Ausnahmen:
NOSTOCACEAE HOMOCYSTEAE, 1. Jan. 1892 (Gomont, Monographie des Oscillariées, Ann. Sci. Nat. Bot. ser. 7, 15: 263–368; 16: 91–264). Die beiden Teile
der 'Monographie' von Gomont, die 1892 bzw. 1893 erschienen, gelten als
gleichzeitig am 1. Jan. 1892 veröffentlicht.

NOSTOCACEAE HETEROCYSTEAE, 1. Jan. 1886 (Bornet & Flahault, Révision des
Nostocacées hétérocystées, Ann. Sci. Nat. Bot. ser. 7, 3: 323–381; 4: 343–373;
5: 51–129; 7: 177–262). Die vier Teile der 'Révision', die 1886, 1886, 1887 und
1888 erschienen, gelten als gleichzeitig am 1. Jan. 1886 veröffentlicht.

DESMIDIACEAE, 1. Jan. 1848 (Ralfs, British Desmidieae).

OEDOGONIACEAE, 1. Jan. 1900 (Hirn, Monographie und Iconographie der
Oedogoniaceen, Acta. Soc. Sci. Fenn. 27(1)).

Fossile Pflanzen:

(f) ALLE GRUPPEN, 31. Dez. 1820 (Sternberg, Flora der Vorwelt, Versuch 1:
1–24. *t. 1–13*). Schlotheim, Petrefactenkunde, 1820, gilt als vor dem 31. Dez.
1820 veröffentlicht.

13.2. Die Gruppe, zu der ein Name gehört, wird im Sinne dieses Artikels durch
die angenommene taxonomische Stellung des Typus des Namens bestimmt.

Ex. 1. Die Gattung *Porella* und ihre einzige Art *P. pinnata* wurde von Linné (1753) den Musci
zugeordnet; vorausgesetzt, daß das Typus-Exemplar zur den Hepaticae gehört, wurden die Namen
1753 gültig veröffentlicht.

Ex. 2. Der Lectotypus von *Lycopodium* L. (1753) ist *L. clavatum* L. (1753), dessen Typusexemplar
allgemein als Pteridophyt anerkannt wird. Folglich waren der Gattungsname und die Namen der
Pteridophyten-Arten, die Linné in diese Gattung einschloß, 1753 gültig veröffentlicht, obwohl die
Gattung von Linné unter den Musci aufgeführt wird.

13.3. Ein Name gilt nomenklatorisch als zu einem nichtfossilen Taxon gehörig,
es sei denn, sein Typus ist fossilen Ursprungs. Fossiles Material wird von
nichtfossilem Material durch die stratigraphischen Verhältnisse am Ort des
ursprünglichen Vorkommens unterschieden. Falls die stratigraphischen Verhältnisse unklar sind, gelten die Bestimmungen für nichtfossile Taxa.

13.4. Gattungsnamen, die in Linnés Species Plantarum (ed. 1, 1753, und ed. 2,
1762–1763) erstmalig auftreten, werden mit der ersten darauffolgenden Beschreibung in Zusammenhang gebracht, die unter diesen Namen in Linnés
Genera Plantarum (ed. 5, 1754, und ed. 6, 1764) gegeben werden (vgl. Art. 41).

Die Schreibweise der in den Species Plantarum (ed. 1) enthaltenen Gattungsnamen darf auch dann nicht geändert werden, wenn in den Genera Plantarum (ed. 5) eine abweichende Schreibweise verwendet wurde.

13.5. Die beiden Bände von Linnés Species Plantarum (ed. 1, 1753), die im Mai bzw. im August 1753 erschienen, gelten als gleichzeitig am 1. Mai 1753 veröffentlicht.

Ex. 3. Die Gattungsnamen *Thea* L. Sp. Pl. 515 (Mai 1753) und *Camellia* L. Sp. Pl. 698 (Aug. 1753), Gen. Pl. ed. 5. 311 (1754) gelten als gleichzeitig im Mai 1753 veröffentlicht. Da Sweet (Hort. Suburb. Lond. 157. 1818), der als erster die beiden Gattungen vereinigte, den Namen *Camellia* wählte und *Thea* als Synonym anführte, trägt die erweiterte Gattung gemäß Art. 57 den Namen *Camellia*.

13.6. Ungeachtet der Priorität beeinflussen die Namen der Anamorphen von Pilzen mit pleomorphem Entwicklungszyklus nicht den nomenklatorischen Status der Namen der entsprechenden Holomorphen (vgl. Art. 59.4).

Artikel 14

14.1. Um nachteilige Veränderungen in der Nomenklatur von Familien, Gattungen und Arten zu vermeiden, die sich aus einer strengen Anwendung der Regeln – besonders des Grundsatzes der Priorität von den in Art. 13 als Ausgangspunkte gegebenen Daten aus – ergeben, bringt dieser Code in Anhang II und III Listen der Namen, die geschützt (konserviert) sind und als zweckmäßige Ausnahmen beibehalten werden müssen (*nomina conservanda*).

14.2. Mit der Konservierung wird die Beibehaltung derjenigen Namen bezweckt, die am besten der Beständigkeit der Nomenklatur dienen (vgl. Empf. 50E). Die Konservierung von Artnamen ist auf Fälle von Arten mit größerer wirtschaftlicher Bedeutung beschränkt.

14.3. Die Anwendung sowohl der geschützten als auch der verworfenen Namen wird durch nomenklatorische Typen geregelt.

14.4. Ein geschützter Familien- oder Gattungsname ist gegenüber allen Namen derselben Rangstufe, die denselben Typus haben (nomenklatorischen Synonymen, die zu verwerfen sind), geschützt, gleichgültig ob diese in der entsprechenden Liste verworfener Namen stehen oder nicht, und gegenüber denjenigen auf andere Typen gegründeten Namen (taxonomischen Synonymen), die in dieser Liste stehen*. Ein geschützter Artname ist gegenüber allen als verworfen aufgeführten Namen geschützt sowie gegenüber allen Kombinationen, die auf den verworfenen Namen beruhen.

14.5. Wenn ein geschützter Name zu einem oder mehreren anderen, heterotypischen Namen in Konkurrenz tritt, gegenüber denen er nicht ausdrücklich ge-

---

* Der 'International Code of Zoological Nomenclature' und der 'International Code of Nomenclature of Bacteria' verwenden die Termini 'objective synonym' und 'subjective synonym' anstelle von nomenklatorischem bzw. taxonomischem Synonym.

schützt ist, so wird der älteste der in Betracht kommenden Namen in Übereinstimmung mit Art. 57.1 angenommen. Eine Ausnahme bilden die Familiennamen im Anhang II, die auch gegenüber nicht aufgeführten Namen geschützt sind.

Ex. 1. Wird die Gattung *Weihea* Sprengel (1825) mit *Cassipourea* Aublet (1775) vereinigt, so muß die erweiterte Gattung den älteren Namen *Cassipourea* führen, obgleich der Name *Weihea* geschützt ist, *Cassipourea* aber nicht.

Ex. 2. Wird *Mahonia* Nutt. (1818) mit *Berberis* L. (1753) vereinigt, so trägt die erweiterte Gattung den älteren Namen *Berberis*, obwohl der Name *Mahonia* geschützt ist.

Ex. 3. Nasturtium R. Br. (1812) wurde nur gegenüber dem Homonym *Nasturtium* Miller (1754) und dem nomenklatorischen Synonym *Cardaminum* Moench (1794) geschützt; wird diese Gattung wieder mit *Rorippa* Scop. (1760) vereinigt, muß sie deshalb *Rorippa* heißen.

14.6. Wenn ein Name einem älteren, auf einen anderen Typus gegründeten Namen gegenüber geschützt worden ist, so muß letzterer gemäß Art. 11 wieder aufgenommen werden, wenn man ihn als den Namen eines Taxons gleicher Rangstufe ansieht, das von demjenigen verschieden ist, dessen Name ein nomen conservandum ist, es sei denn, er ist ein Homonym des konservierten Namens.

Ex. 4. Der Gattungsname *Luzuriaga* Ruiz & Pavón (1802) ist gegenüber den älteren Namen *Enargea* Banks & Sol. ex Gaertner (1788) und *Callixene* Comm. ex. A. L. Juss. (1789) geschützt. Wird jedoch *Enargea* Banks & Sol. ex Gaertner als selbständige Gattung angesehen, muß sie *Enargea* heißen.

14.7. Ein verworfener Name oder eine auf einem verworfenen Namen beruhende Kombination darf nicht für ein Taxon wieder aufgenommen werden, das den Typus des entsprechenden geschützten Namens einschließt.

Ex. 5. Enallagma Baillon (1888) ist gegenüber *Dendrosicus* Raf. (1838) geschützt, aber nicht gegenüber *Amphitecna* Miers (1868); werden *Enallagma* und *Amphitecna* vereinigt, so muß die erweiterte Gattung *Amphitecna* heißen, obwohl dieser Name nicht ausdrüklich gegenüber *Dendrosicus* geschützt ist.

14.8. Ein Name kann mit einem anderen als dem von seinem Autor bezeichneten oder gemäß diesem Code festgelegten Typus geschützt werden (vgl. Art. 10.3). Ein Name mit einem so geschützen Typus (*typ. cons.*) ist auch dann legitim, wenn er sonst nach Art. 63 illegitim wäre. Ist ein Name mit einem anderen als dem ursprünglichen Typus geschützt, ist es der Autor des Namens, so wie er konserviert wurde, mit seinem neuen Typus, der zitiert werden muß.

Ex. 6. Bulbostylis Kunth (1837), nom. cons. (non *Bulbostylis* Steven 1817). Dieser Name darf nicht als *Bulbostylis* Steven emend. Kunth zitiert werden, da der geschützte Typus nicht in *Bulbostylis* Steven (1817) enthalten ist.

14.9. Ein geschützter Name und die entsprechenden Autonyme sind gegenüber allen älteren Homonymen geschützt.

Ex.7. Der gegenüber *Damapana* Adanson (1763) geschützte Gattungsname *Smithia* Aiton (1789) ist automatisch auch gegenüber dem älteren homonym *Smithia* Scop. (1777) geschützt.

14.10. Ein Name kann geschützt werden, um eine besondere Schreibweise beizubehalten. Ein so geschützter Name ist ohne Änderung der Priorität dem Autor zuzuschreiben, der ihn gültig veröffentlichte, nicht dem Autor, dessen Schreibweise geschützt wird.

Ex. 8. Die von Montagne (1839) benutzte Schreibweise *Rhodymenia* wurde gegenüber der ursprünglichen Schreibweise bei Greville (1830), *Rhodomenia*, geschützt. Der Name muß als *Rhodymenia* Grev. (1830) zitiert werden.

14.11. Die Listen geschützter Namen können ständig ergänzt und geändert werden. Ein als geschützt eingetragener Name kann jedoch nicht gestrichen werden. Jedem Vorschlag für einen hinzuzufügenden Namen is eine detaillierte Darlegung der Gründe für und wider die Konservierung beizugeben. Solche Vorschläge sind dem Allgemeinen Ausschuß (vgl. Teil III) zu unterbreiten, der sie den Ausschüssen für die verschiedenen taxonomischen Gruppen zur Prüfung vorlegt.

Artikel 15

15.1. Hat der Allgemeine Ausschuß den Vorschlag zur Konservierung (oder Verwerfung nach Art. 69) eines Namens nach Prüfung durch den für die betreffende Gruppe zuständigen Aussschuß angenommen, so ist die Beibehaltung (oder Verwerfung) dieses Namens zulässig bis zur endgültigen Entscheidung durch einen späteren internationalen botanischen Kongreß..

Empfehlung 15A

15A.1. Ist ein Vorschlag zur Konservierung oder Verwerfung eines Namens dem zuständigen Ausschuß vorgelegt worden, so sollte man so weit wie möglich dem bestehenden Gebrauch folgen, bis die Empfehlung des Allgemeinen Ausschusses vorliegt.

KAPITEL III. NOMENKLATUR DER TAXA NACH IHRER RANGSTUFE

ABSCHNITT 1. NAMEN DER TAXA OBERHALB DER FAMILIE

Artikel 16

16.1. Die Namen der Taxa von höherer Rangstufe als der Familie sind automatisch typisiert, wenn sie auf Gattungsnamen beruhen (vgl. Art. 10.5); in diesem Falle müssen der Name einer Unterabteilung, die den Typus des angenommenen Namens einer Abteilung enthält, der Name einer Unterklasse, die den Typus des angenommenen Namens einer Klasse enthält und der Name einer Unterordnung, die den Typus des angenommenen Namens einer Ordnung enthält, auf den Gattungsnamen gegründet sein, der diesem Typus entspricht, jedoch ohne Angabe eines Autornamens.

16.2. Wird einer der Wortstämme *-monado-*, *-cocco-*, *-nemato-* oder *-clado-* als zweiter Teil eines Gattungsnamens vor der Endung *-phyceae* oder *-phyta* ausgelassen, gilt der gekürzte Klassen- oder Abteilungsname als auf dem fraglichen Gattungsnamen beruhend, wenn diese Ableitung offensichtlich ist oder wenn bei der Aufstellung des Gruppennamens darauf hingewiesen wurde.

Ex. 1. Raphidophyceae Chadefaud ex. P. C. Silva (1980) beruht nach Angabe seines Autors auf *Raphidomonas* F. Stein (1878).

Anm. 1. Das Prinzip der Priorität gilt nicht zwingend für Namen von Taxa höherer Rangstufe als der Familie (Art. 11.4).

Empfehlung 16A

16A.1. Der Name einer Abteilung wird entweder von charakteristischen Merkmalen der Abteilung abgeleitet (beschreibender Name) oder von dem Namen einer eingeschlossenen Gattung; er sollte auf *-phyta* enden, bei einer Abteilung der Fungi dagegen auf *-mycota*.

16A.2. Der Name einer Unterabteilung wird in ähnlicher Weise gebildet; er unterschiedet sich von dem Namen der Abteilung durch ein geeignetes Präfix oder Suffix oder durch die Endung *-phytina;* bei einer Unterabteilung der Fungi dagegen sollte er auf *-mycotina* auslauten.

16A.3. Der Name einer Klasse oder einer Unterklasse wird in ähnlicher Weise gebildet und sollte folgendermaßen auslauten:

(a) bei den Algae: *-phyceae* (Klasse) und *-phycidae* (Unterklasse);
(b) bei den Fungi: *-mycetes* (Klasse) und *-mycetidae* (Unterklasse);
(c) bei den Cormophyta: *-opsida* (Klasse) und *-idae* (Unterklasse).

16A.4. Wurde ein Name mit einer Endung veröffentlicht, die dieser Empfehlung nicht entspricht, so kann die Endung entsprechend geändert werden bei gleichbleibendem Autornamen und Publikationsdatum.

Empfehlung 16B

16B.1. Bei der Wahl zwischen typisierten Namen für ein Taxon höherer Rangstufe als der Familie, sollte das Prinzip der Priorität befolgt werden.

Artikel 17

17.1. Der Name einer Ordnung oder Unterordnung wird entweder von charakteristischen Merkmalen des Taxons abgeleitet (beschreibender Name) oder vom legitimen Namen einer eingeschlossenen Familie, der auf einem Gattungsnamen beruht (automatisch typisierter Name). Ein Ordnungsname der zweiten Kategorie wird durch Anhängen der Endung *-ales* an den Stamm des Gattungsnamens gebildet. Der Name einer Unterordnung der zweiten Kategorie wird entsprechend mit der Endung *-ineae* gebildet.

Ex. 1. Beschreibende Namen von Ordnungen: *Centrospermae, Parietales, Farinosae;* einer Unterordnung: *Enantioblastae.*

Ex. 2. Automatisch typisierte Namen: *Fucales, Polygonales, Ustilaginales; Bromeliineae, Malvineae.*

17.2. Namen, die als Ordnungsnamen gemeint waren, aber in einem durch einen Fachausdruck wie 'Cohors', 'Nixus', 'Alliance' oder 'Reihe' anstatt 'Ordnung' bezeichneten Rang veröffentlich worden sind, werden behandelt, als wären sie als Namen von Ordnungen veröffentlicht.

17.3. Ist der Name einer Ordnung oder Unterordnung, der auf einen Gattungsnamen gegründet ist, mit einer regelwidrigen Endung veröffentlicht worden, so muß die Endung gemäß der Regel geändert werden bei gleichbleibendem Autornamen und Publikationsdatum.

Empfehlung 17A

17A.1. Autoren sollten nicht neue Namen von Ordnungen für Taxa dieser Rangstufe veröffentlichen, die eine Familie einschließen, von deren Name ein bestehender Ordnungsname abgeleitet ist.

ABSCHNITT 2. NAMEN DER FAMILIEN UND UNTERFAMILIEN, TRIBUS UND UNTERTRIBUS

Artikel 18

18.1. Der Name einer Familie ist ein substantivisch gebrauchtes Adjektiv im Plural, er wird durch Anhängen der Endung *-aceae* an den Stamm des legitimen Namens einer in der Familie eingeschlossenen Gattung gebildet (vgl. auch Art. 10). (Wegen der Behandlung der Endvokale von Wortstämmen in zusammengesetzten Wörtern vgl. Empf. 73G.)

Ex. 1. *Rosaceae* (von *Rosa*), *Salicaceae* (von *Salix*), *Plumbaginaceae* (von *Plumbago*).

18.2. Namen, die als Familiennamen gemeint waren, aber in einem durch die Fachausdrücke 'Ordnung' (*ordo*) oder 'natürliche Ordnung' (*ordo naturalis*) anstatt 'Familie' bezeichneten Rang veröffentlicht worden sind, werden behandelt, als wären sie als Namen von Familien veröffentlicht.

18.3. Ein Familienname, der auf den Stamm eines illegitimen Gattungsnamens gegründet ist, ist illegitim, wenn er nicht geschützt ist. Entgegen der Bestimmung in Art. 32.1(b) ist ein derartiger Name gültig veröffentlicht, wenn er die anderen Bedingungen für eine gültige Veröffentlichung erfüllt.

Ex. 2. Caryophyllaceae, nom. cons. (von *Caryophyllus* Miller non L.), Winteraceae, nom. cons. (von *Wintera* Murray, einem illegitimen Synonym von *Drimys* Forster & Forster f.).

18.4. Ist ein Familienname mit einer regelwidrigen lateinischen Endung veröffentlicht worden, so muß die Endung gemäß der Regel geändert werden bei gleichbleibendem Autornamen und Publikationsdatum (vgl. Art. 32.5).

Ex. 3. 'Coscinodisceae' Kütz. wird in *Coscinodiscaceae* Kütz. geändert und darf nicht De Toni zugeschrieben werden, der als erster die korrekte Schreibweise verwendete (Notarisia 5: 915. 1890).

Ex. 4. 'Atherospermeae' R. Br. muß als *Atherospermataceae* R. Br. angenommen werden und darf weder Airy Shaw (in Willis, Dict. Fl. Pl. ed. 7.104. 1966) zugeschrieben werden, der die korrekte Schreibweise als erster verwendete, noch Lindley (Veg. Kingd. 300. 1846), der die Schreibweise 'Atherospermaceae' benutzte.

Ex. 5. Dagegen darf Tricholomées Roze (Bull. Soc. Bot. France 23: 49. 1876) nicht als *Tricholomataceae* Roze angenommen werden, weil der Name eine französische statt einer lateinischen Endung hat.

18.5. Folgende in langjährigem Gebrauch bewährte Namen werden als gültig veröffentlicht angesehen: *Palmae (Arecaceae;* Typus *Areca* L.); *Gramineae (Poaceae*; Typus *Poa* L.); *Cruciferae (Brassicaceae;* Typus *Brassica* L.); *Leguminosae (Fabaceae*; Typus *Faba* Miller (= *Vicia* L. p.p.)); *Guttiferae (Clusiaceae*; Typus *Clusia* L.); *Umbelliferae (Apiaceae;* Typus *Apium* L.); *Labiatae (Lamiaceae*; Typus *Lamium* L.); *Compositae (Asteraceae*; Typus *Aster* L.). Werden die *Papilionaceae (Fabaceae*; Typus: *Faba Miller*) als eine von den übrigen *Leguminosae* verschiedene Familie angesehen, so ist der Name *Papilionaceae* gegenüber dem Namen *Leguminosae* geschützt (vgl. Art. 51.2).

18.6. Der wahlweise Gebrauch der in Art. 18.5 in Klammern aufgeführten Namen ist zulässig.

Artikel 19

19.1. Der Name einer Unterfamilie ist ein substantivisch gebrauchtes Adjektiv im Plural; er wird durch Anhängen der Endung -*oideae* an den Stamm des legitimen Namens einer in der Unterfamilie eingeschlossenen Gattung gebildet.

19.2. Gleiches gilt für den Namen einer Tribus, der auf -*eae* endet, sowie für den Namen einer Untertribus, der auf -*inae* auslautet.

19.3. Der Name jeder Unterabteilung einer Familie, die den Typus des angenommenen, legitimen Namens der Familie, der sie zugeordnet ist, einschließt, muß von dem Gattungsnamen abgeleitet werden, der diesem Typus entspricht; es wird aber kein Autorname angegeben (vgl. Art. 46). Solche Namen werden als Autonyme bezeichnet (Art. 6.8; vgl. auch Art. 7.18).

Ex. 1. Der Typus des Familiennames *Rosaceae* A. L. Juss. ist *Rosa* L.; die Unterfamilie und die Tribus, die *Rosa* einschließen, müssen deshalb *Rosoideae* und *Roseae* heißen.

Ex. 2. Poa L. ist der Typus des Familiennames *Poaceae* Barnhart (nom. alt., *Gramineae* A. L. Juss. – vgl. Art. 18.5), und die Unterfamilie sowie die Tribus, die *Poa* einschließen, müssen deshalb *Pooideae* und *Poëae* heißen.

Anm. 1. Diese Bestimmung gilt nur für Namen derjenigen untergeordneten Taxa, die den Typus des angenommenen Namens der Familie einschließen (vgl. aber Empf. 19A).

Ex. 3. Die Unterfamilie, die den Typus des Familiennames *Ericaceae* A. L. Juss. (*Erica* L.) einschließt, heißt *Ericoideae*, und die Tribus, die diesen Typus einschließt, heißt *Ericeae*. Aber der korrekte Name der Tribus, die sowohl *Rhododendron* L., den Typus des Namens der Unterfamilie *Rhododendroideae* Endl., als auch *Rhodora* L. einschließt, ist *Rhodoreae* G. Don (der älteste legitime Name), nicht *Rhododendreae*.

Ex. 4. Die Unterfamilie der *Asteraceae* Dumort. (nom alt., *Compositae* Giseke), die *Aster* L., den Typus des Familiennames, einschließt, heißt *Asteroideae*, und die Tribus und Untertribus, die *Aster* einschließen, heißen *Astereae* bzw. *Asterinae*. Doch der korrekte Name der Tribus, die sowohl *Cichorium* L., den Typus des Namens der Unterfamilie *Cichorioideae* Kitamura, als auch *Lactuca* L. einschließt, ist *Lactuceae* Cass., nicht *Cichorieae*; während der korrekte Name der Untertribus, die sowohl *Cichorium* als auch *Hyoseris* L. einschließt, *Hyoseridinae* Less., nicht *Cichoriinae* ist (es sei denn, die *Cichoriaceae* A. L. Juss. werden als eigene, von den *Compositae* verschiedene Familie anerkannt).

19.4. Durch die erste gültige Veröffentlichung des Namens einer Unterabteilung einer Familie, die den Typus des angenommenen, legitimen Namens der Familie nicht einschließt, wird automatisch das entsprechende Autonym geschaffen (vgl. auch Art. 32.6 und 57.3).

19.5. Der Name einer Unterabteilung einer Familie darf nicht vom Stamm desselben Gattungsnamens abgeleitet werden wie der Name der Familie oder irgendeiner Unterabteilung der Familie, wenn er nicht denselben Typus wie dieser Name hat.

19.6. Ist der Name einer Unterabteilung einer Familie mit einer regelwidrigen lateinischen Endung veröffentlicht worden, z. B. mit *-eae* für eine Unterfamilie oder mit *-oideae* für eine Tribus, so muß die Endung gemäß der Regel geändert werden bei gleichbleibendem Autornamen und Publikationsdatum (vgl. Art. 32.5).

Ex. 5. Der Name der Unterfamilie '*Climacieae*' Grout (Moss Fl. N. Amer. 3: 4. 1928) ist in *Climacioideae* zu ändern, wobei Rangstufe und Autorname unverändert bleiben.

19.7. Werden die *Papilionaceae* als Unterfamilie in die *Leguminosae* (nom. alt.,

Fabaceae; vgl. Art. 18.5) eingeschlossen, so darf der Name *Papilionoideae* wahlweise statt *Faboideae* gebraucht werden.

Empfehlung 19A

19A.1. Ist kein legitimer Name für eine Unterabteilung einer Familie verfügbar, die den Typus des korrekten Namens eines anderen Taxons höheren oder niedrigeren Ranges (z. B. Unterfamilie, Tribus oder Untertribus), aber nicht den Typus des Namens der Familie der sie zugeordnet wird, einschließt, sollte ein neuer Name von demselben Gattungsnamen abgeleitet werden wie der Name des über- oder untergeordneten Taxons.

Ex. 1. Drei Triben der *Ericaceae,* von denen keine den Typus des Familiennamens (*Erica* L.) einschließt, sind die *Pyroleae* D. Don, *Monotropeae* D. Don und *Vaccinieae* D. Don. Die Namen der später beschriebenen Unterfamilien *Pyroloideae* (D. Don) A. Gray, *Monotropoideae* (D. Don) A. Gray und *Vaccinioideae* (D. Don) Endl. sind von den gleichen Gattungsnamen abgeleitet.

ABSCHNITT 3. NAMEN DER GATTUNGEN UND GATTUNGS-
UNTERABTEILUNGEN

Artikel 20

20.1. Der Name einer Gattung ist ein Substantiv im Singular oder ein Wort, das als ein solches Substantiv behandelt wird. Es kann einen ganz beliebigen Ursprung haben und kann sogar ganz willkürlich gebildet sein.

Ex. 1. Rosa, Convolvulus, Hedysarum, Bartramia, Liquidambar, Gloriosa, Impatiens, Rhododendron, Manihot, Ifloga (Anagramm von *Filago*).

20.2. Der Name einer Gattung darf nicht mit einem Fachausdruck übereinstimmen, der in der Morphologie allgemein üblich ist, falls er nicht vor dem 1. Jan. 1912 veröffentlicht und von einem Artnamen nach Linnés binärem System begleitet war.

Ex. 2. Der Gattungsname *Radicula* Hill (1756) stimmt mit dem Fachausdruck 'radicula' (Keimwurzel) überein und war nicht von einem Artnamen nach Linnés binärem System begleitet. Der Name ist korrekterweise Moench (1794) zuzuschreiben, der ihn erstmalig mit Art-Epitheta kombinierte; er bezog jedoch den Typus des Gattungsnamens *Rorippa* Scop. (1760) in die Gattung mit ein. *Radicula* Moench ist deshalb zugunsten von *Rorippa* zu verwerfen.

Ex. 3. Tuber Wigg. : Fr. war bei seiner Veröffentlichung 1780 von einem binären Artnamen begleitet (*Tuber gulosorum* Wigg.) und ist deshalb gültig veröffentlicht.

Ex. 4. Die Gattungsnamen *Lanceolatus* Plumstead (1952) und *Lobata* V. J. Chapman (1952) stimmen mit Fachausdrücken überein und sind deshalb nicht gültig veröffentlicht.

Ex. 5. Namen wie *Radix, Caulis, Folium, Spina* usw. können als Gattungsnamen nicht mehr gültig veröffentlicht werden.

20.3. Ein Gattungsname darf nicht aus zwei getrennten Wörtern bestehen, es sei denn, daß diese durch einen Bindestrich vereinigt sind.

Ex. 6. Der Gattungsname *Uva ursi* Miller (1754) bestand bei seiner ursprünglichen Veröffentlichung aus zwei getrennten, nicht durch einen Bindestrich vereinigten Wörtern und ist daher zu verwerfen. Der Name ist Duhamel (1755) zuzuschreiben als *Uva-ursi* (bei der Veröffentlichung mit Bindestrich).

Ex. 7. Dagegen sind Namen wie *Quisqualis* (bei der Erstveröffentlichung aus zwei Wörtern in ein Wort zusammengezogen), *Sebastiano-schaueria* und *Neves-armondia* (beide bei der Erstveröffentlichung mit Bindestrich versehen) gültig veröffentlicht.

Anm. 1. Die Namen intergenerischer Bastarde werden gemäß den Bestimmungen von Anhang 1, Art. H. 6. gebildet.

20.4. Als Gattungsnamen sind nicht anzusehen:
(a) Wörter, die keine Namen bedeuten sollen.

Ex. 8. *Anonymos* Walter (Fl. Carol. 2, 4, 9 usw. 1788) ist zu verwerfen; das Wort wurde von Walter 28 verschiedenen Gattungen beigelegt, um anzugeben, daß sie namenlos waren.

Ex. 9. *Schaenoides* und *Scirpoides*, wie sie Rottbøll (Descr. Pl. Rar. Progr. 14, 27. 1772) gebrauchte, um *Schoenus* und *Scirpus* ähnliche, unbenannte Gattungen anzuzeigen, die er, wie er angab (auf Seite 7), später zu benennen beabsichtigte, sind Wörter, die nicht als Gattungsnamen gemeint sind. *Kyllinga* Rottb. und *Fuirena* Rottb. (1773) sind die ältesten legitimen Namen dieser Gattungen.

(b) Uninominale Bezeichungen für Arten.

Ex. 10. Ehrhart (Phytophylacium 1780 und Beitr. Naturk. 4: 145-150. 1789) hat für verschiedene, damals unter binären Namen bekannte Arten eine uninominale Bezeichnungsweise vorgeschlagen, z.B. *Phaeocephalum* anstelle von *Schoenus fuscus*, *Leptostachys* anstelle von *Carex leptostachys*. Diese Namen ähneln Gattungsnamen, dürfen jedoch mit ihnen nicht verwechselt werden und sind zu verwerfen, falls sie nicht von einem späteren Autor als Gattungsnamen veröffentlicht wurden; so wurde z.B. der von Ehrhart als uninominale Bezeichnung für eine Art gebrauchte Name *Baeothryon* später von A. Dietrich als Gattungsname veröffentlicht.

Ex. 11. Necker schlug in seinem Werk Elementa Botanica, 1790, uninominale Bezeichnungen für seine 'species naturales' vor. Diese Namen, die Gattungsnamen ähneln, werden nicht als solche angesehen, wenn sie nicht von einem späteren Autor als Gattungsnamen veröffentlicht worden sind: so z.B. *Anthopogon*, von Rafinesque als Gattungsname veröffentlicht (*Anthopogon* Raf. non Nutt.).

Empfehlung 20A

20A.1. Bei der Bildung von Gattungsnamen berücksichtige man folgende Hinweise:
(a) Man gebrauche soweit wie möglich lateinische Endungen.
(b) Man vermeide Namen, die sich nicht leicht dem Lateinischen anpassen.
(c) Man vermeide sehr lange und im Lateinischen schwer auszusprechende Namen.
(d) Man bilde Namen nicht durch Vereinigung von Wörtern verschiedener Sprachen.
(e) Man deute, wenn möglich, durch die Bildung oder Endung des Namens die verwandtschaftliche Stellung der Gattung oder ihre Ähnlichkeit mit einer anderen an.
(f) Man vermeide die Verwendung substantivisch gebrauchter Adjektive.
(g) Man verwende keinen Namen, der dem Epitheton einer der Arten der Gattung ähnlich oder von ihm abgeleitet ist.
(h) Man vermeide es, Gattungen Personen zu widmen, die der Botanik oder zumindest den Naturwissenschaften fernstehen.
(i) Man gebe allen Gattungsnamen, die von Personen abgeleitet sind, weibliche Form, gleichgültig, ob diese Namen das Gedächtnis an Männer oder Frauen bewahren sollen (vgl. Empf. 73B).
(j) Man vermeide es Gattungsnamen durch die Vereinigung von Teilen zweier bestehender Gattungsnamen zu bilden, z.B. *Hordelymus* aus *Hordeum* und *Elymus*, weil solche Namen leicht mit nothogenerischen Namen verwechselt werden (vgl. Art. H.6.).

Artikel 21

21.1. Der Name einer Gattungs-Unterabteilung ist eine Kombination des Gattungsnamens mit einem Unterabteilungs-Epitheton, verbunden durch einen die Rangstufe anzeigenden Fachausdruck (subgenus, sectio, series usw.).

21.2. Das Epitheton hat entweder die gleiche Form wie ein Gattungsname, oder es ist ein Adjektiv im Plural, das im Geschlecht mit dem Gattungsnamen übereinstimmt und mit großem Anfangsbuchstaben geschrieben wird (vgl. Art. 32.5).

21.3. Das Epitheton einer Untergattung oder Sektion darf nicht aus dem zugehörigen Gattungsnamen durch Hinzufügen des Präfixes *Eu-* gebildet werden.

Ex. 1. Costus subg. *Metacostus; Ricinocarpos* sect. *Anomodiscus; Sapium* subsect. *Patentinervia; Valeriana* sect. *Valerianopsis; Euphorbia* sect. *Tithymalus; Euphorbia* subsect. *Tenellae; Arenaria* ser. *Anomalae;* jedoch nicht *Carex* sect. *Eucarex.*

Anm. 1. Für Gattungs-Unterabteilungen innerhalb derselben Gattung, deren Namen auf verschiedene Typen gegründet sind, ist der Gebrauch desselben Epithetons nach Art. 64 illegitim; dies gilt auch dann, wenn diese Taxa verschiedenen Rangstufen angehören.

Anm. 2. Die Namen von Bastarden im Rang einer Gattungs-Unterabteilung werden gemäß den Bestimmungen von Anhang 1, Art. H.7 gebildet.

Empfehlung 21A

21A.1. Will man in Verbindung mit dem Gattungsnamen und dem Art-Epitheton auf den Namen einer Gattungs-Unterabteilung hinweisen, zu der eine Art gehört, so sollte man das Epitheton der Unterabteilung in Klammern zwischen Gattungsnamen und Art-Epitheton stellen; wenn erwünscht, kann auch die Rangstufe angegeben werden.

Ex. 1. Astragalus (Cycloglottis) contortuplicatus; Astragalus (Phaca) umbellatus; Loranthus (sect. *Ischnanthus) gabonensis.*

Empfehlung 21B

21B.1. Das Epitheton einer Untergattung oder Sektion ist vorzugsweise ein Substantiv, das Epitheton einer Untersektion oder niedrigeren Gattungs-Unterabteilung ist vorzugsweise ein Adjektiv im Plural.

21B.2. Werden neue Epitheta für Gattungs-Unterabteilungen vorgeschlagen, so sollten solche in Form von Substantiven vermieden werden, wenn andere nebengeordnete Unterabteilungen derselben Gattung solche in Form von Adjektiven im Plural haben, und umgekehrt. Man vermeide auch, bei der Benennung einer Gattungs-Unterabteilung ein Epitheton, das bereits für die Unterabteilung einer nahe verwandten Gattung verwendet wird oder mit dem Namen einer solchen Gattung übereinstimmt.

Artikel 22

22.1. Der Name jeder Gattungs-Unterabteilung die den Typus des angenommenen, legitimen Namens der Gattung, der sie zugeordnet ist, einschließt, wird durch die unveränderte Wiederholung des Gattungsnamens als Epitheton gebildet; es wird aber kein Autorname angegeben (vgl. Art. 46). Solche Namen werden als Autonyme bezeichnet (Art. 6.8; vgl. auch Art. 7.18).

Anm. 1. Diese Bestimmung gilt nur für Namen derjenigen untergeordneten Taxa, die den Typus des angenommenen Gattungsnamens einschließen (vgl. aber Empf. 22A).

22.2. Durch die erste gültige Veröffentlichung des Namens einer Gattungs-Unterabteilung die den Typus des angenommenen, legitimen Namens der Gattung nicht einschließt, wird automatisch des entsprechende Autonym geschaffen (vgl. auch Art. 32.6 und 57.3).

Ex. 1. Die Untergattung von *Malpighia* L., die den Lectotypus des Gattungsnamens (*M. glabra* L.) einschließt, heißt *Malpighia* subg. *Malpighia*, nicht *Malpighia* subg. *Homoiostylis* Niedenzu.

Ex. 2. Die Sektion, die den Lectotypus des Gattungsnamens *Malpighia* L. einschließt, heißt *Malpighia* sect. *Malpighia*, nicht *Malpighia* sect. *Apyrae* DC.

Ex. 3. Jedoch ist der korrekte Name derjenigen Sektion der Gattung *Rhododendron* L., die *Rhododendron luteum* Sweet, den Typus von *Rhododendron* subg. *Anthodendron* (Reichenb.) Rehder einschließt, *Rhododendron* sect. *Pentanthera* G. Don, der älteste legitime Name für diese Sektion, nicht *Rhododendron* sect. *Anthodendron.*

22.3. Das Epitheton im Namen einer Gattungs-Unterabteilung darf nicht den korrekten Namen der Gattung wiederholen, es sei denn, daß die beiden Namen denselben Typus haben.

22.4. Ist das Epitheton einer Gattungs-Unterabteilung mit dem Epitheton einer der Arten dieser Unterabteilung identisch oder von ihm abgeleitet, so ist der Typus des Namens der Gattungs-Unterabteilung derselbe wie der des Artnamens, es sie denn, der Autor des Namens dieser Unterabteilung hat einen anderen Typus festgelegt.

Ex. 4. Der Typus von *Euphorbia* subg. *Esula* Pers. ist *E. esula* L.; die Wahl von *E. peplus* L. als Lectotypus durch Croizat (Revista Sudamer. Bot. 6:13. 1939) ist nichtig.

Ex. 5. Der Typus von *Lobelia* sect. *Eutupa* Wimmer ist *L. tupa* L.

22.5. Ist das Epitheton einer Gattungs-Unterabteilung mit dem Epitheton eines Artnamens, der ein jüngeres Homonym ist, identisch oder von ihm abgeleitet, so ist der Typus dieses jüngeren Homonyms, dessen korrekter Name notwendigerweise ein anderes Epitheton hat, der nomenklatorische Typus.

Empfehlung 22A

22A.1. Eine Sektion, die den Typus des korrekten Namens einer Untergattung einschließt, aber nicht den Typus des korrekten Gattungsnamens, sollte, wo nach den Regeln kein Hinderungsgrund besteht, einen Namen mit demselben Epitheton und Typus wie der Name der Untergattung erhalten.

22A.2. Eine Untergattung, die nicht den Typus des korrekten Gattungsnamens einschließt, sollte, wo nach den Regeln kein Hinderungsgrund besteht, einen Namen mit dem Epitheton und Typus des Namens einer ihrer untergeordneten Sektionen erhalten.

Ex. 1. Anstatt einen neuen Namen im Rang der Untergattung zu bilden, erhob Brizicky *Rhamnus* L. sect. *Pseudofrangula* Grubov in den Rang einer Untergattung als *Rhamnus* subg. *Pseudofrangula* (Grubov) Briz. Der Typus beider Namen ist derselbe: *R. alnifolia* L'Hér.

ABSCHNITT 4. ARTNAMEN

Artikel 23

23.1. Ein Artname ist die binäre Kombination aus dem Gattungsnamen und einem einzelnen darauffolgenden Art-Epitheton. Besteht ein Epitheton aus zwei oder mehr Wörtern, so müssen diese zusammengezogen oder durch einen Bindestrich vereinigt werden. Ein Epitheton, dessen Bestandteile in der Originalveröffentlichung nicht in dieser Weise miteinander verbunden sind, darf deshalb nicht verworfen werden; seine Bestandteile müssen vielmehr zusammengezogen oder durch einen Bindestrich vereinigt werden (vgl. Art. 73.9).

23.2. Ein Art-Epitheton kann einen ganz beliebigen Ursprung haben und darf sogar willkürlich gebildet sein.

Ex. 1. Cornus sanguinea, Dianthus monspessulanus, Papaver rhoeas, Uromyces fabae, Fumaria gussonei, Geranium robertianum, Embelia sarasiniorum, Atropa bella-donna, Impatiens noli-tangere, Adiantum capillus-veneris, Spondias mombin (ein undeklinierbares Epitheton).

23.3. Die von Linné gebrauchten Symbole, die Teile gewisser Art-Epitheta sind, müssen durch Wörter ausgedrückt werden.

Ex. 2. Scandix pecten ♀ L. ist auszuschreiben als *Scandix pecten-veneris, Veronica anagallis*∇ *L.* als *Veronica anagallis-aquatica.*

23.4. Das Art-Epitheton darf nicht eine genaue Wiederholung des Gattungsnamens darstellen, auch nicht bei Zufügung eines durch ein Wort ausgedrückten Symbols (Tautonym).

Ex. 3. Linaria linaria, Nasturtium nasturtium-aquaticum.

23.5. Das Art-Epitheton richtet sich grammatisch nach dem Gattungsnamen, wenn es adjektivische Form hat und nicht als Substantiv gebraucht wird (vgl. Art. 32.5).

Ex. 4. Helleborus niger, Brassica nigra, Verbascum nigrum; Vinca major, Tropaeolum majus; Rubus amnicola, wobei das Art-Epitheton ein lateinisches Substantiv ist; *Peridermium balsameum* Peck, aber auch *Gloeosporium balsameae* J. J. Davis: die Art-Epitheta sind in beiden Fällen von *Abies balsamea* abgeleitet, wobei im zweiten Beispiel das Epitheton substantivisch behandelt wird.

23.6. Als Art-Epitheta sind nicht zu betrachten:
(a) Wörter, die keine Epitheta sein sollen.

Ex. 5. Viola 'qualis' Krocker (Fl. Siles. 2: 512, 517. 1790); *Urtica 'dubia?'* Forsskål (Fl. Aegypt. -Arab. cxxi. 1775): das Wort 'dubia?' wird in diesem Werk wiederholt für Arten verwendet, die nicht eindeutig bestimmt werden konnten.

Ex. 6. Atriplex 'nova' Winterl (Index Horti Bot. Univ. Pest. fol. A.8, recto et verso. 1788), wobei das Wort 'nova' dort im Zusammenhang mit vier verschiedenen Arten von *Atriplex* gebraucht wird.

Ex. 7. Dagegen wurde bei *Artemisia nova* A. Nelson (Bull. Torrey Bot. Club 27: 274. 1900) *nova* absichtlich als Art-Epitheton verwendet, weil die Art neu von anderen unterschieden wurde.

(b) Ordnungszahlwörter, die zur Aufzählung benutzt werden.

Ex. 8. Boletus vicesimus sextus, Agaricus octogesimus nonus.

(c) Epitheta, die in Werken veröffentlicht wurden, in denen Linnés binäre Artnomenklatur nicht konsequent angewendet wurde. Linné gilt als ein Autor, der die binäre Artnomenklatur von 1753 an konsequent durchgeführt hat, obgleich es Ausnahmen gibt, z.b. *Apocynum fol. androsaemi* L. (Sp. Pl. 213. 1753 ≡ *Apocynum androsaemifolium* L. Sp. Pl. ed. 2. 311. 1762).

Ex. 9. Der Name *Abutilon album* Hill (Brit. Herbal 49. 1756) ist eine auf zwei Wörter reduzierte beschreibende Phrase, nicht ein binärer Name nach Linnés System; er ist daher zu verwerfen. Hills andere Art hieß *Abutilon flore flavo.*

Ex. 10. Secretan (Mycographie Suisse. 1833) führte eine große Zahl neuer Artnamen ein, von denen mehr als die Hälfte nicht vom binären Typ waren, wie z.B. *Agaricus albus corticis, Boletus testaceus scaber* und *Boletus aereus carne lutea.* Er gilt deshalb als ein Autor, der Linnés System der binären Nomenklatur nicht konsequent angewendet hat, und alle seine Artnamen in diesem Werk, auch die mit einem einzelnen Epitheton, sind nicht gültig veröffentlicht.

Ex. 11. Andere Werke, in denen Linnés System der binären Nomenklatur nicht konsequent angewendet wurde, sind: Gilibert (Fl. Lit. Inch. 1781; Exerc. Phyt. 1792), Miller (Gard. Dict. Abr. ed. 4. 1754) und W. Kramer (Elench. Veg. 1756).

(d) Formeln, die Bastarde kennzeichnen (vgl. Art. H.10.3).

Empfehlung 23A

23A.1. Namen von Männern und Frauen sowie von Ländern und Orten die zur Bildung von Art-Epitheta verwendet werden, sollten die Form eines Substantivs im Genitiv (*clusii, porildiorum, saharae*) oder adjektivische Form (*clusianus, dahuricus*) erhalten (vgl. auch Art. 73, Empf. 73 C und D).

23A.2. Man vermeide es, zur Bezeichnung zweier verschiedener Arten der gleichen Gattung den Genitiv und die adjektivische Form desselben Wortes zu gebrauchen, z.B. *Lysimachia hemsleyana* Oliver und *L. hemsleyi* Franchet.

Empfehlung 23B

23B.1. Bei der Bildung von Art-Epitheta berücksichtige man außerdem folgende Hinweise:

(a) Man gebrauche soweit wie möglich lateinische Endungen.

(b) Man vermeide allzu lange und im Lateinischen schwer auszusprechende Epitheta.

(c) Man bilde Epithetà nicht durch Vereinigung von Wörtern verschiedener Sprachen.

(d) Man vermeide Epitheta, die aus zwei oder mehr durch Bindestriche verbundenen Wörtern bestehen.

(e) Man vermeide Epitheta, die denselben Sinn wie der Gattungsname haben (Pleonasmen).

(f) Man vermeide Epitheta, die ein Merkmal ausdrücken, das allen oder fast allen Arten der Gattung gemeinsam ist.

(g) Man vermeide es, innerhalb derselben Gattung allzu ähnliche Epitheta zu verwenden; dies gilt besonders für solche, die sich nur durch ihre letzten Buchstaben oder in der Anordnung zweier Buchstaben unterscheiden.

(h) Man vermeide Epitheta, die bereits vorher in einer nahe verwandten Gattung verwendet worden sind.

(i) Unveröffentlichte Namen, die sich in Briefen, in Notizen von Reisenden, auf Herbarzetteln oder in ähnlichen Quellen finden und die man ihrem Urheber zuschreibt, verwende man nur dann, wenn dieser ihrer Veröffentlichung zugestimmt hat.

(j) Man vermeide es, Namen von wenig bekannten Örtlichkeiten oder solchen sehr begrenzter Ausdehnung zu verwenden, falls nicht die Verbreitung der Art sehr lokal ist.

ABSCHNITT 5. NAMEN DER TAXA UNTERHALB DER ART (INFRASPEZIFISCHE TAXA)

Artikel 24

24.1. Der Name eines infraspezifischen Taxons ist die Kombination eines Artnamens mit einem infraspezifischen Epitheton, verbunden durch einen die Rangstufe anzeigenden Fachausdruck.

Ex. 1. *Saxifraga aizoon* subforma *surculosa* Engler & Irmscher. Dieses Taxon kann auch als *Saxifraga aizoon* var. *aizoon* subvar. *brevifolia* forma *multicaulis* subforma *surculosa* Engler & Irmscher bezeichnet werden; dadurch wird eine vollständige Klassifizierung der Subforma innerhalb der Art angegeben.

24.2. Infraspezifische Epitheta werden wie die der Arten gebildet; haben sie adjektivische Form und werden nicht als Substantive gebraucht, so richten sie sich grammatisch nach dem Gattungsnamen (vgl. Art. 32.5).

Ex. 2. *Trifolium stellatum* forma *nanum* (nicht *nana*).

24.3. Infraspezifische Epitheta, wie z.B. *typicus, originalis, originarius, genuinus, verus* und *veridicus*, die zum Ausdruck bringen, daß das Taxon den nomenklatorischen Typus des nächst höheren Taxons enthält, sind unzulässig und können nicht gültig veröffentlicht werden; ausgenommen sind die Fälle, in denen sie gemäß Art. 26 das Art-Epitheton wiederholen.

24.4. Der Gebrauch einer binären Kombination anstelle eines infraspezifischen Epithetons ist unzulässig. Art. 32.1(b) gilt jedoch hier nicht, und so gestaltete Namen müssen in die richtige Form gebracht werden bei gleichbleibendem Autornamen und Publikationsdatum.

Ex. 3. '*Salvia grandiflora* subsp. *S. willeana*' Holmboe muß als *Salvia grandiflora* subsp. *willeana* Holmboe zitiert werden.

Ex. 4. '*Phyllerpa prolifera* var. *Ph. firma*' Kütz. muß in *Phyllerpa prolifera* var. *firma* Kütz. geändert werden.

24.5. Infraspezifische Taxa innerhalb verschiedener Arten können dieselben Epitheta führen; infraspezifische Taxa innerhalb einer Art können dieselben Epitheta wie andere Arten führen (vgl. aber Empf. 24B).

Ex. 5. *Rosa jundzillii* var. *leioclada* und *Rosa glutinosa* var. *leioclada; Viola tricolor* var. *hirta* ist zulässig, obwohl es bereits eine davon verschiedene Art *Viola hirta* gibt.

Anm. 1. Für infraspezifische Taxa innerhalb derselben Art, deren Namen auf verschiedene Typen gegründet sind, ist der Gebrauch desselben Epithetons nach Art. 64.3 illegitim, auch wenn diese Taxa verschiedenen Rangstufen angehören.

24A.1. Die Empfehlungen für die Bildung der Art-Epitheta (Empf. 23A, B) gelten auch für die infraspezifischen Epitheta.

24B.1. Wenn man neue infraspezifische Epitheta vorschlägt, so vermeide man diejenigen, die bereits früher für Arten in derselben Gattung gebraucht worden sind.

Artikel 25

25.1. Nomenklatorisch wird eine Art oder irgendein Taxon unterhalb der Art als die Summe der untergeordneten Taxa aufgefaßt, wenn solche vorhanden sind. Ein holomorphes Pilz-Taxon (vgl. Art. 59.4) schließt auch die ihm zugeordneten Formtaxa ein.

Ex. 1. Wird *Montia parvifolia* (DC.) Greene als aus zwei Unterarten bestehend betrachtet, so bezieht sich der Name *M. parvifolia* auf die Summe dieser untergeordneten Taxa. Bei dieser taxonomischen Auffassung muß man *M. parvifolia* (DC.) Greene subsp. *parvifolia* schreiben, wenn nur der Teil von *M. parvifolia* gemeint ist, der den nomenklatorischen Typus des Artnamens einschließt, nicht aber den Typus des Namens der anderen Unterart (*M. parvifolia* subsp. *flagellaris* (Bong.) Ferris).

Artikel 26

26.1. Der Name eines infraspezifischen Taxons, das den Typus des angenommenen, legitimen Namens der Art einschließt, der dieses Taxon zugeordnet ist, wird durch die unveränderte Wiederholung des Artepithetons als seines letzten Epithetons gebildet; es wird aber kein Autorname angegeben (vgl. Art. 46). Solche Namen werden als Autonyme bezeichnet (Art. 6.8; vgl. auch Art. 7.18).

Ex. 1. Die Kombination *Lobelia spicata* var. *originalis* McVaugh bezieht sich auf ein Taxon, das den Typus des Namens *Lobelia spicata* Lam. einschließt, und muß deshalb durch *Lobelia spicata* Lam. var. *spicata* ersetzt werden.

Anm. 1. Diese Bestimmung gilt nur für Namen derjenigen untergeordneten Taxa, die den Typus des angenommenen Artnamens einschließen (vgl. aber Empf. 26A).

26.2. Durch die erste gültige Veröffentlichung des Namens eines infraspezifischen Taxons, das den Typus des angenommenen, legitimen Namens der Art nicht einschließt, wird automatisch das entsprechende Autonym geschaffen (vgl. auch Art. 32.6 und 57.3).

Ex. 2. Durch die Veröffentlichung des Namens *Lycopodium inundatum* var. *bigelovii* Tuckerman (1843) wurde automatisch der Name einer anderen Varietät, *Lycopodium inundatum* L. var. *inundatum* geschaffen, dessen Typus der des Namens *Lycopodium inundatum* L. ist.

Ex. 3. Utricularia stellaris L. f. (1781) umfaßt *U. stellaris* var. *coromandeliana* A. DC. (1844) und den gleichzeitig automatisch geschaffenen Namen *U. stellaris* L. f. var. *stellaris*. Wird *U. stellaris* als Varietät in *U. inflexa* Forsskål (1775) eingeschlossen, so lautet der korrekte Name der Varietät *U. inflexa* var. *stellaris* (L. f.) P. Taylor (1961).

Empfehlung 26A

26A.1. Eine Varietät, die den Typus des korrekten Namens einer Unterart, aber nicht den des korrekten Namens der Art. einschließt, sollte, wo nach den Regeln kein Hinderungsgrund besteht, einen Namen mit demselben Epitheton und Typus wie der Name der Unterart erhalten.

26A.2. Eine Unterart, die nicht den Typus des korrekten Namens der Art einschließt, sollte, wo nach den Regeln kein Hinderungsgrund besteht, einen Namen mit dem Epitheton und Typus des Namens einer ihrer untergeordneten Varietäten erhalten.

26A.3. Ein Taxon niedrigerer Rangstufe als Varietät, das den Typus des korrekten Namens einer Unterart oder Varietät einschließt, aber nicht den des korrekten Namens der Art, sollte, wo nach den Regeln kein Hinderungsgrund besteht, einen Namen mit demselben Epitheton und Typus wie der Name der Unterart oder Varietät erhalten. Andererseits sollte der Name einer Unterart oder Varietät, die nicht den Typus des korrekten Namens der Art einschließt, nicht das Epitheton des Namens einer ihrer untergeordneten Taxa unterhalb der Rangstufe der Varietät enthalten.

Ex. 1. Fernald sah *Stachys palustris* subsp. *pilosa* (Nutt.) Epling als aus fünf Varietäten zusammengesetzt an: für eine von ihnen (die den Typus von *S. palustris* subsp. *pilosa* einschloß) schuf er die Kombination *S. palustris* var. *pilosa* (Nutt.) Fern., weil kein legitimer Varietäts-Name verfügbar war.

Ex. 2. Weil kein legitimer Name auf der Rangstufe der Unterart verfügbar war, schuf Bonaparte die Kombination *Pteridium aquilinum* subsp. *caudatum* (L.) Bonap., wobei er dasselbe Epitheton benutzte, das Sadebeck früher in der Kombination *P. aquilinum* var. *caudatum* (L.) Sadebeck benutzt hatte (beide Namen gründen sich auf *Pteris caudata* L.). Beide Namen sind legitim und können verwendet werden, wie dies Tryon tat, der *P. aquilinum* var. *caudatum* als eine der vier Varietäten von *P. aquilinum* subsp. *caudatum* behandelte.

Artikel 27

27.1. Das letzte Epitheton im Namen eines infraspezifischen Taxons darf das Epitheton des korrekten Namens der Art, der das Taxon zugewiesen ist, nicht unverändert wiederholten, außer wenn die beiden Namen denselben Typus haben.

ABSCHNITT 6. NAMEN DER KULTURPFLANZEN

Artikel 28

28.1. Aus der Wildflora in die Kultur gebrachte Pflanzen behalten die Namen, die für dieselben in der Natur vorkommenden Taxa gebraucht werden.

28.2. Bastarde, einschließlich der in Kultur entstandenen, können Namen erhalten, wie sie in Anhang I vorgesehen sind (vgl. auch Art. 40 und 50).

Anm. 1. Zusätzliche und unabhängige Bezeichnungen für Pflanzen, die in Land- und Forstwirtschaft sowie im Gartenbau verwendet werden (gleichgültig ob sie in der Natur oder in der Kultur entstanden), werden im 'International Code of Nomenclature for Cultivated Plants' behandelt, der auch die Regeln für deren Bildung und Anwendung enthält. Trotzdem ist für Kulturpflanzen der Gebrauch von Namen, die gemäß den Bestimmungen des Internationalen Code der Botanischen Nomenklatur veröffentlicht wurden, durchaus zulässig.

Anm. 2. Epitheta, die in Übereinstimmung mit dem 'International Code of Nomenclature for Cultivated Plants' veröffentlicht wurden, können nach den Regeln des International Code of

Nomenclature for Cultivated Plants (Art. 27) als Sorten- (Cultivar-) Epitheta verwendet werden, wenn die Einstufung der fraglichen Gruppe als Sorte für angemessen gehalten wird. Andere seit dem 1. Jan. 1959 veröffentlichten Sorten-Epitheta müssen gemäß dem 'International Code of Nomenclature for Cultivated Plants' (Art. 27) Phantasienamen sein, die sich deutlich von den Epitheta der Namen in lateinischer Form unterscheiden, die den Regeln des Internationalen Code der Botanischen Nomenklatur unterworfen sind.

Ex. 1. Sortennamen: *Taxus baccata* 'Variegata' oder *Taxus baccata* cv. Variegata (auf *T. baccata* var. *variegata* Weston beruhend, *Phlox drummondii* 'Sternenzauber', *Viburnum* × *bodnantense* 'Dawn'.

KAPITEL IV. WIRKSAME UND GÜLTIGE VERÖFFENTLICHUNG

ABSCHNITT 1. BEDINGUNGEN UND DATEN FÜR WIRKSAME VERÖFFENTLICHUNG

Artikel 29

29.1. Eine wirksame Veröffentlichung im Sinne dieses Code ist nur gegeben durch Verteilung von Druckschriften (durch Verkauf, Tausch oder Schenkung) an die Öffentlichkeit oder zumindest an botanische Institutionen mit Bibliotheken, die Botanikern allgemein zugänglich sind. Sie ist nicht gegeben durch Mitteilung neuer Namen in einer öffentlichen Sitzung, durch Beschriftungen in Sammlungen oder Gärten, die der Öffentlichkeit zugänglich sind, oder durch Ausgabe von Mikrofilmen, die Manuskripte, maschinengeschriebene Texte oder anderes unveröffentlichtes Material wiedergeben.

Ex. 1. Cusson gab die Aufstellung der Gattung *Physospermum* in einer Mitteilung bekannt, die im Jahre 1770 vor der Société des Sciences de Montpellier und später, 1782 oder 1783, vor der Société de Médecine de Paris verlesen wurde; die wirksame Veröffentlichung erfolgte aber erst im Jahre 1787 in den Mémoires de la Société Royale de Médecine de Paris 5(1): 279.

29.2. Ein Verkaufsangebot von nicht vorhandenen Druckschriften stellt keine wirksame Veröffentlichung dar.

29.3. Eine Veröffentlichung durch unauslöschbare Autographie vor dem 1. Jan. 1953 ist wirksam.

Ex. 2. Salvia oxydon Webb & Heldr. wurde im Juli 1850 in einem autographierten und in den Handel gegebenen Katalog wirksam veröffentlicht (Webb & Heldreich, Catalogus Plantarum Hispanicarum ... ab A. Blanco lectarum, Paris, Juli 1850; folio).

Ex. 3. H. Léveillé, Flore du Kouy Tchéou (1914–1915), ein Werk, das lithographisch nach einem handgeschriebenen Text reproduziert wurde, ist wirksam veröffentlicht.

29.4. Im Sinne dieses Artikels wird handgeschriebenes Material, auch wenn es durch irgendein mechanisches oder graphisches Verfahren (wie Steindruk, Offsetdruck oder Metallätzung) reproduziert ist, noch als autographisch betrachtet.

29.5. Vom 1. Jan. 1953 an stellt die Veröffentlichung in Handelskatalogen oder in nichtwissenschaftlichen Zeitungen, und vom 1. Jan. 1973 an in Samentauschlisten, keine wirksame Veröffentlichung dar.

Empfehlung 29A

29A.1. Es wird nachdrücklich empfohlen, das Veröffentlichen neuer Namen und von Beschreibungen neuer Taxa in kurzlebigen Druckerzeugnissen aller Art zu vermeiden, besonders in solchen, die in einer beschränkten und unsicheren Anzahl vervielfältigt werden, wo die Beständigkeit des Textes möglicherweise begrenzt ist, wo die wirksame Veröffentlichung hinsichtlich der Zahl der Kopien nicht offensichtlich ist oder wo die Druckschrift wahrscheinlich nicht die Öffentlichkeit erreicht. Man sollte es auch vermeiden, neue Namen und Beschreibungen in populären Zeitschriften, in referierenden Periodika oder auf Korrekturzetteln zu veröffentlichen.

Artikel 30

30.1. Das Datum der wirksamen Veröffentlichung ist dasjenige, an dem die Druckschrift im Sinne von Artikel 29 zugänglich wird. Fehlt für die Feststellung irgendeines anderen Datums der Beweis, so muß man dasjenige als korrekt gelten lassen, das auf der Druckschrift erscheint.

Ex. 1. Die einzelnen Teile von Willdenows Species Plantarum wurden wie folgt publiziert: 1(1), 1797; 1(2), 1798; 2(1), 1799; 2(2), 1799 oder Jan. 1800; 3(1) (bis S. 850), 1800; 3(2) (bis S. 1470), 1802; 3(3) (bis S. 2409), 1803 (und zwar später als die Flora Boreali-Americana von Michaux); 4 (1) (bis S. 630), 1805; 4(2), 1806; diese Daten, die teilweise nicht mit denen auf den Titelblättern der Bände übereinstimmen gelten als die korrekten Daten der wirksamen Veröffentlichung.

30.2. Werden Separate aus Zeitschriften oder anderen Werken, die zum Verkauf angeboten werden, im voraus ausgegeben, so gilt das Datum auf dem Separat als das der wirksamen Veröffentlichung, falls es sich nicht als irrtümlich erweist.

Ex. 2. Veröffentlichung durch im voraus ausgegebene Separate: Die von Hieronymus in Hedwigia 51: 241–272 (1912) veröffentlichten Namen von *Selaginella*-Arten wurden am 15. Okt. 1911 wirksam veröffentlicht, weil in dem Band, in dem die Arbeit erschien, angegeben ist (S.ii), daß die Separate am letztgenannten Datum erschienen sind.

Empfehlung 30A

30A.1. Das Datum, an dem der Verleger oder sein Agent Druckschriften an eine der üblichen Verteilungsstellen ausliefert, sollte als das Datum ihrer wirksamen Veröffentlichung gelten.

Artikel 31

31.1. Vom 1. Jan. 1953 an stellt die Verteilung von Druckschriften, die Exsikkaten beigegeben sind, keine wirksame Veröffentlichung dar.

Anm. 1. Werden die Druckschriften auch unabhängig von den Exsikkaten verteilt, so stellt dies eine wirksame Veröffentlichung dar.

Ex. 1. Von den Exsikkaten unabhängig verteilte Werke wie Schedae operis... plantae finlandiae exsiccatae, Helsingfors 1. 1906, 2. 1916, 3. 1933, 1944 oder Lundell & Nannfeldt, Fungi exsiccati suecici etc., Uppsala 1–.., 1934–....., sind, ob vor oder nach dem 1. Jan. 1953 erschienen, wirksam veröffentlicht.

ABSCHNITT 2. BEDINGUNGEN UND DATEN FÜR GÜLTIGE
VERÖFFENTLICHUNG VON NAMEN

Artikel 32

32.1. Der Name eines Taxons (Autonyme ausgenommen) muß, um gültig veröffentlicht zu sein, *(a)* an oder nach dem Datum des Ausgangspunktes der entsprechenden Gruppe (Art. 13.1) wirksam veröffentlicht worden sein (vgl. Art. 29), *(b)* eine den Bestimmungen von Art. 16–27 und Art. H. 6–7 entsprechende Form haben, *(c)* von einer Beschreibung oder Diagnose oder von einem (direkten oder indirekten) Hinweis auf eine frühere, wirksam veröffentlichte Beschreibung oder Diagnose begleitet sein (außer in den durch Art. H.9 geregelten Fällen) und *(d)* den Bestimmungen der Art. 33–45 entsprechen.

Ex. 1. Egeria Néraud (in Gaudichaud, Voy. Uranie, Bot. 25, 28. 1826), erschien ohne Beschreibung oder Diagnose und ohne Hinweis auf eine frühere Beschreibung oder Diagnose und wurde dadurch nicht gültig veröffentlicht.

Ex. 2. Der Name *Loranthus macrosolen* Steudel erschien ursprünglich ohne Beschreibung oder Diagnose um 1843 auf den gedruckten Herbarzetteln der Sekt. II, no. 529, 1288 von Schimpers Herbarexemplaren abessinischer Pflanzen; gültig veröffentlicht wurde er jedoch erst, als A. Richard (Tent. Fl. Abyss. 1: 340. 1847) eine Beschreibung lieferte.

32.2. Erfolgte die gültige Veröffentlichung eines Namens durch Hinweis auf eine frühere, wirksam veröffentliche Beschreibung oder Diagnose, so muß er durch ein Element typisiert werden, das aus dem mit der betreffende Beschreibung oder Diagnose in Zusammenhang stehenden Material ausgewählt wurde.

Ex. 3. Da der Name *Adenanthera bicolor* Moon (1824) allein durch den Hinweis auf Rumphius, Herbarium Amboinense 3: t. 112, validiert wurde, ist wegen des Fehlens des der Zeichnung zugrunde liegenden Exemplars die zitierte Abbildung der Typus des Namens, nicht das in Kew deponierte, von Moon gesammelte Exemplar mit der Aufschrift '*Adenanthera bicolor*'.

32.3. Die Diagnose eines Taxons ist die Angabe dessen, wodurch sich das Taxon nach der Meinung ihres Autors von anderen Taxa unterscheidet.

32.4. Ein indirekter Hinweis ist der klare Verweis (durch Zitieren des Autornamens oder in irgendeiner anderen Weise) auf eine früher und wirksam veröffentlichte, zugehörige Beschreibung oder Diagnose.

Ex. 4. Kratzmannia Opiz (in Berchtold & Opiz, Oekon.-Techn. Fl. Böhm. 1/2: 398. 1836) ist mit einer Diagnose veröffentlicht, der Name wurde aber vom Autor nicht angenommen und deshalb nicht gültig veröffentlicht. Er ist eindeutig angenommen in Opiz (Seznam 56. 1852), aber ohne irgendeine Beschreibung oder Diagnose. Das Zitat '*Kratzmannia* O.' stellt einen indirekten Hinweis auf die früher, 1836, veröffentlichte Diagnose dar.

Ex. 5. Opiz veröffentlichte den Gattungsnamen *Hemisphace* (Bentham) Opiz (1852) ohne Beschreibung oder Diagnose; da er aber '*Hemisphace* Benth.' schrieb, wies er indirekt auf die früher wirksam veröffentlichte, von Bentham (Labiat. Gen. Spec. 193. 1833) gegebene Beschreibung von *Salvia* sect. *Hemisphace* hin.

Ex. 6. Die neue Kombination *Cymbopogon martini* (Roxb.) W. Watson (1882) wird durch die Nummer '309' validiert die, wie am Kopf derselben Seite erklärt wird, die laufende Nummer der Art (*Andropogon martini* Roxb.) in Steudel (Syn. Pl. Glum. 1: 388. 1854) ist. Obgleich der Hinweis auf das Basionym, *Andropogon martini*, indirekt ist, ist er völlig eindeutig.

32.5. Namen, die mit einer inkorrekten lateinischen Endung veröffentlicht wurden, jedoch im übrigen den Bestimmungen dieses Code entsprechen, werden als gültig veröffentlicht angesehen, sind jedoch den Art. 17–19, 21, 23 und 24 entsprechend zu ändern, ohne daß der Autorname oder das Datum der Veröffentlichung geändert wird.

Anm. 1. Unter gewissen Umständen wird eine Abbildung mit Analyse einer Beschreibung gleichgesetzt (vgl. Art. 42 u. 44).

Anm. 2. Bezüglich der Namen der Pflanzen-Taxa, die ursprünglich nicht als Pflanzen betrachtet wurden, vgl. Art. 45.

32.6. Autonyme (Art. 6–8) gelten als gültig veröffentlichte Namen und tragen das Datum der Publikation, in der sie geschaffen wurden (vgl. Art. 19.4, 22.2 und 26.2) gleichgültig ob sie in dieser Publikation gedruckt erscheinen oder nicht.

Empfehlung 32A

32A.1. Ein Name sollte nicht lediglich durch Hinweis auf eine vor 1753 erschienene Beschreibung oder Diagnose validiert werden.

Empfehlung 32B

32B.1. Die Beschreibung oder Diagnose eines neuen Taxons sollte die Merkmale angeben, in denen sich das Taxon von verwandten Taxa unterscheidet.

Empfehlung 32C

32C.1. Man sollte die Wahl von Namen vermeiden, die früher, ungültig, für ein anderes Taxon veröffentlicht worden sind.

Empfehlung 32D

32D.1. Beim Beschreiben neuer Taxa sollte man, wenn möglich, Abbildungen mit Einzelheiten beifügen, die das Identifizieren erleichtern.

32D.2. Es ist nützlich, in der Bildunterschrift das den Abbildungen zugrunde liegende Material anzugeben.

32D.3. Wer Abbildungen veröffentlicht, sollte die entsprechenden Maßstäbe genau angeben.

Empfehlung 32E

32E.1. Bei der Beschreibung oder Diagnose parasitischer Pflanzen sollte stets der Name des Wirts angegeben werden, besonders bei parasitischen Pilzen. Die Wirtsarten bezeichne man mit ihren wissenschaftlichen Namen und nicht allein mit Namen in lebenden Sprachen, da die Anwendung solcher Namen oft unsicher ist.

Artikel 33

33.1. Eine Kombination (Autonyme ausgenommen) ist nur dann gültig veröffentlicht, wenn der Autor deutlich macht, daß das betreffende Epitheton (oder

die betreffenden Epitheta) in dieser bestimmten Kombination gebraucht werden
soll.

Ex. 1. In Linnés Species Plantarum stehen die Epitheta auf dem Seitenrande dem Gattungsnamen
gegenüber, und hierdurch ist die beabsichtigte Kombination deutlich gemacht. Das gleiche Ergebnis
wird in Millers Gardeners Dictionary, 8. Ausgabe, durch den Einschluß des Epithetons in Klammern
unmittelbar hinter dem Gattungsnamen, in Steudels Nomenclator Botanicus durch listenmäßige
Anordnung der Epitheta mit dem Gattungsnamen als Überschrift und allgemein durch jedes
typographische Mittel erreicht, das verdeutlicht, daß ein Epitheton mit einem bestimmten Gattungs-
oder Artnamen verbunden ist.

Ex. 2. Die Feststellung von Rafinesque unter *Blephilia* (J. Phys. Chim. Hist. Nat. 89: 98. 1819), 'Le
type de ce genre est la *Monarda ciliata* Linn.', stellt keine Veröffentlichung der Kombination *Blephilia
ciliata* dar, da der Autor sie nicht ausdrücklich gebraucht. Ebenso ist die Kombination *Eulophus
peucedanoides* nicht Bentham aufgrund der Tatsache zuzuschreiben, daß '*Cnidium peucedanoides*,
H.B. et K.' unter *Eulophus* aufgeführt ist (in Bentham & Hooker, Gen. Pl. 1: 885. 1867).

33.2. Eine neue Kombination oder ein ausdrücklicher Ersatzname *(nomen
novum)*, welche seit dem 1. Jan. 1953 veröffentlicht wurden, sind nur dann gültig
veröffentlicht, wenn das früher gültig veröffentlichte Basionym (das den Namen
oder das Epitheton liefernde Synonym) oder das ersetzte Synonym (im Falle
eines nomen novum) deutlich angegeben und ein vollständiger und direkter
Hinweis auf seinen Autor und auf den Ort der gültigen Veröffentlichung, mit
Seitenangabe oder Tafelhinweis und Datum, gegeben wird. Beim Zitieren auftre-
tende bibliographische Irrtümer machen eine neue Kombination nicht ungültig.

Ex. 3. Bei der Überführung von *Ectocarpus mucronatus* Saund. nach *Giffordia* zitierten Kjeldsen &
Phinney (Madroño 22: 90. 27. Apr. 1973) das Basionym und dessen Autor, gaben aber keinen
Hinweis auf den Ort der gültigen Veröffentlichung. Später (Madroño 22: 154. 2. Juli 1973) validierten
sie das Binom *Giffordia mucronata* (Saund.) Kjeldsen & Phinney durch einen vollständigen und
direkten Hinweis auf den Ort der gültigen Veröffentlichung des Basionyms.

Ex. 4. *Aronia arbutifolia* var. *nigra* (Willd.) Seymour (1969) wurde als neue Kombination veröffentlicht 'Based on *Mespilus arbutifolia* L. var. *nigra* Willd., in Sp. Pl. 2: 1013. 1800'. Willdenow stellte
diese Pflanzen zur Gattung *Pyrus*, nicht *Mespilus*, und die Veröffentlichung erfolgte 1799, nicht 1800;
diese Fehler werden als bibliographische Irrtümer betrachtet, die die Veröffentlichung der neuen
Kombination nicht ungültig machen.

Ex. 5. Die Kombination *Trichipteris kalbreyeri* wurde von Tryon (Contr. Gray Herb. 200: 45. 1970)
vorgeschlagen, mit einem vollständigen und direkten Hinweis auf *Alsophila kalbreyeri* C. Chr. (Index
Filic. 44. 1905). Dies war jedoch nicht der Ort der gültigen Veröffentlichung des Basionyms, das
vorher, mit demselben Typus, von Baker (Summ. New Ferns 9. 1892) veröffentlicht worden war.
Tryons bibliographischer Irrtum macht diese neue Kombination nicht ungültig, die als *Trichipteris
kalbreyeri* (Baker) Tryon zitiert werden muß.

Ex. 6. Die Kombination *Lasiobelonium corticale* wurde von Raitviir (1980) vorgeschlagen, mit
einem vollständigen und direkten Hinweis auf *Peziza corticalis* Fr. (Syst. Mycol. 2: 96. 1822). Dies
war jedoch nicht der Ort der gültigen Veröffentlichung des Basionyms, die nach dem 1980 gültigen
Code bei Mérat (Nouv. Fl. Env. Paris ed. 2, 1: 22. 1821), nach dem jetzigen Code bei Persoon (Obs.
Mycol. 1: 28. 1796) erfolgte. Der bibliographische Irrtum von Raitviir macht die Veröffentlichung
der neuen Kombination nicht ungültig, die als *Lasiobelonium corticale* (Pers.) Raitviir zitiert werden
muß.

33.3. Ein bloßer Hinweis auf den Index Kewensis, den Index of Fungi oder auf irgend ein anderes Werk als dasjenige, in dem der Name gültig veröffentlicht wurde, stellt keinen vollständigen und direkten Hinweis auf die Originalveröffentlichung dar.

Anm. 1. Die gültige Veröffentlichung des Namens eines Taxons, das vorher unter einem falsch angewendeten Namen bekannt war, unterliegt den Bestimmungen von Art. 32–45. Dieses Verfahren ist nicht zu verwechseln mit der Veröffentlichung eines ausdrücklichen Ersatznamens *(nomen novum)* für einen zwar gültig veröffentlichen aber illegitimen Namen (Art. 72.1 (b)), dessen Typus notwendigerweise derselbe ist wie der des ersetzten Namens (Art. 7.9).

Ex. 7. Sadleria hillebrandii Robinson (1913) wurde als 'nom. nov.' für '*Sadleria pallida* Hilleb. Fl. Haw. Is. 582. 1888. Not Hook. & Arn. Bot. Beech. 75. 1832' eingeführt. Da die Bedingungen der Artikel 32–45 erfüllt waren, ist der Name gültig veröffentlicht (vor 1935 ist ein einfacher Hinweis auf eine frühere Beschreibung in jeder beliebigen Sprache für eine gültige Veröffentlichung ausreichend). Er wird jedoch als der Name einer neuen Art betrachtet, der durch den Hinweis auf Hillebrands Beschreibung von irrtümlich als *S. pallida* Hooker & Arn. bezeichneten Pflanzen validiert ist, nicht als ein nomen novum wie angegeben; Art. 7.9 ist somit nicht anwendbar.

Ex. 8. Juncus bufonius var. *occidentalis* F. J. Herm. (U.S. Forest Serv. Techn. Rep. RM-18: 14. 1975) wurde als 'nom. et stat. nov.' für *J. sphaerocarpus* 'auct. Am., non Nees' veröffentlicht. Der Name ist nicht gültig veröffentlicht, da weder eine lateinische Diagnose vorhanden ist, noch eine Angabe des Typus, noch ein Hinweis auf irgendeine frühere Veröffentlichung, wo diese Bedingungen erfüllt wären.

33.4. Der Name eines Taxons, dessen Rangstufe mit einem falsch angewendeten Fachausdruck (der dem Art. 5 nicht entspricht) bezeichnet ist, gilt als nicht gültig veröffentlicht; dies trifft beispielsweise zu, wenn eine Form in Varietäten eingeteilt ist, eine Art Gattungen umfaßt oder eine Gattung in Familien oder Tribus gegliedert ist.

Ex. 9. Die Namen Tribus *Involuta* Huth und Tribus *Brevipedunculata* Huth (Bot. Jahrb. Syst. 20: 365, 368. 1895) sind nicht gültig veröffentlicht, weil Huth den Fachausdruck 'Tribus' in der Gattung *Delphinium* fälschlich für eine Rangstufe unterhalb der Sektion verwendet hat.

Ex. 10. Gandoger benutzte in seiner Flora Europae (1883–1891) den Fachausdruck 'espèce' und verwendete die binäre Nomenklatur für zwei Kategorien von Taxa aufeinanderfolgender Rangstufen, deren höhere der Art in der zeitgenössischen Literatur entspricht. Er mißbrauchte den Fachausdruck 'espèce für eine niedrigere Rangstufe, und die Namen dieser Taxa (Gandoger's Mikrospezies) sind nicht gültig veröffentlicht.

33.5. Eine Ausnahme zu Art. 33.4 bilden die von Fries im Systema Mycologicum veröffentlichten, als Tribus bezeichneten Namen von Gattungs-Unterabteilungen, die als gültig veröffentlichte Namen von Gattungs-Unterabteilungen gelten.

Ex. 11. Agaricus Tribus *Pholiota* Fr. (1821) gilt als gültig veröffentlichtes Basionym des Gattungsnamens *Pholiota* (Fr.) Kummer (1871).

Artikel 34

34.1. Ein Name ist nicht gültig veröffentlicht, *(a)* wenn er vom Autor in der

Originalveröffentlichung nicht angenommen wird; *(b)* wenn er lediglich in Erwartung der zukünftigen Anerkennung der betreffenden Gruppe, oder einer bestimmten Umgrenzung, Stellung oder Rangstufe der Gruppe, vorgeschlagen wird (sogenannter provisorischer Name); *(c)* wenn er nur beiläufig erwähnt wird; *(d)* wenn er nur als Synonym angeführt ist; *(e)* wenn nur die untergeordneten Taxa erwähnt werden, die zum betreffenden Taxon gehören.

34.2. Artikel 34.1 (a) wird nicht auf Namen angewendet, die mit einem Fragezeichen oder einer anderen Angabe taxonomischen Zweifels versehen sind, jedoch vom Autor veröffentlicht und angenommen wurden. Artikel 34.1 (b) wird nicht auf Namen von Pilz-Anamorphen angewendet, die bei der Veröffentlichung in Erwartung der Entdeckung einer bestimmten teleomorphen Form in eine holomorphe Gattung einbezogen wurden.

34.3. Unter 'beiläufiger Erwähnung' eines neuen Namens oder einer neuen Kombination wird die Erwähnung durch einen Autor verstanden, der die Einführung des betreffenden Namens oder der betreffenden Kombination nicht beabsichtigt.

Ex. 1. (a) Der Name der monotypischen Gattung *Sebertia* Pierre (ms.) wurde von Baillon (Bull. Mens. Soc. Linn. Paris 2: 945. 1891) nicht angenommen und somit nicht gültig veröffentlicht. Obwohl er eine Beschreibung des Taxons gab, schrieb er die einzige Art *Sebertia acuminata* Pierre (ms.) der Gattung *Sersalisia* R. Br. als '*Sersalisia? acuminata*' zu; nach Art. 34.2 ist diese Kombination gültig veröffentlicht. Der Name *Sebertia* Pierre (ms.) wurde später von Engler (1897) gültig veröffentlicht.

Ex. 2. (a) Die Namen, die in der linken Spalte der von Stickman verteidigten Linnéschen Dissertation Herbarium Amboinense (1754) aufgeführt sind, wurden bei der Veröffentlichung von Linné nicht angenommen und sind nicht gültig veröffentlicht.

Ex. 3. (a) (b) Der Gattungsname *Conophyton* Haw., der von Haworth (Rev. Pl. Succ. 82. 1821) für *Mesembryanthemum* sect. *Minima* Haw. (Rev. Pl. Succ. 81. 1821) mit folgenden Worten vorgeschlagen wurde: 'If this section proves to be a genus, the name of *Conophyton* would be apt', wurde nicht gültig veröffentlicht, weil Haworth weder den Namen noch die Gattung angenommen hat. Der korrekte Gattungsname ist *Conophytum* N.E.Br. (1922).

Ex. 4. (d) *Acosmus* Desv. (in Desf., Cat. Pl. Horti Paris. 233. 1829), als Synonym des Gattungsnamens *Aspicarpa* Rich. angeführt, ist dadurch nicht gültig veröffentlicht.

Ex. 5. (d) *Ornithogalum undulatum* hort. Bouch. (in Kunth, Enum. Pl. 4: 348. 1843), als Synonym von *Myogalum boucheanum* Kunth angeführt, ist dadurch nicht gültig veröffentlicht; bei Versetzung in die Gattung *Ornithogalum* muß diese Art den Namen *Ornithogalum boucheanum* (Kunth) Ascherson (1866) führen.

Ex. 6. (d) Der Name *Erythrina micropteryx* Poeppig ist nicht dadurch gültig veröffentlicht, daß er in der Synonymie von *Micropteryx poeppigiana* Walp. (1850) angeführt ist; wird Walpers' Art zu *Erythrina* gestellt, so muß sie den Namen *Erythrina poeppigiana* (Walp.) Cook (1901) führen.

Ex. 7. (e) Der Familienname *Rhaptopetalaceae* Pierre (Bull. Mens. Soc. Linn. Paris 2: 1296. Mai 1897), dem nur die Erwähnung der zugehörigen Gattungen *Brazzeia*, *Scytopetalum* und *Rhaptopetalum* beigefügt war, ist nicht gültig veröffentlicht, da Pierre keine Beschreibung oder Diagnose gab; die Familie führt den späteren Namen *Scytopetalaceae* Engler (Okt. 1897), dem eine Beschreibung beigegeben ist.

Ex. 8. (e) Der Gattungsname *Ibidium* Salisb. (Trans. Hort. Soc. London 1: 291. 1812) wurde lediglich mit der Angabe von vier dazugehörigen Arten veröffentlicht; da Salisbury keine Beschreibung oder Diagnose der Gattung lieferte, ist der Name *Ibidium* ungültig.

34.4. Wenn vom 1. Januar 1953 an zwei oder mehr verschiedene Namen gleichzeitig für dasselbe Taxon von demselben Autor vorgeschlagen werden (sogenannte alternative Benennung), so ist keiner von diesen gültig veröffentlicht (vgl. aber Art. 59.2). Diese Bestimmung wird nicht auf Fälle angewendet, in denen dieselbe Kombination gleichzeitig auf verschiedenen Rangstufen benutzt wird, sei es für ein infraspezifisches Taxon innerhalb einer Art oder für eine Gattungs-Unterabteilung innerhalb einer Gattung (vgl. Empf. 22A.1–2, 26A.1–3).

Ex. 9. Die von Ducke (Arch. Jard. Bot. Rio de Janeiro 3: 23–29. 1922) beschriebenen Arten von *Brosimum* wurden außerdem mit Namen unter *Piratinera* in einer Fußnote (S. 23–24) veröffentlicht. Die Veröffentlichung dieser Namen ist gültig, da sie vor dem 1. Januar 1953 erfolgte.

Ex. 10. *Euphorbia jaroslavii* Polj. (Bot. Mater. Gerb. Bot. Inst. Komarova Akad. Nauk SSSR 15: 155. tab. 1953) wurde gleichzeitig mit dem Alternativnamen *Tithymalus jaroslavii* veröffentlicht. Keiner von beiden Namen wurde gültig veröffentlicht. Einer von ihnen, *Euphorbia yaroslavii* (mit einer anderen Transkription des Anfangsbuchstabens), wurde jedoch von Poljakov (1961) wirksam und gültig veröffentlicht mit einem Hinweis auf die frühere Publikation bei gleichzeitiger Verwerfung des anderen Namens.

Ex. 11. Die Beschreibung von '*Malvastrum bicuspidatum* subsp. *tumidum*, subsp. et var. nov.' (Brittonia 32: 474. 1980) validierte gleichzeitig beide Kombinationen: *M. bicuspidatum* subsp. *tumidum* S. R. Hill und *M. bicuspidatum* var. *tumidum* S. R. Hill.

Anm. 1. Der Name einer pilzlichen Holomorphe und der einer zugeordneten Anamorphe (vgl. Art. 59) sind, auch wenn sie gleichzeitig validiert wurden, keine Alternativnamen im Sinne des Artikels 34.4. Sie haben verschiedene Typen und beziehen sich nicht auf dasselbe Taxon: die Holomorphe schließt die Anamorphe mit ein, doch nicht umgekehrt.

Ex. 12. *Lasiosphaeria elinorae* Linder (1929), der Name einer pilzlichen Holomorphe, und der gleichzeitig veröffentlichte Name einer entsprechenden Anamorphe, *Helicosporium elinorae* Linder, sind beide gültig und können nach Art. 59.5 beide gebraucht werden.

Empfehlung 34A

34A.1. Man vermeide die Veröffentlichung oder Erwähnung unveröffentlichter Namen, die man selbst nicht annimmt, ganz besonders wenn diejenigen, die solche Namen gebildet haben, ihre Veröffentlichung nicht ausdrücklich gutgeheißen haben (vgl. Empf. 23B.1(i)).

Artikel 35

35.1. Vom 1. Jan. 1953 an ist ein neuer Name (oder eine neue Kombination) ohne deutliche Angabe der Rangstufe des Taxons, auf das er sich bezieht, nicht gültig veröffentlicht.

35.2. Vor dem 1. Jan. 1953 ist ein neuer Name oder eine neue Kombination ohne deutliche Angabe der Rangstufe gültig veröffentlicht, wenn alle anderen Bedingungen für eine gültige Veröffentlichung erfüllt sind; in Fragen der Priorität ist ein solcher Name jedoch unwirksam, es sei denn als Homonym (vgl. Art. 64.4).

Handelt es sich um einen neuen Namen, so kann er als Basionym oder ersetztes Synonym für spätere Kombinationen bzw. ausdrückliche Ersatznamen auf einer bestimmten Rangstufe dienen.

Ex. 1. Die Gruppen *Soldanellae, Sepincoli, Occidentales* usw. wurden von House (Muhlenbergia 4: 50. 1908) ohne Angabe einer Rangstufe unter der Gattung *Convolvulus* veröffentlicht. Diese Namen sind gültig veröffentlicht, gehören aber keiner bestimmten Rangstufe an und sind deshalb in Fragen der Priorität unwirksam, es sei denn als Homonyme.

Ex. 2. In der Gattung *Carex* wurde von Tuckerman (Enum. Caric. 8. 1843) das Epitheton *Scirpinae* für ein infragenerisches Taxon ohne festgelegte Rangstufe veröffentlicht. Kükenthal (in Engler, Pflanzenr. 38 (IV. 20): 81. 1909) wies ihm die Rangstufe einer Sektion zu; wenn es auf dieser Rangstufe anerkannt wird, muß es als *Carex* sect. *Scirpinae* (Tuckerman) Kükenthal zitiert werden.

35.3. Wird in einer vor dem 1. Jan. 1890 erschienenen Veröffentlichung nur eine infraspezifische Rangstufe anerkannt, so wird sie als Varietät betrachtet, wenn dies nicht den Angaben des Autors selbst in der gleichen Veröffentlichung widerspricht.

35.4. In Fragen der Angabe der Rangstufe müssen alle Veröffentlichungen als eine Einheit betrachtet werden, die unter dem gleichen Titel erschienen und vom gleichen Autor verfaßt sind, wie z.B. die einzelnen, zu unterschiedlichen Zeiten herausgegebenen Teile einer Flora (nicht jedoch verschiedene Auflagen desselben Werkes), und alle darin enthaltenen Angaben über die Bezeichnung der Rangstufen der in dem Werk aufgeführten Taxa müssen so behandelt werden, als wären sie zusammen mit der ersten Lieferung erschienen.

Artikel 36

36.1. Seit dem 1. Jan. 1935 muß der Name eines neuen Taxons von Pflanzen (mit Ausnahme der Algen und aller Fossilien), um gültig veröffentlicht zu sein, von einer lateinischen Beschreibung oder Diagnose oder einem Hinweis auf eine frühere, wirksam veröffentlichte lateinische Beschreibung oder Diagnose begleitet sein (vgl. aber Art. H.9).

Ex. 1. Die Namen *Schiedea gregoriana* Degener (Fl. Hawaiiensis, fam. 119. 1936, 9. Apr.) und *S. kealiae* Caum & Hosaka (Occas. Pap. Bernice Pauahi Bishop Mus. 11(23): 3. 1936, 10. Apr.) wurden für die gleiche Pflanze vorgeschlagen; der Typus des erstgenannten Namens ist ein Teil des Originalmaterials des letztgenannten. Da dem Namen *S. gregoriana* keine lateinische Beschreibung oder Diagnose beigegeben ist, ist er nicht gültig veröffentlicht, und der später veröffentlichte Name *S. kealiae* ist legitim.

36.2. Seit dem 1. Jan. 1958 muß der Name eines neuen Taxons nichtfossiler Algen, um gültig veröffentlicht zu sein, von einer lateinischen Beschreibung oder Diagnose oder einem Hinweis auf eine frühere, wirksam veröffentlichte lateinische Beschreibung oder Diagnose des Taxons begleitet sein.

36.A.1. Autoren, die Namen neuer Taxa nichtfossiler Pflanzen veröffentlichen, sollten außer der Diagnose eine vollständige Beschreibung in lateinischer Sprache geben oder zitieren.

Artikel 37

37.1. Seit dem 1. Jan. 1958 ist der Name eines neuen Taxons auf der Rangstufe der Familie oder darunter nur dann gültig veröffentlicht, wenn der nomenklatorische Typus angegeben wird (vgl. Art. 7–10; aber vgl. Art. H.9, Anm. 1 bezüglich der Namen bestimmter Bastarde).

37A.1. Die Angabe des nomenklatorischen Typus sollte unmittelbar der lateinischen Beschreibung oder Diagnose folgen, wobei dieser Angabe das lateinische Wort 'typus' (oder 'holotypus' usw.) unmittelbar vor- oder nachgesetzt werden sollte.

37B.1. Ist der Typus des Namens eines neuen Taxons ein Exemplar, so sollte die Stelle angegeben werden, wo dieses aufbewahrt wird.

Artikel 38

38.1. Seit dem 1. Jan. 1912 muß dem Namen eines neuen Taxons fossiler Pflanzen auf der Rangstufe der Art oder darunter, damit er gültig veröffentlicht ist, außer der Beschreibung oder Diagnose noch eine Abbildung, die die wesentlichen Merkmale zeigt, oder ein Hinweis auf eine frühere, wirksam veröffentlichte Abbildung beigegeben sein.

Artikel 39

39.1. Seit dem 1. Jan. 1958 muß dem Namen eines neuen Taxons nichtfossiler Algen auf der Rangstufe der Art oder darunter, damit er gültig veröffentlicht ist, außer der lateinischen Beschreibung oder Diagnose noch eine Abbildung, die die morphologischen Unterscheidungsmerkmale zeigt, oder ein Hinweis auf eine frühere, wirksam veröffentlichte Abbildung beigegeben sein.

39A.1. Die nach Art. 39 erforderliche Abbildung sollte nach konkreten Exemplaren angefertigt werden, möglichst unter Einbeziehung des Holotypus.

Artikel 40

40.1. Auf der Rangstufe der Art oder darunter sind Bastarden gegebene Namen mit lateinischen Epitheta, um gültig veröffentlicht zu sein, denselben Regeln wie die Namen der nichthybriden Taxa gleicher Rangstufe unterworfen.

Ex. 1. Der Name *Nepeta* × *faassenii* Bergmans (in Vaste Pl. ed. 2. 544. 1939, mit einer holländischen Beschreibung und in Gentes Herb. 8: 64. 1949, mit einer englischen Beschreibung) ist nicht gültig veröffentlicht, da er nicht von einer lateinischen Beschreibung oder Diagnose begleitet oder damit in Verbindung gebracht ist. Der Name *Nepeta* × *faassenii* Bergmans ex Stearn (1950) ist gültig veröffentlicht, dar er von einer lateinischen Beschreibung und einer Typusbezeichnung begleitet ist.

Ex. 2. Der Name *Rheum* × *cultorum* Thorsrud & Reis. (Norske Plantenavr. 95. 1948) ist nicht gültig veröffentlicht, da er hier ein nomen nudum ist.

Ex. 3. Der Name *Fumaria* × *salmonii* Druce (List Brit. Pl. 4. 1908) ist nicht gültig veröffentlicht, weil nur die vermutliche Abstammung des Bastards angegeben ist: *F. densiflora* × *F. officinalis*.

Anm. 1. Bezüglich der Namen der Bastarde auf der Rangstufe der Gattung oder einer Gattungs-Unterabteilung vgl. Art. H.9.

40.2. Hinsichtlich der Priorität sind Bastarden gegebene Namen in lateinischer Form denselben Regeln wie die Namen der nichthybriden Taxa entsprechender Rangstufe unterworfen.

Ex. 4. Für den Bastard *Aster* × *Solidago* hat der Name × *Solidaster* Wehrh. (1932) Priorität gegenüber dem Namen × *Asterago* Everett (1937).

Ex. 5. Für den Bastard *Gaultheria* × *Pernettya* hat der Name × *Gaulnettya* W. J. Marchant (1937) Priorität gegenüber dem Namen × *Gaulthettya* Camp (1939).

Ex. 6. Als Binom für die aus der Kreuzung *Anemone hupehensis* × *A. vitifolia* hervorgegangenen Bastarde hat *A.* × *hybrida* Paxton (1848) Priorität gegenüber *A.* × *elegans* Decne. (1852), pro sp.

Ex. 7. 1927 veröffentlichte Aimée Camus (Bull. Mus. Hist. Nat. (Paris) 33: 538. 1927) den Namen *Agroelymus* als 'Gattungsnamen' eines intergenerischen Bastards ohne eine lateinische Diagnose oder Beschreibung; sie erwähnte nur die Namen der beteiligten Eltern (*Agropyron* und *Elymus*). Da dieser Name nach dem damals verbindlichen Code (Stockholm 1950) nicht gültig veröffentlicht war, veröffentlichte Jacques Rousseau 1952 (Mém. Jard. Bot. Montréal 29: 10–11) eine lateinische Diagnose. Das Datum der gültigen Veröffentlichung des Namens × *Agroelymus* ist nach dem jetzigen Code (Art. H.9) jedoch 1927, nicht 1952, und der Name hat auch Priorität über × *Elymopyrum* Cugnac (Bull. Soc. Hist. Nat. Ardennes 33: 14. 1938, mit Angabe der Abstammung und französischer, nicht aber lateinischer Beschreibung).

Artikel 41

41.1. Der Name einer Familie muß, um gültig veröffentlicht zu sein, *(a)* von einer Beschreibung oder Diagnose der Familie oder *(b)* von einem (direkten oder indirekten) Hinweis auf eine frühere, wirksam veröffentlichte Beschreibung oder Diagnose einer Familie oder der Unterabteilung einer Familie begleitet sein.

41.2. Ein Gattungsname muß, um gültig veröffentlicht zu sein, *(a)* von einer Beschreibung oder Diagnose der Gattung (vgl. aber Art. 42) oder *(b)* von einem (direkten oder indirekten) Hinweis auf eine frühere, wirksam veröffentlichte Beschreibung oder Diagnose einer Gattung oder Gattungs-Unterabteilung begleitet sein.

Ex. 1. Gültig veröffentlichte Gattungsnamen: *Carphalea* A. L. Juss., mit Beschreibung der Gattung; *Thuspeinanta* T. Durand, mit Hinweis auf die früher beschriebene Gattung *Tapeinanthus* Boiss. (non Herbert); *Aspalathoides* (DC.) K. Koch, gegründet auf die früher beschriebene Sektion *Anthyllis* sect.

Aspalathoides DC.; *Scirpoides* Scheuchzer ex Séguier (Pl. Veron. Suppl. 73. 1754), dort angenommen, aber ohne Gattungsbeschreibung, validiert durch den indirekten Hinweis (durch den Titel des Buches und eine allgemeine Erklärung im Vorwort) auf die Gattungsdiagnose und weitere direkte Verweise bei Séguier (Pl. Veron. 1. 117. 1745).

Anm. 1. Eine Ausnahme zu Art. 41.2 bilden die von Linné in Species Plantarum ed. 1 (1753) und ed. 2 (1762–1763) neu veröffentlichten Gattungsnamen, die mit diesen Daten als gültig veröffentlicht angesehen werden (vgl. Art. 13.4).

Anm. 2. Unter gewissen Umständen wird eine Abbildung mit Analysen einer Gattungsbeschreibung gleichgesetzt (vgl. Art. 42.2).

Artikel 42

42.1. Die Namen einer Gattung und einer Art können gleichzeitig mit derselben Beschreibung oder Diagnose (*descriptio generico-specifica*) gültig veröffentlicht werden, selbst wenn diese nur für die Gattung oder die Art bestimmt war, wenn alle folgenden Bedingungen erfüllt sind: *(a)* die Gattung ist zum Zeitpunkt der Veröffentlichung monotypisch; *(b)* es wurde vorher noch kein anderer Name (auf jeder beliebigen Rangstufe) gültig veröffentlicht, der auf denselben Typus gegründet war; und *(c)* die Namen für die Gattung und Art kommen sonst den Bestimmungen für eine gültige Veröffentlichung nach. Der Hinweis auf eine frühere Beschreibung oder Diagnose kann nicht als Ersatz für eine solche Beschreibung oder Diagnose dienen.

Anm. 1. Eine monotypische Gattung ist in diesem Zusammenhang eine Gattung, unter der nur ein Binom gültig veröffentlicht ist. Das gilt auch dann, wenn der Autor darauf hinweist, daß der Gattung weitere Arten zugeordnet werden können.

Ex. 1. *Strophioblachia fimbriicalyx* Boerl. ist eine neue, der monotypischen neuen Gattung *Strophioblachia* zugewiesene Art ohne eigene Beschreibung. Beide Namen sind mit derselben, gemeinsamen Beschreibung gültig veröffentlicht.

Ex. 2. *Piptolepsis phillyreoides* Bentham ist eine neue, der monotypischen neuen Gattung *Piptolepsis* zugewiesene Art. Beide Namen sind mit derselben, gemeinsamen Beschreibung gültig veröffentlicht.

Ex. 3. Als er den Namen *Phaelypea* ohne Gattungsbeschreibung veröffentlichte, beschrieb P. Browne (Civ. Nat. Hist. Jamaica 269. 1756) in dieser Gattung eine einzige Art, benannte sie jedoch mit einer Phrase, nicht mit einem gültigen Binom. Artikel 42 ist deshalb nicht anwendbar, und der Name *Phaelypea* ist nicht gültig veröffentlicht.

42.2. Vor dem 1. Jan. 1908 ist eine Abbildung mit Analyse, oder bei Nicht-Gefäßpflanzen eine einzelne Abbildung, die Einzelheiten zur Erleichterung der Identifizierung zeigt, als Ersatz für eine Beschreibung oder Diagnose im Sinne dieses Artikels annehmbar.

Anm. 2. Eine Analyse ist in diesem Zusammenhang eine Abbildung oder eine Gruppe von Abbildungen, die im allgemeinen vom Habitusbild der Pflanze getrennt ist (wenn auch gewöhnlich auf derselben Seite bzw. Tafel wiedergegeben) und Einzelheiten zur Erleichterung der Identifizierung zeigt, gleichgültig ob mit oder ohne gesonderte Bildunterschrift.

Ex. 4. Der Gattungsname *Philgamia* Baillon (1894) ist gültig veröffentlicht, denn er erschien vor dem 1. Jan. 1908 auf der von einer Analyse begleiteten Bildtafel der einzigen ihm zugeordneten Art, *P. hibbertioides* Baillon.

Artikel 43

43.1. Ein Name eines Taxons unterhalb der Gattung ist nur dann gültig veröffentlicht, wenn der Name der zugehörigen Gattung oder Art gleichzeitig oder früher gültig veröffentlicht wurde.

Ex. 1. *Suaeda baccata*, *Suaeda vera* und Namen für vier andere *Suaeda*-Arten wurden mit Diagnosen und Beschreibungen von Forsskål (Fl. Aegypt.-Arab. 69–71. 1775) veröffentlicht; er lieferte jedoch keine Diagnose oder Beschreibung der Gattung. Die Artnamen wurden folglich ebensowenig wie der Gattungsname gültig veröffentlicht.

Ex. 2. 1880 veröffentlichte Müller Argoviensis (Flora 63: 286) die neue Gattung *Phlyctidia* mit den Arten *P. hampeana* n. sp., *P. boliviensis* (= *Phlyctis boliviensis* Nyl.), *P. sorediiformis* (= *Phlyctis sorediiformis* Kremp.), *P. brasiliensis* (= *Phlyctis brasiliensis* Nyl.) und *P. andensis* (= *Phlyctis andensis* Nyl.). Die Artnamen sind jedoch an dieser Stelle nicht gültig veröffentlicht, weil der Gattungsname *Phlyctidia* nicht gültig veröffentlicht wurde. Müller gab keine Gattungsbeschreibung oder -diagnose, sondern nur eine Beschreibung und Diagnose der neuen Art *P. hampeana*. Diese Beschreibung und Diagnose kann den Gattungsnamen nicht wie eine descriptio generico-specifica nach Art. 42 validieren, weil die neue Gattung nicht monotypisch war. Die gültige Veröffentlichung des Namens *Phlyctidia* erfolgte 1895 durch Müller, der eine kurze Gattungsdiagnose gab. Die einzigen hier angeführten Arten sind *P. ludoviciensis* n. sp. und *P. boliviensis* (Nyl.). Diese letztgenannte Kombination wurde 1895 durch den Hinweis auf das Basionym gültig veröffentlicht.

Anm. 1. Dieser Artikel findet auch für Art- und andere Epitheta Anwendung, die unter Wörtern veröffentlicht sind, die nicht als Gattungsnamen zu betrachten sind (vgl. Art. 20.4).

Ex. 3. Die binäre Kombination *Anonymos aquatica* Walter (Fl. Carol. 230. 1788) ist nicht gültig veröffentlicht. Der korrekte Name der betreffende Art ist *Planera aquatica* J. F. Gmelin (1791), und für den Namen gilt in Prioritätsfragen das Datum 1791. Die Art darf nicht als *Planera aquatica* (Walter) J. F. Gmelin zitiert werden.

Ex. 4. Die binäre Kombination *Scirpoides paradoxus* Rottb. (Descr. Pl. Rar. Progr. 27. 1772) ist nicht gültig veröffentlicht, weil *Scirpoides* in diesem Zusammenhang ein Wort ist, das keinen Gattungsnamen bedeuten soll. Der erste gültig veröffentlichte Name der Art ist *Fuirena umbellata* Rottb. (1773).

Artikel 44

44.1. Der Name einer Art oder eines infraspezifischen Taxons, der vor dem 1. Jan. 1908 veröffentlicht worden ist, ist auch dann gültig veröffentlicht, wenn ihm nur eine Abbildung mit Analyse beigegeben ist (vgl. Art. 42, Anm. 2).

Ex. 1. *Panax nossibiensis* Drake (1896) wurde auf einer Tafel mit Analyse gültig veröffentlicht.

44.2. Einzelabbildungen von Nicht-Gefäßpflanzen, die Einzelheiten zur Erleichterung der Identifizierung zeigen, gelten als Abbildungen mit Analyse (vgl. Art. 42, Anm. 2).

Ex. 2. *Eunotia gibbosa* Grunow (1881), der Name einer Diatomee, ist aufgrund der Einzelabbildung einer Schale gültig veröffentlicht.

Artikel 45

45.1. Das Datum eines Namens ist das seiner gültigen Veröffentlichung. Sind die verschiedenen Bedingungen für eine gültige Veröffentlichung nicht gleichzeitig erfüllt, so gilt als Datum dasjenige, an dem die letzte Bedingung erfüllt wurde. Der Name muß jedoch am Ort der gültigen Veröffentlichung immer ausdrücklich angenommen sein. Seit dem 1. Jan. 1973 ist ein Name, für den die verschiedenen Bedingungen für eine gültige Veröffentlichung nicht gleichzeitig erfüllt sind, nicht gültig veröffentlicht, wenn nicht ein ausführlicher und direkter Hinweis auf die Stelle oder Stellen gegeben wird, wo diese Bedingungen vorher erfüllt wurden.

Ex. 1. Der Name *Clypeola minor* wurde zuerst in der Linnéschen Dissertation Flora Monspeliensis (1756) veröffentlicht, und zwar in einer Liste mit Zahlen versehener Namen, aber ohne eine Erklärung der Bedeutung dieser Zahlen und ohne irgendeinen anderen beschreibenden Text. Beim Neudruck der Dissertation in Band 4 der Amoenitates Academicae (1759) wurde sie durch die erklärende Feststellung ergänzt, daß die Zahlen auf frühere, in Magnols Botanicon Monspeliense veröffentlichte Beschreibungen verwiesen. Der Name *Clypeola minor* fehlte jedoch in dem Neudruck, weil er von Linné nicht mehr angenommen wurde, und ist deshalb nicht gültig veröffentlicht.

Ex. 2. *Alyssum gionae* war einer von mehreren neuen Artnamen, die Quézel & Contandriopoulos (Naturalia Monspel. Sér. Bot. 16: 89–149. 1965) mit einer lateinischen Diagnose, aber ohne Angabe eines Typus veröffentlichten. Später (Taxon 16: 240. 1967) bezeichneten sie ein Typusexemplar für diesen Namen und gaben gleichzeitig einen Hinweis auf die frühere Beschreibung und Diagnose. Obwohl dieser Hinweis wegen des Fehlens der Seitenzahl nicht vollständig und direkt war, wurde 1967 *Alyssum gionae* Quézel & Contandr. gültig veröffentlicht.

45.2. Eine Berichtigung der ursprünglichen Schreibweise eines Namens (vgl. Art. 73) beeinflußt nicht das Datum seiner gültigen Veröffentlichung.

Ex. 3. Die Berichtigung des Rechtschreibfehlers im Namen *Gluta benghas* L. (Mant. 293. 1771), der richtig *Gluta renghas* lautet, beeinflußt nicht das Veröffentlichungsdatum des Namens, wenn auch die Berichtigung erst 1883 erfolgte (Engler in A. DC. & C. DC., Monogr. Phan. 4: 225).

45.3. Für die Priorität kommen nur legitime Namen in Betracht (vgl. Art. 11, 63–67). Jedoch bewirken gültig veröffentlichte ältere Homonyme, seien sie legitim oder nicht, die Verwerfung ihrer jüngeren Homonyme, es sei denn, die letztgenannten sind geschützt.

45.4. Wird ein Taxon, das ursprünglich einer Gruppe zugewiesen wurde, die diesem Code nicht unterliegt, als zu einer Pflanzengruppe (außer den Algen) gehörend behandelt, so werden Autorschaft und Datum seiner Namen durch die erste Veröffentlichung festgelegt, die den Bestimmungen für eine gültige Veröffentlichung gemäß diesem Code nachkommt. Wird das Taxon als zu den Algen gehörend behandelt, so müssen seine Namen nur den Bestimmungen des zuständigen nichtbotanische Code für einen der gültigen Veröffentlichung im Sinne des botanischen Code entsprechenden Status nachkommen (vgl. aber Art. 65 bezüglich Homonymie).

Ex. 4. Amphiprora Ehrenb. (1843) ist der verfügbare* Name einer Tiergattung, die zuerst von Kützing (1844) als zu den Algen gehörend behandelt wurde. Die Priorität von *Amphiprora* datiert in der botanischen Nomenklatur von 1843, nicht von 1844.

Ex. 5. Petalodinium J. Cachon & M. Cachon (Protistologica 5: 16. 1969) ist im Sinne der internationalen Regeln für die zoologische Nomenklatur als Name einer Dinoflagellatengattung verfügbar. Wird das Taxon als zu den Algen gehörend behandelt, so bleibt der Name mit den ursprünglichen Autoren und dem ursprünglichen Datum verbunden, obwohl in der Originalveröffentlichung eine lateinische Diagnose fehlte.

Ex. 6. Obwohl *Labyrinthodyction* Valkanov (Progr. Protozool. 3: 373. 1969) im Sinne der internationalen Regeln für die zoologische Nomenklatur als Name einer Rhizopodengattung verfügbar ist, ist der Name nicht gültig veröffentlicht, wenn das Taxon als zu den Pilzen gehörend behandelt wird, weil in der Originalveröffentlichung eine lateinische Diagnose fehlte.

Ex. 7. Protodiniferidae Kofoid & Swezy (Mem. Univ. Calif. 5: 111. 1921), ein im Sinne der internationalen Regeln für die zoologische Nomenklatur verfügbarer Name, ist unter Beibehaltung von Autorschaft und Datum, als Name einer Algenfamilie gültig; die Endung -*idae* muß aber in -*aceae* geändert werden (gemäß Art. 18.4 und 32.5).

Empfehlung 45A

45A.1. Werden neue Namen in Werken gebraucht, die in einer lebenden Sprache verfaßt sind (Floren, Kataloge usw.), so sollten gleichzeitig die Bedingungen für deren gültige Veröffentlichung erfüllt werden.

Empfehlung 45B

45B.1. Die Erscheinungsdaten von Veröffentlichungen sollten stets genau angegeben werden. In einem lieferungsweise erscheinenden Werk sollten auf dem zuletzt veröffentlichten Bogen jedes Bandes die genauen Publikationsdaten der einzelnen Lieferungen oder Teile verzeichnet sein, mit Angabe der dazugehörigen Seitenzahlen und Tafeln.

Empfehlung 45C

45C.1. Auf Sonderdrucken von Arbeiten, die in einer Zeitschrift veröffentlicht wurden, sollten der Name der Zeitschrift, die Band- oder Heftnummer, die ursprüngliche Paginierung und das Erscheinungsdatum (Jahr, Monat und Tag) angegeben werden.

ABSCHNITT 3. AUTORNAMEN UND LITERATURZITATE

Artikel 46

46.1. Damit die Angabe des Namens eines Taxons genau und vollständig ist und damit sein Publikationsdatum leicht festgestellt werden kann, muß man den Namen des Autors (die Namen der Autoren) zitieren, der (die) den betreffenden Namen gültig veröffentlichte(n), falls nicht die Bestimmungen für Autonyme Anwendung finden (Art. 19.3, 22.1 und 26.1; vgl. auch Art. 16.1).

Ex. 1. Rosaceae A. L. Juss., *Rosa* L., *Rosa gallica* L., *Rosa gallica* var. *eriostyla* R. Keller, *Rosa gallica* L. var. *gallica.*

---

* In den internationalen Regeln für die zoologische Nomenklatur ist 'verfügbar' gleichwertig mit 'gültig veröffentlicht' im Internationalen Code der Botanischen Nomenklatur.

Empfehlung 46A

46A.1. Die Autornamen hinter den Pflanzennamen können, wenn sie nicht ganz kurz sind, in abgekürzter Form angegeben werden. Zu diesem Zweck werden die Partikel weggelassen, falls sie nicht ein untrennbarer Bestandteil des Namens sind; man gibt die ersten Buchstaben an, ohne einen auszulassen (Lam. für J. B. P. A. Monet Chevalier de Lamarck, aber De Wild. für E. De Wildeman).

46A.2. Ist ein einsilbiger Name so lang, daß sich die Abkürzung lohnt, so gibt man nur die ersten Konsonanten an (Fr. für Elias Magnus Fries); bei zwei- und mehrsilbigen Namen gibt man die erste Silbe an und außerdem den ersten Buchstaben der folgenden Silbe oder ihre beiden ersten Buchstaben, falls es Konsonanten sind (Juss. für Jussieu; Rich. für Richard).

46A.3. Ist man genötigt, weniger abzukürzen, um eine Verwechslung zwischen Namen zu verhüten, die mit derselben Silbe beginnen, so verfährt man ebenso und gibt z.b. die beiden ersten Silben nebst dem ersten oder den beiden ersten Konsonanten der dritten Silbe an, oder man fügt einen der letzten charakteristischen Konsonanten des Namens bei (Bertol. für Bertoloni, zum Unterschied von Bertero; Michx. für Michaux, zum Unterschied von Micheli).

46A.4. Die Vornamen oder andere zusätzliche Bezeichnungen, durch die Botaniker gleichen Namens unterschieden werden, kürzt man in entsprechender Weise ab (Adr. Juss. für Adrien de Jussieu; Gaertner f. für Gaertner filius; J. F. Gmelin für Johann Friedrich Gmelin; J. G. Gmelin für Johann Georg Gmelin; C. C. Gmelin für Carl Christian Gmelin; S. G. Gmelin für Samuel Gottlieb Gmelin; Müll. Arg. für Jean Müller aus Aargau).

46A.5. Ist es üblich geworden, einen Namen anders abzukürzen, so folgt man am besten dem Brauch (L. für Linné, DC. für de Candolle, St.-Hil. für Saint-Hilaire, R. Br. für Robert Brown).

Empfehlung 46B

46B.1. Beim Zitieren des Autors des wissenschaftlichen Namens eines Taxons sollte normalerweise die Transkription des Autornamens (bzw. der Autornamen) in lateinische Schrift angenommen werden, die in der ursprünglichen Veröffentlichung benutzt wurde. Hat der Autor keine Transkription seines Namens in lateinische Schrift verwendet oder gebrauchte er zu verschiedenen Zeiten unterschiedliche Transkriptionen, so sollte die Schreibweise angenommen werden, die der Autor bekanntermaßen bevorzugte oder die von ihm am häufigsten gebraucht wurde. Beim Fehlen entsprechender Informationen sollte der Autorname gemäß den internationalen Normen transkribiert werden.

46B.2. Autoren wissenschaftlicher Namen, die ihren Eigennamen in nichtlateinischer Schrift schreiben, sollten ihn am besten (aber nicht notwendigerweise) gemäß den internationalen Normen und, zur Vermeidung typographischer Schwierigkeiten, ohne diakritische Zeichen in lateinische Schrift transkribieren. Hat ein Autor sich einmal für eine bestimmte Transkription seines Namens entschieden, so sollte er diese später konsequent gebrauchen. Wenn immer möglich, sollten die Autoren Herausgebern oder Verlegern nicht gestatten, die Transkription ihrer Namen abzuändern.

Empfehlung 46C

46C.1. Ist ein Name von zwei Autoren gemeinsam veröffentlicht worden, so sollten beider Namen, durch das Wort 'et' order durch das Et-Zeichen (&) verbunden, zitiert werden.

Ex. 1. Didymopanax gleasonii Britton et Wilson (oder Britton & Wilson).

46C.2. Ist ein Name von mehr als zwei Autoren gemeinsam veröffentlicht worden, so sollte das Zitat auf den ersten Autor beschränkt werden und von 'et al.' gefolgt sein.

Ex. 2. Lapeirousia erythrantha var. *welwitschii* (Baker) Geerinck, Lisowski, Malaisse & Symoens (Bull. Soc. Roy. Bot. Belgique 105: 336. 1972) sollte als *L. erythrantha* var. *welwitschii* (Baker) Geerinck et al. zitiert werden.

Empfehlung 46D

46D.1. Wird ein Name mit einer Beschreibung oder Diagnose, oder mit einem Hinweis auf eine Beschreibung oder Diagnose, von einem Autor in der Arbeit eines anderen Autors veröffentlicht, so sollte man das Wort 'in' zur Verbindung der beiden Autornamen gebrauchen. In solchen Fällen ist der Name des Autors, der die Beschreibung oder Diagnose gibt, der wichtigere und sollte beibehalten werden, wenn die Abkürzung eines solchen Autorzitats erwünscht ist.

Ex. 1. Viburnum ternatum Rehder in Sargent, Trees and Shrubs 2: 37 (1907) oder *V. ternatum* Rehder; *Teucrium charidemi* Sandw. in Lacaita, Cavanillesia 3: 38 (1930) oder *T. charidemi* Sandw.

Empfehlung 46E

46E.1. Wenn ein Autor, der einen Namen gültig veröffentlicht, ihn einer anderen Person zuschreibt, so ist das korrekte Autorzitat der Name des tatsächlich veröffentlichenden Autors; man kann aber, wenn es erwünscht ist, den Namen der anderen Person gefolgt vom Wort 'ex' vor dem Namen des Autors einfügen, der die Veröffentlichung vornimmt. Dasselbe gilt für Namen gärtnerischen Ursprungs, die man 'hort.' (hortulanorum) zuschreibt.

Ex. 1. Gossypium tomentosum Seemann oder *G. tomentosum* Nutt. ex Seemann; *Lithocarpus polystachyus* (A. DC.) Rehder oder *L. polystachyus* (Wall. ex A. DC.) Rehder; *Orchis rotundifolia* Pursh oder *O. rotundifolia* Banks ex Pursh; *Carex stipata* Willd. oder *C. stipata* Muhlenb. ex Willd.; *Gesneria donklarii* Hooker oder *G. donklarii* hort. ex Hooker.

46E.2. Wenn ein Autor, der einen Namen gültig veröffentlicht, ihn einem Autor zuschreibt, der den Namen vor dem nomenklatorischen Ausgangspunkt der betreffenden Gruppe (Art. 13.1) veröffentlichte, so kann, wenn es für nützlich oder wünschenswert gehalten wird, das Autorzitat den Namen des Autors, der vor dem Ausgangspunkt den Namen veröffentlichte, gefolgt vom Wort 'ex' wie in Empf. 46E.1 enthalten.

Ex. 2. Lupinus L. oder *Lupinus* Tourn. ex L.; *Euastrum binale* Ralfs oder *E. binale* Ehrenb. ex Ralfs.

Empfehlung 46F

46F.1. Die Autoren neuer Namen von Taxa sollten den Ausdruck 'nobis' (*nob.*) oder einen ähnlichen Hinweis auf sich selbst als Autorangabe vermeiden und in jedem Falle ihre eigenen Namen zitieren.

Artikel 47

47.1. Eine Änderung in den diagnostischen Merkmalen oder in der Umgrenzung eines Taxons, ohne Ausschluß des Typus, berechtigt nicht dazu, einen anderen Autor zu zitieren als denjenigen, der zuerst den Namen des Taxons veröffentlicht hat.

Beispiele: vgl. unter Art. 51.

Empfehlung 47A

47A.1. Ist eine Änderung gemäß Art. 47 erheblich, so kann die Art der Änderung angegeben werden, indem man Ausdrücke hinzufügt, die gegebenenfalls abgekürzt werden, wie 'emendavit' (*emend.*), (gefolgt vom Namen des Autors, der für die Änderung verantwortlich ist), 'mutatis characteribus' (*mut. char.*), 'pro parte' (*p.p.*), 'excluso genere' oder 'exclusis generibus' (*excl. gen.*), 'exclusa specie' oder 'exclusis speciebus' (*excl. sp.*), 'exclusa varietate' oder 'exclusis varietatibus' (*excl. var.*), 'sensu amplo' (*s. ampl.*), 'sensu stricto' (*s. str.*), usw.

Ex. 1. Phyllanthus L. emend. Müll. Arg.; *Globularia cordifolia* L. excl. var. (emend. Lam.).

Artikel 48

48.1. Nimmt ein Autor einen vorhandenen Namen auf, dessen ursprünglichen Typus er jedoch ausdrücklich ausschließt, so betrachtet man dies als Veröffentlichung eines jüngeren, allein diesem Autor zuzuschreibenden Homonyms. Gebraucht ein Autor einen Namen und verweist auf ein scheinbares Basionym, dessen Typus er jedoch ausdrücklich ausschließt, so betrachtet man dies ebenfalls als die Veröffentlichung eines neuen Namens, der allein diesem Autor zuzuschreiben ist. Der ausdrückliche Ausschluß kann dadurch bewirkt werden, daß derselbe Autor den Typus gleichzeitig in ein anderes Taxon einschließt (vgl. auch Art. 59.6.).

Ex. 1. Sirodot (1872) stellte den Typus von *Lemanea* Bory (1808) zu *Sacheria* Sirodot (1872); dementsprechend muß *Lemanea* im Sinne von Sirodot (1872) als *Lemanea* Sirodot non Bory zitiert werden und nicht als *Lemanea* Bory emend. Sirodot.

Ex. 2. Der von Decaisne veröffentlichte Name *Amorphophallus campanulatus* beruhte scheinbar auf *Arum campanulatum* Roxb. Der Typus des letztgenannten Namens wurde von Decaisne jedoch ausdrücklich ausgeschlossen, und der Name muß als *Amorphophallus campanulatus* Decne. zitiert werden, nicht als *Amorphophallus campanulatus* (Roxb.) Decne.

Anm. 1. Die falsche Anwendung einer neuen Kombination für ein anderes Taxon, ohne ausdrücklichen Ausschluß des Typus des Basionyms wird, in Art. 55.2 und 56.2 behandelt.

Anm. 2. Man kann einen Namen in einem Sinne, der den Typus ausschließt, nur durch Konservierung beibehalten (vgl. Art. 14.8).

Artikel 49

49.1. Wenn eine Gattung oder ein Taxon niedrigeren Ranges die Rangstufe ändert, aber den Namen oder das Epitheton beibehält, muß der Name des Autors des früheren, das Epitheton liefernden legitimen Namens (des Autors des Basionyms) in Klammern angeführt werden, gefolgt vom Namen des Autors, der die Änderung vorgenommen hat (des Autors des neuen Namens). Dasselbe gilt bei der Versetzung eines Taxons niedriger Rangstufe als der Gattung in eine andere Gattung oder Art mit oder ohne Änderung der Rangstufe.

Ex. 1. Wird *Medicago polymorpha* var. *orbicularis* L. zur Art erhoben, so heißt sie *Medicago orbicularis* (L.) Bartal.

Ex. 2. *Anthyllis* sect. *Aspalathoides* DC. wird, zur Gattung erhoben, falls das Epitheton als Name beibehalten wird als *Aspalathoides* (DC.) K. Koch zitiert.

Ex. 3. Wird *Cineraria* sect. *Eriopappus* Dumort. (Fl. Belg. 65. 1827) zu *Tephroseris* (Reichenb.) Reichenb. gestellt, lautet das Zitat: *Tephroseris* sect. *Eriopappus* (Dumort.) Holub (Folia Geobot. Phytotax. Bohem. 8. 173. 1973).

Ex. 4. Wird *Cistus aegyptiacus* L. zu *Helianthemum* Miller gestellt, so wird es als *Helianthemum aegyptiacum* (L.) Miller zitiert.

Ex. 5. *Fumaria bulbosa* var. *solida* L. (1753) wurde als *F. solida* (L.) Miller (1771) in den Artrang erhoben. Wird die Art zu *Corydalis* gestellt, muß ihre Name als *C. solida* (L.) Clairv. (1811) zitiert werden, nicht als *C. solida* (Miller) Clairv.

Ex. 6. Dagegen behält die Varietät *Pulsatilla montana* var. *serbica* W. Zimmerm. (Feddes Repert. Spec. Nov. Regni Veg. 61: 95. 1958), die ursprünglich unter *P. montana* subsp. *australis* (Heuffel) Zam. stand, dasselbe Autorzitat, wenn sie zu *P. montana* subsp. *dacica* Rummelsp. gestellt wird (vgl. Art. 24.1), und wird nicht als var. *serbica* (W. Zimmerm.) Rummelsp. (Feddes Repert. 71: 29. 1965) zitiert.

Ex. 7. Salix subsect. *Myrtilloides* C. Schneider (Ill. Handb. Laubholzk. 1: 63. 1904), die ursprünglich unter *S.* sect. *Argenteae* Koch stand, behält dasselbe Autorzitat, wenn sie zu *S.* sect. *Glaucae* Pax gestellt wird, und wird nicht als *S.* subsect. *Myrtilloides* (C. Schneider) Dorn (Canad. J. Bot. 54: 2777. 1976) zitiert.

Artikel 50

50.1. Wird der Status einer Art oder eines Taxons niedrigeren Ranges in den Status eines Bastards (Nothotaxon, vgl. Art. H.3) der entsprechenden Rangstufe (Art. 10.2) überführt, oder umgekehrt, so wird der Name des Autors unverändert zitiert, dem in Klammern die Angabe des ursprünglichen Status folgen kann. Wenn der Kontext es zuläßt, kann später die Angabe des ursprünglichen Status weggelassen werden.

Ex. 1. Stachys ambigua Smith wurde als Art veröffentlicht. Als Bastard betrachtet, wird sie als *Stachys* × *ambigua* Smith (pro sp.) zitiert.

Ex. 2. Der binäre Name *Salix* × *glaucops* Andersson wurde als Name eines Bastards veröffentlicht. Später sah Rydberg (Bull. New York Bot. Gard. 1: 270. 1899) das Taxon als Art an. Folgt man dieser Ansicht so wird der Name als *Salix glaucops* Andersson (pro hybr.) zitiert.

ABSCHNITT 4. ALLGEMEINE EMPFEHLUNGEN FÜR DAS ZITIEREN

Empfehlung 50A

50A.1. Beim Zitieren eines als Synonym veröffentlichten Namens sollte man die Angabe 'als Synonym' oder 'pro syn.' beifügen.

50A.2. Wenn ein Autor einen Manuskriptnamen eines anderen Autors als Synonym veröffentlicht hat, sollte man beim Zitieren das verbindende Wort 'ex' zwischen die Namen der beiden Autoren setzen (vgl. Empf. 46E.1).

Ex. 1. Myrtus serratus, ein Manuskriptname von Koenig, den Steudel als Synonym von *Eugenia laurina* Willd. veröffentlichte, sollte folgendermaßen zitiert werden: *Myrtus serratus* Koenig ex Steudel, pro syn.

Empfehlung 50B

50B.1. Beim Zitieren eines nomen nudum sollte man diesem die Angabe 'nomen nudum' oder 'nom. nud.' beifügen.

Ex. 1. Carex bebbii Olney (Car. Bor.-Am. 2: 12. 1871) wurde ohne Diagnose oder Beschreibung veröffentlicht und sollte als nomen nudum zitiert werden.

Empfehlung 50C

50C.1. Dem Zitat eines jüngeren Homonyms sollte der Name des Autors des älteren Homonyms folgen, wobei diesem Autornamen das Wort 'non' vorausgeht und ihm möglichst noch das Publikationsdatum beigefügt wird. In einigen Fällen wird es ratsam sein, auch die Autoren etwaiger anderer Homonyme zu zitieren, wobei diesen das Wort 'nec' vorausgeht.

Ex. 1. Ulmus racemosa Thomas, Amer. J. Sci. Arts 19: 170 (1831), non Borkh. 1800; *Lindera* Thunb., Nov. Gen. Pl. 64 (1783), non Adanson 1763; *Bartlingia* Brongn., Ann. Sci. Nat. (Paris) 10: 373 (1827), non Reichenb. 1824 nec F. Muell. 1882.

Empfehlung 50D

50D.1. Fehlbestimmungen sollten nicht in Synonymien mit einbezogen werden, sondern hinter diesen aufgeführt werden. Ein falsch angewendeter Name sollte durch den Zusatz 'auct. non' kenntlich gemacht werden, dem der Name des ursprünglichen Autors sowie die Literaturhinweise auf die Fehlbestimmungen folgen.

Ex. 1. Ficus stortophylla Warb. in Warb. & De Wild., Ann. Mus. Congo Belge, B, Bot. ser. 4, 1: 32 (1904). *F. irumuensis* De Wild., Pl. Bequaert. 1: 341 (1922). *F. exasperata* auct. non Vahl: De Wild. & T. Durand, Ann. Mus. Congo Belge, B, Bot. ser. 2, 1: 54 (1899); De Wild., Miss. Em. Laurant 26 (1905); T. Durand & H. Durand, Syll. Fl. Congol. 505 (1909).

Empfehlung 50E

50E.1. Ist ein Gattungs- oder Artname als nomen conservandum eingetragen (vgl. Art. 14 und Anhang III), so sollte dem Zitat die Abkürzung 'nom. cons.' beigefügt werden.

Ex. 1. Protea L., Mant. Pl. 187 (1771), nom. cons., non L. 1753; *Combretum* Loefl. (1758), nom. cons. (syn. prius *Grislea* L. 1753).

50E.2. Wenn es wünschenswert ist, den sanktionierten Status eines Pilznamens hervorzuheben, der von Persoon oder Fries angenommen wurde (vgl. Art. 13.1(d)), so sollte dem Zitat ':Pers.' oder ':Fr.' beigefügt werden.

Ex. 2. Boletus piperatus Bull. : Fr.

Empfehlung 50F

50F.1. Mit Ausnahme der in Art. 75 geregelten Fälle sollte ein in der Synonymie zitierter Name genau so geschrieben werden, wie er von seinem Autor veröffentlicht wurde. Wenn erklärende Worte notwendig sind, so sollten diese in Klammern gesetzt werden. Falls die Schreibweise eines Namens von der Form, in der er ursprünglich veröffentlicht wurde, abweicht, so ist es bei vollständigen Zitaten wünschenswert, die ursprüngliche Form beizufügen, und zwar vorzugsweise zwischen Anführungszeichen.

Ex. 1. Pyrus calleriana Decne. (*Pyrus mairei* H. Léveillé, Repert. Spec. Nov. Regni Veg. 12: 189. 1913, '*Pirus*').

Ex. 2. Zanthoxylum cribrosum Sprengel, Syst. Veg. 1: 946 (1825), '*Xanthoxylon*'. (*Zanthoxylum caribaeum* var. *floridanum* (Nutt.) A. Gray, Proc. Amer. Acad. Arts 23: 225. 1888, '*Xanthoxylum*').

Ex. 3. Spathiphyllum solomonense Nicolson, Amer. J. Bot. 54: 496 (1967), '*solomonensis*'.

KAPITEL V. BEIBEHALTUNG, WAHL UND VERWERFUNG VON NAMEN UND EPITHETA

ABSCHNITT 1. BEIBEHALTUNG VON NAMEN ODER EPITHETA BEI TAXA, DIE NEU UMGRENZT ODER ZERLEGT WERDEN

Artikel 51

51.1. Eine Änderung in den diagnostischen Merkmalen oder in der Umgrenzung eines Taxons berechtigt nicht zu einer Änderung des Namens, falls sich diese nicht als erforderlich erweist: *(a)* durch eine Versetzung des Taxons (Art. 54–56); oder *(b)* durch seine Vereinigung mit einem anderen Taxon gleicher Rangstufe (Art. 57, 58); oder *(c)* durch eine Änderung seiner Rangstufe (Art. 60).

Ex. 1. Die Gattung *Myosotis* wurde von R. Brown anders gefaßt als von Linné, ihr Name wurde jedoch deshalb nicht geändert und darf auch nicht geändert werden, weil der Typus von *Myosotis* L. in der Gattung verbleibt; der Name der Gattung wird als *Myosotis* L. oder als *Myosotis* L. emend. R. Br. zitiert (vgl. Art. 47, Empf. 47A).

Ex. 2. Manche Autoren haben mit *Centaurea jacea* L. eine oder zwei Arten vereinigt, die Linné davon getrennt hielt; das Taxon, das so zustande kam, hat die Bezeichnung *Centaurea jacea* L. sensu amplo oder *Centaurea jacea* L. emend. Cosson & Germain, emend. Visiani oder emend. Godron usw.; jeder neue Name für dieses Taxon, wie z.B. *Centaurea vulgaris* Godron, ist überflüssig und illegitim.

51.2. Eine Ausnahme zu Art. 51.1 wird für den Familiennamen *Papilionaceae* gemacht (vgl. Art. 18.5).

Artikel 52

52.1. Wird eine Gattung in zwei oder mehr Gattungen zerlegt, so muß der Gattungsname, falls korrekt, für eine von ihnen beibehalten werden. Ist ursprünglich ein Typus bezeichnet worden, so muß der Gattungsname für die Gattung beibehalten werden, zu der dieser Typus gehört. Wurde kein Typus angegeben, so muß ein solcher gewählt werden (vgl. Anleitung für die Bestimmung der Typen, S. 246).

Ex. 1. Die Gattung *Dicera* Forster & Forster f. wurde von Rafinesque in die beiden Gattungen *Misipus* und *Skidanthera* aufgeteilt. Dieses Verfahren ist regelwidrig; der Name *Dicera* muß bei einer der beiden Gattungen bleiben und wird jetzt für den Teil von *Dicera* beibehalten, der den Lectotypus *D. dentata* einschließt.

Ex. 2. Zu den Sektionen, die in der Gattung *Aesculus* L. unterschieden wurden, gehören *Aesculus* sect. *Aesculus*, sect. *Pavia* (Miller) Walp., sect. *Macrothyrsus* (Spach) K. Koch und sect. *Calothyrsus* (Spach) K. Koch, von denen die drei letzteren von den in Klammern angegebenen Autoren als eigene Gattung angesehen wurden. Betrachtet man die vier Sektionen als Gattungen, so muß der Name *Aesculus* für die erste von ihnen beibehalten werden, die *Aesculus hippocastanum* L., den Typus des Gattungsnamens, einschließt.

Artikel 53

53.1. Wird eine Art in zwei oder mehr Arten zerlegt, so muß der Artname, falls korrekt, für eine von ihnen beibehalten werden. Ist ein bestimmtes Exemplar, eine bestimmte Beschreibung oder Abbildung ursprünglich als Typus bezeichnet worden, so muß der Artname bei der Art verbleiben, zu der jenes Element gehört. Wurde kein Typus angegeben, so muß ein solcher gewählt werden (vgl. Anleitung für die Bestimmung der Typen, S. 246).

Ex. 1. *Arabis beckwithii* S. Watson (1887) beruhte auf Belegen, die nach Ansicht von Munz wenigstens zwei Arten repräsentierten. Er gründete deshalb *A. shockleyi* Munz (1932) auf eines der Exemplare und behielt den Namen *A. beckwithii* für die anderen bei (eines dieser Exemplare kann zum Lectotypus von *A. beckwithii* bestimmt werden).

Ex. 2. *Hemerocallis lilioasphodelus* L. (1753) wurde ursprünglich von Linné als aus zwei Varietäten bestehend behandelt: var. *flava* ('*flavus*') und var. *fulva* ('*fulvus*'). 1762 erkannte er diese als zwei selbständige Arten an und nannte sie *H. flava* und *H. fulva*. Das ursprüngliche Art-Epitheton wurde für eine der Arten durch Farwell (Amer. Midl. Naturalist 11: 5. 1928) wieder eingesetzt, und die beiden Arten heißen korrekterweise *H. lilioasphodelus* L. und *H. fulva* (L.) L.

53.2. Dieselbe Regel gilt für infraspezifische Taxa, z.B. bei der Zerlegung einer Unterart oder Varietät in zwei oder mehr Unterarten bzw. Varietäten.

ABSCHNITT 2. BEIBEHALTUNG DER EPITHETA BEI TAXA UNTERHALB DER GATTUNG, DIE IN EINE ANDERE GATTUNG ODER ANDERE ART VERSETZT WERDEN

Artikel 54

54.1. Wird eine Gattungs-Unterabteilung ohne Änderung der Rangstufe in eine andere Gattung versetzt oder unter einen anderen Gattungsnamen für dieselbe Gattung gestellt, so muß das Epitheton ihres vordem korrekten Namens beibehalten werden, mit Ausnahme folgender, seinen Gebrauch verbietender Fälle:

(a) Die sich ergebende Kombination ist bereits vorher für eine auf einen anderen Typus gegründete Gattungs-Unterabteilung gültig veröffentlicht worden;

(b) Das Epitheton eines älteren legitimen Namens derselben Rangstufe steht zur Verfügung (vgl. aber Art. 13.1(d), 58, 59);

(c) Artikel 21 oder 22 bestimmt, daß ein anderes Epitheton gebraucht werden muß.

Ex. 1. Wird die Sektion *Saponaria* sect. *Vaccaria* DC. in die Gattung *Gypsophila* versetzt, so heißt sie *Gypsophila* sect. *Vaccaria* (DC.) Godron.

Ex. 2. Wird die Sektion *Primula* sect. *Dionysiopsis* Pax (1909) in die Gattung *Dionysia* versetzt, so heißt sie *Dionysia* sect. *Dionysiopsis* (Pax) Melchior (1943); der auf denselben Typus gegründete Name *Dionysia* sect. *Ariadne* Wendelbo (1959) darf nicht gebraucht werden.

Artikel 55

55.1. Wird eine Art ohne Änderung der Rangstufe in eine andere Gattung versetzt oder unter einen anderen Gattungsnamen für dieselbe Gattung gestellt, so muß das Epitheton ihres vordem korrekten Namens beibehalten werden, mit Ausnahme folgender, seinen Gebrauch verbietender Fälle:

(a) Der sich ergebende binäre Name ist ein jüngeres Homonym (Art. 64) oder ein Tautonym (Art. 23.4);

(b) Das Epitheton eines älteren legitimen Namens steht zur Verfügung (vgl. aber Art. 13.1(d), 58, 59).

Ex. 1. Antirrhinum spurium L. (1753) muß, in die Gattung *Linaria* versetzt, *Linaria spuria* (L.) Miller (1768) heißen.

Ex. 2. Spergula stricta Sw. (1799) muß, in die Gattung *Arenaria* versetzt, *Arenaria uliginosa* Schleicher ex Schlechtendal (1808) heißen, weil der Name *Arenaria stricta* Michx. (1803) bereits für eine andere Art besteht; aber bei einer weiteren Versetzung in die Gattung *Minuartia* muß das Epitheton *stricta* gebraucht werden, und die Art muß *Minuartia stricta* (Sw.) Hiern (1899) heißen.

Ex. 3. Conyza candida L. (1753) wurde regelwidrig umbenannt in *Conyza limonifolia* Smith (1813) und *Inula limonifolia* Boiss. (1843). Das Epitheton Linnés muß jedoch beibehalten werden, und der korrekte Name der Art in der Gattung *Inula* ist *I. candida* (L.) Cass. (1822).

Ex. 4. Bei der Überführung von *Serratula chamaepeuce* L. (1753) in seine neue Gattung *Ptilostemon* gab Cassini der Art den Namen *P. muticus* Cass. (1826, '*muticum*'). Lessing nahm korrekterweise das ursprüngliche Art-Epitheton wieder auf und schuf die Kombination *Ptilostemon chamaepeuce* (L.) Less. (1832).

Ex. 5. Spartium biflorum Desf. (1798) durfte, von Spach (1849) in die Gattung *Cytisus* versetzt, nicht den Namen *C. biflorus* erhalten, weil dieser Name bereits früher von L'Héritier (1791) für eine andere Art gültig veröffentlicht worden war; der von Spach gegebene Name *C. fontanesii* ist deshalb legitim.

Ex. 6. Arum dracunculus L. (1753) wurde, in die Gattung *Dracunculus* versetzt, mit dem neuen Namen *Dracunculus vulgaris* Schott (1832) versehen, weil der Gebrauch des Linnéschen Epithetons ein Tautonym schaffen würde.

Ex. 7. Melissa calamintha L. (1753) muß, in die Gattung *Thymus* versetzt, *T. calamintha* (L.) Scop. (1772) heißen; stellt man diese Art zur Gattung *Calamintha*, so darf sie nicht *C. calamintha* (ein Tautonym) genannt werden, sondern heißt *C. officinalis* Moench (1794). Wird jedoch *C. officinalis* in die Gattung *Satureja* versetzt, so ist das Linnésche Epitheton wieder verfügbar, und die Art muß *S. calamintha* (L.) Scheele (1843) heißen.

Ex. 8. Cucubalus behen L. (1753) wurde legitimerweise umbenannt in *Behen vulgaris* Moench (1794), um das Tautonym *Behen behen* zu vermeiden. Wird die Art in die Gattung *Silene* gestellt, so kann sie ihr ursprüngliches Epitheton wegen der Existenz von *Silene behen* L. (1753) nicht behalten. Deshalb wurde der Ersatzname *Silene cucubalus* Wibel (1799) geschaffen. Das Art-Epitheton *vulgaris* war jedoch unter *Silene* noch verfügbar. Es wurde korrekterweise in der Kombination *Silene vulgaris* (Moench) Garcke (1869) wieder aufgenommen.

55.2. Bei der Kombination eines Art-Epithetons mit einem anderen Gattungs-namen muß der sich ergebende Name für die Art beibehalten werden, zu der der Typus des Basionyms gehört, und er ist dem Autor zuzuschreiben, der ihn als erster veröffentlichte; das gilt auch, wenn er irrtümlich für eine andere Art gebraucht wurde (Art. 7.10; vgl. aber Art. 48.1 und 59.6).

Ex. 9. *Pinus mertensiana* Bong. wurde von Carrière in die Gattung *Tsuga* versetzt; dieser gebrauchte jedoch irrtümlich die neue Kombination *Tsuga mertensiana* für eine andere Art von *Tsuga*, nämlich *T. heterophylla* (Raf.) Sargent, wie aus seiner Beschreibung hervorgeht. Der Name *Tsuga mertensia-na* (Bong.) Carrière darf nicht für *T. heterophylla* (Raf.) Sargent gebraucht, sondern muß für *Pinus mertensiana* Bong. beibehalten werden, wenn diese Art zu *Tsuga* gestellt wird. Das Autorzitat 'Bong.' in Klammern (nach Art. 49) deutet auf den Typus des Namens hin.

Artikel 56

56.1. Wird ein infraspezifisches Taxon ohne Änderung der Rangstufe in eine andere Gattung oder Art versetzt, so muß das letzte Epitheton seines vordem korrekten Namens beibehalten werden, mit Ausnahme folgender, seinen Ge-brauch verbietender Fälle:

(a) Die sich ergebende ternäre Kombination ist bereits früher mit einem anderen Typus für ein infraspezifisches Taxon gleicher oder anderer Rangstufe gültig veröffentlicht worden;

(b) das Epitheton eines älteren legitimen Namens derselben Rangstufe steht zur Verfügung (vgl. aber Art. 13.1(d), 58, 59);

(c) Art. 26 bestimmt, daß ein anderes Epitheton gebraucht werden muß.

Ex. 1. Wird die Varietät *Helianthemum italicum* var. *micranthum* Gren. & Godron (Fl. France 1: 171. 1847) in die Art *H. penicillatum* Thibaud ex Dunal versetzt, so behält sie ihr Varietäts-Epitheton bei: *H. penicillatum* var. *micranthum* (Gren. & Godron) Grosser (in Engler, Pflanzenr. 14 (IV. 193): 115. 1903).

56.2. Bei der Kombination eines infraspezifischen Epithetons mit einem ande-ren Artnamen muß der sich ergebende Name für das Taxon beibehalten werden, zu dem der Typus des Basionyms gehört, und er ist dem Autor zuzuschreiben, der ihn als erster veröffentlichte; das gilt auch, wenn er irrtümlich für ein anderes Taxon gebraucht wurde (Art. 7.10; vgl. aber Art. 48.1 und 59.6).

ABSCHNITT 3. WAHL DER NAMEN BEI DER VEREINIGUNG VON TAXA
GLEICHER RANGSTUFE

Artikel 57

57.1. Werden zwei oder mehr Taxa gleicher Rangstufe vereinigt, so wird der
älteste legitime Name oder (bei Taxa unterhalb der Gattung) das letzte Epitheton des ältesten legitimen Namens beibehalten, wenn nicht nach den Bestimmungen von Art. 13.1(d), 14, 16.1, 19.3, 22.1, 26.1, 27, 55.1, 58 oder 59 ein anderes
Epitheton oder ein jüngerer Name angenommen werden muß.

Ex. 1. Schumann (in Engler & Prantl, Nat. Pflanzenfam. III. 6: 5. 1890) wählte bei der Vereinigung
der drei Gattungen *Sloanea* L. (1753), *Echinocarpus* Blume (1825) und *Phoenicosperma* Miq. (1865)
zu Recht den ältesten der drei Namen, *Sloanea* L., für die Gesamtgattung.

57.2. Der Autor, der als erster Taxa mit Namen gleicher Priorität vereint, muß
einen dieser Namen auswählen, falls nicht ein Autonym beteiligt ist (vgl. Art.
57.3). Der von ihm gewählte Name, wird dann so behandelt, als hätte er
Priorität.

Ex. 2. Vereinigt man die beiden Gattungen *Dentaria* L. (1. Mai 1753) und *Cardamine* L. (1. Mai
1753), so muß die sich ergebende Gattung *Cardamine* heißen, weil Crantz (Cl. Crucif. Emend. 126.
1769), der als erster die beiden Gattungen vereinigte, diesen Namen wählte.

Ex. 3. R. Brown (in Tuckey, Narr. Exp. Congo 484. 1818) scheint der erste gewesen zu sein, der
Waltheria americana L. (1. Mai 1753) und *W. indica* L. (1. Mai 1753) vereinigt hat. Er wählte den
Namen *W. indica* für die Gesamtart, und dieser Name ist beizubehalten.

Ex. 4. Als Baillon (Adansonia 3: 162. 1863) erstmalig *Sclerocroton integerrimus* Hochst. ex Krauss
(Flora 28: 85. 1845) und *Sclerocroton reticulatus* Hochst. ex Krauss (Flora 28: 85. 1845) vereinigte,
wählte er das Epitheton *integerrimus* für den Namen der Gesamtart. Folglich ist dieses Epitheton
beizubehalten ungeachtet des Gattungsnamens (*Sclerocroton, Stillingia, Excoecaria, Sapium*), mit
dem es kombiniert wird.

Ex. 5. Linné veröffentlichte 1753 gleichzeitig die Namen *Verbesina alba* und *V. prostrata*. Später
(1771) veröffentlichte er *Eclipta erecta*, einen überflüssigen Namen, weil er *V. alba* in der Synonymie
zitierte, und *E. prostrata*, gegründet auf *V. prostrata*. Der erste Autor, der diese Taxa vereinigte, war
Roxburgh (Fl. Ind. 3: 438. 1832), und zwar unter dem Namen *Eclipta prostrata* (L.) L.; deshalb ist
dieser Name in der Gattung *Eclipta* für die Gesamtart anzuwenden.

Ex. 6. Werden die Gattungen *Entoloma* (Fr. ex Rabenh.) P. Kummer (1871), *Leptonia* (Fr.) P.
Kummer (1871), *Eccilia* (Fr.) P. Kummer (1871), *Nolanea* (Fr.) P. Kummer (1871) und *Claudopus*
Gillet (1876) vereinigt, so muß einer der von Kummer gleichzeitig veröffentlichten Gattungsnamen
für die Gesamtgattung verwendet werden, wie es Donk (Bull. Jard. Bot. Buitenzorg ser. 3, 18(1): 157.
1949) tat, als er *Entoloma* wählte. Der von Quélet (1886) für dieselbe Gesamtgattung eingeführte
Name *Rhodophyllus* ist überflüssig.

57.3. Ein Autonym wird so behandelt, als hätte es Priorität über den oder die
Namen gleichen Datums und gleicher Rangstufe, durch den oder die es geschaffen wurde.

Anm. 1. Wird das letzte Epitheton eines Autonyms gemäß Art. 57.3 in einer neuen Kombination

216

gebraucht, so ist der Name, von dem das Autonym abgeleitet wurde, das Basionym dieser Kombination.

Ex. 7. Heracleum sibiricum L. (1753) umfaßt *H. sibiricum* subsp. *lecokii* (Godron & Gren.) Nyman (1879) und das zur selben Zeit automatisch geschaffene *H. sibiricum* subsp. *sibiricum*. Wenn man *H. sibiricum* als Unterart zu *H. sphondylium* L. (1753) stellt, lautet der korrekte Name dieses Taxons *H. sphondylium* subsp. *sibiricum* (L.) Simonkai (1887), nicht subsp. *lecokii*.

Ex. 8. In der von Rollins und Shaw angenommenen Klassifikation ist *Lesquerella lasiocarpa* (Hooker ex A. Gray) S. Watson aus zwei Unterarten zusammengesetzt: subsp. *lasiocarpa* (die den Typus des Namens der Art einschließt und ohne einen Autor zitiert wird) und subsp. *berlandieri* (A. Gray) Rollins & E. Shaw. Die letztgenannte Unterart ist aus zwei Varietäten zusammengesetzt. Dabei ist der korrekte Name der Varietät, die den Typus von subsp. *berlandieri* einschließt, *L. lasiocarpa* var. *berlandieri* (A. Gray) Payson (1922), nicht *L. lasiocarpa* var. *berlandieri* (ohne Angabe eines Autors) oder *L. lasiocarpa* var. *hispida* (S. Watson) Rollins & E. Shaw (1972; auf *Synthlipsis berlandieri* var. *hispida* S. Watson, 1882, gegründet), denn die Veröffentlichung des in Klammern genannten Namens schuf das Autonym *Synthlipsis berlandieri* A. Gray var. *berlandieri*, das in der Rangstufe der Varietät so behandelt wird, als hätte es Priorität über var. *hispida*.

Empfehlung 57A

57A.1. Wer die Wahl zwischen zwei Gattungsnamen zu treffen hat, halte sich an folgende Vorschläge:

(a) Von zwei Namen gleichen Datums ziehe er denjenigen vor, dem zuerst eine Artbeschreibung beigefügt war.

(b) Sind beiden Namen gleichen Datums Artbeschreibungen beigefügt, so ziehe er denjenigen vor, der zur Zeit die größere Zahl von Arten umschließt.

(c) Verhalten sich beide Namen in den angegebenen Beziehungen gleich, so wähle er den geeigneteren Namen.

Artikel 58

58.1. Vereinigt man ein nichtfossiles Pflanzentaxon (mit Ausnahme der Algen) mit einem fossilen oder subfossilen Taxon gleicher Rangstufe, so wird der korrekte Name des nichtfossilen Taxons so behandelt, als hätte er Priorität (vgl. Pre. 7).

Ex. 1. Vereinigt man *Platycarya* Siebold & Zucc. (1843), eine nichtfossile Gattung, mit *Petrophiloides* Bowerbank (1840), einer fossilen Gattung, so wird der Name *Platycarya* für die Gesamtgattung angenommen, obwohl *Petrophiloides* der ältere ist.

Ex. 2. Der Gattungsname *Metasequoia* Miki (1941) wurde auf den fossilen Typus von *M. disticha* (Heer) Miki gegründet. Nach der Entdeckung der nichtfossilen Art *Metasequoia glyptostroboides* Hu & Cheng wurde die Konservierung von *Metasequoia* Hu & Cheng (1948) mit dem nichtfossilen Typus gebilligt. Anderenfalls müßte jeder auf *M. glyptostroboides* gegründete neue Gattungsname so behandelt werden, als hätte er Priorität über *Metasequoia* Miki.

ABSCHNITT 4. DIE NAMEN VON PILZEN MIT PLEOMORPHEM ENTWICKLUNGSGANG

Artikel 59

59.1. Bei Ascomyceten und Basidiomyceten (einschließlich der Ustilaginales)

die sowohl mitotisch-asexuelle Morphen (Anamorphen) als auch meiotisch-sexuelle Morphen (Teleomorphen) umfassen, ist – mit Ausnahme der flechten-bildenden Pilze – der korrekte Name der Holomorphe (d.h. der Art mit allen ihren Vermehrungsformen) der älteste legitime Name, der durch ein teleomor-phes Element typisiert ist, d.h. durch eine Morphe, die durch die Ausbildung von Asci/Ascosporen, Basidien/Basidiosporen, Teleutosporen oder andere basidien-tragenden Organen charakterisiert ist.

59.2. Ein binärer Name muß, um als Name einer Holomorphe in Frage zu kommen, nicht nur auf ein teleomorphes Typusexemplar gegründet sein, son-dern der Protolog muß auch eine Diagnose oder Beschreibung dieser Morphe enthalten (oder er muß so formuliert sein, daß die Möglichkeit einer Beziehung auf die Teleomorphe nicht ausgeschlossen werden kann).

59.3. Sind diese Bedingungen nicht erfüllt, so handelt es sich um den Namen eines Formtaxons, der nur auf die durch seinen Typus repräsentierte Anamor-phe anwendbar ist, die im Protolog beschrieben bzw. auf die im Protolog verwiesen wurde. Die Anwendung des Namens wird durch die angenommene taxonomische Stellung seines Typus festgelegt, gleichgültig ob die Gattung, der ein untergeordnetes Taxon durch den Autor zugeordnet wird, holomorph oder anamorph ist.

59.4. Die Priorität der Namen von Holomorphen jeder beliebigen Rangstufe wird durch früher veröffentlichte Namen von ihnen zugeordneten Anamorphen nicht berührt.

59.5. Die Bestimmungen dieses Artikels verhindern nicht die Veröffentlichung und den Gebrauch binärer Namen für Formtaxa, falls es notwendig oder wünschenswert ist, die Anamorphen allein zu nennen.

Anm. 1. Artnamen oder infraspezifische Namen für Anamorphen können, wenn sie nicht bereits zur Verfügung stehen, gleichzeitig mit der Veröffentlichung des Namens für den holomorphen Pilz oder auch später vorgeschlagen werden. Die Epitheta können, wenn gewünscht, übereinstimmen, sofern sich keine homonymen Kombinationen ergeben.

59.6. Wenn klar und unzweideutig feststeht, daß ein Autor absichtlich eine von ihm eingeführte neue Morphe jener Morphe, die das angebliche Basionym typisiert, zuordnen will, und wenn er diese Absicht durch Erfüllung aller Bedin-gungen für gültige Veröffentlichung gemäß Art. 32–45 bekräftigt, so gelten Angaben wie 'comb. nov.' oder 'nom. nov.' als Formfehler, und der eingeführte Name wird als Name eines neuen Taxons behandelt, der allein seinem Autor zugeschrieben wird. Sind nur die Bedingungen für eine gültige Neukombination (Art. 33 u. 34) erfüllt, so wird der Name als eine solche anerkannt und beruht gemäß Art. 55 auf dem Typus des ausdrücklich oder implizit angegebenen Basionyms.

Ex. 1. Der auf teleomorphes und anamorphes Material gegründete Name *Penicillium brefeldianum* Dodge ist ein gültig veröffentlichter und legitimer Name einer Holomorphe, obwohl die Art einer

Formgattung zugeordnet ist. Das Epitheton wurde legitimerweise mit dem Namen einer holomorphen Gattung kombiniert zu *Eupenicillium brefeldianum* (Dodge) Stolk & Scott. *P. brefeldianum* darf nicht im eingeschränkten Sinne nur für die Anamorphe verwendet werden.

Ex. 2. Der Name *Ravenelia cubensis* Arthur & Johnston, der auf ein Exemplar gegründet ist, das nur Uredolager trägt (eine Anamorphe), ist der gültig veröffentlichte, legitime Name einer Anamorphe, obwohl die Art einer holomorphen Gattung zugeordnet ist. Das Epitheton wurde legitimerweise mit dem Namen einer Formgattung kombiniert zu *Uredo cubensis* (Arthur & Johnston) Cummins. *R. cubensis* darf nicht für die die Teleomorphe einschließende Holomorphe verwendet werden.

Ex. 3. Mycosphaerella aleuritidis wurde mit dem Zitat '(Miyake) Ou comb. nov., syn. *Cercospora aleuritidis* Miyake' veröffentlicht, war aber mit einer lateinischen Diagnose der Teleomorphe versehen. Die Angabe 'comb. nov.' wird als ein Formfehler betrachtet, und *M. aleuritidis* Ou wird als gültig veröffentlicher, durch das von Ou beschriebene teleomorphe Material typisierter neuer Artname einer Holomorphe anerkannt.

Ex. 4. Corticium microsclerotium wurde 1939 mit dem Zitat '(Matz) Weber, comb. nov., syn. *Rhizoctonia microsclerotia* Matz' veröffentlicht, war jedoch mit einer englischen Beschreibung der Teleomorphe versehen. Gemäß Art. 36 kann dies nicht als gültige Veröffentlichung des Namens einer neuen Art betrachtet werden. *C. microsclerotium* (Matz) Weber muß als gültig veröffentlichte und legitime neue Kombination angesehen werden, die auf das anamorphe Typusexemplar des Basionyms gegründet ist. Der Name *C. microsclerotium* Weber, der 1951 mit einer lateinischen Beschreibung und einem teleomorphen Typus veröffentlicht wurde, ist ein illegitimes jüngeres Homonym der Kombination *C. microsclerotium* (Matz) Weber (1939).

Ex. 5. Hypomyces chrysospermus Tul. (Ann. Sci. Nat. Bot. ser. 4, 13: 16. 1860) wurde als Name einer Holomorphe eingeführt, zwar ohne die Angabe 'comb. nov.', aber mit ausdrücklichem Hinweis auf die Namen der zugeordneten Anamorphe, *Mucor chrysospermus* (Bull.) Bull. und *Sepedonium chrysospermum* (Bull.) Fr. *H. chrysospermus* Tul. darf nicht als Neukombination betrachtet werden, sondern ist der Name einer neu beschriebenen Art und hat einen teleomorphen Typus.

Empfehlung 59A

59A.1. Wird die neue Morphe eines Pilzes beschrieben, so sollte sie entweder als ein neues Taxon (z.B. gen. nov., sp. nov., var. nov.) veröffentlicht werden, deren Name einen teleomorphen Typus hat, oder als eine neue Anamorphe (anam. nov.), deren Name einen anamorphen Typus hat.

59A.2. Wird für den Namen der neuen Morphe eines Pilzes das Epitheton des Namens einer anderen, früher beschriebenen Morphe desselben Pilzes gebraucht, so sollte der neue Name je nachdem als der Name eines neuen Taxons oder einer neuen Anamorphe bezeichnet werden, nicht jedoch als auf den älteren Namen gegründete Neukombination.

ABSCHNITT 5. WAHL DER NAMEN BEI ÄNDERUNG DER RANGSTUFE EINES TAXONS

Artikel 60

60.1. Niemals besitzt ein Name Priorität außerhalb seiner eigenen Rangstufe.

Ex. 1. Campanula sect. *Campanopsis* R. BR. (Prodr. 561. 1810) heißt als Gattung *Wahlenbergia* Roth (1821), ein Name, der gegenüber dem taxonomischen Synonym *Cervicina* Delile (1813) geschützt ist, und nicht *Campanopsis* (R. Br.) Kuntze (1891).

Ex. 2. Wird *Magnolia virginiana* var. *foetida* L. (1753) zur Art erhoben, heißt sie *Magnolia grandiflora* L. (1759), nicht *Magnolia foetida* (L.) Sarg. (1889).

Ex. 3. *Lythrum intermedium* Ledeb. (1822) wurde von Ledebour später als Varietät von *Lythrum salicaria* L. (1753) angesehen und *L. salicaria* var. *glabrum* Ledeb. (Fl. Ross. 2: 127. 1843) genannt. Es darf nicht *L. salicaria* var. *intermedium* (Ledeb.) Koehne (Bot. Jahrb. Syst. 1: 327. 1881) genannt werden.

Artikel 61

61.1. Wird die Rangstufe eines Taxons im Rang einer Familie oder darunter geändert, so ist der korrekte Name der älteste auf der neuen Rangstufe verfügbare legitime Name.

Empfehlung 61A

61A.1. Wird eine Familie oder die Unterabteilung einer Familie in der Rangstufe geändert und ist kein älterer legitimer Name auf der neuen Rangstufe verfügbar, so sollte der Stamm des Namens beibehalten und nur die Endung (*-aceae, -oideae, -eae, -inae*) geändert werden, es sei denn der sich ergebende Name wäre ein jüngeres Homonym.

Ex. 1. Die Subtribus *Drypetinae* Pax (1890) (*Euphorbiaceae*) wurde, zur Tribus erhoben, *Drypeteae* (Pax) Hurusawa (1954) genannt; die Subtribus *Antidesmatinae* Pax (1890) (*Euphorbiaceae*) wurde, zur Unterfamilie erhoben, *Antidesmatoideae* (Pax) Hurusawa (1954) genannt.

61A.2. Wird eine Sektion oder eine Untergattung zur Gattung erhoben oder findet die umgekehrte Änderung der Rangstufe statt, so behalte man den ursprünglichen Namen (oder das ursprüngliche Epitheton) bei, es sei denn, der sich ergebende Name widerspräche den Bestimmungen dieses Code.

61A.3. Wird ein infraspezifisches Taxon zur Art erhoben oder findet die umgekehrte Änderung der Rangstufe statt, so behalte man das ursprüngliche Epitheton bei, es sei denn, die sich ergebende Kombination widerspräche den Bestimmungen dieses Code.

61A.4. Wird ein infraspezifisches Taxon innerhalb der Art in der Rangstufe geändert, so behalte man das ursprüngliche Epitheton bei, es sei denn, die sich ergebende Kombination widerspräche den Bestimmungen dieses Code.

ABSCHNITT 6. VERWERFUNG VON NAMEN UND EPITHETA

Artikel 62

62.1. Epitheta oder legitime Namen dürfen nicht lediglich deshalb verworfen werden, weil sie ungeeignet oder nicht angenehm sind, weil andere den Vorzug verdienen oder besser bekannt sind, weil sie ihren ursprünglichen Sinn verloren haben oder weil (bei pleomorphen Pilzen mit Namen, die Art. 59 unterworfen sind) ein Gattungsname nicht zu der durch den Typus repräsentierten Morphe paßt.

Ex. 1. Die folgenden Änderungen verstoßen gegen die Regel: *Staphylea* in *Staphylis*, *Tamus* in *Thamnos*, *Thamnus* oder *Tamnus*, *Mentha* in *Minthe*, *Tillaea* in *Tillia*, *Vincetoxicum* in *Alexitoxicum*, *Orobanche rapum* in *O. sarothamnophyta*, *O. columbariae* in *O. columbarihaerens*, *O. artemisiae* in *O. artemisiepiphyta*. Alle diese Änderungen sind zu verwerfen.

Ex. 2. *Ardisia quinquegona* Blume (1825) ist nicht durch *A. pentagona* A. DC. (1834) zu ersetzen, obwohl das Epitheton *quinquegona* ein lateinisches und ein griechisches Wort vereinigt (vgl. Empf. 23B.1(c)).

Ex. 3. Der Name *Scilla peruviana* L. ist nicht deshalb zu verwerfen, weil die Art nicht in Peru vorkommt.

Ex. 4. Der Name *Petrosimonia oppositifolia* (Pallas) Litv., der auf *Polycnemum oppositifolium* Pallas gegründet ist, ist nicht deshalb zu verwerfen, weil die Art nur teilweise gegenständige und zum anderen Teil wechselständige Blätter hat, wenngleich es eine andere nahe verwandte Art, *Petrosimonia brachiata* (Pallas) Bunge, gibt, bei der alle Blätter gegenständig sind.

Ex. 5. Richardia L. ist nicht in *Richardsonia* zu ändern, wie dies Kunth tat, obgleich der Name ursprünglich dem englischen Botaniker Richardson gewidmet war.

62.2. Namen von Arten und Gattungs-Unterabteilungen, die Gattungen zugewiesen sind, deren Namen konservierte jüngere Homonyme sind und die früher den Gattungen unter den verworfenen Homonymen zugewiesen waren, sind legitim unter den konservierten Namen, bei gleichbleibendem Autornamen und Publikationsdatum, wenn nach den Regeln kein anderer Hinderungsgrund besteht.

Ex. 6. Alpinia languas J. F. Gmelin (1791) und *Alpinia galanga* (L.) Willd. (1797) sind anzuerkennen, obgleich der Name *Alpinia* L. (1753), der die Arten von ihren Autoren zugewiesen wurden, verworfen wird und die Gattung, in der sie jetzt stehen, *Alpinia* Roxb. (1810), nom. cons., ist.

Artikel 63

63.1. Ein Name ist illegitim und muß verworfen werden, wenn er bei seiner Veröffentlichung nomenklatorisch überflüssig war, d.h. wenn das betreffende Taxon, in der Umgrenzung durch den Autor, den Typus eines Namens einschloß, der (bzw. dessen Epitheton) nach den Regeln hätte aufgenommen werden müssen (vgl. aber Art. 63.3).

Ex. 1. Der Gattungsname *Cainito* Adanson (1763) ist illegitim, weil er ein überflüssiger Name für *Chrysophyllum* L. (1753) war, das Adanson als Synonym zitierte.

Ex. 2. Der Name *Chrysophyllum sericeum* Salisb. (1796) ist illegitim, da er ein überflüssiger Name für *C. cainito* L. (1753) ist, den Salisbury als Synonym anführte.

Ex. 3. Andererseits ist *Salix myrsinifolia* Salisb. (1796) ein legitimer Name, da er ausdrücklich auf *S. myrsinites* im Sinne Hoffmanns (Hist. Salic. Ill. 71. 1787) basiert, einer falschen Anwendung des Namens *S. myrsinites* L.

Ex. 4. Der Name *Picea excelsa* Link ist illegitim, weil er auf *Pinus excelsa* Lam. (1778), einem überflüssigen Namen für *Pinus abies* L. (1753), gegründet ist. Unter *Picea* ist der richtige Name *Picea abies* (L.) H. Karsten.

Ex. 5. Dagegen sind *Cucubalus latifolius* Miller und *C. angustifolius* Miller (1768) keine illegitimen Namen, obwohl diese Arten jetzt mit der schon vorher *C. behen* L. (1753) genannten Art vereinigt werden: *C. latifolius* und *C. angustifolius* schlossen in der Umgrenzung durch Miller den Typus von *C. behen* L. nicht ein, denn Miller verwendete diesen Namen für eine andere, selbständige Art.

63.2. Einschluß eines Typus (vgl. Art. 7) bedeutet in diesem Zusammenhang das Zitieren des Typusexemplars, das Zitieren einer Abbildung des Typusexemplars, das Zitieren des Typus eines Namens oder das Zitieren des Namens selbst, wenn nicht der Typus gleichzeitig ausdrücklich oder implizit ausgeschlossen wird.

221

Ex. 6. Ausdrücklicher Ausschluß des Typus: Bei der Veröffentlichung des Namens *Galium tricornutum* zitierte Dandy (Watsonia 4: 47. 1957) *G. tricorne* Stokes (1787) pro parte als Synonym; er schloß aber den Typus dieses Namens ausdrücklich aus.

Ex. 7. Impliziter Ausschluß des Typus: *Cedrus* Duhamel (1755) ist ein legitimer Name, obwohl *Juniperus* L. als Synonym zitiert wurde; nur einige der Arten von *Juniperus* L. wurden in *Cedrus* eingeschlossen, die Unterschiede der beiden Gattungen wurden erörtert, und *Juniperus* (mit Einschluß seines Typus) wurde im gleichen Werk als eine selbständige Gattung anerkannt.

Ex. 8. *Tmesipteris elongata* Dangeard (Botaniste 2: 213. 1890–1891) wurde als neue Art veröffentlicht, aber *Psilotum truncatum* R. Br. als Synonym zitiert. Auf der folgenden Seite (214) wurde *T. truncata* (R. Br.) Desv. jedoch als selbständige Art anerkannt, und auf S. 216 wurden die beiden Arten in einem Schlüssel unterschieden; somit bedeutet das zitierte Synonym entweder '*P. truncatum* R. Br. pro parte' oder '*P. truncatum* auct. non R. Br.'.

Ex. 9. *Solanum torvum* Sw. (Prodr. 47. 1788) wurde mit einer neuen Diagnose veröffentlicht, aber *S. indicum* L. (1753) als Synonym zitiert. Wie im Prodromus üblich gab Swartz an, wo die Art in der letzterschienenen Auflage (ed. 14 von Murray) von Linnés Systema Vegetabilium einzufügen war. Der Platz von *S. torvum* war zwischen Art 26 (*S. insanum*) und Art 27 (*S. ferox*); die Nummer von *S. indicum* war dagegen 32. *S. torvum* ist somit ein legitimer Name; der Typus von *S. indicum* wird implizit ausgeschlossen.

63.3. Ein Name, der bei seiner Veröffentlichung nomenklatorisch überflüssig war, ist nicht illegitim, wenn sein Basionym legitim ist oder wenn er auf dem Stamm eines legitimen Gattungsnamens beruht. Bei seiner Veröffentlichung ist er nicht korrekt, später kann er aber korrekt werden.

Ex. 10. Der Name *Chloris radiata* (L.) Sw. (1788), der auf *Agrostis radiata* L. (1759) gegründet ist, war bei seiner Veröffentlichung nomenklatorisch überflüssig, da Swartz auch *Andropogon fasciculatum* L. (1753) als Synonym zitierte. Er ist jedoch in der Gattung *Chloris* der korrekte Name für *Agrostis radiata*, wenn *Andropogon fasciculatus* als eine von *Agrostis radiata* verschiedene Art angesehen wird, wie dies Hackel tat (in A. DC. & C. DC., Monogr. Phan. 6: 177. 1889).

Ex. 11. Der Gattungsname *Hordelymus* (Jessen) Jessen (1885), der auf dem legitimen Namen *Hordeum* subg. *Hordelymus* Jessen (Deutschl. Gräser 202. 1863) beruht, war überflüssig als er veröffentlicht wurde, weil sein Typus, *Elymus europaeus* L., auch der Typus von *Cuviera* Koeler (1802) ist. *Cuviera* Koeler wurde inzwischen zugunsten des jüngeren Homonyms *Cuviera* DC. verworfen, und *Hordelymus* (Jessen) Jessen kann jetzt als korrekter Name für die abgetrennte, *Elymus europaeus* L. enthaltende Gattung verwendet werden.

63.4. Die Angabe der Abstammung bei der Veröffentlichung des Namens eines Bastards kann diesen Namen nicht überflüssig machen.

Ex. 12. Der Name *Polypodium* × *shivasiae* Rothm. (1962) wurde für Bastarde zwischen *P. australe* und *P. vulgare* subsp. *prionodes* vorgeschlagen, während der Autor gleichzeitig den Namen *P.* × *font-queri* Rothm. (1936) für Bastarde zwischen *P. australe* und *P. vulgare* subsp. *vulgare* annahm. Nach Art. H.4.1 ist *P.* × *shivasiae* ein Synonym von *P.* × *font-queri*; trotzdem ist es kein überflüssiger Name.

Artikel 64

64.1. Ein Name, der nicht geschützt (Art. 14) oder nach Art. 13.1(d) sanktioniert ist, ist illegitim, wenn er ein jüngeres Homonym ist, d.h. wenn er genau so geschrieben wird wie ein älterer, auf einen anderen Typus gegründeter, gültig veröffentlichter Name für ein Taxon derselben Rangstufe.

Anm. 1. Selbst wenn das ältere Homonym illegitim ist oder allgemein aus taxonomischen Gründen als Synonym angesehen wird, muß das jüngere Homonym verworfen werden.

Ex. 1. Der einer Gattung der *Labiatae* gegebene Name *Tapeinanthus* Boiss. ex Bentham (1848) ist ein jüngeres Homonym von *Tapeinanthus* Herbert (1837), einem älteren, gültig veröffentlichten Namen für eine Gattung der *Amaryllidaceae*; der Name *Tapeinanthus* Boiss. ex Bentham wird deshalb verworfen, wie es T. Durand (1888) getan hat, der dafür den neuen Namen *Thuspeinanta* einsetzte.

Ex. 2. Der Gattungsname *Amblyanthera* Müll. Arg. (1860) ist ein jüngeres Homonym des gültig veröffentlichten Gattungsnamens *Amblyanthera* Blume (1849) und wird deshalb verworfen, obgleich *Amblyanthera* Blume jetzt in die Synonymie von *Osbeckia* L. (1753) verwiesen ist.

Ex. 3. Der Name *Torreya* Arn. (1838) ist ein nomen conservandum und ist deshalb trotz des Vorhandenseins des älteren Homonyms *Torreya* Raf. (1818) nicht zu verwerfen.

Ex. 4. Der Name *Astragalus rhizanthus* Boiss. (1843) ist ein jüngeres Homonym des gültig veröffentlichten Namens *Astragalus rhizanthus* Royle (1835); er wird deshalb verworfen und durch den von Boissier 1849 aufgestellten Namen *A. cariensis* ersetzt.

64.2. Sind zwei oder mehr, auf verschiedene Typen gegründete Namen von Gattungen, Arten oder infraspezifischen Taxa so ähnlich, daß sie leicht verwechselt werden*, weil man sie für verwandte Taxa anwendet oder aus einem anderen Grunde, sind sie als Homonyme zu behandeln.

Ex. 5. Namen, die als Homonyme behandelt werden: *Astrostemma* Bentham und *Asterostemma* Decne.; *Pleuripetalum* Hooker und *Pleuropetalum* T. Durand; *Eschweilera* DC. und *Eschweileria* Boerl.; *Skytanthus* Meyen und *Scytanthus* Hooker.

Ex. 6. Die drei Gattungsnamen *Bradlea* Adanson, *Bradleja* Banks ex Gaertner und *Braddleya* Vell., die alle nach Richard Bradley benannt sind, müssen als Homonyme behandelt werden, da nur einer gebraucht werden kann, ohne daß ernstliche Verwirrung entsteht.

Ex. 7. *Kadalia* Raf. und *Kadali* Adanson (beide *Melastomataceae*) werden als Homonyme behandelt (Taxon 15: 287. 1966); *Acanthoica* Lohmann und *Acanthoeca* W. Ellis (beide Flagellaten) sind so ähnlich, daß sie als Homonyme betrachtet werden (Taxon 22: 313. 1973); *Solanum saltiense* S. L. Moore und *S. saltense* (Bitter) C. Morton sind als Homonyme zu behandeln (Taxon 22: 153. 1973).

Ex. 8. Epitheta, die so ähnlich sind, daß sie leicht verwechselt werden, wenn sie mit denselben Gattungs- oder Artnamen kombiniert sind: *chinensis* und *sinensis*; *ceylanica* und *zeylanica*; *napaulensis*, *nepalensis* und *nipalensis*; *polyanthemos* und *polyanthemus*; *macrostachys* und *macrostachyus*; *heteropus* und *heteropodus*; *poikilantha* und *poikilanthes*; *pteroides* und *pteroideus*; *trinervis* und *trinervius*; *macrocarpon* und *macrocarpum*; *trachycaulum* und *trachycaulon*.

Ex. 9. Namen, die kaum zu verwechseln sind: *Rubia* L. und *Rubus* L.; *Monochaete* Doell und *Monochaetum* (DC.) Naudin; *Peponia* Grev. und *Paponium* Engler; *Iria* (Pers.) Hedwig und *Iris* L.;

---

* Ist es zweifelhaft, ob Namen so ähnlich sind, daß sie verwechselt werden können, so möge man sie zur Entscheidung dem Allgemeinen Ausschuß (vgl. Teil III) vorlegen, der sie dem für die taxonomische Gruppe zuständigen Ausschuß (oder den für die Gruppen zuständigen Ausschüssen) zur Prüfung übergeben wird. Eine Empfehlung kann danach einem Internationalen Botanischen Kongreß unterbreitet werden, die, von diesem angenommen, zur bindende Entscheidung wird. (Diese Vorschrift wurde 1981 angenommen, und keines der hier aufgeführten Beispiele hat bindenden Charakter).

Desmostachys Miers und *Desmostachya* (Stapf) Stapf; *Symphyostemon* Miers und *Symphostemon* Hiern; *Gerrardina* Oliver und *Gerardiina* Engler; *Durvillaea* Bory und *Urvillea* Kunth; *Peltophorus* Desv. (*Gramineae*) und *Peltophorum* (Vogel) Bentham (*Leguminosae*); *Senecio napaeifolius* (DC.) Schultz-Bip. und *S. napifolius* MacOwan (die Epitheta sind von *Napaea* bzw. *Napus* abgeleitet); *Lysimachia hemsleyana* Olivier und *L. hemsleyi* Franchet (vgl. aber Empf. 23A.2); *Euphorbia peplis* L. und *E. peplus* L.

Ex. 10. *Acanthococcus* Lagerh. (eine Algengattung) und *Acanthococos* Barb. Rodr. (eine Palmengattung) sind nicht leicht zu verwechseln und sind nicht als Homonyme zu behandeln (Taxon 18: 735. 1969).

Ex. 11. Namen, die gegenüber älteren, als Homonyme behandelten Namen geschützt sind (vgl. Anhang III): *Lyngbya* Gomont (gegenüber *Lyngbyea* Sommerf.); *Columellia* Ruiz & Pavón (gegenüber *Columella* Lour.), beide nach Columella, dem römischen Schriftsteller über den Landbau; *Cephalotus* Labill. (gegenüber *Cephalotos* Adanson); *Simarouba* Aublet (gegenüber *Simaruba* Boehmer).

64.3. Die Namen zweier Unterabteilungen derselben Gattung oder zweier infraspezifischer Taxa innerhalb derselben Art werden, selbst wenn sie verschiedener Rangstufe sind, als Homonyme behandelt, wenn sie dasselbe Epitheton haben und nicht auf denselben Typus gegründet sind. Dasselbe Epitheton kann für Unterabteilungen verschiedener Gattungen und für infraspezifische Taxa verschiedener Arten gebraucht werden.

Ex. 12. Der Name *Verbascum* sect. *Aulacosperma* Murb. (1933) ist zulässig, obwohl es bereits *Celsia* sect. *Aulacospermae* Murb. (1926) gab. Dieses Beispiel sollte jedoch nicht nachgeahmt werden, da es Empf. 21B.2 widerspricht.

Ex. 13. Die Namen *Andropogon sorghum* subsp. *halepensis* (L.) Hackel und *A. sorghum* var. *halepensis* (L.) Hackel (in A. DC. & C. DC. Monogr. Phan. 6: 502. 1889) sind legitim, weil beide denselben Typus haben. Gemäß Empf. 26A.1 erhielten beide dasselbe Epitheton.

Ex. 14. Die Kombination *Anagallis arvensis* var. *caerulea* (L.) Gouan (Fl. Monsp. 30. 1765), die auf *A. caerulea* L. (1759) beruht, macht die auf dem jüngeren Homonym *A. caerulea* Schreber (1771) begründete Kombination *A. arvensis* subsp. *caerulea* Hartman (Sv. Norsk Exc.-Fl. 32. 1846) illegitim.

64.4. Wurden zwei oder mehr Homonyme gleichzeitig veröffentlicht, so wird dasjenige, das als erstes von einem Autor bei gleichzeitiger Verwerfung des (bzw. der) anderen aufgenommen wird, so behandelt, als hätte es Priorität. Ersetzt ein Autor alle diese Homonyme bis auf eines durch andere Namen, so wird das nicht ersetzte Homonym ebenfalls so behandelt, als hätte es Priorität.

Ex. 15. Linné veröffentlichte gleichzeitig *Mimosa* 10 *cinerea* (Sp. Pl. 517. 1753) und *Mimosa* 25 *cinerea* (Sp. Pl. 520. 1753). 1759 nannte er Art 10 *Mimosa cineraria* und behielt den Namen *Mimosa cinerea* für Art 25 bei; *Mimosa cinerea* ist somit ein legitimer Name für Art 25.

Ex. 16. Rouy & Foucaud (Fl. France 2: 30. 1895) veröffentlichten zweimal den Namen *Erysimum hieraciifolium* var. *longisiliquum*, mit verschiedenen Typen, für verschiedene Taxa in verschiedenen Unterarten. Von diesen Namen kann nur einer beibehalten werden.

Artikel 65

65.1. Die Namen von Taxa, die nicht als Pflanzen betrachtet werden, werden in Fragen der Homonymie nicht berücksichtigt, mit den folgenden Ausnahmen:

(a) Jüngere Homonyme der Namen von Taxa, die einmal als Pflanzen betrachtet worden sind, sind illegitim, auch wenn diese Taxa später Organismengruppen zugeordnet wurden, auf die dieser Code nicht anwendbar ist.

(b) Ein Name, der ursprünglich für ein Taxon veröffentlicht worden ist, das nicht zu einer Pflanzengruppe gerechnet wurde, ist, auch wenn er nach Art. 32–45 dieses Code gültig veröffentlicht ist illegitim, wenn er im Zeitpunkt der erstmaligen Behandlung des betreffenden Taxons als Pflanze zum Homonym eines Pflanzennamens wird (vgl. auch Art. 45.4).

Anm. 1. Der internationale Code der Nomenklatur der Bakterien betrachtet einen Bakteriennamen als illegitim, wenn er ein jüngeres Homonym des Namens eines Taxons der Bakterien, Pilze, Algen, Protozoen oder Viren ist.

Artikel 66

66.1. Der Name einer Gattungs-Unterabteilung ist illegitim und muß verworfen werden, wenn er unter Nichtbeachtung der Artikel 51, 54, 57, 58 oder 60 veröffentlicht wurde, d.h. wenn sein Autor nicht das Epitheton des ältesten legitimen Namens aufnahm, das für das Taxon in seiner bestimmten Umgrenzung, Stellung und Rangstufe zur Verfügung stand (vgl. aber Art. 63.3).

Anm. 1. Illegitime Namen kommen für die Priorität nicht in Betracht (vgl. Art. 45.3), außer bei der Verwerfung eines jüngeren Homonyms (Art. 64).

Anm. 2. Ein ursprünglich als Teil eines illegitimen Namens veröffentlichtes Epitheton kann später für dasselbe Taxon, jedoch in einer anderen Kombination, aufgenommen werden (vgl. Art. 72).

Artikel 67

67.1. Ein Artname oder ein infraspezifischer Name ist illegitim und muß verworfen werden, wenn er unter Nichtbeachtung der Artikel 51, 53, 55, 56 oder 60 veröffentlicht wurde, d.h. wenn sein Autor nicht das letzte Epitheton des ältesten legitimen Namens aufnahm, das für das Taxon in seiner bestimmten Umgrenzung, Stellung und Rangstufe zur Verfügung stand (vgl. aber Art. 63.3).

Anm. 1. Illegitime Namen kommen für die Priorität nicht in Betracht (vgl. Art. 45.3), außer bei der Verwerfung eines jüngeren Homonyms (Art. 64).

Anm. 2. Ein ursprünglich als Teil eines illegitimen Namens veröffentlichtes letztes Epitheton kann später für dasselbe Taxon, jedoch in einer anderen Kombination, aufgenommen werden (vgl. Art. 72).

Artikel 68

68.1. Ein Artname ist nicht lediglich deshalb illegitim, weil sein Epitheton ursprünglich mit einem illegitimen Gattungsnamen kombiniert war; er muß vielmehr für die Priorität in Betracht gezogen werden, wenn das Epitheton und die entsprechende Kombination in anderer Hinsicht den Regeln entsprechen.

Ex. 1. Agathophyllum A. L. Juss. (1789) ist ein illegitimer Gattungsname; er ist ein überflüssiger Ersatzname für *Ravensara* Sonn. (1782). Dennoch ist der gültig veröffentlichte Name *Agathophyllum neesianum* Blume (1851) legitim. Meisner zitierte *Agathophyllum neesianum* als Synonym von *Mespilodaphne mauritiana* Meisner (1864), nahm also das Epitheton *neesianum* nicht auf; *Mespilodaphne mauritiana* ist ein überflüssiger Name und folglich illegitim.

68.2. Ein infraspezifischer Name kann legitim sein, selbst wenn sein letztes Epitheton ursprünglich zu einem illegitimen Namen gehörte.

Artikel 69

69.1. Ein Name kann förmlich verworfen werden, wenn er oft und andauernd für ein Taxon oder für Taxa verwendet wurde, die den Typus des Namens nicht einschließen. Ein so verworfener Name, oder gegebenenfalls sein Basionym, wird auf eine Liste von nomina rejicienda gesetzt. Nebst den dort aufgeführten Namen sind alle auf ihnen beruhenden Kombinationen gleichermaßen verworfen, und keine(r) von ihnen darf verwendet werden.

69.2. Die Liste verworfener Namen kann ständig ergänzt und geändert werden. Jedem Vorschlag für einen hinzuzufügenden Namen ist eine detaillierte Darstellung der Gründe für und wider die Verwerfung beizugeben. Solche Vorschläge sind dem Allgemeinen Ausschuß (vgl. Teil III) zu unterbreiten, der sie den Ausschüssen für die verschiedenen taxonomischen Gruppen zur Prüfung vorlegt (vgl. auch Art. 15 und Empf. 15A).

Artikel 70

[Artikel 70, der heterogene Typen betraf, wurde 1975 durch den Leningrader Kongreß gestrichen.]

Artikel 71

[Artikel 71, der Monstrositäten betraf, wurde 1975 durch den Leningrader Kongreß gestrichen.]

Artikel 72

72.1. Ein gemäß Art. 63–67 oder 69 verworfener Name wird durch den Namen ersetzt, der auf der betreffenden Rangstufe Priorität besitzt (Art. 11). Fehlt ein prioritätsberechtigter Name beliebiger Rangstufe, so muß ein neuer Name gewählt werden: *(a)* Das Taxon kann als neu betrachtet und ein anderer Name dafür veröffentlicht werden, oder *(b)* es kann wenn der illegitime Name ein jüngeres Homonym ist, ein ausdrücklicher Ersatzname (nomen novum) für ihn veröffentlicht werden, der auf demselben Typus wie der verworfene Name beruht. Ist ein Name auf einer anderen Rangstufe verfügbar, kann eines der beiden obigen Verfahren angewendet werden, oder *(c)* es kann eine neue, auf den Namen anderer Rangstufe gegründete Kombination veröffentlicht werden.

72.2. Wenn die Umkombination des Epithetons eines legitimen Namens einen Namen ergeben würde, der gemäß Art. 21.3 oder 23.4 nicht gültig veröffentlicht sein kann, muß entsprechend verfahren werden.

Ex. 1. Wird *Linum radiola* L. (1753) in die Gattung *Radiola* versetzt, so kann die Art nicht *Radiola radiola* (L.) Karsten (1882) genannt werden, weil diese Kombination nicht gültig ist (vgl. Art. 23.4 und 32.1(b)). Der zweitälteste Name, *L. multiflorum* Lam. (1779), ist illegitim, da er ein überflüssiger Name für *L. radiola* L. war. In der Gattung *Radiola* hat die Art den legitimen Namen *R. linoides* Roth (1788) erhalten.

Anm. 1. Ist ein neues Epitheton erforderlich, so kann ein Autor ein Epitheton aufnehmen, das dem Taxon vorher in einem illegitimen Namen gegeben worden ist, falls sich seine Anwendung nicht anderweitig verbietet; die sich ergebende Kombination wird je nachdem als der Name eines neuen Taxons oder als ein nomen novum betrachtet.

Ex. 2. Der Name *Talinum polyandrum* Hooker (1855) ist illegitim, da er ein jüngeres Homonym von *T. polyandrum* Ruiz & Pavón (1789) ist. Als Bentham 1863 *T. polyandrum* Hooker zu *Calandrinia* stellte, nannte er die Art *Calandrinia polyandra*. Dieser Name wird so behandelt, als hätte er Priorität seit 1863; er ist als *Calandrinia polyandra* Bentham, nicht als *C. polyandra* (Hooker) Bentham zu zitieren.

Ex. 3. *Cenomyce ecmocyna* Achar. (1810) ist ein überflüssiger Name für *Lichen gracilis* L. (1753). Dasselbe gilt für den Namen *Scyphophora ecmocyna* Gray (1821), der ebenfalls den Typus von *L. gracilis* einschließt. Da Leighton (1866) jedoch diesen Typus ausdrücklich ausschloß, als er die Kombination *Cladonia ecmocyna* vorschlug, veröffentlichte er hierdurch einen neuen, legitimen Namen: *Cladonia ecmocyna* Leighton.

Empfehlung 72A

72A.1. Man sollte es vermeiden, das Epitheton eines illegitimen Namens zu verwenden, der früher für dasselbe Taxon veröffentlicht worden ist.

KAPITEL VI. RECHTSCHREIBUNG DER NAMEN UND EPITHETA UND GESCHLECHT DER GATTUNGSNAMEN

ABSCHNITT 1. RECHTSCHREIBUNG DER NAMEN UND EPITHETA

Artikel 73

73.1. Die ursprüngliche Schreibweise eines Namens oder Epithetons muß beibehalten werden, außer bei der Berichtigung von Druck- und Rechtschreibfehlern (vgl. aber Art. 32.5).

Ex. 1. Beibehaltung der ursprünglichen Schreibweise: Die Gattungsnamen *Mesembryanthemum* L. (1753) und *Amaranthus* L. (1753) sind absichtlich von Linné so geschrieben worden, und die Schreibweise ist nicht in *Mesembrianthemum* und *Amarantus* zu verändern, obgleich die letzten Formen vom philologischen Standpunkt aus vorzuziehen sind (vgl. Bull. Misc. Inform. 1928: 113, 287). – *Phoradendron* Nutt. ist nicht in *Phoradendrum* zu verändern. – *Triaspis mozambica* Adr. Juss. ist nicht in *T. mossambica* zu verändern, wie in Engler (Pflanzenw. Ost-Afrikas C: 232. 1895). – *Alyxia ceylanica* Wight ist nicht in *A. zeylanica* zu verändern, wie bei Trimen (Handb. Fl. Ceyl. 3: 127. 1895). – *Fagus sylvatica* L. ist nicht in *F. silvatica* zu verändern; die klassische Schreibweise *silvatica* wird im Falle der Bildung eines neuen Namens empfohlen (Empf. 73E), aber die mittelalterliche Schreibweise *sylvatica* wird nicht als Rechtschreibfehler behandelt. – *Scirpus cespitosus* L. ist nicht in *S. caespitosus* abzuändern.

Ex. 2. Druckfehler: *Globba brachycarpa* Baker (1890) und *Hetaeria alba* Ridley (1896) sind Druckfehler für *Globba trachycarpa* Baker und *Hetaeria alta* Ridley (vgl. J. Bot. 59: 349. 1921). – *Thevetia nereifolia* Adr. Juss. ex Steudel ist ein offensichtlicher Druckfehler für *T. neriifolia*.

Ex. 3. Rechtschreibfehler: *Gluta benghas* L. (1771) ist ein Rechtschreibfehler für *G. renghas* und sollte als *G. renghas* L. zitiert werden, wie es Engler (in A. DC. & C. DC., Monogr. Phan. 4: 225. 1883) getan hat; der von Linné als Epitheton gebrauchte Volksname heißt 'Renghas', nicht 'Benghas'.

Anm. 1. Art. 14.11 erlaubt die Konservierung der veränderten Schreibweise eines Gattungsnamens.

Ex. 4. *Bougainvillea* (vgl. Appendix III, Spermatophyta, Nr. 2350).

73.2. Der Ausdruck 'ursprüngliche Schreibweise' in diesem Artikel bedeutet die Schreibweise des Namens bei der gültigen Veröffentlichung. Er bezieht sich nicht auf den Gebrauch großer oder kleiner Anfangsbuchstaben; dies ist eine Frage der Typographie (vgl. Art. 21.2, Empf. 73F).

73.3. Von der Erlaubnis, einen Namen zu berichtigen, ist mit Vorsicht Gebrauch zu machen, insbesondere wenn die Veränderung die erste Silbe und vor allem wenn sie den ersten Buschstaben eines Namens betrifft.

Ex. 5. Der Name *Lespedeza* darf nicht berichtigt werden, obwohl die Gattung nach Vicente Manuel de Céspedes benannt ist (vgl. Rhodora 36: 130–132, 390–392. 1934).

73.4. Die Buchstaben *w* und *y*, die dem klassischen Latein fremd sind, sowie *k*, der in dieser Sprache selten auftritt, sind in lateinischen Pflanzennamen zulässig.

73.5. Wurde ein Name oder ein Epitheton in einem Werk veröffentlicht, in dem die Buchstaben *u* und *v* sowie *i* und *j* austauschbar oder anderweitig mit der modernen Praxis unvereinbar verwendet wurden (indem einer von ihnen gar nicht oder nur als Versalie auftritt), sollten diese Buchstaben neuerem botanischem Gebrauch entsprechend umgeschrieben werden.

Ex. 6. *Uffenbachia* Fabr., nicht *Vffenbachia*; *Taraxacum* Zinn, nicht *Taraxacvm*; *Curculigo* Gaertner, nicht *Cvrcvligo*.

Ex. 7. *Geastrvm hygrometricvm* Pers. und *Vredo pvstvlata* Pers. (1801) sollten *Geastrum hygrometricum* bzw. *Uredo pustulata* geschrieben werden.

Ex. 8. *Bromus iaponicus* Thunb. (1784) sollte *Bromus japonicus* geschrieben werden.

73.6. Diakritische Zeichen werden in lateinischen Pflanzennamen nicht gebraucht. In neuen oder bestehenden Namen, die von Wörtern hergeleitet sind, in denen solche Zeichen auftreten, sind diese fortzulassen und die betroffenen Buchstaben soweit nötig umzuschreiben: z.B. *ä*, *ö*, *ü* in *ae*, *oe*, *ue*; *é*, *è*, *ê* in *e* oder zuweilen *ae*; *ñ* in *n*; *ø* in *oe*; *å* in *ao*; das Trennungszeichen (Trema) ist jedoch gestattet.

Anm. 2. Das Trennungszeichen sollte man, wo erforderlich, in Werken gebrauchen, in denen Diphthonge nicht durch Ligaturen ausgedrückt werden: so *Cephaëlis*, nicht *Cephaelis* in Werken, in denen im Druck z.B. *Arisaema*, nicht aber *Arisæma* steht.

73.7. Sind Änderungen der Schreibweise, die frühere Autoren bei der Aufnahme von Personennamen, geographischen oder Volksnamen in die Nomenklatur vorgenommen haben, absichtliche Latinisierungen, so sind sie beizuhalten; ausgenommen sind Endungen, die Art. 73.10 unterliegen.

Ex. 9. *Valantia* L. (1753), *Gleditsia* L. (1753) und *Clutia* L. (1753), benannt nach Vaillant, Gleditsch und Cluyt, sind nicht in *Vaillantia*, *Gleditschia* und *Cluytia* zu ändern; Linné hat die Namen dieser Botaniker absichtlich in 'Valantius', 'Gleditsius' und 'Clutius' latinisiert.

Ex. 10. *Zygophyllum billardierii* DC. ist nach J. J. H. de Labillardière (de la Billardière) benannt. Die beabsichtigte Latinisierung lautet 'Billardierius' (im Nominativ), die Änderung der Endung ist jedoch nach Art. 73.10 nicht zulässig, und die korrekte Schreibweise des Namens ist *Z. billardierei* DC.

73.8. Der Gebrauch einer inkorrekten Verbindungsform bei einem Epitheton wird als ein zu korrigierender Rechtschreibfehler angesehen (vgl. Empf. 73G).

Ex. 11. *Pereskia opuntiaeflora* DC. muß *P. opuntiiflora* DC. heißen.

Ex. 12. *Cacalia napaeofolia* DC. und *Senecio napaeofolius* (DC.) Schultz-Bip. müssen *Cacalia napaeifolia* DC. und *Senecio napaeifolius* (DC.) Schultz-Bip. heißen; das Art-Epitheton bezieht sich auf die Ähnlichkeit der Blätter mit denen der Gattung *Napaea* (nicht *Napea*), und der Verbindungsvokal *-i* hätte an Stelle der Endung *-ae* des Genitiv Singular verwendet werden müssen.

73.9. Der Gebrauch eines Bindestrichs nach einer Verbindungsform in einem Epitheton wird als ein zu korrigierender Rechtschreibfehler angesehen.

Ex. 13. Acer pseudoplatanus L., nicht *A. pseudo-platanus; Ficus neoëbudarum* Summerh., nicht *F. neo-ebudarum; Lycoperdon atropurpureum* Vitt., nicht *L. atro-purpureum; Croton ciliatoglandulifer* Ortega, nicht *C. ciliato-glandulifer; Scirpus* sect. *Pseudoëriophorum* Jurtzev, nicht *S.* sect. *Pseudo-eriophorum*.

Anm. 3. Art. 73.9 bezieht sich nur auf Epitheta (in Kombinationen), nicht auf Namen von Gattungen oder Taxa höheren Ranges; der Bindestrich in einem Gattungsnamen kann nur durch Konservierung beseitigt werden.

Ex. 14. Pseudo-salvinia Piton (1940).

Anm. 4. Der Bindestrich ist in einem Epitheton zulässig, wenn er im Anschluß an ein selbständiges Wort (nicht eine Verbindungsform) steht.

Ex. 15. Aster novae-angliae L., *Coix lachryma-jobi* L., *Peperomia san-felipensis* J. D. Smith, *Arctostaphylos uva-ursi* (L.) Sprengel und *Veronica anagallis-aquatica* L. (vgl. Art. 23.3).

73.10. Der falsche Gebrauch der in Empf. 73C.1 erwähnten Endungen, z.B. *-i, -ii, -ae, -iae, -anus* und *-ianus*, wird als ein zu korrigierender Rechtschreibfehler angesehen (vgl. auch Art. 32.5).

Ex. 16. Rosa pissarti Carrière (Rev. Hort. 1880: 314) ist ein Druckfehler für *R. pissardi* (vgl. Rev. Hort. 1881: 190), der wiederum als Rechtschreibfehler für *R. pissardii* angesehen wird (vgl. Empf. 73C.1(b)).

Empfehlung 73A

73A.1. Wird ein neuer Name oder ein neues Epitheton aus dem Griechischen abgeleitet, sollte sich die Transkription in das Lateinische nach dem klassichen Brauch richten.

73A.2. Der spiritus asper sollte im Lateinischen durch den Buchstaben *h* wiedergegeben werden.

Empfehlung 73B

73B.1. Wird ein neuer Gattungs-, Untergattungs- oder Sektionsname von einem Personennamen abgeleitet, sollte man wie folgt verfahren:
(a) Endet der Personenname mit einem Vokal, so wird der Buchstabe *-a*, angehängt, z.B. *Ottoa (nach Otto)*, *Sloanea* (nach Sloane); endet er jedoch mit *a*, so wird *-ea* angehängt, z.B. *Collaea* (nach Colla); endet er schließlich mit *-ea*, so wird kein Buchstabe angehängt (z.B. *Correa*).
(b) Endet der Personenname mit einem Konsonanten, so wird die Endung *-ia* angehängt; endet er jedoch mit *-er*, so hängt man *-a* an, z.B. *Kernera* (nach Kerner). Bei latinisierten Namen mit der Endung *-us*, läßt man diese fort, bevor man das Suffix anhängt (*Dillenia*, nach Dillenius).
(c) Die Silben, die durch diese Endungen keine Veränderungen erleiden, behalten ihre ursprüngliche Schreibweise bei, falls sie nicht Buchstaben, die den lateinischen Pflanzennamen fremd sind, oder diakritische Zeichen enthalten (vgl. Art. 73.6)

Anm. 1. Namen können ein Präfix oder Suffix erhalten, auch kann man Umstellungen der Buchstaben (Anagramme) oder Abkürzungen vornehmen. In solchen Fällen gelten sie als von dem ursprünglichen Namen verschieden.

Ex. 1. Durvillaea und *Urvillea; Lapeirousia* und *Peyrousea; Englera, Englerastrum* und *Englerella; Bouchea* und *Ubochea; Gerardia* und *Graderia; Martia* und *Martiusia.*

Empfehlung 73C

73C.1. Neuzeitliche Personennamen können mit lateinischen Endungen versehen und wie folgt zur Bildung von Art- und infraspezifischen Epitheta verwendet werden:

(a) Endet der Personenname mit einem Vokal oder *-er,* so wird zur Bildung substantivischer Epitheta die dem Geschlecht und der Zahl der zu ehrenden Person(en) entsprechende Genitivendung angehängt (z.B *scopoli-i* nach Scopoli (m), *fedtschenko-i* nach Fedtschenko (m), *glaziou-i* nach Glaziou (m), *lace-ae* nach Lace (f), *hooker-orum* nach W. J. und J. D. Hooker); ausgenommen sind die mit *-a* endenden Namen, bei denen im Singular *-e* und im Plural *-rum* die passende Endung ist (z.B. *triana-e* nach Triana (m)).

(b) Endet der Personenname mit einem Konsonanten (mit Ausnahme von *-er*), so wird zur Bildung substantivischer Epitheta ein *-i-* eingeschoben, bevor die dem Geschlecht und der Zahl der zu ehrenden Person(en) entsprechende Genitivendung angehängt wird (z.B. *lecard-ii* nach Lecard (m), *wilson-iae* nach Wilson (f), *verlot-iorum* nach den Gebrüdern Verlot, *braun-iarum* nach den Schwestern Braun).

(c) Endet der Personenname mit einem Vokal, so wird zur Bildung eines adjektivischen Epithetons *-an-* und die dem Geschlecht des Gattungsnamens entsprechende Endung des Nominativ Singular angehängt (z.B. *Cyperus heyneanus* nach Heyne, *Vanda lindley-ana* nach Lindley und *Aspidium bertero-anum* nach Bertero); ausgenommen sind die mit *-a* endenden Namen, bei denen nur *-n-* und die passende Endung angehängt wird (z.B. *balansa-nus* (m), *balansa-na* (f) und *balansa-num* (n) nach Balansa).

(d) Endet der Personenname mit einem Konsonanten, so werden zur Bildung adjektivischer Epitheta ein *-i-* und ein *-an-* eingeschoben, bevor die dem Geschlecht des Gattungsnamens entsprechende Endung des Nominativ Singular angehängt wird (z.B. *Rosa webb-iana* nach Webb, *Desmodium griffith-ianum* nach Griffith, *Verbena hassler-iana* nach Hassler).

Anm. 1. In den oben angeführten Beispielen werden die Bindestriche nur benutzt, um die entsprechenden Endungen hervorzuheben.

73C.2. Personennamen, die bereits in griechischer oder lateinischer Sprache vorliegen oder eine gebräuchliche latinisierte Form besitzen, sollten zur Bildung substantivischer Epitheta in die passende lateinische Genitivform gebracht werden (z.B. *alexandri* von Alexander oder Alexandre, *augusti* von Augustus, August oder Auguste, *linnaei* von Linnaeus, *martii* von Martius, *beatricis* von Beatrix oder Béatrice, *hectoris* von Hector). (Neuzeitliche Personennamen unterliegen jedoch den Bestimmungen von Art. 73.10.) Man sollte es vermeiden, neuzeitliche Namen so zu behandeln, als gehörten sie zur dritten Deklination (z.B. *munronis* von Munro und *richardsonis* von Richardson).

73C.3. Bei der Bildung neuer, von Personennamen abgeleiteter Epitheta sollte die ursprüngliche Schreibweise des Personennamens nicht geändert werden, es sei denn, er enthielte Buchstaben, die lateinischen Pflanzennamen fremd sind oder diakritische Zeichen (vgl. Art. 73.6).

73C.4. Präfixe und Partikeln sollten in folgender Weise behandelt werden:

(a) Das schottische patronymische Präfix 'Mac', 'Mc' oder 'M', das 'Sohn des' bedeutet, sollte 'mac' geschrieben und mit dem Rest des Namens vereinigt werden, z.B. *macfadyenii* (nach Macfadyen), *macgillivrayi* (nach MacGillivray), *macnabii* (nach McNab), *mackenii* (nach M'Ken).

(b) Das irische patronymische Präfix 'O' sollte mit dem Rest des Namens vereinigt oder weggelassen werden, z.B. *obrienii, brienianus* (nach O'Brien), *okellyi* (nach O'Kelly).

(c) Ein Präfix, das aus einem Artikel besteht, z.B. le, la, l', les, el, il, lo, oder einen Artikel enthält, z.B. du, de la, des, del, della, sollte mit dem Namen vereinigt werden, z.B. *leclercii* (nach Le Clerc), *dubuyssonii* (nach DuBuysson), *lafarinae* (nach La Farina), *logatoi* (nach Lo Gato).

(d) Ein Präfix zu einem Familiennamen, das Adelung oder Heiligsprechung angibt, sollte weggelassen werden, z.B. *candollei* (nach de Candolle), *jussieui* (nach de Jussieu), *hilairei* (nach Saint-

Hilaire), *remyi* (nach St. Rémy); in geographischen Epitheta jedoch wird 'St.' als *sanctus* (m) oder *sancta* (f) wiedergegeben, z.B. *sancti-johannis* (von St. John), *sanctae-helenae* (von St. Helena).
(e) Ein deutsches oder niederländisches Präfix kann in das Epitheton eingeschlossen werden, wenn es normalerweise als Teil des Familiennamens behandelt wird, wie es oft außerhalb seines Ursprungslandes geschieht, z.B. in den Vereinigten Staaten von Amerika: z.B. *vonhausenii* (nach Vonhausen), *vanderhoekii* (nach Vanderhoek), *vanbruntiae* (nach Mrs. Van Brunt), sonst aber sollte es weggelassen werden: z.B. *iheringii* (nach von Ihering), *martii* (nach von Martius), *steenisii* (nach van Steenis), *strassenii* (nach zu Strassen), *vechtii* (nach van der Vecht).

Empfehlung 73D

73D.1. Ein von geographischen Namen abgeleitetes Epitheton wird vorzugsweise in adjektivischer Form gebildet und erhält gewöhnlich die Endung *-ensis, -(a)nus, -inus* oder *-icus*.

Ex. 1. **Rubus quebecensis** (von Quebec), *Ostrya virginiana* (von Virginia), *Eryngium amorginum* (von Amorgos), *Polygonum pensylvanicum* (von Pennsylvania).

Empfehlung 73E

73E.1. Die Schreibweise eines neuen Epithetons sollte sich nach der ursprünglichen Schreibweise des Wortes (oder der Wörter) richten, von dem es abgeleitet ist, und nach den üblichen Regeln des Lateins und der Latinisierung (vgl. Art. 23.5).

Ex. 1. *sinensis* (nicht *chinensis*).

Empfehlung 73F

73F.1. Alle Art- und infraspezifischen Epitheta sollten mit kleinen Anfangsbuchstaben geschrieben werden; jedoch können Autoren, die große Anfangsbuchstaben zu gebrauchen wünschen, dies tun, wenn die Epitheta direkt von den Namen wirklicher oder mythischer Personen hergeleitet oder wenn sie Volksnamen oder frühere Gattungsnamen sind.

Empfehlung 73G

73G.1. Zusammengesetzte Namen oder Epitheta, die von zwei oder mehr griechischen oder lateinischen Wörtern abgeleitete Bestandteile vereinigen, sollten soweit möglich gemäß klassischem Gebrauch gebildet werden (vgl. Art. 73.8). Dieser läßt sich folgendermaßen umschreiben:
(a) In einem echt zusammengesetzten Wort erscheint ein Substantiv oder Adjektiv, das nicht am Ende steht, als ein Stamm ohne Kasus-Endung mit einer der folgenden Modifikationen zur Ableitung der Zusammensetzungsformen:
  (1) Wenn der Stamm mit einem Konsonanten endet, so wird vor einem Konsonanten ein Verbindungsvokal (*-o-* im Griechischen, *-i-* im Lateinischen) eingefügt (*Leont-o-podium*, Stamm *leont-; cord-i-folius* Stamm *cord-*). Vor einem Vokal wird der Verbindungsvokal weggelassen (*Leont-ice; cord-atus*).
  (2) Wenn der Stamm mit den Vokalen *-a, -e, -o* oder *-u* endet oder zu enden scheint, so wird dieser Vokal des Stammes vor einem Konsonanten normalerweise weggelassen. Bei griechischen Wörtern wird er durch *-o* ersetzt (*Acantho-panax*, Stamm *acantha-; Limno-charis*, Stamm *limne-; Cyclo-sorus*, Stamm *cyclo-*). Bei lateinischen Wörtern wird er durch *-i* ersetzt (*magnolii-florus*, Stamm *magnolia-; lilii-florus*, Stamm *lilio-; querci-folius*, Stamm *quercu-*), außer beim seltenen *e-* Stamm. Vor einem Vokal werden die obengenannten Endvokale ausgelassen, ohne daß sie durch *-o* bzw. *-i* ersetzt werden (*Acanth-ella, Limn-anthes, Cycl-anthus, Magnoli-aceae, Lili-ales, querc-etum*). Bei manchen Wörtern kann der Endvokal beibehalten werden; darüber kann nur durch einen Vergleich mit vorhandenen klassischen Zusammensetzungen befunden werden (*Coryne-phorus*, Stamm *coryne-; re-cula, re-al*, Stamm *re-*).
  (3) Wenn der Stamm mit den Vokalen *-y* und *-i* oder mit den seltenen Diphthongen *-au, -eu* oder *-ou* endet, bleibt der Endvokal des Stammes normalerweise erhalten (*Pachy-phytum, Pachy-anthus*, Stamm *pachy-; Lysi-machia, Lisi-anthus*, Stamm *lysi-; Nau-clea*, Stamm *nau-*). Bei

manchen Stämmen, wie beispielsweise denen der griechischen Substantive, die mit -*y* oder manchmal mit -*i* enden, wird vor einem Konsonanten der Verbindungsvokal -*o*- eingefügt (*Ichthy-o-there*, Stamm *ichthy-*; *Ophi-o-glossum*, Stamm *ophi-*). Die griechischen Diphthonge bleiben als Stammendung normalerweise erhalten, oft aber in modifizierter Form (*Bo-opsis*, Stamm *bou-*; *oreo-comus*, Stamm *oreu-*; *Basilo-xylon*, Stamm *basileu-*).

(b) Ein unecht zusammengesetztes Wort ist eine substantivische oder adjektivische Wortverbindung, die so behandelt wird, als wäre sie ein einzelnes zusammengesetztes Wort. In einem unecht zusammengesetzten Wort erscheint ein Substantiv oder Adjektiv, das nicht am Ende steht, als ein Wort mit einer Kasus-Endung, nicht als ein modifizierter Stamm. Beispiele dafür sind: *nidus-avis* (Nest des Vogels), *Myos-otis* (Ohr der Maus), *cannae-folius* (Blatt der Canna), *albo-marginatus* (mit weiß umrandet) usw. Einige unregelmäßige Formen sind in Analogie zu den unecht zusammengesetzten Wörtern gebildet worden, wie z.B. *atro-purpureus* (purpurrot mit schwarz, wo die korrekte Formulierung etwa *purpureus cum atro* wäre). Andere sind absichtlich eingeführt worden, um etymologische Unterschiede aufzudecken, wenn verschiedene Wortelemente die gleichen Verbindungsformen haben, wie z.B. *tubi-* von Röhre (*tubus, tubi*, Stamm *tubo-*) oder von Trompete (*tuba, tubae*, Stamm *tuba-*), wo *tubaeflorus* nur trompetenblütig bedeuten kann; ebenso ist *carici-* die Verbindungsform von Papaya (*carica, caricae*, Stamm *carica-*) und von Segge (*carex, caricis*, Stamm *caric-*), *caricaefolius* aber kann nur papyablättrig heißen. Dieser Gebrauch des Genitiv Singular der ersten Deklination bei unecht zusammengesetzten Wörtern wird als ein zu korrigierender Rechtschreibfehler behandelt, wenn er nicht eine etymologische Unterscheidung ermöglicht.

(c) Einige häufige unregelmäßige Formen werden in Wortzusammensetzungen gebraucht. Beispiele sind *hydro-* und *hydr-* (*Hydro-phyllum*), wo der reguläre Stamm des Substantivs *hydat-* lautet; *calli-* (*Calli-stemon*), wo der reguläre Stamm des Adjektivs *calo-* lautet; und *meli-* (*Meli-osma, Meli-lotus*), wo der reguläre Stamm des Substantivs *melit-* lautet.

Anm. 1. In den oben angeführten Beispielen werden die Bindestriche nur zur Erläuterung benutzt. Bezüglich des Gebrauchs von Bindestrichen in botanischen Namen und Epitheta vgl. Art. 20.3, 23.1 und 73.9.

Empfehlung 73H

73H.1. Epitheta von Pilznamen, die vom Gattungsnamen der Wirtspflanze abgeleitet sind, sollten gemäß der angenommenen Schreibweise dieses Namens geschrieben werden; andere Schreibweisen werden als zu berichtigende orthographische Varianten angesehen (vgl. Art. 75).

Ex. 1. *Phyllachora anonicola* Chardon (1940) muß in *P. annonicola* geändert werden, da die Schreibweise *Annona* jetzt gegenüber *Anona* vorgezogen wird. – *Meliola albizziae* Hansford & Deighton (1948) muß in *M. albiziae* geändert werden, da die Schreibweise *Albizia* jetzt gegenüber *Albizzia* vorgezogen wird.

Empfehlung 73I

73I.1. Die Etymologie neuer Namen und Epitheta sollte angegeben werden, wenn deren Bedeutung nicht ohne weiteres ersichtlich ist.

Artikel 74

[Artikel 74, der die unterschiedliche Schreibweise Linnéscher Gattungsnamen betraf, wurde 1981 durch den Kongreß in Sydney gestrichen (vgl. aber Art. 13.4).]

Artikel 75

75.1. Nur eine orthographische Variante eines jeden Namens wird als gültig veröffentlicht betrachtet, und zwar – mit Ausnahme der Fälle, die in Art. 73 (Rechtschreib- und Druckfehler), Art. 14.10 (geschützte Schreibweisen) und Art. 32.5 (inkorrekte lateinische Endungen) geregelt sind – diejenige, die in der ursprünglichen Veröffentlichung erscheint.

Anm. 1. Orthographische Varianten sind verschiedene Schreibweisen, Zusammensetzungs- und Flexionsformen eines Namens oder Epithetons (einschließlich der Druckfehler), wobei nur ein Typus im Spiel ist. (Bezüglich der zum Verwechseln ähnlichen Namen, die auf verschiedene Typen gegründet sind, vgl. Art. 64. 2-3.)

75.2. Treten zwei oder mehr orthographische Varianten eines Namens in der ursprünglichen Veröffentlichung auf, so muß diejenige beibehalten werden, die den Regeln nachkommt und am besten den Empfehlungen des Art. 73 entspricht; im übrigen muß man der Wahl des Autors folgen, der als erster ausdrücklich eine der Varianten aufnimmt und die andere(n) verwirft.

75.3. Die orthographischen Varianten eines Namens müssen automatisch korrigiert, d.h. in die gültig veröffentlichte Form des Namens gebracht werden. Wenn immer eine solche Variante gedruckt erscheint, ist sie so zu behandeln, als stünde sie in der korrigierten Form.

ABSCHNITT 2. GESCHLECHT DER GATTUNGSNAMEN

Empfehlung 75A

75A.1. Ein aus dem Griechischen oder Lateinischen entlehnter Gattungsname sollte sein Geschlecht behalten. Wenn dieses schwankt, so sollte der Autor die Wahl treffen. In Zweifelsfällen sollte man sich nach dem allgemeinen Gebrauch richten. Die folgenden Namen sollten dem botanischen Gebrauch gemäß als Feminina behandelt werden, ohne Rücksicht auf den klassischen Gebrauch oder die Behandlung durch den ursprünglichen Autor: *Adonis, Diospyros, Hemerocallis, Orchis, Stachys* und *Strychnos.*

Ex. 1. Das klassische Geschlecht von *Atriplex* schwankt (z.B. Femininum bei Columella und Neutrum bei Plinius); Linné behandelte den Namen als Femininum, und dem sollte Folge geleistet werden. Demgegenüber war *Phyteuma* stets Neutrum (z.B. bei Dioskurides und Plinius), *Sicyos* stets Maskulinum (z.B. bei Theophrast und Dioskurides) und *Erigeron* ebenfalls stets Maskulinum (bei Theophrast, Dioskurides und Plinius); diese Namen sollten ihr klassisches Geschlecht beibehalten, auch wenn sie von Linné anders behandelt wurden.

75A.2. Gattungsnamen, die aus zwei oder mehr griechischen oder lateinischen Wörtern gebildet sind, sollten das Geschlecht des Endworts erhalten. Wird jedoch die Endung abgeändert, so sollte sich das Geschlecht danach richten.

(a) Nichtklassische Zusammensetzungen, die auf *-codon, -myces, -odon, -panax, -pogon, -stemon* und andere Maskulina enden, sollten Maskulina sein, ungeachtet der Tatsache, daß die Gattungsnamen *Andropogon* L. und *Oplopanax* (Torrey & A. Gray) Miq. von ihren Autoren ursprünglich als Neutra behandelt wurden.

(b) Ebenso sollten alle nichtklassischen Zusammensetzungen, die auf *-achne, -chlamys, -daphne,*

-mecon, -osma (die moderne Transkription des griechischen Femininums osmé) und andere Feminina enden, Feminina sein, ungeachtet der Tatsache, daß *Dendromecon* Bentham und *Hesperomecon* E. Greene ursprünglich als Neutra behandelt wurden. Eine Ausnahme sollte bei den auf *-gaster* endenden Namen gemacht werden, die eigentlich Feminina sein müßten, aber nach botanischem Gebrauch als Maskulina behandelt werden sollten.

(c) Ebenso sollten alle nichtklassischen zusammengesetzten Wörter, die auf *-ceras, -dendron, -nema, -stigma, -stoma* und andere Neutra enden, Neutra sein, ungeachtet der Tatsache, daß Robert Brown *Aceras* und Bunge *Xanthoceras* als Feminina behandelt haben. Eine Ausnahme sollte bei den auf *-anthos* (oder *-anthus*) und *-chilos* (*chilus* oder *-cheilos*) endenden Namen gemacht werden, die Neutra sein müßten, da die griechischen Wörter anthos und cheilos Neutra sind; man hat sie aber im allgemeinen als Maskulina behandelt, und man sollte weiterhin so verfahren.

Ex. 2. Zusammengesetzte Gattungsnamen mit abgeänderter Endung: *Stenocarpus, Dipterocarpus* und alle anderen nichtklassischen zusammengesetzten Wörter, die auf das griechische Maskulinum *carpos* (oder *carpus*) enden, z.B. *Hymenocarpos*, sollten Maskulina sein; diejenigen jedoch, die auf *-carpa* oder *-carpaea* ausgehen, sollten Feminina sein, z.B. *Callicarpa* und *Polycarpaea;* die auf *-carpon, -carpum* oder *-carpium* ausgehen, sollten Neutra sein, z.B. *Polycarpon, Ormocarpum* und *Pisocarpium.*

75A.3. Beliebig gebildete Gattungsnamen, Volksnamen oder Adjektive, die als Gattungsnamen gebraucht werden und deren Geschlecht nicht ersichtlich ist, sollten das Geschlecht bekommen, das der Autor ihnen gegeben hat. Hat dieser das Geschlecht nicht angegeben, kann der nächste Autor die Wahl treffen, und ihm sollte man folgen.

Ex. 3. Taonabo Aublet sollte Femininum sein; Aublets beide Arten hießen *T. dentata* und *T. punctata.*

Ex. 4. Agati Adanson wurde ohne Angabe des Geschlechts veröffentlicht; Desvaux (J. Bot. Agric. 1: 120. 1813) behandelte als erster Autor den Namen als Femininum, und dieser Entscheidung sollte gefolgt werden.

Ex. 5. Boehmer (in Ludwig, Def. Gen. Pl. ed. 3. 436. 1760) und Adanson (Fam. Pl. 2: 356. 1763) gaben das Geschlecht von *Manihot* nicht an; der erste Autor, der Art-Epitheta beifügte, war Crantz (Inst. Rei Herb. 1: 167. 1766), der u.a. den Namen *Manihot gossypiifolia* aufstellte; *Manihot* sollte deshalb als Femininum behandelt werden.

75A.4. Gattungsnamen, die auf *-oides* oder *-odes* enden, sollten als Feminina, soche die auf *-ites* enden als Maskulina behandelt werden, ohne Rücksicht darauf, welches Geschlecht der ursprüngliche Autor ihnen zuschrieb.

Empfehlung 75B

75B.1. Wird eine Gattung in zwei oder mehr Gattungen zerlegt, so sollte der neue Gattungsname (oder die neuen Gattungsnamen) das Geschlecht des beibehaltenen Gattungsnamens erhalten.

Ex. 1. Wird die Gattung *Boletus* zerlegt, so sollten die neuen Gattungsnamen Maskulina sein: *Xerocomus, Boletellus,* usw.

235

TEIL III. BESTIMMUNGEN FÜR DIE ÄNDERUNG DES CODE

Div.III.1. Änderung des Code. Der Code kann nur von einer Vollsitzung eines Internationalen Botanischen Kongresses aufgrund einer von der Nomenklatur-Sektion dieses Kongresses eingebrachten Entschließung geändert werden.*

Div.III.2. Nomenklatur-Ausschüsse. Ständige Nomenklatur-Ausschüsse werden mit Hilfe der Internationalen Vereinigung für Pflanzen-Taxonomie (International Association for Plant Taxonomy) eingerichtet. Die Mitglieder dieser Ausschüsse werden durch einen Internationalen Botanischen Kongreß gewählt. Die Ausschüsse sind ermächtigt, weitere Mitglieder hinzuzuwählen und Unterausschüsse einzurichten; die erforderlichen Amtsträger werden gewählt.

(1) Allgemeiner Ausschuß (General Committee). Er setzt sich zusammen aus den Sekretären der anderen Ausschüsse, dem Rapporteur-général, dem Präsidenten und dem Sekretär der Internationalen Vereinigung für Pflanzen-Taxonomie und mindestens 5 Mitgliedern, die von der Nomenklatur-Sektion ernannt werden. Der Rapporteur-général ist beauftragt, Nomenklaturvorschläge dem Internationalen Botanischen Kongreß vorzulegen.

(2) Ausschuß für Spermatophyta.

(3) Ausschuß für Pteridophyta.

(4) Ausschuß für Bryophyta.

(5) Ausschuß für Fungi und Lichenes.

(6) Ausschuß für Algae.

(7) Ausschuß für Bastarde.

(8) Ausschuß für Fossile Pflanzen.

(9) Herausgeber-Ausschuß (Editorial Committee). Er ist beauftragt den Code gemäß den vom Internationalen Botanischen Kongreß angenommenen Beschlüssen zu verfassen und zu veröffentlichen. Vorsitzender ist der Rapporteur-général des vorangehenden Kongresses; er ist mit den allgemeinen Aufgaben im Zusammenhang mit der Herausgabe des Code beauftragt.

---

* Falls kein weiterer Internationaler Botanischer Kongreß stattfinden sollte, soll die Zuständigkeit für den Internationalen Code der Botanischen Nomenklatur auf die 'International Union of Biological Sciences' übergehen oder auf eine Organisation, die dieser zum gegeben Zeitpunkt entspricht. Der Allgemeine Ausschuß ist ermächtigt, Ausführungsbestimmungen zu erlassen.

Div.III.3. Das Nomenklatur-Büro des Internationalen Botanischen Kongresses. Dem Vorstand des Büros gehören an: *(1)* der Präsident der Nomenklatur-Sektion, der vom Organisationsausschuß (Organizing Committee) des betreffenden Internationalen Botanischen Kongresses gewählt wird; *(2)* der Protokollführer, der vom gleichen Organisationsausschuß ernannt wird; *(3)* der Rapporteur-général, der vom jeweils vorausgehenden Kongreß gewählt wird; *(4)* der stellvertretende Rapporteur, die auf Vorschlag des Rapporteur-général vom Organisationsausschuß gewählt wird.

Div.III.4. Die Abstimmung über Nomenklaturvorschläge erfolgt auf zweierlei Art und Weise: *(a)* durch eine vorläufige, briefliche Abstimmung und *(b)* durch eine endgültige und bindende Abstimmung in der Nomenklatur-Sektion des Internationalen Botanischen Kongresses.

Stimmberechtigung:
(a) Zur vorläufigen brieflichen Stimmabgabe (preliminary mail vote) sind berechtigt:
(1) Die Mitglieder der Internationalen Vereinigung für Pflanzen-Taxonomie (International Association for Plant Taxonomy).
(2) Die Autoren von Vorschlägen.
(3) Die Mitglieder der Nomenklaturausschüsse.

Anm. 1. Eine Kumulierung oder Übertragung persönlicher Stimmen ist nicht zulässig.

(b) Zur endgültigen Stimmabgabe (final vote) auf den Sitzungen der Nomenklatur-Sektion sind berechtigt:
(1) Alle offiziell eingetragenen Mitglieder der Sektion. Eine Kumulierung oder Übertragung persönlicher Stimmen ist nicht zulässig.
(2) Offizielle oder stellvertretende Delegierte von Instituten; diese Institute erscheinen auf einer Liste, die vom Nomenklatur-Büro des Internationalen Botanischen Kongresses aufgestellt und dem Allgemeinen Ausschuß (General Committee) zur endgültigen Billigung vorgelegt wird; die Institute haben, nach Maßgabe der Liste, Anrecht auf 1-7 Stimmen.* Eine Übertragung von Institutsstimmen auf stellvertretende Delegiert ist zulässig; jedoch ist es einer einzelnen Person nicht gestattet, mehr als 15 Stimmen einschließlich ihrer eigenen zu vertreten. Institutsstimmen können, mit Instruktionen zur Stimmabgabe zu einzelnen Vorschlägen, beim Nomenklatur-Büro hinterlegt werden.

---

* Der Sydney-Kongreß bestimmte, daß kein einzelnes Institut, auch im weiten Sinne des Wortes, Anrecht auf mehr als 7 Stimmen hat.

ANHANG I

NAMEN DER BASTARDE

Artikel H.1

H.1.1. Bastarde werden durch den Gebrauch des Multiplikationszeichens × gekennzeichnet oder dadurch, daß das Präfix 'notho-'* der Bezeichnung der Rangstufe des Taxons beigefügt wird.

Artikel H.2

H.2.1. Einen Bastard zwischen benannten Taxa kann man dadurch bezeichnen, daß man zwischen die Namen der Taxa ein Multiplikationszeichen setzt; die gesamte Bezeichnung wird dann Bastardformel genannt.

Ex. 1. Agrostis L. × *Polypogon* Desf.; *Agrostis stolonifera* L. × *Polypogon monspeliensis* (L.) Desf.; *Salix aurita* L. × *S. caprea* L.; *Mentha aquatica* L. × *M. arvensis* L. × *M. spicata* L.; *Polypodium vulgare* L. subsp. *prionodes* Rothm. × subsp. *vulgare.*

Empfehlung H.2A

H.2A.1. In einer Formel sollten die Namen oder Epitheta normalerweise alphabetisch angeordnet werden. Die Kreuzungsrichtung kann durch die Verwendung der Zeichen für weiblich (♀) und männlich (♂) oder durch die Voranstellung des weiblichen Elters angegeben werden. Ist die Reihenfolge nicht alphabetisch, sollte ihre Grundlage deutlich angegeben werden.

Artikel H.3

H.3.1. Bastarde zwischen Vertretern zweier oder mehrerer Taxa können Namen erhalten. Die Bastardnatur eines Taxons wird dadurch angezeigt, daß vor den Namen eines intergenerischen Bastards oder vor das Epitheton im Namen eines interspezifischen Bastards das Multiplikationszeichen × gesetzt wird oder dadurch, daß das Präfixes 'notho-' (abgekürzt 'n-') der Bezeichnung der Rangstufe des Taxons beigefügt wird (vgl. Art. 4.1). Alle Bastard-Taxa werden als Nothotaxa bezeichnet.

Ex. 1. (Angaben zur Abstammung dieser Bastarde finden sich in Art. H.2, Ex.1.) × *Agropogon* P.

* Von dem griechischen Wort nothos (νοϑος), das Bastard bedeutet.

Fourn.; × *Agropogon littoralis* (Smith) C. E. Hubb.; *Salix* × *capreola* Kerner ex Andersson; *Mentha* × *smithiana* R. A. Graham; *Polypodium vulgare* L. nothosubsp. *mantoniae* (Rothm.) Schidlay.

H.3.2. Ein Taxon darf nicht als Nothotaxon bezeichnet werden, wenn nicht wenigstens ein Elterntaxon bekannt ist oder postuliert werden kann.

H.3.3. Das Epitheton einer Nothospezies wird als Sammelepitheton bezeichnet.

H.3.4. In Fragen der Homonymie oder Synonymie werden das Multiplikationszeichen und das Präfix 'notho-' vernachlässigt.

Ex. 2. × *Hordelymus* Bacht. & Darevskaja (1950) (= *Elymus* L. × *Hordeum* L.) ist ein jüngeres Homonym von *Hordelymus* (Jessen) Jessen (1885).

Anm. 1. Taxa vermutlich hybriden Ursprungs braucht man nicht als Nothotaxa zu bezeichnen.

Ex. 3. Die aus der künstlichen Kreuzung *Digitalis grandiflora* L. × *D. purpurea* L. entstandene reinerbige Tetraploide kann, wenn erwünscht, *D. mertonensis* Buxton & Darl. genannt werden; *Triticum aestivum* L. wird als Art behandelt, obwohl es in der Natur nicht gefunden wurde und sein Genom sich bekanntermaßen aus denen von *T. monococcum, Aegilops speltoides* und *A. squarrosa* zusammensetzt; das unter dem Namen *Phlox divaricata* subsp. *laphamii* (Wood) Wherry bekannte Taxon wird von Levin (Evolution 21: 92-108. 1967) für einen stabilisierten Bastard zwischen *P. divaricata* L. subsp. *divaricata* und *P. pilosa* subsp. *ozarkana* Wherry gehalten.

Anm. 2. Im 'International Code of Nomenclature for Cultivated Plants-1980' bezeichnet der Ausdruk 'collective epithet' (Sammelepitheton) auch Epitheta in einer lebenden Sprache.

Empfehlung H.3A

H.3A.1. Das Multiplikationszeichen im Namen eines Nothotaxons sollte ohne Zwischenraum vor dem Anfangsbuchstaben des Namens oder Epithetons stehen. Steht jedoch das mathematische Zeichen nicht zur Verfügung und wird statt dessen der Buchstabe *x* verwendet, so kann man zwischen diesem und dem Epitheton einen einfachen Zwischenraum einschalten, wenn dadurch Unklarheiten vermieden werden. Der Buchstabe *x* sollte klein geschrieben werden.

Artikel H.4

H.4.1. Sind alle Elterntaxa bekannt oder können sie postuliert werden, umfaßt ein Nothotaxon definitionsgemäß alle Individuen (soweit erkennbar), die aus der Kreuzung dieser Elterntaxa hervorgehen (d. h. nicht nur die F_1-Generation, sondern auch weitere Folgegenerationen sowie Rückkreuzungen und Kombinationen aus beiden). Es kann folglich nur einen einer bestimmten Bastardformel entsprechenden korrekten Namen geben, den ältesten legitimen Namen (vgl. Art. 6.3) in der zugehörigen Rangstufe (Art. H.5). Andere Namen, die sich auf dieselbe Bastardformel beziehen, sind dessen Synonyme.

Ex. 1. Die Namen *Oenothera* × *wienii* Renner ex Rostański (1977) und *O.* × *hoelscheri* Renner ex Rostański (1968) entsprechen vermutlich beide dem Bastard *O. rubricaulis* × *O. depressa*. Die Typen der Namen der beiden Nothospezies unterscheiden sich bekanntermaßen durch einen ganzen Genkomplex; trotzdem wird der jüngere Name als Synonym des älteren betrachtet.

Anm. 1. Die Formenvielfalt von Nothospezies und Nothotaxa niedrigerer Rangstufe kann gemäß

Art. H. 12 oder auch, wo angebracht, gemäß dem 'International Code of Nomenclature for Cultivated Plants-1980' zum Ausdruck gebracht werden.

Artikel H.5

H.5.1. Ein Nothotaxon hat dieselbe Rangstufe wie seine postulierten oder bekannten Elterntaxa.

H.5.2. Gehören die postulierten oder bekannten Elterntaxa verschiedenen Rangstufen an, so muß das Nothotaxon in die jeweils niedrigere Rangstufe gestellt werden (vgl. Art. H.11.2).

Artikel H.6

H.6.1. Ein nothogenerischer Name (d. h. der Name im Gattungsrang für Bastarde zwischen zwei oder mehr Gattungen) ist eine zusammengezogene Formel oder entspricht einer solchen Formel.

H.6.2. Der nothogenerische Name eines bigenerischen Bastards ist eine zusammengezogene Formel, in der die als korrekt angenommenen Namen der Elterngattungen zu einem einzigen Wort kombiniert werden, indem man den ersten Teil oder das Ganze des einen Namens und den letzten Teil oder das Ganze des anderen Namens (aber nicht beide vollen Namen) sowie, wenn erwünscht, einen Verbindungsvokal verwendet.

Ex. 1. × *Agropogon* P. Fourn. (= *Agrostris* × *Polypogon*); × *Gymnanacamptis* Asch. & Graebner (= *Anacamptis* × *Gymnadenia*); × *Cupressocyparis* Dallimore (= *Chamaecyparis* × *Cupressus*); × *Seleniphyllum* Rowley (= *Epiphyllum* × *Selenicereus*).

Ex. 2. × *Amarcrinum* Coutts (1925) ist der korrekte Name für den Bastard *Amaryllis* L. × *Crinum* L., nicht × *Crindonna* Ragion. (1921). Der letztgenannte Name, für dasselbe Nothogenus vorgeschlagen, wurde aus dem für den einen Elter angenommenen Gattungsnamen (*Crinum*) und einem Synonym (*Belladonna* Sweet) des angenommenen Gattungsnamens des anderen Elters (*Amaryllis*) gebildet. Da der Name Art. H.6 widerspricht, ist er gemäß Art. 32.1(b) nicht gültig veröffentlicht.

Ex. 3. Der Name × *Leucadenia* Schlechter ist korrekt für den Bastard *Leucorchis* E. Meyer × *Gymnadenia* R. Br.; wird jedoch der Gattungsname *Pseudorchis* Séguier anstelle von *Leucorchis* angenommen, so ist × *Pseudadenia* P. Hunt der korrekte Name.

Ex. 4. × *Aporophyllum* Johnson wurde bei seiner ersten Veröffentlichung als *Aporocactus* × Vertreter der 'Orchid Cacti' bezeichnet. Die letzteren entsprechen den 'Phyllohybriden' ('epiphyllums' des englischen Gartenbaus), einem von 4 oder 5 getrennten Gattungen abstammenden Komplex. Der Name ist deshalb nicht gültig veröffentlicht (Art. 32.1(b)), weil er im Widerspruch zu Art. H.6.3 steht. Für den bigenerischen Bastard *Aporocactus* × *Epiphyllum* wird ein anderer Name angewendet (× *Aporepiphyllum* Rowley).

Ex. 5. Boivin (1967) veröffentlichte den Namen × *Maltea* für ein Taxon, das er für den intergenerischen Bastard *Phippsia* × *Puccinellia* hielt. Da der Name keine zusammengezogene Formel ist, kann er für den intergenerischen Bastard nicht gebraucht werden, dessen korrekter Name × *Pucciphippsia* Tzvelev (1971) ist. Boivin lieferte jedoch eine lateinische Beschreibung und gab einen Typus an; deshalb ist *Maltea* ein gültig veröffentlichter Gattungsname, der korrekt ist, wenn sein Typus als zu einer selbständigen Gattung gehörend aufgefaßt wird, nicht zu einem Nothogenus.

240

H.6.3. Der nothogenerische Name eines aus vier oder mehr Gattungen hervorgegangenen intergenerischen Bastards besteht aus dem Namen eines Sammlers, Züchters oder Kenners der betreffenden Gruppe, dem die Endung *-ara* angefügt wird. Ein derartiger Name darf nicht aus mehr als acht Silben bestehen und wird einer zusammengezogenen Formel gleichgesetzt.

Ex. 6. × *Potinara* hort. (= *Brassavola* × *Cattleya* × *Laelia* × *Sophronitis*).

H.6.4. Der nothogenerische Name eines trigenerischen Bastards ist entweder *(a)* eine zusammengezogenene Formel, in der die drei als korrekt angenommenen Namen der Elterngattungen zu einem einzigen, nicht mehr als acht Silben enthaltenden Wort kombiniert werden, indem man den ersten Teil oder das Ganze des einen Namens, dann einen Teil oder das Ganze des zweiten Namens, schließlich den letzten Teil oder das Ganze des dritten Namens (aber nicht alle drei vollen Namen), sowie, wenn erwünscht, einen oder zwei Verbindungsvokale verwendet; oder *(b)* ein Name, der wie der Name eines aus vier oder mehr Gattungen hervorgegangenen Nothogenus gebildet wird, d. h. aus einem Personennamen und der angefügten Endung *-ara*.

Ex. 7. × *Sophrolaeliocattleya* hort. (= *Cattleya* × *Laelia* × *Sophronitis*); × *Vascostylis* hort. (= *Ascocentrum* × *Rhynchostylis* × *Vanda*); × *Rodrettiopsis* Moir (= *Comparettia* × *Ionopsis* × *Rodriguezia*); × *Wilsonara* hort. (= *Cochlioda* × *Odontoglossum* × *Oncidium*).

Artikel H.7

H.7.1. Der Name eines Nothotaxons, das ein Bastard zwischen den Unterabteilungen einer Gattung ist, ist die Kombination eines Epithetons, das eine auf die gleiche Weise wie ein nothogenerischer Name gebildete zusammengezogene Formel ist (Art. H.6.2.), mit dem Gattungsnamen.

Ex. 1. Ptilostemon nothosect. *Platon* Greuter (Boissiera 22: 159. 1973) enthält die Bastarde zwischen *Ptilostemon* sect. *Platyrhaphium* Greuter und *P.* sect. *Ptilostemon; Ptilostemon* nothosect. *Plinia* Greuter (Boissiera 22: 158. 1973) enthält die Bastarde zwischen *Ptilostemon* sect. *Platyrhaphium* und *P.* sect. *Cassinia* Greuter.

Artikel H.8

H.8.1. Ist der Name oder das Epitheton eines Nothotaxons eine zusammengezogene Formel (Art. H.6 und H.7), so müssen die zu ihrer Bildung benutzten elterlichen Namen, für die Elterntaxa in der angenommenen Umgrenzung, Stellung und Rangstufe korrekt sein.

Ex. 1. Wird die Gattung *Triticum* L. aus taxonomischen Gründen so gefaßt, daß sie *Triticum* (s. str.) und *Agropyron* Gaertner einschließt, und die Gattung *Hordeum* L. so, daß sie *Hordeum* (s. str.) und *Elymus* L. einschließt, dann werden sowohl die Bastarde zwischen *Agropyron* und *Elymus* als auch die Bastarde zwischen *Hordeum* (s. str.) und *Triticum* (s. str.) zum selben Nothogenus, × *Tritordeum* Asch. & Graebner (1902), gestellt. Wird jedoch *Agropyron* als Gattung von *Triticum* getrennt, so werden die Bastarde zwischen *Agropyron* und *Hordeum* (s. str. oder s. lat.) zum Nothogenus

× *Agrohordeum* A. Camus (1927) gestellt. Gleichermaßen werden die Bastarde zwischen *Elymus* und *Triticum* (s. str. oder s. lat.), wenn *Elymus* als Gattung von *Hordeum* getrennt wird, zum Nothogenus × *Elymotriticum* P. Fourn. (1935) gestellt. Werden *Agropyron* und *Elymus* als selbständige Gattungen betrachtet, so werden die Bastarde zwischen den beiden Gattungen zum Nothogenus × *Agroelymus* A. Camus (1927) gestellt; × *Tritordeum* ist dann auf Bastarde zwischen *Hordeum* (s. str.) und *Triticum* (s. str.) beschränkt, und Bastarde zwischen *Elymus* und *Hordeum* werden zu × *Elyhordeum* Mansf. ex Tsitsin & Petrova (1955) gestellt, einem Ersatznamen für × *Hordelymus* Bacht. & Darevskaja (1950) non *Hordelymus* (Jessen) Jessen (1885).

H.8.2. Die auf -*ara* endenden Namen von Nothogenera, die einer zusammengezogenen Formel entsprechen (Art. H.6.3-4), sind nur auf Pflanzen anwendbar, von denen man annimmt, daß sie von den als Eltern bezeichneten Taxa abstammen.

Ex. 2. Wird *Euanthe* als selbständige Gattung anerkannt, so müssen die Bastarde, an denen gleichzeitig deren einzige Art, *E. sanderiana*, und die drei Gattungen *Arachnis*, *Renanthera* und *Vanda* beteiligt sind, zum Nothogenus × *Cogniauxare* Garay & H. Sweet gestellt werden; wird dagegen *E. sanderiana* in die Gattung *Vanda* einbezogen, so werden die gleichen Bastarde zum Nothogenus × *Holttumara* hort. (*Arachnis* × *Renanthera* × *Vanda*) gestellt.

Artikel H.9

H.9.1. Die Namen von Nothogenera oder von Nothotaxa auf der Rangstufe einer Gattungs-Unterabteilung (Art. H.6-7) müssen, um gültig veröffentlicht zu sein, wirksam veröffentlicht sein (vgl. Art. 29) mit Angabe der Namen der Elter-Gattungen oder -Gattungs-Unterabteilungen; eine Beschreibung oder Diagnose in lateinischer oder irgendeiner anderen Sprache ist nicht notwendig.

Ex. 1. Gültig veröffentlichte Namen: × *Philageria* Masters (1872), veröffentlicht mit einer Angabe der Abstammung: *Lapageria* × *Philesia*; *Eryngium* nothosect. *Alpestria* Burdet & Miège, pro sect. (Candollea 23: 116. 1968), veröffentlicht mit Angabe der Abstammung: *Eryngium* sect. *Alpina* × sect. *Campestria*; × *Agrohordeum* A. Camus (1927) (= *Agropyron* Gaertner × *Hordeum* L.), wovon × *Hordeopyron* Simonet (1935, '*Hordeopyrum*') ein jüngeres Synonym ist.

Anm. 1. Da die Namen von Nothogenera und Nothotaxa auf der Rangstufe einer Gattungs-Unterabteilung zusammengezogene Formeln sind oder solchen gleichgesetzt werden, haben sie keine Typen.

Ex. 2. Der Name × *Ericalluna bealei* Krüssm. (1960) wurde für Pflanzen veröffentlicht, die für Varianten der Kreuzung *Calluna vulgaris* × *Erica cinerea* gehalten wurden. Werden diese nicht als Bastarde betrachtet, sondern als Formen von *Erica cinerea*, so steht der Name × *Ericalluna* Krüssm. weiterhin zur Verfügung und kann verwendet werden, falls Exemplare eines erwiesenen oder postulierten Bastards *Calluna* × *Erica* gefunden werden sollten.

Ex. 3. Der nothogenerische Name × *Arabidobrassica* Gleba & Fr. Hoffm. (Naturwissenschaften 66: 548. 1979), der mit Angabe der Abstammung gültig veröffentlicht wurde für das Ergebnis einer somatischen Hybridisierung durch Verschmelzung von Protoplasten von *Arabidopsis thaliana* und *Brassica campestris*, steht auch für intergenerische Bastarde zur Verfügung, die aus normalen Kreuzungen zwischen *Arabidopsis* und *Brassica* hervorgehen, falls solche je erzielt werden sollten.

Anm. 2. Namen, die lediglich in Erwartung der Existenz eines Bastards veröffentlicht werden, sind jedoch nicht gültig veröffentlicht (vgl. Art. 34.1(b)).

Artikel H.10

H.10.1. Namen von Nothotaxa auf der Rangstufe der Art oder darunter müssen den Bestimmungen nachkommen, die sich *(a)* im Hauptteil dieses Code auf diese Rangstufen beziehen und die *(b)* in Art. H.3. enthalten sind. Verstöße gegen Art. H.3.1. müssen korrigiert werden.

H.10.2. Taxa, die ursprünglich als Arten oder infraspezifische Taxa, später als Nothotaxa betrachtet wurden, können gemäß Art. 3-4 und unter Anwendung von Art. 50 (der auch gegenläufig wirkt) als Nothotaxa gleichen Ranges bezeichnet werden.

H.10.3. Bezeichnungen, bei denen die Epitheta der Namen der Eltern in unveränderter Form oder mit modifizierter Endung nur eines Epithetons durch einen Bindestrich vereinigt sind, und solche, bei denen das Art-Epitheton des Namens des einen Elters, mit oder ohne Änderung der Endung, mit dem Gattungsnamen des anderen Elters vereinigt ist, werden als Bastardformeln, nicht als echte Epitheta angesehen.

Ex. 1. Die von Maund veröffentlichte Bezeichnung *Potentilla atrosanguinea-pedata* (Bot. Gard. 5: no. 385, t.97. 1833) wird als eine Formel angesehen, die bedeutet: *Potentilla atrosanguinea* Lodd. ex D. Don × *P. pedata* Nestler.

Ex. 2. *Verbascum nigro-lychnitis* Schiede (Pl. Hybr. 40. 1825) wird als eine Formel angesehen, *Verbascum lychnitis* L. × *V. nigrum* L.; der korrekte binäre Name für diesen Bastard ist *Verbascum × schiedeanum* Koch (1844).

Ex. 3. Die folgenden Namen enthalten echte Epitheta: *Acaena × anserovina* Orch. (1969) (aus *anserinifolia* und *ovina*); *Micromeria × benthamineolens* Svent. (1969) (aus *benthamii* und *pineolens*).

Anm. 1. Da der Name eines Nothotaxons auf der Rangstufe der Art oder darunter einen Typus hat, ist die Angabe der Abstammung für die Anwendung des Namens von untergeordneter Bedeutung.

Ex. 4. *Quercus × deamii* Trel. wurde als *Q. alba* L. × *Q. muehlenbergii* Engelm. beschrieben. Die aus Eicheln des Typus-Baumes gezogene Nachkommenschaft veranlaßte Bartlett jedoch, zu folgern, daß die Eltern in Wirklichkeit *Q. macrocarpa* Michx. und *Q. muehlenbergii* waren. Wird diese Folgerung angenommen, so bezieht sich der Name *Q. × deamii* auf *Q. macrocarpa* × *Q. muehlenbergii* und nicht auf *Q. alba* × *Q. muehlenbergii*.

Empfehlung H.10A

H.10A.1. Bei der Bildung von Epitheta für Nothotaxa auf der Rangstufe der Art und darunter sollte man die Kombination von Teilen der Epitheta der Namen der Eltern vermeiden.

Empfehlung H.10B

H.10B.1. Für Bastarde zwischen benannten infraspezifischen Taxa sind Bastardformeln informativer und bergen geringere Verwechslungsgefahr in sich als Namen von Nothotaxa.

Artikel H.11

H.11.1. Der Name einer Nothospezies, deren postulierte oder bekannte Elternarten zu verschiedenen Gattungen gehören, ist die Kombination eines nothospezifischen (Sammel-)Epithetons mit einem nothogenerischen Namen.

Ex. 1. × *Heucherella tiarelloides* Wehrh. ex Stearn wird für *Heuchera* × *brizoides* hort. × *Tiarella cordifolia* L. gehalten; der Name *Heuchera* × *tiarelloides* ist für dieses Taxon inkorrekt.

Ex. 2. Als *Orchis fuchsii* Druce in *Dactylorhiza fuchsii* (Druce) Soó umbenannt wurde, mußte der Name × *Orchicoeloglossum mixtum* Asch. & Graebner (für den Bastard mit *Coeloglossum viride* (L.) Hartmann) zu × *Dactyloglossum mixtum* (Asch. & Graebner) Rauschert (1969) umkombiniert werden.

H.11.2. Das Epitheton eines infraspezifischen Nothotaxons, dessen postulierte oder bekannte Elterntaxa zu verschiedenen Taxa eines höheren Rangs gehören, kann dem Namen eines Nothotaxons jener höheren Rangstufe untergeordnet werden (vgl. Art. 24.1). Ist das höherrangige Nothotaxon eine Nothospezies, so ist der Name des untergeordneten Nothotaxons eine Kombination seines Epithetons mit dem nothospezifischen Namen (vgl. aber Empf. H.10B).

Ex. 3. Mentha × *piperita* L. nothosubsp. *piperita* (= *M. aquatica* L. × *M. spicata* L. subsp. *spicata*); *Mentha* × *piperita* nothosubsp. *pyramidalis* (Ten.) R. Harley (= *M. aquatica* L. × *M. spicata* subsp. *tomentosa* (Briq.) R. Harley.

Artikel H.12

H.12.1. Untergeordnete Taxa innerhalb von Nothotaxa im Range der Art oder darunter kann man unterscheiden, ohne unbedingt die Elterntaxa untergeordneter Rangstufe anzugeben. In solchen Fällen werden normale, nicht für Bastarde bestimmte infraspezifische Kategorien der entsprechenden Rangstufe verwendet.

Ex. 1. Mentha × *piperita* f. *hirsuta* Sole; *Populus* × *canadensis* var. *serotina* (Hartig) Rehder und *P.* × *canadensis* var. *marilandica* (Poiret) Rehder (vgl. auch Art. H.4, Anm. 2).

Anm. 1. Da auf solchen Rangstufen die Abstammung nicht angegeben wird, wird hier die Umschreibung eines Nothotaxons nicht durch seine Abstammung festgelegt (vgl. Art. H.4).

Anm. 2. Es ist nicht möglich, innerhalb einer Nothospezies Taxa derselben Rangstufe gleichzeitig nach den Vorschriften der Artikel H.10 und H.12.1 zu behandeln.

H.12.2. Namen, die in der Rangstufe der Nothomorphe* veröffentlicht wurden, werden so behandelt, als wären sie als Namen von Varietäten veröffentlicht worden (vgl. Art. 50).

ANHANG II

NOMINA FAMILIARUM CONSERVANDA, vgl. S. 249–269.

---

* Frühere Ausgaben des Code (1978, Art. H.10, und die entsprechenden Artikel der früheren Ausgaben) gestatteten gemäß Bestimmungen, die Art. H.12 entsprechen, nur eine Rangstufe. Diese war der Varietät gleichwertig und wurde 'Nothomorphe' genannt.

ANHANG III

Nomina generica conservanda et rejicienda, vgl. S. 270–426.

ANHANG IV

Nomina utique rejicienda, vgl. S. 427.

ANLEITUNG FÜR DIE BESTIMMUNG DER TYPEN

Die folgenden Ausführungen sollen eine Anleitung für die Bestimmung oder Auswahl der nomenklatorischen Typen früher veröffentlichter Taxa sein. Wo die Anwendung einer Regel in Frage kommt, wird ein Hinweis auf den entsprechenden Artikel gegeben.

T.1. Die Wahl, die der ursprüngliche Autor getroffen hat, ist endgültig, wenn sie zum Zeitpunkt der Originalveröffentlichung des Namens des Taxons bestimmt zum Ausdruck gekommen ist. Schloß er nur ein Element ein, so muß dieses stets als *Holotypus* angenommen werden (Art. 7, 9, 10). Wird ein neuer Name auf eine früher veröffentlichte Beschreibung des Taxons begründet, gilt entsprechendes für das Material, das vom früheren Autor zitiert wird.

T.2. Ein neuer Name, der als ausdrücklicher Ersatz (*nomen novum*) für einen älteren Namen veröffentlicht wird, ist durch den Typus des älteren Namens typisiert (Art. 7.9).

T.3. Ein *Lectotypus* kann nur gewählt werden, wenn ein Autor es unterließ, einen Holotypus zu bezeichnen, oder wenn bei Arten oder Taxa niedrigerer Rangstufe der Typus verlorengegangen oder zerstört worden ist (Art. 7.4).

T.4. Die Bezeichnung eines Lectotypus sollte nur bei vollkommener Kenntnis der betreffenden Gruppe vorgenommen werden. Bei der Wahl eines Lectotypus sollten alle Gegebenheiten des Protologs als wegweisend betrachtet werden. Schematisches Verfahren, wie z.B. die automatische Auswahl der ersten zitierten Art oder des ersten zitierten Exemplars oder eines Exemplars, das von jemandem gesammelt wurde, nach dem die Art benannt ist, sollte vermieden werden, da es unwissenschaftlich ist und in der Zukunft Verwirrung und weitere Änderung ergeben kann (vgl. Art. 8).

(a) Ein Lectotypus muß unter den Elementen ausgewählt werden, die mit Sicherheit vom Autor bis zum Zeitpunkt der Veröffentlichung des Namens des Taxons untersucht wurden.

(b) Bei der Bezeichnung des Lectotypus einer Art oder eines infraspezifischen Taxons muß man einem Exemplar den Vorzug geben gegenüber vorlinnéischen oder anderen zitierten Beschreibungen oder Abbildungen (vgl. Art. 9.3).

(c) Wenn vom ursprünglichen Autor ein Holotypus bezeichnet wurde und

dieser verlorengegangen oder vernichtet worden ist, muß ein *Isotypus* (Art.
7.6), falls ein solcher vorhanden ist, als Lectotypus gewählt werden. Wenn
vom ursprünglichen Autor kein Holotypus bezeichnet wurde und *Syntypen*
(Art. 7.7) vorhanden sind, muß einer von ihnen als Lectotypus gewählt
werden. Wenn vom ursprünglichen Autor kein Holotypus bezeichnet wurde
und keine Syntypen mehr vorhanden sind, sollte der Lectotypus aus den
Dubletten* der Syntypen (*Isosyntypen*), falls solche vorhanden sind, gewählt
werden. Wenn weder ein Isotypus noch ein Syntypus oder Isosyntypus
vorhanden ist, kann ein *Paratypus***, falls ein solcher vorhanden ist, als
Lectotypus gewählt werden.

(d) Bei der Wahl eines Lectotypus sollte jedem Hinweis des Autors eines Namens darauf, was er im Sinn hat, der Vorzug gegeben werden, es sei denn,
daß eine solche Angabe im Widerspruch zum Protolog steht. Derartige
Angaben sind handschriftliche Notizen, Bemerkungen auf Herbarbögen,
identifizierbare Abbildungen und Epitheta wie z.B. *typicus, genuinus, vulgaris, communis* usw.

(e) In den Fällen, in denen zwei oder mehr heterogene Elemente in die Originalbeschreibung eingeschlossen oder mit ihr zitiert wurden, sollte der Lectotypus so gewählt werden, daß der übliche Gebrauch beibehalten wird. Besonders dann, wenn ein anderer Autor bereits ein oder mehrere Elemente als
andere Taxa abgetrennt hat, sollte das restliche Element oder ein Teil davon
als Lectotypus bezeichnet werden, vorausgesetzt, daß dieses Element nicht
im Gegensatz zur Originalbeschreibung oder -diagnose steht. Falls nachgewiesen werden kann, daß das so gewählte Element in schwerwiegendem
Gegensatz zum Protolog steht, ist eins der früher abgetrennten Elemente als
Lectotypus auszuwählen.

(f) Der ersten Wahl eines Lectotypus müssen sich spätere Autoren anschließen
(Art. 8), falls nicht der Holotypus wieder aufgefunden wird oder nachgewiesen werden kann, daß die Wahl in schwerwiegendem Gegensatz zum Protolog stand oder daß sie auf einer weitgehend mechanischen Auswahlmethode
beruhte (vgl. auch Art. 9.2).

T.5. Ein *Neotypus* darf nur dann bezeichnet werden, wenn das gesamte ur-
sprünglich zitierte Material und das vom Autor gesehene, aber nicht zitierte
Material sowie dessen Dubletten für verloren oder zerstört gehalten werden; ein
Neotypus kann aus jeglichem Material gewählt werden, das nicht zum Original-

---

* Das Wort Dublette wird hier in der Bedeutung gebraucht, die in der Herbarpraxis üblich ist. Eine
Dublette ist ein Teil einer einzelnen von einem Sammler zur gleichen Zeit gemachten Aufsammlung.
Der Autor, der einen Lectotypus wählt, muß jedoch immer mit der Möglichkeit einer heterogenen
Aufsammlung rechnen und mit entsprechender Vorsicht verfahren.
** Ein *Paratypus* ist ein Exemplar, das außer dem Holotypus, dem Isotypus (bzw. den Isotypen)
oder den Syntypen im Protolog zitiert wird. In den meisten Fällen, in denen kein Holotypus
bezeichnet wurde, wird es auch keine Paratypen geben, da alle zitierten Exemplare Syntypen sind.
Aber in den Fällen, in denen ein Autor zwei oder mehr Exemplare als Typen zitiert (Art. 7.5), sind die
übrigen zitierten Exemplare Paratypen und nicht Syntypen.

material gehört (Art. 7.8). Bei der Auswahl eines Neotypus sind besondere Sorgfalt und genaue Kenntnis notwendig, da dem Autor einer Revision gewöhnlich keine andere Richtschnur zur Verfügung steht als sein eigenes Urteil darüber, was am besten auf den Protolog paßt. Wenn sich seine Wahl als unrichtig erweist, hat das weitere unvermeidliche Änderungen zur Folge. Der ersten Wahl eines Neotypus müssen sich spätere Autoren anschließen, falls nicht das Originalmaterial wieder aufgefunden wird oder die Wahl einen verfügbaren Lectotypus außer acht ließ oder nachgewiesen werden kann, daß die Wahl in schwerwiegendem Gegensatz zum Protolog stand. Ein Lectotypus hat immer Vorrang vor einem Neotypus (Art. 7.4).

T.6. Wenn für den Namen einer fossilen Art ein Lectotypus benötigt wird, sollte dieser, wenn möglich, ein Exemplar sein, das bei der ersten gültigen Veröffentlichung abgebildet wurde (Art. 7.15).

APPENDIX II

The names of families printed in **bold-face** type are to be retained in all cases, with priority over unlisted synonyms (Art. 14.5) and homonyms (Art. 14.9).

When two listed names compete, the earlier must be retained unless the contrary is indicated or one of the competing names is listed in Art. 18.5. For any family including the type of an alternative family name, one or the other of these alternative names is to be used.

For purposes of this list the starting point for Spermatophyta is Jussieu's Genera Plantarum (1789); earlier usage of listed names is to be disregarded. For unlisted names the starting point is the same as that for all other taxa of Spermatophyta (1 May 1753).

* Conservation of names marked with an asterisk has been approved by the General Committee; use is authorized under Art. 15 pending final decision by the next Congress.

———————————

Les noms de familles imprimés en **caractères gras** doivent être conservés dans tous les cas, de préférence aux synonymes non cités (Art. 14.5) et aux homonymes (Art. 14.9).

Lorsque deux noms de la liste sont en compétition, le plus ancien doit être retenu s'il n'y a pas de mention contraire et si l'un de ces noms n'est pas cité à l'Art. 18.5. Toute famille incluant le type d'un nom de famille alternatif doit porter l'un ou l'autre de ces noms alternatifs.

Pour l'établissement de cette liste le point de départ est, pour les Spermatophytes: Genera Plantarum de Jussieu (1789); l'usage antérieur de noms cités ne doit pas être pris en considération. Pour les noms non cités, le point de départ est le même que pour tous les autres taxons de Spermatophytes (1er mai 1753).

* La conservation des noms accompagnés d'une astérisque a été approuvée par le Comité Général; leur emploi est autorisé par l'Art. 15 dans l'attente de la décision définitive du prochain congrès.

Die **fett** gedruckten Familiennamen müssen in allen Fällen beibehalten werden und erhalten Priorität gegenüber nicht aufgeführten Synonymen (Art. 14.5) und Homonymen (Art. 14.9).

Wenn zwei Namen der Liste miteinander konkurrieren, muß der ältere beibehalten werden, wenn nicht das Gegenteil angegeben ist oder einer der konkurrierenden Namen in Art. 18.5 genannt wird. Für alle Familien, die den Typus eines alternativen Familiennamens einschließen, muß einer der Alternativnamen gebraucht werden.

Im Sinne dieser Liste sind Jussieus Genera Plantarum (1789) nomenklatorischer Ausgangspunkt für die Spermatophyta; der frühere Gebrauch der in die Liste eingetragenen Namen darf nicht beachtet werden. Für Namen, die nicht in der Liste stehen, ist der Ausgangspunkt derselbe wie der aller anderen Taxa der Spermatophyta (1. Mai 1753).

* Bei den mit einem Sternchen markierten Namen wurde die Konservierung durch den Allgemeinen Ausschuß gebilligt; ihr Gebrauch ist nach Art. 15 zulässig vorbehaltlich der endgültigen Entscheidung durch den nächsten Kongreß.

CHLOROPHYTA

Cladophoraceae Wille in Warming, Haandb. Syst. Bot. ed. 2. 30. 1884.
T.: *Cladophora* Kützing.

Siphonocladaceae Schmitz, Ber. Sitzungen Naturf. Ges. Halle **1878**: 20. 1879 ('*Siphonocladiaceae*').
T.: *Siphonocladus* Schmitz.

MUSCI

Bryoxiphiaceae Bescherelle, J. Bot. (Morot) **6**: 183. 1892.
T.: *Bryoxiphium* Mitten.

Eustichiaceae Brotherus in Engler et Prantl, Nat. Pflanzenfam. ed. 2, **10**: 420. 1924.
T.: *Eustichia* (Bridel) Bridel.

*Ditrichaceae Limpricht in Rabenhorst, Deutschl. Krypt.-Fl. ed. 2, **4**: 482. 1887.
T.: *Ditrichum* Hampe, nom. cons.

*Pottiaceae Schimper, Coroll. Bryol. Eur. 24. 1856.
T.: *Pottia* (Reichenbach) Fürnrohr.

*Entodontaceae N. C. Kindberg, Gen. Eur. N.-Amer. Bryin. 7. 1889.
T.: *Entodon* C. Müller.

*Sematophyllaceae Brotherus in Engler et Prantl, Nat. Pflanzenfam. 1(3): 1098. 1908.
T.: *Sematophyllum* Mitten.

HEPATICAE

Lejeuneaceae Casares-Gil, Fl. Ibér. Brióf. Hepát. 703. 1919.
T.: *Lejeunea* Libert, nom. cons.

Porellaceae Cavers, New Phytol. **9**: 292. 1910.
T.: *Porella* Linnaeus.

*Lophoziaceae (Jörgensen) Vanden Berghen in W. Robyns, Fl. Gén. Belgique **1** (Bryoph.): 221. 1956.
T.: *Lophozia* (Dumortier) Dumortier.

GYMNOSPERMAE

Araucariaceae Henkel et W. Hochstetter, Syn. Nadelhölzer xvii, 1. 1865 ('*Araucarieae*'). T.: *Araucaria* A. L. Jussieu.

Cephalotaxaceae Neger, Nadelhölzer 23, 30. 1907. T.: *Cephalotaxus* Siebold et Zuccarini ex Endlicher.

Cupressaceae Bartling, Ord. Nat. Pl. 90, 95. 1830 ('*Cupressinae*'). T.: *Cupressus* Linnaeus.

Cycadaceae Persoon, Syn. Pl. **2**: 630. Sep 1807 ('*Cycadeae*'). T.: *Cycas* Linnaeus.

Ephedraceae Dumortier, Anal. Fam. Pl. 11, 12. 1829. T.: *Ephedra* Linnaeus.

Ginkgoaceae Engler in Engler et Prantl, Nat. Pflanzenfam. Nachtr. [1] zum ii.–iv.: 19. Jul 1897. T.: *Ginkgo* Linnaeus.

Gnetaceae Lindley, Bot. Reg. **20**: sub *t. 1686*. 1 Jul 1834. T.: *Gnetum* Linnaeus.

Pinaceae Lindley, Nat. Syst. Bot. ed. 2. 313. Jun-Jul 1836. T.: *Pinus* Linnaeus.

Podocarpaceae Endlicher, Syn. Conif. 203. Jun 1847 ('*Podocarpeae*'). T.: *Podocarpus* L'Héritier ex Persoon, nom. cons.

Taxaceae S. F. Gray, Nat. Arr. Brit. Pl. **2**: 222, 226. 1 Nov 1821 ('*Taxideae*'). T.: *Taxus* Linnaeus.

Taxodiaceae Warming, Haandb. Syst. Bot. ed. 2, 163. 1884. T.: *Taxodium* L. C. Richard.

Welwitschiaceae Markgraf in Engler et Prantl, Nat. Pflanzenfam. ed. 2. **13**: 419. 1926. T.: *Welwitschia* J. D. Hooker, nom. cons.

ANGIOSPERMAE

Acanthaceae A. L. Jussieu, Gen. Pl. 102. Jul-Aug 1789 ('*Acanthi*'). T.: *Acanthus* Linnaeus.

Aceraceae A. L. Jussieu, Gen. Pl. 250. Jul-Aug 1789 ('*Acera*'). T.: *Acer* Linnaeus.

Achariaceae Harms in Engler et Prantl, Nat. Pflanzenfam. Nachtr. [1] zum ii.–iv.: 256. Oct. 1897. T.: *Acharia* Thunberg.

Achatocarpaceae Heimerl in Engler et Prantl, Nat. Pflanzenfam. ed. 2. **16c**: 174. 1934. T.: *Achatocarpus* Triana.

Actinidiaceae Hutchinson, Fam. Fl. Pl. **1**: 177. 1926. T.: *Actinidia* Lindley.
Note: If this family is united with *Saurauiaceae* J. G. Agardh, Theor. Syst. Pl. Fam. Phan. 110 (1858) ('*Saurajeae*'), the name *Actinidiaceae* must be used.

Adoxaceae R. E. Trautvetter, Estestv. Istoija Gub. Kievsk. Učebn. Okr. 35. 1853. T.: *Adoxa* Linnaeus.

Aextoxicaceae Engler et Gilg, Syllabus ed. 8. 250. 1919. T.: *Aextoxicon* Ruiz et Pavón.

Agavaceae Endlicher, Ench. Bot. 105. 1841 ('*Agaveae*'). T.: *Agave* Linnaeus.

Aizoaceae Rudolphi, Syst. Orb. Veg. 53. 1830 ('*Aizoideae*') [C. Sprengel, Anleit. ed. 2. 2(2): 842. 31 Mar 1818 ('*Aizoiden*')]. T.: *Aizoon* Linnaeus.

Akaniaceae O. Stapf, Bull. Misc. Inform. **1912**: 380. 1912. T.: *Akania* J. D. Hooker.

Alangiaceae A. P. de Candolle, Prodr. **3**: 203. Mar 1828 ('*Alangieae*'). T.: *Alangium* Lamarck, nom. cons.

251

Alismataceae Ventenat, Tabl. Règne Vég. **2**: 157. Jun 1799 ('*Alismoideae*').
T.: *Alisma* Linnaeus.

Alliaceae J. G. Agardh, Theor. Syst. Pl. Fam. Phan. 32. 1858.
T.: *Allium* Linnaeus.

Alsinaceae Bartling in Bartling et Wendland, Beitr. Bot. **2**: 159. 1825 ('*Alsineae*').
T.: *Alsine* Linnaeus.

Alstroemeriaceae Dumortier, Anal. Fam. Pl. 57, 58. 1829.
T.: *Alstroemeria* Linnaeus.

Altingiaceae Lindley, Veg. Kingd. 253. 1846.
T.: *Altingia* Noronha.

Amaranthaceae A. L. Jussieu, Gen. Pl. 87. Jul-Aug 1789 ('*Amaranthi*').
T.: *Amaranthus* Linnaeus.

Amaryllidaceae Jaume Saint-Hilaire, Expos. Fam. **1**: 134. Feb 1805 ('*Amaryllideae*').
T.: *Amaryllis* Linnaeus.

Amborellaceae Pichon, Bull. Mus. Hist. Nat. Paris ser. 2. **20**: 384. 1948.
T.: *Amborella* Baillon.

Ambrosiaceae Dumortier, Anal. Fam. Pl. 15, 16. 1829; Link, Handb. **1**: 816. 1829.
T.: *Ambrosia* Linnaeus.

Amygdalaceae D. Don, Prodr. Fl. Nepal. 239. 1 Feb 1825 ('*Amydalinae*').
T.: *Amygdalus* Linnaeus.

Anacardiaceae Lindley, Intr. Nat. Syst. Bot. 127. 1830.
T.: *Anacardium* Linnaeus.

Ancistrocladaceae Walpers, Ann. Bot. **2**: 175. 1851 ('*Ancistrocladeae*') [J. E. Planchon, Ann. Sci. Nat. Bot. ser. 3. **13**: 316. 1849 ('*Ancistrocladées*')].
T.: *Ancistrocladus* Wallich, nom. cons.

Annonaceae A. L. Jussieu, Gen. Pl. 283. Jul-Aug 1789 ('*Anonae*').
T.: *Annona* Linnaeus.

Apiaceae Lindley, Nat. Syst. Bot. ed. 2. 21. 1836. – Nom. alt.: *Umbelliferae*.
T.: *Apium* Linnaeus.

Apocynaceae A. L. Jussieu, Gen. Pl. 143. Jul-Aug 1789 ('*Apocineae*').
T.: *Apocynum* Linnaeus.

Aponogetonaceae J. G. Agardh, Theoria Syst. Pl. 44. 1858 ('*Aponogetaceae*').
T.: *Aponogeton* Linnaeus f., nom. cons.

Apostasiaceae Lindley, Nix. Pl. 22, 1833 ('*Apostasieae*'); Blume, Tijdschr. Nat. Gesch. **1**: 137. (Nov. Pl. Fam. Expos. 7). 1833 ('*Apostasieae*').
T.: *Apostasia* Blume.

Aquifoliaceae Bartling, Ord. Nat. Pl. 228, 376. 1830.
T.: *Aquifolium* P. Miller, nom. illeg. (≡ *Ilex* Linnaeus).

Araceae A. L. Jussieu, Gen. Pl. 23. Jul-Aug 1789 ('*Aroideae*').
T.: *Arum* Linnaeus.

Araliaceae A. L. Jussieu, Gen. Pl. 217. Jul-Aug 1789 ('*Araliae*').
T.: *Aralia* Linnaeus.

Arecaceae C. H. Schultz-Schultzenstein, Nat. Syst. Pflanzenr. 317. 1832. – Nom. alt.: *Palmae*.
T.: *Areca* Linnaeus.

Aristolochiaceae A. L. Jussieu, Gen. Pl. 72. Jul-Aug 1789 ('*Aristolochiae*').
T.: *Aristolochia* Linnaeus.

Asclepiadaceae R. Brown, Asclepiadeae 12, 17. Apr 1810 ('*Asclepiadeae*').
T.: *Asclepias* Linnaeus.

Asparagaceae A. L. Jussieu, Gen. Pl. 40. Jul-Aug 1789 ('*Asparagi*').
T.: *Asparagus* Linnaeus.

Asteraceae Dumortier, Comment. Bot. 55. 1822 ('*Astereae*'). – Nom. alt.: *Compositae*.
T.: *Aster* Linnaeus.

Asteranthaceae Knuth in Engler, Pflanzenreich IV. **219b** (Heft 105): 1. 1939.
T.: *Asteranthos* Desfontaines.

Austrobaileyaceae Croizat, Cact. Succ. J. (Los Angeles) **15**: 64. 1943.
T.: *Austrobaileya* C. T. White.

Avicenniaceae Endlicher, Ench. Bot. 314. 1841 ('*Avicennieae*').
T.: *Avicennia* Linnaeus.

Balanitaceae Endlicher, Ench. Bot. 547. 1841 ('*Balaniteae*').
T.: *Balanites* Delile, nom. cons.

Balanopaceae Bentham in Bentham et J. D. Hooker, Gen. Pl. **3**: v, 341. 7 Feb 1880 ('*Balanopseae*').
T.: *Balanops* Baillon.

Balanophoraceae L. C. Richard et A. Richard, Mém. Mus. Hist. Nat. **8**: 429. 1822 ('*Balanophoreae*').
T.: *Balanophora* J. R. Forster et G. Forster.

Balsaminaceae A. Richard, Dict. Class. Hist. Nat. **2**: 173. 1822 ('*Balsamineae*').
T.: *Balsamina* P. Miller, nom. illeg. (≡ *Impatiens* Linnaeus).

Barbeyaceae Rendle in Thiselton-Dyer, Fl. Trop. Afr. **6**(2): 14. Mar 1916.
T.: *Barbeya* Schweinfurth.

Barringtoniaceae Rudolphi, Syst. Orb. Veg. 56. 1830 ('*Barringtonieae*').
T.: *Barringtonia* J. R. Forster et G. Forster, nom. cons.

Basellaceae Moquin-Tandon, Chenopod. Monogr. Enum. x. 1840.
T.: *Basella* Linnaeus.

Bataceae C. F. P. Martius ex Meisner, Pl. Vasc. Gen., Tab. Diagn. 345, Comm. 260. Feb-Mar 1842 ('*Batideae*').
T.: *Batis* P. Browne.

Begoniaceae C. A. Agardh, Aphor. Bot. 200. 1825.
T.: *Begonia* Linnaeus.

Berberidaceae A. L. Jussieu, Gen. Pl. 286. Jul-Aug 1789 ('*Berberides*').
T.: *Berberis* Linnaeus.

Betulaceae S. F. Gray, Nat. Arr. Brit. Pl. **2**: 222, 243. 1 Nov 1821 ('*Betulideae*').
T.: *Betula* Linnaeus.
Note: If this family is united with *Corylaceae* Mirbel, Elém. Phys. Vég. Bot. **2**: 906 (1815), the name *Betulaceae* must be used.

Bignoniaceae A. L. Jussieu, Gen. Pl. 137. Jul-Aug. 1789 ('*Bignoniae*').
T.: *Bignonia* Linnaeus.

Bixaceae Link, Handbuch **2**: 371. 1831 ('*Bixinae*').
T.: *Bixa* Linnaeus.

Bombacaceae Kunth, Malvac. 5. 12 Mai 1822 ('*Bombaceae*').
T.: *Bombax* Linnaeus.

Boraginaceae A. L. Jussieu, Gen. Pl. 128. Jul-Aug 1789 ('*Borragineae*').
T.: *Borago* Linnaeus.

Brassicaceae Burnett, Outl. Bot. 1123. 1835. – Nom. alt.: *Cruciferae*.
T.: *Brassica* Linnaeus.

Bretschneideraceae Engler et Gilg, Syllabus ed. 9.–10. 218. 1924.
T.: *Bretschneidera* Hemsley.

Bromeliaceae A. L. Jussieu, Gen. Pl. 49. Jul-Aug 1789 ('*Bromeliae*').
T.: *Bromelia* Linnaeus.

Brunelliaceae Engler in Engler et Prantl, Nat. Pflanzenfam. Nachtr. [1] zum II.–IV.: 182. Aug 1897.
T.: *Brunellia* Ruiz et Pavón.

Bruniaceae A. P. de Candolle, Prodr. **2**: 43. Nov 1825.
T.: *Brunia* Linnaeus, nom. cons.

Brunoniaceae Dumortier, Anal. Fam. Pl. 19, 21. 1829.
T.: *Brunonia* J. E. Smith.

Buddlejaceae Wilhelm, Samenpfl. 90. 1910 ('*Buddleiaceae*').
T.: *Buddleja* Linnaeus.

Burmanniaceae Blume, Enum. Pl. Javae 1: 27. 1827.
T.: *Burmannia* Linnaeus.

Burseraceae Kunth, Ann. Sci. Nat. (Paris) 2: 346. 1824.
T.: *Bursera* N. J. Jacquin ex Linnaeus, nom. cons.

Butomaceae L. C. Richard, Mém. Mus. Hist. Nat. 1: 366. 1815 vel 1816 prim. ('*Butomeae*').
T.: *Butomus* Linnaeus.

Buxaceae Dumortier, Comment. Bot. 54. 1822 [Loiseleur, Man. Pl. Us. Indig. 2: 495. 1819 ('*Buxacées*')].
T.: *Buxus* Linnaeus.

Byblidaceae Domin, Act. Bot. Bohem. 1: 3. 1922.
T.: *Byblis* R. A. Salisbury.

Byttneriaceae R. Brown in Flinders, Voy. Terra Austr. 2: 540. Jul-Aug 1814 ('*Buttneriaceae*').
T.: *Byttneria* Loefling, nom. cons.
Note: If this family is united with *Sterculiaceae* Bartling, Ord. Nat. Pl. 255, 340 (1830), the name *Byttneriaceae* is rejected in favour of *Sterculiaceae*.

Cabombaceae A. Richard, Nouv. Elém. Bot. ed. 4. 420. 1828 ('*Cabombeae*').
T.: *Cabomba* Aublet.

Cactaceae A. L. Jussieu, Gen. Pl. 310. Jul-Aug 1789 ('*Cacti*').
T.: *Cactus* Linnaeus (≡ *Mammillaria* Haworth, nom. cons.).

Caesalpiniaceae R. Brown in Flinders, Voy. Terra Austr. 2: 551. Jul-Aug 1814 ('*Caesalpineae*').
T.: *Caesalpinia* Linnaeus.

Callitrichaceae Link, Enum. Hort. Berol. Alt. 1: 7. 1821 ('*Callitrichinae*').
T.: *Callitriche* Linnaeus.

Calycanthaceae Lindley, Bot. Reg. 5: sub *t. 404*. 1819 ('*Calycantheae*').
T.: *Calycanthus* Linnaeus, nom. cons.

Calyceraceae L. C. Richard, Mém. Mus. Hist. Nat. 6: 74. 1820 ('*Calycereae*').
T.: *Calycera* Cavanilles.

254

Campanulaceae A. L. Jussieu, Gen. Pl. 163. Jul-Aug 1789.
T.: *Campanula* Linnaeus.

Canellaceae C. F. P. Martius, Nov. Gen. Sp. Pl. 3: 170. Sep 1832.
T.: *Canella* P. Browne, nom. cons.

Cannabaceae Endlicher, Gen. Pl. 286. Oct 1837 ('*Cannabineae*').
T.: *Cannabis* Linnaeus.

Cannaceae A. L. Jussieu, Gen. Pl. 62. Jul-Aug 1789 ('*Cannae*').
T.: *Canna* Linnaeus.

Capparaceae A. L. Jussieu, Gen. Pl. 242. Jul-Aug 1789 ('*Capparides*').
T.: *Capparis* Linnaeus.

Caprifoliaceae A. L. Jussieu, Gen. Pl. 210. Jul-Aug 1789 ('*Caprifolia*').
T.: *Caprifolium* P. Miller.

Cardiopteridaceae Blume, Rumphia 3: 205. 1843 ('*Cardiopterideae*').
T.: *Cardiopteris* Royle ex Blume, nom illeg. (≡ *Peripterygium* Hasskarl).

Caricaceae Dumortier, Anal. Fam. Pl. 37, 42. 1829.
T.: *Carica* Linnaeus.

Cartonemataceae Pichon, Notul. Syst. (Paris) 12: 219. 1946.
T.: *Cartonema* R. Brown.

Caryocaraceae Szyszylowicz in Engler et Prantl, Nat. Pflanzenfam. III. 6: 153. Mai 1893.
T.: *Caryocar* Allemand ex Linnaeus.

Caryophyllaceae A. L. Jussieu, Gen. Pl. 299. Jul-Aug 1789 ('*Caryophylleae*').
T.: *Caryophyllus* P. Miller non Linnaeus, nom. illeg. (≡ *Dianthus* Linnaeus).

Cassythaceae Bartling ex Lindley, Nix. Pl. 15. 1833 ('*Cassytheae*').
T.: *Cassytha* Linnaeus.

Casuarinaceae R. Brown in Flinders, Voy. Terra Austr. 2: 571. Jul-Aug 1814 ('*Casuarineae*') [Mirbel, Ann. Mus. Natl. Hist. Nat. 16: 451. 1810 ('*Casuarinées*')].
T.: *Casuarina* Adanson.

Celastraceae R. Brown in Flinders, Voy. Terra Austr. 2: 554. Jul-Aug 1814 ('Celastrinae').
T.: Celastrus Linnaeus.
Note: If this family is united with Hippocrateaceae A. L. Jussieu, Ann. Mus. Natl. Hist. Nat. 18: 486 (1811) ('Hippocraticeae'), the name Celastraceae must be used.

Centrolepidaceae Endlicher, Gen. Pl. 119. Dec 1836 ('Centrolepideae') [Desvaux, Ann. Sci. Nat. (Paris) 13: 41. 1828 ('Centrolépidées')].
T.: Centrolepis Labillardière.

Cephalotaceae Dumortier, Anal. Fam. Pl. 59, 61. 1829 ('Cephaloteae').
T.: Cephalotus Labillardière, nom. cons.

Ceratophyllaceae S. F. Gray, Nat. Arr. Brit. Pl. 2: 395, 554. 1 Nov 1821 ('Ceratophyllae').
T.: Ceratophyllum Linnaeus.

Cercidiphyllaceae Engler, Syllabus ed. 6. 132. 1909.
T.: Cercidiphyllum Siebold et Zuccarini.

Chailletiaceae = Dichapetalaceae.

Chenopodiaceae Ventenat, Tabl. Règne Vég. 2: 253. Jun 1799 ('Chenopodae').
T.: Chenopodium Linnaeus.

Chloranthaceae R. Brown ex Lindley, Collect. Bot. sub t. 17. 1821 ('Chlorantheae').
T.: Chloranthus Swartz.

Chrysobalanaceae R. Brown in Tuckey, Narr. Exped. Congo 433. Mar 1818 ('Chrysobalaneae').
T.: Chrysobalanus Linnaeus.

Cichoriaceae A. L. Jussieu, Gen. Pl. 168. Jul-Aug 1789 ('Cichoraceae').
T.: Cichorium Linnaeus.

Circaeasteraceae Hutchinson, Fam. Fl. Pl. 1: 98. 1926.
T.: Circaeaster Maximowicz.

Cistaceae A. L. Jussieu, Gen. Pl. 294. Jul-Aug 1789 ('Cisti').
T.: Cistus Linnaeus.

Clethraceae Klotzsch, Linnaea 24: 12. 1851.
T.: Clethra Linnaeus.

Clusiaceae Lindley, Nat. Syst. Bot. ed. 2. 74. 1836. – Nom. alt.: Guttiferae.
T.: Clusia Linnaeus.

Cneoraceae Link, Handbuch 2: 440. 1831 ('Cneoreae').
T.: Cneorum Linnaeus.

Cochlospermaceae J. E. Planchon in W. J. Hooker, London J. Bot. 6: 305. 1847 ('Cochlospermeae').
T.: Cochlospermum Kunth ex A. P. de Candolle, nom. cons.

Colchicaceae A. P. de Candolle in Lamarck et A. P. de Candolle, Fl. Franç. ed. 3. 3: 192. 17 Sep 1805.
T.: Colchicum Linnaeus.

Columelliaceae D. Don, Edinburgh New Philos. J. 6: 46. 1828 ('Columellieae').
T.: Columellia Ruiz et Pavón, nom. cons.

Combretaceae R. Brown, Prodr. 351. Apr 1810.
T.: Combretum Loefling, nom. cons.

Commelinaceae R. Brown, Prodr. 268. Apr 1810 ('Commelineae').
T.: Commelina Linnaeus.

Compositae Giseke, Prael. Ord. Nat. Pl. 538. Mai 1792. – Nom. alt.: Asteraceae.
T.: Aster Linnaeus.

Connaraceae R. Brown in Tuckey, Narr. Exped. Congo 431. Mar 1818.
T.: Connarus Linnaeus.

Convolvulaceae A. L. Jussieu, Gen. Pl. 132. Jul-Aug 1789 ('Convolvuli').
T.: Convolvulus Linnaeus.

Cordiaceae R. Brown ex Dumortier, Anal. Fam. Pl. 20, 25. 1829.
T.: Cordia Linnaeus.

Coriariaceae A. P. de Candolle, Prodr. 1: 739. Jan 1824 ('Coriarieae').
T.: Coriaria Linnaeus.

Cornaceae Dumortier, Anal. Fam. Pl. 33, 34. 1829 ('Corneae').
T.: Cornus Linnaeus.

Corsiaceae Beccari, Malesia **1**: 328. 1878.
T.: *Corsia* Beccari.

Corylaceae Mirbel, Elém. Phys. Vég. Bot. **2**: 906. 1815.
T.: *Corylus* Linnaeus.
Note: If this family is united with *Betulaceae* S. F. Gray, Nat. Arr. Brit. Pl. **2**: 222, 243 (1821) ('*Betulideae*'), the name *Corylaceae* is rejected in favour of *Betulaceae*.

Corynocarpaceae Engler in Engler et Prantl, Nat. Pflanzenfam. Nachtr. [1] zum II.–IV.: 215. Oct 1897.
T.: *Corynocarpus* J. R. Forster et G. Forster.

Crassulaceae A. P. de Candolle in Lamarck et A. P. de Candolle, Fl. Franç. ed. 3. **4**(1): 382. 17 Sep 1805.
T.: *Crassula* Linnaeus.

Crossosomataceae Engler in Engler et Prantl, Nat. Pflanzenfam. Nachtr. [1] zum II.–IV.: 185. Aug. 1897.
T.: *Crossosoma* Nuttall.

Cruciferae A. L. Jussieu, Gen. Pl. 237. Jul-Aug 1789. – Nom. alt.: *Brassicaceae*.
T.: *Brassica* Linnaeus.

Crypteroniaceae A. de Candolle, Prodr. **16**(2): 677. Jul 1868.
T.: *Crypteronia* Blume.

Cucurbitaceae A. L. Jussieu, Gen. Pl. 393. Jul-Aug 1789.
T.: *Cucurbita* Linnaeus.

Cunoniaceae R. Brown in Flinders, Voy. Terra Austr. **2**: 548. Jul-Aug 1814.
T.: *Cunonia* Linnaeus, nom. cons.

Cuscutaceae Dumortier, Anal. Fam. Pl. 20, 25. 1829.
T.: *Cuscuta* Linnaeus.

Cyanastraceae Engler, Bot. Jahrb. Syst. **28**: 357. 1900.
T.: *Cyanastrum* Oliver.

Cyclanthaceae Dumortier, Anal. Fam. Pl. 65, 66. 1829 ('*Cyclanthae*', '*Cyclanteae*').
T.: *Cyclanthus* Poiteau.

Cymodoceaceae N. Taylor, N. Amer. Fl. **17**(1): 31. 1909.
T.: *Cymodocea* C. Konig, nom. cons.

Cynomoriaceae Lindley, Nix. Pl. 23. 1833 ('*Cynomorieae*').
T.: *Cynomorium* Linnaeus.

Cyperaceae A. L. Jussieu, Gen. Pl. 26. Jul-Aug 1789 ('*Cyperoideae*').
T.: *Cyperus* Linnaeus.

Cyrillaceae Endlicher, Ench. Bot. 578. 1841 ('*Cyrilleae*').
T.: *Cyrilla* Garden ex Linnaeus.

Cytinaceae = *Rafflesiaceae*.

Daphniphyllaceae Müller Arg. in A. de Candolle, Prodr. **16**(1): 1. Nov 1869.
T.: *Daphniphyllum* Blume.

Datiscaceae Lindley, Intr. Nat. Syst. Bot. 109. 1830 ('*Datisceae*').
T.: *Datisca* Linnaeus.

Degeneriaceae Bailey et A. C. Smith, J. Arnold Arbor. **23**: 357. 1942.
T.: *Degeneria* Bailey et A. C. Smith.

Desfontainiaceae Endlicher, Ench. Bot. 336. 1841 ('*Desfontaineae*').
T.: *Desfontainia* Ruiz et Pavón.

Dialypetalanthaceae Rizzini et Occhioni, Lilloa **17**: 253. 1949.
T.: *Dialypetalanthus* Kuhlmann.

Diapensiaceae Lindley, Nat. Syst. Bot. ed. 2. 233. 1836.
T.: *Diapensia* Linnaeus.

Dichapetalaceae Baillon in C. F. P. Martius, Fl. Bras. **12**(1): 365. Apr 1886 ('*Dichapetaleae*').
T.: *Dichapetalum* Thouars.

Dichondraceae Dumortier, Anal. Fam. Pl. 20, 24. 1829.
T.: *Dichondra* J. R. Forster et G. Forster.

Diclidantheraceae J. G. Agardh, Theor. Syst. Pl. 195. 1858 ('*Diclidanthereae*').
T.: *Diclidanthera* C. F. P. Martius.

Didiereaceae Drake del Castillo, Bull. Mus. Hist. Nat. (Paris) **9**: 36. 1903.
T.: *Didierea* Baillon.

Dilleniaceae Salisbury, Parad. Lond. **2**(1): sub *t. 73*. 1807 ('*Dilleneae*').
T.: *Dillenia* Linnaeus.

Dioncophyllaceae Airy Shaw, Kew Bull. **1951**: 33. 1952.
T.: *Dioncophyllum* Baillon.

Dioscoreaceae R. Brown, Prodr. 294. Apr 1810 ('*Dioscoreae*').
T.: *Dioscorea* Linnaeus.

Dipentodontaceae Merrill, Brittonia **4**: 73. 1941 ('*Dipentodonaceae*').
T.: *Dipentodon* Dunn.

Dipsacaceae A. L. Jussieu, Gen. Pl. 194. Jul-Aug 1789 ('*Dipsaceae*').
T.: *Dipsacus* Linnaeus.

Dipterocarpaceae Blume, Bijdr. 222. 1825 ('*Dipterocarpeae*').
T.: *Dipterocarpus* C. F. Gaertner.

Dodonaeaceae Link, Handbuch **2**: 441. 1831.
T.: *Dodonaea* P. Miller.

Donatiaceae Takhtajan ex Dostál, Bot. Nomenkl. 204. 1957.
T.: *Donatia* J. R. Forster et G. Forster, nom. cons.

Dracaenaceae R. A. Salisbury, Gen. Pl. ed. J. E. Gray 73. 1866 ('*Dracaeneae*').
T.: *Dracaena* Linnaeus.

Droseraceae R. A. Salisbury, Parad. Lond. sub *t. 95*. 1 Feb 1808 ('*Drosereae*').
T.: *Drosera* Linnaeus.

Dysphaniaceae Pax, Bot. Jahrb. Syst. **61**: 230. 1927.
T.: *Dysphania* R. Brown.

Ebenaceae Gürke in Engler et Prantl, Nat. Pflanzenfam. IV.1: 153. Dec 1891.
T.: *Ebenus* O. Kuntze non Linnaeus, nom. illeg. (≡ *Maba* J. R. Forster et G. Forster).

Ehretiaceae Lindley, Intr. Nat. Syst. Bot. 242. 1830.
T.: *Ehretia* P. Browne.

Elaeagnaceae A. L. Jussieu, Gen. Pl. 74. Jul-Aug 1789 ('*Elaeagni*').
T.: *Elaeagnus* Linnaeus.

Elaeocarpaceae A. P. de Candolle, Prodr. **1**: 519. Jan 1824 ('*Elaeocarpeae*').
T.: *Elaeocarpus* Linnaeus.

Elatinaceae Dumortier, Anal. Fam. Pl. 44, 49. 1829 ('*Elatinideae*').
T.: *Elatine* Linnaeus.

Empetraceae S. F. Gray, Nat. Arr. Brit. Pl. **2**: 732. 1 Nov 1821 ('*Empetrideae*').
T.: *Empetrum* Linnaeus.

Epacridaceae R. Brown, Prodr. 535. Apr 1810 ('*Epacrideae*').
T.: *Epacris* Cavanilles, nom. cons.

Ericaceae A. L. Jussieu, Gen. Pl. 159. Jul-Aug 1789 ('*Ericae*').
T.: *Erica* Linnaeus.

Eriocaulaceae Desvaux, Ann. Sci. Nat. (Paris) **13**: 47. 1828 ('*Eriocauloneae*').
T.: *Eriocaulon* Linnaeus.

Erythropalaceae Sleumer in Engler et Prantl, Nat. Pflanzenfam. ed. 2. **20b**: 401. 1942 [van Tieghem, Bull. Soc. Bot. France **44**: 124, 128. 1897 ('*Erythropalacées*')].
T.: *Erythropalum* Blume.

Erythroxylaceae Kunth in Humbolt, Bonpland et Kunth, Nov. Gen. Sp. **5**: ed. fol. 135; ed. qu. 175. Feb 1822 ('*Erythroxyleae*').
T.: *Erythroxylum* P. Browne.

Escalloniaceae Dumortier, Anal. Fam. Pl. 35, 37. 1829.
T.: *Escallonia* Mutis ex Linnaeus f.

Eucommiaceae Engler, Syllabus ed. 6. 145. 1909.
T.: *Eucommia* Oliver.

Eucryphiaceae Endlicher, Ench. Bot. 528. 1841 ('*Eucryphieae*').
T.: *Eucryphia* Cavanilles.

257

Euphorbiaceae A. L. Jussieu, Gen. Pl. 384. Jul-Aug 1789 ('*Euphorbiae*').
T.: *Euphorbia* Linnaeus.

Eupomatiaceae Endlicher, Ench. Bot. 425. 1841 ('*Eupomatieae*').
T.: *Eupomatia* R. Brown.

Eupteleaceae Wilhelm, Samenpfl. 17. 1910.
T.: *Euptelea* Siebold et Zuccarini.

Fabaceae Lindley, Nat. Syst. Bot. ed. 2. 148. 1836. – Nom. alt.: *Leguminosae* vel *Papilionaceae*.
T.: *Faba* P. Miller.

Fagaceae Dumortier, Anal. Fam. Pl. 11, 12. 1829 ('*Fagineae*').
T.: *Fagus* Linnaeus.

Ficoidaceae = *Aizoaceae*.

Flacourtiaceae A. P. de Candolle, Prodr. 1: 255. Jan 1824 ('*Flacourtianeae*').
T.: *Flacourtia* L'Héritier.
Note: if this family is united with *Samydaceae* Ventenat, Mém. Cl. Sci. Math. Inst. Natl. France **1807**(2): 149 (1808) ('*Samydeae*'), the name *Flacourtiaceae* must be used.

Flagellariaceae Dumortier, Anal. Fam. Pl. 59, 60. 1829.
T.: *Flagellaria* Linnaeus.

Fouquieriaceae A. P. de Candolle, Prodr. 3: 349. Mar 1828 ('*Fouquieraceae*').
T.: *Fouquieria* Kunth.

Francoaceae A. H. L. Jussieu, Ann. Sci. Nat. (Paris) **25**: 9. 1832.
T.: *Francoa* Cavanilles.

Frankeniaceae S. F. Gray, Nat. Arr. Brit. Pl. **2**: 623, 663. 1 Nov 1821.
T.: *Frankenia* Linnaeus.

Fumariaceae A. P. de Candolle, Syst. Nat. 2: 105. Mai 1821.
T.: *Fumaria* Linnaeus.

Garryaceae Lindley, Bot. Reg. **20**: sub *t. 1686*. 1 Jul 1834.
T.: *Garrya* Douglas ex Lindley.

Geissolomataceae Endlicher, Ench. Bot. 214. 1841 ('*Geissolomeae*').
T.: *Geissoloma* Lindley ex Kunth.

Gentianaceae A. L. Jussieu, Gen. Pl. 141. Jul-Aug 1789 ('*Gentianae*').
T.: *Gentiana* Linnaeus.

Geosiridaceae Jonker, Recueil Trav. Bot. Néerl. **36**: 477. 1939.
T.: *Geosiris* Baillon.

Geraniaceae A. L. Jussieu, Gen. Pl. 268. Jul-Aug 1789 ('*Gerania*').
T.: *Geranium* Linnaeus.

Gesneriaceae Dumortier, Comment. Bot. 57. 1822 ('*Gessneridiae*').
T.: *Gesneria* Linnaeus.

Globulariaceae A. P. de Candolle in Lamarck et A. P. de Candolle, Fl. Franç. ed. 3. **3**: 427. 17 Sep 1805 ('*Globulariae*').
T.: *Globularia* Linnaeus.

Gomortegaceae Reiche, Ber. Deutsch. Bot. Ges. **14**: 232. 1896.
T.: *Gomortega* Ruiz et Pavón.

Gonystylaceae Gilg in Engler et Prantl, Nat. Pflanzenfam. Nachtr. [1] zum II.–IV.: 231. Oct 1897.
T.: *Gonystylus* Teysmann et Binnendijk.

Goodeniaceae R. Brown, Prodr. 573. Apr 1810 ('*Goodenoviae*').
T.: *Goodenia* J. E. Smith.

Gramineae A. L. Jussieu, Gen. Pl. 28. Jul-Aug 1789. – Nom. alt.: *Poaceae*.
T.: *Poa* Linnaeus.

Greyiaceae Hutchinson, Fam. Fl. Pl. **1**: 202. 1926.
T.: *Greyia* W. J. Hooker et Harvey.

Grossulariaceae A. P. de Candolle in Lamarck et A. P. de Candolle, Fl. Franç. ed. 3. **4**(2) [= **5**]: 405. 17 Sep 1805 ('*Grossulariae*').
T.: *Grossularia* P. Miller.

Grubbiaceae Endlicher, Gen. Pl. XIV. Jan 1839.
T.: *Grubbia* Bergius.

258

Gunneraceae Meisner, Pl. Vasc. Gen., Tab. Diagn. 345, 346. Comm. 257. Jul 1841.
T.: *Gunnera* Linnaeus.

Guttiferae A. L. Jussieu, Gen. Pl. 255. Jul-Aug 1789. – Nom. alt.: *Clusiaceae*.
T.: *Clusia* Linnaeus.

Gyrostemonaceae Endlicher, Ench. Bot. 509. 1841 ('*Gyrostemoneae*').
T.. *Gyrostemon* Desfontaines.

Haemodoraceae R. Brown, Prodr. 299. Apr 1810.
T.: *Haemodorum* J. E. Smith.

Haloragaceae R. Brown in Flinders, Voy. Terra Austr. **2**: 549. Jul-Aug 1814 ('*Halorageae*').
T.: *Haloragis* J. R. Forster et G. Forster.

Hamamelidaceae R. Brown in Abel, Narr. Journey China 374. 1818 ('*Hamamelideae*').
T.: *Hamamelis* Linnaeus.

Heliotropiaceae H. A. Schrader, Commentat. Soc. Regiae Sci. Gott. Recent. **4**: 192 [Asperifol. Linnei Comm. 22]. 1820 ('*Heliotropiceae*').
T.: *Heliotropium* Linnaeus.

Hernandiaceae Blume, Bijdr. 550. 1826 ('*Hernandieae*').
T.: *Hernandia* Linnaeus.

Heteropyxidaceae Engler et Gilg, Syllabus ed. 8. 281. 1919.
T.: *Heteropyxis* Harvey, nom. cons.

Himantandraceae Diels, Bot. Jahrb. Syst. **55**: 126. 1917.
T.: *Himantandra* F. Mueller ex Diels.

Hippocastanaceae A. P. de Candolle, Prodr. **1**: 597. Jan 1824 ('*Hippocastaneae*').
T.: *Hippocastanum* P. Miller, nom. illeg. (≡ *Aesculus* Linnaeus).

Hippocrateaceae A. L. Jussieu, Ann. Mus. Natl. Hist. Nat. **18**: 486. 1811 ('*Hippocraticeae*').
T.: *Hippocratea* Linnaeus.
Note: If this family is united with *Celastraceae* R. Brown in Flinders, Voy. Terra Austr. **2**: 554 (1814) ('*Celastrinae*'), the name *Hippocrateaceae* is rejected in favour of *Celastraceae*.

Hippuridaceae Link, Enum. Hort. Berol. Alt. **1**: 5. 1821 ('*Hippurideae*').
T.: *Hippuris* Linnaeus.

Hoplestigmataceae Gilg in Engler et Gilg, Syllabus ed. 9-10. 322. 1924.
T.: *Hoplestigma* Pierre.

Humbertiaceae Pichon, Notul. Syst. (Paris) **13**: 23. 1947.
T.: *Humbertia* Lamarck.

Humiriaceae A. H. L. Jussieu in A. Saint-Hilaire, Fl. Bras. Merid. **2**: 87. Oct 1829.
T.: *Humiria* Aublet corr. Jaume Saint-Hilaire, nom. cons.

Hydnoraceae C. A. Agardh, Aphor. Bot. 88. 1821 ('*Hydnorinae*').
T.: *Hydnora* Thunberg.

Hydrangeaceae Dumortier, Anal. Fam. Pl. 36, 38. 1829.
T.: *Hydrangea* Linnaeus.

Hydrocharitaceae A. L. Jussieu, Gen. Pl. 67. Jul-Aug 1789 ('*Hydrocharides*').
T.: *Hydrocharis* Linnaeus.

Hydrocotylaceae Hylander, Uppsala Univ. Årsskr. **1945**(7): 20. 1945.
T.: *Hydrocotyle* Linnaeus.

Hydrophyllaceae R. Brown, Bot. Reg. **3**: sub *t. 242*. 1817 ('*Hydrophylleae*').
T.: *Hydrophyllum* Linnaeus.

Hydrostachyaceae Engler, Syllabus ed. 2. 125. 1898 ('*Hydrostachydaceae*').
T.: *Hydrostachys* Du Petit-Thouars.

Hypericaceae A. L. Jussieu, Gen. Pl. 254. Jul-Aug 1789 ('*Hyperica*').
T.: *Hypericum* Linnaeus.

Hypoxidaceae R. Brown in Flinders, Voy. Terra Austr. **2**: 576. Jul-Aug 1814 ('*Hypoxideae*').
T.: *Hypoxis* Linnaeus.

Icacinaceae Miers, Ann. Mag. Nat. Hist. ser. 2. **8**: 174. 1851.
T.: *Icacina* A. H. L. Jussieu.

Ilicaceae ≡ *Aquifoliaceae*.

Illecebraceae R. Brown, Prodr. 413. Apr 1810 (*'Illecebreae'*).
T.: *Illecebrum* Linnaeus.

Illiciaceae A. C. Smith, Sargentia **7**: 8. 1947.
T.: *Illicium* Linnaeus.

Iridaceae A. L. Jussieu, Gen. Pl. 57. Jul-Aug 1789 (*'Irides'*).
T.: *Iris* Linnaeus.

Irvingiaceae Exell et Mendonça, Consp. Fl. Angol. **1**: 279, 395. 1951 [Pierre, Bull. Mens. Soc. Linn. Paris **2**: 1233. 1896 (*'Irvingiacées'*)].
T.: *Irvingia* J. D. Hooker.

Iteaceae J. G. Agardh, Theoria Syst. Pl. 151. 1858.
T.: *Itea* Linnaeus.

Ixonanthaceae Exell et Mendonça, Bol. Soc. Brot. ser. 2a. **25**: 105. 1951 [J. E. Planchon ex Klotzsch, Abh. Königl. Akad. Wiss. Berlin **1856**: Phys. Abh. 235. 1857 (*'Ixionantheen'*)].
T.: *Ixonanthes* Jack.

Juglandaceae A. Richard ex Kunth, Ann. Sci. Nat. (Paris) **2**: 343. 1824 (*'Juglandeae'*).
T.: *Juglans* Linnaeus.

Julianiaceae Hemsley, J. Bot. **44**: 379. 1906.
T.: *Juliania* Schlechtendal non La Llave, nom. illeg. (≡ *Amphipterygium* Standley).

Juncaceae A. L. Jussieu, Gen. Pl. 43. Jul-Aug 1789 (*'Junci'*).
T.: *Juncus* Linnaeus.

Juncaginaceae L. C. Richard, Démonstr. Bot. ix. 1808 (*'Juncagines'*).
T.: *Juncago* Séguier, nom. illeg. (≡ *Triglochin* Linnaeus).
Note: If this family is united with *Potamogetonaceae* Dumortier, Anal. Fam. Pl. 59, 61 (1829) (*'Potamogetoneae'*), the name *Juncaginaceae* is rejected in favour of *Potamogetonaceae*.

Koeberliniaceae Engler in Engler et Prantl, Nat. Pflanzenfam. III. **6**: 319. 14 Mar 1895.
T.: *Koeberlinia* Zuccarini.

Krameriaceae Dumortier, Anal. Fam. Pl. 20, 23. 1829.
T.: *Krameria* Linnaeus.

Labiatae A. L. Jussieu, Gen. Pl. 110. Jul-Aug 1789. – Nom. alt.: *Lamiaceae*.
T.: *Lamium* Linnaeus.

Lacistemataceae C. F. P. Martius, Nov. Gen. Sp. Pl. **1**: 158. 1826 trim. 1 (*'Lacistemeae'*).
T.: *Lacistema* Swartz.

Lactoridaceae Engler in Engler et Prantl, Nat. Pflanzenfam. III. **2**: 19. Feb 1888.
T.: *Lactoris* R. Philippi.

Lamiaceae Lindley, Nat. Syst. Bot. ed. 2. 275. 1836. – Nom. alt.: *Labiatae*.
T.: *Lamium* Linnaeus.

Lardizabalaceae Decaisne, Arch. Mus. Hist. Nat. **1**: 185. 1839 (*'Lardizabaleae'*).
T.: *Lardizabala* Ruiz et Pavón.

Lauraceae A. L. Jussieu, Gen. Pl. 80. Jul-Aug 1789 (*'Lauri'*).
T.: *Laurus* Linnaeus.

Lecythidaceae Poiteau, Mém. Mus. Hist. Nat. **13**: 143. 1825 (*'Lecythidaeae'*).
T.: *Lecythis* Loefling.

Leeaceae Dumortier, Anal. Fam. Pl. 21, 27. 1829.
T.: *Leea* Royen ex Linnaeus.

Leguminosae A. L. Jussieu, Gen. Pl. 345. Jul-Aug 1789. – Nom. alt.: *Fabaceae*.
T.: *Faba* P. Miller.

Leitneriaceae Bentham in Bentham et J. D. Hooker, Gen. Pl. **3**: vi, 396. 7 Feb 1880 (*'Leitnerieae'*).
T.: *Leitneria* Chapman.

Lemnaceae S. F. Gray, Nat. Arr. Brit. Pl. **2**: 729. 1 Nov 1821 (*'Lemnadeae'*).
T.: *Lemna* Linnaeus.

Lennoaceae Solms-Laubach, Abh. Naturf. Ges. Halle **11**: 174 [Fam. Lenn. 56]. 1870.
T.: *Lennoa* Lexarza.

Lentibulariaceae L. C. Richard in Poiteau et Turpin, Fl. Paris **1**: 26. 1808 (*'Lentibularieae'*),
T.: *Lentibularia* Séguier, nom. illeg. (≡ *Utricularia* Linnaeus).

Lepidobotryaceae Léonard, Bull. Jard. Bot. Etat **20**: 38. 1950.
T.: *Lepidobotrys* Engler.

Lilaeaceae Dumortier, Anal. Fam. Pl. 62, 65. 1829 ('*Lilaearieae*').
T.: *Lilaea* Humboldt et Bonpland.

Liliaceae A. L. Jussieu, Gen. Pl. 48. Jul-Aug 1789 ('*Lilia*').
T.: *Lilium* Linnaeus.

Limnanthaceae R. Brown, London Edinburgh Philos. Mag. & J. Sci. **3**: 70. 1833 ('*Limnantheae*').
T.: *Limnanthes* R. Brown, nom. cons.

Linaceae S. F. Gray, Nat. Arr. Brit. Pl. **2**: 622, 639. 1 Nov 1821 ('*Lineae*').
T.: *Linum* Linnaeus.

Lissocarpaceae Gilg in Engler et Gilg, Syllabus ed. 9.–10. 324. 1924.
T.: *Lissocarpa* Bentham.

Loasaceae Dumortier, Comment. Bot. 58. 1822 ('*Loaseae*') [C. Sprengel, Anleit. ed. 2. **2**(2): 847. 31 Mar 1818 ('*Loaseen*')].
T.: *Loasa* Adanson.

Lobeliaceae R. Brown, Trans. Linn. Soc. London **12**: 133. 1817.
T.: *Lobelia* Linnaeus.

Loganiaceae C. F. P. Martius, Nov. Gen. Sp. Pl. **2**: 133. 1827 sem. 1 ('*Loganieae*').
T.: *Logania* R. Brown, nom. cons.

Loranthaceae A. L. Jussieu, Ann. Mus. Natl. Hist. Nat. **12**: 292. 1808 ('*Lorantheae*').
T.: *Loranthus* N. J. Jacquin, nom. cons.

Lowiaceae Ridley, Fl. Malay Penins. **4**: 291. 1924.
T.: *Lowia* Scortechini.

Lythraceae Jaume Saint-Hilaire, Expos. Fam. Nat. **2**: 175. Feb 1805 ('*Lythrariae*').
T.: *Lythrum* Linnaeus.

Magnoliaceae A. L. Jussieu, Gen. Pl. 280. Jul-Aug 1789 ('*Magnoliae*').
T.: *Magnolia* Linnaeus.

Malaceae Small ex Britton in Small, Fl. Southeast. U.S. 529. 1903.
T.: *Malus* P. Miller.

Malesherbiaceae D. Don, Edinburgh New Philos. J. **2**: 321. 1827.
T.: *Malesherbia* Ruiz et Pavón.

Malpighiaceae A. L. Jussieu, Gen. Pl. 252. Jul-Aug 1789 ('*Malpighiae*').
T.: *Malpighia* Linnaeus.

Malvaceae A. L. Jussieu, Gen. Pl. 271. Jul-Aug 1789.
T.: *Malva* Linnaeus.

Marantaceae Petersen in Engler et Prantl, Nat. Pflanzenfam. II. **6**: 33. Oct 1888.
T.: *Maranta* Linnaeus.

Marcgraviaceae Choisy in A. P. de Candolle, Prodr. **1**: 565. Jan 1824.
T.: *Marcgravia* Linnaeus.

Martyniaceae Stapf in Engler et Prantl, Nat. Pflanzenfam. IV. **3b**: 265. 12 Mar 1895.
T.: *Martynia* Linnaeus.

Mayacaceae Kunth, Abh. Königl. Akad. Wiss. Berlin **1840**: Phys. Abh. 93. 1842 ('*Mayaceae*').
T.: *Mayaca* Aublet.

Medusagynaceae Engler et Gilg, Syllabus ed. 9.–10. 280. 1924.
T.: *Medusagyne* J. G. Baker.

Medusandraceae Brenan, Kew Bull. **1952**: 228. 1952.
T.: *Medusandra* Brenan.

Melanthiaceae Batsch, Tab. Affin. Regni Veg. 133. Mai 1802 ('*Melanthia*').
T.: *Melanthium* Linnaeus.

Melastomataceae A. L. Jussieu, Gen. Pl. 328. Jul-Aug 1789 ('*Melastomae*').
T.: *Melastoma* Linnaeus.

Meliaceae A. L. Jussieu, Gen. Pl. 263. Jul-Aug 1789 ('*Meliae*').
T.: *Melia* Linnaeus.

Melianthaceae Link, Handbuch **2**: 322. 1831 (‘*Meliantheae*’).
T.: *Melianthus* Linnaeus.

Menispermaceae A. L. Jussieu, Gen. Pl. 284. Jul-Aug 1789 (‘*Menisperma*’).
T.: *Menispermum* Linnaeus.

Menyanthaceae Dumortier, Anal. Fam. Pl. 20, 25. 1829 (‘*Menyanthideae*’).
T.: *Menyanthes* Linnaeus.

Mesembryanthemaceae Fenzl, Ann. Wiener Mus. Naturgesch. **1**: 349. 1836 (‘*Mesembryanthemeae*’).
T.: *Mesembryanthemum* Linnaeus.

Mimosaceae R. Brown in Flinders, Voy. Terra Austr. **2**: 551. Jul-Aug. 1814 (‘*Mimoseae*’).
T.: *Mimosa* Linnaeus.

Misodendraceae J. G. Agardh, Theoria Syst. Pl. 236. 1858 (‘*Myzodendreae*’).
T.: *Misodendrum* Banks ex A. P. de Candolle.

Mitrastemonaceae Makino, Bot. Mag. (Tokyo) **25**: 252. 1911.
T.: *Mitrastemon* Makino.

Molluginaceae Hutchinson, Fam. Fl. Pl. **1**: 128. 1926.
T.: *Mollugo* Linnaeus.

Monimiaceae A. L. Jussieu, Ann. Mus. Natl. Hist. Nat. **14**: 133. 1809 (‘*Monimieae*’).
T.: *Monimia* Du Petit-Thouars.

Monotropaceae Nuttall, Gen. N. Amer. Pl. **1**: 272. Mai 1818 (‘*Monotropeae*’).
T.: *Monotropa* Linnaeus.
Note: If this family is united with *Pyrolaceae* Dumortier, Anal. Fam. Pl. 43, 80 (1829), the name *Montropaceae* is rejected in favour of *Pyrolaceae*.

Montiniaceae Nakai, Ord. Fam. App. 243. 1943.
T.: *Montinia* Thunberg.

Moraceae Link, Handbuch **2**: 444. 1831 (‘*Moriformes*’).
T.: *Morus* Linnaeus.

Moringaceae Dumortier, Anal. Fam. Pl. 43, 48. 1829.
T.: *Moringa* Adanson.

Musaceae A. L. Jussieu, Gen. Pl. 61. Jul-Aug 1789 (‘*Musae*’).
T.: *Musa* Linnaeus.

Myoporaceae R. Brown, Prodr. 514. Apr 1810 (‘*Myoporinae*’).
T.: *Myoporum* Solander ex G. Forster.

Myricaceae Blume, Fl. Javae **17–18**: 3. 17 Oct 1829 (‘*Myriceae*’); Dumortier, Anal. Fam. Pl. 11, 12. 1829 (‘*Myriceae*’).
T.: *Myrica* Linnaeus.

Myristicaceae R. Brown, Prodr. 399. Apr 1810 (‘*Myristicaeae*’).
T.: *Myristica* Gronovius, nom. cons.

Myrothamnaceae Niedenzu in Engler et Prantl, Nat. Pflanzenfam. III. **2a**: 103. Mar 1891.
T.: *Myrothamnus* Welwitsch.

Myrsinaceae R. Brown, Prodr. 532. Apr 1810 (‘*Myrsineae*’).
T.: *Myrsine* Linnaeus.

Myrtaceae A. L. Jussieu, Gen. Pl. 322. Jul-Aug 1789 (‘*Myrti*’).
T.: *Myrtus* Linnaeus.

Myzodendraceae ≡ *Misodendraceae*.

Najadaceae A. L. Jussieu, Gen. Pl. 18. Jul-Aug 1789 (‘*Naiades*’).
T.: *Najas* Linnaeus.

Nelumbonaceae Dumortier, Anal. Fam. Pl. 53. 1829 (‘*Nelumboneae*’).
T.: *Nelumbo* Adanson.

Nepenthaceae Dumortier, Anal. Fam. Pl. 14, 16. 1829 (‘*Nepenthideae*’).
T.: *Nepenthes* Linnaeus.

Nolanaceae Dumortier, Anal. Fam. Pl. 20, 24. 1829.
T.: *Nolana* Linnaeus ex Linnaeus f.

Nyctaginaceae A. L. Jussieu, Gen. Pl. 90. Jul-Aug 1789 ('*Nyctagines*').
T.: *Nyctago* A. L. Jussieu, nom. illeg. (≡ *Mirabilis* Linnaeus).

Nymphaeaceae R. A. Salisbury, Ann. Bot. (König & Sims) **2**: 70. 1805 ('*Nymphaeeae*').
T.: *Nymphaea* Linnaeus, nom. cons.

Nyssaceae Dumortier, Anal. Fam. Pl. 13. 1829 [A. L. Jussieu, Dict. Sci. Nat. **35**: 267. 1825 ('*Nyssées*')].
T.: *Nyssa* Linnaeus.

Ochnaceae A. P. de Candolle, Ann. Mus. Natl. Hist. Nat. **17**: 410. 1811.
T.: *Ochna* Linnaeus.

Octoknemaceae Engler, Bot. Jahrb. Syst. **43**: 177. 1909 ('*Octoknemataceae*') [van Tieghem, J. Bot. (Morot) **19**: 58. 1905 ('*Octocnémacées*')].
T.: *Octoknema* Pierre.

Oenotheraceae ≡ *Onagraceae*.

Olacaceae Mirbel ex A. P. de Candolle, Prodr. **1**: 531. Jan 1824 ('*Olacineae*') [A. L. Jussieu, Mém. Mus. Hist. Nat. **2**: 438, 441. 1815 ('*Olacinées*')].
T.: *Olax* Linnaeus.

Oleaceae Hoffmannsegg et Link, Fl. Portug. **1**: 385. 1813–1820 ('*Oleinae*').
T.: *Olea* Linnaeus.

Oliniaceae Arnott ex Sonder in Harvey et Sonder, Fl. Cap. **2**: ix, 519. Oct 1862 ('*Olinieae*').
T.: *Olinia* Thunberg, nom. cons.

Onagraceae A. L. Jussieu, Gen. Pl. 317. Jul-Aug 1789 ('*Onagrae*').
T.: *Onagra* P. Miller, nom. illeg (≡ *Oenothera* Linnaeus).

Opiliaceae Valeton, Crit. Overz. Olacin. 136. 1886.
T.: *Opilia* Roxburgh.

Orchidaceae A. L. Jussieu, Gen. Pl. 64. Jul-Aug 1789 ('*Orchideae*').
T.: *Orchis* Linnaeus.

Orobanchaceae Ventenat, Tabl. Régne Vég. **2**: 292. Jun 1799 ('*Orobanchoideae*').
T.: *Orobanche* Linnaeus.

Oxalidaceae R. Brown in Tuckey, Narr. Exped. Congo 433. Mar 1818 ('*Oxalideae*').
T.: *Oxalis* Linnaeus.

Paeoniaceae Rudolphi, Syst. Orb. Veg. 61. 1830.
T.: *Paeonia* Linnaeus.

Palmae A. L. Jussieu, Gen. Pl. 37. Jul-Aug 1789.
– Nom. alt.: *Arecaceae*.
T.: *Areca* Linnaeus.

Pandaceae Engler et Gilg, Syllabus ed. 7. 223. 1912.
T.: *Panda* Pierre.

Pandanaceae R. Brown, Prodr. 340. Apr 1810 ('*Pandaneae*').
T.: *Pandanus* S. Parkinson.

Papaveraceae A. L. Jussieu, Gen. Pl. 235. Jul-Aug 1789.
T.: *Papaver* Linnaeus.

Papilionaceae Giseke, Prael. Ord. Nat. Pl. 415. 1792. – Nom. alt.: *Fabaceae*.
T.: *Faba* P. Miller.

Parnassiaceae S. F. Gray, Nat. Arr. Brit. Pl. **2**: 623, 670. 1 Nov 1821 ('*Parnassieae*', '*Parnassiae*' p. 623).
T.: *Parnassia* Linnaeus.

Passifloraceae A. L. Jussieu ex Kunth in Humboldt, Bonpland et Kunth, Nov. Gen. Sp. **2**: ed. fol. 100; ed. qu. 126. Dec 1817 ('*Passifloreae*') [A. L. Jussieu, Ann. Mus. Natl. Hist. Nat. **6**: 102. 1805 ('*Passiflorées*')].
T.: *Passiflora* Linnaeus.

Pedaliaceae R. Brown, Prodr. 519. Apr 1810 ('*Pedalinae*').
T.: *Pedalium* Royen ex Linnaeus.

Penaeaceae Guillemin, Dict. Class. Hist. Nat. **13**: 171. 1828.
T.: *Penaea* Linnaeus.

Pentaphragmataceae J. G. Agardh, Theoria Syst. Pl. 95. 1858 ('*Pentaphragmeae*').
T.: *Pentaphragma* G. Don.

Pentaphylacaceae Engler in Engler et Prantl, Nat. Pflanzenfam. Nachtr. [1] zum II.–IV.: 214. Oct 1897.
T.: *Pentaphylax* Gardner et Champion.

Penthoraceae Rydberg ex Britton, Man. Fl. N. States 475. 1901 [van Tieghem, J. Bot. (Morot) **12**: 150. 1898 ('*Penthoracées*')].
T.: *Penthorum* Linnaeus.

Peridiscaceae Kuhlmann, Arq. Serv. Florest. **3**: 4. 1950.
T.: *Peridiscus* Bentham.

Periplocaceae Schlechter in Schumann et Lauterbach, Nachtr. Fl. Deutsch. Schutzgeb. Südsee 351. 1905.
T.: *Periploca* Linnaeus.

Peripterygiaceae ≡ *Cardiopteridaceae*.

Petermanniaceae Hutchinson, Fam. Fl. Pl. **2**: 113. 1934.
T.: *Petermannia* F. Mueller, nom. cons.

Petrosaviaceae Hutchinson, Fam. Fl. Pl. **2**: 36. 1934.
T.: *Petrosavia* Beccari.

Philesiaceae Dumortier, Anal. Fam. Pl. 53, 54. 1829 ('*Phylesiaceae*').
T.: *Philesia* Commerson.

Philydraceae Link, Enum. Hort. Berol. Alt. **1**: 5. 1821 ('*Philhydrinae*').
T.: *Philydrum* Banks ex Solander.

Phrymaceae Schauer in A. de Candolle, Prodr. **11**: 520. Nov 1847.
T.: *Phryma* Linnaeus.

Phytolaccaceae R. Brown in Tuckey, Narr. Exped. Congo 454. Mar 1818 ('*Phytolaceae*').
T.: *Phytolacca* Linnaeus.

Picrodendraceae Small ex Britton et Millspaugh, Bahama Fl. 102. 1920.
T.: *Picrodendron* J. E. Planchon.

Piperaceae C. A. Agardh, Aphor. Bot. 201. 13 Jun 1824.
T.: *Piper* Linnaeus.

Pittosporaceae R. Brown in Flinders, Voy. Terra Austr. **2**: 542. Jul-Aug 1814 ('*Pittosporeae*').
T.: *Pittosporum* Banks ex Solander, nom. cons.

Plantaginaceae A. L. Jussieu, Gen. Pl. 89. Jul-Aug 1789 ('*Plantagines*').
T.: *Plantago* Linnaeus.

Platanaceae Dumortier, Anal. Fam. Pl. 11, 12, 1829 ('*Plataneae*').
T.: *Platanus* Linnaeus.

Plumbaginaceae A. L. Jussieu, Gen. Pl. 92. Jul-Aug 1789 ('*Plumbagines*').
T.: *Plumbago* Linnaeus.

Poaceae Barnhart, Bull. Torrey Bot. Club **22**: 7. 1895. – Nom. alt.: *Gramineae*.
T.: *Poa* Linnaeus.

Podophyllaceae A. P. de Candolle, Syst. Nat. **2**: 31. Mai 1821 ('*Podophylleae*').
T.: *Podophyllum* Linnaeus.

Podostemaceae L. C. Richard ex C. A. Agardh, Aphor. Bot. 125. 19 Jun 1822 ('*Podostemeae*').
T.: *Podostemum* A. Michaux.

Polemoniaceae A. L. Jussieu, Gen. Pl. 136. Jul-Aug 1789 ('*Polemonia*').
T.: *Polemonium* Linnaeus.

Polygalaceae R. Brown in Flinders, Voy. Terra Austr. **2**: 542. Jul-Aug 1814 ('*Polygaleae*') [A. L. Jussieu, Ann. Mus. Natl. Hist. Nat. **14**: 389. 1809 ('*Polygalées*')].
T.: *Polygala* Linnaeus.

Polygonaceae A. L. Jussieu, Gen. Pl. 82. Jul-Aug 1789 ('*Polygoneae*').
T.: *Polygonum* Linnaeus.

Pontederiaceae Kunth in Humboldt, Bonpland et Kunth, Nov. Gen. Sp. **1**: ed. fol. 211; ed. qu. 265. Aug 1816 ('*Pontedereae*').
T.: *Pontederia* Linnaeus.

Portulacaceae A. L. Jussieu, Gen. Pl. 312. Jul-Aug 1789 ('*Portulaceae*').
T.: *Portulaca* Linnaeus.

Posidoniaceae Lotsy, Vortr. Bot. Stammesgesch. **3**(1): 658. 1911 [Cacciamali, Rivista Ital. Sci. Nat. **17**: 140. 1897 ('*Posidoniacee*')].
T.: *Posidonia* C. Konig, nom. cons.

Potamogetonaceae Dumortier, Anal. Fam. Pl. 59, 61. 1829 ('*Potamogetoneae*').
T.: *Potamogeton* Linnaeus.
Note: If this family is united with *Juncaginaceae* L. C. Richard, Démonstr. Bot. ix (1808) ('*Juncagines*'), the name *Potamogetonaceae* must be used.

Primulaceae Ventenat, Tabl. Règne Vég. **2**: 285. Jun 1799.
T.: *Primula* Linnaeus.

Proteaceae A. L. Jussieu, Gen. Pl. 78. 4 Aug 1789 ('*Proteae*').
T.: *Protea* Linnaeus (1771, non 1753), nom. cons.

Pterostemonaceae Small, N. Amer. Fl. **22**(2): 183. 1905.
T.: *Pterostemon* Schauer.

Punicaceae Horaninow, Prim. Lin. Syst. Nat. 81. 1834.
T.: *Punica* Linnaeus.

Pyrolaceae Dumortier, Anal. Fam. Pl. 43, 80. 1829.
T.: *Pyrola* Linnaeus.
Note: If this family is united with *Monotropaceae* Nuttall, Gen. N. Amer. Pl. **1**: 272 (1818) ('*Monotropeae*'), the name *Pyrolaceae* must be used.

Quiinaceae Engler in C. F. P. Martius, Fl. Bras. **12**(1): 475–476. 1 Apr 1888.
T.: *Quiina* Aublet.

Rafflesiaceae Dumortier, Anal. Fam. Pl. 13, 14. 1829.
T.: *Rafflesia* R. Brown.

Ranunculaceae A. L. Jussieu, Gen. Pl. 231. Jul-Aug 1789.
T.: *Ranunculus* Linnaeus.

Rapateaceae Dumortier, Anal. Fam. Pl. 60, 62. 1829.
T.: *Rapatea* Aublet.

Resedaceae S. F. Gray, Nat. Arr. Brit. Pl. **2**: 622, 665. 1 Nov 1821.
T.: *Reseda* Linnaeus.

Restionaceae R. Brown, Prodr. 243. Apr 1810 ('*Restiaceae*').
T.: *Restio* Rottböll, nom. cons.

Rhamnaceae A. L. Jussieu, Gen. Pl. 376. Jul-Aug 1789 ('*Rhamni*').
T.: *Rhamnus* Linnaeus.

Rhizophoraceae R. Brown in Flinders, Voy. Terra Austr. **2**: 549. Jul-Aug 1814 ('*Rhizophoreae*').
T.: *Rhizophora* Linnaeus.

Rhoipteleaceae Handel-Mazzetti, Repert. Spec. Nov. Regni Veg. **30**: 75. 1932.
T.: *Rhoiptelea* Diels et Handel-Mazzetti.

Roridulaceae Engler et Gilg. Syllabus ed. 9.–10. 226. 1924.
T.: *Roridula* N. L. Burman ex Linnaeus.

Rosaceae A. L. Jussieu, Gen. Pl. 334. Jul-Aug 1789.
T.: *Rosa* Linnaeus.

Roxburghiaceae = *Stemonaceae*.

Rubiaceae A. L. Jussieu, Gen. Pl. 196. Jul-Aug 1789.
T.: *Rubia* Linnaeus.

Ruppiaceae Hutchinson, Fam. Fl. Pl. **2**: 48. 1934.
T.: *Ruppia* Linnaeus.

Ruscaceae Hutchinson, Fam. Fl. Pl. **2**: 109. 1934.
T.: *Ruscus* Linnaeus.

Rutaceae A. L. Jussieu, Gen. Pl. 296. Jul-Aug 1789.
T.: *Ruta* Linnaeus.

Sabiaceae Blume, Mus. Bot. **1**: 368. 1851.
T.: *Sabia* Colebrooke.

Salicaceae Mirbel, Elém. Phys. Vég. Bot. **2**: 905. 1815 ('*Salicineae*').
T.: *Salix* Linnaeus.

Salvadoraceae Lindley, Nat. Syst. Bot. ed. 2. 269. 1836.
T.: *Salvadora* Linnaeus.

Samydaceae Ventenat, Mém. Cl. Sci. Math. Inst. Natl. France **1807**(2): 149. 1808 ('*Samydeae*').
T.: *Samyda* N. J. Jacquin, nom. cons.
Note: If this family is united with *Flacourtiaceae* A. P. de Candolle, Prodr. **1**: 255 (1824) ('*Flacourtianeae*'), the name *Samydaceae* is rejected in favour of *Flacourtiaceae*.

Santalaceae R. Brown, Prodr. 350. Apr 1810.
T.: *Santalum* Linnaeus.

Sapindaceae A. L. Jussieu, Gen. Pl. 246. Jul-Aug 1789 ('*Sapindi*').
T.: *Sapindus* Linnaeus.

Sapotaceae A. L. Jussieu, Gen. Pl. 151. Jul-Aug 1789 ('*Sapotae*').
T.: *Sapota* P. Miller, nom. illeg. (≡ *Achras* Linnaeus).

Sarcolaenaceae Caruel, Atti Reale Accad. Lincei ser. 3. Mem. Cl. Sci. Fis. **10**: 226, 248. 1881.
T.: *Sarcolaena* Du Petit-Thouars.

Sarcospermataceae H. J. Lam, Bull. Jard. Bot. Buitenzorg ser. 3. **7**: 248. 1925 ('*Sarcospermaceae*').
T.: *Sarcosperma* J. D. Hooker.

Sargentodoxaceae O. Stapf ex Hutchinson, Fam. Fl. Pl. **1**: 100. 1926 ('*Sargentadoxaceae*').
T.: *Sargentodoxa* Rehder et Wilson.

Sarraceniaceae Dumortier, Anal. Fam. Pl. 53. 1829.
T.: *Sarracenia* Linnaeus.

Saurauiaceae J. G. Agardh, Theoria Syst. Pl. 110. 1858 ('*Saurajeae*').
T.: *Saurauia* Willdenow, nom. cons.
Note: If this family is united with *Actinidiaceae* Hutchinson, Fam. Fl. Pl. **1**: 277 (1926), the name *Saurauiaceae* is rejected in favour of *Actinidiaceae*.

Saururaceae E. Meyer, Houttuynia 20. 1827 ('*Saurureae*').
T.: *Saururus* Linnaeus.

Saxifragaceae A. L. Jussieu, Gen. Pl. 308. Jul-Aug 1789 ('*Saxifragae*').
T.: *Saxifraga* Linnaeus.

Scheuchzeriaceae Rudolphi, Syst. Orb. Veg. 28. 1830 ('*Scheuchzerieae*').
T.: *Scheuchzeria* Linnaeus.

Schisandraceae Blume, Fl. Javae **32–33**: 3. 25 Jun 1830 ('*Schisandreae*').
T.: *Schisandra* A. Michaux, nom. cons.

Scrophulariaceae A. L. Jussieu, Gen. Pl. 117. Jul-Aug. 1789 ('*Scrophulariae*').
T.: *Scrophularia* Linnaeus.

Scyphostegiaceae Hutchinson, Fam. Fl. Pl. **1**: 229. 1926.
T.: *Scyphostegia* Stapf.

Scytopetalaceae Engler in Engler et Prantl, Nat. Pflanzenfam. Nachtr. [1] zum ii.–iv.: 242. Oct 1897.
T.: *Scytopetalum* Pierre ex Engler.

Selaginaceae Choisy, Mém. Sélag. 19. 1823 ('*Selagineae*').
T.: *Selago* Linnaeus.

Simaroubaceae A. P. de Candolle, Ann. Mus. Natl. Hist. Nat. **17**: 422. 1811 ('*Simarubeae*').
T.: *Simarouba* Aublet, nom. cons.

Siphonodontaceae Gagnepain et Tardieu ex Tardieu-Blot, Notul. Syst. (Paris) **14**: 102. 1951.
T.: *Siphonodon* Griffith.

Smilacaceae Ventenat, Tabl. Règne Vég. **2**: 146. Jun 1799 ('*Smilaceae*').
T.: *Smilax* Linnaeus.

Solanaceae A. L. Jussieu, Gen. Pl. 124. Jul-Aug 1789 ('*Solaneae*').
T.: *Solanum* Linnaeus.

Sonneratiaceae Engler et Gilg, Syllabus ed. 9.–10. 299. 1924.
T.: *Sonneratia* Linnaeus f., nom. cons.

Sparganiaceae Rudolphi, Syst. Orb. Veg. 27. 1830.
T.: *Sparganium* Linnaeus.

Sphenocleaceae A. P. de Candolle, Prodr. **7**(2): 548. Dec 1839.
T.: *Sphenoclea* J. Gaertner, nom. cons.

Stachyuraceae J. G. Agardh, Theoria Syst. Pl. 152. 1858 ('*Stachyureae*').
T.: *Stachyurus* Siebold et Zuccarini.

Stackhousiaceae R. Brown in Flinders, Voy. Terra Austr. **2**: 555. Jul-Aug 1814 ('*Stackhouseae*').
T.: *Stackhousia* J. E. Smith.

Staphyleaceae Lindley, Syn. Brit. Fl. 75. 1829.
T.: *Staphylea* Linnaeus.

Stemonaceae Engler in Engler et Prantl, Nat. Pflanzenfam. **II. 5**: 8. Mai 1887.
T.: *Stemona* Loureiro.

Stenomeridaceae J. G. Agardh, Theoria Syst. Pl. 66. 1858 ('*Stenomerideae*').
T.: *Stenomeris* J. E. Planchon.

Sterculiaceae Bartling, Ord. Nat. Pl. 255, 340. 1830 [Ventenat, Jard. Malm. **2**: sub *t. 91*. 1805 ('*Sterculiacées*')].
T.: *Sterculia* Linnaeus.
Note: If this family is united with *Byttneriaceae* R. Brown in Flinders, Voy. Terra Austr. **2**: 540 (1814) ('*Buttneriaceae*'), the name *Sterculiaceae* must be used.

Stilbaceae Kunth, Handb. Bot. 393. 1831 ('*Stilbineae*').
T.: *Stilbe* P. J. Bergius.

Strasburgeriaceae Engler et Gilg, Syllabus ed. 9.–10. 282. 1924 [van Tieghem, J. Bot. (Morot) **17**: 204. 1903 ('*Strasburgériacées*')].
T.: *Strasburgeria* Baillon.

Strelitziaceae Hutchinson, Fam. Fl. Pl. **2**: 72. 1934.
T.: *Strelitzia* W. Aiton.

Stylidiaceae R. Brown, Prodr. 565. Apr 1810 ('*Stylideae*').
T.: *Stylidium* Swartz ex Willdenow, nom. cons.

Styracaceae Dumortier, Anal. Fam. Pl. 28, 29. 1829 ('*Styracineae*') [C. Sprengel, Anleit. ed. 2. **2**(2): 505. 31 Mar 1818 ('*Styraceen*')].
T.: *Styrax* Linnaeus.
Note: If this family is united with *Symplocaceae* Desfontaines, Mém. Mus. Hist. Nat. **6**: 9 (1820) ('*Symploceae*'), the name *Styracaceae* must be used.

Surianaceae Arnott in Wight et Arnott, Prodr. 360. Oct 1834 ('*Surianeae*').
T.: *Suriana* Linnaeus.

Symplocaceae Desfontaines, Mém. Mus. Hist. Nat. **6**: 9. 1820 ('*Symploceae*').
T.: *Symplocos* N. J. Jacquin.
Note: If this family is united with *Styracaceae* Dumortier, Anal. Fam. Pl. 28, 29 (1829) ('*Styracineae*'), the name *Symplocaceae* is rejected in favour of *Styracaceae*.

Taccaceae Dumortier, Anal. Fam. Pl. 57, 58. 1829 ('*Tacceae*', p. 58).
T.: *Tacca* J. R. Forster et G. Forster, nom. cons.

Tamaricaceae Link, Enum. Hort. Berol. Alt. **1**: 291. 1821 ('*Tamariscinae*').
T.: *Tamarix* Linnaeus.

Tecophilaeaceae Leybold, Bonplandia **10**: 370. 1862 ('*Tecophileoceae*').
T.: *Tecophilaea* Bertero ex Colla.

Ternstroemiaceae = *Theaceae*.

Tetracentraceae A. C. Smith, J. Arnold Arbor. **26**: 135. 1945 [van Tieghem, J. Bot. (Morot) **14**: 361. 1900 ('*Tetracentracées*')].
T.: *Tetracentron* Oliver.

Tetragoniaceae Nakai, J. Jap. Bot. **18**: 103. 1942.
T.: *Tetragonia* Linnaeus.

Theaceae D. Don, Prodr. Fl. Nepal. 224. 1 Feb 1825 [Mirbel, Nouv. Bull. Sci. Soc. Philom. Paris **3**: 382. 1813 ('*Théacées*')].
T.: *Thea* Linnaeus.

Theligonaceae Dumortier, Anal. Fam. Pl. 15, 17. 1829 ('*Theligoneae*').
T.: *Theligonum* Linnaeus.

Theophrastaceae Link, Handbuch **1**: 440. 1829 ('*Theophrasteae*').
T.: *Theophrasta* Linnaeus.

Thismiaceae J. G. Agardh, Theoria Syst. Pl. 99. 1858.
T.: *Thismia* Griffith.

Thurniaceae Engler, Syllabus ed. 5. 94. 1907.
T.: *Thurnia* J. D. Hooker.

Thymelaeaceae A. L. Jussieu, Gen. Pl. 76. Jul-Aug 1789 (*'Thymelaeae'*).
T.: *Thymelaea* P. Miller, nom. cons.

Tiliaceae A. L. Jussieu, Gen. Pl. 289. Jul-Aug 1789.
T.: *Tilia* Linnaeus.

Tovariaceae Pax in Engler et Prantl, Nat. Pflanzenfam. III. **2**: 207. Mar 1891.
T.: *Tovaria* Ruiz et Pavón, nom. cons.

Trapaceae Dumortier, Anal. Fam. Pl. 36, 39. 1829.
T.: *Trapa* Linnaeus.

Tremandraceae R. Brown ex A. P. de Candolle, Prodr. **1**: 343. Jan 1824 (*'Tremandreae'*).
T.: *Tremandra* R. Brown ex A. P. de Candolle.

Trichopodaceae Hutchinson, Fam. Fl. Pl. **2**: 143. 1934.
T.: *Trichopus* J. Gaertner.

Trigoniaceae Endlicher, Ench. Bot. 570. 1841.
T.: *Trigonia* Aublet.

Trilliaceae Lindley, Veg. Kingd. 218. 1846.
T.: *Trillium* Linnaeus.

Trimeniaceae Gibbs, Fl. Arfak Mts. 135. 1917.
T.: *Trimenia* Seemann.

Triuridaceae G. Gardner, Trans. Linn. Soc. London **19**: 160. 1843 (*'Triuraceae'*).
T.: *Triuris* Miers.

Trochodendraceae Prantl in Engler et Prantl, Nat. Pflanzenfam. III. **2**: 21. Feb 1888.
T.: *Trochodendron* Siebold et Zuccarini.

Tropaeolaceae A. P. de Candolle, Prodr. **1**: 683. Jan 1824 (*'Tropaeoleae'*).
T.: *Tropaeolum* Linnaeus.

Turneraceae A. P. de Candolle, Prodr. **3**: 345. Mar 1828.
T.: *Turnera* Linnaeus.

Typhaceae A. L. Jussieu, Gen. Pl. 25. Jul-Aug 1789 (*'Typhae'*).
T.: *Typha* Linnaeus.

Ulmaceae Mirbel, Elém. Phys. Vég. Bot. **2**: 905. 1815.
T.: *Ulmus* Linnaeus.

Umbelliferae A. L. Jussieu, Gen. Pl. 218. Jul-Aug 1789. – Nom. alt.: *Apiaceae*.
T.: *Apium* Linnaeus.

Urticaceae A. L. Jussieu, Gen. Pl. 400. Jul-Aug 1789 (*'Urticae'*).
T.: *Urtica* Linnaeus.

Vacciniaceae S. F. Gray, Nat. Arr. Brit. Pl. **2**: 394, 404. 1 Nov 1821 (*'Vaccinieae'*).
T.: *Vaccinium* Linnaeus.

Valerianaceae Batsch, Tab. Affin. Regni Veg. 227. Mai 1802.
T.: *Valeriana* Linnaeus.

Velloziaceae Endlicher, Ench. Bot. 101. 1841 (*'Vellozieae'*).
T.: *Vellozia* Vandelli.

Verbenaceae Jaume Saint-Hilaire, Expos. Fam. Nat. **1**: 245. Feb 1805.
T.: *Verbena* Linnaeus.

Violaceae Batsch, Tab. Affin. Regni Veg. 57. Mai 1802 (*'Violariae'*).
T.: *Viola* Linnaeus.

Vitaceae A. L. Jussieu, Gen. Pl. 267. Jul-Aug 1789 (*'Vites'*).
T.: *Vitis* Linnaeus.

Vochysiaceae A. Saint-Hilaire, Mém. Mus. Hist. Nat. **6**: 265. 1820 (*'Vochisieae'*).
T.: *Vochysia* Aublet corr. Poiret, nom. cons.

Winteraceae Lindley, Intr. Nat. Syst. Bot. 26. 1830 (*'Wintereae'*).
T.: *Wintera* Murray, nom. illeg (≡ *Drimys* J. R. Forster et G. Forster).

Xanthorrhoeaceae Dumortier, Anal. Fam. Pl. 60, 62. 1829 (*'Xanthorhaeaceae'*, *'Xanthoraeaceae'*).
T.: *Xanthorrhoea* J. E. Smith.

Xyridaceae C. A. Agardh, Aphor. Bot. 158. 23 Mai 1823 (*'Xyrideae'*).
T.: *Xyris* Linnaeus.

Zannichelliaceae Dumortier, Anal. Fam. Pl. 59, 61. 1829 (*'Zanichelliaceae'*, p. 59).
T.: *Zannichellia* Linnaeus.

Zingiberaceae Lindley, Key Bot. 69. 1835.
T.: *Zingiber* Boehmer, nom. cons.

Zosteraceae Dumortier, Anal. Fam. Pl. 65, 66. 1829.
T.: *Zostera* Linnaeus.

Zygophyllaceae R. Brown in Flinders, Voy. Terra Austr. **2**: 545. Jul-Aug 1814 (*'Zygophylleae'*).
T.: *Zygophyllum* Linnaeus.

APPENDIX III

In the following lists the **nomina conservanda** have been inserted in the left column; they have been printed in **bold-face** type. Synonyms and earlier homonyms (*nomina rejicienda*) have been listed in the right column.

T.	type (LT. = lectotype).
typ. cons.	typus conservandus, type to be conserved (Art. 14.8).
V	original spelling, the first orthographic variant, based on the same type (Arts. 14.10 and 75).
H	homonym, only the first one being listed (Arts. 14.9 and 64).
≡	nomenclatural synonym, only the earlier legitimate one, if any, being listed. Based on the same nomenclatural type as the conserved name.
=	taxonomic synonym(s) to be rejected only in favour of the conserved name. Based on a type different from that of the conserved name.
*	Conservation approved by the General Committee; use authorized under Art. 15 pending final decision by the next Congress.

Some names listed as conserved have no corresponding nomina rejicienda because they were conserved explicitly to conserve a particular type, because evidence after their conservation may have indicated that conservation was unnecessary, or because they were conserved to eliminate doubt about their legitimacy.

Dans les listes suivants, les **nomina conservanda** on été placés dans la colonne de gauche; ils ont été imprimés en **caractères gras**. Les synonymes et homonymes antérieurs (*nomina rejicienda*) ont été placés dans la colonne de droite.

T.	type (LT. = lectotype).
typ. cons.	typus conservandus, type à conserver (Art. 14.8).
V	orthographe originale, la première variante orthographique, fondée sur le même type (Art. 14.10 et 75).
H	homonyme; seul le premier est cité (Art. 14.9 et 64).
≡	synonyme nomenclatural; seul le plus ancien qui soit légitime, s'il y en

270

a, est cité. Un tel synonyme est fondé sur le même type nomenclatural
que le nom conservé.

=   synonyme taxonomique, à rejeter seulement en faveur du nom con
servé. Un tel type est fondé sur un type nomenclatural différent de
celui du nom conservé.

*   conservation approuvée par le Comité Général; emploi autorisé par
l'Art. 15 dans l'attente de la décision définitive du prochain congrès.

Certains nom cités comme conservés n'ont pas de nomina rejicienda correspon
dants, soit parce qu'ils ont été explicitement conservés pour fixer un type donné,
soit parce qu'après leur conservation il a été démontré que la conservation n'était
pas nécessaire, soit encore parce qu'ils ont été conservés pour éliminer tout doute
au sujet de leur légitimité.

In der folgenden Liste stehen die **nomina conservanda** in der linken Spalte; sie sind
fett gedruckt. Synonyme und ältere Homonyme (*nomina rejicienda*) stehen in der
rechten Spalte.

T.	Typus (LT. = Lectotypus).
typ. cons.	Typus conservandus, zu schützender Typus (Art. 14.8).
V	ursprüngliche Schreibweise, die erste auf denselben Typus gegründe-te orthographische Variante (Art. 14.10 und 75).
H	Homonym; nur das erste wird aufgeführt (Art. 14.9 und 64).
≡	nomenklatorisches Synonym; nur das älteste legitime wird, soweit vorhanden, aufgeführt. Auf denselben nomenklatorischen Typus gegründet wie der geschützte Name.
=	taxonomisches Synonym, das nur zugunsten des konservierten Na-mens verworfen werden muß. Auf einen anderen Typus als den des geschützten Namens gegründet.
*	Konservierung durch den Allgemeinen Ausschuß gebilligt; Ge-brauch zulässig nach Art. 15 vorbehaltlich der endgültigen Entschei-dung durch den nächsten Kongreß.

Einige der als geschützt in der Liste aufgeführten Namen haben keine entsprechenden nomina rejicienda, weil sie ausdrücklich deshalb konserviert wurden,
um einen bestimmten Typus zu schützen, oder weil sich nach ihrer Konservierung Beweise dafür ergeben haben mögen, daß die Konservierung nicht notwendig war, oder weil sie konserviert wurden, um Zweifel an ihrer Legitimität
auszuräumen.

Aphanothece Nägeli, Neue Denkschr. Allg. Schweiz. Ges. Gesammten Naturwiss. **10**(7): 59. 1849.
T.: *A. microscopica* Nägeli.

(=) *Coccochloris* K. Sprengel, Mant. Prima Fl. Hal. 14. 1807.
T.: *C. stagnina* K. Sprengel.

Gloeocapsa Kützing, Phycol. General. 173. 1843.
T.: *G. atrata* Kützing, nom. illeg. (*Microcystis atra* Kützing).

(=) *Bichatia* Turpin, Mém. Mus. Hist. Nat. (Paris) **15**: 376. 1827; *ibid.* **16**: 163 (adnot.), *t. 11, f. 10.* 1828; *ibid.* **18**: 177, *t. 5, f. 1–14.* 1829.
T.: *B. vesiculinosa* Turpin.

Homoeothrix (Thuret ex Bornet et Flahault) Kirchner in Engler et Prantl, Nat. Pflanzenfam. **1**(1a): 85, 87. 1898.
T.: *H. juliana* (Bornet et Flahault) Kirchner (*Calothrix juliana* Bornet et Flahault).

(=) *Amphithrix* Bornet et Flahault, Ann. Sci. Nat. Bot. ser. 7. **3**: 340, 343. 1886.
T.: *A. janthina* Bornet et Flahault.
(=) *Leptochaete* Borzì in Bornet et Flahault, Ann. Sci. Nat. Bot. ser. 7. **3**: 340, 341. 1886.
T.: *L. crustacea* Borzì.
(=) *Tapinothrix* Sauvageau, Bull. Soc. Bot. France **39**: cxxiii. 1892.
T.: *T. bornetii* Sauvageau.

Lyngbya C. Agardh ex Gomont, Ann. Sci. Nat. Bot. ser. 7. **16**: 95, 118. 1892 ('1893').
T.: *L. confervoides* C. Agardh ex Gomont.

(H) *Lyngbyea* Sommerfelt, Suppl. Fl. Lapp. 189. 1826 [BACILLARIOPH.].
T.: non designatus.

Microchaete Thuret ex Bornet et Flahault, Ann. Sci. Nat. Bot. ser. 7. **5**: 82, 83. 1886 ('1887').
T.: *M. grisea* Thuret ex Bornet et Flahault.

(H) *Microchaete* Bentham, Pl. Hartw. 209. 1845 [COMP.].
T.: *M. pulchella* (Kunth) Bentham (*Cacalia pulchella* Kunth).

Microcystis Lemmermann, Kryptogamenfl. Mark Brandenburg **3**: 45, 72. 1907.
T.: *M. aeruginosa* (Kützing) Lemmermann (*Micraloa aeruginosa* Kützing) (*typ. cons.*).

(H) *Microcystis* Kützing, Linnaea **8**: 372. 1833 [EUGLENOPH.: EUGLEN.].
T.: *M. noltei* (C. Agardh) Kützing (*Haematococcus noltei* C. Agardh).
(≡) *Diplocystis* Trevisan, Saggio Monogr. Alghe Coccotalle 40. 1848.

Nodularia Mertens ex Bornet et Flahault, Ann. Sci. Nat. Bot. ser. 7. **7**: 180, 243. 1886 ('1888').
T.: *N. spumigena* Mertens ex Bornet et Flahault.

(H) *Nodularia* Link ex Lyngbye, Tent. Hydrophytol. Dan. xxx, 99. 1819 [RHODOPH.: LEMAN.].
T.: *N. fluviatilis* (Linnaeus) Lyngbye (*Conferva fluviatilis* Linnaeus).
≡ *Lemanea* Bory de St.-Vincent 1808 (*nom. cons.*).

Trichodesmium Ehrenberg ex Gomont, Ann. Sci. Nat. Bot. ser. 7. **16**: 96, 193. 1892 ('1893').
T.: *T. erythraeum* Ehrenberg ex Gomont.

(H) *Trichodesmium* Chevallier, Fl. Gén. Env. Paris **1**: 382. 1826 [FUNGI].
≡ *Graphiola* Poiteau 1824.

II. RHODOPHYTA

Areschougia W. H. Harvey, Trans. Roy. Irish Acad. **22**: 554. 1855.
T.: *A. laurencia* (J. D. Hooker et W. H. Harvey) W. H. Harvey (*Thamnocarpus laurencia* J. D. Hooker et W. H. Harvey).

(H) *Areschougia* Meneghini, Giorn. Bot. Ital. **1**: 293. 1844 [PHAEOPH.: ELACHIST.].
T.: *A. stellaris* (J. E. Areschoug) Meneghini (*Elachista stellaris* J. E. Areschoug).
≡ *Centrospora* Trevisan 1845.

Bostrychia Montagne in Sagra, Hist. Phys. Cuba, Bot., Pl. Cell. 39. 1842.
T.: *B. scorpioides* (Hudson) Montagne (*Fucus scorpioides* Hudson).

(H) *Bostrychia* E. M. Fries, Kongl. Vetensk. Acad. Handl. **39**: 117. 1818 : E. M. Fries, Syst Mycol. **1**: lii. 1821. [FUNGI].
T.: *B. chrysosperma* (Persoon : E. M. Fries) E. M. Fries (*Sphaeria chrysosperma* Persoon : E. M. Fries).

(≡) *Amphibia* Stackhouse, Mém. Soc. Imp. Naturalistes Moscou **2**: 58, 89. 1809.

Botryocladia (J. Agardh) Kylin, Lunds Univ. Årsskr. ser. 2. sect. 2. **27**(11): 17. 1931.
T.: *B. uvaria* Kylin [= *B. botryoides* (Wulfen) J. Feldmann (*Fucus botryoides* Wulfen)].

(=) *Myriophylla* Holmes, Ann. Bot. (London) **8**: 340. 1894.
T.: *M. beckeriana* Holmes.

Calliblepharis Kützing, Phycol. General. 403. 1843.
T.: *C. ciliata* (Hudson) Kützing (*Fucus ciliatus* Hudson).

(≡) *Ciliaria* Stackhouse, Mém. Soc. Imp. Naturalistes Moscou **2**: 54, 70. 1809.

Catenella Greville, Alg. Brit. lxiii, 166. 1830.
T.: *C. opuntia* (Goodenough et Woodward) Greville (*Fucus opuntia* Goodenough et Woodward) [= *C. caespitosa* (Withering) L. Irvine (*Ulva caespitosa* Withering)].

(=) *Clavatula* Stackhouse, Mém. Soc. Imp. Naturalistes Moscou **2**: 95, 97. 1809.
T.: *C. caespitosa* Stackhouse (*Fucus caespitosus* Stackhouse, non Forsskål).

Ceramium Roth, Catalecta **1**: 146. 1797.
T.: *C. virgatum* Roth [= *C. rubrum* (Hudson) C. Agardh (*Conferva rubra* Hudson)] (*typ. cons.*).

(H) *Ceramion* Adanson, Fam. Pl. **2**: 13. 1763 [RHODOPH.: GRACILAR.].
T.: *Fucus bursa-pastoris* S. G. Gmelin.

Chondria C. Agardh, Syn. Alg. Scand. xviii. 1817.
T.: *C. tenuissima* (Withering) C. Agardh (*Fucus tenuissimus* Withering).

(=) *Dasyphylla* Stackhouse, Nereis Brit. ed. 2. ix, xi. 1816.
T.: *D. woodwardii* Stackhouse (*Fucus dasyphyllus* Woodward).

Chylocladia Greville in W. J. Hooker, Brit. Fl. **2**(1): 256, 297. 1833.
T.: *C. kaliformis* (Goodenough et Woodward) Greville (*Fucus kaliformis* Goodenough et Woodward) [= *C. verticillata* (Lightfoot) Bliding (*Fucus verticillatus* Lightfoot)].

(=) *Kaliformis* Stackhouse, Mém. Soc. Imp. Naturalistes Moscou **2**: 56, 78. 1809.
T.: *K. verticillatus* (Lightfoot) Stackhouse (*Fucus verticillatus* Lightfoot).

Cryptopleura Kützing, Phycol. General. 444. 1843.
T.: *C. lacerata* (S. G. Gmelin) Kützing (*Fucus laceratus* S. G. Gmelin) [= *C. ramosa* (Hudson) Kylin ex Newton (*Ulva ramosa* Hudson)].

(H) *Cryptopleura* Nuttall, Trans. Amer. Philos. Soc. ser. 2. **7**: 431. 1841 [COMP.].
T.: *C. californica* Nuttall.
(≡) *Papyracea* Stackhouse, Mém. Soc. Imp. Naturalistes Moscou **2**: 56, 76. 1809.

273

Dasya C. Agardh, Syst. Alg. xxxiv, 211. 1824 ('*Dasia*'); corr. C. Agardh, Sp. Alg. **2**: 116. 1828.
T.: *D. pedicellata* (C. Agardh) C. Agardh (*Sphaerococcus pedicellatus* C. Agardh) [= *D. baillouviana* (S. G. Gmelin) Montagne (*Fucus baillouviana* S. G. Gmelin)].

(V) *Dasia* C. Agardh, Syst. Alg. xxxiv, 211. 1824.
(=) *Baillouviana* Adanson, Fam. Pl. **2**: 13. 1763.
T.: *Fucus baillouviana* S. G. Gmelin.

Delesseria Lamouroux, Ann. Mus. Hist. Nat. (Paris) **20**: 122. 1813.
T.: *D. sanguinea* (Hudson) Lamouroux (*Fucus sanguineus* Hudson).

(≡) *Hydrolapatha* Stackhouse, Mém. Soc. Imp. Naturalistes Moscou **2**: 54, 67. 1809.

Dudresnaya P. Crouan et H. Crouan, Ann. Sci. Nat. Bot. ser. 2. **3**: 98, *t. 2, f. 2–3*. 1835.
T.: *D. coccinea* (C. Agardh) P. Crouan et H. Crouan (*Mesogloia coccinea* C. Agardh) [= *D. verticillata* (Withering) Le Jolis (*Ulva verticillata* Withering)] (*typ. cons.*).

(H) *Dudresnaya* Bonnemaison, J. Phys. Chim. Hist. Nat. Arts **94**: 180. 1822 [PHAEOPH.: CHORDAR.].
T.: *Alcyonidium vermiculatum* (J. E. Smith) Lamouroux (*Rivularia vermiculata* J. E. Smith).
(=) *Borrichius* S. F. Gray, Nat. Arr. Brit. Pl. **1**: 317, 330. 1821.
T.: *B. gelatinosus* S. F. Gray, nom. illeg. (*Ulva verticillata* Withering).

Erythrotrichia J. E. Areschoug, Nova Acta Regiae Soc. Sci. Upsal. ser. 2. **14**: 435. 1850.
T.: *E. ceramicola* (Lyngbye) J. E. Areschoug (*Conferva ceramicola* Lyngbye) [= *E. carnea* (Dillwyn) J. Agardh (*Conferva carnea* Dillwyn)].

(≡) *Ceramicola* Örsted, Reg. Mar. 42. 1844.
(=) *Porphyrostromium* Trevisan, Saggio Monogr. Alghe Coccotalle 100 (adnot.). 1848.
T.: *P. boryi* Trevisan.

Furcellaria Lamouroux, Ann. Mus. Hist. Nat. (Paris) **20**: 45. 1813.
T.: *F. lumbricalis* (Hudson) Lamouroux (*Fucus lumbricalis* Hudson).

(=) *Fastigiaria* Stackhouse, Mém. Soc. Imp. Naturalistes Moscou **2**: 59, 90. 1809.
T.: *F. linnaei* Stackhouse, nom. illeg. (*Fucus fastigiatus* Linnaeus).

Gastroclonium Kützing, Phycol. General. 441. 1843.
T.: *G. ovale* Kützing, nom. illeg. (*Fucus ovalis* Hudson, nom. illeg., *Fucus ovatus* Hudson, *G. ovatum* (Hudson) Papenfuss).

(=) *Sedoidea* Stackhouse, Mém. Soc. Imp. Naturalistes Moscou **2**: 57, 83. 1809.
T.: *S. purpurea* Stackhouse, nom. illeg. (*Fucus sedoides* Goodenough et Woodward, nom. illeg., *Fucus vermicularis* S. G. Gmelin).

Gelidium Lamouroux, Ann. Mus. Hist. Nat. (Paris) **20**: 128. 1813.
T.: *G. corneum* (Hudson) Lamouroux (*Fucus corneus* Hudson).

(=) *Cornea* Stackhouse, Mém. Soc. Imp. Naturalistes Moscou **2**: 57, 83. 1809.
T.: *C. spinosa* (S. G. Gmelin) Stackhouse (*Fucus spinosus* S. G. Gmelin).

Gracilaria Greville, Alg. Brit. liv, 121. 1830.
T.: *G. confervoides* (Linnaeus) Greville (*Fucus confervoides* Linnaeus) [= *G. verrucosa* (Hudson) Papenfuss (*Fucus verrucosus* Hudson)].

(=) *Ceramianthemum* Donati ex Leman, Dict. Sci. Nat. **7**: 421. 1817.
T.: *Fucus bursa-pastoris* S. G. Gmelin.
(=) *Plocaria* C. G. Nees, Horae Phys. Berol. 42. 1820.
T.: *P. candida* C. G. Nees.

Helminthocladia J. Agardh, Sp. Alg. **2**: 412. 1851.
T.: *H. purpurea* (W. H. Harvey) J. Agardh (*Mesogloia purpurea* W. H. Harvey) [= *H. calvadosii* (Lamouroux ex Turpin) Setchell (*Dumontia calvadosii* Lamouroux ex Turpin)].

(H) *Helminthocladia* W. H. Harvey, Gen. S. Afr. Pl. 396. 1838 [PHAEOPH.: CHORDAR.].
T.: *H. vermicularis* (C. Agardh) W. H. Harvey (*Mesogloia vermicularis* C. Agardh).
≡ *Mesogloia* C. Agardh 1817.

Helminthora J. Agardh, Sp. Alg. **2**: 415. 1851.
T.: *H. divaricata* (C. Agardh) J. Agardh (*Mesogloia divaricata* C. Agardh).

(H) *Helminthora* E. M. Fries, Syst. Orb. Veg. 341. 1825; Fl. Scan. 311. 1835 [RHODOPH.: HELMINTHOCLAD.].
T.: *H. multifida* (Weber et Mohr) E. M. Fries (*Rivularia multifida* Weber et Mohr).

Heterosiphonia Montagne, Prodr. Gen. Phyc. 4. 1842.
T.: *H. berkeleyi* Montagne.

(=) *Ellisius* S. F. Gray, Nat. Arr. Brit. Pl. **1**: 317, 333. 1821.
T.: *E. coccineus* (Hudson) S. F. Gray (*Conferva coccinea* Hudson).

Iridaea Bory de Saint-Vincent, Dict. Class. Hist. Nat. **9**: 15. 1826 ('*Iridaea*', '*Iridea*').
T.: *I. cordata* (D. Turner) Bory de Saint-Vincent (*Fucus cordatus* D. Turner).

(H) *Iridea* Stackhouse, Nereis Brit. ed. 2. ix, xii. 1816 [PHAEOPH.: DESMAREST.].
T.: *I. fluitans* Stackhouse, nom. illeg. (*Fucus viridis* O. F. Müller).
≡ *Hyalina* Stackhouse 1809.

Laurencia Lamouroux, Ann. Mus. Hist. Nat. (Paris) **20**: 130. 1813.
T.: *L. obtusa* (Hudson) Lamouroux (*Fucus obtusus* Hudson).

(=) *Osmundea* Stackhouse, Mém. Soc. Imp. Naturalistes Moscou **2**: 56, 79. 1809.
T.: *O. expansa* Stackhouse, nom. illeg. (*Fucus osmunda* S. G. Gmelin).

Lemanea Bory de Saint-Vincent, Ann. Mus. Hist. Nat. (Paris) **12**: 178. 1808.
T.: *L. corallina* Bory de Saint-Vincent, nom. illeg. (*L. fluviatilis* (Linnaeus) C. Agardh (*Conferva fluviatilis* Linnaeus).

(≡) *Apona* Adanson, Fam. Pl. **2**: 2, 519. 1763.

Lenormandia Sonder, Bot. Zeitung (Berlin) **3**: 54. 1845.
T.: *L. spectabilis* Sonder.

(H) *Lenormandia* Delise in Desmazières, Pl. Crypt. N. France no. 1144. 1841 [FUNGI: LICH.].
T.: *L. jungermanniae* Delise.

Martensia Hering, Ann. Mag. Nat. Hist. **8**: 92. 1841.
T.: *M. elegans* Hering.

(H) *Martensia* Giseke, Prael. Ord. Nat. Pl. 207, 227, 249. 1792 [ZINGIBER].
T.: *M. aquatica* Giseke.

Nitophyllum Greville, Alg. Brit. xlvii, 77. 1830.
T.: *N. punctatum* (Stackhouse) Greville (*Ulva punctata* Stackhouse).

(=) *Scutarius* Roussel, Fl. Calvados ed. 2. 91. 1806.
T.: *Fucus ocellatus* Lamouroux.

Odonthalia Lyngbye, Tent. Hydrophytol. Dan. xxix, 9. 1819.
T.: *O. dentata* (Linnaeus) Lyngbye (*Fucus dentatus* Linnaeus).

(≡) *Fimbriaria* Stackhouse, Mém. Soc. Imp. Naturalistes Moscou **2**: 95, 96. 1809.

Phacelocarpus Endlicher et Diesing, Bot. Zeitung (Berlin) **3**: 289. 1845.
T.: *P. tortuosus* Endlicher et Diesing.

(=) *Ctenodus* Kützing, Phycol. General. 407. 1843.
T.: *C. labillardierei* (Mertens ex D. Turner) Kützing (*Fucus labillardierei* Mertens ex D. Turner).

Phyllophora Greville, Alg. Brit. lvi, 135. 1830.
T.: *P. crispa* (Hudson) Dixon (*Fucus crispus* Hudson) (*typ. cons.*).

(≡) *Epiphylla* Stackhouse, Nereis Brit. ed. 2. x, xii. 1816.
(=) *Membranifolia* Stackhouse, Mém. Soc. Imp. Naturalistes Moscou **2**: 55, 75. 1809.
T.: *M. lobata* Stackhouse (*Fucus membranifolius* Goodenough et Woodward).

Pleonosporium Nägeli, Sitzungsber. Bayer. Akad. Wiss. München **1861**(2): 326, 339. 1862.
T.: *P. borreri* (J. E. Smith) Nägeli (*Conferva borreri* J. E. Smith).

Plocamium Lamouroux, Ann. Mus. Hist. Nat. (Paris) **20**: 137. 1813.
T.: *P. vulgare* Lamouroux, nom. illeg. (*Fucus plocamium* S. G. Gmelin, nom. illeg., *P. cartilagineum* (Linnaeus) Dixon, *Fucus cartilagineus* Linnaeus).

(=) *Nereidea* Stackhouse, Mém. Soc. Imp. Naturalistes Moscou **2**: 58, 86. 1809.
T.: *N. coccinea* (Hudson) Stackhouse (*Fucus coccineus* Hudson).

Plumaria Schmitz, Nuova Notarisia 7: 5. 1896.
T.: *P. elegans* (Bonnemaison) Schmitz (*Ptilota elegans* Bonnemaison) (*typ. cons.*).

(H) *Plumaria* Stackhouse, Mém. Soc. Imp. Naturalistes Moscou **2**: 58, 86. 1809 [RHODOPH.: CERAM.].
T.: *P. pectinata* (Gunnerus) Stackhouse (*Fucus pectinatus* Gunnerus).

Polyneura (J. Agardh) Kylin, Lunds Univ. Årsskr. ser. 2. sect. 2. **20**(6): 33. 1924.
T.: *P. hilliae* (Greville) Kylin (*Delesseria hilliae* Greville).

(H) *Polyneura* J. Agardh, Lunds Univ. Årsskr. **35** (sect. 2, n. 4): 60. 1899 [RHODOPH.: KALLYMEN.].
T.: *P. californica* J. Agardh.

Polysiphonia Greville, Scott. Crypt. Fl. *t. 90*. 1823.
T.: *P. urceolata* (Dillwyn) Greville (*Conferva urceolata* Dillwyn) (*typ. cons.*).

(H) *Polysiphonia* Greville, Scott. Crypt. Fl. *t. 90*. 1823 [RHODOPH.: RHODOMEL.].
T.: *P. violacea* (Roth) K. Sprengel (*Ceramium violaceum* Roth).
(≡) *Grammita* Bonnemaison, J. Phys. Chim. Hist. Nat. Arts **94**: 186. 1822.
(=) *Vertebrata* S. F. Gray, Nat. Arr. Brit. Pl. **1**: 317, 338. 1821.
T.: *V. fastigiata* (Roth) S. F. Gray (*Ceramium fastigiatum* Roth).
(=) *Grateloupella* Bory de Saint-Vincent, Dict. Class. Hist. Nat. **3**: 340. 1823 ('*Gratelupella*'); corr. Bory de Saint-Vincent, *ibid.* **7**: 480. 1825.
T.: *Ceramium brachygonium* Lyngbye.

276

Porphyra C. Agardh, Syst. Alg. xxxii, 190. 1824.
T.: *P. purpurea* (Roth) C. Agardh (*Ulva purpurea* Roth).

(H) *Porphyra* Loureiro, Fl. Cochinch. 69. 1790 [VERBEN.].
T.: *P. dichotoma* Loureiro.
(=) *Phyllona* J. Hill, Hist. Pl. ed. 2. 79. 1773.
T.: non designatus.

Porphyridium Nägeli, Neue Denkschr. Allg. Schweiz. Ges. Gesammten Naturwiss. **10**(7): 71, 138. 1849.
T.: *P. cruentum* (S. F. Gray) Nägeli (*Olivia cruenta* S. F. Gray).

(=) *Chaos* Bory de Saint-Vincent ex Desmazières, Cat. Pl. Omises Botanogr. Belgique 1. 1823.
T.: *C. sanguinarius* Bory de Saint-Vincent ex Desmazières, nom. illeg. (*Phytoconis purpurea* Bory de Saint-Vincent).
(=) *Sarcoderma* Ehrenberg, Ann. Phys. Chem. **94**: 504. 1830.
T.: *S. sanguineum* Ehrenberg.

Prionitis J. Agardh, Sp. Alg. **2**: 185. 1851.
T.: *P. ligulata* J. Agardh [= *P. lanceolata* (W. H. Harvey) W. H. Harvey (*Gelidium lanceolatum* W. H. Harvey)].

(H) *Prionitis* Adanson, Fam. Pl. **2**: 499, 594. 1763 [UMBELL.].
T.: *Sium falcaria* Linnaeus.
≡ *Falcaria* Fabricius 1759 (*nom. cons.*).

Ptilota C. Agardh, Syn. Alg. Scand. xix. 1817.
T.: *P. plumosa* (Hudson) C. Agardh (*Fucus plumosus* Hudson).

Rhodomela C. Agardh, Sp. Alg. **1**: 368. 1822.
T.: *R. subfusca* (Woodward) C. Agardh (*Fucus subfuscus* Woodward) [= *R. confervoides* (Hudson) P. C. Silva (*Fucus confervoides* Hudson)].

(=) *Fuscaria* Stackhouse, Mém. Soc. Imp. Naturalistes Moscou **2**: 59, 93. 1809.
T.: *F. variabilis* (Goodenough et Woodward) Stackhouse (*Fucus variabilis* Goodenough et Woodward).

Rhodophyllis Kützing, Bot. Zeitung (Berlin) **5**: 23. 1847.
T.: *R. bifida* (Lamouroux) Kützing (*Delesseria bifida* Lamouroux, *Fucus bifidus* D. Turner, non S. G. Gmelin) [= *R. divaricata* (Stackhouse) Papenfuss (*Bifida divaricata* Stackhouse)].

(≡) *Bifida* Stackhouse, Mém. Soc. Imp. Naturalistes Moscou **2**: 95, 97. 1809.
(=) *Inochorion* Kützing, Phycol. General. 443. 1843.
T.: *I. dichotomum* Kützing.

Rhodymenia Greville, Alg. Brit. xlviii, 84. 1830 ('*Rhodomenia*'); corr. Montagne, Ann. Sci. Nat. Bot. ser. 2. **12**: 44 (adnot.). 1839.
T.: *R. palmetta* (Lamouroux) Greville (*Delesseria palmetta* Lamouroux) [= *R. pseudopalmata* (Lamouroux) P. C. Silva (*Fucus pseudopalmatus* Lamouroux)].

(V) *Rhodomenia* Greville, Alg. Brit. xlviii, 84. 1830.

Vidalia Lamouroux ex J. Agardh, Sp. Alg. **2**: 1117. 1863.
T.: *V. spiralis* (Lamouroux) Lamouroux ex J. Agardh (*Delesseria spiralis* Lamouroux).

(=) *Volubilaria* Lamouroux ex Bory de Saint-Vincent, Dict. Class. Hist. Nat. **16**: 630. 1830.
T.: *V. mediterranea* Lamouroux ex Bory de Saint-Vincent, nom. illeg. (*Fucus volubilis* Linnaeus).

(=) *Spirhymenia* Decaisne, Arch. Mus. Hist. Nat. (Paris) **2**: 177. 1841; Ann. Sci. Nat. Bot. ser. 2. **17**: 355. 1842.
T.: *Carpophyllum serratum* Suhr ('*denticulatum*' lapsu) (*S. serrata* (Suhr) Decaisne).

(=) *Epineuron* W. H. Harvey, London J. Bot. **4**: 532. 1845.
T.: *E. colensoi* J. D. Hooker et W. H. Harvey.

III. BACILLARIOPHYTA

Actinella F. W. Lewis, Proc. Acad. Nat. Sci. Philadelphia **1863**: 343. 1864.
T.: *A. punctata* F. W. Lewis.

(H) *Actinella* Persoon, Syn. Pl. **2**: 469. 1807 [COMP.].
T.: *A. heterophylla* (A. L. Jussieu) Persoon (*Actinea heterophylla* A. L. Jussieu).
≡ *Actinea* A. L. Jussieu 1803.

Arachnoidiscus Deane ex Shadbolt, Trans. Microscop. Soc. London **3**: 49, *t. 11.* 1852.
T.: *A. japonicus* Shadbolt ex Pritchard.

(H) *Arachnodiscus* J. W. Bailey ex Ehrenberg, Ber. Bekanntm. Verh. Königl. Preuss. Akad. Wiss. Berlin **1849**: 63 (adnot.). 1849 [BACILLARIOPH.].
T.: *A. ornatus* (Ehrenberg) Ehrenberg (*Hemiptychus ornatus* Ehrenberg).

(=) *Hemiptychus* Ehrenberg, Ber. Bekanntm. Verh. Königl. Preuss. Akad. Wiss. Berlin **1848**: 7. 1848.
T.: *H. ornatus* Ehrenberg.

Aulacodiscus Ehrenberg, Ber. Bekanntm. Verh. Königl. Preuss. Akad. Wiss. Berlin **1844**: 73. 1844.
T.: *A. crux* Ehrenberg.

(=) *Tripodiscus* Ehrenberg, Abh. Königl. Akad. Wiss. Berlin, Phys. Kl. **1839**: 130. 1841 [praeimpr. 1840. p. 50].
T.: *T. germanicus* Ehrenberg (*T. argus* Ehrenberg, nom. altern.).

(=) *Pentapodiscus* Ehrenberg, Ber. Bekanntm. Verh. Königl. Preuss. Akad. Wiss. Berlin **1843**: 165. 1843.
T.: *P. germanicus* Ehrenberg.

(=) *Tetrapodiscus* Ehrenberg, Ber. Bekanntm. Verh. Königl. Preuss. Akad. Wiss. Berlin **1843**: 165. 1843.
T.: *T. germanicus* Ehrenberg.

Auricula Castracane, Atti Accad. Pontif. Sci. Nuovi Lincei **26**: 407. 1873.
T.: *A. amphitritis* Castracane.

(H) *Auricula* J. Hill, Brit. Herb. 98. 1756 [PRIMUL.].
T.: non designatus.

Brebissonia Grunow, Verh. K. K. Zool.-Bot. Ges. Wien **10**: 512. 1860.
T.: *Cocconema boeckii* Ehrenberg (*B. boeckii* (Ehrenberg) O'Meara).

(H) *Brebissonia* Spach, Ann. Sci. Nat. Bot. ser. 2. **4**: 175. 1835 [ONAGR.].
T.: *B. microphylla* (Kunth) Spach (*Fuchsia microphylla* Kunth).

Cymatopleura W. Smith, Ann. Mag. Nat. Hist. ser. 2. **7**: 12. 1851.
T.: *C. solea* (Brébisson) W. Smith (*Cymbella solea* Brébisson) [= *C. librile* (Ehrenberg) Pantocsek (*Navicula librile* Ehrenberg)].

(=) *Sphinctocystis* Hassall, Hist. Brit. Freshwater Alg. 436. 1845.
T.: *S. librile* (Ehrenberg) Hassall (*Navicula librile* Ehrenberg).

Diatoma Bory de Saint-Vincent, Dict. Class. Hist. Nat. **5**: 461. 1824.
T.: *D. vulgaris* Bory de Saint-Vincent (*typ. cons.*).

(H) *Diatoma* Loureiro, Fl. Cochinch. 295. 1790 [RHIZOPHOR.].
T.: *D. brachiata* Loureiro.

Diatomella Greville, Ann. Mag. Nat. Hist. ser. 2. **15**: 259. 1855.
T.: *D. balfouriana* Greville.

(=) *Disiphonia* Ehrenberg, Mikrogeologie 260, *t. 35A, II, f. 7.* 1854.
T.: *D. australis* Ehrenberg.

Didymosphenia M. Schmidt in A. Schmidt, Atlas Diatom. *t. 214.* 1899.
T.: *D. geminata* (Lyngbye) M. Schmidt (*Echinella geminata* Lyngbye).

(≡) *Dendrella* Bory de Saint-Vincent, Dict. Class. Hist. Nat. **5**: 393. 1824.
(≡) *Gomphonema* C. Agardh, Syst. Alg. xvi, 11. 1824.
(=) *Diomphala* Ehrenberg, Ber. Bekanntm. Verh. Königl. Preuss. Akad. Wiss. Berlin **1842**: 336. 1843.
T.: *D. clava-herculis* Ehrenberg.

Eupodiscus J. W. Bailey, Smithson. Contr. Knowl. **2**(8): 39. 1851.
T.: *E. radiatus* J. W. Bailey (*typ. cons.*).

(H) *Eupodiscus* Ehrenberg, Ber. Bekanntm. Verh. Königl. Preuss. Akad. Wiss. Berlin **1844**: 73. 1844 [BACILLARIOPH.].
T.: *E. germanicus* (Ehrenberg) Ehrenberg (*Tripodiscus germanicus* Ehrenberg).

Frustulia Rabenhorst, Süsswasser-Diatom. 50. 1853.
T.: *F. saxonica* Rabenhorst (*typ. cons.*).

(H) *Frustulia* C. Agardh, Syst. Alg. xiii, 1. 1824 [BACILLARIOPH.].
T.: non designatus.

Gomphonema Ehrenberg, Abh. Königl. Akad. Wiss. Berlin, Phys. Kl. **1831**: 87. 1832.
T.: *G. acuminatum* Ehrenberg (*typ. cons.*).

(H) *Gomphonema* C. Agardh, Syst. Alg. xvi, 11. 1824 [BACILLARIOPH.].
T.: *G. geminatum* (Lyngbye) C. Agardh (*Echinella geminata* Lyngbye).
≡ *Didymosphenia* M. Schmidt (*nom. cons.*).

Gyrosigma Hassall, Hist. Brit. Freshwater Alg. 435. 1845.
T.: *G. hippocampus* (Ehrenberg) Hassall (*Navicula hippocampus* Ehrenberg).

(=) *Scalptrum* Corda, Alman. Carlsbad **5**: 193, *t. 5, f. 70.* 1835.
T.: *S. striatum* Corda.

Hantzschia Grunow, Monthly Microscop. J. **18**: 174. 1877.
T.: *H. amphioxys* (Ehrenberg) Grunow (*Eunotia amphioxys* Ehrenberg).

(H) *Hantzschia* Auerswald, Hedwigia **2**: 60. 1862 [FUNGI].
T.: *H. phycomyces* Auerswald.

Licmophora C. Agardh, Flora **10**: 628. 1827.
T.: *L. argentescens* C. Agardh.

(=) *Styllaria* Draparnaud ex Bory de Saint-Vincent, Dict. Class. Hist. Nat. **2**: 129. 1822.

T.: *S. paradoxa* (Lyngbye) Bory de Saint-Vincent (*Echinella paradoxa* Lyngbye).
(=) *Exilaria* Greville, Scott. Crypt. Fl. *t. 289*. 1827.
T.: *E. flabellata* Greville.

Melosira C. Agardh, Syst. Alg. xiv, 8. 1824 ('*Meloseira*'); orth. mut. K. Sprengel, Gen. Pl. **2**: 758. 1831.
T.: *M. nummuloides* C. Agardh.

(V) *Meloseira* C. Agardh, Syst. Alg. xiv, 8. 1824.
(=) *Lysigonium* Link in C. G. Nees, Horae Phys. Berol. 4. 1820.
T.: *Conferva moniliformis* O. F. Mueller.

Nitzschia Hassall, Hist. Brit. Freshwater Alg. 435. 1845.
T.: *N. elongata* Hassall, nom. illeg. (*Bacillaria sigmoidea* Nitzsch, *N. sigmoidea* (Nitzsch) W. Smith).

(≡) *Sigmatella* Kützing, Alg. Aq. Dulc. Germ. no. 2. 1833.
(=) *Homoeocladia* C. Agardh, Flora **10**: 629. 1827.
T.: *H. martiana* C. Agardh.

Pantocsekia Grunow ex Pantocsek, Beitr. Kenntn. Foss. Bacill. Ungarns **1**: 47. 1886.
T.: *P. clivosa* Grunow ex Pantocsek.

(H) *Pantocsekia* Grisebach ex Pantocsek, Österr. Bot. Z. **23**: 267. 1873 [CONVOLVUL.].
T.: *P. illyrica* Grisebach ex Pantocsek.

Peronia Brébisson et Arnott ex Kitton, Quart. J. Microscop. Sci. ser. 2. **8**: 16. 1868.
T.: *P. erinacea* Brébisson et Arnott ex Kitton, nom. illeg (*Gomphonema fibula* Brébisson ex Kützing, *P. fibula* (Brébisson ex Kützing) Ross).

(H) *Peronia* F. Delaroche in Redouté, Liliac. *t. 342*. 1812 [MARANT.].
T.: *P. stricta* F. Delaroche in Redouté.

Pinnularia Ehrenberg, Ber. Bekanntm. Verh. Königl. Preuss. Akad. Wiss. Berlin **1843**: 45. 1843.
T.: *P. viridis* (Nitzsch) Ehrenberg (*Bacillaria viridis* Nitzsch) (*typ. cons.*).

(H) *Pinnularia* Lindley et Hutton, Foss. Fl. Gr. Brit. **2**: [81], *t. 111*. 1833 [FOSS.].
T.: *P. capillacea* Lindley et Hutton.
(=) *Stauroptera* Ehrenberg, Ber. Bekanntm. Verh. Königl. Preuss. Akad. Wiss. Berlin **1843**: 45. 1843.
T.: *S. semicruciata* Ehrenberg.

Pleurosigma W. Smith, Ann. Mag. Nat. Hist. ser. 2. **9**: 2. 1852.
T.: *P. angulatum* (Quekett) W. Smith (*Navicula angulata* Quekett).

(=) *Scalptrum* Corda, Alman. Carlsbad **5**: 193, *t. 5, f. 70*. 1835.
T.: *S. striatum* Corda.
(=) *Gyrosigma* Hassall, Hist. Brit. Freshwater Alg. 435. 1845 (*nom. cons.*).
T.: *G. hippocampus* (Ehrenberg) Hassall (*Navicula hippocampus* Ehrenberg).
(=) *Endosigma* Brébisson, Dict. Univ. Hist. Nat. **11**: 418, 419. 1848.
T.: non designatus.

Podocystis J. W. Bailey, Smithson. Contr. Knowl. **7**(3): 11. 1854.
T.: *P. americana* J. W. Bailey.

(H) *Podocystis* E. M. Fries, Summa Veg. Scand. 512. 1849 [FUNGI].
T.: *P. capraearum* (A. P. de Candolle) E. M. Fries (*Uredo capraearum* A. P. de Candolle).
(=) *Euphyllodium* Shadbolt, Trans. Microscop. Soc. London ser. 2. **2**: 14. 1854.
T.: *E. spathulatum* Shadbolt.

Rhabdonema Kützing, Kieselschal. Bacill. 126. 1844.
T.: *R. minutum* Kützing.

(=) *Tessella* Ehrenberg, Abh. Königl. Akad. Wiss. Berlin, Phys. Kl. **1835**: 173. 1837 [praeimpr. 1836. p. 23].
T.: *T. catena* Ehrenberg.

Rhizosolenia Brightwell, Quart. J. Microscop. Sci. **6**: 94. 1858.
T.: *R. styliformis* Brightwell.

(H) *Rhizosolenia* Ehrenberg, Abh. Königl. Akad. Wiss. Berlin, Phys. Kl. **1841**: 402. 1843 [BACILLARIOPH.].
T.: *R. americana* Ehrenberg.

IV. PHAEOPHYTA

Agarum Bory de Saint-Vincent, Dict. Class. Hist. Nat. **9**: 193. 1826.
T.: *A. cribrosum* Bory de Saint-Vincent (*Fucus agarum* S. G. Gmelin).

(H) *Agarum* Link, Neues J. Bot. **3**(1, 2): 7. 1809 [RHODOPH.: DELESSER.].
T.: *A. rubens* (Linnaeus) Link (*Fucus rubens* Linnaeus).

Alaria Greville, Alg. Brit. xxxix, 25. 1830.
T.: *A. esculenta* (Linnaeus) Greville (*Fucus esculentus* Linnaeus).

(≡) *Musaefolia* Stackhouse, Mém. Soc. Imp. Naturalistes Moscou **2**: 53, 66. 1809.

Ascophyllum Stackhouse, Mém. Soc. Imp. Naturalistes Moscou **2**: 54, 66. 1809 ('*Ascophylla*'); orth. mut. Le Jolis, Mém. Soc. Sci. Nat. Cherbourg **10**: 96. 1863.
T.: *A. laevigatum* Stackhouse, nom. illeg. (*Fucus nodosus* Linnaeus, *A. nodosum* (Linnaeus) Le Jolis).

(V) *Ascophylla* Stackhouse, Mém. Soc. Imp. Naturalistes Moscou **2**: 54, 66. 1809.
(≡) *Nodularius* Roussel, Fl. Calvados ed. 2. 93. 1806.

Carpomitra Kützing, Phycol. General. 343. 14–16 Sep 1843.
T.: *C. cabrerae* (Clemente) Kützing (*Fucus cabrerae* Clemente).

(≡) *Dichotomocladia* Trevisan, Atti Riunione Sci. Ital. **4**: 333. 15 Aug 1843.
(=) *Chytraphora* Suhr, Flora **17**: 721. 1834.
T.: *C. filiformis* Suhr.

Chordaria C. Agardh, Syn. Alg. Scand. xii. 1817.
T.: *C. flagelliformis* (O. F. Müller) C. Agardh (*Fucus flagelliformis* O. F. Müller) (*typ. cons.*).

(H) *Chordaria* Link, Neues J. Bot. **3**(1, 2): 8. 1809 [PHAEOPH.: CHORD.].
T.: *Chorda filum* (Linnaeus) Stackhouse (*Fucus filum* Linnaeus).
≡ *Chorda* Stackhouse 1797.

Cystophora J. Agardh, Linnaea **15**: 3. 1841.
T.: *C. retroflexa* (Labillardière) J. Agardh (*Fucus retroflexus* Labillardière).

(=) *Blossevillea* Decaisne, Bull. Acad. Roy. Sci. Bruxelles **7**(1): 410. 1840 ('*Blosvillea*'); corr. Decaisne, Arch. Mus. Hist. Nat. (Paris) **2**: 147. 1841.
T.: *B. torulosa* (R. Brown ex D. Turner) Decaisne (*Fucus torulosus* R. Brown ex D. Turner).

Cystoseira C. Agardh, Sp. Alg. **1**: 50. 1820.
T.: *C. concatenata* (Linnaeus) C. Agardh (*Fucus concatenatus* Linnaeus) [= *C. foeniculacea* (Linnaeus) Greville (*Fucus foeniculaceus* Linnaeus)].

(=) *Gongolaria* Boehmer in Ludwig, Def. Gen. Pl. ed. 3. 503. 1760.
T.: *Fucus abies-marina* S. G. Gmelin.
(=) *Baccifer* Roussel, Fl. Calvados ed. 2. 94. 1806.
T.: *Fucus baccatus* S. G. Gmelin.

(=) *Abrotanifolia* Stackhouse, Mém. Soc. Imp. Naturalistes Moscou **2**: 56, 81. 1809.
T.: *A. loeflingii* Stackhouse (*Fucus abrotanifolius* Linnaeus).

(=) *Ericaria* Stackhouse, Mém. Soc. Imp. Naturalistes Moscou **2**: 56, 80. 1809.
T.: *E. tamarisca* Stackhouse, nom. illeg. (*Fucus tamariscifolius* Hudson).

Desmarestia Lamouroux, Ann. Mus. Hist. Nat. (Paris) **20**: 43. 1813.
T.: *D. aculeata* (Linnaeus) Lamouroux (*Fucus aculeatus* Linnaeus).

(≡) *Hippurina* Stackhouse, Mém. Soc. Imp. Naturalistes Moscou **2**: 59, 89. 1809.

(=) *Herbacea* Stackhouse, Mém. Soc. Imp. Naturalistes Moscou **2**: 58, 89. 1809.
T.: *H. ligulata* (Lightfoot) Stackhouse (*Fucus ligulatus* Lightfoot).

(=) *Hyalina* Stackhouse, Mém. Soc. Imp. Naturalistes Moscou **2**: 58, 88. 1809.
T.: *H. mutabilis* Stackhouse, nom. illeg. (*Fucus viridis* O. F. Müller).

Desmotrichum Kützing, Phycol. Germ. 244. 1845.
T.: *D. balticum* Kützing.

(H) *Desmotrichum* Blume, Bijdr. 329. 1825 [ORCHID.].
T.: *D. angulatum* Blume.
≡ *Flickingeria* A. Hawkes 1961.

(=) *Diplostromium* Kützing, Phycol. General. 298. 1843.
T.: *D. tenuissimum* (C. Agardh) Kützing (*Zonaria tenuissima* C. Agardh).

Dictyopteris Lamouroux, Nouv. Bull. Sci. Soc. Philom. Paris **1**: 332. 1809.
T.: *D. polypodioides* (A. P. de Candolle) Lamouroux (*Ulva polypodioides* A. P. de Candolle, *Fucus polypodioides* Desfontaines, non S. G. Gmelin).

(≡) *Granularius* Roussel, Fl. Calvados ed. 2. 90. 1806.

(=) *Neurocarpus* Weber et Mohr, Beitr. Naturk. **1**: 300. 1805 (vel 1806).
T.: *N. membranaceus* (Stackhouse) Weber et Mohr (*Polypodoidea membranacea* Stackhouse; *Fucus membranaceus* Stackhouse, non N. Burman).

Dictyosiphon Greville, Alg. Brit. xliii, 55. 1830.
T.: *D. foeniculaceus* (Hudson) Greville (*Conferva foeniculacea* Hudson).

(≡) *Scytosiphon* C. Agardh, Disp. Alg. Suec. 24. 1811.

Dictyota Lamouroux, J. Bot (Desvaux) **2**: 38. 1809.
T.: *D. dichotoma* (Hudson) Lamouroux (*Ulva dichotoma* Hudson) (*typ. cons.*).

(H) *Dictyota* Lamouroux, J. Bot. (Desvaux) **2**: 38. 1809 [PHAEOPH.: DICTYOT.].
T.: *D. pavonia* Lamouroux, nom. illeg. (*Fucus pavonius* Linnaeus, nom. illeg., *Fucus pavonicus* Linnaeus, *Padina pavonica* (Linnaeus) Thivy).
≡ *Padina* Adanson 1763 (*nom. cons.*).

Ectocarpus Lyngbye, Tent. Hydrophytol. Dan. xxxi, 130. 1819.
T.: *E. siliculosus* (Dillwyn) Lyngbye (*Conferva siliculosa* Dillwyn).

(=) *Colophermum* Rafinesque, Précis Découv. Somiol. 49. 1814.
T.: *C. floccosum* Rafinesque.

Elachista Duby, Bot. Gall. 972. 1830 (*'Elachistea'*); orth. mut. E. M. Fries, Fl. Scan. 316. 1835.
T.: *E. scutellata* Duby, nom. illeg. (*Conferva scutulata* J. E. Smith; *E. scutulata* (J. E. Smith) J. E. Areschoug).

(V) *Elachistea* Duby, Bot. Gall. 972. 1830.
(=) *Opospermum* Rafinesque, Précis Découv. Somiol. 48. 1814.
T.: *O. nigrum* Rafinesque.

Halidrys Lyngbye, Tent. Hydrophytol. Dan. xxix, 37. 1819.
T.: *H. siliquosa* (Linnaeus) Lyngbye (*Fucus siliquosus* Linnaeus) (*typ. cons.*).

(H) *Halidrys* Stackhouse, Mém. Soc. Imp. Naturalistes Moscou **2**: 53, 62. 1809 [PHAEOPH.: FUC.].
T.: *H. vesiculosus* (Linnaeus) Stackhouse (*Fucus vesiculosus* Linnaeus).
≡ *Fucus* Linnaeus 1753.
(≡) *Siliquarius* Roussel, Fl. Calvados ed. 2. 94. 1806.

Himanthalia Lyngbye, Tent. Hydrophytol. Dan. xxix, 36. 1819.
T.: *H. lorea* (Linnaeus) Lyngbye (*Fucus loreus* Linnaeus) [= *H. elongata* (Linnaeus) S. F. Gray (*Fucus elongatus* Linnaeus)].

(≡) *Funicularius* Roussel, Fl. Calvados ed. 2. 91. 1806.
(=) *Lorea* Stackhouse, Mém. Soc. Imp. Naturalistes Moscou **2**: 60, 94. 1809.
T.: *L. elongata* (Linnaeus) Stackhouse (*Fucus elongatus* Linnaeus).

Hormosira (Endlicher) Meneghini, Atti Reale Accad. Sci. Lett. Arti Padova **4**: 368. 1838.
T.: *Fucus moniliformis* Labillardière, non Esper [= *H. banksii* (D. Turner) Decaisne (*Fucus banksii* D. Turner)].

(≡) *Moniliformia* Lamouroux, Dict. Class. Hist. Nat. 7: 71. 1825.

Laminaria Lamouroux, Ann. Mus. Hist. Nat. (Paris) **20**: 40. 1813.
T.: *L. digitata* (Hudson) Lamouroux (*Fucus digitatus* Hudson).

(=) *Saccharina* Stackhouse, Mém. Soc. Imp. Naturalistes Moscou **2**: 53, 65. 1809.
T.: *S. plana* Stackhouse (*Fucus saccharinus* Linnaeus).

Padina Adanson, Fam. Pl. 2: 13, 586. 1763.
T.: *Fucus pavonius* Linnaeus, nom. illeg. (*Fucus pavonicus* Linnaeus; *Padina pavonica* (Linnaeus) Thivy).

Petalonia Derbès et Solier, Ann. Sci. Nat. Bot. ser. 3. **14**: 265. 1850.
T.: *P. debilis* (C. Agardh) Derbès et Solier (*Laminaria debilis* C. Agardh, *P. fascia* var. *debilis* (C. Agardh) Hamel).

(=) *Fasciata* S. F. Gray, Nat. Arr. Brit. Pl. 1: 319 ('*Fascia*'), 383. 1821.
T.: *F. attenuata* S. F. Gray, nom. illeg. (*Fucus fascia* O. F. Müller).

Saccorhiza Bachelot de la Pylaie, Fl. Terre Neuve 23. 1830 ('1829').
T.: *Fucus bulbosus* Hudson (*S. bulbosa* (Hudson) J. Agardh) [= *S. polyschides* (Lightfoot) Batters (*Fucus polyschides* Lightfoot)].

(≡) *Polyschidea* Stackhouse, Mém. Soc. Imp. Naturalistes Moscou **2**: 53, 65. 1809.

Sargassum C. Agardh, Sp. Alg. **1**: 1. 1820.
T.: *S. bacciferum* (D. Turner) C. Agardh (*Fucus bacciferus* D. Turner).

(=) *Acinaria* Donati, Essai Hist. Nat. Mer Adriat. 26, 33, *t. 5*. 1758.
T.: *Sargassum donatii* (Zanardini) Kützing.

Scytosiphon C. Agardh, Sp. Alg. 1: 160. 1820. T.: *Chorda lomentaria* Lyngbye (*S. filum* var. *lomentaria* (Lyngbye) C. Agardh, *S. lomentaria* (Lyngbye) Link) (*typ. cons.*).

(H) *Scytosiphon* C. Agardh, Disp. Alg. Suec. 24. 1811 [PHAEOPH.: DICTYOSIPHON.]. T.: *S. foeniculaceus* (Hudson) C. Agardh (*Conferva foeniculacea* Hudson). ≡ *Dictyosiphon* Greville 1830 (*nom. cons.*).

Spermatochnus Kützing, Phycol. General. 334. 1843. T.: *S. paradoxus* (Roth) Kützing (*Conferva paradoxa* Roth) (*typ. cons.*).

(H) *Spermatochnus* Kützing, Phycol. General. 334. 1843 [PHAEOPH.: SPERMATOCHN.]. T.: *S. rhizodes* (D. Turner) Kützing (*Fucus rhizodes* D. Turner). ≡ *Stilophora* J. Agardh 1841 (*nom. cons.*).

Stilophora J. Agardh, Linnaea 15: 6. 1841. T.: *S. rhizodes* (D. Turner) J. Agardh (*Fucus rhizodes* D. Turner) (*typ. cons.*).

(H) *Stilophora* C. Agardh, Flora 10: 642. 1827 [PHAEOPH.: PUNCTAR.]. T.: *S. clathrata* (C. Agardh) C. Agardh (*Encoelium clathratum* C. Agardh). ≡ *Hydroclathrus* Bory de Saint-Vincent 1825.

Zonaria C. Agardh, Syn. Alg. Scand. xx. 1817. T.: *Z. flava* (Clemente) C. Agardh (*Fucus flavus* Clemente) [= *Z. tournefortii* (Lamouroux) Montagne (*Fucus tournefortii* Lamouroux)] (*typ. cons.*).

(H) *Zonaria* Draparnaud ex Weber et Mohr, Beitr. Naturk. 1: 247–253. 1805 (vel 1806) [PHAEOPH.: DICTYOT.]. T.: *Z. pavonia* Draparnaud ex Weber et Mohr, nom. illeg. (*Fucus pavonius* Linnaeus, nom. illeg., *Fucus pavonicus* Linnaeus). ≡ *Padina* Adanson 1763 (*nom. cons.*).

V. CHRYSOPHYTA

Hydrurus C. Agardh, Syst. Alg. xviii, 24. 1824. T.: *H. vaucheri* C. Agardh, nom. illeg. (*Conferva foetida* Villars, *H. foetidus* (Villars) Trevisan).

(≡) *Carrodorus* S. F. Gray, Nat. Arr. Brit. Pl. 1: 318, 350. 1821. (=) *Cluzella* Bory de Saint-Vincent, Dict. Class. Hist. Nat. 3: 14. 1823; *ibid.* 4: 234. 1823. T.: *C. myosurus* (Ducluzeau) Bory de Saint-Vincent (*Batrachospermum myosurus* Ducluzeau).

VI. XANTHOPHYTA

Ophiocytium Nägeli, Neue Denkschr. Allg. Schweiz. Ges. Gesammten Naturwiss. 10(7): 87. 1849. T.: *O. apiculatum* Nägeli [= *O. cochleare* (Eichwald) A. Braun (*Spirogyra cochlearis* Eichwald)].

(=) *Spirodiscus* Ehrenberg, Abh. Königl. Akad. Wiss. Berlin, Phys. Kl. 1831: 68. 1832. T.: *S. fulvus* Ehrenberg.

VII. CHLOROPHYTA

Acetabularia Lamouroux, Nouv. Bull. Sci. Soc. Philom. Paris 3: 185. 1812. T.: *Madrepora acetabulum* Linnaeus (*A. acetabulum* (Linnaeus) P. C. Silva).

(≡) *Acetabulum* Boehmer in Ludwig, Def. Gen. Pl. ed. 3. 504. 1760.

Aphanochaete A. Braun, Betracht. Erschein. Verjüng. Natur 196 (adnot.). 1850.
T.: *A. repens* A. Braun [= *A. confervicola* (Nägeli) Rabenhorst (*Herposteiron confervicola* Nägeli)].

(=) *Herposteiron* Nägeli in Kützing, Sp. Alg. 424. 1849.
T.: *H. confervicola* Nägeli.

Bambusina Kützing, Sp. Alg. 188. 1849.
T.: *B. brebissonii* Kützing, nom. illeg. (*Didymoprium borreri* Ralfs; *B. borreri* (Ralfs) P. T. Cleve).

(=) *Gymnozyga* Ehrenberg ex Kützing, Sp. Alg. 188. 1849.
T.: *G. moniliformis* Ehrenberg ex Kützing.

Chaetomorpha Kützing, Phycol. Germ. 203. 1845.
T.: *C. melagonium* (Weber et Mohr) Kützing (*Conferva melagonium* Weber et Mohr).

(=) *Chloronitum* Gaillon, Dict. Sci. Nat. **53**: 389. 1828.
T.: *C. aereum* (Dillwyn) Gaillon (*Conferva aerea* Dillwyn).
(=) *Spongopsis* Kützing, Phycol. General. 261. 1843.
T.: *S. mediterranea* Kützing.

Chlorococcum Meneghini, Mem. Reale Accad. Sci. Torino ser. 2. **5**: 24. 1842
T.: *C. infusionum* (Schrank) Meneghini (*Lepra infusionum* Schrank) (*typ. cons.*).

(H) *Chlorococcum* E. M. Fries, Syst. Orb. Veg. 356. 1825 [CHLOROPH.: CHLAMYDOMONAD.].
T.: *Uredo nivalis* Bauer.
≡ *Sphaerella* Sommerfelt 1824.

Chloromonas Gobi, Bot. Zap. **15**: 232, 255. 1899–1900.
T.: *C. reticulata* (Goroschankin) Gobi (*Chlamydomonas reticulata* Goroschankin).

(H) *Chloromonas* Kent, Man. Infus. 369, 401. 1881 [EUGLENOPH.: EUGLEN.].
T.: *C. pigra* (Ehrenberg) Kent (*Cryptoglena pigra* Ehrenberg).
≡ *Cryptoglena* Ehrenberg 1832.
(=) *Tetradonta* Korshikov, Russk. Arh. Protistol. **4**: 183, 195. 1925.
T.: *T. variabilis* Korshikov.
(=) *Platychloris* Pascher, Süsswasser-Fl. **4**: 138, 331. 1927.
T.: *P. minima* Pascher (*Chlamydomonas minima* Pascher, non P. A. Dangeard).

Cladophora Kützing, Phycol. General. 262. 1843.
T.: *C. oligoclona* (Kützing) Kützing (*Conferva oligoclona* Kützing).

(=) *Annulina* Link in C. G. Nees, Horae Phys. Berol. 4. 1820.
T.: *Conferva glomerata* Linnaeus (*A. glomerata* (Linnaeus) C. G. Nees).

Cladophoropsis Børgesen, Overs. Kongel. Danske Vidensk. Selsk. Forh. **1905**: 288. 1905.
T.: *C. membranacea* (C. Agardh) Børgesen (*Conferva membranacea* C. Agardh).

(=) *Spongocladia* J. E. Areschoug, Öfvers. Förh. Kongl. Svenska Vetensk.-Akad. **10**: 202. 1853.
T.: *S. vaucheriiformis* J. E. Areschoug.

Coleochaete Brébisson, Ann. Sci. Nat. Bot. ser. 3. **1**: 29. 1844.
T.: *C. scutata* Brébisson.

(=) *Phyllactidium* Kützing, Phycol. General. 294. 1843.
T.: *P. pulchellum* Kützing.

Enteromorpha Link in C. G. Nees, Horae Phys. Berol. 5. 1820.
T.: *Ulva intestinalis* Linnaeus (*E. intestinalis* (Linnaeus) C. G. Nees).

(≡) *Splachnon* Adanson, Fam. Pl. **2**: 13, 607 ('*Splaknon*'). 1763.

285

Gongrosira Kützing, Phycol. General. 281. 1843.

T.: *G. sclerococcus* Kützing, nom. illeg. (*Stereococcus viridis* Kützing; *G. viridis* (Kützing) De Toni).

(≡) *Stereococcus* Kützing, Linnaea **8**: 379. 1833.

Haematococcus Flotow, Nov. Actorum Acad. Caes. Leop.-Carol. Nat. Cur. **20**: 413 seqq. 1844.

T.: *H. pluvialis* Flotow [= *H. lacustris* (Girod-Chantrans) Rostafinski (*Volvox lacustris* Girod-Chantrans)] (*typ. cons.*).

(H) *Haematococcus* C. Agardh, Icon, Alg. Eur. nos. 22–24. 1830 [EUGLENOPH.: EUGLEN.].

T.: *H. noltei* C. Agardh.

(=) *Disceraea* A. Morren et C. Morren, Nouv. Mém. Acad. Roy. Sci. Bruxelles **14**(5): 37. 1841.

T.: *D. purpurea* A. Morren et C. Morren.

Halimeda Lamouroux, Nouv. Bull. Sci. Soc. Philom. Paris **3**: 186. 1812 ('*Halimedea*'); orth. mut. Lamouroux, Hist. Polyp. Corall. 302. 1816.

T.: *H. tuna* (Ellis et Solander) Lamouroux (*Corallina tuna* Ellis et Solander).

(V) *Halimedea* Lamouroux, Nouv. Bull. Sci. Soc. Philom. Paris **3**: 186. 1812.

(≡) *Sertularia* Boehmer in Ludwig, Def. Gen. Pl. ed. 3. 504. 1760.

Hydrodictyon Roth, Bemerk. Stud. Crypt. Wassergewächse 48. 1797.

T.: *H. reticulatum* (Linnaeus) Bory de Saint-Vincent (*Conferva reticulata* Linnaeus).

(≡) *Reticula* Adanson, Fam. Pl. **2**: 3. 1763.

Microspora Thuret, Ann. Sci. Nat. Bot. ser. 3. **14**: 221. 1850.

T.: *M. floccosa* (Vaucher) Thuret (*Prolifera floccosa* Vaucher).

(H) *Microspora* Hassall, Ann. Mag. Nat. Hist. **11**: 363. 1843 [CHLOROPH.: CLADOPHOR.].

T.: non designatus.

Mougeotia C. Agardh, Syst. Alg. xxvi, 83. 1824.

T.: *M. genuflexa* (Roth) C. Agardh (*Conferva genuflexa* Roth).

(H) *Mougeotia* Kunth in Humboldt, Bonpland et Kunth, Nov. Gen. Sp. 5: ed. fol. 253, ed. qu. 326. 1823 ('1821') [STERCUL.].

T.: non designatus.

(≡) *Serpentinaria* S. F. Gray, Nat. Arr. Brit. Pl. **1**: 279 ('*Serpentina*'), 299. 1821.

(=) *Agardhia* S. F. Gray, Nat. Arr. Brit. Pl. **1**: 279 ('*Agardia*'), 299. 1821.

T.: *A. caerulescens* (J. E. Smith) S. F. Gray (*Conferva caerulescens* J. E. Smith).

Sirogonium Kützing, Phycol. General. 278. 1843.

T.: *S. sticticum* (J. E. Smith) Kützing (*Conferva stictica* J. E. Smith).

(≡) *Choaspis* S. F. Gray, Nat. Arr. Brit. Pl. **1**: 279 ('*Choaspes*'), 299. 1821.

Spirogyra Link in C. G. Nees, Horae Phys. Berol. 5. 1820.

T.: *Conferva porticalis* O. F. Müller (*S. porticalis* (O. F. Müller) P. T. Cleve).

(=) *Conjugata* Vaucher, Hist. Conferves 3, 37. 1803.

T.: *C. princeps* Vaucher.

Stigeoclonium Kützing, Phycol. General. 253. 1843 ('*Stygeoclonium*'); corr. Kützing, Sp. Alg. 352. 1849.
T.: *S. tenue* (C. Agardh) Kützing (*Draparnaldia tenuis* C. Agardh).

(V) *Stygeoclonium* Kützing, Phycol. General. 253. 1843.
(=) *Myxonema* E. M. Fries, Syst. Orb. Veg. 343. 1825.
T.: *M. lubricum* (Dillwyn) E. M. Fries (*Conferva lubrica* Dillwyn).

Struvea Sonder, Bot. Zeitung (Berlin) **3**: 49. 1845.
T.: *S. plumosa* Sonder.

(H) *Struvea* H. G. L. Reichenbach, Deutsche Bot. **1**(2): 222, 236. 1841 [TAX.].
T.: *Torreya taxifolia* Arnott.
≡ *Torreya* Arnott 1838 (*nom. cons.*).

Trentepohlia C. F. P. Martius, Fl. Crypt. Erlang. 351. 1817.
T.: *T. aurea* (Linnaeus) C. F. P. Martius (*Byssus aurea* Linnaeus).

(H) *Trentepohlia* Roth, Catalecta **2**: 73. 1800 [CRUC.].
T.: non designatus.

Ulva Linnaeus, Sp. Pl. 1163. 1753.
T.: *U. lactuca* Linnaeus (*typ. cons.*).

(H) *Ulva* Linnaeus, Sp. Pl. 1163. 1753 [CHLOROPH.: ULV.].
T.: *U. intestinalis* Linnaeus.
≡ *Enteromorpha* Link 1820 (*nom. cons.*).

Urospora J. E. Areschoug, Nova Acta Regiae Soc. Sci. Upsal. ser. 3. **6**(2): 15. 1866.
T.: *U. mirabilis* J. E. Areschoug.

(=) *Hormiscia* E. M. Fries, Fl. Scan. 326. 1835.
T.: *H. penicilliformis* (Roth) E. M. Fries (*Conferva penicilliformis* Roth).

Zygnema C. Agardh, Syn. Alg. Scand. xxxii. 1817.
T.: *Z. cruciatum* (Vaucher) C. Agardh (*Conjugata cruciata* Vaucher).

(=) *Lucernaria* Roussel, Fl. Calvados ed. 2. 20, 84. 1806.
T.: *L. pellucida* Roussel.

Zygogonium Kützing, Phycol. General. 280. 1843.
T.: *Z. ericetorum* (Roth) Kützing (*Conferva ericetorum* Roth).

(≡) *Leda* Bory de Saint-Vincent, Dict. Class. Hist. Nat. **1**: 595. 1822.

VIIA. EUGLENOPHYTA

Anisonema Dujardin, Hist. Nat. Zoophyt. 327, 344. 1841.
T.: *A. acinus* Dujardin.

(H) *Anisonema* A. H. L. Jussieu, Euphorb. Gen. 19. 1824 [EUPHORB.].
T.: *A. reticulatum* (Poiret) A. H. L. Jussieu (*Phyllanthus reticulatus* Poiret).

Astasia Dujardin, Hist. Nat. Zoophyt. 353, 356. 1841.
T.: *A. limpida* Dujardin (*typ. cons.*).

(H) *Astasia* Ehrenberg, Ann. Phys. Chem. **94**: 508. 1830 [EUGLENOPH.: EUGLEN.].
T.: *A. haematodes* Ehrenberg.

Lepocinclis Perty, Mitth. Naturf. Ges. Bern **1849**: 28 (adnot.). 1849.
T.: *L. globulus* Perty.

(=) *Crumenula* Dujardin, Ann. Sci. Nat. Zool. ser. 2. **5**: 204, 205. 1836.
T.: *C. texta* Dujardin.

Phacus Dujardin, Hist. Nat. Zoophyt. 327, 334. 1841.
T.: *P. longicauda* (Ehrenberg) Dujardin (*Euglena longicauda* Ehrenberg) (*typ. cons.*).

(H) *Phacus* Nitzsch in Ersch et Gruber, Allg. Encycl. Wiss. Künste sect. 1. **16**: 69. 1827 [EUGLENOPH.: EUGLEN.].
T.: *Cercaria pleuronectes* O. F. Müller.

VIII. FUNGI (INCLUDING LICHEN-FORMING FUNGI)

Agaricus Linnaeus, Sp. Pl. 1171. 1753 : E. M. Fries, Syst. Mycol. **1**: lvi, 8. 1821.
T.: *A. campestris* Linnaeus : E. M. Fries (*typ. cons.*).

Aleurodiscus Rabenhorst ex J. Schroeter, Krypt.-Fl. Schles. **3**: 429. 1888.
T.: *A. amorphus* (Persoon : E. M. Fries) J. Schroeter (*Peziza amorpha* Persoon : E. M. Fries).

(=) *Cyphella* E. M. Fries, Syst. Mycol. **2**(1): 201. 1822 : E. M. Fries, ibid.
T.: *C. digitalis* (Albertini et Schweinitz) E. M. Fries.

Alternaria C. G. Nees, Syst. Pilze 72. 1816 (vel 1817).
T.: *A. tenuis* C. G. Nees [= *A. alternata* (E. M. Fries) Keissler].

(=) *Macrosporium* E. M. Fries, Syst. Mycol. **3**: 373. 1832 : E. M. Fries, ibid.
T.: *M. cheiranthi* (Libert) E. M. Fries.

Amanitopsis Roze, Bill. Soc. Bot. France **23**: 50, 51. 1876.
T.: *A. vaginata* (Bulliard : E. M. Fries) Roze (*Agaricus vaginatus* Bulliard : E. M. Fries).

(=) *Vaginata* S. F. Gray, Nat. Arr. Brit. Pl. **1**: 601. 1821.
T.: *V. livida* (Persoon) S. F. Gray (*Amanita livida* Persoon).

Amphisphaeria Cesati et De Notaris, Comment. Soc. Crittog. Ital. **1**: 223. 1863.
T.: *A. conica* (J. H. Léveillé) Cesati et De Notaris (*Sphaeropsis conica* J. H. Léveillé).

(≡) *Sphaeropsis* J. H. Léveillé in Demidow, Voy. Russie Mér. **2**: 112. 1842.

Anzia Stizenberger, Flora **44**: 393. 1861.
T.: *A. colpodes* (Acharius) Sitzenberger (*Lichen colpodes* Acharius).

(=) *Chondrospora* A. Massalongo, Atti Reale Ist. Veneto Sci. ser. 3. **5**: 248. 1860.
T.: *C. semiteres* (Montagne et van den Bosch) A. Massalongo (*Parmelia semiteres* Montagne et van den Bosch).

Aposphaeria Saccardo, Michelia **2**: 4. 1880.
T.: *A. pulviscula* Saccardo.

(H) *Aposphaeria* Berkeley, Outl. Brit. Fungol. 315. 1860 [FUNGI].
T.: *A. complanata* (Tode : E. M. Fries) Berkeley.

Arthonia Acharius, Neues J. Bot. **1**(3): 3. 1806.
T.: *A. radiata* (Persoon) Acharius (*Opegrapha radiata* Persoon).

(=) *Coniocarpon* A. P. de Candolle in Lamarck et A. P. de Candolle, Fl. Franç. ed. 3. **2**: 323. 1805.
T.: *C. cinnabarinum* A. P. de Candolle.

Aschersonia Montagne, Ann. Sci. Nat. Bot. ser. 3. **10**: 121. 1848.
T.: *A. taitense* Montagne.

(H) *Aschersonia* Endlicher, Gen. Pl. Suppl. **2**: 103. 1842 [FUNGI].
T.: *A. crustacea* (Junghuhn) Endlicher (*Laschia crustacea* Junghuhn).

Boletus E. M. Fries, Syst. Mycol. **1**: 385. 1821 :
E. M. Fries, ibid.
T.: *B. edulis* Bulliard : E. M. Fries (*typ. cons.*).

Caloplaca T. M. Fries, Lich. Arct. 218. 1860.
T.: *C. cerina* (Ehrhart ex Hedwig) T. M. Fries
(*Lichen cerinus* Ehrhart ex Hedwig).

(=) *Gasparrinia* Tornabene, Lich. Sicula 27.
1849.
T.: *G. murorum* (G. F. Hoffmann) Torna-
bene (*Lichen murorum* G. F. Hoffmann).
(=) *Pyrenodesmia* A. Massalongo, Atti Reale
Ist. Veneto Sci. ser. 2. **3** (App. 3): 119. 1853.
T.: *P. chalybaea* (E. M. Fries) A. Massalon-
go (*Parmelia chalybaea* E. M. Fries).

Calvatia E. M. Fries, Summa Veg. Scand. **2**: 442.
1849.
T.: *C. craniiformis* (Schweinitz) E. M. Fries (*Bo-
vista craniiformis* Schweinitz).

(=) *Langermannia* Rostkovius in Sturm,
Deutschl. Fl. III Abt. 5/H. **18**: 23. 1839.
T.: *L. gigantea* (Batsch : Persoon) Rostko-
vius (*Lycoperdon giganteum* Batsch : Per-
soon).
(=) *Hippoperdon* Montagne, Ann. Sci. Nat.
Bot. ser. 2. **17**: 121. 1842.
T.: *H. crucibulum* Montagne.

Candida Berkhout, Schimmelgesl. Monilia 41.
1923.
T.: *C. vulgaris* Berkhout.

(=) *Syringospora* Quinquaud, Arch. Physiol.
Norm. Pathol. **1**: 293. 1868.
T.: *S. robinii* Quinquaud, nom. illeg. (*Oi-
dium albicans* Robin).
(=) *Parendomyces* Queyrat et Laroche, Bull. &
Mém. Soc. Méd. Hôp. Paris ser. 3. **28**: 136.
1909.
T.: *P. albus* Queyrat et Laroche.
(=) *Parasacharomyces* Beurmann et Gougerot,
Tribune Méd. (Paris) **42**: 502. 1909 [nomen
provisorium?, cf. op. cit. p. 518].
T.: non designatus [cf. '*P. Sambergeri*'].
(=) *Pseudomonilia* Geiger, Centralbl. Bakte-
riol. 2. Abth. **27**: 134. 1910.
T.: *P. albomarginata* Geiger.

Cetraria Acharius, Methodus 292. 1803.
T.: *C. islandica* (Linnaeus) Acharius (*Lichen
islandicus* Linnaeus).

(≡) *Platyphyllum* Ventenat, Tabl. Règne Vég.
34. 1799.

Ceuthospora Greville, Scott. Crypt. Fl. **5**:
253–254. 1826.
T.: *C. lauri* (Greville) Greville (*Cryptosphaeria
lauri* Greville).

(H) *Ceuthospora* E. M. Fries, Syst. Orb. Veg.
119. 1825 [FUNGI].
T.: *C. phaeocomes* (Rebentisch : E. M.
Fries) E. M. Fries (*Sphaeria phaeocomes*
Rebentisch : E. M. Fries).

Chrysothrix Montagne, Ann. Sci. Nat. Bot. ser.
3. **18**: 312. 1852.
T.: *C. noli-tangere* Montagne, nom. illeg. (*Peribotryon pavonii* Dufour ex E. M. Fries, *C. pavonii* (Dufour ex E. M. Fries) Laundon).

(≡) *Peribotryon* E. M. Fries, Syst. Mycol. **3**(2):
287. 1832.

Cistella Quélet, Enchir. Fung. 319. 1886.
T.: *C. dentata* (Persoon : E. M. Fries) Quélet (*Peziza dentata* Persoon : E. M. Fries).

(H) *Cistella* Blume, Bijdr. 293, *t. 55*. 1825 [ORCHID.].
T.: *C. cernua* Blume.

Cladonia Hill ex Wiggers, Primit. Fl. Holsat. 90. 1780.
T.: *C. subulata* (Linnaeus) Wiggers (*Lichen subulatus* Linnaeus).

(H) *Cladona* P. Browne ex Adanson, Fam. Pl. 2: 6. 1763 [FUNGI: LICH.].
T.: *Cladonia furcata* (Hudson) H. A. Schrader (*Lichen furcatus* Hudson).
(≡) *Coralloides* N. M. Wolf, Gen. Pl. 174. 1776.

Clavaria E. M. Fries, Syst. Mycol. 1: 465. 1821 : E. M. Fries, ibid.
T.: *C. fragilis* Persoon : E. M. Fries.

Collema Wiggers, Primit. Fl. Holsat. 89. 1780.
T.: *C. lactuca* (Weber) Wiggers (*Lichen lactuca* Weber).

(=) *Gabura* Adanson, Fam. Pl. 2: 6. 1763.
T.: *Lichen fascicularis* Linnaeus.
(=) *Kolman* Adanson, Fam. Pl. 2: 7, 542. 1763.
T.: *Lichen nigrescens* Hudson.

Collybia (E. M. Fries) Staude, Schwämme Mitteldeutschl. xxviii, 119. 1857.
T.: *C. tuberosa* (Bulliard : E. M. Fries) P. Kummer (*Agaricus tuberosus* Bulliard : E. M. Fries).

(=) *Gymnopus* (Persoon) S. F. Gray, Nat. Arr. Brit. Pl. 1: 604. 1821.
T.: *G. fusipes* (Bulliard : E. M. Fries) S. F. Gray (*Agaricus fusipes* Bulliard : E. M. Fries).

Coniothyrium Corda, Icon. Fung. 4: 38. 1840.
T.: *C. palmarum* Corda.

(=) *Clisosporium* E. M. Fries, Novit. Fl. Suec. 80. 1819 : E. M. Fries, Syst. Mycol. 1: xlvii. 1821.
T.: *C. lignorum* E. M. Fries : E. M. Fries.

Conocybe Fayod, Ann. Sci. Nat. Bot. ser. 7. 9: 357. 1889.
T.: *C. tenera* (Schaeffer : E. M. Fries) Fayod (*Agaricus tener* Schaeffer : E. M. Fries).

(=) *Raddetes* P. A. Karsten, Hedwigia 26: 112. 1887.
T.: *R. turkestanicus* P. A. Karsten.
(=) *Pholiotina* Fayod, Ann. Sci. Nat. Bot. ser. 7. 9: 359. 1889.
T.: *P. blattaria* (E. M. Fries : E. M. Fries) Fayod (*Agaricus blattarius* E. M. Fries : E. M. Fries).
(=) *Pholiotella* Spegazzini, Bol. Acad. Nac. Ci. 11: 412. 1889.
T.: *P. blattariopsis* Spegazzini.

Cordyceps E. M. Fries, Observ. Mycol. 2: 316 (1818, cancel page).
T.: *C. militaris* (Linnaeus : E. M. Fries) E. M. Fries (*Clavaria militaris* Linnaeus : E. M. Fries).

Cortinarius (Persoon) S. F. Gray, Nat. Arr. Brit. Pl. 1: 627. 1821 ('*Cortinaria*'); corr. E. M. Fries, Fl. Scan. 339. 1835.
T.: *C. violaceus* (Linnaeus : E. M. Fries) S. F. Gray (*Agaricus violaceus* Linnaeus : E. M. Fries).

(V) *Cortinaria* (Persoon) S. F. Gray, Nat. Arr. Brit. Pl. 1: 627. 1821.

Craterellus Persoon, Mycol. Europ. **2**: 4. 1825 ('*Cratarellus*') (*orth. cons.*).
T.: *C. cornucopioides* (Linnaeus : E. M. Fries) Persoon (*Peziza cornucopioides* Linnaeus : E. M. Fries).

(H) *Craterella* Persoon, Neues Mag. Bot. **1**: 112. 1794 [FUNGI].
T.: *C. pallida* Persoon.

Crocynia (Acharius) A. Massalongo, Atti Reale Ist. Veneto Sci. ser. 3. **5**: 251. 1860.
T.: *C. gossypina* (Swartz) A. Massalongo (*Lichen gossypinus* Swartz).

($\equiv$) *Symplocia* A. Massalongo, Neagen. Lich. 4. 1854.

Cryptothecia Stirton, Proc. Roy. Philos. Soc. Glasgow **10**: 164. 1876.
T.: *C. subnidulans* Stirton.

(=) *Myriostigma* Krempelhuber, Lich. Foliicol. 22. 1874; Nuovo Giorn. Bot. Ital. **7**: 44. 1875.
T.: *M. candidum* Krempelhuber.

Cylindrocarpon Wollenweber, Phytopathology **3**: 225. 1913.
T.: *C. cylindroides* Wollenweber.

(=) *Fusidium* Link, Ges. Naturf. Freunde Berlin Mag. **3**: 8. 1809 : E. M. Fries, Syst. Mycol. **1**: xl. 1821.
T.: *F. candidum* Link : E. M. Fries.

Daldinia Cesati et De Notaris, Comment. Soc. Crittog. Ital. **1**: 197. 1863.
T.: *D. concentrica* (Bolton : E. M. Fries) Cesati et De Notaris (*Sphaeria concentrica* Bolton : E. M. Fries).

($\equiv$) *Peripherostoma* S. F. Gray, Nat. Arr. Brit. Pl. **1**: 513. 1821.
($\equiv$) *Stromatosphaeria* Greville, Fl. Edin. lxxiii, 355. 1824 (by lectotypification).

Dothiora E. M. Fries, Summa Veg. Scand. **2**: 418. 1849.
T.: *D. pyrenophora* (E. M. Fries : E. M. Fries) E. M. Fries (*Dothidea pyrenophora* E. M. Fries : E. M. Fries).

(H) *Dothiora* E. M. Fries, Fl. Scan. 347. 1835 [FUNGI].
T.: *Variolaria melogramma* Bulliard : E. M. Fries.

Gautieria Vittadini, Monogr. Tuber. 25. 1831.
T.: *G. morchelliformis* Vittadini.

(H) *Gautiera* Rafinesque, Med. Fl. **1**: 202. 1828 [ERIC.].
$\equiv$ *Gaultheria* Linnaeus.

Gymnoderma Nylander, Flora **43**: 546. 1860.
T.: *G. coccocarpum* Nylander.

(H) *Gymnoderma* Humboldt, Fl. Friberg. 109. 1793 [FUNGI].
T.: *G. sinuatum* Humboldt.

Gyromitra E. M. Fries, Summa Veg. Scand. **2**: 346. 1849.
T.: *G. esculenta* (Persoon : E. M. Fries) E. M. Fries (*Helvella esculenta* Persoon : E. M. Fries).

(=) *Gyrocephalus* Persoon, Mém. Soc. Linn. Paris **3**: 77. 1824.
T.: *G. aginnensis* Persoon, nom. illeg. (*Helvella sinuosa* Brondeau).

Helminthosporium Link, Ges. Naturf. Freunde Berlin Mag. **3**: 10. 1809 : E. M. Fries, Syst. Mycol. **1**: xlvi. 1821 ('*Helmisporium*'); corr. Persoon, Mycol. Europ. **1**: 17. 1822.
T.: *H. velutinum* Link : E. M. Fries.

(V) *Helmisporium* Link, Ges. Naturf. Freunde Berlin Mag. **3**: 10. 1809.

291

Hirneola E. M. Fries, Kongl. Vetensk. Acad. Handl. **1848**: 144. 1848.
T.: *H. nigra* E. M. Fries, nom. illeg. (*H. nigricans* (O. Swartz : E. M. Fries) Graff, *Peziza nigricans* O. Swartz : E. M. Fries).

(H) *Hirneola* E. M. Fries, Syst. Orb. Veg. 93. 1825 [FUNGI].
T.: *Peziza flava* O. Swartz : E. M. Fries.
(=) *Laschia* E. M. Fries, Linnaea **5**: 533. 1830 : E. M. Fries, Syst. Mycol. **3**, index: 107. 1832.
T.: *L. delicata* E. M. Fries : E. M. Fries.

Hydnum Linnaeus, Sp. Pl. 1178. 1753 : E. M. Fries, Syst. Mycol. **1**: 397. 1821.
T.: *H. repandum* Linnaeus : E. M. Fries (*typ. cons.*).

Hymenochaete Léveillé, Ann. Sci. Nat. Bot. ser. 3. **5**: 150. 1846.
T.: *H. rubiginosa* (Dickson : E. M. Fries) Léveillé (*Helvella rubiginosa* Dickson : E. M. Fries).

(H) *Hymenochaeta* Palisot de Beauvois ex Lestiboudois, Essai Cypér. 43. 1819 [CYPER.].
T.: non designatus.

Hypoxylon Bulliard, Hist. Champ. France 167. 1791.
T.: *H. coccineum* Bulliard [= *H. fragiforme* (Persoon : E. M. Fries) Kickx].

(H) *Hypoxylon* Mentzel ex Adanson, Fam. Pl. **2**: 9. 1763 [FUNGI].
T.: *Xylaria polymorpha* (Persoon : E. M. Fries) Greville.
(=) *Sphaeria* Haller, Hist. Stirp. Helv. **3**: 120. 1768 : E. M. Fries, Syst. Mycol. **1**. lii. 1821.
T.: *Hypoxylon fragiforme* (Persoon : E. M. Fries) Kickx.

Lachnocladium Léveillé, Dict. Univ. Hist. Nat. **8**: 847. 1846.
T.: *L. brasiliense* (Léveillé) Patouillard (*Eriocladus brasiliensis* Léveillé).

(≡) *Eriocladus* Léveillé, Ann. Sci. Nat. Bot. ser. 3. **5**: 158. 1846.

Lepraria Acharius, Methodus 3. 1803.
T.: *L. incana* (Linnaeus) Acharius (*Byssus incana* Linnaeus).

(≡) *Pulina* Adanson, Fam. Pl. **2**: 3, 595. 1763.
(≡) *Conia* Ventenat, Tabl. Règne Vég. **2**: 32. 1799 (by lectotypification).

Leptorhaphis Körber, Syst. Lich. Germ. 371. 1855.
T.: *L. oxyspora* (Nylander) Körber (*Verrucaria oxyspora* Nylander).

(=) *Endophis* Norman, Nyt Mag. Naturvidensk. **7**: 240. 1853.
T.: non designatus.

Leptosphaeria Cesati et De Notaris, Comment. Soc. Crittog. Ital. **1**: 234. 1863.
T.: *L. doliolum* (Persoon : E. M. Fries) Cesati et De Notaris (*Sphaeria doliolum* Persoon : E. M. Fries).

(≡) *Bilimbiospora* Auerswald in Rabenhorst, Fungi Europaei ed. 2. n. 261 (in sched. corr.). 1861(?).
(=) *Nodulosphaeria* Rabenhorst, Herb. Mycol. ed. 2. n. 725. 1858.
T.: *N. hirta* (E. M. Fries : E. M. Fries) Rabenhorst (*Sphaeria hirta* E. M. Fries : E. M. Fries).

Letharia (T. M. Fries) Zahlbruckner, Hedwigia **31**: 34. 1892.
T.: *L. vulpina* (Linnaeus) Hue (*Lichen vulpinus* Linnaeus).

(≡) *Chlorea* Nylander, Mém. Soc. Imp. Acad. Cherbourg **3**: 170. 1855.

Lichina C. A. Agardh, Syn. Alg. Scand. xii. 1817.
T.: *L. pygmaea* (Lightfoot) C. A. Agardh (*Fucus pygmaeus* Lightfoot).

(=) *Pygmaea* Stackhouse, Mém. Soc. Imp. Naturalistes Moscou **2**: 60, 95. 1809.
T.: *Fucus lichenoides* Gmelin.

Lopadium Körber, Syst. Lich. Germ. 210. 1855.
T.: *L. pezizoideum* (Acharius) Körber (*Lecidea pezizoidea* Acharius).

(=) *Brigantiaea* Trevisan, Spighe e Paglie 7. 1853.
T.: *B. tricolor* (Montagne) Trevisan (*Biatora tricolor* Montagne).

Lophiostoma Cesati et De Notaris, Comment. Soc. Crittog. Ital. **1**: 219. 1863.
T.: *L. macrostoma* (Tode : E. M. Fries) Cesati et De Notaris (*Sphaeria macrostoma* Tode : E. M. Fries).

(≡) *Platisphaera* Dumortier, Comment. Bot. 87. 1822.

Marasmius E. M. Fries, Fl. Scan. 339. 1835.
T.: *M. rotula* (Scopoli : E. M. Fries) E. M. Fries (*Agaricus rotula* Scopoli : E. M. Fries).

(=) *Micromphale* S. F. Gray, Nat. Arr. Brit. Pl. **1**: 621. 1821.
T.: *M. venosa* (Persoon) S. F. Gray (*Agaricus venosus* Persoon).

Melanogaster Corda in Sturm, Deutschl. Fl. Abt. III 3/H. **11**: 1. 1831.
T.: *M. tuberiformis* Corda.

(=) *Bullardia* Junghuhn, Linnaea **5**: 408. 1830 [non *Bulliarda* A. P. de Candolle 1801].
T.: *B. inquinans* Junghuhn.

Monilia Bonorden, Handb. Mykol. 76. 1851.
T.: *M. cinerea* Bonorden.

(H) *Monilia* Hill ex Wiggers, Primit. Fl. Holsat. 111. 1780 [FUNGI].
T.: non designatus.

(H) *Monilia* Link, Ges. Naturf. Freunde Berlin Mag. **3**: 16. 1809 : E. M. Fries, Syst. Mycol. **1**: xlvi. 1821 [FUNGI].
T.: *M. antennata* (Persoon : E. M. Fries) Persoon.

(H) *Monilia* E. M. Fries, Syst. Mycol. **3**(2): 409. 1832 : E. M. Fries, ibid. [FUNGI].
T.: *M. cespitosa* (Linnaeus) Purton (*Mucor cespitosus* Linnaeus).

Mutinus E. M. Fries, Summ. Veg. Scand. **2**: 434. 1849.
T.: *M. caninus* (Schaeffer : Persoon) E. M. Fries (*Phallus caninus* Schaeffer : Persoon).

(≡) *Cynophallus* (E. M. Fries) Corda, Icon. Fung. **5**: 29. 1842.
(=) *Aedycia* Rafinesque, Med. Repos., ser. 2. **5**: 358. 1808.
T.: *A. rubra* Rafinesque.
(=) *Ithyphallus* S. F. Gray, Nat. Arr. Brit. Pl. **1**: 675. 1821.
T.: *I. inodorus* (Sowerby) S. F. Gray (*Phallus inodorus* Sowerby).

Mycobonia Patouillard, Bull. Soc. Mycol. France **10**: 76. 1894.
T.: *M. flava* (O. Swartz : E. M. Fries) Patouillard (*Peziza flava* O. Swartz : E. M. Fries).

(≡) *Hirneola* E. M. Fries, Syst. Orb. Veg. 93. 1825.

293

Nidularia E. M. Fries, Symb. Gasteromyc. **1**: 2. 1817.
T.: *N. radicata* E. M. Fries.

(H) *Nidularia* Bulliard, Hist. Champ. France 163. 1791 [FUNGI].
T.: *N. vernicosa* Bulliard.

Ocellularia G. F. W. Meyer, Nebenst. Beschäft. Pflanzenk. 327. 1825.
T.: *O. obturata* (Acharius) C. Sprengel (*Thelotrema obturatum* Acharius).

(=) *Ascidium* Fée, Essai Crypt. Ecorc. xlii, 96. 1824.
T.: *A. cinchonarum* Fée.

Oidium Link in Willdenow, Sp. Pl. **6**(1): 121. 1824.
T.: *O. monilioides* (Nees : E. M. Fries) Link (*Acrosporium monilioides* Nees : E. M. Fries).

(H) *Oidium* Link, Ges. Naturf. Freunde Berlin Mag. **3**: 18. 1809 : E. M. Fries, Syst. Mycol. **1**: xlv. 1821 [FUNGI].
T.: *O. aureum* (Persoon : E. M. Fries) Link (*Trichoderma aureum* (Persoon : E. M. Fries) Persoon.

(≡) *Acrosporium* Nees, Syst. Pilze 53. 1816 vel 1817: E. M. Fries, Syst. Mycol. **1**: xlv. 1821.

Opegrapha Acharius, Kongl. Vetensk. Acad. Nya Handl. **1808–1811**: 97. 1809.
T.: *O. vulgata* (Acharius) Acharius (*Lichen vulgatus* Acharius).

(H) *Opegrapha* Humboldt, Fl. Friberg. 57. 1793 [FUNGI: LICH.]
T.: *O. vulgaris* Humboldt, nom. illeg. (*Lichen scriptus* Linnaeus).

Panaeolus (E. M. Fries) Quélet, Mém. Soc. Emul. Montbéliard ser. 2. **5**: 151. 1872.
T.: *P. papilionaceus* (Bulliard : E. M. Fries) Quélet (*Agaricus papilionaceus* Bulliard : E. M. Fries).

(≡) *Coprinarius* (E. M. Fries) P. Kummer, Führer Pilzk. 20, 68. 1871.

Panus E. M. Fries, Epicr. Syst. Mycol. 396. 1838.
T.: *P. conchatus* (Bulliard : E. M. Fries) E. M. Fries (*Agaricus conchatus* Bulliard : E. M. Fries).

(=) *Pleuropus* Persoon ex S. F. Gray, Nat. Arr. Brit. Pl. **1**: 615. 1821.
T.: *P. fornicatus* (Persoon) S. F. Gray.

Parmelia Acharius, Methodus xxxiii, 153. 1803.
T.: *P. saxatilis* (Linnaeus) Acharius (*Lichen saxatilis* Linnaeus).

(≡) *Lichen* Linnaeus, Sp. Pl. 1140. 1753.

Peccania A. Massalongo ex Arnold, Flora **41**: 93. 1858.
T.: *P. coralloides* (A. Massalongo) A. Massalongo (*Corinophoros coralloides* A. Massalongo).

(≡) *Corinophoros* A. Massalongo, Flora **39**: 212. 1856.

Peltigera Willdenow, Fl. Berol. Prodr. 347. 1787.
T.: *P. canina* (Linnaeus) Willdenow (*Lichen caninus* Linnaeus).

(=) *Placodion* P. Browne ex Adanson, Fam. Pl. **2**: 7. 1763.
T.: non designatus [*Lichenoides* sp. Dillenius *t. 27, fig. 102*].

Peridermium (Link) Schmidt et Kunze, Deutsch. Schwämme **6**: 4. 1817.
T.: *P. elatinum* (Albertini et Schweinitz) Schmidt et Kunze (*Aecidium elatinum* Albertini et Schweinitz) (*typ. cons.*).

Pertusaria A. P. de Candolle in Lamarck et A. P. de Candolle, Fl. Franç. ed. 3. **2**: 319. 1805.
T.: *Pertusaria communis* A. P. de Candolle, nom. illeg. (*Lichen pertusus* Linnaeus, nom. illeg., *Lichen verrucosus* Hudson).

(=) *Lepra* Scopoli, Intr. 61. 1777.
T.: non designatus [*Lichen* ordo xxxiv sp. Micheli].
(=) *Variolaria* Persoon, Ann. Bot. (Usteri) **7**: 23. 1794.
T.: *V. discoidea* Persoon.
(=) *Leproncus* Ventenat, Tabl. Règne Vég. **2**: 32. 1799.
T.: non designatus [*Lichenoides* sp. Dillenius *t. 18 fig.*].
(=) *Isidium* Acharius, Methodus xxxiii, 136. 1803.
T.: *I. corallinum* (Linnaeus) Acharius (*Lichen corallinus* Linnaeus).

Phaeotrema Müller Arg., Mém. Soc. Phys. Genève **29**(8): 10. 1887.
T.: *P. subfarinosa* (Fée) Müller Arg. (*Pyrenula subfarinosa* Fée).

(=) *Asteristion* Leighton, Trans. Linn. Soc. London **27**: 163. 1870.
T.: *A. erumpens* Leighton.

Pholiota (E. M. Fries) P. Kummer, Führer Pilzk. 22, 83. 1871.
T.: *P. squarrosa* (Batsch : E. M. Fries) P. Kummer (*Agaricus squarrosus* Batsch : E. M. Fries).

(≡) *Derminus* (E. M. Fries) Staude, Schwämme Mittel-Deutschl. xxvi, 86. 1857.

Phoma P. A. Saccardo, Michelia **2**: 4. 1880.
T.: *P. herbarum* Westendorp.

(H) *Phoma* E. M. Fries, Novit. Fl. Suec. **5**: 80. 1819 : E. M. Fries, Syst. Mycol. **1**: lii. 1821 [FUNGI].
T.: *P. pustula* (Persoon : E. M. Fries) E. M. Fries (*Sphaeria pustula* Persoon : E. M. Fries).

Phyllachora Nitschke ex Fuckel, Jahrb. Nassauischen Vereins Naturk. **23–24**: 216. 1870.
T.: *P. graminis* (Persoon : E. M. Fries) Fuckel (*Sphaeria graminis* Persoon : E. M. Fries).

(H) *Phyllachora* Nitschke ex Fuckel, Fungi Rhenani n. 2056 (in sched.). 1867 [FUNGI].
T.: *P. agrostis* Fuckel.

Phyllosticta Persoon, Traité Champ. Comest. 55, 147. 1818.
T.: *P. convallariae* Persoon.

Pleospora Rabenhorst ex Cesati et De Notaris, Comment. Soc. Crittog. Ital. **1**: 217. 1863.
T.: *P. herbarum* (E. M. Fries) Cesati et De Notaris.

(H) *Pleiospora* Harvey, Thes. Cap. **1**: 51. 1859 [LEGUM.].
T.: *P. cajanifolia* Harvey.
(=) *Clathrospora* Rabenhorst, Hedwigia **1**: 116. 1857.
T.: *C. elynae* Rabenhorst.

Pleurotus (E. M. Fries) P. Kummer, Führer Pilzk. 24, 104. 1871.
T.: *P. ostreatus* (Jacquin : E. M. Fries) P. Kummer (*Agaricus ostreatus* Jacquin : E. M. Fries).

(≡) *Crepidopus* S. F. Gray, Nat. Arr. Brit. Pl. **1**: 616. 1821.
(=) *Resupinatus* S. F. Gray, Nat. Arr. Brit. Pl. **1**: 617. 1821.
T.: *R. applicatus* (Batsch : E. M. Fries) S. F. Gray (*Agaricus applicatus* Batsch : E. M. Fries).

(=) *Pterophyllus* J. H. Léveillé, Ann. Sci. Nat. Bot. ser. 3. **2**: 178. 1844.
T.: *P. bovei* J. H. Léveillé.

(=) *Hohenbuehelia* S. Schulzer in S. Schulzer, Kanitz et Knapp, Verh. Zool.-Bot. Ges. Wien **16** (Abh.): 45. 1866.
T.: *H. petaloides* (Bulliard : E. M. Fries) S. Schulzer (*Agaricus petaloides* Bulliard : E. M. Fries).

Podospora Cesati in Rabenhorst, Klotzschii Herb. Mycol. ed. 2. n. 258 (vel 259). 1856; Hedwigia **1**: 103, *pl. 4, fig. A*. 1856.
T.: Rabenhorst, Klotzschii Herb. Mycol. ed. 2. n. 259 (S), type of *P. fimiseda* (Cesati et De Notaris) Niessl.

(=) *Schizothecium* Corda, Icon. Fung. **2**: 29. 1838.
T.: *S. fimicola* Corda.

Polyblastia A. Massalongo, Ric. Auton. Lich. Crost. 147. 1852.
T.: *P. cupularis* A. Massalongo.

(=) *Sporodictyon* A. Massalongo, Flora **35**: 326. 1852.
T.: *S. schaererianum* A. Massalongo.

Porina J. Müller Arg., Flora **66**: 320. 1883.
T.: *P. nucula* Acharius.

(H) *Porina* Acharius, Kongl. Vetensk. Acad. Nya Handl. **1808–1811**: 158. 1809 [FUNGI: LICH.].
T.: *P. pertusa* (Linnaeus) Acharius (*Lichen pertusus* Linnaeus).

(=) *Ophthalmidium* Eschweiler, Syst. Lich. 18. 1824.
T.: *O. hemisphaericum* Eschweiler.

(=) *Segestria* E. M. Fries, Syst. Orb. Veg. 263. 1825.
T.: *S. lectissima* E. M. Fries.

Pseudographis Nylander, Mém. Soc. Sci. Nat. Cherbourg **3**: 190. 1855.
T.: *P. elatina* (Acharius : E. M. Fries) Nylander (*Lichen elatinus* Acharius : E. M. Fries).

(=) *Krempelhuberia* A. Massalongo, Geneac. Lich. 34. 1854.
T.: *K. cadubriae* A. Massalongo.

Pythium Pringsheim, Jahrb. Wiss. Bot. **1**: 304. 1858.
T.: *P. monospermum* Pringsheim.

(H) *Pythium* Nees in Carus, Nova Acta Phys.-Med. Acad. Caes. Leop.-Carol. Nat. Cur. **11**: 514. 1823 [FUNGI].
T.: non designatus.

Racodium E. M. Fries, Syst. Mycol. **3**(1): 229. 1829.
T.: *R. rupestre* Persoon.

(H) *Racodium* Persoon, Neues Mag. Bot. **1**: 123. 1794 : E. M. Fries, Syst. Mycol. **1**. xlvi. 1821 [FUNGI].
T.: *R. cellare* Persoon : E. M. Fries.

Ramalina Acharius in Luyken, Tent. Hist. Lich. 95. 1809.
T.: *R. fraxinea* (Linnaeus) Acharius (*Lichen fraxineus* Linnaeus) (*typ. cons.*).

Ramaria E. M. Fries ex Bonorden, Handb. Mykol. 166. 1851.
T.: *R. botrytis* (Persoon : E. M. Fries) Ricken (*Clavaria botrytis* Persoon : E. M. Fries).

(H) *Ramaria* Holmskjold, Beata Ruris 1: xvii. 1790 [FUNGI].
T.: non designatus.
(≡) *Cladaria* Ritgen, Schriften Ges. Beförd. Gesammten Naturwiss. Marburg 2: 94. 1831 [praeimpr. 1828. p. 54].

Rhabdospora (Durieu et Montagne ex Saccardo) Saccardo, Syll. Fung. 3: 578. 1884.
T.: *R. oleandri* (Durieu et Montagne) Saccardo (*Septoria oleandri* Durieu et Montagne).

(=) *Filaspora* Preuss, Linnaea 26: 718. 1855.
T.: *F. peritheciiformis* Preuss.

Rhipidium Cornu, Bull. Soc. Bot. France 18: 58. 1871.
T.: *R. interruptum* Cornu.

(H) *Rhipidium* Wallroth, Fl. Crypt. Germ. 2: 742. 1833 [FUNGI].
T.: *R. stipticum* (Bulliard : E. M. Fries) Wallroth (*Agaricus stipticus* Bulliard : E. M. Fries).

Robillarda Saccardo, Michelia 2: 8. 1882.
T.: *R. sessilis* (Saccardo) Saccardo (*Pestalotia sessilis* Saccardo).

(H) *Robillarda* Castagne, Cat. Pl. Marseille 205. 1845 [FUNGI].
T.: *R. glandicola* Castagne.

Sclerotinia Fuckel, Jahrb. Nassauischen Vereins Naturk. 23–24: 330. 1870.
T.: *S. libertiana* Fuckel, nom. illeg. (*S. sclerotiorum* (Libert) de Bary, *Peziza sclerotiorum* Libert) (*typ. cons.*).

Septobasidium Patouillard, J. Bot. (Morot) 6: 63. 1892; Bull. Soc. Mycol. France 7: xxxv. 1892 ('1891').
T.: *S. velutinum* Patouillard.

(=) *Gausapia* E. M. Fries, Syst. Orb. Veg. 302. 1825.
T.: *Thelephora pedicellata* Schweinitz.
(=) *Glenospora* Berkeley et Desmazières, J. Hort. Soc. London 4: 255. 1849.
T.: *G. curtisii* Berkeley et Desmazières.
(=) *Campylobasidium* Lagerheim ex F. Ludwig, Lehrb. Nied. Krypt. 474. 1892.
T.: non designatus.

Septoria Saccardo, Syll. Fung. 3: 474. 1884.
T.: *S. cytisi* Desmazières.

(H) *Septoria* E. M. Fries, Novit. Fl. Suec. 5: 78. 1819 : E. M. Fries, Syst. Mycol. 1. xl. 1821 ('*Septaria*'); corr. E. M. Fries, Syst. Orb. Veg. 119. 1825 : E. M. Fries, Elench. Fung. 2: 118. 1829 [FUNGI].
T.: *S. ulmi* E. M. Fries : E. M. Fries.

Sordaria Cesati et De Notaris, Comment. Soc. Crittog. Ital. 1: 225. 1863.
T.: *S. fimicola* (Roberge ex Desmazières) Cesati et De Notaris (*Sphaeria fimicola* Roberge ex Desmazières) (*typ. cons.*).

Sphaerophorus Persoon, Ann. Bot. (Usteri) 7: 23. 1794.
T.: *S. coralloides* Persoon, nom. illeg. (*Lichen globiferus* Linnaeus) (*typ. cons.*).

297

Sphaeropsis Saccardo, Michelia **2**: 105. 1880.
T.: *S. visci* (Albertini et Schweinitz : E. M. Fries)
Saccardo (*Sphaeria atrovirens* var. *visci* Alberti-
ni et Schweinitz : E. M. Fries).

(H) *Sphaeropsis* Léveillé in Demidow, Voy.
Russie Mér. **2**: 112. 1842 [FUNGI].
T.: *S. conica* Léveillé.

(=) *Macroplodia* Westendorp, Bull. Acad.
Roy. Sci. Belgique ser. 2. **2**: 562. 1857.
T.: *M. aquifolia* Westendorp.

Sphaerotheca Léveillé, Ann. Sci. Nat. Bot. ser. 3.
15: 138. 1851.
T.: *S. pannosa* (Wallroth : E. M. Fries) Léveillé
(*Alphitomorpha pannosa* Wallroth : E. M. Fries).

(H) *Sphaerotheca* Chamisso et Schlechtendal,
Linnaea **2**: 605. 1827 [SCROPHULAR.].
T.: *S. scoparioides* Chamisso et Schlechten-
dal.

Stagonospora (P. A. Saccardo) P. A. Saccardo,
Syll. Fung. **3**: 445. 1884.
T.: *S. paludosa* (Saccardo et Spegazzini) Saccardo (*Hendersonia paludosa* Saccardo et Spegazzini).

(=) *Hendersonia* Berkeley, Ann. Mag. Nat.
Hist. **6**: 430. 1841.
T.: *H. elegans* Berkeley.

Staurothele Norman, Nyt Mag. Naturvidensk.
7: 240. 1853.
T.: *S. clopima* (Wahlenberg) T. M. Fries (*Verrucaria clopima* Wahlenberg).

(=) *Paraphysorma* A. Massalongo, Ric. Auton. Lich. Crost. 116. 1852.
T.: *P. protuberans* (Schaerer) A. Massalongo (*Parmelia cervina* var. *protuberans*
Schaerer).

Stereocaulon G. F. Hoffmann, Deutschl. Fl. **2**:
128. 1796.
T.: *S. paschale* (Linnaeus) G. F. Hoffmann (*Lichen paschalis* Linnaeus).

(H) *Stereocaulon* H. A. Schrader, Spic. Fl.
Germ. 113. 1794 [FUNGI: LICH.].
T.: *S. corallinum* (Linnaeus) H. A. Schra-
der (*Lichen corallinus* Linnaeus).

Stilbella Lindau in Engler et Prantl, Nat. Pflan-
zenfam. I, **1****: 489. 1900.
T.: *S. erythrocephala* (Ditmar : E. M. Fries)
Lindau (*Stilbum erythrocephalum* Ditmar : E.
M. Fries).

(=) *Botryonipha* Preuss, Linnaea **25**: 79. 1852.
T.: *B. alba* Preuss.

Telamonia (E. M. Fries) Wünsche, Pilze 87, 122.
1877.
T.: *T. torva* (E. M. Fries : E. M. Fries) Wünsche
(*Agaricus torvus* E. M. Fries : E. M. Fries).

(≡) *Raphanozon* P. Kummer, Führer Pilzk. 22.
1871.

Thamnolia Acharius ex Schaerer, Enum. Crit.
Lich. Eur. 243. 1850.
T.: *T. vermicularis* (Swartz) Schaerer (*Lichen
vermicularis* Swartz).

(≡) *Cerania* Acharius ex S. F. Gray, Nat. Arr.
Brit. Pl. **1**: 413. 1821.

Thelopsis Nylander, Mém. Soc. Sci. Nat. Cherbourg **3**: 194. 1855.
T.: *T. rubella* Nylander.

(=) *Sychnogonia* Körber, Syst. Lich. Germ.
332. 1855.
T.: *S. bayrhofferi* Zwackh.

Tholurna Norman, Flora **44**: 409. 14 Jul. 1861.
T.: *T. dissimilis* (Norman) Norman (*Podocratera dissimilis* Norman).

(≡) *Podocratera* Norman, Förh. Skand. Naturf. Möte **8**: 726. 6–12 Apr 1861.

Tomentella Persoon ex Patouillard, Hym. Eur. 154. 1887.
T.: *T. ferruginea* (Persoon : E. M. Fries) Patouillard (*Thelephora ferruginea* Persoon : E. M. Fries).

(=) *Caldesiella* P. A. Saccardo, Fungi Ital. *f. 125.* 1877; Michelia **1**: 6. 1877.
T.: *C. italica* Saccardo.

Tremella Persoon, Neues Mag. Bot. **1**: 111. 1794 : E. M. Fries, Syst. Mycol. **2**(1): 210. 1822.
T.: *T. mesenterica* Schaeffer : E. M. Fries.

Tricholoma (E. M. Fries) Staude, Schwämme Mittel-Deutschl. xxviii, 125. 1857.
T.:. *T. flavovirens* (Albertini et Schweinitz : E. M. Fries) Lundell (*Agaricus flavovirens* Albertini et Schweinitz : E. M. Fries).

(H) *Tricholoma* Bentham in A. de Candolle, Prodr. **10**: 426. 1846 [SCROPHULAR.]
T.: *T. elatinoides* Bentham.

Trypethelium C. Sprengel, Anl. **3**: 350. 1804.
T.: *T. eluteriae* C. Sprengel.

(=) *Bathelium* Acharius, Methodus 111. 1803.
T.: *B. mastoideum* Afzelius ex Acharius.

Tubercularia Tode, Fungi Meckl. **1**: 18. 1790 : E. M. Fries, Syst. Mycol. **1**: xli. 1821.
T.: *T. vulgaris* Tode : E. M. Fries.

Urocystis Rabenhorst ex Fuckel, Jahrb. Nassauischen Vereins Naturk. **23–24**: 41. 1870 ('1869').
T.: *U. occulta* (Wallroth) Fuckel (*Erysibe occulta* Wallroth).

(=) *Polycystis* J. H. Léveillé, Ann. Sci. Nat. Bot. ser. 3. **5**: 269. 1846.
T.: *P. pompholygodes* (Schlechtendal) Léveillé (*Caeoma pompholygodes* Schlechtendal).
(=) *Tuburcinia* E. M. Fries, Syst. Mycol. **3** (2): 439. 1832 : E. M. Fries, ibid.
T.: *T. orobanches* (Mérat) E. M. Fries (*Rhizoctonia orobanches* Mérat).

Uromyces (Link) Unger, Exanth. Pfl. 277. 1833.
T.: *U. appendiculatus* (Persoon : Persoon) Unger (*Uredo appendiculata* Persoon : Persoon).

(=) *Coeomurus* Link ex S. F. Gray, Nat. Arr. Brit. Pl. **1**: 541. 1821.
T.: *C. phaseolorum* (R. A. Hedwig ex A. P. de Candolle) S. F. Gray (*Puccinia phaseolorum* R. A. Hedwig ex A. P. de Candolle).
(=) *Pucciniola* L. Marchand, Bijdr. Natuurk. Wetensch. **4**: 47. 1829.
T.: *P. diadelphiae* L. Marchand.

Venturia Saccardo, Syll. Fung. **1**: 586. 1882.
T.: *V. inaequalis* (Cooke) Winter.

(H) *Venturia* De Notaris, Giorn. Bot. Ital. **1**: 332. 1844 [FUNGI].
T.: *V. rosae* De Notaris.

Verrucaria H. A. Schrader, Spic. Fl. Germ. **1**: 108. 1794.
T.: *V. rupestris* Schrader.

(H) *Verrucaria* Scopoli, Intr. 61. 1777 [FUNGI: LICH.].
T.: *Baeomyces roseus* Persoon.

Volutella E. M. Fries, Syst. Mycol. **3**: 466. 1832 : E. M. Fries, ibid.
T.: *V. ciliata* (Albertini et Schweinitz : E. M. Fries) E. M. Fries (*Tubercularia ciliata* Albertini et Schweinitz : E. M. Fries) (*typ. cons.*).

Xanthoria (E. M. Fries) T. M. Fries, Nova Acta Regiae Soc. Sci. Upsal. ser. 3. **3**: 166. 1860.
T.: *X. parietina* (Linnaeus) T. M. Fries (*Lichen parietinus* Linnaeus).

(≡) *Blasteniospora* Trevisan, Tornab. Blasteniosp. 2. 1853.
(=) *Dufourea* Acharius, Lichenogr. Universalis 103, 524. 1810.
T.: *D. flammea* (Linnaeus f.) Acharius (*Lichen flammeus* Linnaeus f.).

Xerocomus Quélet in J. A. Mougeot et Ferry, Fl. Vosges, Champ. 477. 1887.
T.: *X. subtomentosus* (Linnaeus : E. M. Fries) Quélet (*Boletus subtomentosus* Linnaeus : E. M. Fries).

(≡) *Versipellis* Quélet, Ench. Fung. 157. 1886.

Xylaria Hill ex Schrank, Baier. Fl. **1**: 200. 1789.
T.: *X. hypoxylon* (Linnaeus : E. M. Fries) Greville (*Clavaria hypoxylon* Linnaeus : E. M. Fries).

IX. MUSCI

Acidodontium Schwägrichen, Sp. Musc. Suppl. **2**(2): 152. Mai 1827.
T.: *A. kunthii* Schwägrichen, nom. illeg. (*A. megalocarpum* (W. J. Hooker) Renauld et Cardot, *Bryum megalocarpum* W. J. Hooker).

(≡) *Megalangium* Bridel, Bryol. Univ. **2**: 28. 1827.

Aloina Kindberg, Bih. Kongl. Svenska Vetensk.-Akad. Handl. **6**(19): 22. 1882.
T.: *A. aloides* (Schultz) Kindberg (*Trichostomum aloides* Schultz) (*typ. cons.*).

(=) *Aloidella* Venturi, Comm. Fauna Fl. Venet. **1**(3): 124. 1868.
T.: non designatus.

Amblyodon Palisot de Beauvois, Mag. Encycl. **5**: 323. 1804 ('*Amblyodum*'); corr. Bruch et Schimper in Bruch, Schimper et Gümbel, Bryol. Eur. **4**: 3. 1841 (fasc. 10 Mon. 1).
T.: *A. dealbatus* (Hedwig) Palisot de Beauvois (*Meesia dealbata* Hedwig).

(V) *Amblyodum* Palisot de Beauvois, Mag. Encycl. **5**: 323. 1804.

Amphidium Schimper, Coroll. Bryol. Europ. 39. 1856.
T.: *A. lapponicum* (Hedwig) Schimper (*Anictangium lapponicum* Hedwig).

(H) *Amphidium* C. G. Nees in Sturm, Deutschl. Fl. **2**(17): 2. 1819 [MUSCI].
T.: *A. pulvinatum* C. G. Nees.

Anacolia Schimper, Syn. Musc. Europ. ed. 2. 513. 1876.
T.: *A. webbii* (Montagne) Schimper (*Glyphocarpa webbii* Montagne).

(=) *Glyphocarpa* R. Brown, Trans. Linn. Soc. London **12**: 575, 1819.
T.: *G. capensis* R. Brown.

Anoectangium Schwägrichen, Sp. Musc. Suppl. **1**(1): 33. 1811.
T.: *A. compactum* Schwägrichen [= *A. aestivum* (Hedwig) Mitten, *Gymnostomum aestivum* Hedwig] (*typ. cons.*).

(H) *Anoectangium* Roehling, Ann. Wetterauischen Ges. Gesammte Naturk. **1**: 199. 1809 [MUSCI].
T.: non designatus.
(=) *Anictangium* Hedwig, Sp. Musc. 40. 1801.
T.: non designatus.

Atractylocarpus Mitten, J. Linn. Soc., Bot. **12**: 13, 71. 1869.
T.: *A. mexicanus* Mitten [= *A. costaricensis* (K. Müller Hal.) Wilson, *Leptotrichum costaricense* K. Müller Hal.].

(=) *Metzleria* Schimper ex Milde, Bryol. Siles. 75. 1869.
T.: *M. alpina* Schimper ex Milde.

Atrichum Palisot de Beauvois, Mag. Encycl. **5**: 329. 1804.
T.: *A. undulatum* (Hedwig) Palisot de Beauvois (*Polytrichum undulatum* Hedwig) (*typ. cons.*).

(≡) *Catharinea* Weber et Mohr, Ind. Musci Pl. Crypt. 2. 1803.

Aulacomnium Schwägrichen, Sp. Musc. Suppl. **3**(1): *t. 215*. 1827 ('*Aulacomnion*'); corr. Schwägrichen, Sp. Musc. Suppl. **3**(2), index. 1830.
T.: *A. androgynum* (Hedwig) Schwägrichen (*Bryum androgynum* Hedwig) (*typ. cons.*).

(≡) *Gymnocephalus* Schwägrichen, Sp. Musc. Suppl. **1**(2): 87. 1816.
(=) *Arrhenopterum* Hedwig, Sp. Musc. Frond. 198. 1801.
T.: *A. heterostichum* Hedwig.
(=) *Orthopyxis* Palisot de Beauvois, Mag. Encycl. **5**: 322. 1804 ('*Orthopixis*'); corr. Palisot de Beauvois, Prodr. 31. 1805.
T.: non designatus.

Barbula Hedwig, Sp. Musc. Frond. 115. 1801.
T.: *B. unguiculata* Hedwig (*typ. cons.*).

(H) *Barbula* Loureiro, Fl. Cochinch. 366. 1790 [VERBEN.].
T.: *B. sinensis* Loureiro.

Bartramia Hedwig, Sp. Musc. Frond. 164. 1801.
T.: *B. halleriana* Hedwig (*typ. cons.*).

(H) *Bartramia* Linnaeus, Sp. Pl. 389. 1753 [TIL.].
T.: *B. indica* Linnaeus.

Bartramidula Bruch et Schimper in Bruch, Schimper et Gümbel, Bryol. Europ. **4**: 55. 1846 (fasc. 29–30 Mon. 1).
T.: *B. wilsonii* Bruch, Schimper et Gümbel, nom. illeg. (*B. cernua* (Wilson) Lindberg, *Glyphocarpa cernua* Wilson).

(=) *Glyphocarpa* R. Brown, Trans. Linn. Soc. London **12**: 575. 1819.
T.: *G. capensis* R. Brown.

Bryoxiphium Mitten, J. Linn. Soc., Bot. **12**: 580. 1869 ('*Bryozipium*'); corr. Lindberg, Utkast Nat. Grupp. Eur. Bladm. 35. 1878.
T.: *B. norvegicum* (Bridel) Mitten (*Phyllogonium norvegicum* Bridel).

(V) *Bryoziphium* Mitten, J. Linn. Soc. Bot. **12**: 580. 1869.
(≡) *Eustichium* Bruch et Schimper in Bruch, Schimper et Gümbel, Bryol. Europ. **2**: 159 (fasc. 42). 1849.

Crossidium Juratzka, Laubm.-Fl. Oesterr.-Ung. 127. 1882.
T.: *C. squamigerum* (Viviani) Juratzka (*Barbula squamigera* Viviani).

(=) *Chloronotus* Venturi, Comm. Fauna Flora Venet. **1**(3): 124. 1868.
T.: non designatus.

Cynodontium Bruch et Schimper in Schimper, Coroll. Bryol. Europ. 12. 1856.
T.: *C. polycarpum* (Hedwig) Schimper (*Fissidens polycarpus* Hedwig) (*typ. cons.*).

(H) *Cynodontium* Bridel, Muscol. Recent. Suppl. **1**: 155. 1806 [MUSCI].
T.: non designatus.

Daltonia W. J. Hooker et T. Taylor, Muscol. Brit. 80. 1818.
T.: *D. splachnoides* W. J. Hooker et T. Taylor (*typ. cons.*).

Distichium Bruch et Schimper in Bruch, Schimper, et Gümbel, Bryol. Europ. **2**: 153. 1846 (fasc. 29–30 Mon. 1).
T.: *D. capillaceum* (Hedwig) Bruch et Schimper (*Cynontodium capillaceum* Hedwig).

(=) *Cynontodium* Hedwig, Sp. Musc. Frond. 57. 1801 [MUSCI].
T.: non designatus.

Ditrichum Hampe, Flora **50**: 181. 1867.
T.: *D. homomallum* (Hedwig) Hampe (*Didymodon homomallum* Hedwig) [= *D. heteromallum* (Hedwig) E. G. Britton, *Weissia heteromalla* Hedwig].

(H) *Ditrichum* Cassini, Bull. Sci. Soc. Philom. Paris **1817**: 33. 1817 [COMP.].
T.: *D. macrophyllum* Cassini.
(≡) *Diaphanophyllum* Lindberg, Oefvers. Förh. Kongl. Svenska Vetensk.-Akad. **19**: 605. 1863.
(=) *Aschistodon* Montagne, Ann. Sci. Nat. Bot. ser. 3. **4**: 109. 1845.
T.: *A conicus* Montagne.
(=) *Lophiodon* J. D. Hooker et Wilson, London J. Bot. **3**: 543. 1844.
T.: *L. strictus* J. D. Hooker et Wilson.

Drummondia W. J. Hooker in Drummond, Musci Amer. n. 62. 1828.
T.: *D. clavellata* W. J. Hooker [= *D. prorepens* (Hedwig) E. G. Britton, *Gymnostomum prorepens* Hedwig].

(=) *Anodontium* Bridel, Muscol. Recent. Suppl. **1**: 41. 1806.
T.: *A. prorepens* (Hedwig) Bridel (*Gymnostomum prorepens* Hedwig).
(=) *Leiotheca* Bridel, Bryol. Univ. **1**: 304, 726. 1826.
T.: *L. prorepens* (W. J. Hooker) Bridel (*Orthotrichum prorepens* W. J. Hooker).

Ephemerella K. Müller Hal., Syn. Musc. Frond. **1**: 34. 1848.
T.: *E. pachycarpa* (Schwägrichen) K. Müller Hal. (*Phascum pachycarpum* Schwägrichen).

(=) *Physedium* Bridel, Bryol. Univ. **1**: 51. 1826.
T.: *P. splachnoides* (Hornschuch) Bridel (*Phascum splachnoides* Hornschuch).

Ephemerum Hampe, Flora **20**: 285. 1837.
T.: *E. serratum* (Hedwig) Hampe (*Phascum serratum* Hedwig).

(H) *Ephemerum* P. Miller, Gard. Dict. Abr. ed. 4. 1754 [COMMELIN.].
≡ *Tradescantia* Linnaeus 1753.

Gymnostomum C. G. Nees et Hornschuch, Bryol. Germ. **1**: 153. 1823.
T.: *G. calcareum* Nees et Hornschuch (*typ. cons.*).

(H) *Gymnostomum* Hedwig, Sp. Musc. Frond. 30. 1801.
T.: non designatus.

Gyroweisia Schimper, Syn. Musc. Europ. ed. 2. 38. 1876.
T.: *G. tenuis* (Hedwig) Schimper (*Gymnostomum tenue* Hedwig) (*typ. cons.*).

(=) *Weisiodon* Schimper, Coroll. Bryol. Europ. 9. 1856.
T.: *W. reflexus* (Bridel) Schimper (*Weissia reflexa* Bridel).

302

Haplohymenium Dozy et Molkenboer, Musc. Frond. Archip. Ind. 127, *t. 40.* 1846.
T.: *H. sieboldii* (Dozy et Molkenboer) Dozy et Molkenboer (*Leptohymenium sieboldii* Dozy et Molkenboer).

(H) *Haplohymenium* Schwägrichen, Sp. Musc. Suppl. **3**(2): *t. 271.* 1829 [MUSCI].
T.: *H. microphyllum* Schwägrichen [= *Thuidium haplohymenium* (W. H. Harvey) Jaeger].

Hedwigia Palisot de Beauvois, Mag. Encycl. **5**: 304. 1804.
T.: *H. ciliata* (Hedwig) Palisot de Beauvois (*Anictangium ciliatum* Hedwig) (*typ. cons.*).

(H) *Hedwigia* Swartz, Prodr. 4, 62. 1788 [BURSER.].
T.: *H. balsamifera* Swartz.

Helodium Warnstorf, Krypt. Fl. Brandenburg **2**: 675, 692. 1905.
T.: *H. blandowii* (Weber et Mohr) Warnstorf (*Hypnum blandowii* Weber et Mohr).

(H) *Helodium* Dumortier, Fl. Belg. 77. 1827 [UMBELL.].
≡ *Helosciadium* W. D. J. Koch 1824.

Holomitrium Bridel, Bryol. Univ. **1**: 226. 1826 ('*Olomitrium*'); corr. Endlicher, Gen. Pl. 48. 1836.
T.: *H. perichaetiale* (W. J. Hooker) Bridel (*Trichostomum perichaetiale* W. J. Hooker) (*typ. cons.*).

(V) *Olomitrium* Bridel, Bryol. Univ. **1**: 226. 1826.

Hookeria J. E. Smith, Trans. Linn. Soc. London **9**: 275. 23 Nov 1808.
T.: *H. lucens* (Hedwig) J. E. Smith (*Hypnum lucens* Hedwig).

(H) *Hookera* R. A. Salisbury, Parad. Lond. *t. 98.* 1 Mar 1808 [LIL.].
≡ *Brodiaea* J. E. Smith 1810 (*nom. cons.*).

Hygroamblystegium Loeske, Moosfl. Harz. 298. 1903.
T.: *H. irriguum* (Hooker et Wilson) Loeske (*Hypnum irriguum* Hooker et Wilson) [= *H. tenax* (Hedwig) Jennings, *Hypnum tenax* Hedwig].

(=) *Drepanophyllaria* K. Müller Hal., Nuov. Giorn. Bot. Ital. **3**: 114. 1896.
≡ *Cratoneuron* (Sullivant) Spruce 1867.

Hypnum Hedwig, Sp. Musc. Frond. 236. 1801.
T.: *H. cupressiforme* Hedwig (*typ. cons.*).

Lepidopilum (Bridel) Bridel, Bryol. Univ. **2**: 267. 1827.
T.: *L. subenerve* Bridel, nom. illeg. (*L. scabrisetum* (Schwägrichen) Steere, *Neckera scabriseta* Schwägrichen).

(=) *Actinodontium* Schwägrichen, Sp. Musc. Suppl. **2**(2): 75, *t. 174.* 1826.
T.: *A. adscendens* Schwägrichen.

Leptodon Mohr, Observ. Bot. 27. 1803.
T.: *L. smithii* (Hedwig) Weber et Mohr (*Hypnum smithii* Hedwig) (*typ. cons.*).

Leptostomum R. Brown, Trans. Linn. Soc. London **10**: 320. 1811.
T.: *L. inclinans* R. Brown (*typ. cons.*).

(=) *Orthopyxis* Palisot de Beauvois, Mag. Encycl. **5**: 322. 1804 ('*Orthopixis*'); corr. Palisot de Beauvois, Prodr. 31. 1805.
T.: non designatus.

Leucoloma Bridel, Bryol. Univ. **2**: 218. 1827.
T.: *L. bifidum* (Bridel) Bridel (*Hypnum bifidum* Bridel).

(≡) *Macrodon* Arnott, Mém. Soc. Linn. Paris **5**: 290. 1827 (vel 1826).

(=) *Sclerodontium* Schwägrichen, Sp. Musc. Suppl. **2**(1): 124, *t. 134*. 1824.
T.: *S. pallidum* (W. J. Hooker) Schwägrichen (*Leucodon pallidus* W. J. Hooker).

Meesia Hedwig, Sp. Musc. Frond. 173. 1801.
T.: *M. longiseta* Hedwig (*typ. cons.*).

(H) *Meesia* J. Gaertner, Fruct. Sem. Pl. **1**: 344. 1788 [OCHN.].
T.: *M. serrata* J. Gaertner.

Mittenothamnium Hennings, Hedwigia **41** (Beibl.): 225. 1902.
T.: *M. reptans* (Hedwig) Cardot (*Hypnum reptans* Hedwig) (*typ. cons.*).

Mniobryum Limpricht, Laubm. Deutschl. **2**: 272. 1892.
T.: *M. carneum* Limpricht, nom. illeg. (*M. delicatulum* (Hedwig) Dixon, *Bryum delicatulum* Hedwig) (*typ. cons.*).

Mnium Hedwig, Sp. Musc. Frond. 188. 1801.
T.: *M. hornum* Hedwig (*typ. cons.*).

(H) *Mnium* Linnaeus, Sp. Pl. 1109. 1753 [HEPAT.].
T.: *M. fissum* Linnaeus.

Muelleriella Dusén, Bot. Not. **1905**: 304. 1905.
T.: *M. crassifolia* (J. D. Hooker et Wilson) Dusén (*Orthotrichum crassifolium* J. D. Hooker et Wilson).

(H) *Muelleriella* Van Heurck, Treat. Diatom. 435. 1896 [BACILLARIOPH.].
T.: *M. limbata* Van Heurck.

Myrinia Schimper, Syn. Musc. Europ. 482. 1860.
T.: *M. pulvinata* (Wahlenberg) Schimper (*Leskea pulvinata* Wahlenberg).

(H) *Myrinia* Lilja, Fl. Sv. Odl. Vext. Suppl. 25. 1840 [ONAGR.].
T.: *M. microphylla* Lilja.

Neckera Hedwig, Sp. Musc. Frond. 200. 1801.
T.: *N. pennata* Hedwig (*typ. cons.*).

(H) *Neckeria* Scopoli, Intr. 313. 1777 [PAPAVER.].
≡ *Corydalis* Ventenat 1803 (*nom. cons.*).

Orthothecium Schimper in Bruch, Schimper et Gümbel, Bryol. Europ. **5**: 105. 1851 (fasc. 48 Mon. 1).
T.: *O. rufescens* (J. E. Smith) Schimper (*Hypnum rufescens* J. E. Smith).

(H) *Orthothecium* Schott et Endlicher, Melet. Bot. 31. 1832 [STERCUL.].
T.: *O. lhotskyanum* Schott et Endlicher.

Papillaria (K. Müller Hal.) K. Müller Hal. in Ångström, Oefvers. Förh. Kongl. Svenska Vetensk.- Akad. **33**(4): 34. 1876.
T.: *P. nigrescens* (Hedwig) Jaeger (*Hypnum nigrescens* Hedwig) (*typ. cons.*).

(H) *Papillaria* Dulac, Fl. Hautes-Pyrénées 45. 1867 [SCHEUCHZER.].
≡ *Scheuchzeria* Linnaeus 1753.

Platygyrium Schimper in Bruch, Schimper et Gümbel, Bryol. Europ. **5**: 95. 1851 (fasc. 46–47 Mon. 1).
T.: *P. repens* (Bridel) Schimper (*Pterigynandrum repens* Bridel).

(=) *Pterigynandrum* Hedwig, Sp. Musc. Frond. 80. 1801.
LT.: *P. filiforme* Hedwig.
(=) *Pterogonium* Swartz, Mon. Rev. **34**: 537. 1 Jun 1801.
LT.: *P. gracile* (Hedwig) J. E. Smith (*Pterigynandrum gracile* Hedwig).
(=) *Leptohymenium* Schwägrichen, Sp. Musc. Suppl. **3**(1): *t. 246C*. 1828.
T.: *L. tenue* (W. J. Hooker) Schwägrichen (*Neckera tenuis* W. J. Hooker).

Pleuridium Rabenhorst, Deutschl. Krypt. Fl. **2**(3): 79. 1848.
T.: *P. subulatum* (Hedwig) Rabenhorst (*Phascum subulatum* Hedwig).

(H) *Pleuridium* Bridel, Muscol. Recent. Suppl. **4**: 10. 1818 [MUSCI].
T.: *P. globiferum* Bridel.

*Pleurozium Mitten, J. Linn. Soc., Bot. **12**: 22, 537. 1869.
T.: *P. schreberi* (Hedwig) Mitten (*Hypnum schreberi* Hedwig) (*typ. cons.*).

Pterygoneurum Juratzka, Laubm.-Fl. Oesterr.-Ung. 95. 1882.
T.: *P. cavifolium* Juratzka, nom. illeg. (*P. ovatum* (Hedwig) Dixon, *Gymnostomum ovatum* Hedwig) (*typ. cons.*).

(=) *Pharomitrium* Schimper, Syn. 120. 1860.
T.: *P. subsessile* (Bridel) Schimper (*Gymnostomum subsessile* Bridel).

Ptychomitrium Fürnrohr, Flora **12** (2. Erg.): 19. 1829 ('*Pthychomitrium*'); corr. Bruch et Schimper in Bruch, Schimper et Gümbel, Bryol. Europ. **3**: 79. 1837 (fasc. 2–3 Mon. 1).
T.: *P. polyphyllum* (Swartz) Bruch et Schimper (*Dicranum polyphyllum* Swartz).

(V) *Pthychomitrium* Fürnrohr, Flora **12**(2. Erg.): 19. 1829.
(=) *Brachysteleum* H. G. L. Reichenbach, Consp. **1**: 34. 1828.
T.: *B. crispatum* (Hedwig) Hornschuch (*Encalypta crispata* Hedwig).

Timmia Hedwig, Sp. Musc. Frond. 176. 1801.
T.: *T. megapolitana* Hedwig (*typ. cons.*).

(H) *Timmia* J. F. Gmelin, Syst. Nat. **2**: 524, 538. 1791 [AMARYLLID.].
T.: non designatus.

Tortella (Lindberg) Limpricht, Laubm. Deutschl. **1**: 599. 1888.
T.: *T. caespitosa* (Schwägrichen) Limpricht (*Barbula caespitosa* Schwägrichen) [= *T. humilis* (Hedwig) Jennings, *Barbula humilis* Hedwig].

(=) *Pleurochaete* Lindberg, Oefvers. Förh. Kongl. Svenska Vetensk.-Akad. **21**: 253. 1864.
T.: *P. squarrosa* (Bridel) Lindberg (*Barbula squarrosa* Bridel).

Tortula Hedwig, Sp. Musc. Frond. 122. 1801.
T.: *T. subulata* Hedwig.

(H) *Tortula* Roxburgh in Willdenow, Sp. Pl. **3**: 359. 1800 [VERBEN.].
T.: *T. aspera* Roxburgh.

Trichostomum Bruch, Flora **12**: 396. 1829.
T.: *T. brachydontium* Bruch (*typ. cons.*).

(H) *Trichostomum* Hedwig, Sp. Musc. Frond. 107. 1801 [MUSCI].
T.: non designatus.
(=) *Plaubelia* Bridel, Bryol. Univ. **1**: 522. 1826.
T.: *P. tortuosa* Bridel.

Adelanthus Mitten, J. Linn. Soc., Bot. **7**: 243. 1864.

T.: *A. falcatus* (W. J. Hooker) Mitten (*Jungermannia falcata* W. J. Hooker) (*typ. cons.*).

(H) *Adelanthus* Endlicher, Gen. Pl. 1327. 1840 [ICACIN.].

T.: *A. scandens* (Thunberg) Endlicher ex Baillon (*Cavanilla scandens* Thunberg).

Bazzania S. F. Gray, Nat. Arr. Brit. Pl. **1**: 704, 775. 1821 ('*Bazzanius*'); corr. Carrington, Trans. Bot. Soc. Edinburgh **10**: 309. 1870.

T.: *B. trilobata* (Linnaeus) S. F. Gray (*Jungermannia trilobata* Linnaeus).

(V) *Bazzanius* S. F. Gray, Nat. Arr. Brit. Pl. **1**: 704, 775. 1821.

Cephaloziella (Spruce) Schiffner in Engler et Prantl, Nat. Pflanzenfam. **1**(3): 98. 1893.

T.: *C. divaricata* (J. E. Smith) Schiffner (*Jungermannia divaricata* J. E. Smith).

(=) *Dichiton* Montagne, Syll. Gen. Sp. Crypt. 52. 1856.

T.: *D. perpusillus* Montagne, nom. illeg. (*D. calyculatus* (Montagne et Durieu) Trevisan, *Jungermannia calyculata* Montagne et Durieu).

Chiloscyphus Corda in Opiz, Beitr. Naturgesch. [Naturalientausch **12**:] 651. 1829 ('*Cheilocyphos*'); corr. Dumortier, Syll. Jungerm. Europ. 67. 1831.

T.: *C. polyanthos* (Linnaeus) Corda (*Jungermannia polyanthos* Linnaeus).

(V) *Cheilocyphos* Corda in Opiz, Beitr. Naturgesch. [Naturalientausch **12**:] 651. 1829.

Conocephalum Wiggers, Prim. Fl. Holsat. 82. 1780.

T.: *C. conicum* (Linnaeus) Dumortier ex Cogniaux (*Marchantia conica* Linnaeus).

(≡) *Conicephala* J. Hill, Gener. Nat. Hist. **2**. ed. 2. 118. 1773.

Diplophyllum (Dumortier) Dumortier, Recueil Observ. Jungerm. 15. 1835.

T.: *D. albicans* (Linnaeus) Dumortier (*Jungermannia albicans* Linnaeus) (*typ. cons.*).

(H) *Diplophyllum* Lehmann, Ges. Naturf. Freunde Berlin Mag. **8**: 310. 1818 [SCROPHULAR.].

T.: *D. veroniciforme* Lehmann.

Gymnomitrion Corda in Opiz, Beitr. Naturgesch. [Naturalientausch **12**:] 651. 1829.

T.: *G. concinnatum* (Lightfoot) Corda (*Jungermannia concinnata* Lightfoot) (*typ. cons.*).

(≡) *Cesius* S. F. Gray, Nat. Arr. Brit. Pl. **1**: 705. 1821.

Haplomitrium C. G. Nees, Naturgesch. Eur. Leberm. **1**: 109. 1833.

T.: *H. hookeri* (J. E. Smith) C. G. Nees (*Jungermannia hookeri* J. E. Smith).

(≡) *Scalius* S. F. Gray, Nat. Arr. Brit. Pl. **1**: 704. 1821.

*Heteroscyphus Schiffner, Österr. Bot. Z. **60**: 171. 1910.

T.: *H. aselliformis* (Reinwardt, Blume et C. G. Nees) Schiffner (*Jungermannia aselliformis* Reinwardt, Blume et C. G. Nees).

(≡) *Gamoscyphus* Trevisan, Mem. Reale Ist. Lombardo Cl. Sci. ser. 3. **4**: 422. 1877.

Lejeunea Libert, Ann. Gén. Sci. Phys. **6**: 372. 1820 ('*Lejeunia*'); corr. Hampe, Linnaea **11**: 92. 1837.
T.: *L. libertiae* Bonner et H. A. Miller.

(V) *Lejeunia* Libert, Ann. Gén. Sci. Phys. **6**: 372. 1820.

Lembidium Mitten in J. D. Hooker, Handb. N. Zeal. Fl. 754. 1867.
T.: *L. nutans* (J. D. Hooker et T. Taylor) A. W. Evans (*Jungermannia nutans* J. D. Hooker et T. Taylor).

(H) *Lembidium* Körber, Syst. Lich. Germ. **5**: 358. 1855 [FUNGI: LICH.].
T.: *L. polycarpum* Körber.

Lepidozia (Dumortier) Dumortier, Recueil Observ. Jungerm. 19. 1835.
T.: *L. reptans* (Linnaeus) Dumortier (*Jungermannia reptans* Linnaeus) (*typ. cons.*).

(≡) *Mastigophora* C. G. Nees, Naturgesch. Eur. Leberm. **1**: 95, 101. 1833, non C. G. Nees, Naturgesch. Eur. Leberm. **3**: 89. 1838, *nom. cons.*

Marchesinia S. F. Gray, Nat. Arr. Brit. Pl. **1**: 679 ('*Marchesinius*'), 689, 817 ('*Marchesinus*'). 1821; corr. Carrington, Trans. Bot. Soc. Edinburgh **10**: 309. 1870.
T.: *M. mackayi* (W. J. Hooker) S. F. Gray (*Jungermannia mackayi* W. J. Hooker).

(V) *Marchesinus* S. F. Gray, Nat. Arr. Brit. Pl. **1**: 679 ('*Marchesinius*'), 689, 817. 1821.

Mastigophora C. G. Nees, Naturgesch. Eur. Leberm. **3**: 89. 1838.
T.: *M. woodsii* (W. J. Hooker) C. G. Nees (*Jungermannia woodsii* W. J. Hooker).

(H) *Mastigophora* C. G. Nees, Naturgesch. Eur. Leberm. **1**: 95, 101. 1833 [HEPAT.].
≡ *Lepidozia* (Dumortier) Dumortier (*nom. cons.*).

Mylia S. F. Gray, Nat. Arr. Brit. Pl. **1**: 693. 1821 ('*Mylius*'); corr. Lindberg, Acta Soc. Sci. Fenn. **10**: 525. 1875.
T.: *M. taylorii* (W. J. Hooker) S. F. Gray (*Jungermannia taylorii* W. J. Hooker) (*typ. cons.*).

(V) *Mylius* S. F. Gray, Nat. Arr. Brit. Pl. **1**: 693. 1821.

Nardia S. F. Gray, Nat. Arr. Brit. Pl. **1**: 694. 1821 ('*Nardius*'); corr. Carrington, Trans. Bot. Soc. Edinburgh **10**: 309. 1870.
T.: *N. compressa* (W. J. Hooker) S. F. Gray (*Jungermannia compressa* W. J. Hooker) (*typ. cons.*).

(V) *Nardius* S. F. Gray, Nat. Arr. Brit. Pl. **1**: 694. 1821.

Pallavicinia S. F. Gray, Nat. Arr. Brit. Pl. **1**: 775. 1821 ('*Pallavicinius*'); corr. Trevisan, Reale Ist. Lombardo Sci. Lett. Rendic. ser. 2. **7**: 785. 1874.
T.: *P. lyellii* (W. J. Hooker) Carruthers (*Jungermannia lyellii* W. J. Hooker) (*typ. cons.*).

(V) *Pallavicinius* S. F. Gray, Nat. Arr. Brit. Pl. **1**: 775. 1821.

*Pellia Raddi, Jungermanniogr. Etrusca 38. 1818.
T.: *P. endiviifolia* (Dickson) Dumortier (*Jungermannia endiviifolia* Dickson) [*P. fabroniana* sensu Raddi, non Raddi, nom. illeg.] (*typ. cons.*).

(=) *Merkia* Borkhausen, Tent. Disp. Pl. German. 156. 1792.
LT.: *M. epiphylla* (Linnaeus) Lindberg (*Jungermannia epiphylla* Linnaeus) (vide Grolle, Taxon **24**: 693. 1975).

Plagiochasma Lehmann et Lindenberg in Lehmann, Nov. Stirp. Pug. **4**: 13. 1832.
T.: *P. cordatum* Lehmann et Lindenberg (*typ. cons.*).

(=) *Aytonia* J. R. Forster et G. Forster, Char. Gen. Pl. 74, *t. 74.* 1775.
T.: *A. rupestris* J. R. Forster et G. Forster.
(=) *Rupinia* Linnaeus f., Suppl. 69, 452. 1782.
T.: *R. lichenoides* Linnaeus f.

Plagiochila (Dumortier) Dumortier, Recueil Observ. Jungerm. 14. 1835.
T.: *P. asplenioides* (Linnaeus) Dumortier (*Jungermannia asplenioides* Linnaeus).

(=) *Carpolepidum* Palisot de Beauvois, Fl. Oware **1**: 21. 1805.
T.: *C. dichotomum* Palisot de Beauvois.

Radula Dumortier, Comment. Bot. 112. 1822.
T.: *R. complanata* (Linnaeus) Dumortier (*Jungermannia complanata* Linnaeus) (*typ. cons.*).

(≡) *Martinellius* S. F. Gray, Nat. Arr. Brit. Pl. **1**: 690. 1821.

Reboulia Raddi, Opusc. Sci. Bologna **2**: 357. 1818 ('*Rebouillia*'); corr. C. G. Nees in Gottsche, Lindenberg et C. G. Nees, Syn. Hepat. 547. 1846.
T.: *R. hemisphaerica* (Linnaeus) Raddi (*Marchantia hemisphaerica* Linnaeus).

(V) *Rebouillia* Raddi, Opusc. Sci. Bologna **2**: 357. 1818.

Riccardia S. F. Gray, Nat. Arr. Brit. Pl. **1**: 683. 1821 ('*Riccardius*'); corr. Trevisan, Reale Ist. Lombardo Sci. Lett. Rendic. ser. 2. **7**: 785. 1874.
T.: *R. multifida* (Linnaeus) S. F. Gray (*Jungermannia multifida* Linnaeus) (*typ. cons.*).

(V) *Riccardius* S. F. Gray, Nat. Arr. Brit. Pl. **1**: 683. 1821.

Saccogyna Dumortier, Comment. Bot. 113. 1822.
T.: *S. viticulosa* (Linnaeus) Dumortier (*Jungermannia viticulosa* Linnaeus).

(≡) *Lippius* S. F. Gray, Nat. Arr. Brit. Pl. **1**: 679, 706. 1821.

Scapania (Dumortier) Dumortier, Recueil Observ. Jungerm. 14. 1835.
T.: *S. undulata* (Linnaeus) Dumortier (*Jungermannia undulata* Linnaeus) (*typ. cons.*).

Solenostoma Mitten, J. Linn. Soc., Bot. **8**: 51. 1865.
T.: *S. tersum* (C. G. Nees) Mitten (*Jungermannia tersa* C. G. Nees).

(=) *Gymnoscyphus* Corda in Sturm, Deutschl. Fl. **2**(26–27): 158. 1835.
T.: *G. repens* Corda.

Treubia Goebel, Ann. Jard. Bot. Buitenzorg **9**: 1. 1890.
T.: *T. insignis* Goebel.

Trichocolea Dumortier, Comment. Bot. 113. 1822 ('*Thricholea*'); corr. C. G. Nees, Naturgesch. Eur. Leberm. **3**: 103. 1838.
T.: *T. tomentella* (Ehrhart) Dumortier (*Jungermannia tomentella* Ehrhart) (*typ. cons.*).

(V) *Thricholea* Dumortier, Comment. Bot. 113. 1822.

Anemia Swartz, Syn. Filic. 6, 155. 1806.
T.: *A. phyllitidis* (Linnaeus) Swartz (*Osmunda phyllitidis* Linnaeus).

(=) *Ornithopteris* Bernhardi, Neues J. Bot. 1(2): 40. 1805.
LT.: *O. adiantifolia* (Linnaeus) Bernhardi (*Osmunda adiantifolia* Linnaeus) (vide C. F. Reed, Bol. Soc. Brot. ser. 2, **21**: 153. 1947).

Angiopteris G. F. Hoffmann, Commentat. Soc. Regiae Sci. Gott. **12** (Cl. Phys.): 29. 1796.
T.: *A. evecta* (G. Forster) G. F. Hoffmann (*Polypodium evectum* G. Forster).

(H) *Angiopteris* Adanson, Fam. Pl. **2**: 21, 518. 1763 [PTERIDOPH.: ONOCL.].
≡ *Onoclea* Linnaeus 1753.

Araiostegia Copeland, Philipp. J. Sci. **34**: 240. 1927.
T.: *A. hymenophylloides* (Blume) Copeland (*Aspidium hymenophylloides* Blume).

(=) *Gymnogrammitis* Griffith, Ic. Pl. Asiat. **2**: *t. 129, f. 1.* 1849; Notul. Pl. Asiat. **2**: 608. 1849.
T.: *G. dareiformis* (W. J. Hooker) Ching ex Tardieu et C. Christensen (*Polypodium dareiforme* W. J. Hooker).

Ceterach Willdenow, Anleit. Selbst. 578. 1804.
T.: *C. officinarum* Willdenow.

(H) *Ceterac* Adanson, Fam. Pl. **2**: 20, 536. 1763 [PTERIDOPH.: ASPLEN.].
T.: non designatus.

Cheilanthes Swartz, Syn. Filic. 5, 126. 1806.
T.: *C. micropteris* Swartz.

(=) *Allosorus* Bernhardi, Neues J. Bot. 1(2): 36. 1805.
LT.: *A. pusillus* (Willdenow ex Bernhardi) Bernhardi (*Adiantum pusillum* Willdenow ex Bernhardi) (vide Pichi Sermolli, Webbia **9**: 394. 1953).

Coniogramme Fée, Mém. Foug. **5**: 167. 1852.
T.: *C. javanica* (Blume) Fée (*Gymnogramma javanica* Blume).

(=) *Dictyogramme* Fée, Mém. Soc. Mus. Hist. Nat. Strasbourg 4(1): 202. 1850.
T.: *D. japonica* (Thunberg) Fée (*Hemionitis japonica* Thunberg).

Cystopteris Bernhardi, Neues J. Bot. 1(2): 5, 26. 1805.
T.: *C. fragilis* (Linnaeus) Bernhardi (*Polypodium fragile* Linnaeus).

Danaea J. E. Smith, Mém. Acad. Sci. (Turin) **5**: 420, *t. 9, f. 11.* 1793.
T.: *D. nodosa* (Linnaeus) J. E. Smith (*Acrostichum nodosum* Linnaeus).

(H) *Danaa* Allioni, Fl. Pedem. **2**: 34, *t. 63.* 1785 [UMBELL.].
T.: *D. aquilegiifolia* (Allioni) Allioni (*Coriandrum aquilegiifolium* Allioni) [= *Physospermum cornubiense* (Linnaeus) A. P. de Candolle, *Ligusticum cornubiense* Linnaeus].

Doryopteris J. Smith, J. Bot. (Hooker) **3**: 404. 1841.
T.: *D. palmata* (Willdenow) J. Smith (*Pteris palmata* Willdenow).

(=) *Cassebeera* Kaulfuss, Enum. Filic. 216. 1824.
LT.: *C. triphylla* (Lamarck) Kaulfuss (*Adiantum triphyllum* Lamarck) (vide Fée, Mém. Foug. **5**: 119. 1852).

Drymoglossum K. B. Presl, Tent. Pterid. 227, *t. 10, fig. 5, 6.* 1836.
T.: *D. piloselloides* (Linnaeus) K. B. Presl (*Pteris piloselloides* Linnaeus).

(=) *Pteropsis* Desvaux, Mém. Soc. Linn. Paris **6**(3): 218. 1827.
LT.: *Acrostichum heterophyllum* Linnaeus (vide Pichi Sermolli, Webbia **9**: 403. 1953).

Drynaria (Bory de Saint-Vincent) J. Smith, J. Bot. (Hooker) **4**: 60. 1841.
T.: *D. quercifolia* (Linnaeus) J. Smith (*Polypodium quercifolium* Linnaeus).

Dryopteris Adanson, Fam. Pl. **2**: 20, 551. 1763.
T.: *D. filix-mas* (Linnaeus) Schott (*Polypodium filix-mas* Linnaeus).

(≡) *Filix* Séguier, Pl. Veron. **3**: 53. 1754.

Elaphoglossum Schott ex J. Smith, J. Bot. (Hooker) **4**: 148. 1841.
T.: *E. conforme* (Swartz) J. Smith (*Acrostichum conforme* Swartz) (*typ. cons.*).

(=) *Aconiopteris* K. B. Presl, Tent. Pterid. 236, *t. 10, fig. 17.* 1836.
T.: *A. subdiaphana* (Hooker et Greville) K. B. Presl (*Acrostichum subdiaphanum* Hooker et Greville).

Gleichenia J. E. Smith, Mém. Acad. Sci. (Turin) **5**: 419. 1793.
T.: *G. polypodioides* (Linnaeus) J. E. Smith (*Onoclea polypodioides* Linnaeus).

Lygodium Swartz, J. Bot. (Schrader) **1800**(2): 7, 106. 1801.
T.: *L. scandens* (Linnaeus) Swartz (*Ophioglossum scandens* Linnaeus).

(=) *Ugena* Cavanilles, Icon. **6**: 73. 1801.
LT.: *U. semihastata* Cavanilles, nom. illeg. (*Ophioglossum flexuosum* Linnaeus) (vide Pichi Sermolli, Webbia **9**: 418. 1953).

Matteuccia Todaro, Giorn. Sci. Nat. Econ. Palermo **1**: 235. 1866.
T.: *M. struthiopteris* (Linnaeus) Todaro (*Osmunda struthiopteris* Linnaeus).

(≡) *Pteretis* Rafinesque, Amer. Monthly Mag. & Crit. Rev. **2**: 268. 1818.

Pellaea Link, Fil. Spec. 59. 1841.
T.: *P. atropurpurea* (Linnaeus) Link (*Pteris atropurpurea* Linnaeus).

Polystichum A. W. Roth, Tent. Fl. Germ. **3**: 31, 69. 1799.
T.: *P. lonchitis* (Linnaeus) A. W. Roth (*Polypodium lonchitis* Linnaeus).

(=) *Hypopeltis* A. Michaux, Fl. Bor.-Amer. **2**: 266. 1803.
T.: *H. lobulata* Bory de Saint-Vincent.

Pteridium Gleditsch ex Scopoli, Fl. Carn. 169. 1760.
T.: *P. aquilinum* (Linnaeus) Kuhn (*Pteris aquilina* Linnaeus).

Schizaea J. E. Smith, Mém. Acad. Sci. (Turin) **5**: 419, *t. 9, f. 9.* 1793.
T.: *S. dichotoma* (Linnaeus) J. E. Smith (*Acrostichum dichotomum* Linnaeus).

(=) *Lophidium* L. C. Richard, Actes Soc. Hist. Nat. Paris **1**: 114. 1792.
T.: *L. latifolium* L. C. Richard [= *L. elegans* (Vahl) K. B. Presl].

Selaginella Palisot de Beauvois, Prodr. 101. 1805.

T.: *S. spinosa* Palisot de Beauvois, nom. illeg. (*Lycopodium selaginoides* Linnaeus, *S. selaginoides* (Linnaeus) Link).

(≡) *Selaginoides* Séguier, Pl. Veron. **3**: 51. 1754.

(=) *Lycopodioides* Boehmer in Ludwig, Defin. Gen. Pl. ed. 3. 485. 1760.
LT.: *L. denticulata* (Linnaeus) O. Kuntze (*Lycopodium denticulatum* Linnaeus) (vide Rothmaler, Feddes Repert. Spec. Nov. Regni Veg. **54**: 69. 1944).

(=) *Stachygynandrum* Palisot de Beauvois ex Mirbel in Lamarck et Mirbel, Hist. Nat. Vég. **3**: 447. 1802; **4**: 312. 1802.
LT.: *S. flabellatum* (Linnaeus) Palisot de Beauvois (Prodr. 113. 1805) (*Lycopodium flabellatum* Linnaeus) (vide Pichi Sermolli, Webbia **26**: 164. 1971).

Sphenomeris Maxon, J. Wash. Acad. Sci. **3**: 144. 1913.

T.: *S. clavata* (Linnaeus) Maxon (*Adiantum clavatum* Linnaeus).

(≡) *Stenoloma* Fée, Mém. Foug. **5**: 330. 1852 (vide C. V. Morton, Taxon **8**: 29. 1959).

Thelypteris Schmidel, Icon. Pl. ed. J. C. Keller 3, 45, *t. 11, 13*. Oct 1763.

T.: *Acrostichum thelypteris* Linnaeus (*T. palustris* Schott).

(H) *Thelypteris* Adanson, Fam. Pl. **2**: 20, 610, Jul-Aug 1763 [PTERIDOPH.: PTERID.].
≡ *Pteris* Linnaeus 1753.

XII. SPERMATOPHYTA

The number assinged to each genus is that of Dalla Torre et Harms, Gen. Siphonogam.

The present list is based on 'Nomina generica conservanda et rejicienda spermatophytorum' by H. W. Rickett and F. A. Stafleu, 1959–1961, published as follows:

I: nos. 7–1490 in Taxon **8**(7): 213–243. 12 Aug 1959.
II: nos. 1494–2858 in Taxon **8**(8): 256–274. 20 Oct 1959.
III: nos. 2884–5311 in Taxon **8**(9): 282–314. 21 Dec 1959.
IV: nos. 5320–7414 in Taxon **9**(3): 67–86. 29 Mar 1960.
V: nos. 7485–8918 in Taxon **9**(4): 111–124. 10 Mai 1960.
VI: nos. 8919–9604 in Taxon **9**(5): 153–161. 30 Jun 1960.
VII: Bibliography in Taxon **10**(3): 70–91. 25 Apr 1961.
VIII: Bibliography in Taxon **10**(4): 111–121. 2 Jun 1961.
IX: Bibliography in Taxon **10**(5): 132–149. 30 Jun 1961.
X: Serials and index in Taxon **10**(6): 170–194. 30 Aug 1961.

The list as published here contains the text of the above mentioned publication, parts I–VI, with the exception of the notes, and as amended, corrected and approved by the Committee for Spermatophyta. The new cases of conservation adopted by the IXth, Xth, XIth, XIIth, and XIIIth International Botanical Congresses and those approved by the General Committee subsequent to the XIIIth Congress have been added.

CYCADACEAE

7 **Zamia** Linnaeus, Sp. Pl. ed. 2. 1659. Jul-Aug 1763.

T.: *Z. pumila* Linnaeus.

(≡) *Palma-Filix* Adanson, Fam. Pl. **2**: 21, 587. Jul-Aug 1763 (vide Florin, Taxon **5**: 189. 1956).

13 **Podocarpus** L'Héritier ex Persoon, Syn.
Pl. **2**: 580. 1807.
T.: *P. elongatus* (W. Aiton) L'Héritier ex
Persoon (*Taxus elongata* W. Aiton) (*typ.
cons.*).

(H) *Podocarpus* Labillardière, Nov. Holl. Pl. **2**:
71. *t. 221*. 1806 [PODOCARP.].
≡ *Phyllocladus* L. C. Richard 1826 (*nom.
cons.*) (15).
(=) *Nageia* J. Gaertner, Fruct. Sem. Pl. 1: 191.
1788.
T.: *N. japonica* J. Gaertner, *nom. illeg.* (*Myrica nagi* Thunberg).

15 **Phyllocladus** L. C. Richard et Mirbel,
Mém. Mus. Hist. Nat. **13**: 48. 1825.
T.: *P. billardierei* Mirbel, nom. illeg. (*Po-
docarpus aspleniifolia* Labillardière,
Phyllocladus aspleniifolius (Labillardiè-
re) J. D. Hooker) (etiam vide 13).

17 **Torreya** Arnott, Ann. Nat. Hist. **1**: 130.
1838.
T.: *T. taxifolia* Arnott.

(H) *Torreya* Rafinesque, Amer. Monthly Mag.
& Crit. Rev. **3**: 356. 1818 [LAB.].
T.: *T. grandiflora* Rafinesque.

PINACEAE

20 **Agathis** R. A. Salisbury, Trans. Linn.
Soc. London **8**: 311. 1807.
T.: *A. loranthifolia* R. A. Salisbury, nom.
illeg. (*Pinus dammara* A. B. Lambert,
Agathis dammara (A. B. Lambert) L. C.
Richard).

23 **Cedrus** Trew, Cedr. Lib. Hist. **1**: 6. 1757.
T.: *C. libani* A. Richard, Dict. Class.
Hist. Nat. **3**: 299. 1823 (*Pinus cedrus*
Linnaeus).

(H) *Cedrus* Duhamel, Traité Arbr. Arbust. **1**:
xxviii, 139. *t. 52*. 1755 [CUPRESS.].
≡ *Juniperus* Linnaeus 1753.

31 **Cunninghamia** R. Brown in L. C. Richard, Comm. Bot. Conif. Cycad. 149.
1826.
T.: *C. sinensis* R. Brown, nom. illeg. (*Pinus lanceolata* A. B. Lambert, *C. lanceolata* (A. B. Lambert) W. J. Hooker).

(H) *Cunninghamia* Schreber, Gen. 789. 1791
[RUB.].
≡ *Malanea* Aublet 1775.
(≡) *Belis* R. A. Salisbury, Trans. Linn. Soc.
London **8**: 315. 1807.

32 **Sequoia** Endlicher, Syn. Conif. 197.
1847.
T.: *S. sempervirens* (D. Don) Endlicher
(*Taxodium sempervirens* D. Don).

32a **Metasequoia** Miki ex Hu et Cheng, Bull.
Fan Mem. Inst. Biol. ser. 2. **1**: 154. 1948.
T.: *M. glyptostroboides* Hu et Cheng.

(H) *Metasequoia* Miki, Jap. J. Bot. **11**: 237.
1941 [FOSS.: PIN.].
T.: *M. disticha* (Heer) Miki (*Sequoia disticha* Heer).

GNETACEAE

48 **Welwitschia** J. D. Hooker, Gard. Chron. **1862**: 71. 1862.
T.: *W. mirabilis* J. D. Hooker.

(H) *Welwitschia* H. G. L. Reichenbach, Handb. 194. 1837 [POLEMON.].
T.: *Hugelia densifolia* Bentham (*Eriastrum densifolium* (Bentham) H. L. Mason).
(≡) *Tumboa* Welwitsch, Gard. Chron. **1861**: 75. 1861.

POTAMOGETONACEAE

57 **Posidonia** C. König, Ann. Bot. (König & Sims) **2**: 95. 1805 ('1806').
T.: *P. caulinii* C. König, nom. illeg. (*Zostera oceanica* Linnaeus, *P. oceanica* (Linnaeus) Delile).

(=) *Alga* Boehmer in Ludwig, Defin. Gen. Pl. ed. 3. 503. 1760.
T.: non designatus.

60 **Cymodocea** C. König, Ann. Bot. (König & Sims) **2**: 96. 1805 ('1806').
T.: *C. aequorea* C. König.

(=) *Phucagrostis* Cavolini, Phucagr. Theophr. Anth. XIII. 1792.
T.: *P. major* Cavolini.

APONOGETONACEAE

65 **Aponogeton** Linnaeus f., Suppl. Pl. 32. 1782.
T.: *A. monostachyon* Linnaeus f., nom. illeg. (*A. natans* (Linnaeus) Engler et Krause, *Saururus natans* Linnaeus).

(H) *Aponogeton* J. Hill, Brit. Herb. 480. 1756 [POTOMOGETON.].
≡ *Zannichellia* Linnaeus 1753.

GRAMINEAE (POACEAE)

124 **Vossia** Wallich et Griffith, J. Asiat. Soc. Bengal **5**: 572. 1836.
T.: *V. procera* Wallich et Griffith, nom. illeg. (*Ischaemum cuspidatum* Roxburgh, *V. cuspidata* (Roxburgh) Griffith).

(H) *Vossia* Adanson, Fam. Pl. **2**: 243. 1763 [AIZ.].

127 **Rottboellia** Linnaeus f., Nov. Gram. Gen. 23, 37. 1779.
T.: *R. exaltata* (Linnaeus) Linnaeus f. (*Aegilops exaltata* Linnaeus) (*typ. cons.*).

(H) *Rottboelia* Scopoli, Intr. 233. 1777 [OLAC.].
≡ *Heymassoli* Aublet 1775.
(=) *Manisuris* Linnaeus, Mant. Pl. **2**: 164, 300. 1771.
T.: *M. myurus* Linnaeus.

134a **Diectomis** Kunth, Mém. Mus. Hist. Nat. **2**: 69. 1815.
T.: *D. fastigiata* (Swartz) Palisot de Beauvois (Essai Agrost. 132, 160. 1812). (*Andropogon fastigiatus* Swartz) (*typ. cons.*).

(H) *Diectomis* Palisot de Beauvois, Essai Agrost. 132, 160. 1812 [GRAM.].
T.: *D. fasciculata* Palisot de Beauvois.

134b **Sorghum** Moench, Methodus 207. 1794.
T.: *S. bicolor* (Linnaeus) Moench (*Holcus bicolor* Linnaeus).

(H) *Sorgum* Adanson, Fam. Pl. **2**: 38, 606. 1763 [GRAM.].
≡ *Holcus* Linnaeus 1753.

134c **Chrysopogon** Trinius, Fund. Agrost. 187. 1820.
T.: *C. gryllus* (Linnaeus) Trinius (*Andropogon gryllus* Linnaeus) (*typ. cons.*).

(≡) *Pollinia* C. Sprengel, Pugill. **2**: 10. 1815.
(=) *Rhaphis* Loureiro, Fl. Cochinch. 552. 1790.
T.: *R. trivialis* Loureiro.
(=) *Centrophorum* Trinius, Fund. Agrost. 106. 1820.
T.: *C. chinense* Trinius.

143 **Tragus** Haller, Hist. Stirp. Helv. **2**: 203. 1768.
T.: *T. racemosus* (Linnaeus) Allioni (Fl. Pedem. **2**: 241. 1785) (*Cenchrus racemosus* Linnaeus).

(≡) *Nazia* Adanson, Fam. Pl. **2**: 31, 581. 1763.

150 **Zoysia** Willdenow, Ges. Naturf. Freunde Berlin Neue Schr. **3**: 440. 1801.
T.: *Z. pungens* Willdenow.

166 **Echinochloa** Palisot de Beauvois, Essai Agrost. 53. 1812.
T.: *E. crus-galli* (Linnaeus) Palisot de Beauvois (*Panicum crus-galli* Linnaeus).

(≡) *Tema* Adanson, Fam. Pl. **2**: 496. 1763.

166a **Digitaria** Haller, Stirp. Helv. **2**: 244. 1768.
T.: *D. sanguinalis* (Linnaeus) Scopoli, Fl. Carn. ed. 2. **1**: 52. 1771 (*typ. cons.*).

(H) *Digitaria* Fabricius, Enum. 207. 1759 [GRAM.].
T.: non designatus [*Paspalum* sp.].

169 **Oplismenus** Palisot de Beauvois, Fl. Oware **2**: 14. 6 Aug 1810 ('1807').
T.: *O. africanus* Palisot de Beauvois.

(=) *Orthopogon* R. Brown, Prodr. 194. 1–7 Apr 1810.
LT.: *O. compositus* (Linnaeus) R. Brown (*Panicum compositum* Linnaeus) (vide Hitchcock, U.S.D.A. Bull. **772**: 238. 1920).

171 **Setaria** Palisot de Beauvois, Essai Agrost. 51, 178. 1812.
T.: *S. viridis* (Linnaeus) Palisot de Beauvois (*Panicum viride* Linnaeus) (*typ. cons.*).

(H) *Setaria* Acharius ex A. Michaux, Fl. Bor.-Amer. **2**: 331. 1803 [FUNGI: LICH.].
T.: *S. trichodes* A. Michaux.

194 **Leersia** Swartz, Prodr. **1**: 21. 1788.
T.: *L. oryzoides* (Linnaeus) Swartz (*Phalaris oryzoides* Linnaeus) (*typ. cons.*).

(≡) *Homalocenchrus* Mieg, Acta Helv. Phys.-Math. **4**: 307. 1760.

201 **Ehrharta** Thunberg, Kongl. Vetensk. Akad. Handl. Stockholm **40**: 217. *t. 8.* 1779 sem. 2.
T.: *E. capensis* Thunberg.

(=) *Trochera* L. C. Richard, Obs. Phys. Chim. Hist. Nat. Arts **13**: 225. Mar 1779.
T.: *T. striata* L. C. Richard.

206 **Hierochloë** R. Brown, Prodr. 208. 1810.
T.: *H. odorata* (Linnaeus) Palisot de Beauvois (*Holcus odoratus* Linnaeus) (*typ. cons.*).

(=) *Savastana* Schrank, Baiersche Fl. **1**: 100, 337. 1789.
T.: *S. hirta* Schrank.
(=) *Torresia* Ruiz et Pavón, Prodr. 125. 1794.
T.: *T. utriculata* Ruiz et Pavón (Syst. 251. 1798).

314

(=) *Disarrenum* Labillardière, Nov. Holl. Pl. **2**: 82, *t. 232*. 1806.
T.: *D. antarcticum* (G. Forster) Labillardière (*Aira antarctica* G. Forster).

221 **Crypsis** W. Aiton, Hortus Kew. **1**: 48. 1789.
T.: *C. aculeata* (Linnaeus) W. Aiton (*Schoenus aculeatus* Linnaeus).

228 **Coleanthus** Seidel in Roemer et Schultes, Syst. Veg. **2**: 11, 276. 1817.
T.: *C. subtilis* (Trattinick) Seidel (*Schmidtia subtilis* Trattinick).

257 **Holcus** Linnaeus, Sp. Pl. 1047. 1753.
T.: *H. lanatus* Linnaeus (*typ. cons.*).

269 **Corynephorus** Palisot de Beauvois, Essai Agrost. 90, 159. 1812.
T.: *C. canescens* (Linnaeus) Palisot de Beauvois (*Aira canescens* Linnaeus).

(≡) *Weingaertneria* Bernhardi, Syst. Verz. 23, 51. 1800.

272 **Ventenata** Koeler, Descr. Gram. 272. 1802.
T.: *V. avenacea* Koeler, nom. illeg. (*Avena dubia* Leers, *V. dubia* (Leers) Cosson) (*typ. cons.*).

(H) *Ventenatia* Cavanilles, Icon. **4**: 79. 1797 [EPACRID.].
T.: non designatus.
(=) *Heteranthus* Borkhausen, Botaniker **16–18**: 71. 1796(?).
T.: non designatus.

278a **Loudetia** Hochstetter ex Steudel, Syn. Pl. Glum. **1**: 238. 1854.
T.: *L. elegans* Hochstetter ex A. Braun.

(H) *Loudetia* Hochstetter ex A. Braun, Flora **24**: 713. 1841 [GRAM.].
≡ *Tristachya* C. G. Nees 1829.

280 **Danthonia** A. P. de Candolle in Lamarck et A. P. de Candolle, Fl. Franç. ed. 3. **3**: 32. 1805.
T.: *D. spicata* (Linnaeus) A. P. de Candolle (*Avena spicata* Linnaeus) (*typ. cons.*).

(=) *Sieglingia* Bernhardi, Syst. Verz. 44. 1800.
T.: *S. decumbens* (Linnaeus) Bernhardi (*Danthonia decumbens* (Linnaeus) A. P. de Candolle).

282 **Cynodon** L. C. Richard in Persoon, Syn. Pl. **1**: 85. 1805.
T.: *C. dactylon* (Linnaeus) Persoon (*Panicum dactylon* Linnaeus).

(≡) *Dactilon* Villars, Hist. Pl. Dauphiné **2**: 69. 1787.
(=) *Capriola* Adanson, Fam. Pl. **2**: 31, 532. 1763.
T.: non designatus ['*Gramen dactylon* Offic.'].

286 **Ctenium** Panzer, Ideen Rev. Gräser 36, 61. 1813.
T.: *C. carolinianum* Panzer, nom. illeg. (*Chloris monostachya* A. Michaux) [= *Ctenium aromaticum* (Walter) Wood, *Aegilops aromatica* Walter].

(≡) *Campulosus* Desvaux, Nouv. Bull. Sci. Soc. Philom. Paris **2**: 189. 1810.
T.: *C. gracilior* Desvaux, nom. illeg. (*Chloris monostachya* A. Michaux, *Campulosus monostachyus* (A. Michaux) Palisot de Beauvois).

308 **Buchloë** Engelmann, Trans. Acad. Sci. St. Louis **1**: 432. 1859.
T.: *B. dactyloides* (Nuttall) Engelmann (*Sesleria dactyloides* Nuttall).

312 **Schmidtia** Steudel ex J. A. Schmidt, Beitr. Fl. Cap Verd. Ins. 144. 1852.
T.: *S. pappophoroides* Steudel ex J. A. Schmidt.

(H) *Schmidtia* Moench, Suppl. Meth. 217. 1802 [COMP.].
T.: *S. fruticosa* Moench.

320 **Echinaria** Desfontaines, Fl. Atlant. **2**: 385. 1799.
T.: *E. capitata* (Linnaeus) Desfontaines (*Cenchrus capitatus* Linnaeus).

(H) *Echinaria* Heister ex Fabricius, Enum. 206. 1759 [GRAM.].
≡ *Cenchrus* Linnaeus 1753.
(≡) *Panicastrella* Moench, Methodus 205. 1794.

329 **Cortaderia** O. Stapf, Gard. Chron. ser. 3. **22**: 378, 397. 1897.
T.: *C. selloana* (J. A. Schultes et J. H. Schultes) Ascherson et Graebner (Syn. Mitteleur. Fl. **2**(1): 325. 1900) (*Arundo selloana* J. A. Schultes et J. H. Schultes).

(=) *Moorea* Lemaire, Ill. Hort. 2 (misc.): 15. 1854.
T.: *M. argentea* (C. G. Nees) Lemaire (*Gynerium argenteum* C. G. Nees).

356 **Diarrhena** Palisot de Beauvois, Essai Agrost. 142, 160 162. 1812.
T.: *D. americana* Palisot de Beauvois (*Festuca diandra* A. Michaux 1803, non Moench 1794).

358 **Zeugites** P. Browne, Civ. Nat. Hist. Jamaica 341. 1756.
T: *Z. americanus* Willdenow (*Apluda zeugites* Linnaeus, Syst. Nat. ed. 10. 1306. 1759).

374 **Lamarckia** Moench, Methodus 201. 1794. ('*Lamarkia*'); corr. Koeler, Descr. Gram. 376. 1802.
T.: *L. aurea* (Linnaeus) Moench (*Cynosurus aureus* Linnaeus).

(V) *Lamarkia* Moench, Methodus 201. 1794.
(H) *Lamarckia* Olivi, Zool. Adriat. 258. 1792 [CHLOROPH.].
T.: non designatus.
(≡) *Achyrodes* Boehmer in Ludwig, Defin. Gen. Pl. ed. 3. 420. 1760.

381 **Scolochloa** Link, Hort. Berol. **1**: 1136. 1827.
T.: *S. festucacea* (Willdenow) Link (*Arundo festucacea* Willdenow).

(H) *Scolochloa* Mertens et Koch in Röhling, Deutschl. Fl. ed. 3. **1**: 374, 528 [GRAM.].
T.: *S. arundinacea* (Palisot de Beauvois) Mertens et Koch (*Donax arundinaceus* Palisot de Beauvois).

383 **Glyceria** R. Brown, Prodr. 179. 1810.
T.: *G. fluitans* (Linnaeus) R. Brown (*Festuca fluitans* Linnaeus)

384 **Puccinellia** Parlatore, Fl. Ital. **1**: 366. 1848.
T.: *P. distans* (N. J. Jacquin) Parlatore (*Poa distans* N. J. Jacquin) (*typ. cons.*).

(≡) *Atropis* Ruprecht, Beitr. Pflanzenk. Russ. Reich. **2**: 64. 1845.

417 **Phyllostachys** Siebold et Zuccarini, Abh. Math.-Phys. Cl. Königl. Bayer. Akad. Wiss. **3**: 745. 1843 (1844?).
T.: *P. bambusoides* Siebold et Zuccarini.

424 **Bambusa** Schreber, Gen. **1**: 236. 1789.
T.: *Bambos arundinacea* Retzius.

(≡) *Bambos* Retzius, Obs. Bot. **5**: 24. 1788.

CYPERACEAE

452 **Lipocarpha** R. Brown in Tuckey, Narr. Exp. Congo 459. 1818.
T.: *L. argentea* R. Brown, nom. illeg. (*Hypaelyptum argenteum* Vahl, nom. illeg., *Scirpus senegalensis* Lamarck, *Lipocarpha senegalensis* (Lamarck) T. Durand et H. Durand).

(=) *Hypaelyptum* Vahl, Enum. **2**: 283. 1806.
T.: non designatus.

454 **Ascolepis** C. G. Nees ex Steudel, Syn. Pl. Cyp. 105. 1855.
T.: *A. eriocauloides* (Steudel) C. G. Nees ex Steudel (*Kyllinga eriocauloides* Steudel) (*typ. cons.*).

459 **Mariscus** Vahl, Enum. **2**: 372. 1806.
T.: *M. capillaris* (Swartz) Vahl (*Schoenus capillaris* Swartz) (*typ. cons.*).

(H) *Mariscus* Scopoli, Meth. Pl. 22. 1754 [CYPER.].
T.: *Schoenus mariscus* Linnaeus (*Cladium mariscus* (Linnaeus) Pohl).

462 **Kyllinga** Rottboell, Descr. Ic. Nov. Pl. 12. 1773.
T.: *K. nemoralis* (J. R. Forster et G. Forster) Dandy ex Hutchinson et Dalziel (*Thryocephalon nemorale* J. R. Forster et G. Forster) [= *K. monocephala* sensu Rottboell, non Rottboell 1773, nom illeg.] (typ. cons.).

(H) *Kyllinga* Adanson, Fam. Pl. **2**: 498, 539. 1763 [UMBELL.].
≡ *Athamantha* Linnaeus 1753.

465 **Ficinia** H. A. Schrader, Commentat. Soc. Regiae Sci. Gott. Recent. **7**: 143. 1832.
T.: *F. filiformis* (Lamarck) H. A. Schrader (*Schoenus filiformis* Lamarck) (*typ. cons.*).

(=) *Melancranis* Vahl, Enum. **2**: 239. 1806.
T.: non designatus.

468a **Blysmus** Panzer ex J. A. Schultes, Mant. **2**: 41. 1824.
T.: *B. compressus* (Linnaeus) Panzer ex Link (Hort. Berol. **1**: 278. 1827) (*Schoenus compressus* Linnaeus).

(≡) *Nomochloa* Palisot de Beauvois ex Lestiboudois, Essai Cypér. 37. 1819.

468b **Schoenoplectus** Palla, Bot. Jahrb. Syst. **10**: 298. 1888.
T.: *S. lacustris* (Linnaeus) Palla (*Scirpus lacustris* Linnaeus).

(=) *Heleophylax* Palisot de Beauvois ex Lestiboudois, Essai Cypér. 41. 1819.
T.: non designatus.
(=) *Elytrospermum* C. A. Meyer, Mém. Acad. Imp. Sci. St.-Pétersbourg Divers Savans **1**: 200. 1831.
T: *E. californicum* C. A. Meyer.

471 **Fimbristylis** Vahl, Enum. **2**: 285. 1806.
T.: *F. dichotoma* (Linnaeus) Vahl (*Scirpus dichotomus* Linnaeus) (*typ. cons.*).

(=) *Iria* (L. C. Richard) R. A. Hedwig, Gen. Pl. 360. Jul 1806.
T.: *Cyperus monostachyos* Linnaeus.

471a **Bulbostylis** Kunth, Enum. Pl. **2**: 205. 1837.
T.: *B. capillaris* (Linnaeus) C. B. Clarke (*Scirpus capillaris* Linnaeus) (*typ. cons.*).

(H) *Bulbostylis* Steven, Mém. Soc. Imp. Naturalistes Moscou **5**: 355. 1817 [CYPER.].
T.: non designatus.
(=) *Stenophyllus* Rafinesque, Neogenyton **4**. 1825.
T.: *S. cespitosus* Rafinesque (*Scirpus stenophyllus* Elliott).

492 **Rhynchospora** Vahl, Enum. **2**: 229. 1806 ('*Rynchospora*'); corr. Willdenow, Enum. Pl. Hort. Berol. 71. 1809.
T.: *R. alba* (Linnaeus) Vahl (*Schoenus albus* Linnaeus) (*typ. cons.*).

(V) *Rynchospora* Vahl, Enum. **2**: 229. 1806.
(=) *Dichromena* A. Michaux, Fl. Bor.-Amer. **1**: 37. 1803.
T.: *D. leucocephala* A. Michaux.

PALMAE (ARECACEAE)

542 **Pritchardia** Seemann et Wendland, Bonplandia **10**: 197. 1862.
T.: *P. pacifica* Seemann et Wendland.

(H) *Pritchardia* Unger ex Endlicher, Gen. Pl. Suppl. **2**: 102. 1842 [FOSS.].
T.: *P. insignis* Unger ex Endlicher.

543 **Washingtonia** H. Wendland, Bot. Zeitung (Berlin) **37**: lxi, 68, 148. 1879.
T.: *W. filifera* (Linden ex André) H. Wendland (*Pritchardia filifera* Linden ex André).

565 **Metroxylon** Rottböll, Nye Saml. Kongel. Danske Vidensk. Selsk. Skr. **2**: 527. 1783.
T.: *M. sagu* Rottboell.

(=) *Sagus* Steck, Diss. de Sagu 21. 1757.
T.: *S. genuina* Giseke.

567 **Pigafetta** (Blume) Beccari, Malesia **1**: 89. 1877.
T.: *P. filaris* (Giseke) Beccari (*Sagus filaris* Giseke) (*typ. cons.*).

(H) *Pigafetta* Adanson, Fam. Pl. **2**: 223, 590. 1763 [ACANTH.].
≡ *Eranthemum* Linnaeus 1753.

575 **Arenga** Labillardière in A. P. de Candolle, Bull. Sci. Soc. Philom. Paris **2**: 161. 1800.
T.: *Arenga saccharifera* Labillardière [= *A. pinnata* (Wurmb) Merrill, *Saguerus pinnatus* Wurmb).

(=) *Saguerus* Steck, Diss. de Sagu 15. 1757.
T.: *S. pinnatus* Wurmb (Verh. Batav. Genootsch. **1**: 351. 1781).

318

594 **Chamaedorea** Willdenow, Sp. Pl. **4**: 638, 800. 1806.
T.: *C. gracilis* Willdenow, nom. illeg. (*Borassus pinnatifrons* N. J. Jacquin, *C. pinnatifrons* (N. J. Jacquin) Oersted).

(=) *Nunnezharia* Ruiz et Pavón, Prodr. 147. 1794.
T.: *N. fragrans* Ruiz et Pavón.

612 **Prestoea** J. D. Hooker in Bentham et J. D. Hooker, Gen. Pl. **3**: 899. 1883.
T.: *Hyospathe pubigera* Grisebach et H. Wendland.

(=) *Martinezia* Ruiz et Pavón, Prodr. 148. 1794.
T.: *M. ensiformis* Ruiz et Pavón.
(=) *Oreodoxa* Willdenow, Mém. Acad. Roy. Sci. Hist. (Berlin) **1804**: 34. 1807.
T.: *O. acuminata* Willdenow.

631 **Euterpe** C. F. P. Martius, Hist. Nat. Palm. **2**: 28. 1823; emend **3**: 165. 1837.
T.: *E. oleracea* C. F. P. Martius.

(H) *Euterpe* J. Gaertner, Fruct. Sem. Pl. **1**: 24. 1788 [PALMAE].
T.: *E. pisifera* J. Gaertner.
(=) *Martinezia* Ruiz et Pavón, Prodr. 148. 1794.
T.: *M. ensiformis* Ruiz et Pavón.
(=) *Oreodoxa* Willdenow, Mém. Acad. Roy. Sci. Hist. (Berlin) **1804**: 34. 1807.
T.: *O. acuminata* Willdenow.

639 **Veitchia** H. Wendland in Seemann, Fl. Vitiens. 270. 1868.
T.: *V. joannis* H. Wendland (*typ. cons.*).

(H) *Veitchia* Lindley, Gard Chron. **1861**: 265. 1861 [PIN.].
T.: *V. japonica* Lindley [= *Picea jezoënsis* (Siebold et Zuccarini) Carrière].

657 **Orbignya** C. F. P. Martius ex Endlicher, Gen. Pl. 257. 1837.
T.: *O. phalerata* C. F. P. Marius (Hist. Nat. Palm. **3**: 302. 1845).

(H) *Orbignya* Bertero, Mercurio Chileno **16**: 737. 1829 [EUPHORB.].
T.: *O. trifolia* Bertero.

660 **Maximiliana** C. F. P. Martius, Palm. Fam. 20. 1824.
T.: *M. regia* C. F. P. Martius (Hist. Nat. Palm. **2**: 131. 1826) non *Maximilianea regia* C. F. P. Martius 1819 (*M. martiana* H. Karsten) (*typ. cons.*).

(H) *Maximilianea* C. F. P. Martius, Flora **2**: 452. 1819 [COCHLOSPERM.].
T.: *M. regia* C. F. P. Martius.

668 **Astrocaryum** G. F. W. Meyer, Prim. Fl. Esseq. 265. 1818.
T.: *A. aculeatum* G. F. W. Meyer.

(=) *Avoira* Giseke, Prael. Ord. Nat. Pl. 38, 53. 1792.
T.: *A. vulgaris* Giseke.

670 **Desmoncus** C. F. P. Martius, Palm. Fam. 20. 1824.
T.: *D. polyacanthos* C. F. P. Martius (Hist. Nat. Palm. **2**: 84. 1824) (*typ. cons.*).

CYCLANTHACEAE

682 **Ludovia** A. T. Brongniart, Ann. Sci. Nat. Bot. ser. 4. **15**: 361. 1861.
T.: *L. lancifolia* A. T. Brongniart.

(H) *Ludovia* Persoon, Syn. Pl. **2**: 576. 1807 [CYCLANTH.].
T.: non designatus.

ARACEAE

690 **Culcasia** Palisot de Beauvois, Fl. Oware 3. 1805.
T.: *C. scandens* Palisot de Beauvois (*typ. cons.*).

700 **Monstera** Adanson, Fam. Pl. **2**: 470. 1763.
T.: *M. adansonii* Schott (*Dracontium pertusum* Linnaeus) (*typ. cons.*).

708 **Symplocarpus** R. A. Salisbury ex Nuttall, Gen. N. Amer. Pl. **1**: 105. 1818.
T.: *S. foetidus* (Linnaeus) Nuttall (*Dracontium foetidum* Linnaeus)

723 **Amorphophallus** Blume ex Decaisne, Nouv. Ann. Mus. Hist. Nat. **3**: 366. 1834.
T.: *A. campanulatus* Decaisne.

(=) *Pythion* Martius, Flora **14**: 458. 1831.
T.: *Arum campanulatum* Roxburgh, nom. illeg. (*Dracontium paeoniifolium* Dennstedt, *Amorphophallus paeoniifolius* (Dennstedt) Nicolson).

730 **Montrichardia** Crüger, Bot. Zeitung (Berlin) **12**: 25. 1854.
T.: *M. aculeata* (G. F. W. Meyer) Schott (*Caladium aculeatum* G. F. W. Meyer).

(=) *Pleurospa* Rafinesque, Fl. Tell. **4**: 8. 1838.
T.: *P. reticulata* Rafinesque, nom. illeg. (*Arum arborescens* Linnaeus).

739 **Philodendron** Schott, Wiener Z. Kunst **1829** (3): 780. 1829 ('*Philodendrum*'); corr. Schott in Schott et Endlicher, Melet. Bot. 19. 1832.
T.: *P. grandifolium* (N. J. Jacquin) Schott (*Arum grandifolium* N. J. Jacquin).

(V) *Philodendrum* Schott, Wiener Z. Kunst **1829** (3): 780. 1829.

747 **Peltandra** Rafinesque, J. Phys. Chim. Hist. Nat. Arts **89**: 103. 1819.
T.: *P. undulata* Rafinesque.

748 **Zantedeschia** C. Sprengel, Syst. Veg. **3**: 756, 765. 1826.
T.: *Z. aethiopica* (Linnaeus) C. Sprengel (*Calla aethiopica* Linnaeus) (etiam vide 755).

752 **Alocasia** (Schott) G. Don in Sweet, Hort. Brit. ed. **3**. 631. 1839.
T.: *A. cucullata* (Loureiro) G. Don (*Arum cucullatum* Loureiro) (*typ. cons.*).

(H) *Alocasia* Rafinesque, Fl. Tell. **3**: 64. 1837 ('1836') [AR.].
T.: non designatus.

755 **Colocasia** Schott in Schott et Endlicher, Melet. Bot. 18. 1832.
T.: *C. antiquorum* Schott (*Arum colocasia* Linnaeus) (*typ. cons.*).

(H) *Colocasia* Link, Diss. Bot. 77. 1795. [AR.].
≡ *Zantedeschia* C. Sprengel 1826 (*nom. cons.*) (748).

779 **Helicodiceros** Schott in Klotzsch, App. Gen. Sp. Nov. **1855**: 2. 1855 vel 1856.
T.: *H. muscivorus* (Linnaeus f.) Engler (in A. de Candolle et C. de Candolle, Monogr. Phan. **2**: 605. 1879) (*Arum muscivorum* Linnaeus f.).

(≡) *Megotigea* Rafinesque, Fl. Tell. **3**: 64. 1837 ('1836').

784 **Biarum** Schott in Schott et Endlicher, Melet. Bot. 17. 1832.
T.: *B. tenuifolium* (Linnaeus) Schott (*Arum tenuifolium* Linnaeus).

(≡) *Homaid* Adanson, Fam. Pl. **2**: 470. 1763.

787 **Pinellia** Tenore, Atti Reale Accad. Sci. Sez. Soc. Reale Borbon. **4**: 69. 1839.
T.: *P. tuberifera* Tenore, nom. illeg. (*Arum subulatum* Desfontaines) [= *P. ternata* (Thunberg) Makino, *Arum ternatum* Thunberg].

(=) *Atherurus* Blume, Rumphia **1**: 135. 1837 ('1835').
LT.: *A. tripartitus* Blume (vide Nicolson, Taxon **16**: 515. 1967).

LEMNACEAE

796 **Wolffia** Horkel ex Schleiden, Beitr. **1**: 233. 1844.
T.: *W. michelii* Schleiden.

(H) *Wolfia* Schreber, Gen. Pl. ed. 8. **2**: 801. 1791 [FLACOURT.].
T.: non designatus.

RESTIONACEAE

800 **Lyginia** R. Brown, Prodr. 248. 1810.
T.: *L. barbata* R. Brown (*typ. cons.*).

804 **Restio** Rottböll, Descr. Pl. Rar. 9. 1772.
T.: *R. triticeus* Rottböll.

(H) *Restio* Linnaeus, Syst. Nat. ed. 12. **2**: 735. 1767 [RESTION.].
T.: *R. dichotomus* Linnaeus.

808 **Leptocarpus** R. Brown, Prodr. 250. 1810.
T.: *L. aristatus* R. Brown (*typ. cons.*).

(=) *Schoenodum* Labillardière. Nov. Holl. Pl. **2**: 79. 1806.
T.: *S. tenax* Labillardière (vide Kunth, Enum. Pl. **3**: 445. 1841).

815 **Hypolaena** R. Brown, Prodr. 251. 1810.
T.: *H. fastigiata* R. Brown (*typ. cons.*).

(=) *Calorophus* Labillardière, Nov. Holl. Pl. **2**: 78, *t. 228.* 1806.
T.: *C. elongata* Labillardière.

321

816　**Hypodiscus** C. G. Nees in Lindley, Intr. Nat. Syst. Bot. 450. 1836.
T.: *H. aristatus* (Thunberg) Masters (J. Linn. Soc., Bot. **10**: 252. 1868) (*Restio aristatus* Thunberg).

(=) *Lepidanthus* C. G. Nees, Linnaea **5**: 665. 1830.
T.: *L. willdenowia* C. G. Nees, nom. illeg. (*Willdenowia striata* Thunberg).

ERIOCAULACEAE

830　**Paepalanthus** Kunth, Enum. Pl. **3**: 498. 1841.
T.: *P. lamarckii* Kunth (*typ. cons.*).

(H) *Paepalanthus* C. F. P. Martius, Nova Acta Phys.-Med. Acad. Caes. Leop.-Carol. Nat. Cur. **17**(1): 13. 1835 [ERIOCAUL.].
LT.: *P. corymbosus* (Bongard) Kunth (*Eriocaulon corymbosum* Bongard) (vide Moldenke, N. Amer. Fl. **19**: 37. 1937).

(=) *Dupatya* Velloso, Fl. Flum. 35. 1825.
T.: non designatus.

BROMELIACEAE

846　**Cryptanthus** Otto et Dietrich, Allg. Gartenzeitung **4**: 297. 1836.
T.: *C. bromelioides* Otto et Dietrich.

(H) *Cryptanthus* Osbeck, Dagb. Ostind. Resa 215. 1757 [SPERMATOPH.].
T.: *C. chinensis* Osbeck.

861　**Aechmea** Ruiz et Pavón, Prodr. 47. 1794.
T.: *A. paniculata* Ruiz et Pavón (Fl. Peruv. Chil. **3**: 37. 1802).

(=) *Hoiriri* Adanson, Fam. Pl. **2**: 67, 584. 1763.
T.: *Bromelia nudicaulis* Linnaeus.

878　**Pitcairnia** L'Héritier, Sert. Angl. 7, *t. 11*. 1789 ('1788').
T.: *P. bromeliifolia* L'Héritier.

(=) *Hepetis* Swartz, Prodr. 4, 56. 1788.
T.: *H. angustifolia* Swartz.

891　**Vriesea** Lindley, Bot. Reg. **29**: *t. 10*. 1843 ('*Vriesia*'); corr. J. G. Beer, Bromel. 91. 1857.
T.: *V. psittacina* (W. J. Hooker) Lindley (*Tillandsia psittacina* W. J. Hooker).

(V) *Vriesia* Lindley, Bot. Reg. **29**: *t. 10*. 1843.
(≡) *Hexalepis* Rafinesque, Fl. Tell. **4**: 24. 1838.

COMMELINACEAE

894　**Palisota** H. G. L. Reichenbach ex Endlicher, Gen. Pl. 125. 1836.
T.: *P. ambigua* (Palisot de Beauvois) C. B. Clarke (in A. de Candolle et C. de Candolle, Monogr. Phan. **3**: 131. 1881) (*Commelina ambigua* Palisot de Beauvois).

(=) *Duchekia* Kosteletzky, Allg. Med.-Pharm. Fl. **1**: 213. 1831.
T.: *D. hirsuta* (Thunberg) Kosteletzky (*Dracaena hirsuta* Thunberg).

899a　**Murdannia** Royle, Ill. Bot. Himal. *t. 95, fig. 3*. 1839; 403. 1840.
T.: *M. scapiflora* (Roxburgh) Royle (*Commelina scapiflora* Roxburgh).

(=) *Dilasia* Rafinesque, Fl. Tell. **4**: 122. 1838.
T.: *D. vaginata* (Linnaeus) Rafinesque (*Commelina vaginata* Linnaeus).
(=) *Streptylis* Rafinesque, Fl. Tell. **4**: 122. 1838.
T.: *S. bracteolata* Rafinesque.

904 **Cyanotis** D. Don, Prodr. Fl. Nepal. 45.
1825.
T.: *C. barbata* D. Don.

909 **Dichorisandra** Mikan, Del. Fl. Faun.
Bras. *t. 3*. 1820.
T.: *D. thyrsiflora* Mikan.

910 **Tinantia** Scheidweiler, Allg. Gartenzeitung **7**: 365. 1839.
T.: *T. fugax* Scheidweiler.

(H) *Tinantia* Dumortier, Anal. Fam. Pl. 58.
1829 [IRID.].
T.: non designatus.
(=) *Pogomesia* Rafinesque, Fl. Tell. **3**: 67. 1837
('1836').
T.: *P. undata* (Humboldt et Bonpland) Ra-
finesque (*Tradescantia undata* Humboldt et
Bonpland).

PONTEDERIACEAE

921 **Eichhornia** Kunth, Eichhornia. 1842.
T.: *E. azurea* (Swartz) Kunth (*Pontederia azurea* Swartz) (*typ. cons.*).

(=) *Piaropus* Rafinesque, Fl. Tell. **2**: 81. 1837
('1836').
T.: non designatus.

923 **Reussia** Endlicher, Gen. Pl. 139. 1836.
T.: *R. triflora* Seubert (in C. F. P. Martius, Fl. Bras. **3**(1):96. 1847).

924 **Heteranthera** Ruiz et Pavón, Prodr. 9.
1794.
T.: *H. reniformis* Ruiz et Pavón (Fl. Peruv. Chil. **1**: 43. 1798).

JUNCACEAE

937 **Luzula** A. P. de Candolle in Lamarck et
A. P. de Candolle, Fl. Franç. ed. 3. **3**:
158. 1805.
T.: *L. campestris* (Linnaeus) A. P. de
Candolle (*Juncus campestris* Linnaeus)
(*typ. cons.*).

(≡) *Juncoides* Séguier, Pl. Veron. **3**: 88. 1754.

LILIACEAE

944 **Narthecium** Hudson, Fl. Angl. 127.
1762.
T.: *N. ossifragum* (Linnaeus) Hudson
(*Anthericum ossifragum* Linnaeus).

(H) *Narthecium* L. Gérard, Fl. Gallo-Prov.
142. 1761 [LIL].
T.: *Anthericum calyculatum* Linnaeus.

951 **Chionographis** Maximowicz, Bull. Acad.
Imp. Sci. St.-Pétersbourg **11**: 435. 1867.
T.: *C. japonica* (Willdenow) Maximowicz (*Melanthium japonicum* Willdenow).

(=) *Siraitos* Rafinesque, Fl. Tell. **4**: 26. 1838.
T.: *S. aquaticus* Rafinesque.

952 **Heloniopsis** A. Gray, Mem. Amer. Acad. Arts ser. 2. **6**: 416. 1859.
T.: *H. pauciflora* A. Gray.

(=) *Hexonix* Rafinesque, Fl. Tell. **2**: 13. 1837.
T.: *H. japonica* (Thunberg) Rafinesque (*Scilla japonica* Thunberg).

(=) *Kozola* Rafinesque, Fl. Tell. **2**: 25. 1837.
T.: *K. japonica* (Thunberg) Rafinesque (*Scilla japonica* Thunberg).

955 **Amianthium** A. Gray, Ann. Lyceum Nat. Hist. New York **4**: 121 1837 ('1848').
T.: *A. muscaetoxicum* (Walter) A. Gray (*Melanthium muscaetoxicum* Walter) (*typ. cons.*).

(=) *Chrosperma* Rafinesque, Neogenyton 3. 1825.
T.: *Melanthium laetum* W. Alton.

957 **Stenanthium** (A. Gray) Kunth, Enum. Pl. **4**: 189. 1843.
T.: *S. angustifolium* (Pursh) Kunth (*Veratrum angustifolium* Pursh).

(≡) *Anepsa* Rafinesque, Fl. Tell. **2**: 31. 1837 ('1836'); **4**: 27. 1838.

962 **Schelhammera** R. Brown, Prodr. 273. 1810.
T.: *S. undulata* R. Brown (*typ. cons.*).

(H) *Schelhameria* Heister ex Fabricius, Enum. 161. 1759 [CRUC.]
T.: non designatus.

967 **Tricyrtis** Wallich, Tent. Fl. Napal. 61, *t. 46.* 1826.
T.: *T. pilosa* Wallich.

(=) *Composoa* D. Don, Prodr. Fl. Nepal. 50. 1825.
T.: *C. maculata* D. Don.

968 **Burchardia** R. Brown, Prodr. 272. 1810.
T.: *B. umbellata* R. Brown.

(H) *Burcardia* Duhamel, Traité Arbr. Arbust. **1**: xxx, 111. 1755 [VERBEN.].
≡ *Callicarpa* Linnaeus 1753.

974 **Anguillaria** R. Brown. Prodr. 273. 1810.
T.: *A. dioica* R. Brown (*typ. cons.*).

(H) *Anguillaria* J. Gaertner, Fruct. Sem. Pl. **1**: 372. 1788 [MYRSIN.].
≡ *Heberdenia* Banks ex A. de Candolle 1841 (*nom. cons.*) (6288) (vide Rickett et Stafleu, Taxon **8**: 234. 1959).

975 **Iphigenia** Kunth, Enum. Pl. **4**: 212. 1843.
T.: *I. indica* (Linnaeus) Kunth (*Melanthium indicum* Linnaeus).

(=) *Aphoma* Rafinesque, Fl. Tell. **2**: 31. 1837 ('1836').
T.: *A. angustiflora* Rafinesque.

982 **Paŕadisea** Mazzucato, Viaggio Bot. Alp. Giulie 27. 1811.
T.: *P. hemeroanthericoides* Mazzucato, nom. illeg. (*Hemerocallis liliastrum* Linnaeus, *P. liliastrum* (Linnaeus) Bertoloni).

(≡) *Liliastrum* Fabricius, Enum. 4. 1759.

985 **Bulbine** Wolf, Gen. Pl. Vocab. Char. Def. 84. 1776.
T.: *B. frutescens* (Linnaeus) Willdenow (*Anthericum frutescens* (Linnaeus).

987 **Simethis** Kunth, Enum. Pl. **4**: 618. 1843.
T.: *S. bicolor* Kunth, nom. illeg. (*Anthericum planifolium* Vandelli ex Linnaeus, *S. planifolia* (Vandelli ex Linnaeus) Grenier et Godron).

992 **Thysanotus** R. Brown, Prodr. 282. 1810.
T.: *T. junceus* R. Brown, nom. illeg. (*Chlamysporum juncifolium* R. A. Salisbury, *T. juncifolius* (R. A. Salisbury) Willis et Court).

(≡) *Chlamysporum* R. A. Salisbury, Parad. Lond. *t. 103*. 1808.

1006 **Schoenolirion** Torrey, J. Acad. Nat. Sci. Philadelphia ser. 2. **3**: 103. 1855.
T.: *S. croceum* (A. Michaux) A. Gray (*Phalangium croceum* A. Michaux).

(=) *Amblostima* Rafinesque, Fl. Tell. **2**: 26. 1837 ('1836').
T.: non designatus.
(=) *Oxytria* Rafinesque, Fl. Tell. **2**: 26. 1837 ('1836').
T.: *O. crocea* Rafinesque (*Phalangium croceum* Nuttall 1818, non A. Michaux 1803).

1007 **Chlorogalum** (Lindley) Kunth, Enum. Pl. **4**: 681. 1843.
T.: *C. pomeridianum* (A. P. de Candolle) Kunth (*Scilla pomeridiana* A. P. de Candolle) (*typ. cons.*).

(≡) *Laothoë* Rafinesque, Fl. Tell. **3**: 53. 1837 ('1836').

1011 **Bowiea** W. H. Harvey ex J. D. Hooker, Bot. Mag. **93**: *t. 5619*. 1867.
T.: *B. volubilis* W. H. Harvey ex J. D. Hooker.

(H) *Bowiea* Haworth, Philos. Mag. J. **64**: 299. 1824 [LIL.].
T.: *B. africana* Haworth.

1018 **Hosta** Trattinick, Arch. Gewächsk. **1**: 55, *t. 89*. 1812 (1814?).
T.: *H. japonica* Trattinick.

(H) *Hosta* N. J. Jacquin, Pl. Hort. Schoenbr. **1**: 60. 1797 [VERBEN.].
T.: non designatus.

1021 **Blandfordia** J. E. Smith, Exot. Bot. **1**: 5. *t. 4*. 1 Dec 1804.
T.: *B. nobilis* J. E. Smith.

(H) *Blandfordia* H. Andrews, Bot. Repos. **5**: *t. 343*. 9 Feb 1804 [DIAPENS.].
T.: *B. cordata* Andrews.

1024 **Kniphofia** Moench, Methodus 631. 1794.
T.: *K. alooides* Moench, nom. illeg. (*Aloë uvaria* Linnaeus, *K. uvaria* (Linnaeus) W. J. Hooker).

(H) *Kniphofia* Scopoli, Intr. 327. 1777 [COMBRET.].
T.: non designatus.

1029 **Haworthia** H. A. Duval, Pl. Succ. Horto Alencon. 7. 1809.
T.: *H. arachnoidea* (Linnaeus) H. A. Duval (*Aloë pumila* var. *arachnoidea* Linnaeus) (*typ. cons.*).

(=) *Catevala* Medikus, Theodora 67. 1786.
T.: non designatus.

1032 **Laxmannia** R. Brown, Prodr. 285. 1810.
T.: *L. gracilis* R. Brown (*typ. cons.*).

(H) *Laxmannia* J. R. Forster et G. Forster, Char. Gen. Pl. 47. 1775 [COMP.].
T.: *L. arborea* J. R. Forster et G. Forster.

1037 **Johnsonia** R. Brown, Prodr. 287. 1810.
T.: *J. lupulina* R. Brown.

(H) *Johnsonia* P. Miller, Gard. Dict. Abr. ed. 4.
1754 [VERBEN].
T.: non designatus.

1044 **Baxteria** R. Brown ex W. J. Hooker,
London J. Bot. **2**: 492. 1843.
T.: *B. australis* R. Brown ex W. J.
Hooker.

(H) *Baxtera* H. G. L. Reichenbach, Consp.
131. 1828 [ASCLEPIAD.].
T.: *B. loniceroides* (W. J. Hooker) Steudel
(*Harrisonia loniceroides* W. J. Hooker).

1046 **Agapanthus** L'Héritier, Sert. Angl. 17.
1789 ('1788').
T.: *A. umbellatus* L'Héritier, nom. illeg.
(*Crinum africanum* Linnaeus, *A. africanus* (Linnaeus) Hoffmannsegg) (etiam
vide 1047).

(≡) *Abumon* Adanson, Fam. Pl. **2**: 54, 511-512.
1763.

1047 **Tulbaghia** Linnaeus, Mant. Pl. **2**: 148,
223. 1771 ('*Tulbagia*'); corr. Giseke,
Prael. Ord. Nat. Pl. 274. 1792.
T.: *T. capensis* Linnaeus.

(V) *Tulbagia* Linnaeus, Mant. Pl. **2**: 148, 223.
1771.

(H) *Tulbaghia* Heister, Beschr. Neu. Geschl.
15. 1755 [LIL.].
≡ *Agapanthus* L'Héritier 1789 (*nom. cons.*)
(1046).

1050 **Nothoscordum** Kunth, Enum. Pl. **4**: 457.
1843.
T.: *N. striatum* Kunth, nom. illeg. (*Ornithogalum bivalve* Linnaeus, *N. bivalve*
(Linnaeus) Britton) (*typ. cons.*).

1053 **Brodiaea** J. E. Smith, Trans. Linn. Soc.
London **10**: 2. 1810.
T.: *B. grandiflora* J. E. Smith, nom. illeg.
(*Hookera coronaria* R. A. Salisbury, *B.
coronaria* (R. A. Salisbury) Jepson) (*typ.
cons.*).

1055 **Bessera** J. H. Schultes, Linnaea **4**: 121.
1829.
T.: *B. elegans* J. H. Schultes.

(H) *Bessera* J. A. Schultes, Obs. Bot. 27. 1809
[BORAGIN.].
T.: *B. azurea* J. A. Schultes.

1077 **Lloydia** H. G. L. Reichenbach, Fl.
Germ. Excurs. 102. 1830.
T.: *L. serotina* (Linnaeus) H. G. L. Reichenbach (*Anthericum serotinum* Linnaeus).

1087 **Camassia** Lindley, Edward's Bot. Reg.
18: *t. 1486*. 1832.
T.: *C. esculenta* Lindley, nom. illeg.
(*Phalangium quamash* Pursh, *C. quamash* (Pursh) Greene).

(=) *Cyanotris* Rafinesque, Amer. Monthly
Mag. & Crit. Rev. **3**: 356. 1818.
T.: *C. scilloides* Rafinesque.

326

1088 **Eucomis** L'Héritier, Sert. Angl. 17. 1789 ('1788').
T.: *E. regia* (Linnaeus) L'Héritier (*Fritillaria regia* Linnaeus) (*typ. cons.*).

(≡) *Basilaea* A. L. Jussieu ex Lamarck, Encycl. 1: 382. 1785 ('1783').

1095a **Leopoldia** Parlatore, Fl. Palerm. 435. 1845.
T.: *L. comosa* (Linnaeus) Parlatore (*Hyacinthus comosus* Linnaeus).

(H) *Leopoldia* Herbert, Trans. Hort. Soc. London 4: 181. 1821 [AMARYLLID.].
T.: non designatus.

1108 **Cordyline** Commerson ex A. L. Jussieu, Gen. Pl. 41. 1789.
T.: *C. terminalis* (Linnaeus) Kunth (*Asparagus terminalis* Linnaeus).

(H) *Cordyline* Adanson, Fam. Pl. 2: 54, 543. 1763 [LIL.].
≡ *Sansevieria* Thunberg (*nom. cons.*) (1110).
(≡) *Terminalis* Rumphius, Auct. 40. 1755.
(=) *Taetsia* Medikus, Theodora **82**. 1786.
T.: *T. ferrea* (Linnaeus) Medikus (*Dracaena ferrea* Linnaeus).

1110 **Sansevieria** Thunberg, Prodr. Pl. Cap. [v], 65. 1794.
T.: *S. thyrsiflora* Thunberg, nom. illeg. (*Aloë hyacinthoides* Linnaeus, *S. hyacinthoides* (Linnaeus) Druce) (etiam vide 1108).

(≡) *Acyntha* Medikus, Theodora 76. 1786.
(=) *Sanseverinia* Petagna, Inst. Bot. 3: 643. 1787.
T.: *S. thyrsiflora* Petagna.

1111 **Astelia** Banks et Solander ex R. Brown, Prodr. 291. 1810.
T.: *A. alpina* R. Brown.

(=) *Funckia* Willdenow, Ges. Naturf. Freunde Berlin Mag. 2: 19. 1808.
T.: *F. magellanica* Willdenow, nom. illeg. (*Melanthium pumilum* G. Forster).

1112 **Milligania** J. D. Hooker, Hooker's J. Bot. Kew Gard. Misc. **5**: 296. 1853.
T.: *M. longifolia* J. D. Hooker (*typ. cons.*).

(H) *Milligania* J. D. Hooker, Icon. Pl. 3: *t.299*. 1840 [GUNNER.].
T.: *M. cordifolia* J. D. Hooker.

1118 **Smilacina** Desfontaines, Ann. Mus. Natl. Hist. Nat. **9**: 51. 1807.
T.: *S. stellata* (Linnaeus) Desfontaines (*Convallaria stellata* Linnaeus) (*typ. cons.*).

(=) *Vagnera* Adanson, Fam. Pl. 2: 496. 1763.
T.: non designatus ['*Polygonatum*. Corn. t. 33. 37. Mor. s. 13. *t. 4*. f. 7. 9'].
(=) *Polygonastrum* Moench, Methodus 637. 1794.
T.: *P. racemosum* (Linnaeus) Moench (*Convallaria racemosa* Linnaeus).

1119 **Maianthemum** Wiggers, Prim. Fl. Holsat. 14. 1780.
T.: *M. convallaria* Wiggers, nom. illeg. (*Convallaria bifolia* Linnaeus, *M. bifolium* (Linnaeus) F. W. Schmidt).

(≡) *Unifolium* Ludwig, Inst. Regn. Veg. ed. 2. 124. 1757.

1129 **Reineckea** Kunth, Abh. Königl. Akad. Wiss. Berlin **1842**: 29. 1844.
T.: *R. carnea* (Andrews) Kunth (*Sansevieria carnea* Andrews).

327

1140 **Ophiopogon** Ker-Gawler, Bot. Mag. **27**: *t. 1063*. 1807.
T.: *O. japonicus* (Linnaeus f.) Ker-Gawler (*Convallaria japonica* Linnaeus f.).

(=) *Mondo* Adanson, Fam. Pl. **2**: 496, 578. 1763.
T.: non designatus ['Kaempf. Amoen. t. 824'].

1146 **Luzuriaga** Ruiz et Pavón, Fl. Peruv. Chil. **3**: 65. 1802.
T.: *L. radicans* Ruiz et Pavón.

(=) *Enargea* Banks et Solander ex J. Gaertner, Fruct. Sem. Pl. **1**: 283. 1788.
T.: *E. marginata* J. Gaertner.
(=) *Callixene* Commerson ex A. L. Jussieu, Gen. Pl. 41. 1789.
T.: non designatus.

HAEMODORACEAE

1161 **Lachnanthes** S. Elliott, Sketch Bot. S. Carolina **1**: 47. 1816 ('1821').
T.: *L. tinctoria* Elliott.

AMARYLLIDACEAE

1166 **Hessea** Herbert, Amaryllidaceae 289. 1837.
T.: *H. stellaris* (N. J. Jacquin) Herbert (*Amaryllis stellaris* N. J. Jacquin).

(H) *Hessea* P. J. Bergius ex Schlechtendal, Linnaea **1**: 252. 1826 [AMARYLLID.].
≡ *Carpolyza* Salisbury 1806.

1175 **Nerine** Herbert, Bot. Mag. **47**: *t. 2124*. 1820.
T.: *N. sarniensis* (Linnaeus) Herbert (*Amaryllis sarniensis* Linnaeus) (*typ. cons.*).

(≡) *Imhofia* Heister, Beschr. Neu. Geschl. 29. 1755.

1178 **Vallota** R. A. Salisbury ex Herbert, Appendix [to Bot. Reg. 7] 29. 1821.
T.: *V. purpurea* Herbert, nom. illeg. (*Crinum speciosum* Linnaeus f., *V. speciosa* (Linnaeus f.) Voss).

(H) *Valota* Adanson, Fam. Pl. **2**: 495. 1763 [GRAM.].
T.: *V. insularis* (Linnaeus) Chase (*Andropogon insularis* Linnaeus).

1181 **Zephyranthes** Herbert, Appendix [to Bot. Reg. 7] 36. 1821.
T.: *Z. atamasca* (Linnaeus) Herbert (*Amaryllis atamasca* Linnaeus) (*typ. cons.*).

(≡) *Atamosco* Adanson, Fam. Pl. **2**: 57, 522. 1763.

1208 **Hippeastrum** Herbert, Appendix [to Bot. Reg. 7] 31. 1821.
T.: *H. reginae* (Linnaeus) Herbert (*Amaryllis reginae* Linnaeus) (*typ. cons.*).

(=) *Leopoldia* Herbert, Trans, Hort. Soc. London **4**: 181. 1821 [AMARYLLID.].
T.: non designatus.

1211 **Urceolina** H. G. L. Reichenbach, Consp. 61. 1828.
T.: *Urceolaria pendula* Herbert, nom. illeg. (*Crinum urceolatum* Ruiz et Pavón, *U. urceolata* (Ruiz et Pavón) M. L. Green).

(=) *Leperiza* Herbert, Appendix [to Bot. Reg. 7] 41. 1821.
T.: *L. latifolia* (Ruiz et Pavón) Herbert (*Pancratium latifolium* Ruiz et Pavón).

| 1236 | **Lanaria** W. Aiton, Hortus Kew. **1**: 462. 1789, post 7 Aug.
T.: *L. plumosa* W. Aiton, nom. illeg. (*Hyacinthus lanatus* Linnaeus, *L. lanata* (Linnaeus) Druce). | (H) *Lanaria* Adanson, Fam. Pl. **2**: 255, 568. 1763 [CARYOPHYLL.].
≡ *Gypsophila* Linnaeus 1753.
(=) *Argolasia* A. L. Jussieu, Gen. 60. 4 Aug 1789.
T.: non designatus. |

TACCACEAE

| 1248 | **Tacca** J. R. Forster et G. Forster, Char. Gen. Pl. 35. 1775.
T.: *T. pinnatifida* J. R. Forster et G. Forster. | (=) *Leontopetaloides* Boehmer in Ludwig, Defin. Gen. Pl. ed. 3. 512. 1760.
T.: *Leontice leontopetaloides* Linnaeus. |

DIOSCOREACEAE

| 1258 | **Petermannia** F. Mueller, Fragm. **2**: 92. 1860.
T.: *P. cirrosa* F. Mueller. | (H) *Petermannia* H. G. L. Reichenbach, Nom. 236. 1841 [CHENOPOD.].
≡ *Cycloloma* Moquin-Tandon 1840. |

IRIDACEAE

1260	**Syringodea** J. D. Hooker, Bot. Mag. **99**: t. *6072*. 1873. T.: *S. pulchella* J. D. Hooker.	(H) *Syringodea* D. Don, Edinburgh New Philos. J. **17**: 155. 1834 [ERIC.]. T.: *S. vestita* (Thunberg) D. Don (*Erica vestita* Thunberg).
1261	**Romulea** Maratti, Pl. Romul. Saturn. 13. 1772. T.: *R. bulbocodium* (Linnaeus) Sebastiani et Mauri (*Crocus bulbocodium* Linnaeus) (*typ. cons.*).	(≡) *Ilmu* Adanson, Fam. Pl. **2**: 497. 1763.
1265	**Moraea** P. Miller, Fig. Pl. Gard. Dict. 159, *t. 238*. 1758 ('*Morea*'); corr. Linnaeus, Sp. Pl. ed. 2. 59. 1762. T.: *M. vegeta* Linnaeus (*typ. cons.*).	(V) *Morea* P. Miller, Fig. Pl. Gard. Dict. 159, *t. 238*. 1758.
1265a	**Dietes** Salisbury ex Klatt, Linnaea **34**: 583. 1866. T.: *D. compressa* (Linnaeus f.) Klatt (*Iris compressa* Linnaeus f.) [= *D. iridioides* (Linnaeus) Klatt, *Moraea iridioides* Linnaeus].	(=) *Naron* Medikus, Hist. & Commentat. Acad. Elect. Sci. Theod.-Palat. **6** (Phys.): 419. 1790. T.: *N. orientale* Medikus, nom. illeg. (*Moraea iridioides* Linnaeus).
1283	**Libertia** C. Sprengel, Syst. Veg. **1**: 127. 1824. T.: *L. ixioides* (G. Forster) C. Sprengel (*Sisyrinchium ixioides* G. Forster).	(H) *Libertia* Dumortier, Comment. Bot. 9. 1822 [LIL.]. T.: *L. recta* Dumortier, nom illeg. (*Hemerocallis caerulea* Andrews). (=) *Tekel* Adanson, Fam. Pl. **2**: 497. 1763. T.: non designatus ['Feuillé t. 4'].

1284   **Bobartia** Linnaeus, Sp. Pl. 54. 1753.
        T.: *B. indica* Linnaeus [name typified by
        Hermann Herb. vol. 4, fol. 80, top left-
        hand specimen].

1285   **Belamcanda** Adanson, Fam. Pl. **2**: 60
        ('*Belam-Canda*'), 524 ('*Belamkanda*').
        1763; corr. Medikus, Philos. Bot. **1**: 173.
        1789.
        T.: *B. chinensis* (Linnaeus) A. P. de Can-
        dolle (in Redouté, Lil. **3**: *t. 121.* 1805)
        (*Ixia chinensis* Linnaeus) (*typ. cons.*).

(V)   *Belam-Canda* Adanson, Fam. Pl. **2**: 60.
        1763.

1289   **Patersonia** R. Brown, Bot. Mag. **26**: *t.
        1041.* 1807.
        T.: *P. sericea* R. Brown.

(=)   *Genosiris* Labillardière, Nov. Holl. Pl. **1**:
        13. 1804.
        T.: *G. fragilis* Labillardière.

1292   **Eleutherine** Herbert, Edward's Bot. Reg.
        29: *t. 57.* 1843.
        T.: *E. bulbosa* (P. Miller) Urban (Repert.
        Spec. Nov. Regni Veg. **15**: 305. 1918)
        (*Sisyrinchium bulbosum* P. Miller).

1302   **Ixia** Linnaeus, Sp. Pl. ed. 2. 51. 1762.
        T.: *I. polystachya* Linnaeus ('*polysta-
        chia*') (*typ. cons.*).

(H)   *Ixia* Linnaeus, Sp. Pl. 36. 1753 [IRID.].
        LT.: *I. africana* Linnaeus.

1310   **Babiana** Ker-Gawler ex Sims, Bot. Mag.
        15: sub *t. 539.* 1801.
        T.: *B. plicata* Ker-Gawler (Bot. Mag. **16**:
        t. 576. 1802), nom. illeg. (*Gladiolus fra-
        grans* N. J. Jacquin, *B. fragrans* (N. J.
        Jacquin) Ecklon).

(=)   *Beverna* Adanson, Fam. Pl. **2**: (20). 1763.
        T.: non designatus ['Iris du Cap. B. Esp. a
        fleurs bleues'].

1313   **Micranthus** (Persoon) Ecklon, Topogr.
        Verz. Pflanzensamml. Ecklon 43. 1827.
        T.: *M. alopecuroides* (Linnaeus) Ecklon
        (*Gladiolus alopecuroides* Linnaeus) (*typ.
        cons.*).

(H)   *Micranthus* J. C. Wendland, Bot. Beob. 38.
        1798 [ACANTH.].
        ≡ *Phaulopsis* Willdenow 1800 (*nom. cons.*)
        (7932).

1315   **Watsonia** P. Miller, Fig. Pl. Gard. Dict.
        184, *t. 276.* 1758.
        T.: *W. meriana* (Linnaeus) P. Miller
        (Gard. Dict. ed. 8. (1768) (*Antholyza me-
        riana* Linnaeus) (etiam vide 5692).

MUSACEAE

1321   **Heliconia** Linnaeus, Mant. Pl. **2**: 147,
        211. 1771.
        T.: *H. bihai* (Linnaeus) Linnaeus (*Musa
        bihai* Linnaeus).

(≡)   *Bihai* P. Miller, Gard. Dict. Abr. ed. 4.
        1754.

330

1324 **Zingiber** Boehmer in Ludwig, Defin. Gen. Pl. ed. 3. 89. 1760.
T.: *Z. officinale* Roscoe (Trans. Linn. Soc. London **8**: 358. 1807) (*Amomum zingiber* Linnaeus) (etiam vide 1344).

($\equiv$) *Zinziber* P. Miller, Gard. Dict. Abr. ed. 4. 1754.

1328 **Alpinia** Roxburgh, Asiat. Res. **11**: 350. 1810.
T.: *A. galanga* (Linnaeus) Willdenow (Sp. Pl. **1**: 12. 1797) (*Maranta galanga* Linnaeus) (*typ. cons.*).

(H) *Alpinia* Linnaeus, Sp. Pl. 2. 1753 [ZINGI-BER.].
T.: *A. racemosa* Linnaeus.

(=) *Albina* Giseke, Prael. Ord. Nat. Pl. 207, 227, 248. 1792.
T.: non designatus.

(=) *Buekia* Giseke, Prael. Ord. Nat. Pl. 204, 216, 239. 1792.
T.: *B. malaccensis* (Koenig) Raeuschel (Nom. ed. 3. 1. 1797) (*Costus malaccensis* Koenig).

(=) *Martensia* Giseke, Prael. Ord. Nat. Pl. 207, 229, 249. 1792.
T.: *M. aquatica* (Retzius) Giseke (*Heritiera aquatica* Retzius).

(=) *Zerumbet* Wendland, Sert. Hann. **4**: 3. 1798.
T.: *Z. speciosum* Wendland.

1331 **Renealmia** Linnaeus f., Suppl. Pl. 7, 79. 1782.
T.: *R. exaltata* Linnaeus f.

(H) *Renealmia* Linnaeus, Sp. Pl. 286. 1753 [BROMEL.].
LT.: *R. paniculata* Linnaeus.

1332 **Riedelia** Oliver, Hooker's Icon. Pl. **15**: 1883.
T.: *R. curviflora* Oliver

(H) *Riedelia* Chamisso, Linnaea 7: 240 ('224'). 1832 [VERBEN.].
T.: *R. lippioides* Chamisso.

(=) *Nyctophylax* Zippelius, Alg. Konst.- Lett. - Bode **1829** (1): 298. 1829.
T.: *N. alba* Zippelius.

1344 **Amomum** Roxburgh, Fl. Ind. **1**: 317. 1820.
T.: *A. subulatum* Roxburgh (Pl. Corom. **3**: 75. 1819) (*typ. cons.*).

(H) *Amomum* Linnaeus, Sp. Pl. 1. 1753 [ZINGI-BER.].
$\equiv$ *Zingiber* Boehmer 1760 (*nom. cons.*) (1324) (vide Taxon **17**: 730. 1968).

(=) *Etlingera* Giseke, Prael. Ord. Nat. Pl. 209. 1792.
T.: *E. littoralis* (Koenig) Giseke (*Amomum littorale* Koenig).

(=) *Meistera* Giseke, Prael. Ord. Nat. Pl. 205. 1792.
T.: *Amomum koenigii* J. F. Gmelin.

(=) *Paludana* Giseke, Prael. Ord. Nat. Pl. 207. 1792.
T.: *Amomum globba* J. F. Gmelin.

(=) *Wurfbainia* Giseke, Prael. Ord. Nat. Pl. 206. 1792.
T.: *W. uliginosa* (Koenig) Giseke (*Amomum uliginosum* Koenig).

1360 **Tapeinochilos** Miquel, Ann. Mus. Lugd.-Bat. **4**: 101. 1869 ('1868') ('*Tapeinocheilos*') (*orth. cons.*).
T.: *T. pungens* (Teysmann et Binnendijk) Miquel (*Costus pungens* Teysmann et Binnendijk).

MARANTACEAE

1368 **Phrynium** Willdenow, Sp. Pl. **1**: 17. 1797.
T.: *P. capitatum* Willdenow.

(=) *Phyllodes* Loureiro, Fl. Cochinch. 13. 1790.
T.: *P. placentaria* Loureiro.

BURMANNIACEAE

1386 **Arachnitis** R. Philippi, Bot. Zeitung (Berlin) **22**: 217. 1864.
T.: *A. uniflora* R. Philippi.

(H) *Arachnites* F. W. Schmidt, Fl. Boëm. **1**: 74. 1793 [ORCHID.].
T.: non designatus.

ORCHIDACEAE

1393a **Paphiopedilum** Pfitzer, Morph. Stud. Orch. 11. 1886.
T.: *P. insigne* (Wallich ex Lindley) Pfitzer (*Cypripedium insigne* Wallich ex Lindley) (*typ. cons.*).

(≡) *Cordula* Rafinesque, Fl. Tell. **4**: 46. 1838 ('1836').
(=) *Stimegas* Rafinesque, Fl. Tell. **4**: 45. 1838 ('1836').
T.: *S. venustum* (Wallich ex Sims) Rafinesque (*Cypripedium venustum* Wallich ex Sims).

1393b **Phragmipedium** Rolfe, Orchid Rev. **4**: 330. 1896.
T.: *P. caudatum* (Lindley) Rolfe (*Cypripedium caudatum* Lindley).

(=) *Uropedium* Lindley, Orchid. Linden. 28. 1846.
T.: *U. lindenii* Lindley.

1397 **Serapias** Linnaeus, Sp. Pl. 949. 1753.
T.: *S. lingua* Linnaeus (*typ. cons.*) (etiam vide Swartz, Kongl. Vetensk. Acad. Nya Handl. **21**: 224. 1800).

1399 **Himantoglossum** Koch, Syn. Fl. Germ. Helv. 689. 1837 ('*Himanthoglossum*') (*orth. cons.*).
T.: *H. hircinum* (Linnaeus) Koch (*Satyrium hircinum* Linnaeus).

(H) *Himantoglossum* C. Sprengel, Syst. Veg. **3**: 675, 694. 1826 [ORCHID.].
≡ *Aceras* R. Brown 1813.

1403a **Peristylus** Blume, Bijdr. 404. Jun-Dec 1825.
T.: *P. grandis* Blume.

(=) *Glossula* Lindley, Bot. Reg. **10**: *t. 862*. Feb 1825.
T.: *G. tentaculata* Lindley.

332

1408 **Holothrix** L. C. Richard ex Lindley, Gen. Sp. Orchid. Pl. 257. Aug 1835; 283. Sep 1835.
T.: *H. parvifolia* Lindley, nom. illeg. (*Orchis hispidula* Linnaeus f., *H. hispidula* (Linnaeus f.) Durand et Schinz) (*typ. cons.*).

(=) *Monotris* Lindley, Edward's Bot. Reg. **20**: sub *t. 1701*. 1834 ('1835').
T.: *M. secunda* Lindley.
(=) *Scopularia* Lindley, Edward's Bot. Reg. **20**: sub *t. 1701*. 1834 ('1835').
T.: *S. burchellii* Lindley.
(=) *Saccidium* Lindley, Gen. Sp. Orchid. Pl. 258. Aug 1835; 301. Oct 1835.
T.: *S. pilosum* Lindley.
(=) *Tryphia* Lindley, Gen. Sp. Orchid. Pl. 258. Aug 1835; 333. Oct. 1835.
T.: *T. secunda* (Thunberg) Lindley (*Orchis secunda* Thunberg).

1410 **Platanthera** L. C. Richard, Orch. Eur. Annot. 20. 26, 35. 1817; Mém. Mus. Hist. Nat. **4**: 42, 48, 57. 1818.
T.: *P. bifolia* (Linnaeus) L. C. Richard (*Orchis bifolia* Linnaeus).

1430 **Satyrium** Swartz, Kongl. Vetensk. Acad. Nya Handl. **21**: 214. 1800.
T.: *S. bicorne* (Linnaeus) Thunberg (Prodr. Pl. Cap. 6. 1794) (*Orchis bicornis* Linnaeus) (*typ. cons.*).

(H) *Satyrium* Linnaeus, Sp. Pl. 944. 1753 [OR-CHID.].
LT.: *S. viride* Linnaeus (vide M. L. Green, Prop. Brit. Bot. 185. 1929).

1449 **Pterostylis** R. Brown, Prodr. 326. Apr 1810.
T.: *P. curta* R. Brown (*typ. cons.*).

(=) *Diplodium* Swartz, Ges. Naturf. Freunde Berlin Mag. **4**: 84. 1810.
T.: *Disperis alata* Labillardière (Nov. Holl. Pl. **2**: 59. 1806).

1468 **Nervilia** Commerson ex Gaudichaud, Voy. Uranie 421. 1829.
T.: *N. aragoana* Gaudichaud (*typ. cons.*).

(=) *Stellorkis* Du Petit-Thouars, Nouv. Bull. Sci. Soc. Philom. Paris **1**: 317. 1809.
T.: *Arethusa simplex* Linnaeus (vide Du Petit-Thouars, Hist. Pl. Orch. *tabl. t. 24*).

1482 **Epipactis** Zinn, Catal. 85. 1757.
T.: *E. helleborine* (Linnaeus) Crantz (Stirp. Austr. ed. 2. 467. 1769) (*Serapias helleborine* Linnaeus) (*typ. cons.*).

(H) *Epipactis* Séguier, Pl. Veron. **3**: 253. 1754 [ORCHID].
T.: *Satyrium repens* Linnaeus.
(≡) *Helleborine* P. Miller, Gard. Dict. Abr. ed. 4. 1754.

1483 **Limodorum** Boehmer in Ludwig, Defin. Gen. Pl. ed. 3. 358. 1760.
T.: *L. abortivum* (Linnaeus) Swartz (Nova Acta Soc. Sci. Upsal. **6**: 80. 1799) (*Orchis abortiva* Linnaeus).

(H) *Limodorum* Linnaeus, Sp. Pl. 950. 1753 [ORCHID.].
≡ *Calopogon* R. Brown 1813 (*nom. cons.*) (1534).

1488 **Pelexia** Poiteau ex Lindley, Bot. Reg. **12**: *t. 985*. 1826.
T.: *P. spiranthoides* Lindley, nom. illeg. (*Satyrium adnatum* Swartz, *P. adnata* (Swartz) C. Sprengel).

(≡) *Collea* Lindley, Bot. Reg. **9**: sub *t. 760*. 1823.

1490 **Spiranthes** L. C. Richard, Orch. Eur. Annot. 20, 28, 36. 1817; Mém. Mus. Hist. Nat. **4**: 42, 50, 58. 1818.
T.: *S. autumnalis* L. C. Richard, nom. illeg. (*Ophrys spiralis* Linnaeus, *S. spiralis* (Linnaeus) Chevalier) (*typ. cons.*).

(≡) *Orchiastrum* Séguier, Pl. Veron. **3**: 252. 1754.

1494 **Listera** R. Brown in W. Aiton et W. T. Aiton, Hortus Kew. ed. 2. **5**: 201. 1813.
T.: *L. ovata* (Linnaeus) R. Brown (*Ophrys ovata* Linnaeus) (*typ. cons.*).

(H) *Listera* Adanson, Fam. Pl. **2**: 321, 571. 1763 [LEGUM.].
T.: non designatus.
(=) *Diphryllum* Rafinesque, Med. Repos. ser. 2. **5**: 357. 1808.
T.: *D. bifolium* Rafinesque.

1495 **Neottia** Guettard, Hist. Acad. Roy. Sci. Mém. Math. Phys. (Paris, 4°) **1750**: 374. 1754.
T.: *N. nidus-avis* (Linnaeus) L. C. Richard (*Ophrys nidus-avis* Linnaeus).

1500 **Anoectochilus** Blume, Bijdr. 411. 1825 ('*Anecochilus*'); corr. Blume, Fl. Jav. vi in adnot. 1828.
T.: *A. setaceus* Blume.

(V) *Anecochilus* Blume, Bijdr. 411. 1825.

1502 **Zeuxine** Lindley, Collect. Bot. Append. n. 18. 1826 (?1825); Orchid. Scelet. 9. 1826 ('*Zeuxina*'); corr. Roeper, Linnaea **2**: 532. 1827.
T.: *Z. sulcata* (Roxburgh) Lindley (Gen. Sp. Orchid. Pl. 485. 1840) (*Pterygodium sulcatum* Roxburgh).

(V) *Zeuxina* Lindley, Collect. Bot. Append. n. 18. 1826 (?1825); Orchid. Scelet. 9. 1826.

1516 **Platylepis** A. Richard, Mém. Soc. Hist. Nat. Paris **4**: 34. 1828.
T.: *P. goodyeroides* A. Richard, nom. illeg. (*Goodiera occulta* Du Petit-Thouars, *Platylepis occulta* (Du Petit-Thouars) H. G. Reichenbach).

(=) *Erporkis* Du Petit-Thouars, Nouv. Bull. Sci. Soc. Philom. Paris **1**: 317. 1809.
T.: non designatus.

1533 **Bletilla** H. G. Reichenbach, Fl. Serres **8**: 246. 1852–53.
T.: *B. gebinae* (Lindley) H. G. Reichenbach (*Bletia gebinae* Lindley) (*typ. cons.*).

(=) *Jimensia* Rafinesque, Fl. Tell. **4**: 38. 1838
T.: *J. nervosa* Rafinesque, nom. illeg. (*Limodorum striatum* Thunberg, *J. striata* (Thunberg) Garay et R. E. Schultes).

1534 **Calopogon** R. Brown in W. Aiton et W. T. Aiton, Hortus Kew. ed. 2. **5**: 204. 1813.
T.: *C. pulchellus* R. Brown, nom. illeg. (*Limodorum tuberosum* Linnaeus, *C. tuberosus* (Linnaeus) Britton, Sterns et Poggenburg) (etiam vide 1483).

334

1553 **Microstylis** (Nuttall) A. Eaton, Man. Bot. ed. 3. 115 ('*Microstylus*'), 347, 353. 1822.
T.: *M. ophioglossoides* A. Eaton, nom. illeg. (*Malaxis unifolia* A. Michaux, *Microstylis unifolia* (A. Michaux) Britton, Sterns et Poggenburg).

(≡) *Achroanthes* Rafinesque, Amer. Monthly Mag. & Crit. Rev. **4**: 195. 1819.

1556 **Liparis** L. C. Richard, Orch. Eur. Annot. 21, 30, 38. 1817; Mém. Mus. Hist. Nat. **4**: 43, 52, 60. 1818.
T.: *L. loeselii* (Linnaeus) L. C. Richard (*Ophrys loeselii* Linnaeus).

(=) *Leptorkis* Du Petit-Thouars, Nouv. Bull. Sci. Soc. Philom. Paris **1**: 317. 1809.
T.: non designatus.

1558 **Oberonia** Lindley, Gen. Sp. Orchid. Pl. 15. 1830.
T.: *O. iridifolia* Lindley (*typ. cons.*).

(=) *Iridorkis* Du Petit-Thouars, Nouv. Bull. Sci. Soc. Philom. Paris **1**: 319. 1809.
T.: non designatus.

1559 **Calypso** R. A. Salisbury, Parad. Lond. *t. 89.* 1807.
T.: *C. borealis* R. A. Salisbury, nom. illeg. (*Cypripedium bulbosum* Linnaeus, *Calypso bulbosa* (Linnaeus) Oakes).

(H) *Calypso* Du Petit-Thouars, Hist. Vég. Iles France 29, *t. 6.* 1804 [HIPPOCRAT.].
T.: *Epidendrum distichum* Lamarck.

1565 **Polystachya** W. J. Hooker, Exot. Fl. *t. 103.* 1824.
T.: *Epidendrum minutum* Aublet [= *Polystachya extinctoria* H. G. Reichenbach].

(=) *Dendrorkis* Du Petit-Thouars, Nouv. Bull. Sci. Soc. Philom. Paris **1**: 318, 1809.
T.: non designatus.

1569 **Claderia** J. D. Hooker, Fl. Brit. India **5**: 810. 1890.
T.: *C. viridiflora* J. D. Hooker.

(H) *Claderia* Rafinesque, Sylva Tell. 12. 1838 [RUT.].
T.: *C. parviflora* Rafinesque.

1587 **Stelis** Swartz, J. Bot. (Schrader) **1799** (4): 239. 1800.
T.: *S. ophioglossoides* (N. J. Jacquin) Swartz (*Epidendrum ophioglossoides* N. J. Jacquin) (*typ. cons.*).

1614 **Epidendrum** Linnaeus, Sp. Pl. ed. 2. 1347. 1763.
T.: *E. nocturnum* N. J. Jacquin (Enum. Pl. Carib. 29. 1760) (*typ. cons.*).

(H) *Epidendrum* Linnaeus, Sp. Pl. 952. 1753 [ORCHID.].
LT.: *E. nodosum* Linnaeus (vide M. L. Green, Prop. Brit. Bot. 186. 1929).

1617 **Laelia** Lindley, Gen. Sp. Orchid. Pl. 96, 115. 1831.
T.: *L. grandiflora* (La Llave et Lexarza) Lindley (*Bletia grandiflora* La Llave et Lexarza) (*typ. cons.*).

(H) *Laelia* Adanson, Fam. Pl. **2**: 423. 1763 [CRUC.].
T.: *Bunias orientalis* Linnaeus.

1619 **Brassavola** R. Brown in W. Aiton et W. T. Aiton, Hortus Kew. ed. 2. **5**: 216. 1813.
T.: *B. cucullata* (Linnaeus) R. Brown (*Epidendrum cucullatum* Linnaeus).

(H) *Brassavola* Adanson, Fam. Pl. **2**: 127, 527. 1763 [COMP.].
≡ *Helenium* Linnaeus 1753.

1631 **Calanthe** R. Brown, Bot. Reg. **7**: sub *t. 573*. 1821.
T.: *C. veratrifolia* R. Brown, nom. illeg. (*Orchis triplicata* Willemet, *C. triplicata* (Willemet) Ames).

(=) *Alismorkis* Du Petit-Thouars, Nouv. Bull. Sci. Soc. Philom. Paris **1**: 318. 1809.
T.: non designatus.

1648 **Eulophia** R. Brown ex Lindley, Bot. Reg. **8**: *t. 686*. 1823.
T.: *E. guineensis* Lindley.

(H) *Eulophia* C. A. Agardh, Aphor. Bot. 109. 1822 [MUSCI].
T.: *Leskea cristata* J. Hedwig.

(=) *Graphorkis* Du Petit-Thouars. Nouv. Bull. Sci. Soc. Philom. Paris **1**: 318. 1809.
LT.: *G. scripta* (Du Petit-Thouars) O. Kuntze (*Limodorum scriptum* Du Petit-Thouars, '*scripsum*') (vide Summerhayes, Kew Bull. **1953**: 161. 1953).

(=) *Eulophus* R. Brown, Bot. Reg. **7**: sub *t. 573*. 1821.
T.: *Limodorum virens* Roxburgh.

(=) *Lissochilus* R. Brown, Bot. Reg. **7**: sub *t. 573*. 1821.
T.: *L. speciosus* R. Brown.

1694 **Dendrobium** Swartz, Nova Acta Regiae Soc. Sci. Upsal. ser. 2. **6**: 82. 1799.
T.: *D. crumenatum* Swartz (*typ. cons.*).

(=) *Callista* Loureiro, Fl. Cochinch. 519. 1790.
T.: *C. amabilis* Loureiro.

(=) *Ceraia* Loureiro, Fl. Cochinch. 518. 1790.
T.: *C. simplicissima* Loureiro.

1697 **Eria** Lindley, Bot. Reg. **11**: *t. 904*. 1825.
T.: *E. stellata* Lindley.

1704 **Cirrhopetalum** Lindley, Gen. Sp. Orchid. Pl. 45, 58. 1830.
T.: *C. thouarsii* Lindley, nom. illeg. (*Epidendrum umbellatum* G. Forster, *C. umbellatum* (G. Forster) Frappier ex Cordemoy).

(=) *Ephippium* Blume, Bijdr. 308. 1825.
T.: non designatus.

(=) *Zygoglossum* Reinwardt, Syll. Pl. **2**: 4. 1825–1826 ('1828').
T.: *Z. umbellatum* Reinwardt.

1705 **Bulbophyllum** Du Petit-Thouars, Hist. Orchid. *t.esp. 3. sub u.* 1822.
T.: *B. nutans* Du Petit-Thouars (*typ. cons.*).

(≡) *Phyllorkis* Du Petit-Thouars, Nouv. Bull. Sci. Soc. Philom. **1**: 319. 1809.

1714 **Panisea** (Lindley) Lindley, Fol. Orchid. 5. 1854.
T.: *P. parviflora* (Lindley) Lindley (*Coelogyne parviflora* Lindley).

(≡) *Androgyne* Griffith, Not. Pl. Asiat. **3**: 279. 1851.

336

1739 **Warmingia** H. G. Reichenbach, Otia Bot. Hamb. 87. 1881.
T.: *W. eugenii* H. G. Reichenbach.

(H) *Warmingia* Engler in C. F. P. Martius, Fl. Bras. **12**(2): 281. 1 Sep 1874 [ANACARD.].
T.: *W. pauciflora* Engler.

(H) *Warmingia* Engler in C. F. P. Martius, Fl. Bras. **12**(2): 86, 92. 1 Sep 1874 [RUT.].
≡ *Ticorea* Aublet 1775.

1751 **Brachtia** H. G. Reichenbach, Linnaea **22**: 853. 1849.
T.: *B. glumacea* H. G. Reichenbach.

(H) *Brachtia* Trevisan, Saggio Monogr. Alghe Cocc. 57. 1848 [CHLOROPH.].
T.: *B. crassa* (Naccari) Trevisan (*Palmella crassa* Naccari).

1778 **Miltonia** Lindley, Edward's Bot. Reg. **23**: sub *t. 1976.* 1837.
T.: *M. spectabilis* Lindley.

1822 **Saccolabium** Blume, Bijdr. 292. 1825 sem. 2.
T.: *S. pusillum* Blume.

(=) *Gastrochilus* D. Don, Prodr. Fl. Nepal. 32. Feb 1825.
T.: *G. calceolaris* D. Don.

1824 **Acampe** Lindley, Fol. Orchid. 4. 1853.
T.: *A. multiflora* (Lindley) Lindley (*Vanda multiflora* Lindley).

(=) *Sarcanthus* Lindley, Bot. Reg. **10**: sub *t. 817.* 1824.
T.: *Epidendrum praemorsum* Roxburgh.

1834 **Oeonia** Lindley, Bot. Reg. **10**: sub *t. 817.* 1824 ('*Aeonia*'); corr. Lindley, Collect. Bot. Append. 1826.
T.: *O. aubertii* Lindley, nom. illeg. (*Epidendrum volucre* Du Petit-Thouars, *O. volucris* (Du Petit-Thouars) Durand et Schinz).

(V) *Aeonia* Lindley, Bot. Reg. **10**: sub *t. 817.* 1824.

1834a **Symphyglossum** Schlechter, Orchis **13**: 8. 1919.
T.: *S. sanguineum* (H. G. Reichenbach) Schlechter (*Mesospinidium sanguineum* H. G. Reichenbach).

(H) *Symphyoglossum* Turczaninow, Bull. Soc. Imp. Naturalistes Moscou **21**(1): 255. 1848 [ASCLEPIAD.].
T.: *S. hastatum* (Bunge) Turczaninow (*Asclepias hastata* Bunge).

SAURURACEAE

1857 **Houttuynia** Thunberg, Kongl. Vetensk. Acad. Nya Handl. **4**: 149, 151. 1783 ('*Houttuynia*'); corr. Thunberg, Fl. Jap. 12. 1784.
T.: *H. cordata* Thunberg.

(V) *Houtuynia* Thunberg, Kongl. Vetensk. Acad. Nya Handl. **4**: 149, 151. 1783.

(H) *Houttuynia* Houttuyn, Nat. Hist. **2**(12): 448. 1780 [IRID.].
T.: *H. capensis* Houttuyn.

JUGLANDACEAE

1882 **Carya** Nuttall, Gen. N. Amer. Pl. **2**: 220. 1818.
T.: *C. tomentosa* (Poiret) Nuttall (*Juglans tomentosa* Poiret) (*typ. cons.*).

(=) *Hicorius* Rafinesque, Fl. Ludov. 109. 1817.
T.: non designatus.

BETULACEAE

1885 **Ostrya** Scopoli, Fl. Carn. 414. 1760.
T.: *O. carpinifolia* Scopoli (*Carpinus ostrya* Linnaeus).

(H) *Ostrya* J. Hill, Brit. Herb. 513. 1757 [BETUL.].
≡ *Carpinus* Linnaeus 1753.

FAGACEAE

1889 **Nothofagus** Blume, Mus. Bot. **1**: 307. 1850.
T.: *N. antarctica* (G. Forster) Oersted (Kongel. Norske Vidensk. Selsk. Skr. ser. 5. **9**: 354. 1871) (*Fagus antarctica* G. Forster) (*typ. cons.*).

(=) *Fagaster* Spach, Hist. Nat. Vég. Phan. **11**: 142. 1841.
T.: *Fagus dombeyi* Mirbel.
(=) *Calucechinus* Hombron et Jacquinot in Urville, Voy. Pôle Sud, Bot. Atlas (Dicot.) **6**: *t. 6*. 1844.
T.: *C. antarctica* Hombron et Jacquinot.
(=) *Calusparassus* Hombron et Jacquinot in Urville, Voy. Pôle Sud, Bot. Atlas (Dicot.) **6**: *t. 6*. 1844.
T.: *C. forsteri* Hombron et Jacquinot.

1891a **Castanopsis** (D. Don) Spach, Hist. Nat. Vég. Phan. **11**: 142, 185. 1842.
T.: *C. armata* (Roxburgh) Spach (*Quercus armata* Roxburgh).

(=) *Balanoplis* Rafinesque, Alsogr. 29. 1838.
LT.: *B. tribuloides* (J. E. Smith) Rafinesque (*Quercus tribuloides* J. E. Smith).

1893 **Cyclobalanopsis** Oersted, Vidensk. Meddel. Dansk Naturhist. Foren. Kjøbenhavn **1866**: 69. 1867.
T.: *C. velutina* Oersted (*Quercus velutina* Lindley ex Wallich, non Lamarck) (*typ. cons.*).

(=) *Perytis* Rafinesque, Alsogr. 29. 1838.
LT.: *P. lamellosa* (J. E. Smith) Rafinesque (*Quercus lamellosa* J. E. Smith).

ULMACEAE

1901 **Zelkova** Spach, Ann. Sci. Nat. Bot. ser. 2. **15**: 356. 1841.
T.: *Z. crenata* Spach, nom. illeg. (*Rhamnus carpinifolius* Pallas, *Z. carpinifolia* (Pallas) K. Koch).

1904 **Aphananthe** J. E. Planchon, Ann. Sci. Nat. Bot. ser. 3. **10**: 265. 1848.
T.: *A. philippinensis* J. E. Planchon.

(H) *Aphananthe* Link, Enum. Hort. Berol. Alt. **1**: 383. 1821 [PHYTOLACC.].
T.: *A. celosioides* (C. Sprengel) Link (*Galenia celosioides* C. Sprengel).

MORACEAE

1917 **Trophis** P. Browne, Civ. Nat. Hist. Jamaica 357. 1756.
T.: *T. americana* Linnaeus (Syst. Nat. ed. 10. 1289. 1759).

(=) *Bucephalon* Linnaeus, Sp. Pl. 1190. 1753.
T.: *B. racemosum* Linnaeus.

1918 **Maclura** Nuttall, Gen. N. Amer. Pl. **2**: 233. 1818.
T.: *M. aurantiaca* Nuttall.

(=) *Ioxylon* Rafinesque, Amer. Monthly Mag. & Crit. Rev. **2**: 118. 1817.
T.: *I. pomiferum* Rafinesque.

338

1923 **Broussonetia** L'Héritier ex Ventenat, Tabl. Règne Vég. **3**: 547. 1799.
T.: *B. papyrifera* (Linnaeus) Ventenat (*Morus papyrifera* Linnaeus).

(H) *Broussonetia* Ortega, Nov. Pl. Descr. Dec. 61. 1798 [LEGUM.].
T.: *B. secundiflora* Ortega.
(=) *Papyrius* Lamarck, Tabl. Encycl. *t. 762.* 1797.
T.: non designatus.

1937 **Clarisia** Ruiz et Pavón, Prodr. 116. *t. 28.* 1794.
T.: *C. racemosa* Ruiz et Pavón (Syst. 255. 1798) (*typ. cons.*).

(H) *Clarisia* Abat, Mem. Acad. Soc. Med. Sevilla **10**: 418. 1792 [BASELL.].
≡ *Anredera* A. L. Jussieu 1789.

1942 **Cudrania** Trécul, Ann. Sci. Nat. Bot. ser. 3. **8**: 122. 1847.
T.: *C. javanensis* Trécul (*typ. cons.*).

(=) *Vanieria* Loureiro, Fl. Cochinch. 564. 1790.
LT.: *V. cochinchinensis* Loureiro (vide Merrill, Trans. Amer. Philos. Soc. ser. 2. **24**: 134. 1935).

1946 **Artocarpus** J. R. Forster et G. Forster, Char. Gen. Pl. 51. 1775.
T.: *A. communis* J. R. Forster et G. Forster.

(=) *Sitodium* S. Parkinson, J. Voy. South Seas 45. 1773.
T.: *S. altile* S. Parkinson.

1956 **Antiaris** Leschenault, Ann. Mus. Natl. Hist. Nat. **16**: 478. 1810.
T.: *A. toxicaria* Leschenault.

(=) *Ipo* Persoon, Syn. Pl. **2**: 566. 1807.
T.: *I. toxicaria* Persoon.

1957 **Brosimum** Swartz, Prodr. 1. 1788.
T.: *B. alicastrum* Swartz (*typ. cons.*).

(≡) *Alicastrum* P. Browne, Civ. Nat. Hist. Jamaica 372. 1756.
(=) *Piratinera* Aublet, Hist. Pl. Guiane 888. 1775.
T.: *P. guianensis* Aublet.
(=) *Ferolia* Aublet, Hist. Pl. Guiane Suppl. 7. 1775.
T.: *F. guianensis* Aublet.

1971 **Cecropia** Loefling, Iter Hispan. 272. 1758.
T.: *C. peltata* Linnaeus (Syst. Nat. ed. 10. 1286. 1759).

(≡) *Coilotapalus* P. Browne, Civ. Nat. Hist. Jamaica 111. 1756.

URTICACEAE

1980 **Laportea** Gaudichaud, Voy. Uranie 498. 1830 ('1826').
T.: *L. canadensis* (Linnaeus) Weddell (Ann. Sci. Nat. Bot. ser. 4. **1**: 181. 1854) (*Urtica canadensis* Linnaeus).

(≡) *Urticastrum* Heister ex Fabricius, Enum. 204. 1759.

1984 **Pilea** Lindley, Collect. Bot. sub *t. 4.* 1821.
T.: *P. muscosa* Lindley, nom. illeg. (*Parietaria microphylla* Linnaeus, *Pilea microphylla* (Linnaeus) Liebmann).

1987 **Pellionia** Gaudichaud, Voy. Uranie 494. 1830 ('1826').
T.: *P. elatostemoides* Gaudichaud (*typ. cons.*).

(=) *Polychroa* Loureiro, Fl. Cochinch. 538, 559. 1790.
T.: *P. repens* Loureiro.

1988 **Elatostema** J. R. Forster et G. Forster, Char. Gen. Pl. 53. 1775.
T.: *E. sessile* J. R. Forster et G. Forster (*typ. cons.*).

PROTEACEAE

2023 **Persoonia** J. E. Smith, Trans. Linn. Soc. London **4**: 215. 24 Mai 1798.
T.: *P. lanceolata* Andrews (Bot. Repos. *t. 74.* 1799) (*typ. cons.*).

(=) *Linkia* Cavanilles, Icon. **4**: 61. 14 Mai 1798.
T.: *L. levis* Cavanilles.

2026 **Isopogon** R. Brown ex Knight, Cult. Prot. 93. 1809.
T.: *I. anemonifolius* (R. A. Salisbury) Knight (*Protea anemonifolia* R. A. Salisbury) (*typ. cons.*).

(=) *Atylus* R. A. Salisbury, Parad. Lond. sub *t.* 67. 1807.
T.: non designatus.

2028 **Sorocephalus** R. Brown, Trans. Linn. Soc. London **10**: 139. 1810.
T.: *S. imbricatus* (Thunberg) R. Brown (*Protea imbricata* Thunberg) (*typ. cons.*).

(=) *Soranthe* R. A. Salisbury ex Knight, Cult. Prot. 71. 1809.
T.: non designatus.

2035 **Protea** Linnaeus, Mant. Pl. **2**: 187, 328. 1771.
T.: *P. cynaroides* (Linnaeus) Linnaeus (*Leucadendron cynaroides* Linnaeus, '*cinaroides*') (*typ. cons.*).

(H) *Protea* Linnaeus, Sp. Pl. 94. 1753 [PROT.].
≡ *Leucadendron* R. Brown 1810 (*nom. cons.*) (2037) (vide Hitchcock, Prop. Brit. Bot. 113. 1929).
(=) *Lepidocarpus* Adanson, Fam. Pl. **2**: 284, 569. 1763.
≡ *Leucadendron* Linnaeus 1753 (nom. rej. vs. *Leucadendron* R. Brown 1810, *nom. cons.*) (2037).

2036 **Leucospermum** R. Brown, Trans. Linn. Soc. London **10**: 95. 1810.
T.: *L. hypophyllum* R. Brown, nom. illeg. (*Leucadendron hypophyllocarpodendron* Linnaeus, *Leucospermum hypophyllocarpodendron* (Linnaeus) Druce) (*typ. cons.*).

2037 **Leucadendron** R. Brown, Trans. Linn. Soc. London **10**: 50. 1810.
T.: *L. argenteum* (Linnaeus) R. Brown (*Protea argentea* Linnaeus) (*typ. cons.*) (etiam vide 2035).

(H) *Leucadendron* Linnaeus, Sp. Pl. 91. 1753 [PROT.].
LT.: *L. lepidocarpodendron* Linnaeus (vide Hitchcock, Prop. Brit. Bot. 122. 1929).

2045 **Grevillea** R. Brown ex Knight, Cult. Prot. 120. 1809 (*'Grevillia'*); corr. R. Brown, Trans. Linn. Soc. London **10**: 167. 1810.
T.: *G. aspleniifolia* R. Brown ex Knight (*typ. cons.*).

(V) *Grevillia* R. Brown ex Knight, Cult. Prot. 120. 1809.
(=) *Lysanthe* R. A. Salisbury ex Knight, Cult. Prot. 116. 1809.
T.: non designatus.
(=) *Stylurus* R. A. Salisbury ex Knight, Cult. Prot. 115. 1809.
T.: non designatus.

2062 **Telopea** R. Brown, Trans. Linn. Soc. London **10**: 197. 1810.
T.: *T. speciosissima* (J. E. Smith) R. Brown (*Embothrium speciosissimum* J. E. Smith) (*typ. cons.*).

(≡) *Hylogyne* R. A. Salisbury ex Knight, Cult, Prot. 126. 1809.

2063 **Lomatia** R. Brown, Trans. Linn. Soc. London **10**: 199. 1810.
T.: *L. silaifolia* (J. E. Smith) R. Brown (*Embothrium silaifolium* J. E. Smith) (*typ. cons.*).

(=) *Tricondylus* R. A. Salisbury ex Knight, Cult. Prot. 121. 1809.
T.: non designatus.

2064 **Knightia** R. Brown, Trans. Linn. Soc. London **10**: 193. 1810.
T.: *K. excelsa* R. Brown.

(=) *Rymandra* R. A. Salisbury ex Knight, Cult. Prot. 124. 1809.
T.: *R. excelsa* Knight.

2066 **Stenocarpus** R. Brown, Trans. Linn. Soc. London **10**: 201. 1810.
T.: *S. forsteri* R. Brown, nom. illeg. (*S. umbellifer* (J. R. Forster et G. Forster) Druce, *Embothrium umbelliferum* J. R. Forster et G. Forster) (*typ. cons.*).

(≡) *Cybele* R. A. Salisbury ex Knight, Cult. Prot. 123. 1809.

2068 **Banksia** Linnaeus f., Suppl. Pl. 15. 126. 1782.
T.: *B. serrata* Linnaeus f.

(H) *Banksia* J. R. Forster et G. Forster, Char. Gen. Pl. 4. 1775 [THYMEL.].
T.: non designatus.

2069 **Dryandra** R. Brown, Trans. Linn. Soc. London **10**: 211. 1810.
T.: *D. formosa* R. Brown (*typ. cons.*).

(H) *Dryandra* Thunberg, Nova Gen. Pl. 60. 1783 [EUPHORB.].
T.: *D. cordata* Thunberg.
(=) *Josephia* R. Brown ex Knight, Cult. Prot. 110. 1809.
T.: non designatus.

LORANTHACEAE

2074 **Loranthus** N. J. Jacquin, Enum. Stirp. Vindob. 55, 230, *t. 3.* 1762.
T.: *L. europaeus* N. J. Jacquin.

(H) *Loranthus* Linnaeus, Sp. Pl. 331. 1753 [LORANTH.].
T.: *L. americanus* Linnaeus.
(=) *Scurrula* Linnaeus, Sp. Pl. 110. 1753.
T.: *S. parasitica* Linnaeus.

2078 **Struthanthus** C. F. P. Martius, Flora **13**: 102. 1830.
T.: *S. syringifolius* (C. F. P. Martius) C. F. P. Martius (*Loranthus syringifolius* C. F. P. Martius) (*typ. cons.*).

(=) *Spirostylis* K. B. Presl in J. A. Schultes et J. H. Schultes, Syst. Veg. 7(1): xvii, 163. 1829.
T.: *S. haenkei* K. B. Presl.

2091 **Arceuthobium** Marschall von Bieberstein, Fl. Taur.-Caucas. Suppl. 629. 1819.
T.: *A. oxycedri* (A. P. de Candolle) Marschall von Bieberstein (*Viscum oxycedri* A. P. de Candolle).

(=) *Razoumofskya* G. F. Hoffmann, Hort. Mosq. 1. 1808.
T.: *R. caucasica* G. F. Hoffmann.

SANTALACEAE

2097 **Exocarpos** Labillardière, Voy. Rech. Pérouse **1**: 155, *t. 14*. 1799.
T.: *E cupressiformis* Labillardière.

(=) *Xylophyllos* Rumphius, Auct. 19, *t. 12*. 1755.
T.: *Phyllanthus epiphyllanthus* Linnaeus (Syst. Nat. ed. 10. 1264. 1759).

2103 **Scleropyrum** Arnott, Mag. Zool. Bot. **2**: 549. 1838.
T.: *S. wallichianum* (Wight et Arnott) Arnott (*Sphaerocarya wallichiana* Wight et Arnott).

2109 **Buckleya** Torrey, Amer. J. Sci. Arts **45**: 170. 1843.
T.: *B. distichophylla* (Nuttall) Torrey (*Borya distichophylla* Nuttall).

(=) *Nestronia* Rafinesque, New Fl. **3**: 12. 1838 ('1836').
T.: *N. umbellula* Rafinesque.

2120 **Quinchamalium** Molina, Sag. Stor. Nat. Chili 151, 350. 1782.
T.: *Q. chilense* Molina..

OPILIACEAE

2124 **Cansjera** A. L. Jussieu, Gen. Pl. 448. 1789.
T.: *C. rheedei* J. F. Gmelin (Syst. Nat. 280. 1791, '*rhedii*').

(≡) *Tsjeru-caniram* Adanson, Fam. Pl. **2**: 80, 614. 1763.

OLACACEAE

2147 **Heisteria** N. J. Jacquin, Enum. Syst. Pl. 4, 20. 1760.
T.: *H. coccinea* N. J. Jacquin.

(H) *Heisteria* Linnaeus, Opera Var. 242. 1758 [POLYGAL.].
≡ *Muraltia* A. P. de Candolle 1824 (*nom. cons.*) (4278).

BALANOPHORACEAE

2163 **Helosis** L. C. Richard, Mém. Mus. Hist.
Nat. **8**: 416, 432. 1822.
T.: *H. guyannensis* L. C. Richard, nom.
illeg. (*Cynomorium cayanense* Swartz,
H. cayanensis (Swartz) C. Sprengel).

RAFFLESIACEAE

2180 **Cytinus** Linnaeus, Gen. Pl. ed. 6. 576   (≡) *Hypocistis* P. Miller, Gard. Dict. Abr. ed.
(err. 566). 1764.   4. 1754.
T.: *C. hypocistis* (Linnaeus) Linnaeus
(*Asarum hypocistis* Linnaeus).

POLYGONACEAE

2194 **Emex** Campderá, Monogr. Rumex 56.   (≡) *Vibo* Medikus, Philos. Bot. **1**: 178. 1789.
1819.
T.: *E. spinosa* (Linnaeus) Campderá.
(*Rumex spinosus* Linnaeus) (*typ. cons.*).

2202 **Fagopyrum** P. Miller, Gard. Dict. Abr.
ed. 4. 1754.
T.: *Fagopyrum esculentum* Moench (Methodus 290. 1794) (*Polygonum fagopyrum* Linnaeus) (*typ. cons.*).

2208 **Muehlenbeckia** Meisner, Pl. Vasc. Gen.   (≡) *Calacinum* Rafinesque, Fl. Tell. **2**: 33. 1837
1: 316. 1841; **2**: 227. 1841.   ('1836').
T.: *M. australis* (G. Forster) Meisner   (=) *Karkinetron* Rafinesque, Fl. Tell. **3**: 11.
(*Coccoloba australis* G. Forster).   1837 ('1836').
                                             T.: non designatus.

2209 **Coccoloba** P. Browne, Civ. Nat. Hist.   (V) *Coccolobis* P. Browne, Civ. Nat. Hist. Ja-
Jamaica 209. 1756 ('*Coccolobis*'); corr.   maica 209. 1756.
Linnaeus, Syst. Nat. ed. 10. 997, 1007,   (=) *Guaiabara* P. Miller, Gard. Dict. Abr. ed. 4.
1367. 1759.   1754.
T.: *C. uvifera* (Linnaeus) Linnaeus (*Po-*   T.: non designatus.
lygonum uvifera Linnaeus) (*typ. cons.*).

CHENOPODIACEAE

2261 **Suaeda** Forsskål ex Scopoli, Intr. 333.
1777.
T.: *S. vera* Forsskål ex J. F. Gmelin
(Syst. **2**: 503. 1791) (*typ. cons.*).

2297 **Chamissoa** Kunth in Humboldt, Bonpland et Kunth, Nov. Gen. Sp. **2**: ed. fol. 158, ed. qu. 196, *t. 125.* 1818.
T.: *C. altissima* (N. J. Jacquin) Kunth (*Achyranthes altissima* N. J. Jacquin) (*typ. cons.*).

(=) *Kokera* Adanson, Fam. Pl. **2**: 269, 541. 1763.
T.: non designatus.

2312 **Cyathula** Blume, Bijdr. 548. 1825 (or 1826).
T.: *C. prostrata* (Linnaeus) Blume (*Achyranthes prostrata* Linnaeus).

(H) *Cyathula* Loureiro, Fl. Cochinch. 93, 101. 1790 [AMARANTH.].
T.: *C. geniculata* Loureiro.

2314 **Pupalia** A. L. Jussieu, Ann. Mus. Natl. Hist. Nat. **2**: 132. 1803.
T.: *P. lappacea* (Linnaeus) A. L. Jussieu (*Achyranthes lappacea* Linnaeus).

(≡) *Pupal* Adanson, Fam. Pl. **2**: 268, 596. 1763.

2317 **Aerva** Forsskål, Fl. Aegypt.-Arab. cxxii, 170. 1775.
T.: *A. tomentosa* Forsskål (*typ. cons.*).

(=) *Ouret* Adanson, Fam. Pl. 2: 268, 586. 1763.
T.: *Achyranthes lanata* Linnaeus.

2339 **Iresine** P. Browne, Civ. Nat. Hist. Jamaica 358. 1756.
T.: *I. celosioides* Nuttall (Gen. N. Amer. Pl. **2**: 237. 1818) (*Celosia paniculata* Linnaeus, *I. paniculata* (Linnaeus) O. Kuntze, non Poiret) [= *I. diffusa* Humboldt et Bonpland ex Willdenow, Sp. Pl. **4**: 765. 1805].

NYCTAGINACEAE

2348 **Allionia** Linnaeus, Syst. Nat. ed. 10. 890, 1361. 1759.
T.: *A. incarnata* Linnaeus (*typ. cons.*) (etiam vide 9192).

(H) *Allionia* Loefling, Iter Hispan. 181. 1758 [NYCTAGIN.].
T.: *A. violacea* Linnaeus (Syst. Nat. ed. 10. 890. 1759).

2350 **Bougainvillea** Commerson ex A. L. Jussieu, Gen. Pl. 91 1789 (*'Buginvillaea'*); corr. Spach, Hist. Nat. Vég. Phan. **10**: 516. 1841.
T.: *B. spectabilis* Willdenow (Sp. Pl. **2**: 348. 1799) (*typ. cons.*).

(V) *Buginvillaea* Commerson ex A. L. Jussieu, Gen. Pl. 91. 1789.

AIZOACEAE

2405 **Mesembryanthemum** Linnaeus, Sp. Pl. 480. 1753.
T.: *M. nodiflorum* Linnaeus (*typ. cons.*).

PORTULACACEAE

2406 **Talinum** Adanson, Fam. Pl. **2**: 245, 609. 1763.
T.: *T. triangulare* (N. J. Jacquin) Willdenow (*Portulaca triangularis* N. J. Jacquin) (*typ. cons.*).

2407 **Calandrinia** Kunth in Humboldt, Bonpland et Kunth, Nov. Gen. Sp. **6**: ed. fol. 62, ed. qu. 77. 1823.
T.: *C. caulescens* Kunth (*typ. cons.*).

(=) *Baitaria* Ruiz et Pavón, Prodr. 63. 1794.
T.: *B. acaulis* Ruiz et Pavón (Syst. 111. 1798).

2412 **Anacampseros** Linnaeus, Opera Var. 232. 1758.
T.: *A. telephiastrum* A. P. de Candolle (Cat. Pl. Horti Monsp. 77. 1813) (*Portulaca anacampseros* Linnaeus).

(H) *Anacampseros* P. Miller, Gard. Dict. Abr. ed. 4. 1754 [CRASSUL.].
T.: non designatus.

CARYOPHYLLACEAE

2432 **Moenchia** Ehrhart, Neues Mag. Aertzte **5**: 203. 1783.
T.: *M. quaternella* Ehrhart, nom. illeg. (*Sagina erecta* Linnaeus, *M. erecta* (Linnaeus) P. Gaertner, B. Meyer et Scherbius).

2450 **Spergularia** (Persoon) J. S. Presl et K. B. Presl, Fl. Čech. 94. 1819.
T.: *S. rubra* (Linnaeus) J. S. Presl et K. B. Presl (*Arenaria rubra* Linnaeus) (*typ. cons.*).

(≡) *Tissa* Adanson, Fam. Pl. **2**: 507, 611. 1763 (vide Swart in Regnum Veg. **102**: 1764. 1979).
(=) *Buda* Adanson, Fam. Pl. **2**: 507, 528. 1763.
T.: non designatus.

2455 **Polycarpaea** Lamarck, J. Hist. Nat. **2**: 3 ('*Polycarpea*'), 5. 1792.
T.: *P. teneriffae* Lamarck (*typ. cons.*).

(=) *Polia* Loureiro, Fl. Cochinch. 97, 164. 1790.
T.: *P. arenaria* Loureiro.

2467 **Pollichia** W. Aiton, Hortus Kew. **1**: 5. 1789.
T.: *P. campestris* W. Aiton.

(H) *Polichia* Schrank, Acta Acad. Elect. Mogunt. Sci. Util. Erfurti **1781**: 35. 1781[LAB.].
T.: *P. galeobdolon* (Linnaeus) Willdenow (Fl. Berol. Prodr. 198. 1787) (*Galeopsis galeobdolon* Linnaeus).

2477 **Siphonychia** Torrey et A. Gray, Fl. N. Amer. **1**: 173. 1838.
T.: *S. americana* (Nuttall) Torrey et A. Gray (*Herniaria americana* Nuttall).

NYMPHAEACEAE

2513 **Nymphaea** Linnaeus, Sp. Pl. 510. 1753.
T.: *N. alba* Linnaeus (*typ. cons.*).

2514 **Nuphar** J. E. Smith in Sibthorp et J. E. Smith, Fl. Graecae Prodr. **1**: 361. 1809 ('1806').
T.: *N. lutea* (Linnaeus) J. E. Smith (*Nymphaea lutea* Linnaeus).

(≡) *Nymphozanthus* L. C. Richard, Demonstr. Bot. Anal. Fruits 63, 68 ('*Nymphosanthus*'), 103. 1808.

RANUNCULACEAE

2528 **Eranthis** R. A. Salisbury, Trans. Linn. Soc. London **8**: 303, 1807.
T.: *E. hyemalis* (Linnaeus) R. A. Salisbury (*Helleborus hyemalis* Linnaeus).

(≡) *Cammarum* J. Hill, Brit. Herb. 47. 1756.

2542 **Naravelia** Adanson, Fam. Pl. **2**: 460. 1763 ('*Naravel*'); corr. A. P. de Candolle, Syst. Nat. **1**: 129, 167. 1817.
T.: *N. zeylanica* (Linnaeus) A. P. de Candolle (*Atragene zeylanica* Linnaeus) (*typ. cons.*).

(V) *Naravel* Adanson, Fam. Pl. **2**: 460. 1763.

LARDIZABALACEAE

2551 **Decaisnea** J. D. Hooker et Thomson, Proc. Linn. Soc. London **2**: 350. 1855.
T.: *D. insignis* (Griffith) J. D. Hooker et Thomson (*Slackia insignis* Griffith).

(H) *Decaisnea* A. T. Brongniart in Duperrey, Voyage Monde, Bot. (Phan.) 192. 1834 ('1829') [ORCHID.].
T.: *D. densiflora* A. T. Brongniart.

BERBERIDACEAE

2566 **Mahonia** Nuttall, Gen. N. Amer. Pl. **1**: 211. 1818.
T.: *M. aquifolium* (Pursh) Nuttall (*Berberis aquifolium* Pursh) (*typ. cons.*).

MENISPERMACEAE

2570 **Cocculus** A. P. de Candolle, Syst. Nat. **1**: 515. 1817 ('1818').
T.: *C. hirsutus* (Linnaeus) Diels (in Engler, Pflanzenreich IV.**94** (Heft **46**): 236. 1910) (*Menispermum hirsutum* Linnaeus) (*typ. cons.*).

(=) *Cebatha* Forsskål, Fl. Aegypt.-Arab. 171. 1775.
T.: *Cocculus cebatha* A. P. de Candolle (Syst. Nat. **1**: 527. 1817).
(=) *Leaeba* Forsskål, Fl. Aegypt.-Arab. 172. 1775.
T.: *L. dubia* J. F. Gmelin (Syst. Veg. **2**: 567. 1791).
(=) *Epibaterium* J. R. Forster et G. Forster, Char. Gen. Pl. 54. 1775.
T.: *E. pendulum* J. R. Forster et G. Forster.
(=) *Nephroia* Loureiro, Fl. Cochinch. 539, 565. 1790.
T.: *N. sarmentosa* Loureiro.
(=) *Baumgartia* Moench, Methodus 650. 1794.
T.: *B. scandens* Moench.
(=) *Androphylax* J. C. Wendland, Bot. Beob. 37, 38. 1798.
T.: *A. scandens* J. C. Wendland.

2611 **Hyperbaena** Miers ex Bentham, J. Linn. Soc., Bot. **5**, Suppl. **2**: 47, 50. 1861. T.: *H. domingensis* (A. P. de Candolle) Bentham (*Cocculus domingensis* A. P. de Candolle) (*typ. cons.*).

(=) *Alina* Adanson, Fam. Pl. **2**: 84, 515. 1763. T.: non designatus ['Vimen Brown. t. 22. f. 5'].

MAGNOLIACEAE

2656 **Schisandra** A. Michaux, Fl. Bor.-Amer. **2**: 218. Mar 1803. T.: *S. coccinea* A. Michaux.

(=) *Stellandria* Brickell, Med. Repos. **6**: 327. Feb-Mar 1803. T.: *S. glabra* Brickell.

2658 **Drimys** J. R. Forster et G. Forster, Char. Gen. Pl. 42. 1775. T.: *D. winteri* J. R. Forster et G. Forster (*typ. cons.*).

CALYCANTHACEAE

2663 **Calycanthus** Linnaeus, Syst. Nat. ed.10. 1053, 1066, 1371. 1759. T.: *C. floridus* Linnaeus.

(=) *Basteria* P. Miller, Fig. Pl. Gard. Dict. 40, *t. 60*. 1755. T.: non designatus.

2663a **Chimonanthus** Lindley, Bot. Reg. **5**: sub *t. 404*. 1819. T.: *C. fragrans* Lindley (Bot. Reg. **6**: 451. 1820) nom. illeg. (*Calycanthus praecox* Linnaeus, *Chimonanthus praecox* (Linnaeus) Link).

(≡) *Meratia* Loiseleur, Herb. Gén. Amat. **3**: *t. 173*. 1818 ('1819').

ANNONACEAE

2679 **Guatteria** Ruiz et Pavón, Prodr. 85, *t. 17*. 1794. T.: *G. eriopoda* A. P. de Candolle (Syst. Nat. **1**: 505. 1817, '1818').

2680 **Duguetia** A. Saint-Hilaire, Fl. Bras. Mer. **1**: ed. qu. 35, ed. fol. 28. 1824 ('1825'). T.: *D. lanceolata* A. Saint-Hilaire.

(=) *Aberemoa* Aublet, Hist. Pl. Guiane 610. 1775. T.: *A. guianensis* Aublet.

2684 **Cananga** (A. P. de Candolle) J. D. Hooker et Thomson, Fl. Ind. **1**: 129. 1855. T.: *C. odorata* (Lamarck) J. D. Hooker et Thomson (*Uvaria odorata* Lamarck).

(H) *Cananga* Aublet, Hist. Pl. Guiane 607. 1775 [ANNON.]. T.: *C. ouregou* Aublet.

2691a **Enneastemon** Exell, J. Bot. **70** (suppl. 1): 209. 1932. T.: *E. angolensis* Exell.

(=) *Clathrospermum* J. E. Planchon ex Bentham in Bentham et J. D. Hooker, Gen. Pl. **1**: 29. 1862. T.: *C. vogelii* (J. D. Hooker) Bentham (*Uvaria vogelii* J. D. Hooker).

2717 **Xylopia** Linnaeus, Syst. Nat. ed. 10. 1250, 1378. 1759.
T.: *X. muricata* Linnaeus (*typ. cons.*).

(≡) *Xylopicrum* P. Browne, Civ. Nat. Hist. Jamaica 250, 254. 1756.

MYRISTICACEAE

2750 **Myristica** Gronovius, Fl. Orient. 141. 1755.
T.: *M. fragrans* Houttuyn (Nat. Hist. **2**(3): 333. 1774).

MONIMIACEAE

2759 **Peumus** Molina, Sag. Stor. Nat. Chili 185, 350. 1782.
T.: *P. boldus* Molina (*typ. cons.*).

(=) *Boldu* Adanson, Fam. Pl. **2**: 446, 526. 1763.
T.: non designatus ['Feuill. t. 6'].

2775 **Laurelia** A. L. Jussieu, Ann. Mus. Natl. Hist. Nat. **14**: 134. 1809.
T.: *L. sempervirens* (Ruiz et Pavón) Tulasne (*Pavonia sempervirens* Ruiz et Pavón) (*typ. cons.*).

LAURACEAE

2782 **Cinnamomum** Schaeffer, Bot. Exped. 74. 1760.
T.: *C. zeylanicum* Blume (*Laurus cinnamomum* Linnaeus).

(=) *Camphora* Fabricius, Enum. 218. 1759.
T.: *Laurus camphora* Linnaeus.

2783 **Persea** P. Miller, Gard. Dict. Abr. ed. 4. 1754.
T.: *P. americana* P. Miller (Gard. Dict. ed. 8. 1768) (*Laurus persea* Linnaeus).

2790 **Nectandra** Rolander ex Rottböll, Acta Lit. Univ. Hafn. **1**: 279. 1778.
T.: *N. sanguinea* Rolander ex Rottböll (*typ. cons.*).

(H) *Nectandra* P. J. Bergius, Descr. Pl. Cap. 131. 1767 [THYMEL.].
LT.: *N. sericea* P. J. Bergius (vide Mansfeld, Bull. Misc. Inform. **1935**: 439. 1935).

2793 **Eusideroxylon** Teysmann et Binnendijk, Natuurk. Tijdschr. Ned. Indie **25**: 292. 1863.
T.: *E. zwageri* Teysmann et Binnendijk.

(=) *Salgada* Blanco, Fl. Filip. ed. 2. 221. 1845.
T.: *S. lauriflora* Blanco.

2797 **Neolitsea** (Bentham) Merrill, Philipp. J. Sci. **1** (suppl.): 56. 1906.
T.: *N. zeylanica* (C. G. Nees) Merrill (*Tetradenia zeylanica* C. G. Nees) (*typ. cons.*).

(=) *Bryantea* Rafinesque, Sylva Tell. 165. 1838.
T.: *B. dealbata* (R. Brown) Rafinesque (*Tetranthera dealbata* R. Brown).

2798 **Litsea** Lamarck, Encycl. **3**: 574. 1791. ('1789').
T.: *L. chinensis* Lamarck.

(=) *Malapoenna* Adanson, Fam. Pl. **2**: 447, 573. 1763.
T.: non designatus ['H.M. 5. t. 9.'].

348

2804　**Bernieria** Baillon, Bull. Mens. Soc. Linn. Paris **1**: 434. 1884.
T.: *B. madagascariensis* Baillon.

(H)　*Berniera* A. P. de Candolle, Prodr. 7: 18. 1838 [COMP.].
T.: *B. nepalensis* A. P. de Candolle, nom. illeg. (*Chaptalia maxima* D. Don).

2811a　**Endlicheria** C. G. Nees, Linnaea **8**: 37. 1833.
T.: *E. hirsuta* (Schott) C. G. Nees (*Cryptocarpa hirsuta* Schott) (*typ. cons.*).

(H)　*Endlichera* K. B. Presl, Symb. Bot. **1**: 73. 1832 [RUB.].
T.: *E. brasiliensis* K. B. Presl.

2821　**Lindera** Thunberg, Nova Gen. Pl. 64. 1783.
T.: *L. umbellata* Thunberg.

(H)　*Lindera* Adanson, Fam. Pl. **2**: 499, 571. 1763 [UMBELL.].
T.: *Chaerophyllum coloratum* Linnaeus (Mant. Pl. **1**: 57. 1767).

(=)　*Benzoin* Schaeffer, Bot. Exped. 60. 1760.
T.: *B. odoriferum* C. G. Nees (in Wallich, Pl. As. Rar. **2**: 63. 1831) (*Laurus benzoin* Linnaeus) (vide Fabricius, Enum. ed. 2. 401. 1763).

PAPAVERACEAE

2856　**Dicentra** Bernhardi, Linnaea **8**: 457, 468. 1833.
T.: *D. cucullaria* (Linnaeus) Bernhardi (*Fumaria cucullaria* Linnaeus).

(≡)　*Diclytra* Borkhausen, Arch. Bot. (Leipzig) **1**(2): 46. 1797.

(=)　*Capnorchis* P. Miller, Gard. Dict. Abr. ed. 4. 1754.
T.: non designatus ['*Capnorchis Americana* Boerh. Ind.'].

(=)　*Bikukulla* Adanson, Fam. Pl. **2**: (23). 1763.
T.: non designatus ['*Bicucullata* March. Mém. Acad. 1733, t. 20'].

(=)　*Dactylicapnos* Wallich, Tent. Fl. Napal. 51. 1826.
T.: *D. thalictrifolia* Wallich.

2857　**Adlumia** Rafinesque ex A. P. de Candolle, Syst. Nat. **2**: 111. 1821.
T.: *A. cirrhosa* Rafinesque ex A. P. de Candolle, nom. illeg. (*Fumaria fungosa* W. Aiton, *A. fungosa* (W. Aiton) Greene ex Britton, Sterns et Poggenburg).

2858　**Corydalis** Ventenat, Choix 19. 1803.
T.: *C. sempervirens* (Linnaeus) Persoon (*Fumaria sempervirens* Linnaeus).

(H)　*Corydalis* Medikus, Philos. Bot. **1**: 96. 1789 [PAPAVER.].
≡ *Cysticapnos* P. Miller 1754 (*nom. rej.*).

(≡)　*Capnoides* P. Miller, Gard. Dict. Abr. ed. 4. 1754.

(–)　*Cysticapnos* P. Miller, Gard. Dict. Abr. ed. 4. 1754.
T.: *C. vesicarius* (Linnaeus) Fedde (*Fumaria vesicaria* Linnaeus).

(=)　*Pseudo-fumaria* Medikus, Philos. Bot. **1**: 110. 1789.
T.: *Fumaria lutea* Linnaeus (*Corydalis lutea* (Linnaeus) A. P. de Candolle).

349

2884 **Coronopus** Zinn, Cat. Pl. Gotting. 325. 1757.
T.: *C. ruellii* Allioni (*Cochlearia coronopus* Linnaeus).

(H) *Coronopus* P. Miller, Gard. Dict. Abr. ed. 4. 1754 [PLANTAGIN.].
T.: non designatus.

2902 **Bivonaea** A. P. de Candolle, Mém. Mus. Hist. Nat. 7: 241. Apr 1821.
T.: *B. lutea* (Bivona-Bernardi) A. P. de Candolle (Syst. Nat. 2: 255. Mai 1821) (*Thlaspi luteum* Bivona-Bernardi).

(H) *Bivonea* Rafinesque, Specchio 1: 156. 1814 [EUPHORB.].
T.: *B. stimulosa* (A. Michaux) Rafinesque (*Jatropha stimulosa* A. Michaux).

2908 **Kernera** Medikus, Pfl.-Gatt. 77, 95. 1792.
T.: *K. myagrodes* Medikus, nom. illeg. (*Cochlearia saxatilis* Linnaeus, *K. saxatilis* (Linnaeus) H. G. L. Reichenbach).

(H) *Kernera* F. P. Schrank, Baier. Reise 50. 1786 [SCROPHULAR.].
T.: *K. bavarica* F. P. Schrank.

2923 **Goldbachia** A. P. de Candolle, Mém. Mus. Hist. Nat. 7: 242. Apr 1821.
T.: *G. laevigata* (Marschall von Bieberstein) A. P. de Candolle (Syst. Nat. 2: 577. Mai 1821) (*Raphanus laevigatus* Marschall von Bieberstein).

(H) *Goldbachia* Trinius in C. Sprengel, Neue Entdeck. 2: 42. 1820 [GRAM.].
T.: *G. mikanii* Trinius.

2936 **Carrichtera** A. P. de Candolle, Mém. Mus. Hist. Nat. 7: 244. Apr 1821.
T.: *C. vellae* A. P. de Candolle (Syst. Nat. 2: 642. Mai 1821), nom. illeg. (*Vella annua* Linnaeus, *C. annua* (Linnaeus) Ascherson) (*typ. cons.*).

(H) *Carrichtera* Adanson, Fam. Pl. 2: 421, 533. 1763 [CRUC.].
T.: *Vella pseudocytisus* Linnaeus.

2940 **Schouwia** A. P. de Candolle, Mém. Mus. Hist. Nat. 7: 244. Apr 1821.
T.: *S. arabica* A. P. de Candolle (Syst. Nat. 2: 644. Mai 1821), nom. illeg. (*Subularia purpurea* Forsskål, *Schouwia purpurea* (Forsskål) Schweinfurth).

2956 **Rapistrum** Crantz, Cl. Crucif. Emend. 105. 1769.
T.: *R. hispanicum* (Linnaeus) Crantz (*Myagrum hispanicum* Linnaeus) (*typ. cons.*).

(H) *Rapistrum* Scopoli, Meth. Pl. 13. 1754 [CRUC.].
≡ *Neslia* Desvaux 1814 (*nom. cons.*) (2988).

2961 **Barbarea** R. Brown in W. Aiton et W. T. Aiton, Hortus Kew. ed. 2. 4: 109. 1812.
T.: *B. vulgaris* R. Brown (*Erysimum barbarea* Linnaeus).

(H) *Barbarea* Scopoli, Fl. Carniol. 522. 1760 [CRUC.].
T.: *Dentaria bulbifera* Linnaeus.

350

2965 **Nasturtium** R. Brown in W. Aiton et W. T. Aiton, Hortus Kew. ed. 2. **4**: 109. 1812.
T.: *N. officinale* R. Brown (*Sisymbrium nasturtium-aquaticum* Linnaeus) (*typ. cons.*).

(H) *Nasturtium* P. Miller, Gard. Dict. Abr. ed. 4. 1754 [CRUC.].
T.: non designatus.

(≡) *Cardaminum* Moench, Methodus 262. 1794.

2965a **Armoracia** P. Gaertner, B. Meyer et Scherbius, Oekon. Fl. Wetterau **2**: 426. 1800.
T.: *A. rusticana* P. Gaertner, B. Meyer et Scherbius (*Cochlearia armoracia* Linnaeus).

(≡) *Raphanis* Moench, Methodus 267. 1794.

2968 **Ricotia** Linnaeus, Sp. Pl. ed. 2. 912. 1763.
T.: *R. aegyptiaca* Linnaeus, nom. illeg. (*Cardamine lunaria* Linnaeus, *R. lunaria* (Linnaeus) A. P. de Candolle) (etiam vide 7393).

2973 **Mancoa** Weddell, Chloris And. **2**: *t. 86d.* 1859 ('1857').
T.: *M. hispida* Weddell.

(H) *Mancoa* Rafinesque, Fl. Tell. **3**: 56. 1837 ('1836') [PHYTOLACC.].
T.: *M. secunda* (Ruiz et Pavón) Rafinesque (*Rivina secunda* Ruiz et Pavón).

2986 **Capsella** Medikus, Pfl.-Gatt. 85, 99. 1792.
T.: *C. bursa-pastoris* (Linnaeus) Medikus (*Thlaspi bursa-pastoris* Linnaeus) (*typ. cons.*).

(≡) *Bursa-pastoris* Séguier, Pl. Veron. **3**: 166. 1754.

2988 **Neslia** Desvaux, J. Bot. Agric. **3**: 162. 1814.
T.: *N. paniculata* (Linnaeus) Desvaux (*Myagrum paniculatum* Linnaeus) (etiam vide 2956).

2989a **Erophila** A. P. de Candolle, Mém. Mus. Hist. Nat. **7**: 244. 1821.
T.: *E. verna* (Linnaeus) A. P. de Candolle (*Draba verna* Linnaeus) (*typ. cons.*).

(≡) *Gansblum* Adanson, Fam. Pl. **2**: 420, 561. 1763.

2997 **Descurainia** Webb et Berthelot, Hist. Nat. Iles Canaries **3** (2¹): 72. 1836.
T.: *D. sophia* (Linnaeus) Webb ex Prantl (*Sisymbrium sophia* Linnaeus) (*typ. cons.*).

(≡) *Sophia* Adanson, Fam. Pl. **2**: 417. 1763.
(=) *Hugueninia* H. G. L. Reichenbach, Fl. Germ. Excurs. 691. 1832.
T.: *H. tanacetifolia* (Linnaeus) H. G. L. Reichenbach (*Sisymbrium tanacetifolium* Linnaeus).

3013 **Lobularia** Desvaux, J. Bot. Agric. **3**: 162. 1814.
T.: *L. maritima* (Linnaeus) Desvaux (*Clypeola maritima* Linnaeus).

(≡) *Aduseton* Adanson, Fam. Pl. **2**: (23) [sic!], 420. 1763.

3022 **Lepidostemon** J. D. Hooker et Thomson, J. Linn. Soc., Bot. **5**: 131. 1861.
T.: *L. pedunculosus* J. D. Hooker et Thomson (*typ. cons.*).

(H) *Lepidostemon* Hasskarl, Cat. Hort. Bot. Bogor. 140. 1844 [CONVOLVUL.].
≡ *Lepistemon* Blume 1825.

3032 **Malcolmia** R. Brown in W. Aiton et W. T. Aiton, Hortus Kew. ed. 2. **4**: 121. 1812 ('*Malcomia*'); corr. C. Sprengel, Anleit. ed. 2. **2**: 716. 1818.
T.: *M. maritima* (Linnaeus) R. Brown (*Cheiranthus maritimus* Linnaeus) (*typ. cons.*).

(V) *Malcomia* R. Brown in W. Aiton et W. T. Aiton, Hortus Kew. ed. 2. **4**: 121. 1812.
(≡) *Wilckia* Scopoli, Intr. 317. 1777.

3038 **Euclidium** R. Brown in W. Aiton et W. T. Aiton, Hortus Kew. ed. 2. **4**: 74. 1812.
T.: *E. syriacum* (Linnaeus) R. Brown (*Anastatica syriaca* Linnaeus).

(≡) *Hierochontis* Medikus, Pfl. Gatt. 51. 1792.
(=) *Soria* Adanson, Fam. Pl. **2**: 421. 1763.
T.: non designatus.

3042 **Matthiola** R. Brown in W. Aiton et W. T. Aiton, Hortus Kew. ed. 2. **4**: 119. 1812 ('*Mathiola*'); corr. C. Sprengel, Anleit. ed. 2. **2**: 714. 1818.
T.: *M. incana* (Linnaeus) R. Brown (*Cheiranthus incanus* Linnaeus) (*typ. cons.*).

(V) *Mathiola* R. Brown in W. Aiton et W. T. Aiton, Hortus Kew. ed. 2. **4**: 119. 1812.
(H) *Matthiola* Linnaeus, Sp. Pl. 1192. 1753 [RUB.].
T.: *M. scabra* Linnaeus.

3050 **Dontostemon** Andrzejowski ex Ledebour, Fl. Altaic. **3**: 4, 118. 1831.
T.: *D. integrifolius* (Linnaeus) Ledebour (*Sisymbrium integrifolium* Linnaeus).

3051 **Chorispora** R. Brown ex A. P. de Candolle, Mém. Mus. Hist. Nat. **7**: 237. Apr 1821.
T.: *C. tenella* (Pallas) A. P. de Candolle (Syst. Nat. **2**: 435. Mai 1821) (*Raphanus tenellus* Pallas).

(≡) *Chorispermum* R. Brown in W. Aiton et W. T. Aiton, Hortus Kew. ed. 2. **4**: 129. 1812.

TOVARIACEAE

3081 **Tovaria** Ruiz et Pavón, Prodr. 49. 1794.
T.: *T. pendula* Ruiz et Pavón (Fl. Peruv. Chil. **1**: 73. 1802).

(H) *Tovara* Adanson, Fam. Pl. **2**: 276, 612. 1763 [POLYGON.].
T.: *Polygonum virginianum* Linnaeus.

CAPPARACEAE

3087 **Gynandropsis** A. P. de Candolle, Prodr. **1**: 237. 1824.
T.: *G. pentaphylla* A. P. de Candolle, nom. illeg. (*Cleome gynandra* Linnaeus, *G. gynandra* (Linnaeus) Briquet).

(≡) *Pedicellaria* Schrank, Bot. Mag. (Römer & Usteri) **3** (8): 10. 1790.

352

3103 **Steriphoma** C. Sprengel, Syst. Veg. **4** (2): 130, 139. 1827.
T.: *S. cleomoides* C. Sprengel, nom. illeg. (*Capparis paradoxa* N. J. Jacquin, *S. paradoxum* (N. J. Jacquin) Endlicher).

(=) *Hermupoa* Loefling, Iter Hispan. 307. 1758.
T.: *H. loeflingiana* A. P. de Candolle (Prodr. **1**: 254. 1824, '*laeflingiana*').

3106 **Boscia** Lamarck, Tabl. Encycl. *t. 395.* 1793.
T.: *B. senegalensis* Lamarck (Tabl. Encycl. **2**: 517. 1819.)

RESEDACEAE

3122 **Caylusea** A. Saint-Hilaire, 2me Mém. Réséd. 29. 1837 vel 1838.
T.: *C. canescens* Webb (in W. J. Hooker, Niger Flora 101. 1849), non (Linnaeus) Walpers 1843 [= *C. hexagyna* (Forsskål) M. L. Green].

3126 **Oligomeris** Cambessèdes in Jacquemont, Voy. Inde **4**, Bot. 23. 1838 vel 1839 ('1844').
T.: *O. glaucescens* Cambessèdes.

(=) *Dipetalia* Rafinesque, Fl. Tell. **3**: 73. 1837 ('1836').
T.: *D. capensis* (N. L. Burman) Rafinesque (*Reseda capensis* N. L. Burman).
(=) *Ellimia* Nuttall ex Torrey et A. Gray, Fl. N. Amer. **1**: 125. Jul 1838.
T.: *E. ruderalis* Nuttall ex Torrey et A. Gray.

SARRACENIACEAE

3131 **Darlingtonia** Torrey, Smithson. Contr. Knowl. **6**(4): 4. 1853.
T.: *D. californica* Torrey.

(H) *Darlingtonia* A. P. de Candolle, Ann. Sci. Nat. (Paris) **4**: 97. 1825 [LEGUM.].
LT.: *D. brachyloba* (Willdenow) A. P. de Candolle (*Acacia brachyloba* Willdenow) (vide Regnum Veg. **8**: 241. 1956).

CRASSULACEAE

3171 **Rochea** A. P. de Candolle, Pl. Hist. Succ. sub. *t. 103* in adnot. 1802.
T.: *R. coccinea* (Linnaeus) A. P. de Candolle (Pl. Hist. Succ. in indice) (*Crassula coccinea* Linnaeus) (*typ. cons.*).

(H) *Rochea* Scopoli, Intr. 296. 1777 [LEGUM.].
T.: non designatus.

CEPHALOTACEAE

3176 **Cephalotus** Labillardière, Nov. Holl. Pl. **2**: 6. 1807.
T.: *C. follicularis* Labillardière.

(H) *Cephalotos* Adanson, Fam. Pl. **2**: 189, 534. 1763 [LAB.].
T.: *Thymus cephalotos* Linnaeus.

3182   **Bergenia** Moench, Methodus 664. 1794. T.: *B. bifolia* Moench, nom. illeg. (*B. crassifolia* (Linnaeus) Fritsch, *Saxifraga crassifolia* Linnaeus).

(H) *Bergena* Adanson, Fam. Pl. **2**: 345. 1763 [LECYTHID.]. ≡ *Lecythis* Loefling 1758.

3185   **Boykinia** Nuttall, J. Acad. Nat. Sci. Philadelphia **7**(1): 113. 1834. T.: *B. aconitifolia* Nuttall.

(H) *Boykiana* Rafinesque, Neogenyton **2**. 1825 [LYTHR.]. T.: *B. humilis* (A. Michaux) Rafinesque (*Ammannia humilis* A. Michaux).

3187   **Suksdorfia** A. Gray, Proc. Amer. Acad. Arts **15**: 41. 1880. T.: *S. violacea* A. Gray.

(=) *Hemieva* Rafinesque, Fl. Tell. **2**: 70. 1837 ('1836'). LT.: *H. ranunculifolia* (W. J. Hooker) Rafinesque (*Saxifraga ranunculifolia* W. J. Hooker) (vide Rydberg, N. Amer. Fl. **22**: 121. 1905).

3196   **Tolmiea** Torrey et A. Gray, Fl. N. Amer. **1**: 582. 1840. T.: *T. menziesii* (W. J. Hooker) Torrey et A. Gray (*Heuchera menziesii* W. J. Hooker).

(H) *Tolmiea* W. J. Hooker, Fl. Bor.-Amer. **2**: 44. 1834 [ERIC.] T.: *T. occidentalis* W. J. Hooker.
(≡) *Leptaxis* Rafinesque, Fl. Tell. **2**: 75. 1837 ('1836').

3197   **Lithophragma** (Nuttall) Torrey et A. Gray, Fl. N. Amer. **1**: 583. 1840. T.: *L. parviflorum* (W. J. Hooker) Torrey et A. Gray (*Tellima parviflora* W. J. Hooker) (*typ. cons.*).

(≡) *Pleurendotria* Rafinesque, Fl. Tell. **2**: 73. 1837 ('1836').

3201   **Vahlia** Thunberg, Nov. Gen. Pl. **2**: 36. 1782. T.: *V. capensis* (Linnaeus f.) Thunberg (*Russelia capensis* Linnaeus f.).

(=) *Bistella* Adanson, Fam. Pl. **2**: 226. 1763. T.: *B. geminiflora* Delile.

3204   **Donatia** J. R. Forster et G. Forster, Char. Gen. Pl. 5. 1775. T.: *D. fascicularis* J. R. Forster et G. Forster.

3209   **Jamesia** Torrey et A. Gray, Fl. N. Amer. **1**: 593. 1840. T.: *J. americana* Torrey et A. Gray.

(H) *Jamesia* Rafinesque, Atlantic J. **1**: 145. 1832 [LEGUM.]. T.: *J. obovata* Rafinesque, nom. illeg. (*Psoralea jamesii* Torrey).

3225   **Brexia** Noronha ex Du Petit-Thouars, Gen. Nov. Madagasc. 20. 1808. T.: *B. madagascariensis* (Lamarck) Ker-Gawler (Bot. Reg. 730. 1823) (*Venana madagascariensis* Lamarck).

(≡) *Venana* Lamarck, Tabl. Encycl. **2**: 99. 1797.

PITTOSPORACEAE

3252 **Pittosporum** Banks ex Solander in J. Gaertner, Fruct. Sem. Pl. **1**: 286. 1788. T.: *P. tenuifolium* J. Gaertner (*typ. cons.*).

(=) *Tobira* Adanson, Fam. Pl. **2**: 449. 1763. T.: non designatus ['Tobira, frutex arborescens, sagapeni foetoris . . .' Kaempfer].

CUNONIACEAE

3269 **Platylophus** D. Don, Edinburgh New Philos. J. **9**: 92. 1830. T.: *P. trifoliatus* (Linnaeus f.) D. Don (*Weinmannia trifoliata* Linnaeus f.).

(H) *Platylophus* Cassini, Dict. Sci. Nat. **44**: 36. 1826 [COMP.]. T.: *Centaurea nigra* Linnaeus.

3275 **Cunonia** Linnaeus, Syst. Nat. ed. 10. 1025, 1368. 1759. T.: *C. capensis* Linnaeus.

(H) *Cunonia* P. Miller, Fig. Pl. Gard. Dict. **1**: 75. 1756 [IRID.]. T.: *Antholyza cunonia* Linnaeus.

3276 **Weinmannia** Linnaeus, Syst. Nat. ed. 10. 1005, 1367. 1759. T.: *W. pinnata* Linnaeus.

(≡) *Windmannia* P. Browne, Civ. Nat. Hist. Jamaica 212. 1756.

BRUNIACEAE

3284 **Thamnea** Solander ex A. T. Brongniart, Ann. Sci. Nat. (Paris) **8**: 386. 1826. T.: *T. uniflora* Solander ex A. T. Brongniart.

(H) *Thamnia* P. Browne, Civ. Nat. Hist. Jamaica 245. 1756 [FLACOURT.]. T.: *Laetia thamnia* Linnaeus (Pl. Jamaic. Pug. 31. 1759).

3285 **Tittmannia** A. T. Brongniart, Ann. Sci. Nat. (Paris) **8**: 385. 1826. T.: *T. lateriflora* A. T. Brongniart.

(H) *Tittmannia* H. G. L. Reichenbach, Ic. Bot. Exot. **1**: 26, *t. 38*. 1824. [SCROPHULAR.]. T.: *T. viscosa* (Hornemann) H. G. L. Reichenbach (*Gratiola viscosa* Hornemann).

3286 **Lonchostoma** Wikström, Kongl. Vetensk. Acad. Handl. **1818**: 350. 1818. T.: *L. obtusiflorum* Wikström, nom. illeg. (*Passerina pentandra* Thunberg, *L. pentandrum* (Thunberg) Druce).

(=) *Ptyxostoma* Vahl, Skr. Naturhist.-Selsk. **6**: 95. 1810. T.: non designatus.

3292 **Brunia** Lamarck, Encycl. **1**(2): 474. 1785. T.: *B. paleacea* Bergius.

(H) *Brunia* Linnaeus, Sp. Pl. 199. 1753 [BRUN.]. T.: *B. lanuginosa* Linnaeus.

ROSACEAE

3316 **Physocarpus** (Cambessèdes) Maximowicz, Trudy Imp. S.-Peterburgsk. Bot. Sada **6**: 219. 1879. T.: *P. opulifolius* (Linnaeus) Maximowicz (*Spiraea opulifolia* Linnaeus).

(≡) *Physocarpa* Rafinesque, Sylva Tell. 151. 1838. (=) *Epicostorus* Rafinesque, Atlantic J. **1**: 144. 1832. T.: *E. montanus* Rafinesque.

3323 **Sorbaria** (Seringe ex A. P. de Candolle) A. Braun in Ascherson, Fl. Branden-burg **1**: 177. 1860.
T.: *S. sorbifolia* (Linnaeus) A. Braun (*Spiraea sorbifolia* Linnaeus).

(≡) *Schizonotus* Lindley, Intr. Nat. Syst. Bot. 81. 1830.

3328 **Lindleya** Kunth in Humboldt, Bonpland et Kunth, Nova Gen. Sp. **6**: ed. fol. 188, ed. qu. 239. 1824.
T.: *L. mespiloides* Kunth.

(H) *Lindleya* C. G. Nees, Flora **4**: 299. 21 Mai 1821 [THE.].
≡ *Wikstroemia* Schrader, 5 Mai 1821 (*nom. rej.*) (5446).

3332 **Holodiscus** (C. Koch) Maximowicz, Trudy Imp. S.-Peterburgsk. Bot. Sada **6**: 253. 1879.
T.: *H. discolor* (Pursh) Maximowicz (*Spiraea discolor* Pursh) (*typ. cons.*).

3338a **Aronia** Medikus, Philos. Bot. **1**: 140, 155. 1789.
T.: *A. arbutifolia* (Linnaeus) Persoon (Syn. **2**: 39. 1806) (*Mespilus arbutifolia* Linnaeus).

(H) *Aronia* J. Mitchell, Diss. Brev. Bot. Zool. 28. 1769 [AR.].
≡ *Orontium* Linnaeus 1753.

3339 **Rhaphiolepis** Lindley, Bot. Reg. **6**: *t. 468*. 1820 ('*Raphiolepis*'); corr. Poiret, Dict. Sci. Nat. **45**: 314. 1827.
T.: *R. indica* (Linnaeus) Lindley (*Cratae-gus indica* Linnaeus).

(V) *Raphiolepis* Lindley, Bot. Reg. **6**: *t. 468*. 1820.
(=) *Opa* Loureiro, Fl. Cochinch. 308. 1790.
LT.: *O. metrosideros* Loureiro (vide See-mann, J. Bot. **1**: 280. 1863; McVaugh, Taxon **5**: 144. 1956).

3377 **Aremonia** Necker ex Nestler, Monogr. Potentilla IV, 17. 1816.
T.: *A. agrimonoides* (Linnaeus) A. P. de Candolle (Prodr. **2**: 588. 1825) (*Agrimo-nia agrimonoides* Linnaeus).

(≡) *Agrimonoides* P. Miller, Gard. Dict. Abr. ed. 4. 1754.

CONNARACEAE

3424 **Rourea** Aublet, Hist. Pl. Guiane 467. 1775.
T.: *R. frutescens* Aublet.

3424a **Santaloides** Schellenberg, Beitr. Conn. 38. 1910.
T.: *S. minus* (J. Gaertner) Schellenberg (*Aegiceras minus* J. Gaertner) (*typ. cons.*).

(H) *Santalodes* O. Kuntze, Revis. Gen. Pl. **1**: 155. 1891 [CONNAR.].
T.: *S. hermannianum* O. Kuntze, nom. illeg. (*Connarus santaloides* Vahl).
(≡) *Kalawael* Adanson, Fam. Pl. **2**: 344, 530. 1763.

356

3441 **Pithecellobium** C. F. P. Martius, Flora **20**(2) (Beibl. 8): 114. 1837 ('*Pithecollobium*') (*orth. cons.*).
T.: *P. unguis-cati* (Linnaeus) Bentham (London J. Bot. **3**: 200. 1844, '*Pithecolobium*') (*Mimosa unguis-cati* Linnaeus) (*typ. cons.*).

(=) *Zygia* P. Browne, Civ. Nat. Hist. Jamaica 279. 1756.
LT.: *Z. latifolia* (Linnaeus) Fawcett et Rendle (Fl. Jamaica **4**: 150. 1920, q.v.) (*Mimosa latifolia* Linnaeus).

3444 **Calliandra** Bentham, J. Bot. (Hooker) **2**: 138. 1840.
T.: *C. houstonii* Bentham, nom. illeg. (*Gleditsia inermis* Linnaeus, *C. inermis* (Linnaeus) Druce).

3448 **Schrankia** Willdenow, Sp. Pl. **4**: 1041. 1806.
T.: *S. aculeata* Willdenow, nom. illeg. (*Mimosa quadrivalvis* Linnaeus, *S. quadrivalvis* (Linnaeus) Merrill).

(H) *Schranckia* J. F. Gmelin, Syst. Nat. **2**: 312, 515. 1791 [CELASTR.].
T.: *S. quinquefaria* J. F. Gmelin.

3450 **Desmanthus** Willdenow, Sp. Pl. **4**: 1044. 1806.
T.: *D. virgatus* (Linnaeus) Willdenow (*Mimosa virgata* Linnaeus).

(≡) *Acuan* Medikus, Theodora 62. 1786.

3452 **Dichrostachys** (A. P. de Candolle) Wight et Arnott, Prodr. 271. 1834.
T.: *D. cinerea* (Linnaeus) Wight et Arnott (*Mimosa cinerea* Linnaeus).

(=) *Cailliea* Guillemin et Perrottet in Guillemin, Perrottet et A. Richard, Fl. Seneg. Tent. 239. 1832.
T.: *C. dicrostachys* Guillemin et Perrottet, nom. illeg. (*Mimosa nutans* Persoon).

3468 **Entada** Adanson, Fam. Pl. **2**: 318, 554. 1763.
T.: *E. monostachya* A. P. de Candolle (Prodr. **2**: 425. 1825) (*Mimosa entada* Linnaeus).

(=) *Gigalobium* P. Browne, Civ. Nat. Hist. Jamaica 362. 1756.
T.: non designatus.

3490 **Copaifera** Linnaeus, Sp. Pl. ed. 2. 557. 1762.
T.: *C. officinalis* (N. J. Jacquin) Linnaeus (*Copaiva officinalis* N. J. Jacquin).

(≡) *Copaiva* N. J. Jacquin, Enum. Syst. Pl. 4, 21. 1760.
(=) *Copaiba* P. Miller, Gard. Dict. Abr. ed. 4. 1754.
T.: non designatus.

3495 **Crudia** Schreber, Gen. **1**: 282. 1789.
T.: *C. spicata* (Aublet) Willdenow (Sp. Pl. **2**. 539. 1799) (*Apalatoa spicata* Aublet) (*typ. cons.*).

(≡) *Apalatoa* Aublet, Hist. Pl. Guiane 382. 1775.
(=) *Touchiroa* Aublet, Hist. Pl. Guiane 384. 1775.
T.: *T. aromatica* Aublet.

3506 **Schotia** N. J. Jacquin, Collectanea **1**: 93. 1787 ('1786').
T.: *S. speciosa* N. J. Jacquin, nom. illeg. (*Guaiacum afrum* Linnaeus, *S. afra* (Linnaeus) Thunberg).

(≡) *Theodora* Medikus, Theodora 16. 1786.

3509 **Afzelia** J. E. Smith, Trans. Linn. Soc. London **4**: 221. 1798.
T.: *A. africana* J. E. Smith ex Persoon (Syn. Pl. **1**: 455. 1805).

(H) *Afzelia* J. F. Gmelin, Syst. Nat. **2**: 927. 1791 [SCROPHULAR.].
≡ *Seymeria* Pursh 1814 (*nom. cons.*) (7602).

3516 **Berlinia** Solander ex J. D. Hooker in W. J. Hooker, Niger Fl. 326. 1849.
T.: *B. acuminata* Solander ex J. D. Hooker.

(=) *Westia* Vahl, Skr. Naturhist.-Selsk. **6**: 117. 1810.
T.: non designatus.

3517 **Macrolobium** Schreber, Gen. **1**: 30. 1789.
T.: *M. vuapa* J. F. Gmelin (Syst. Nat. **2**: 93. 1791), nom. illeg. (*Vouapa bifolia* Aublet, *M. bifolium* (Aublet) Persoon) (*typ. cons.*).

(≡) *Vouapa* Aublet, Hist. Pl. Guiane 25. 1775.
(=) *Outea* Aublet, Hist. Pl. Guiane 28. 1775.
T.: *O. guianensis* Aublet.

3518 **Humboldtia** Vahl, Symb. **3**: 106. 1794.
T.: *H. laurifolia* Vahl.

3524 **Brownea** N. J. Jacquin, Enum. Syst. Pl. 6, 26. 1760 ('*Brownaea*'); corr. Murray, Syst. Veg. 516. 1774.
T.: *B. coccinea* N. J. Jacquin.

(V) *Brownaea* N. J. Jacquin, Enum. Syst. Pl. 6, 26. 1760.
(=) *Hermesias* Loefling, Iter Hispan. 278. 1758.
T.: non designatus.

3528 **Piliostigma** Hochstetter, Flora **29**: 598. 1846.
T.: *P. reticulatum* (A. P. de Candolle) Hochstetter (*Bauhinia reticulata* A. P. de Candolle) (*typ. cons.*).

(=) *Elayuna* Rafinesque, Sylva Tell. 145. 1838.
T.: *E. biloba* Rafinesque, nom. illeg. (*Bauhinia tamarindacea* Delile).

3532 **Apuleia** C. F. P. Martius, Flora **20**(2) (Beibl. 8): 123. 1837 ('*Apuleja*') (*orth. cons.*).
T.: *A. praecox* C. F. P. Martius.

(H) *Apuleia* J. Gaertner, Fruct. Sem. Pl. **2**: 439. 1791 ('*Apuleja*') [COMP.].
≡ *Berkheya* Ehrhart 1788 (*nom. cons.*). (9438).

3553 **Pterolobium** R. Brown ex Wight et Arnott, Prodr. 283. 1834.
T.: *P. lacerans* (Roxburgh) Wight et Arnott (*Caesalpinia lacerans* Roxburgh).

(H) *Pterolobium* Andrzejowski ex C. A. Meyer, Verz. Pfl. Casp. Meer. 185. 1831 [CRUC.].
T.: *P. biebersteinii* Andrzejowski ex C. A. Meyer, nom. illeg. (*Thlaspi latifolium* Marschall von Bieberstein).
(=) *Cantuffa* J. F. Gmelin, Syst. Nat. **2**: 677. 1791.
T.: *C. excelsa* J. F. Gmelin.

3557 **Hoffmannseggia** Cavanilles, Icon. **4**: 63, *tt. 392, 393.* 1798 ('*Hoffmanseggia*'); corr. Willdenow, Enum. Pl. Hort. Berol. 445. 1809.
T.: *H. falcaria* Cavanilles, nom. illeg. (*Larrea glauca* Ortega, *H. glauca* (Ortega) Eifert) (etiam vide 3973).

(V) *Hoffmanseggia* Cavanilles, Icon. **4**: 63, *tt. 392, 393.* 1798.

3558 **Zuccagnia** Cavanilles, Icon. **5**: 2. 1799.
T.: *Z. punctata* Cavanilles.

(H) *Zuccangnia* Thunberg, Nov. Gen. Pl. 127. 1798 [LIL.].
T.: *Z. viridis* (Linnaeus) Thunberg (*Hyacinthus viridis* Linnaeus).

3561 **Peltophorum** (T. Vogel) Bentham, J. Bot. (Hooker) **2**: 75. 1840.
T.: *P. dubium* (C. Sprengel) Taubert (*Caesalpinia dubia* C. Sprengel).

(=) *Baryxylum* Loureiro, Fl. Cochinch, 266. 1790.
T.: *B. rufum* Loureiro.

3574 **Swartzia** Schreber, Gen. **2**: 518. 1791.
T.: *S. alata* Willdenow (Sp. Pl. **2**: 1220. 1800).

(=) *Possira* Aublet, Hist. Pl. Guiane 934. 1775.
T.: *P. arborescens* Aublet.
(=) *Tounatea* Aublet, Hist. Pl. Guiane 549. 1775.
T.: *T. guianensis* Aublet.

3575 **Aldina** Endlicher, Gen. Pl. 1322. 1840.
T.: *A. insignis* (Bentham) Endlicher (*Allania insignis* Bentham).

(H) *Aldina* Adanson, Fam. Pl. **2**: 328. 1763 [LEGUM.].
≡ *Brya* P. Browne 1756.

3582 **Sweetia** C. Sprengel, Syst. Veg. **2**: 171, 213. 1825.
T.: *S. fruticosa* C. Sprengel.

3584 **Myroxylon** Linnaeus f., Suppl. Pl. 34, 233. 1782.
T.: *M. peruiferum* Linnaeus f.

(H) *Myroxylon* J. R. Forster et G. Forster, Char. Gen. Pl. 63. 1775 [FLACOURT.].
≡ *Xylosma* G. Forster 1786 (*nom. cons.*) (5320).
(=) *Toluifera* Linnaeus, Sp. Pl. 384. 1753.
T.: *T. balsamum* Linnaeus.

3589 **Camoensia** Welwitsch ex Bentham in Bentham et J. D. Hooker, Gen. Pl. **1**: 557. 1865.
T.: *C. maxima* Welwitsch ex Bentham (Trans. Linn. Soc. London **25**: 301. 1865) (*typ. cons.*).

(=) *Giganthemum* Welwitsch, Anais Cons. Ultramarino Parte Não Offic. **1858**: 585. 1859.
T.: *G scandens* Welwitsch.

3597 **Ormosia** G. Jackson, Trans. Linn. Soc. London **10**: 360. 1811.
T.: *O. coccinea* (Aublet) G. Jackson (*Robinia coccinea* Aublet) (*typ. cons.*).

(=) *Toulichiba* Adanson, Fam. Pl. **2**: 326. 1763.
T.: non designatus ['Plum. M.S. Vol. 7. t. 145.'].

3608 **Virgilia** Poiret in Lamarck, Encycl. **8**: 677. 1808.
T.: *V. capensis* (Linnaeus) Poiret (*Sophora capensis* Linnaeus) (*typ. cons.*).

(H) *Virgilia* L'Héritier, Virgilia. 1788 [COMP.].
T.: *V. helioides* L'Héritier.

3619 **Pickeringia** Nuttall ex Torrey et A. Gray, Fl. N. Amer. **1**: 388. 1840.
T.: *P. montana* Nuttall ex Torrey et A. Gray.

(H) *Pickeringia* Nuttall, J. Acad. Nat. Sci. Philadelphia **7**: 95. 1834 [MYRSIN.].
T.: *P. paniculata* (Nuttall) Nuttall (*Cyrilla paniculata* Nuttall).

3621 **Podalyria** Willdenow, Sp. Pl. **2**: 501. 1799.
T.: *P. retzii* (J. F. Gmelin) Rickett et Stafleu (*Sophora retzii* J. F. Gmelin, *Sophora biflora* Retzius 1779, non Linnaeus 1759) (*typ. cons.*).

3624 **Oxylobium** H. Andrews, Bot. Repos. **7**: *t. 492*. 1807.
T.: *O. cordifolium* H. Andrews.

(=) *Callistachys* Ventenat, Jard. Malm. *t. 115*. 1805.
T.: *C. lanceolata* Ventenat.

3647 **Walpersia** W. H. Harvey in W. H. Harvey et Sonder, Fl. Cap. **2**: 26. 1862.
T.: *W. burtonioides* W. H. Harvey.

(H) *Walpersia* Reissek ex Endlicher, Gen. Pl. 1100. 1840 [RHAMN.].
≡ *Trichocephalus* A. T. Brongniart 1827.

3657 **Lotononis** (A. P. de Candolle) Ecklon et Zeyher, Enum. Pl. Afric. Austral. 176. 1836.
T.: *L. vexillata* (E. Meyer) Ecklon et Zeyher (*Crotalaria vexillata* E. Meyer) [= *Ononis prostrata* Linnaeus, *L. prostrata* (Linnaeus) Bentham] (*typ. cons.*).

(=) *Amphinomia* A. P. de Candolle, Prodr. **2**: 522. 1825.
T.: *A. decumbens* (Thunberg) A. P. de Candolle (*Connarus decumbens* Thunberg).
(=) *Leobordea* Delile in Laborde, Voy. Arabie Pétrée 82, 86. 1830.
T.: *L. lotoidea* Delile.

3659 **Rothia** Persoon, Syn. Pl. **2**: 638, et corrig. 1807.
T.: *R. trifoliata* (Roth) Persoon (*Dillwynia trifoliata* Roth) (*typ. cons.*).

(H) *Rothia* Schreber, Gen. **2**: 531. 1791 [COMP.].
T.: non designatus.

3661 **Wiborgia** Thunberg, Nov. Gen. Pl. 137. 1800.
T.: *W. obcordata* Thunberg (*typ. cons.*).

(H) *Viborgia* Moench, Methodus 132. 1794 [LEGUM.].
T.: non designatus.

3673 **Argyrolobium** Ecklon et Zeyher, Enum. Pl. Afric. Austral. 184. 1836.
T.: *A argenteum* (N. J. Jacquin) Ecklon et Zeyher (*Crotalaria argentea* N. J. Jacquin) (*typ. cons.*).

(=) *Lotophyllus* Link, Handbuch **2**: 156. 1831.
T.: *L. argenteus* Link.

3675a **Retama** Rafinesque, Sylva Tell. 22. 1838.
T.: *R. monosperma* (Linnaeus) Boissier (*Spartium monospermum* Linnaeus [var. β]).

(≡) *Lygos* Adanson, Fam. Pl. **2**: 321, 573. 1763.

3676 **Petteria** K. B. Presl, Abh. Königl. Böhm. Ges. Wiss. ser. 5. **3**: 569. 1845.
T.: *P. ramentacea* (Sieber) K. B. Presl (*Cytisus ramentaceus* Sieber).

(H) *Pettera* H. G. L. Reichenbach, Icon. Fl. German. **5**: 33, *t. 220*. 1841 [CARYOPHYLL.].
T.: *P. graminifolia* (Arduino) H. G. L. Reichenbach (*Arenaria graminifolia* Arduino).

3682a **Sarothamnus** C. F. H. Wimmer, Fl. Schles. 278. 1832.
T.: *S. vulgaris* C. F. H. Wimmer, nom. illeg. (*Spartium scoparium* Linnaeus, *S. scoparius* (Linnaeus) W. D. J. Koch).

(≡) *Cytisogenista* Duhamel, Traité Arbr. Arbust. **1**: 203. 1755.

3693 **Hymenocarpos** Savi, Fl. Pisana **2**: 205. 1798.
T.: *H. circinnatus* (Linnaeus) Savi (*Medicago circinnata* Linnaeus).

(≡) *Circinnus* Medikus, Vorles. Churpfälz. Phys.-Öcon. Ges. **2**: 384. 1787.

3694 **Securigera** A. P. de Candolle in Lamarck et A. P. de Candolle, Fl. Franç. ed. 3. **4**: 609. 1805.
T.: *S. coronilla* A. P. de Candolle, nom. illeg. (*Coronilla securidaca* Linnaeus, *S. securidaca* (Linnaeus) Dalla Torre et Sarntheim).

(≡) *Bonaveria* Scopoli, Intr. 310. 1777.

3699 **Tetragonolobus** Scopoli, Fl. Carn. ed. 2. **2**: 87 ('*Tetragonobolus*'), 507. 1772.
T.: *T. scandalida* Scopoli, nom. illeg. (*Lotus siliquosus* Linnaeus, *T. siliquosus* (Linnaeus) Roth).

(≡) *Scandalida* Adanson, Fam. Pl. **2**: 326, 602. 1763.

3708 **Eysenhardtia** Kunth in Humboldt, Bonpland et Kunth, Nova Gen. Sp. **6**: ed. fol. 382, ed. qu. 489. 1824.
T.: *E. amorphoides* Kunth.

(=) *Viborquia* Ortega, Nov. Pl. Descr. Dec. 66. 1798.
T.: *V. polystachya* Ortega.

3709 **Dalea** Linnaeus, Opera Var. 244. 1758.
T.: *D. alopecuroides* Willdenow (*Psoralea dalea* Linnaeus).

(H) *Dalea* P. Miller, Gard. Dict. Abr. ed. 4. 1754 [SOLAN.].
≡ *Browallia* Linnaeus 1753.

3710 **Petalostemon** A. Michaux, Fl. Bor.-Amer. **2**: 48. 1803 ('*Petalostemum*'); corr. Persoon, Syn. Pl. **2**: 268. 1806.
T.: *P. candidum* (Willdenow) A. Michaux (*Dalea candida* Willdenow).

(V) *Petalostemum* A. Michaux, Fl. Bor.-Amer. **2**: 48. 1803.
(=) *Kuhnistera* Lamarck, Encycl. **3**: 370. 1792 ('1789').
T.: *K. caroliniensis* Lamarck.

3718 **Tephrosia** Persoon, Syn. Pl. **2**: 328. 1807.
T.: *T. villosa* (Linnaeus) Persoon (*Cracca villosa* Linnaeus) (etiam vide 3745).

(=) *Needhamia* Scopoli, Intr. 310. 1777.
T.: *Vicia littoralis* N. J. Jacquin (Enum. Syst. Pl. 27. 1760).
(=) *Reineria* Moench, Suppl. Meth. Pl. 44. 1802.
T.: *R. reflexa* Moench.

3722 **Wisteria** Nuttall, Gen. N. Amer. Pl. **2**: 115. 1818.
T.: *W. speciosa* Nuttall, nom. illeg. (*Glycine frutescens* Linnaeus, *W. frutescens* (Linnaeus) Poiret).

(≡) *Phaseoloides* Duhamel, Traité Arbr. Arbust. **2**: 115. 1755.
(=) *Diplonyx* Rafinesque, Fl. Ludov. 101. 1817.
T.: *D. elegans* Rafinesque.

3745 **Cracca** Bentham in Bentham et Oersted, Vidensk. Meddel. Dansk Naturhist. Foren. Kjøbenhavn **1853**: 8. 1853.
T.: *C. glandulifera* Bentham.

(H) *Cracca* Linnaeus, Sp. Pl. 752. 1753 [LEGUM.].
≡ *Tephrosia* Persoon 1807 (*nom. cons.*) (3718).

3747 **Sesbania** Scopoli, Intr. 308. 1777.
T.: *S. sesban* (Linnaeus) Merrill (*Aeschynomene sesban* Linnaeus).

(≡) *Sesban* Adanson, Fam. Pl. **2**: 327, 604. 1763.
(=) *Agati* Adanson, Fam. Pl. **2**: 326, 513. 1763.
T.: *Robinia grandiflora* Linnaeus.

3753 **Clianthus** Solander ex Lindley, Edward's Bot. Reg. **21**: *t. 1775*. 1835.
T.: *C. puniceus* (G. Don) Solander ex Lindley (*Donia punicea* G. Don).

(=) *Sarcodum* Loureiro, Fl. Cochinch. 461. 1790.
T.: *S. scandens* Loureiro.

3754 **Sutherlandia** R. Brown in W. Aiton et W. T. Aiton, Hortus Kew. ed. 2. **4**: 327. 1812.
T.: *S. frutescens* (Linnaeus) R. Brown (*Colutea frutescens* Linnaeus).

(H) *Sutherlandia* J. F. Gmelin, Syst. Nat. **2**: 1027. 1791 [STERCUL.].
≡ *Heritiera* W. Aiton 1789.

3756 **Lessertia** A. P. de Candolle, Astragalogia ed. fol. 4, 15, 37, ed. qu. 5, 19, 47. 1802.
T.: *L. perennans* (N. J. Jacquin) A. P. de Candolle (*Colutea perennans* N. J. Jacquin).

(≡) *Sulitra* Medikus, Vorles. Churpfälz. Phys.-Öcon. Ges. **2**: 366. 1787 (vide Brummitt, Regnum Veg. **40**: 24. 1965).
(=) *Coluteastrum* Fabricius, Enum. ed. 2. 317. 1763.
LT.: *C. herbaceum* (Linnaeus) O. Kuntze (*Colutea herbacea* Linnaeus).

3767 **Oxytropis** A. P. de Candolle, Astragalogia ed. fol. 3, 19, 53, ed. qu. 4, 24, 66. 1802.
T.: *O. montana* (Linnaeus) A. P. de Candolle (*Astragalus montanus* Linnaeus) (*typ. cons.*).

3784 **Nissolia** N. J. Jacquin, Enum. Syst. Pl. 7, 27. 1760.
T.: *N. fruticosa* N. J. Jacquin (*typ. cons.*).

(H) *Nissolia* P. Miller, Gard. Dict. Abr. ed. 4. 1754 [LEGUM.].
T.: non designatus.

3789 **Poiretia** Ventenat, Mém. Cl. Sci. Math. Inst. Natl. France **1807**(1): 4. 1807.
T.: *P. scandens* Ventenat.

(H) *Poiretia* J. F. Gmelin, Syst. Nat. **2**: 263. 1791 [RUB.].
T.: non designatus.

3792 **Ormocarpum** Palisot de Beauvois, Fl. Oware **1**: 95. 1810(?) ('1806').
T.: *O. verrucosum* Palisot de Beauvois.

(=) *Diphaca* Loureiro, Fl. Cochinch. 453. 1790.
T.: *D. cochinchinensis* Loureiro.

3796 **Smithia** W. Aiton, Hortus Kew. **3**: 496. 1789.
T.: *S. sensitiva* W. Aiton.

(H) *Smithia* Scopoli, Intr. 322. 1777 [CLUS.].
≡ *Quapoya* Aublet 1775.
(≡) *Damapana* Adanson, Fam. Pl. **2**: 323. 1763.

3800 **Adesmia** A. P. de Candolle, Ann. Sci. Nat. (Paris) **4**: 94. 1825 ('1824'). T.: *A. muricata* (N. J. Jacquin) A. P. de Candolle (*Hedysarum muricatum* N. J. Jacquin) (*typ. cons.*).

(≡) *Patagonium* Schrank, Denkschr. Königl. Akad. Wiss. München **1808**: 93. 1809.

3807 **Desmodium** Desvaux, J. Bot. Agric. **1**: 112. 1813. T.: *D. scorpiurus* (Swartz) Desvaux (*Hedysarum scorpiurus* Swartz) (*typ. cons.*).

(=) *Meibomia* Heister ex Fabricius, Enum. 168. 1759. LT.: *Hedysarum canadense* Linnaeus (vide Adanson, Fam. Pl. **2**: 509, 575. 1763). (=) *Grona* Loureiro, Fl. Cochinch. 424, 459. 1790. T.: *G. repens* Loureiro. (=) *Pleurolobus* Jaume Saint-Hilaire, Nouv. Bull. Sci. Soc. Philom. Paris **3**: 192. 1812. T.: non designatus

3810 **Alysicarpus** Desvaux, J. Bot. Agric. **1**: 120. 1813. T.: *A. bupleurifolius* (Linnaeus) A. P. de Candolle (*Hedysarum bupleurifolium* Linnaeus) (*typ. cons.*).

3821 **Dalbergia** Linnaeus f., Suppl. Pl. 52, 316. 1782. T.: *D. lanceolaria* Linnaeus f.

(=) *Amerimnon* P. Browne, Civ. Nat. Hist. Jamaica 288. 1756. T.: *A. brownei* N. J. Jacquin (Enum. Syst. Pl. 27. 1760). (=) *Ecastaphyllum* P. Browne, Civ. Nat. Hist. Jamaica 299. 1756. T.: *Hedysarum ecastaphyllum* Linnaeus (Syst. Nat. ed. 10. 1169. 1759). (=) *Acouroa* Aublet, Hist. Pl. Guiane 753. 1775. T.: *A. violacea* Aublet.

3823 **Machaerium** Persoon, Syn. Pl. **2**: 276. 1807. T.: *M. ferrugineum* (Willdenow) Persoon (*Nissolia ferruginea* Willdenow).

(=) *Nissolius* Medikus, Vorles. Churpfälz. Phys.-Öcon. Ges. **2**: 389. 1787. T.: *N. arboreus* (N. J. Jacquin) Medikus (*Nissola arborea* N. J. Jacquin). (=) *Quinata* Medikus, Vorles. Churpfälz. Phys.-Öcon. Ges. **2**: 389. 1787. T.: *Q. violacea* Medikus (*Nissola quinata* Aublet).

3828 **Pterocarpus** N. J. Jacquin, Select. Stirp. Amer. Hist. 283. 1763. T.: *P. officinalis* N. J. Jacquin (*typ. cons.*).

(H) *Pterocarpus* Linnaeus, Herb. Amb. 10. 1754 [LEGUM.]. T.: non designatus ['Fl. Zeyl. 417'].

3834 **Lonchocarpus** Kunth in Humboldt, Bonpland et Kunth, Nova Gen. Sp. **6**: ed. fol. 300, ed. qu. 383. 1824. T.: *L. sericeus* (Poiret) A. P. de Candolle (*Robinia sericea* Poiret) (*typ. cons.*).

(=) *Clompanus* Aublet, Hist. Pl. Guiane 773. 1775. T.: *C. paniculata* Aublet.

363

3836 **Pongamia** Ventenat, Jard. Malm. *t. 28.* 1803.
T.: *P. glabra* Ventenat, nom. illeg. (*Cytisus pinnatus* Linnaeus, *P. pinnata* (Linnaeus) Pierre).

(=) *Pongam* Adanson, Fam. Pl. **2**: 322, 593. 1763.
T.: *Dalbergia arborea* Willdenow.
(=) *Galedupa* Lamarck, Encycl. **2**: 594. 1788. ('1786').
T.: *G. indica* Lamarck.
(=) *Pungamia* Lamarck, Tabl. Encycl. *t. 603.* 1796.
T.: non designatus.

3837 **Muellera** Linnaeus f., Suppl. Pl. 53, 329. 1782.
T.: *M. moniliformis* Linnaeus f.

(=) *Coublandia* Aublet, Hist. Pl. Guiane 937. 1775.
T.: *C. frutescens* Aublet.

3838 **Derris** Loureiro, Fl. Cochinch. 432. 1790.
T.: *D. trifoliata* Loureiro (*typ. cons.*).

(=) *Salken* Adanson, Fam. Pl. **2**: 322, 600. 1763.
T.: non designatus ['H.M. 8. t. 46'].
(=) *Solori* Adanson, Fam. Pl. **2**: 327, 606. 1763.
T.: non designatus ['H.M. 6. t. 22'].
(=) *Deguelia* Aublet, Hist. Pl. Guiane 750. 1775.
T.: *D. scandens* Aublet.

3839 **Piscidia** Linnaeus, Syst. Nat. ed. 10. 1155, 1376. 1759.
T.: *P. erythrina* Linnaeus, nom. illeg. (*Erythrina piscipula* Linnaeus, *P. piscipula* (Linnaeus) Sargent).

(≡) *Ichthyomethia* P. Browne, Civ. Nat. Hist. Jamaica 296. 1756.

3841 **Andira** A. L. Jussieu, Gen. Pl. 363. 1789.
T.: *A. racemosa* Lamarck ex Jaume Saint-Hilaire (Dict. Sci. Nat. **2**: 137. 1804).

(=) *Vouacapoua* Aublet, Hist. Pl. Guiane, Suppl. 9. 1775.
T.: *V. americana* Aublet.

3845 **Dipteryx** Schreber, Gen. **2**: 485. 1791.
T.: *D. odorata* (Aublet) Willdenow (*Coumarouna odorata* Aublet) (*typ. cons.*).

(≡) *Coumarouna* Aublet, Hist. Pl. Guiane 740. 1775.
(=) *Taralea* Aublet, Hist. Pl. Guiane 745. 1775.
T.: *T. oppositifolia* Aublet.

3848 **Inocarpus** J. R. Forster et G. Forster, Char. Gen. Pl. 33. 1775.
T.: *I. edulis* J. R. Forster et G. Forster.

(=) *Aniotum* S. Parkinson, J. Voy. South Seas 39. 1773.
T.: *A. fagiferum* S. Parkinson.

3853 **Lens** P. Miller, Gard. Dict. Abr. ed. 4. 1754.
T.: *L. culinaris* Medikus (Vorles. Churpfälz. Phys.-Öcon. Ges. **2**: 361. 1787) (*Ervum lens* Linnaeus).

3858 **Centrosema** (A. P. de Candolle) Bentham, Comm. Legum. Gen. 53. 1837.
T.: *C. brasilianum* (Linnaeus) Bentham (*Clitoria brasiliana* Linnaeus) (*typ. cons.*).

(=) *Steganotropis* J. G. C. Lehmann, Sem. Hort. Bot. Hamburg. **1826**: 18. 1826; Linnaea **3** (Litt.): 11. 1828.
T.: *S. conjugata* J. G. C. Lehmann.

3860 **Amphicarpaea** S. Elliott ex Nuttall, Gen. N. Amer. Pl. **2**: 113. 1818 (*'Amphicarpa'*); corr. A. P. de Candolle, Prodr. **2**: 383. 1825.
T.: *A. monoica* S. Elliott ex Nuttall, nom. illeg. (*Glycine monoica* Linnaeus, nom. illeg., *Glycine bracteata* Linnaeus, *A. bracteata* (Linnaeus) Fernald).

(V) *Amphicarpa* S. Elliott ex Nuttall, Gen. N. Amer. Pl. **2**: 113. 1818.
(=) *Falcata* J. F. Gmelin, Syst. Nat. **2**: 1131. 1791.
T.: *F. caroliniana* J. F. Gmelin.

3863 **Shuteria** Wight et Arnott, Prodr. 207. Oct 1834.
T.: *S. vestita* Wight et Arnott (*typ. cons.*).

(H) *Shutereia* Choisy, Convolv. Orient. 103. Aug 1834; Mém. Soc. Phys. Genève **6**: 485. 1834 [CONVOLVUL.].
T.: *S. bicolor* Choisy (*Convolvulus bicolor* Vahl 1794, non Lamarck 1788).

3864 **Glycine** Willdenow, Sp. Pl. ed. 4. **3**(2): 1053. 1802.
T.: *G. clandestina* Wendland (Bot. Beobacht. 54. 1798).

(H) *Glycine* Linnaeus, Sp. Pl. 753. 1753 [LEGUM.].
T.: *G. javanica* Linnaeus.

3868 **Kennedia** Ventenat, Jard. Malm. *t. 104.* 1805 ('1804').
T.: *K. rubicunda* (Schneevoigt) Ventenat (*Glycine rubicunda* Schneevoigt).

3871 **Rhodopis** Urban, Symb. Antill. **2**: 304. 1900.
T.: *R. planisiliqua* (Linnaeus) Urban (*Erythrina planisiliqua* Linnaeus).

(H) *Rhodopsis* Lilja, Fl. Sv. Odl. Vext. Suppl. **1**: 42. 1840 [PORTULAC.].
≡ *Tegneria* Lilja 1839.

3874 **Apios** Fabricius, Enum. 176. 1759.
T.: *A. americana* Medikus (*Glycine apios* Linnaeus).

3876 **Butea** Roxburgh ex Willdenow, Sp. Pl. **3**: 917. 1802.
T.: *B. frondosa* Roxburgh ex Willdenow, nom. illeg. (*Erythrina monosperma* Lamarck, *B. monosperma* (Lamarck) Taubert) (*typ. cons.*).

(=) *Plaso* Adanson, Fam. Pl. **2**: 325, 529. 1763.
T.: non designatus ['H.M. 6. t. 16 & 17'].

3877 **Mucuna** Adanson, Fam. Pl. **2**: 325, 579. 1763.
T.: *M. urens* (Linnaeus) A. P. de Candolle (*Dolichos urens* Linnaeus) (*typ. cons.*).

(≡) *Zoophthalmum* P. Browne, Civ. Nat. Hist. Jamaica 295. 1756.
(=) *Stizolobium* P. Browne, Civ. Nat. Hist. Jamaica 290. 1756.
LT.: *S. pruriens* (Linnaeus) Medikus (*Dolichos pruriens* Linnaeus) (vide O. Kuntze, Revis. Gen. Pl. 207. 1891; Piper, U.S.D.A. Bur. Pl. Industr. Bull. **179**: 9. 1910).

3891 **Canavalia** A. P. de Candolle, Prodr. **2**: 403. 1825.
T.: *C. ensiformis* (Linnaeus) A. P. de Candolle (*Dolichos ensiformis* Linnaeus).

(≡) *Canavali* Adanson, Fam. Pl. **2**: 325, 531. 1763.

3892 **Cajanus** A. P. de Candolle, Cat. Pl. Horti Monsp. 85. 1813.
T.: *C. cajan* (Linnaeus) Millspaugh (*Cytisus cajan* Linnaeus).

(≡) *Cajan* Adanson, Fam. Pl. **2**: 326, 529. 1763.

3897 **Rhynchosia** Loureiro, Fl. Cochinch. 460. 1790.
T.: *R. volubilis* Loureiro.

(=) *Dolicholus* Medikus, Vorles. Churpfälz. Phys.-Öcon. Ges. **2**: 354. 1787.
T.: *D. flavus* Medikus, nom. illeg. (*Dolichos minimus* Linnaeus).
(=) *Cylista* W. Aiton, Hortus Kew. **3**: 36, 512. 1789.
T.: *C. villosa* W. Aiton.

3898 **Eriosema** (A. P. de Candolle) H. G. L. Reichenbach, Consp. 150. 1828.
T.: *E. rufum* (Kunth) G. Don (Gen. Hist. **2**: 347. 1832) (*Glycine rufa* Kunth).

(=) *Euriosma* Desvaux, Ann. Sci. Nat. (Paris) **9**: 421. 1826.
T.: *E. sessiliflora* Desvaux.

3899 **Flemingia** Roxburgh ex W. Aiton et W. T. Aiton, Hortus Kew. ed. 2. **4**: 349. Dec 1812.
T.: *F. strobilifera* (Linnaeus) W. Aiton et W. T. Aiton (*Hedysarum strobiliferum* Linnaeus).

(H) *Flemingia* Roxburgh ex Rottler, Ges. Naturf. Freunde Berlin Neue Schriften **4**: 202. 1803 [ACANTH.].
T.: *F. grandiflora* Roxburgh ex Rottler, nom. illeg. (*Thunbergia fragrans* Roxburgh).
(≡) *Lourea* ('*Luorea*') Necker ex Jaume Saint-Hilaire, Bull. Sci. Soc. Philom. Paris ser. 2. **3**: 193. Dec 1812.

3905 **Vigna** Savi, Nuovo Giorn. Lett. **8**: 113. 1824.
T.: *V. luteola* (N. J. Jacquin) Bentham (*Dolichos luteolus* N. J. Jacquin).

(=) *Voandezia* Du Petit-Thouars, Gen. Nov. Madagasc. 23. 1806.
T.: *V. subterranea* (Linnaeus f.) A. P. de Candolle (*Glycine subterranea* Linnaeus f.).

3908 **Pachyrhizus** L. C. Richard ex A. P. de Candolle, Prodr. **2**: 402. 1825.
T.: *P. angulatus* L. C. Richard ex A. P. de Candolle, nom. illeg (*Dolichos erosus* Linnaeus, *P. erosus* (Linnaeus) Urban) (*typ. cons.*).

(≡) *Cacara* Du Petit-Thouars, Dict. Sci. Nat. **6**: 35. 1805 (1806?).

3910 **Dolichos** Linnaeus, Sp. Pl. 725. 1753.
T.: *D. trilobus* Linnaeus (*typ. cons.*).

3910a **Macrotyloma** (Wight et Arnott) Verdcourt, Kew Bull. **24**: 322. 1970.
T.: *M. uniflorum* (Lamarck) Verdcourt (*Dolichos uniflorus* Lamarck).

(=) *Kerstingiella* Harms, Ber. Deutsch. Bot. Ges. **26a**: 230. 1908.
T.: *K. geocarpa* Harms.

3914 **Psophocarpus** A. P. de Candolle, Prodr. **2**: 403. 1825.
T.: *P. tetragonolobus* (Linnaeus) A. P. de Candolle (*Dolichos tetragonolobus* Linnaeus).

(≡) *Botor* Adanson, Fam. Pl. **2**: 326. 1763.

366

GERANIACEAE

3931 **Wendtia** Meyen, Reise **1**: 307. 1834.
T.: *W. gracilis* Meyen.

(H) *Wendia* G. F. Hoffmann, Gen. Pl. Umbell. 136. 1814 [UMBELL.].
T.: *W. chorodanum* G. F. Hoffmann.

3932 **Balbisia** Cavanilles, Anales Ci. Nat. **7**: 61. 1804.
T.: *B. verticillata* Cavanilles.

(H) *Balbisia* Willdenow, Sp. Pl. **3**: 2214. 1803 [COMP.].
T.: *B. elongata* Willdenow.

LINACEAE

3947 **Durandea** J. E. Planchon, London J. Bot. **6**: 594. 1847.
T.: *D. serrata* J. E. Planchon (London J. Bot. **7**: 528. 1848).

(H) *Durandea* Delarbre, Fl. Auvergne ed. 2. 365. 1800 [CRUC.].
T.: *D. unilocularis* Delarbre, nom. illeg. (*Raphanus raphanistrum* Linnaeus).

HUMIRIACEAE

3953 **Humiria** Aublet, Hist. Pl. Guiane 564. 1775 ('*Houmiri*'); corr. Jaume Saint-Hilaire, Expos. Fam. Nat. **2**: 374. 1805.
T.: *H. balsamifera* Aublet.

(V) *Houmiri* Aublet, Hist. Pl. Guiane 564. 1775.

ZYGOPHYLLACEAE

3967 **Augea** Thunberg, Prodr. Pl. Cap. **1**: [viii], 80. 1794.
T.: *A. capensis* Thunberg.

(H) *Augia* Loureiro, Fl. Cochinch. 337. 1790 [ANACARD.].
T.: *A. sinensis* Loureiro.

3973 **Larrea** Cavanilles, Anales Hist. Nat. **2**: 119. 1800.
T.: *L. nitida* Cavanilles (*typ. cons.*).

(H) *Larrea* Ortega, Nov. Pl. Descr. Dec. 15, *t*. 2. 1797 [LEGUM.].
≡ *Hoffmannseggia* Cavanilles 1798 (*nom. cons.*) (3557).

3980 **Balanites** Delile, Descr. Egypte, Hist. Nat. 77. 1813.
T.: *B. aegyptiaca* (Linnaeus) Delile (*Ximenia aegyptiaca* Linnaeus).

(≡) *Agialid* Adanson, Fam. Pl. **2**: 508, 514. 1763.

RUTACEAE

3991 **Fagara** Linnaeus, Syst. Nat. ed. 10. **2**: 897, 1362. 1759.
T.: *F. pterota* Linnaeus (*typ. cons.*).

(H) *Fagara* Duhamel, Traité Arbr. Arbust. **1**: 229. 1755 [RUT.].
≡ *Zanthoxylum* Linnaeus 1753.
(≡) *Pterota* P. Browne, Civ. Nat. Hist. Jamaica 146. 1756.

3998 **Pentaceras** J. D. Hooker in Bentham et J. D. Hooker, Gen. Pl. **1**: 298. 1862.
T.: *P. australis* (F. Mueller) Bentham (Fl. Austral. **1**: 365. 1863) (*Cookia australis* F. Mueller).

(H) *Pentaceros* G. F. W. Meyer, Prim. Fl. Esseq. 136. 1818 ([BYTTNER.].
T.: *P. aculeatus* G. F. W. Meyer.

4011 **Boenninghausenia** H. G. L. Reichenbach ex Meisner, Pl. Vasc. Gen. **1**: 60. 1837; **2**: 44. 1837.
T.: *B. albiflora* (W. J. Hooker) Meisner (*Ruta albiflora* W. J. Hooker).

(H) *Boenninghausia* C. Sprengel, Syst. Veg. **3**: 153, 245. 1826 [LEGUM.].
T.: *B. vincentina* (Ker-Gawler) C. Sprengel (*Glycine vincentina* Ker-Gawler).

4012a **Haplophyllum** A. H. L. Jussieu, Mém. Mus. Hist. Nat. **12**: 464. 1825 ('*Aplophyllum*'); corr. H. G. L. Reichenbach, Fl. Germ. Excurs. 766. 1832.
T.: *H. tuberculatum* (Forsskål) A. H. L. Jussieu (*Ruta tuberculata* Forsskål).

(V) *Aplophyllum* A. H. L. Jussieu, Mém. Mus. Hist. Nat. **12**: 464. 1825.

(H) *Aplophyllum* Cassini, Dict. Sci. Nat. **33**: 463. 1824 [COMP.].
T.: non designatus.

4020 **Myrtopsis** Engler in Engler et Prantl, Nat. Pflanzenfam. **3**(4): 137. 1896.
T.: *M. novae-caledoniae* Engler.

(H) *Myrtopsis* O. Hoffmann, Linnaea **43**: 133. 1881 [BARRINGTON.].
T.: *M. malangensis* O. Hoffmann.

4031 **Correa** H. Andrews, Bot. Repos. **1**: *t. 18.* 1798.
T.: *C. alba* H. Andrews.

(H) *Correia* Vellozo in Vandelli, Fl. Lusit. Brasil. 28. 1788 [OCHN.].
T.: non designatus.

4035 **Calodendrum** Thunberg, Nov. Gen. Pl. 41. 1782.
T.: *C. capense* Thunberg.

(=) *Pallassia* Houttuyn, Nat. Hist. **2**(4): 382. 1775.
T.: *P. capensis* Christmann (Vollst. Pflanzensyst. **3**: 318. 1778).

4036 **Barosma** Willdenow, Enum. Pl. Hort. Berol. 257. 1809.
T.: *B. serratifolia* (W. Curtis) Willdenow (*Diosma serratifolia* W. Curtis).

(=) *Parapetalifera* J. C. Wendland, Coll. Pl. **1**: 49. 1806 ('1808').
T.: *P. odorata* J. C. Wendland.

4037 **Agathosma** Willdenow, Enum. Pl. Hort. Berol. 259. 1809.
T.: *A. villosa* (Willdenow) Willdenow (*Diosma villosa* Willdenow).

(≡) *Bucco* J. C. Wendland, Coll. Pl. **1**: 13. 1805 ('1808').

(=) *Hartogia* Linnaeus, Syst. Nat. ed. 10. **2**: 939, 1365. 1759.
T.: *H. capensis* Linnaeus.

4038 **Adenandra** Willdenow, Enum. Pl. Hort. Berol. 256. 1809.
T.: *A. uniflora* (Linnaeus) Willdenow (*Diosma uniflora* Linnaeus).

(=) *Haenkea* F. W. Schmidt, Neue Selt. Pfl. 19. 1793.
T.: non designatus.

(=) *Glandulifolia* J. C. Wendland, Coll. Pl. **1**: 35. 1805 ('1808').
T.: *G. umbellata* J. C. Wendland.

4060 **Naudinia** Planchon et Linden, Ann. Sci. Nat. Bot. ser. 3. **19**: 79. 1853.
T.: *N. amabilis* Planchon et Linden.

(H) *Naudinia* A. Richard in Sagra, Hist. Cuba **4**(1): 561. 1845 [MELASTOMAT.].
LT.: *N. argyrophylla* A. Richard (vide Mansfeld, Bull. Misc. Inform. **1935**: 438. 1935).

4063 **Dictyoloma** A. H. L. Jussieu, Mém. Mus. Hist. Nat. **12**: 499. 1825.
T.: *D. vandellianum* A. H. L. Jussieu.

(=) *Benjamina* Vellozo, Fl. Flum. 92. Mai-Dec 1825.
T.: *B. alata* Vellozo.

368

4065 **Chloroxylon** A. P. de Candolle, Prodr. **1**: 625. 1824.
T.: *C. swietenia* A. P. de Candolle (*Swietenia chloroxylon* Roxburgh).

(H) *Chloroxylum* P. Browne, Civ. Nat. Hist. Jamaica 187. 1756 [RHAMN.].
T.: *Ziziphus chloroxylon* (Linnaeus) Oliver (*Laurus chloroxylon* Linnaeus).

4066 **Spathelia** Linnaeus, Sp. Pl. ed. 2. 386. 1762.
T.: *S. simplex* Linnaeus.

(≡) *Spathe* P. Browne, Civ. Nat. Hist. Jamaica 187. 1756.

4073 **Araliopsis** Engler in Engler et Prantl, Nat. Pflanzenfam. **3**(4): 175. 1896.
T.: *A. soyauxii* Engler.

4074 **Sargentia** S. Watson, Proc. Amer. Acad. Arts **25**: 144. 1890.
T.: *S. greggii* S. Watson.

(H) *Sargentia* Wendland et Drude ex Salomon, Palmen 160. 1887 [PALMAE].
≡ *Pseudophoenix* Wendland ex Sargent 1886.

4077 **Toddalia** A. L. Jussieu, Gen. Pl. 371. 1789.
T.: *T. asiatica* (Linnaeus) Lamarck (Tabl. Encycl. **2**: 116. 1797) (*Paullinia asiatica* Linnaeus).

4079 **Acronychia** J. R. Forster et G. Forster, Char. Gen. Pl. 27. 1775.
T.: *A. laevis* J. R. Forster et G. Forster.

(=) *Jambolifera* Linnaeus, Sp. Pl. 349. 1753.
T.: *J. pedunculata* Linnaeus.
(=) *Cunto* Adanson, Fam. Pl. **2**: 446, 547. 1763.
T.: non designatus ['H.M. 5. t. 15'].

4083 **Skimmia** Thunberg, Nov. Gen. Pl. 58. 1783.
T.: *S. japonica* Thunberg.

4089 **Micromelum** Blume, Bijdr. 137. 1825.
T.: *M. pubescens* Blume.

(=) *Aulacia* Loureiro, Fl. Cochinch. 273. 1790.
T.: *A. falcata* Loureiro.

4090 **Murraya** J. G. Koenig ex Linnaeus, Mant. Pl. **2**: 554, 563. 1771 ('*Murraea*'); corr. Murray, Syst. Veg. 331. 1774.
T.: *M. exotica* Linnaeus.

(V) *Murraea* J. G. Koenig ex Linnaeus, Mant. Pl. **2**: 554, 563. 1771.
(=) *Bergera* J. G. Koenig ex Linnaeus, Mant. Pl. **2**: 555, 563. 1771.
T.: *B. koenigii* Linnaeus.

4096 **Atalantia** Correa, Ann. Mus. Natl. Hist. Nat. **6**: 383. 1805.
T.: *A. monophylla* A. P. de Candolle (Prodr. **1**: 535. 1824).

(=) *Malnaregam* Adanson, Fam. Pl. **2**: 345, 574. 1763.
T.: *M. malabarica* Rafinesque (Sylva Tell. 143. 1838).

4099 **Aegle** Correa, Trans. Linn. Soc. London **5**: 222. 1800.
T.: *A. marmelos* (Linnaeus) Correa (*Crateva marmelos* Linnaeus).

(≡) *Belou* Adanson, Fam. Pl. **2**: 408, 525. 1763.

369

4109   **Samadera** J. Gaertner, Fruct. Sem. Pl. **2**: 352. 1791.
T.: *S. indica* J. Gaertner.

(=) *Locandi* Adanson, Fam. Pl. **2**: 449. 1763.
T.: *Niota pentapetala* Poiret (in Lamarck, Encycl. **4**: 490. 1798).

4111   **Simarouba** Aublet, Hist. Pl. Guiane 859. 1775.
T.: *S. amara* Aublet.

(H) *Simaruba* Boehmer in Ludwig, Defin. Gen. Pl. ed. 3. 513. 1760 [BURSER.].
T.: *Pistacia simaruba* Linnaeus (Sp. Pl. 1026. 1753) (*Bursera simaruba* (Linnaeus) Sargent).

4117   **Harrisonia** R. Brown ex A. H. L. Jussieu, Mém. Mus. Hist. Nat. **12**: 517, 540, *t. 28, no. 47.* 1825.
T.: *H. brownii* A. H. L. Jussieu.

(H) *Harissona* Adanson ex Leman, Dict. Sci. Nat. **20**: 290. 1821 [MUSCI].
T.: non designatus.

4118   **Castela** Turpin, Ann. Mus. Natl. Hist. Nat. **7**: 78. 1806.
T.: *C. depressa* Turpin (*typ. cons.*).

(H) *Castelia* Cavanilles, Anales Ci. Nat. **3**: 134. 1801 [VERBEN.].
T.: *C. cuneato-ovata* Cavanilles.

4120   **Brucea** J. F. Miller, [Icon. Anim. Pl.] *t. 25.* 1779.
T.: *B. antidysenterica* J. F. Miller.

4124   **Ailanthus** Desfontaines, Mém. Acad. Sci. (Paris) **1786**: 265. 1788.
T.: *A. glandulosa* Desfontaines.

(=) *Pongelion* Adanson, Fam. Pl. **2**: 319, 593. 1763.
T.: *Ailanthus malabarica* A. P. de Candolle (Prodr. **2**: 89. 1825).

4131   **Picramnia** Swartz, Prodr. 2, 27. 1788.
T.: *P. antidesma* Swartz.

(=) *Pseudo-brasilium* Adanson, Fam. Pl. **2**: 341, 595. 1763.
T.: *Brasiliastrum americanum* Lamarck (Encycl. **1**: 462. 1785).
(=) *Tariri* Aublet, Hist. Pl. Guiane 37. 1775.
T.: *T. guianensis* Aublet.

BURSERACEAE

4137   **Protium** N. L. Burman, Fl. Indica 88. 1768.
T.: *P. javanicum* N. L. Burman.

(≡) *Tingulong* Rumphius, Auct. 54. 1755.

4150   **Bursera** N. J. Jacquin ex Linnaeus, Sp. Pl. ed. 2. 471. 1762.
T.: *B. gummifera* Linnaeus, nom. illeg. (*Pistacia simaruba* Linnaeus, *Bursera simaruba* (Linnaeus) Sargent).

(≡) *Simaruba* Boehmer in Ludwig, Defin. Gen. Pl. ed. 3. 513. 1760.
(=) *Elaphrium* N. J. Jacquin, Enum. Syst. Pl. 3, 19. 1760.
LT.: *E. tomentosum* N. J. Jacquin (vide J. N. Rose, N. Amer. Fl. **25**: 241. 1911).

4151   **Commiphora** N. J. Jacquin, Pl. Hort. Schoenbr. **2**: 66. 1797.
T.: *C. madagascarensis* N. J. Jacquin.

(=) *Balsamea* Gleditsch, Schriften Berlin. Ges. Naturf. Freunde **3**: 127. 1782.
T.: *B. meccanensis* Gleditsch.

MELIACEAE

4172 **Naregamia** Wight et Arnott, Prodr. 116. 1834.
T.: *N. alata* Wight et Arnott.

(=) *Nelanaregam* Adanson, Fam. Pl. **2**: 343. 1763.
T.: non designatus ['H.M. 10. t. 22'].

4189 **Aglaia** Loureiro, Fl. Cochinch. 173. 1790.
T.: *A. odorata* Loureiro.

(H) *Aglaia* Allamand, Nova Acta Phys.-Med. Acad. Caes. Leop.-Carol. Nat. Cur. **4**: 93. 1770 [CYPER.].
T.: non designatus.

4190 **Guarea** Allamand ex Linnaeus, Mant. Pl. **2**: 150, 228 (*'Guara'*). 1771.
T.: *G. trichilioides* Linnaeus, nom. illeg. (*Melia guara* N. J. Jacquin, *G. guara* (N. J. Jacquin) P. Wilson).

(=) *Elutheria* P. Browne, Civ. Nat. Hist. Jamaica 369. 1756.
T.: *E. microphylla* (W. J. Hooker) M. J. Roemer (Fam. Nat. Syn. Monogr. **1**: 122. 1846) (*Guarea microphylla* W. J. Hooker).

4195 **Trichilia** P. Browne, Civ. Nat. Hist. Jamaica 278. 1756.
T.: *T. hirta* Linnaeus (Syst. Nat. ed. 10. 1020. 1759) (*typ. cons.*).

MALPIGHIACEAE

4222 **Rhyssopteris** Blume ex A. H. L. Jussieu in Delessert, Icon. Sel. Pl. **3**: 21. 1837 (*'Ryssopterys'*); corr. Wittstein, Etymol. Handwörterbuch 764. 1852.
T.: *R. timorensis* A. H. L. Jussieu.

(V) *Ryssopterys* Blume ex A. H. L. Jussieu in Delessert, Icon. Sel. Pl. **3**: 21. 1837.

4226 **Heteropteris** Kunth in Humboldt, Bonpland et Kunth, Nova Gen. Sp. **5**: ed. fol. 126, ed. qu. 163. 1822.
T.: *H. purpurea* (Linnaeus) Kunth (*Banisteria purpurea* Linnaeus) (*typ. cons.*).

(=) *Banisteria* Linnaeus, Sp. Pl. 427. 1753.
LT.: *B. brachiata* Linnaeus (vide T. A. Sprague, Gard. Chron. ser. 3. **75**: 104. 1924; M. L. Green, Prop. Brit. Bot. 156. 1929).

4234 **Ptilochaeta** Turczaninow, Bull. Soc. Imp. Naturalistes Moscou **16**: 52. 1843.
T.: *P. bahiensis* Turczaninow.

(H) *Ptilochaeta* C. G. Nees in C. F. P. Martius, Fl. Bras. **2**(1): 147. 1842 [CYPER.].
T.: *P. diodon* C. G. Nees.

4244 **Thryallis** C. F. P. Martius, Nov. Gen. Sp. Pl. **3**: 77. 1829.
T.: *T. longifolia* C. F. P. Martius.

(H) *Thryallis* Linnaeus, Sp. Pl. ed. 2. 554. 1762 [MALPIGH.].
T.: *T. brasiliensis* Linnaeus.

4247 **Lophanthera** A. H. L. Jussieu, Ann. Sci. Nat. Bot. ser. 2. **13**: 328. 1840.
T.: *L. kunthiana* A. H. L. Jussieu, nom. illeg. (*Galphimia longifolia* Kunth, *L. longifolia* (Kunth) Grisebach).

(H) *Lophanthera* Rafinesque, New Fl. **2**: 58. 1837 ('1836') [SCROPHULAR.].
T.: *Gerardia delphiniifolia* Linnaeus.

TRIGONIACEAE

4264 **Trigoniastrum** Miquel, Fl. Ned. Ind., Eerste Bijv. 394. 1861.
T.: *T. hypoleucum* Miquel.

VOCHYSIACEAE

4266 **Vochysia** Aublet, Hist. Pl. Guiane 18. 1775 (*'Vochy'*); corr. Poiret in Lamarck, Encycl. **8**: 681. 1808.
T.: *V. guianensis* Aublet.

(V) *Vochy* Aublet, Hist. Pl. Guiane 18. 1775.

POLYGALACEAE

4275 **Securidaca** Linnaeus, Syst. Nat. ed. 10. 1155. 1759.
T.: *S. volubilis* Linnaeus 1759 non Linnaeus 1753 [= *S. diversifolia* (Linnaeus) Blake, *Polygala diversifolia* Linnaeus].

(H) *Securidaca* Linnaeus, Sp. Pl. 707. 1753 [LEGUM.].
T.: *S. volubilis* Linnaeus 1753.

4277 **Salomonia** Loureiro, Fl. Cochinch. 1, 14. 1790.
T.: *S. cantoniensis* Loureiro.

(H) *Salomonia* Heister ex Fabricius, Enum. 20. 1759 [LIL.].
≡ *Polygonatum* P. Miller 1754.

4278 **Muraltia** A. P. de Candolle, Prodr. **1**: 335. 1824.
T.: *M. heisteria* (Linnaeus) A. P. de Candolle (*Polygala heisteria* Linnaeus) (*typ. cons.*) (etiam vide 2147).

(H) *Muralta* Adanson, Fam. Pl. **2**: 460, 580. 1763 [RANUNCUL.].
T.: *Clematis cirrhosa* Linnaeus.

4281 **Xanthophyllum** Roxburgh, Pl. Corom. **3**: 81. 1820 ('1819').
T.: *X. flavescens* Roxburgh (*typ. cons.*).

(=) *Pelae* Adanson, Fam. Pl. **2**: 448. 1763.
T.: non designatus ['Banisterioïdes. Lin.'].
(=) *Eystathes* Loureiro, Fl. Cochinch. 234. 1790.
T.: *E. sylvestris* Loureiro.

EUPHORBIACEAE

4297 **Securinega** Commerson ex A. L. Jussieu, Gen. Pl. 388. 1789.
T.: *S. durissima* J. F. Gmelin (Syst. Nat. **2**: 1008. 1791) (*typ. cons.*).

4299a **Androstachys** Prain, Bull. Misc. Inform. **1908**: 438. 1908.
T.: *A. johnsonii* Prain.

(H) *Androstachys* Grand'Eury, Mém. Divers Savants Acad. Roy. Sci. Inst. Roy. France, Sci. Math. **24**(1): 190, *t. 17.* 1877 [FOSS.].
T.: *A. frondosus* Grand'Eury.

4302 **Glochidion** J. R. Forster et G. Forster, Char. Gen. Pl. 57. 1775.
T.: *G. ramiflorum* J. R. Forster et G. Forster.

(=) *Agyneia* Linnaeus, Mant. Pl. **2**: 161, 296, 576. 1771.
T.: *A. pubera* Linnaeus.

4303 **Breynia** J. R. Forster et G. Forster, Char. Gen. Pl. 73. 1775.
T.: *B. disticha* J. R. Forster et G. Forster.

(H) *Breynia* Linnaeus, Sp. Pl. 503. 1753 [CAPPAR.].
T.: *B. indica* Linnaeus.

4331 **Buraeavia** Baillon, Adansonia **11**: 83. 1873.
T.: *B. carunculata* (Baillon) Baillon (*Baloghia carunculata* Baillon).

(H) *Bureava* Baillon, Adansonia **1**: 71. 1861 [COMBRET.].
T.: *B. crotonoides* Baillon.

4349 **Julocroton** C. F. P. Martius, Flora **20**(2) (Beibl. 8): 119. 1837.
T.: *J. phagedaenicus* C. F. P. Martius.

(=) *Cieca* Adanson, Fam. Pl. **2**: 355. 1763.
T.: *Croton argenteus* Linnaeus.

4355 **Chrozophora** A. H. L. Jussieu, Euphorb. Gen. 27. 1824 (*'Crozophora'*); corr. Bentham in Bentham et J. D. Hooker, Gen. Pl. **3**(1): 305. 1880.
T.: *C. tinctoria* (Linnaeus) A. H. L. Jussieu (*Croton tinctorius* Linnaeus).

(V) *Crozophora* A. H. L. Jussieu, Euphorb. Gen. 27. 1824.
(≡) *Tournesol* Adanson, Fam. Pl. **2**: 356, 612. 1763.

4397 **Adelia** Linnaeus, Syst. Nat. ed. 10. 1285, 1298. 1759.
T.: *A. ricinella* Linnaeus (*typ. cons.*).

(H) *Adelia* P. Browne, Civ. Nat. Hist. Jamaica 361. 1756 [OL.].
T.: non designatus.
(=) *Bernardia* P. Miller, Gard. Dict. Abr. ed. 4. 1754.
T.: *B. carpinifolia* Grisebach (*Adelia bernardia* Linnaeus).

4415 **Acidoton** Swartz, Prodr. 6, 83. 1788.
T.: *A. urens* Swartz.

(H) *Acidoton* P. Browne, Civ. Nat. Hist. Jamaica 355. 1756 [EUPHORB.].
T.: *Adelia acidoton* Linnaeus (Syst. Nat. ed. 10. 1298. 1759).

4421 **Pterococcus** Hasskarl, Flora **25**(2) (Beibl.): 41. 1842.
T.: *P. glaberrimus* Hasskarl, nom. illeg. (*Plukenetia corniculata* J. E. Smith, *Pterococcus corniculatus* (J. E. Smith) Pax et Hoffmann).

(H) *Pterococcus* Pallas, Reise Russ. Reich. **2**: 738. 1773 [POLYGON.].
T.: *P. aphyllus* Pallas.

4435 **Micrandra** Bentham, Hooker's J. Bot. Kew Gard. Misc. **6**: 371. 1854.
T.: *M. siphonioides* Bentham (*typ. cons.*).

(H) *Micrandra* Bennett et R. Brown, Pl. Jav. Rar. 237. 1844 [EUPHORB.].
T.: *M. ternata* R. Brown et Bennett.

4449 **Trigonostemon** Blume, Bijdr. 600. 1825 (*'Trigostemon'*); corr. Blume, Fl. Javae praef. viii. 1828.
T.: *T. serratus* Blume.

(V) *Trigostemon* Blume, Bijdr. 600. 1825.
(=) *Enchidium* Jack, Malayan Misc. **2**: 89. 1822.
T.: *E. verticillatum* Jack.

4452 **Sagotia** Baillon, Adansonia **1**: 53. 1860.
T.: *S. racemosa* Baillon.

(H) *Sagotia* Duchassaing et Walpers, Linnaea **23**: 737. 1850 [LEGUM.].
T.: *S. triflora* (Linnaeus) Duchassaing et Walpers (*Hedysarum triflorum* Linnaeus).

4454 **Codiaeum** A. H. L. Jussieu, Euphorb. Gen. 33. 1824.
T.: *C. variegatum* (Linnaeus) A. H. L. Jussieu (*Croton variegatus* Linnaeus) (*typ. cons.*).

(≡) *Phyllaurea* Loureiro, Fl. Cochinch. 375. 1790.

4467 **Chaetocarpus** Thwaites, Hooker's J. Bot. Kew Gard. Misc. **6**: 300, *t. 10a* 1854.
T.: *C. pungens* Thwaites, nom. illeg. (*C. castanicarpus* (Roxburgh) Thwaites, *Adelia castanicarpa* Roxburgh).

(H) *Chaetocarpus* Schreber, Gen. **1**: 75. 1789 [SAPOT.].
≡ *Pouteria* Aublet 1775.

4470 **Endospermum** Bentham, Fl. Hongk. 304. 1861.
T.: *E. chinense* Bentham.

(H) *Endespermum* Blume, Catalogus 24. 1823 [LEGUM.].
T.: *E. scandens* Blume.

4472 **Omphalea** Linnaeus, Syst. Nat. ed. 10. 1264, 1378. 1759.
T.: *O. triandra* Linnaeus (*typ. cons.*).

(≡) *Omphalandra* P. Browne, Civ. Nat. Hist. Jamaica 334. 1756.

4498a **Tithymalus** J. Gaertner, Fruct. Sem. Pl. **2**: 115. 1791.
T.: *T. peplus* (Linnaeus) J. Gaertner (*Euphorbia peplus* Linnaeus).

(H) *Tithymalus* P. Miller, Gard. Dict. Abr. ed. 4. 1754 [EUPHORB.].
≡ *Pedilanthus* Poiteau 1812 (*nom. cons.*) (4501).

4501 **Pedilanthus** Poiteau, Ann. Mus. Natl. Hist. Nat. **19**: 388. 1812.
T.: *P. tithymaloides* (Linnaeus) Poiteau (*Euphorbia tithymaloides* Linnaeus) (etiam vide 4498a).

(≡) *Tithymaloides* Ortega, Tabl. Bot. 9. 1773.

4516 **Botryophora** J. D. Hooker, Fl. Brit. India **5**: 476. 1888.
T.: *B. kingii* J. D. Hooker.

(H) *Botryophora* Bompard, Hedwigia **6**: 129. 1867 [CHLOROPH.].
T.: *B. dichotoma* Bompard.

LIMNANTHACEAE

4542 **Limnanthes** R. Brown, London Edinburgh Philos. Mag. & J. Sci. **3**: 71. 1833.
T.: *L. douglassii* R. Brown.

(H) *Limnanthes* Stokes, Bot. Mater. Med. **1**: 300. 1812 [GENTIAN.].
≡ *Limnanthemum* S. G. Gmelin 1770.

ANACARDIACEAE

4563 **Lannea** A. Richard in Guillemin, Perrottet et A. Richard, Fl. Seneg. Tent. **1**: 153. 1831.
T.: *L. velutina* A. Richard (*typ. cons.*).

(=) *Calesiam* Adanson, Fam. Pl. **2**: 446, 530. 1763.
T.: *Calsiama malabarica* Rafinesque (Sylva Tell. 12. 1838).

4578 **Campnosperma** Thwaites, Hooker's J. Bot. Kew Gard. Misc. **6**: 65. 1854.
T.: *C. zeylanicum* Thwaites.

(=) *Coelopyrum* Jack, Malayan Misc. **2**(7): 65. 1822.
T.: *C. coriaceum* Jack.

4600 **Nothopegia** Blume, Mus. Bot. 203. 1850.
T.: *N. colebrookiana* (R. Wight) Blume (*Pegia colebrookiana* R. Wight).

(=) *Glycycarpus* Dalzell, J. Roy. Asiat. Soc. Bombay **3**(1): 69. 1849.
T.: *G. edulis* Dalzell.

4604 **Holigarna** Buchanan-Hamilton ex Roxburgh, Pl. Corom. **3**: 79. 1820 ('1819').
T.: *H. longifolia* Buchanan-Hamilton ex Roxburgh.

(=) *Katou-Tsjeroe* Adanson, Fam. Pl. **2**: 84, 534. 1763.
T.: non designatus ['H.M. 4. t. 9'].

AQUIFOLIACEAE

4615 **Nemopanthus** Rafinesque, Amer. Monthly Mag. & Crit. Rev. **4**: 357. 1819.
T.: *N. fascicularis* Rafinesque, nom. illeg. (*Ilex canadensis* A. Michaux, *N. canadensis* (A. Michaux) A. P. de Candolle).

(=) *Ilicioides* Dumont de Courset, Bot. Cult. **4**: 27. 1802.
T.: non designatus.

CELASTRACEAE

4621 **Microtropis** Wallich ex Meisner, Pl. Vasc. Gen. 68. 1837.
T.: *M. discolor* (Wallich) Meisner.

(H) *Microtropis* E. Meyer, Comm. Pl. Afr. Austr. 65. 1836 [LEGUM.].
≡ *Euchlora* Ecklon et Zeyher 1836 (prius).

4623 **Denhamia** Meisner, Pl. Vasc. Gen. **1**: 18. 1837; **2**: 16. 1837.
T.: *D. obscura* (A. Richard) Meisner (*Leucocarpum obscurum* A. Richard).

(H) *Denhamia* Schott in Schott et Endlicher, Melet. Bot. 19. 1832 [AR.].
T.: *D. scandens* (Beauvois) Schott (*Culcasia scandens* Beauvois).
(≡) *Leucocarpum* A. Richard, Sert. Astrolab. 46. 1834.

4627 **Gymnosporia** (Wight et Arnott) J. D. Hooker in Bentham et J. D. Hooker, Gen. Pl. **1**: 365. 1862.
T.: *G. montana* (Roth ex Roemer et J. A. Schultes) Bentham (Fl. Austral. **1**: 400. 1863) (*Celastrus montanus* Roth ex Roemer et J. A. Schultes) (*typ. cons.*).

(=) *Catha* Forsskål ex Schreber, Gen. 147. 1789.
T.: non designatus.
(=) *Scytophyllum* Ecklon et Zeyher, Enum. Pl. Afric. Austral. 124. 1834 vel 1835.
T.: non designatus.
(=) *Encentrus* K. B. Presl, Abh. Königl. Böhm. Ges. Wiss. ser 5. **3**: 463. 1845.
T.: *E. linearis* (Linnaeus f.) K. B. Presl (*Celastrus linearis* Linnaeus f.).
(=) *Polyacanthus* K. B. Presl, Abh. Königl. Böhm. Ges. Wiss. ser. 5. **3**: 463. 1845.
T.: *P. stenophyllus* (Ecklon et Zeyher) K. B. Presl (*Celastrus stenophyllus* Ecklon et Zeyher).

4637 **Plenckia** Reisseck in C. F. P. Martius, Fl. Bras. **11**(1): 29. 1861.
T.: *P. populnea* Reisseck.

(H) *Plenckia* Rafinesque, Specchio **1**: 194. 1814 [AIZ.].
T.: *P. setiflora* (Forsskål) Rafinesque (*Glinus setiflorus* Forsskål).

STAPHYLEACEAE

4666 **Turpinia** Ventenat, Mém. Cl. Sci. Math. Phys. Inst. Natl. France **1807**(1): 3. Jul 1807.
T.: *T. paniculata* Ventenat.

(H) *Turpinia* Humboldt et Bonpland, Pl. Aequinoct. **1**: 113. Apr 1807 ('1808') [COMP.].
T.: *T. laurifolia* Humboldt et Bonpland.
(=) *Triceros* Loureiro, Fl. Cochinch. 184. 1790.
T.: *T. cochinchinensis* Loureiro.

4667 **Euscaphis** Siebold et Zuccarini, Fl. Jap. 1: 122. 1840.
T.: *E. staphyleoides* Siebold et Zuccarini, nom. illeg. (*Sambucus japonica* Thunberg, *E. japonica* (Thunberg) Kanitz).

(≡) *Hebokia* Rafinesque, Alsogr. 47. 1838.

ICACINACEAE

4693 **Mappia** N. J. Jacquin, Pl. Hort. Schoenbr. 1: 22. 1797.
T.: *M. racemosa* N. J. Jacquin.

(H) *Mappia* Heister ex Fabricius, Enum. 58. 1759 [LAB.].
≡ *Cunila* P. Miller 1754.

4709 **Pyrenacantha** W. J. Hooker, Bot. Misc. 2: 109. 1830.
T.: *P. volubilis* W. J. Hooker.

4712 **Phytocrene** Wallich, Pl. As. Rar. 3: 11. 1831.
T.: *P. gigantea* Wallich [= *P. macrophylla* (Blume) Blume].

(=) *Gynocephalum* Blume, Bijdr. 483. 1825.
T.: *G. macrophyllum* Blume.

4713 **Miquelia** Meisner, Pl. Vasc. Gen. 1: 152. Sep 1838.
T.: *M. kleinii* Meisner.

(H) *Miquelia* Blume, Bull. Sci. Phys. Nat. Néerl. 1: 94. Jun 1838 [GESNER.].
T.: *M. caerulea* Blume.

4715 **Stachyanthus** Engler in Engler et Prantl, Nat. Pflanzenfam. Nachtr. 3(5): 227. 1897.
T.: *S. zenkeri* Engler.

(H) *Stachyanthus* A. P. de Candolle, Prodr. 5: 84. 1836 [COMP.].
T.: *S. martii* A. P. de Candolle.

SAPINDACEAE

4730 **Bridgesia** Bertero ex Cambessèdes, Nouv. Ann. Mus. Hist. Nat. 3: 234. 1834.
T.: *B. incisifolia* Bertero ex Cambessèdes.

(H) *Bridgesia* W. J. Hooker, Bot. Misc. 2: 222. 1831 [COMP.].
T.: *B. echinopsoides* W. J. Hooker.

4733 **Thouinia** Poiteau, Ann. Mus. Natl. Hist. Nat. 3: 70. 1804.
T.: *T. simplicifolia* Poiteau (*typ. cons.*).

(H) *Thouinia* Thunberg ex Linnaeus f., Suppl. Pl. 9, 89. 1782 [OL.].
T.: *T. nutans* Linnaeus f.

4747 **Zollingeria** Kurz, J. Asiat. Soc. Bengal 41(2): 303. 1872.
T.: *Z. macrocarpa* Kurz.

(H) *Zollingeria* C. H. Schultz-Bip., Flora 37: 274. 1854 [COMP.].
T.: *Z. scandens* C. H. Schultz-Bip.

4753 **Pancovia** Willdenow, Sp. Pl. 2: 285. 1799.
T.: *P. bijuga* Willdenow.

(H) *Pancovia* Heister ex Fabricius, Enum. 64. 1759 [ROS.].
≡ *Comarum* Linnaeus 1753.

4767 **Schleichera** Willdenow, Sp. Pl. 4: 1096. 1806.
T.: *S. trijuga* Willdenow.

(=) *Cussambium* Lamarck, Encycl. 2: 230. 1786.
T.: *C. spinosum* F. Hamilton (Mem. Wern. Nat. Hist. Soc. 5: 357. 1826).

4820 **Mischocarpus** Blume, Bijdr. 238. 1825.
T.: *M. sundaicus* Blume.

(=) *Pedicellia* Loureiro, Fl. Cochinch. 641, 655. 1790.
T.: *P. oppositifolia* Loureiro.

RHAMNACEAE

4862 **Condalia** Cavanilles, Anales Hist. Nat. 1: 39. 1799.
T.: *C. microphylla* Cavanilles.

(H) *Condalia* Ruiz et Pavón, Prodr. 11. 1794 [RUB.].
T.: *C. repens* Ruiz et Pavón.

4868 **Berchemia** A. P. de Candolle, Prodr. 2: 22. 1825.
T.: *Rhamnus volubilis* Linnaeus f. [= *B. scandens* (Hill) K. Koch].

(≡) *Oenoplea* A. Michaux ex R. A. Hedwig, Gen. Pl. 1: 151. 1806.

4874 **Scutia** (Commerson ex A. P. de Candolle) A. T. Brongniart, Ann. Sci. Nat. (Paris) **10**: 362. 1827.
T.: *S. indica* A. T. Brongniart, nom. illeg. (*Rhamnus circumscissus* Linnaeus f., *S. circumscissa* (Linnaeus f.) Radlkofer).

(=) *Adolia* Lamarck, Encycl. **1**: 44. 1783.
T.: non designatus.

4882 **Colubrina** L. C. Richard ex A. T. Brongniart, Ann. Sci. Nat. (Paris) **10**: 368. 1827.
T.: *C. ferruginosa* A. T. Brongniart (*Rhamnus colubrinus* N. J. Jacquin) (*typ. cons.*).

4899 **Colletia** Commerson ex A. L. Jussieu, Gen. Pl. 180. 1789.
T.: *C. spinosa* Lamarck (Tabl. Encycl. **2**: 91. 1798).

(H) *Colletia* Scopoli, Intr. 207. 1777 [ULM.].
T.: *Rhamnus iguanaeus* N. J. Jacquin (Enum. Syst. Pl. 16. 1760).

4905 **Helinus** E. Meyer ex Endlicher, Gen. Pl. 1102. 1840.
T.: *H. ovatus* E. Meyer, nom. illeg. (*Rhamnus mystacinus* W. Aiton, *H. mystacinus* (W. Aiton) E. Meyer ex Steudel).

(≡) *Mystacinus* Rafinesque, Sylva Tell. 30. 1838.

VITACEAE

4910 **Ampelocissus** J. E. Planchon, Vigne Am. **8**: 371. 1884.
T.: *A. latifolia* (Roxburgh) J. E. Planchon (*Vitis latifolia* Roxburgh) (*typ. cons.*).

(=) *Botria* Loureiro, Fl. Cochinch. 153. 1790.
T.: *B. africana* Loureiro.

4915 **Parthenocissus** J. E. Planchon in A. de Candolle et C. de Candolle, Monogr. Phan. **5**: 447. 1887.
T.: *P. quinquefolia* (Linnaeus) J. E. Planchon (*Hedera quinquefolia* Linnaeus) (*typ. cons.*).

4918a **Cayratia** A. L. Jussieu, Dict. Sci. Nat. **10**: 103. 1818.
T.: *C. pedata* (Loureiro) A. L. Jussieu ex Gagnepain (Notul. Syst. (Paris) **1**: 346. 1911) (*Columella pedata* Loureiro) (etiam vide 7897).

(=) *Lagenula* Loureiro, Fl. Cochinch. 65, 88. 1790.
T.: *L. pedata* Loureiro.

4919 **Leea** D. van Royen ex Linnaeus, Syst. Nat. ed. 12, **2**: 627. 1767; Mant. Pl. 17, 124. 1767.
T.: *L. aequata* Linnaeus (*typ. cons.*).

(=) *Nalagu* Adanson, Fam. Pl. **2**: 445, 581. 1763.
T.: non designatus ['H.M. 2. t. 26'].

ELAEOCARPACEAE

4927 **Aristotelia** L'Héritier, Stirp. Nov. 31. 1785 vel 1786 ('1784').
T.: *A. macqui* L'Héritier.

(H) *Aristotela* Adanson, Fam. Pl. **2**: 125. 1763 [COMP.].
≡ *Othonna* Linnaeus 1753.

TILIACEAE

4938 **Berrya** Roxburgh, Pl. Corom. **3**: 60. 1820 ('*Berria*'); corr. A. P. de Candolle, Prodr. **1**: 517. 1824.
T.: *B. ammonilla* Roxburgh.

(V) *Berria* Roxburgh, Pl. Corom. **3**: 60. 1820.
(=) *Espera* Willdenow, Ges. Naturf. Freunde Berlin Neue Schriften **3**: 450. 1801.
T.: *E. cordifolia* Willdenow.

4943 **Brownlowia** Roxburgh, Pl. Corom. **3**: 61. 1820.
T.: *B. elata* Roxburgh.

(=) *Glabraria* Linnaeus, Mant. Pl. 156, 276. 1771.
T.: *G. tersa* Linnaeus.

4948 **Ancistrocarpus** Oliver, J. Linn. Soc., Bot. **9**: 173. 1865 ('1867').
T.: *A. brevispinosus* Oliver (*typ. cons.*).

(H) *Ancistrocarpus* Kunth in Humboldt, Bonpland et Kunth, Nova Gen. Sp. **2**: ed. fol. 149, ed. qu. 186. 1817 [PHYTOLACC.].
T.: *A. maypurensis* Kunth.

4957 **Sparmannia** Linnaeus f., Suppl. Pl. 41, (265, 462, '*Sparrmannia*'). 1782.
T.: *S. africana* Linnaeus f.

(H) *Sparmannia* Buchoz, Pl. Nouv. Découv. 3, t. 1. 1779 [SCROPHULAR.].
≡ *Rehmannia* Fischer et C. A. Meyer 1825 (*nom. cons*) (7592).

4959 **Luehea** Willdenow, Ges. Naturf. Freunde Berlin Neue Schriften **3**: 410. 1801 ('*Lühea*').
T.: *L. speciosa* Willdenow.

(H) *Luehea* F. W. Schmidt, Neue Selt. Pfl. 23. 1793 ('*Lühea*') [VERBEN.].
T.: *L. ericoides* F. W. Schmidt.

4960 **Mollia** C. F. P. Martius, Nov. Gen. Sp. Pl. **1**: 96. 1826 ('1824').
T.: *M. speciosa* C. F. P. Martius.

(H) *Mollia* J. F. Gmelin, Syst. Nat. **2**: 303, 420. 1791 [MYRT.].
T.: *M. imbricata* (J. Gaertner) J. F. Gmelin (*Jungia imbricata* J. Gaertner).

MALVACEAE

4995 **Malvastrum** A. Gray, Mem. Amer. Acad. Arts ser. 2. **4**: 21. 1849.
T.: *M. wrightii* A. Gray [= *M. aurantiacum* (Scheele) Walpers, *Malva aurantiaca* Scheele].

(=) *Malveopsis* K. B. Presl. Abh. Königl. Böhm. Ges. Wiss. ser. 5. **3**: 449. 1845.
T.: *M. anomala* (Link et Otto) K. B. Presl (*Malva anomala* Link et Otto).

5007 **Pavonia** Cavanilles, Diss. **2**: [App. 2]. 1786; **3**: 132. 1787.
T.: *P. paniculata* Cavanilles.

(=) *Lass* Adanson, Fam. Pl. **2**: 400. 1763.
T.: *Hibiscus spinifex* Linnaeus (Syst. Nat. ed. 10. 1149. 1759).

(=) *Malache* B. C. Vogel in Trew, Pl. Sel. Pinx. Ehret 50. 1772.
T.: *M. scabra* B. C. Vogel.

5013 **Hibiscus** Linnaeus, Sp. Pl. 693. 1753.
T.: *H. syriacus* Linnaeus (*typ. cons.*).

5015 **Kosteletzkya** K. B. Presl, Reliq. Haenk. **2**: 130. 1835.
T.: *K. hastata* K. B. Presl.

(=) *Thorntonia* H. G. L. Reichenbach, Consp. 202. 1828.
T.: *Hibiscus pentaspermus* A. P. de Candolle.

5018 **Thespesia** Solander ex Correa, Ann. Mus. Natl. Hist. Nat. **9**: 290. 1807.
T.: *T. populnea* (Linnaeus) Solander ex Correa (*Hibiscus populneus* Linnaeus).

(≡) *Bupariti* Duhamel, Semis Plantat. Arbr. add. 5. 1760.

TRIPLOCHITONACEAE

5022a **Triplochiton** K. Schumann, Bot. Jahrb. Syst. **28**: 330. 1900.
T.: *T. scleroxylon* K. Schumann.

(H) *Triplochiton* Alefeld, Österr. Bot. Z. **13**: 13. 1863 [BOMBAC./MALV.].
T.: non designatus.

BOMBACACEAE

5035 **Bernoullia** Oliver, Hooker's Icon. Pl. **12**: t. *1169, 1170*. 1873.
T.: *B. flammea* Oliver.

(H) *Bernullia* Rafinesque, Aut. Bot. 173. 1840 [ROS.].
T.: non designatus.

5036 **Cumingia** Vidal, Phan. Cuming. Philip. 211. 1885.
T.: *C. philippinensis* Vidal.

(H) *Cummingia* D. Don in Sweet, Brit. Fl. Gard. **3**: t. *257*. 1828 [HAEMODOR.].
T.: *C. campanulata* (Lindley) D. Don (*Conanthera campanulata* Lindley).

5040 **Neesia** Blume, Nova Acta Phys.-Med. Acad. Caes. Leop.-Carol. Nat. Cur. **17**(1). 83. 1835.
T.: *N. altissima* (Blume) Blume (*Esenbeckia altissima* Blume).

(H) *Neesia* C. Sprengel, Anleit. ed. 2. **2**(2): 547. 1818 [COMP.].
T.: non designatus.

STERCULIACEAE

5053 **Dombeya** Cavanilles, Diss. **2**: [App. 1].
1786; **3**: 121. 1787.
T.: *D. palmata* Cavanilles.

(H) *Dombeya* L'Héritier, Stirp. Nov. 33. 1785
vel 1786 ('1784') [BIGNON.].
≡ *Tourrettia* Fougeroux 1787 (*nom. cons.*)
(7766).

(=) *Assonia* Cavanilles, Diss. **2**: [App. 2]. 1786;
3: 120. 1787.
T.: *A. populnea* Cavanilles.

5060 **Rulingia** R. Brown, Bot. Mag. **48**: *t.
2191*. 1820.
T.: *R. pannosa* R. Brown.

(H) *Ruelingia* Ehrhart, Neues Mag. Aertzte **6**:
297. 1784 [PORTULAC.].
≡ *Anacampseros* Linnaeus 1758 (vide
2412).

5062 **Byttneria** Loefling, Iter Hispan. 313.
1758.
T.: *B. scabra* Linnaeus (Syst. Nat. ed. 10.
939. 1759).

(H) *Butneria* Duhamel, Traité Arbr. Arbust. **1**:
113. 1755 [CALYCANTH.].
T.: non designatus.

5075 **Seringia** J. Gay, Mém. Mus. Hist. Nat.
7: 442. 1821.
T.: *S. platyphylla* J. Gay, nom. illeg. (*La-
siopetalum arborescens* W. Aiton, *S. arborescens* (W. Aiton) Druce).

(H) *Seringia* C. Sprengel, Anleit. ed. **2**. **2**(2):
694. 1818 [CELASTR.].
≡ *Ptelidium* Du Petit-Thouars 1805.

5080 **Pterospermum** Schreber, Gen. **2**: 461.
1791.
T.: *P. suberifolium* (Linnaeus) Willdenow (Sp. Pl. **3**: 728. 1800) (*Pentapetes
suberifolia* Linnaeus).

5091 **Cola** Schott et Endlicher, Melet. Bot. 33.
1832.
T.: *C. acuminata* (Palisot de Beauvois)
Schott et Endlicher (*Sterculia acuminata*
Palisot de Beauvois) (*typ. cons.*).

(=) *Bichea* Stokes, Bot. Mater. Med. **2**: 564.
1812.
T.: *B. solitaria* Stokes.

DILLENIACEAE

5109 **Saurauia** Willdenow, Ges. Naturf.
Freunde Berlin Neue Schriften **3**: *t. 4*.
1801 (*'Saurauja'*) (*orth. cons.*).
T.: *S. excelsa* Willdenow.

OCHNACEAE

5113 **Ouratea** Aublet, Hist. Pl. Guiane 397.
1775.
T.: *O. guianensis* Aublet.

THEACEAE

5144 **Bonnetia** C. F. P. Martius, Nova Gen. Sp. Pl. **1**: 114. 1826 ('1824').
T.: *B. anceps* C. F. P. Martius (*typ. cons.*).

(H) *Bonnetia* Schreber, Gen. **1**: 363. 1789 [THE.].
≡ *Mahurea* Aublet 1775.
(=) *Kieseria* C. G. Nees in Wied-Neuwied, Reise Bras. **2**: 338. 1821.
T.: *K. stricta* C. G. Nees.

5148 **Gordonia** J. Ellis, Philos. Trans. **60**: 518, 520. 1771.
T.: *G. lasianthus* (Linnaeus) J. Ellis (*Hypericum lasianthus* Linnaeus) (etiam vide 8412).

5149 **Laplacea** Kunth in Humboldt, Bonpland et Kunth, Nova Gen. Sp. **5**: ed. fol. 161, ed. qu. 207. 1822.
T.: *L. speciosa* Kunth.

5153 **Ternstroemia** Mutis et Linnaeus f., Suppl. Pl. 39, 264. 1782.
T.: *T. meridionalis* Mutis ex Linnaeus f.

(=) *Mokof* Adanson, Fam. Pl. **2**: 501. 1763.
T.: non designatus ['Kaempf. Amoen. t. 774'].
(=) *Taonabo* Aublet, Hist. Pl. Guiane 569. 1775.
T.: *T. dentata* Aublet.

5155 **Anneslea** Wallich, Pl. Asiat. Rar. **1**: 5. 1829.
T.: *A. fragrans* Wallich.

(H) *Anneslia* R. A. Salisbury, Parad. Lond. *t. 64*. 1807 [LEGUM.].
T.: *A. falcifolia* R. A. Salisbury.

5157a **Cleyera** Thunberg, Nova Gen. Pl. 68. 1783.
T.: *C. japonica* Thunberg.

(H) *Cleyera* Adanson, Fam. Pl. **2**: 224. 1763 [LOGAN.].
≡ *Polypremum* Linnaeus 1753.

5157b **Freziera** Willdenow, Sp. Pl. **2**: 1179. 1799 vel 1800.
T.: *F. undulata* (Swartz) Willdenow (*Eroteum undulatum* Swartz) (*typ. cons.*).

(≡) *Eroteum* Swartz, Prodr. 5, 85. 1788.
(=) *Lettsomia* Ruiz et Pavón, Prodr. 77. 1794.
T.: non designatus.

GUTTIFERAE (CLUSIACEAE)

5171 **Vismia** Vandelli, Fl. Lusit. Bras. 51. 1788.
T.: *V. cayennensis* (N. J. Jacquin) Persoon (Syn. Pl. **2**: 86. 1806) (*Hypericum cayennense* N. J. Jacquin) (*typ. cons.*).

(=) *Caopia* Adanson, Fam. Pl. **2**: 448, 531. 1763.
T.: non designatus ['Marcg. 131.'].

5195 **Balboa** Planchon et Triana, Ann. Sci. Nat. Bot. ser. 4. **13**: 315. 1860; **14**: 252. 1860.
T.: *B. membranacea* Planchon et Triana.

(H) *Balboa* Liebmann ex Didrichsen, Vidensk. Meddel. Dansk Naturhist. Foren, Kjøbenhavn **1853**: 106. 1853 [LEGUM.].
T.: *B. diversifolia* Liebmann ex Didrichsen.

5205 **Platonia** C. F. P. Martius, Nova Gen. Sp. Pl. **3**: 168: 1832 ('1829').
T.: *P. insignis* C. F. P. Martius, nom. illeg. (*Moronobea esculenta* Arruda da Camara, *P. esculenta* (Arruda da Camara) Rickett et Stafleu).

(H) *Platonia* Rafinesque, Caratt. Nuovi Gen. Sp. Sicilia 73. 1810 [CIST.].
≡ *Helianthemum* P. Miller 1754.

DIPTEROCARPACEAE

5214 **Doona** Thwaites, Hooker's J. Bot. Kew Gard. Misc. **3**: *t. 12*. 1851.
T.: *D. zeylanica* Thwaites.

(=) *Caryolobis* J. Gaertner, Fruct. Sem. Pl. **1**: 215. 1788.
T.: *C. indica* J. Gaertner.

5215 **Hopea** Roxburgh, Pl. Corom. **3**: 7, *t. 210*. 1811.
T.: *H. odorata* Roxburgh.

(H) *Hopea* Garden ex Linnaeus, Syst. Nat. ed. 12. 509. 1767; Mant. Pl. 14, 105. 1767 [SYM-PLOC.].
T.: *H. tinctoria* Linnaeus.

5221 **Pierrea** F. Heim, Bull. Mens. Soc. Linn. Paris **1891**: 958. 1891.
T.: *P. pachycarpa* F. Heim.

(H) *Pierrea* Hance, J. Bot. **15**: 339. 1877 [FLA-COURT.].
T.: *P. dictyoneura* Hance.

COCHLOSPERMACEAE

5250 **Cochlospermum** Kunth in Humboldt, Bonpland et Kunth, Nov. Gen. Sp. **5**: ed. fol. 231, ed. qu. 297. 1822.
T.: *C. gossypium* (Linnaeus) A. P. de Candolle (*Bombax gossypium* Linnaeus).

CANELLACEAE

5254 **Canella** P. Browne, Civ. Nat. Hist. Jamaica 275. 1756.
T.: *C. winteriana* (Linnaeus) J. Gaertner (Fruct. Sem. Pl. **1**: 373. 1788) (*Laurus winteriana* Linnaeus).

5256 **Warburgia** Engler, Pflanzenw. Ost-Afrikas C: 276. 1895.
T.: *W. stuhlmannii* Engler.

(=) *Chibaca* Bertoloni, Mem. Reale Accad. Sci. Ist. Bologna **4**: 545. 1853.
T.: *C. salutaris* Bertoloni.

VIOLACEAE

5259 **Amphirrhox** C. Sprengel, Syst. Veg. **4**(2): 51, 99. 1827.
T.: *A. longifolia* (A. Saint-Hilaire) C. Sprengel (*Spathularia longifolia* A. Saint-Hilaire).

5271 **Hybanthus** N. J. Jacquin, Enum. Syst. Pl. **2**: 17. 1760.
T.: *H. havanensis* N. J. Jacquin.

5278 **Erythrospermum** Lamarck, Tabl. En- (=) *Pectinea* J. Gaertner, Fruct. Sem. Pl. **2**: 136,
cycl. **2**(1): 407, *t. 274*. 1792. *t. 111, fig. 3*. 1790.
T.: *E. pyrifolium* Lamarck (*typ. cons.*). T.: *P. zeylanica* J. Gaertner.

5304 **Scolopia** Schreber, Gen. **1**: 335. 1789. (=) *Aembilla* Adanson, Fam. Pl. **2**: 448. 1763.
T.: *S. pusilla* (J. Gaertner) Willdenow T.: non designatus.
(Sp. Pl. **2**: 981. 1799 vel 1800) (*Limonia
pusilla* J. Gaertner).

5311 **Byrsanthus** Guillemin in Delessert, Icon. (H) *Byrsanthes* K. B. Presl, Prodr. Monogr.
Sel. Pl. **3**: 30, *t. 52*. 1838 ('1837'). Lobel. 41. 1836 [CAMPANUL.].
T.: *B. brownii* Guillemin. T.: *B. humboldtiana* K. B. Presl, nom. illeg.
(*Lobelia nivea* Willdenow).

5320 **Xylosma** G. Forster, Fl. Ins. Austr. 72.
1786.
T.: *X. orbiculata* (J. R. Forster et G.
Forster) G. Forster (*Myroxylon orbiculatum* J. R. Forster et G. Forster) (*typ.
cons.*) (vide etiam 3584).

5331 **Idesia** Maximowicz, Bull. Acad. Imp. (H) *Idesia* Scopoli, Introd. Hist. Nat. 199. 1777
Sci. Saint-Pétersbourg ser. 3. **10**: 485. [VERBEN.].
1866. ≡ *Ropourea* Aublet 1775.
T.: *I. polycarpa* Maximowicz.

5334 **Lunania** W. J. Hooker, London J. Bot. (H) *Lunanea* A. P. de Candolle, Prodr. **2**: 92.
3: 317. 1844. 1825 [STERCUL.].
T.: *L. racemosa* W. J. Hooker. ≡ *Bichea* Stokes 1812 (etiam vide 5091).

5337 **Samyda** N. J. Jacquin, Enum. Syst. Pl. (H) *Samyda* Linnaeus, Sp. Pl. 443. 1753 [MEL.].
21. 1760. T.: *S. guidonia* Linnaeus.
T.: *S. dodecandra* N. J. Jacquin (*typ.
cons.*).

5338 **Laetia** Loefling ex Linnaeus, Syst. Nat.
ed. 10. 1074, 1373. 1759.
T.: *L. americana* Linnaeus.

5341 **Ryania** Vahl, Ecl. **1**: 51, *t. 9*. 1796. (=) *Patrisa* L. C. Richard, Actes Soc. Hist.
T.: *R. speciosa* Vahl. Nat. Paris **1**: 110. 1792.
T.: *P. pyrifera* L. C. Richard.

5353 **Tetralix** Grisebach, Cat. Pl. Cub. 8. (H) *Tetralix* Zinn, Catal. 202. 1757 [ERIC.].
1866. T.: *Erica herbacea* Linnaeus (Sp. Pl. 352.
T.: *T. brachypetalus* Grisebach. 1753).

LOASACEAE

5384 **Eucnide** Zuccarini, Del. Sem. Hort. Bot. (=) *Microsperma* W. J. Hooker, Icon. Pl. **3**: *pl.
Monac. [4]. 1844. 234*. 1839.
T.: *E. bartonioides* Zuccarini. T.: *M. lobatum* W. J. Hooker ('*lobata*').

5392 **Blumenbachia** H. A. Schrader, Gött. Gel. Anz. **1825**: 1705. 1825.
T.: *B. insignis* H. A. Schrader.

(H) *Blumenbachia* Koeler, Descr. Gram. 28. 1802 [GRAM.].
T.: *B. halepensis* (Linnaeus) Koeler (*Holcus halepensis* Linnaeus).

ANCISTROCLADACEAE

5400 **Ancistrocladus** Wallich, Num. List. n. 1052. 1829.
T · *A. hamatus* (Vahl) Gilg (in Engler & Prantl, Nat. Pflanzenfam. 3(6): 276. 1895) (*Wormia hamata* Vahl).

(=) *Bembix* Loureiro, Fl. Cochinch. 259, 282. 1790.
T.: *B. tectoria* Loureiro.

CACTACEAE

5409 **Melocactus** Link et Otto, Verh. Vereins Beförd. Gartenbaues Königl. Preuss. Staaten **3**: 417. 1827.
T.: *M. communis* Link et Otto (*Cactus melocactus* Linnaeus) (*typ. cons.*).

(H) *Melocactus* Boehmer in Ludwig, Defin. Gen. Pl. ed. 3. 79. 1760 [CACT.].
≡ *Cactus* Linnaeus 1753 (nom. rej. vs. *Mammillaria* Haworth 1812, *nom. cons.*) (5411).

5411 **Mammillaria** Haworth, Syn. Pl. Succ. 177. 1812.
T.: *M. simplex* Haworth, nom. illeg. (*Cactus mammillaris* Linnaeus, *M. mammillaris* (Linnaeus) H. Karsten) (*typ. cons.*) (etiam vide 5409).

(H) *Mammillaria* Stackhouse, Mém. Soc. Imp. Naturalistes Moscou **2**: 55, 74. 1809 [RHODOPH.].
T.: non designatus.
(≡) *Cactus* Linnaeus, Sp. Pl. 466. 1753.

5416 **Rhipsalis** J. Gaertner, Fruct. Sem. Pl. **1**: 137. 1788.
T.: *R. cassutha* J. Gaertner.

(=) *Hariota* Adanson, Fam. Pl. **2**: 243, 520. 1763.
T.: non designatus ['Plum. ic. 197. f. 2.'].

OLINIACEAE

5428 **Olinia** Thunberg, Arch. Bot. (Leipzig) **2**(1): 4. 1799.
T.: *O. cymosa* (Linnaeus f.) Thunberg (*Sideroxylon cymosum* Linnaeus f.).

(=) *Plectronia* Linnaeus, Syst. Nat. ed. 12. 138, 183. 1767; Mant. 6, 52. 1767.
T.: *P. ventosa* Linnaeus.

THYMELAEACEAE

5430 **Aquilaria** Lamarck, Encycl. **1**: 49. 1783.
T.: *A. malaccensis* Lamarck.

(=) *Agallochum* Lamarck, Encycl. **1**: 48. 1783.
T.: non designatus.

5436 **Struthiola** Linnaeus, Syst. Nat. ed. 12. 127. 1767; Mant. Pl. 4, 41. 1767.
T.: *S. virgata* Linnaeus (*typ. cons.*).

(=) *Belvala* Adanson, Fam. Pl. **2**: 285. 1763.
T.: *Passerina dodecandra* Linnaeus (Syst. Nat. ed. 10. 1004. 1759).

5446 **Wikstroemia** Endlicher, Prodr. Fl. Norfolk. 47. 1833 ('*Wickstroemia*'); corr. Endlicher, Ench. Bot. 209. 1841.
T.: *W. australis* Endlicher.

(V) *Wickstroemia* Endlicher, Prodr. Fl. Norfolk. 47. 1833.
(H) *Wikstroemia* H. A. Schrader, Gött. Gel. Anz. **1821**: 710. 1821 [THE.].
T.: *W. fruticosa* H. A. Schrader.

5453 **Thymelaea** P. Miller, Gard. Dict. Abr. ed. 4. 1754.
T.: *T. sanamunda* Allioni (Fl. Ped. **1**: 132. 1785) (*Daphne thymelaea* Linnaeus) (*typ. cons.*).

5457 **Ovidia** Meisner in A. de Candolle, Prodr. **14**: 524. 1857.
T.: *O. pillopillo* (C. Gay) Meisner (*Daphne pillopillo* C. Gay) (*typ. cons.*).

(H) *Ovidia* Rafinesque, Fl. Tell. **3**: 68. 1837 ('1836') [COMMELIN.].
T.: *O. gracilis* (Ruiz et Pavón) Rafinesque (*Commelina gracilis* Ruiz et Pavón).

5467 **Pimelea** Banks ex Solander in J. Gaertner, Fruct. Sem. Pl. **1**: 186. 1788.
T.: *P. laevigata* J. Gaertner, nom illeg. (*Banksia prostrata* J. R. Forster et G. Forster, *P. prostrata* (J. R. Forster et G. Forster) Willdenow).

5467a **Synandrodaphne** Gilg, Bot. Jahrb. Syst. **53**: 362. 1915.
T.: *S. paradoxa* Gilg.

(H) *Synandrodaphne* Meisner in A. de Candolle, Prodr. **15**(1): 176. 1864 [LAUR.].
T.: non designatus.

ELAEAGNACEAE

5471 **Shepherdia** Nuttall, Gen. N. Amer. Pl. **2**: 240. 1818.
T.: *S. canadensis* (Linnaeus) Nuttall (*Hippophaë canadensis* Linnaeus) (*typ. cons.*).

SONNERATIACEAE

5497 **Sonneratia** Linnaeus f., Suppl. Pl. 38, 252. 1782.
T.: *S. acida* Linnaeus f.

(≡) *Blatti* Adanson, Fam. Pl. **2**: 88, 526. 1763 (vide C. B. Clarke in J. D. Hooker, Fl. Brit. India **2**: 580. 1879).

LECYTHIDACEAE

5505 **Careya** Roxburgh, Pl. Corom. **3**: 13. 1811.
T.: *C. herbacea* Roxburgh (*typ. cons.*) (vide etiam Knuth in Engler, Pflanzenr. IV.**219** (Heft **105**): 50. 1939).

5506 **Barringtonia** J. R. Forster et G. Forster, Char. Gen. Pl. 38. 1775.
T.: *B. speciosa* J. R. Forster et G. Forster.

(=) *Huttum* Adanson, Fam. Pl. **2**: 88, 616. 1763.
T.: non designatus ['Rumph. 3. t. 114 à 116.'].

5510 **Gustavia** Linnaeus, Pl. Surin. 12, 17, 18, *t.* [s.n.]. 1775; Amoen. Acad. **8**: 266, *t. 5.* 1785.
T.: *G. augusta* Linnaeus.

(=) *Japarandiba* Adanson, Fam. Pl. **2**: 448. 1763.
T.: *Gustavia marcgraviana* Miers (vide Miers, Trans. Linn. Soc. London **30**: 183. 1874).

RHIZOPHORACEAE

5525 **Carallia** Roxburgh, Pl. Corom. **3**: 8, *t. 211.* 1811.
T.: *C. lucida* Roxburgh.

(=) *Karekandel* Wolf, Gen. Pl. Vocab. Char. Def. 73. 1776.
T.: *Karkandela malabarica* Rafinesque (vide R. Ross, Acta Bot. Neerl. **15**: 158. 1966).

(=) *Barraldeia* Du Petit-Thouars, Gen. Nov. Madagasc. 24. 1806.
T.: non designatus.

5528 **Weihea** C. Sprengel, Syst. Veg. **2**: 559, 594. 1825.
T.: *W. madagascarensis* C. Sprengel.

(≡) *Richaeia* Du Petit-Thouars, Gen. Nov. Madagasc. 25. 1806.

COMBRETACEAE

5538 **Combretum** Loefling, Iter Hispan. 308. 1758.
T.: *C. fruticosum* (Loefling) Stuntz (U.S.D.A. Bur. Plant Industr. Invent. Seeds **31**: 86. 1914) (*Gaura fruticosa* Loefling) (vide Linnaeus, Syst. Nat. ed. 10. 999. 1759; Loefling, Iter Hispan. 248. 1758).

(=) *Grislea* Linnaeus, Sp. Pl. 348. 1753.
T.: *G. secunda* Linnaeus.

5543 **Bucida** Linnaeus, Syst. Nat. ed. 10. 1025, 1368. 1759.
T.: *B. buceras* Linnaeus.

(≡) *Buceras* P. Browne, Civ. Nat. Hist. Jamaica 221, *t. 23, fig. 1.* 1756.

5544 **Terminalia** Linnaeus, Syst. Nat. ed. 12. 674 ('638'). 1767; Mant. Pl. 21, 128. 1767.
T.: *T. catappa* Linnaeus.

(≡) *Adamaram* Adanson, Fam. Pl. **2**: (23), 445, 513. 1763 (vide Exell in Regnum Veg. **100**: 26. 1979).

(=) *Panel* Adanson, Fam. Pl. **2**: 447, 587. 1763.
T.: non designatus ['H.M. 2. t. 9.'].

MYRTACEAE

5557 **Myrteola** O. Berg, Linnaea **27**: 348. 1856.
T.: *M. microphylla* (Humboldt et Bonpland) O. Berg (*Myrtus microphylla* Humboldt et Bonpland) (*typ. cons.*).

(≡) *Amyrsia* Rafinesque, Sylva Tell. 106. 1838.
(=) *Cluacena* Rafinesque, Sylva Tell. 104. 1838.
LT.: *C. vaccinioides* (Kunth) Rafinesque (*Myrtus vaccinioides* Kunth) (vide McVaugh, Taxon **5**: 139. 1956).

5575 **Calyptranthes** Swartz, Prodr. 5, 79. 1788.
T.: *C. chytraculia* (Linnaeus) Swartz (*Myrtus chytraculia* Linnaeus) (*typ. cons.*).

(≡) *Chytraculia* P. Browne, Civ. Nat. Hist. Jamaica 239. 1756.

386

5582 **Jambosa** Adanson, Fam. Pl. **2**: 88, 564. 1763 ('*Jambos*'); corr. A. P. de Candolle, Dict. Class. Hist. Nat. **11**: 407. 1827 [praeimpr. 1826. p. 8].
T.: *J. vulgaris* A. P. de Candolle, nom. illeg. (*Eugenia jambos* Linnaeus, *J. jambos* (Linnaeus) Millspaugh) (*typ. cons.*) (etiam vide 5583).

(V) *Jambos* Adanson, Fam. Pl. **2**: 88, 564. 1763.

5583 **Syzygium** J. Gaertner, Fruct. Sem. Pl. **1**: 166, *t. 33*. 1788.
T.: *S. caryophyllaeum* J. Gaertner (*typ. cons.*).

(H) *Suzygium* P. Browne, Civ. Nat. Hist. Jamaica 240. 1756 [MYRT.].
T.: *Myrtus zuzygium* Linnaeus (Syst. Nat. ed. 10. 1056. 1759).

(=) *Caryophyllus* Linnaeus, Sp. Pl. 515. 1753.
T.: *C. aromaticus* Linnaeus.

(=) *Jambosa* Adanson, Fam. Pl. **2**: 88, 564. 1763 (*nom. cons.*) (5582).

5585 **Piliocalyx** A. T. Brongniart et Gris, Bull. Soc. Bot. France **12**: 185. 1865.
T.: *P. robustus* A. T. Brongniart et Gris.

(H) *Pileocalyx* Gasparrini, Ann. Sci. Nat. Bot. ser. 3. **9**: 220. 1848 [CUCURBIT.].
≡ *Mellonia* Gasparrini 1847.

5588 **Metrosideros** Banks ex J. Gaertner, Fruct. Sem. Pl. **1**: 170, *t. 34, fig. 10*. 1788.
T.: *M. spectabilis* Solander ex J. Gaertner (*typ. cons.*).

(=) *Nani* Adanson, Fam. Pl. **2**: 88, 581. 1763.
T.: *Metrosideros vera* Lindley.

5599 **Leptospermum** J. R. Forster et G. Forster, Char. Gen. Pl. 36. 1775.
T.: *L. scoparium* J. R. Forster et G. Forster (*typ. cons.*).

5600 **Agonis** (A. P. de Candolle) Sweet, Hort. Brit. ed. 2. 209. 1830.
T.: *A. flexuosa* (Willdenow) Sweet (*Metrosideros flexuosa* Willdenow) (*typ. cons.*).

5603 **Melaleuca** Linnaeus, Syst. Nat. ed. 12. 509. 1767; Mant. Pl. 14, 105. 1767.
T.: *M. leucadendra* (Linnaeus) Linnaeus (*Myrtus leucadendra* Linnaeus) (*typ. cons.*).

(≡) *Kajuputi* Adanson, Fam. Pl. **2**: 84, 530. 1763.

5621 **Thryptomene** Endlicher, Ann. Wiener Mus. Naturgesch. **2**: 192. 1839 ('Dec 1838').
T.: *T. australis* Endlicher.

(=) *Gomphotis* Rafinesque, Sylva Tell. 103. 1838.
T.: *G. saxicola* (A. Cunningham ex W. J. Hooker) Rafinesque (*Baeckea saxicola* A. Cunningham ex W. J. Hooker).

5625 **Verticordia** A. P. de Candolle, Prodr. **3**: 208. 1828.
T.: *V. fontanesii* A. P. de Candolle, nom. illeg. (*Chamaelaucium plumosum* Desfontaines, *V. plumosa* (Desfontaines) Druce) (*typ. cons.*).

MELASTOMATACEAE

5632 **Pterolepis** (A. P. de Candolle) Miquel, Comm. Phytogr. **2**: 72. 1839 ('1840'). T.: *P. parnassiifolia* (A. P. de Candolle) Triana (*Osbeckia parnassiifolia* A. P. de Candolle) (*typ. cons.*).

(H) *Pterolepis* H. A. Schrader, Gött. Gel. Anz. **1821**: 2071. 1821 [CYPER.]. T.: *P. scirpioides* H. A. Schrader.

5648 **Microlepis** (A. P. de Candolle) Miquel, Comm. Phytogr. **2**: 71. 1839 ('1840'). T.: *M. oleifolia* (A. P. de Candolle) Triana (Trans. Linn. Soc. London **28**: 36. 1871) (*Osbeckia oleifolia* A. P. de Candolle, *'oleaefolia'*) (*typ. cons.*).

5659 **Dissotis** Bentham in W. J. Hooker, Niger Fl. 346. 1849. T.: *D. grandiflora* (J. E. Smith) Bentham (*Osbeckia grandiflora* J. E. Smith).

(≡) *Hedusa* Rafinesque, Sylva Tell. 101. 1838.

5665 **Monochaetum** (A. P. de Candolle) Naudin, Ann. Sci. Nat. Bot. ser. 3. **4**: 48. 1845. T.: *M. candolleanum* Naudin, nom. illeg. (*Arthrostemma calcaratum* A. P. de Candolle, *M. calcaratum* (A. P. de Candolle) Triana) (*typ. cons.*).

(=) *Ephynes* Rafinesque, Sylva Tell. 101. 1838. T.: *E. bonplandii* (Humboldt et Bonpland) Rafinesque (*Rhexia bonplandii* Humboldt et Bonpland).

5669 **Cambessedesia** A. P. de Candolle, Prodr. **3**: 110. 1828. T.: *C. hilariana* (Kunth) A. P. de Candolle (*Rhexia hilariana* Kunth) (*typ. cons.*).

(H) *Cambessedea* Kunth, Ann. Sci. Nat. (Paris) **2**: 336. 1824 [ANACARD.]. T.: *Mangifera axillaris* Desrousseaux (in Lamarck, Encycl. **3**: 697. 1789).

5676 **Rhynchanthera** A. P. de Candolle, Prodr. **3**: 106. 1828. T.: *R. grandiflora* (Aublet) A. P. de Candolle (*Melastoma grandiflorum* Aublet) (*typ. cons.*).

(H) *Rynchanthera* Blume, Tab. Pl. Jav. Orchid. *t. 78*. 1825 [ORCHID.]. T.: *R. paniculata* Blume.

5692 **Meriania** Swartz, Fl. Ind. Occ. **2**: 823, *t. 15*. 1800. T.: *M. leucantha* (Swartz) Swartz (*Rhexia leucantha* Swartz) (*typ. cons.*).

(H) *Meriana* Trew, Pl. Sel. Pinx. Ehret 11, *t. 40*. 1754 [IRID.]. ≡ *Watsonia* P. Miller 1759 (*nom. cons.*) (1315).

5708 **Bertolonia** Raddi, Mem. Mat. Fis. Soc. Ital. Sci. Modena, Parte Mem. Fis. **18**: 384, *t. 5, fig. 3*. 1820.
T.: *B. nymphaeifolia* Raddi.

(H) *Bertolonia* Spin, Jard. St. Sébast. 24. 1809 [MYOPOR.].
T.: *B. glandulosa* Spin.

5729 **Sonerila** Roxburgh, Fl. Ind. **1**: 180. 1820.
T.: *S. maculata* Roxburgh (*typ. cons.*).

5759 **Miconia** Ruiz et Pavón, Prodr. 60. 1794.
T.: *M. triplinervis* Ruiz et Pavón (Syst. 104. 1798) (*typ. cons.*).

(=) *Leonicenia* Scopoli, Intr. 212. 1777.
T.: *Fothergilla mirabilis* Aublet (Hist. Pl. Guiane 440. 1775).

5768 **Bellucia** Necker ex Rafinesque, Sylva Tell. 92. 1838.
T.: *B. nervosa* Rafinesque, nom. illeg. (*Blakea quinquenervia* Aublet) [= *Bellucia grossularioides* (Linnaeus) Triana, *Melastoma grossularioides* Linnaeus].

(H) *Belluccia* Adanson, Fam. Pl. **2**: 344, 525. 1763 [RUT.].
≡ *Ptelea* Linnaeus 1753.

(≡) *Apatitia* Desvaux ex W. Hamilton, Prodr. Pl. Ind. Occid. 42. 1825.

ONAGRACEAE

5826 **Diplandra** W. J. Hooker et Arnott, Bot. Beechey Voy. 291. 1838.
T.: *D. lopezioides* W. J. Hooker et Arnott.

(H) *Diplandra* Bertero, Mercurio Chileno **13**: 612. 1829 [HYDROCHARIT.].
T.: *D. potamogeton* Bertero.

ARALIACEAE

5852 **Schefflera** J. R. Forster et G. Forster, Char. Gen. Pl. 23. 1775.
T.: *S. digitata* J. R. Forster et G. Forster.

(=) *Sciadophyllum* P. Browne, Civ. Nat. Hist. Jamaica 190. 1756 ('*Sciodaphyllum*').
T.: *S. brownii* C. Sprengel.

UMBELLIFERAE (APIACEAE)

5938 **Anthriscus** Persoon, Syn. Pl. **1**: 320. 1805.
T.: *A. vulgaris* Persoon 1805, non Bernhardi 1800 (*Scandix anthriscus* Linnaeus, *A. caucalis* Marschall von Bieberstein) (*typ. cons.*).

(H) *Anthriscus* Bernhardi, Syst. Verz. **1**: 113, 168. 1800 [UMBELL.].
T.: *A. vulgaris* Bernhardi (*Tordylium anthriscus* Linnaeus).

(=) *Cerefolium* Fabricius, Enum. 36. 1759.
T.: *Scandix cerefolium* Linnaeus (Sp. Pl. 257. 1753).

5956 **Bifora** G. F. Hoffmann, Gen. Pl. Umbell. ed. 2. 191. 1816.
T.: *B. dicocca* G. F. Hoffmann, nom. illeg. (*Coriandrum testiculatum* Linnaeus, *B. testiculata* (Linnaeus) C. Sprengel).

5964 **Scaligeria** A. P. de Candolle, Coll. Mém. **5**: 70. 1829.
T.: *S. microcarpa* A. P. de Candolle.

(H) *Scaligera* Adanson, Fam. Pl. **2**: 323. 1763 [LEGUM.].
≡ *Aspalathus* Linnaeus 1753.

5977 **Tauschia** Schlechtendal, Linnaea **9**: 607. 1835 ('1834').
T.: *T. nudicaulis* Schlechtendal.

(H) *Tauschia* Preissler, Flora **11**: 44. 1828 [ERIC.].
T.: *T. hederifolia* Preissler.

5990 **Lichtensteinia** Chamisso et Schlechtendal, Linnaea **1**: 394. 1826.
T.: *L. lacera* Chamisso et Schlechtendal (*typ. cons.*).

(H) *Lichtensteinia* Willdenow, Ges. Naturf. Freunde Berlin Mag. **2**: 19. 1808 [LIL.].
T.: non designatus.

5992 **Heteromorpha** Chamisso et Schlechtendal, Linnaea **1**: 385. 1826.
T.: *H. arborescens* (Thunberg) Chamisso et Schlechtendal (*Bupleurum arborescens* Thunberg).

(H) *Heteromorpha* Cassini, Bull. Sci. Soc. Philom. Paris **1817**: 12. 1817 [COMP.].
≡ *Heterolepis* Cassini 1820 (*nom. cons.*) (9057).

5998 **Trinia** G. F. Hoffmann, Gen. Pl. Umbell. 92. 1814.
T.: *T. glaberrima* G. F. Hoffmann, nom. illeg. (*Seseli pumilum* Linnaeus, *T. pumila* (Linnaeus) H. G. L. Reichenbach) (*typ. cons.*).

6014 **Trachyspermum** Link, Enum. Hort. Berol. Alt. **1**: 267. 1821.
T.: *T. copticum* (Linnaeus) Link (*Ammi copticum* Linnaeus).

(≡) *Ammios* Moench, Methodus 99. 1794.

6015 **Cryptotaenia** A. P. de Candolle, Coll. Mém. **5**: 42. 1829.
T.: *C. canadensis* (Linnaeus) A. P. de Candolle (*Sison canadense* Linnaeus).

(≡) *Deringa* Adanson, Fam. Pl. **2**: 498. 1763.

6018 **Falcaria** Fabricius, Enum. 34. 1759.
T.: *F. vulgaris* Bernhardi (Syst. Verz. 176. 1800) (*Sium falcaria* Linnaeus).

6045 **Polemannia** Ecklon et Zeyher, Enum. Pl. Afric. Austral. 347. 1837.
T.: *P. grossulariifolia* Ecklon et Zeyher.

(H) *Polemannia* K. Bergius ex Schlechtendal, Linnaea **1**: 250. 1826 [LIL.].
T.: *P. hyacinthiflora* K. Bergius ex Schlechtendal.

6058 **Schulzia** C. Sprengel, Pl. Umbell. Prodr. 30. 1813.
T.: *S. crinita* (Pallas) C. Sprengel (*Sison crinitum* Pallas).

(H) *Shultzia* Rafinesque, Med. Repos. ser. 2. **5**: 356. 1808 [GENTIAN.].
T.: *S. obolarioides* Rafinesque.

6064 **Kundmannia** Scopoli, Intr. 116. 1777.
T.: *K. sicula* (Linnaeus) A. P. de Candolle (Prodr. **4**: 143. 1830) (*Sium siculum* Linnaeus).

(≡) *Arduina* Adanson, Fam. Pl. **2**: 499. 1763.

6070 **Selinum** Linnaeus, Sp. Pl. ed. 2. 350. 1762.
T.: *S. carvifolia* (Linnaeus) Linnaeus (*Seseli carvifolia* Linnaeus) (*typ. cons.*).

(H) *Selinum* Linnaeus, Sp. Pl. 244. 1753 [UMBELL.].
LT.: *S. sylvestre* Linnaeus (vide Hitchcock, Prop. Brit. Bot. 139. 1929; Regnum Veg. **8**: 261).

6083 **Levisticum** Hill, Brit. Herb. (fasc. 42) 423. 1756.
T.: *L. officinale* W. D. J. Koch (*Ligusticum levisticum* Linnaeus).

(H) *Levisticum* Hill, Brit. Herb. (fasc. 41) 410. 1756 [UMBELL.].
≡ *Ligusticum* Linnaeus 1753.

6099 **Bonannia** Gussone, Fl. Sicul. Syn. **1**: 355. 1842.
T.: *B. resinifera* Gussone, nom. illeg. (*Ferula nudicaulis* C. Sprengel, *B. nudicaulis* (C. Sprengel) Rickett et Stafleu).

(H) *Bonannia* Rafinesque, Specchio **1**: 115. 1814 [SAPIND.].
T.: *B. nitida* Rafinesque.

CORNACEAE

6154 **Alangium** Lamarck, Encycl. **1**: 174. 1783.
T.: *A. decapetalum* Lamarck (*typ. cons.*).

(≡) *Angolam* Adanson, Fam. Pl. **2**: 85, 518. 1763.
(=) *Kara-angolam* Adanson, Fam. Pl. **2**: 84, 532. 1763.
T.: non designatus ['H.M. 4. t. 26'].

6157 **Helwingia** Willdenow, Sp. Pl. **4**: 716. 1806.
T.: *H. rusciflora* Willdenow, nom. illeg. (*Osyris japonica* Thunberg, *H. japonica* (Thunberg) F. G. Dietrich).

(H) *Helvingia* Adanson, Fam. Pl. **2**: 345, 553. 1763 [FLACOURT.].
≡ *Thamnia* P. Browne 1756 (nom. rej. sub 3284).

ERICACEAE

6189 **Loiseleuria** Desvaux, J. Bot Agric. **1**: 35. 1813.
T.: *L. procumbens* (Linnaeus) Desvaux (*Azalea procumbens* Linnaeus).

(≡) *Azalea* Linnaeus, Sp. Pl. 150. 1753.

6191 **Rhodothamnus** H. G. L. Reichenbach in Mössler, Handb. ed. 2. **1**: 667, 688. 1827.
T.: *R. chamaecistus* (Linnaeus) H. G. L. Reichenbach (*Rhododendron chamaecistus* Linnaeus).

6195 **Daboecia** D. Don, Edinburgh New Philos. J. **17**: 160. 1834.
T.: *D. polifolia* D. Don, nom. illeg. (*Vaccinium cantabricum* Hudson, *D. cantabrica* (Hudson) K. Koch).

6200 **Lyonia** Nuttall, Gen. N. Amer. Pl. **1**: 266. 1818.
T.: *L. ferruginea* (Walter) Nuttall (*Andromeda ferruginea* Walter).

(H) *Lyonia* Rafinesque, Med. Repos. ser. 2. **5**: 353. 1808 [POLYGON.].
≡ *Polygonella* A. Michaux 1803.

6200a **Chamaedaphne** Moench, Methodus 457. 1794.
T.: *C. calyculata* (Linnaeus) Moench (*Andromeda calyculata* Linnaeus).

(H) *Chamaedaphne* Mitchell, Diss. Brev. Bot. Zool. 44. 1769 [RUB.].
≡ *Mitchella* Linnaeus 1753.

6208 **Pernettya** Gaudichaud, Ann. Sci. Nat. (Paris) **5**: 102. 1825 ('*Pernettia*'); corr. Gaudichaud, Voy. Uranie 454. 1829.
T.: *P. empetrifolia* (Lamarck) Gaudichaud (*Andromeda empetrifolia* Lamarck).

(V) *Pernettia* Gaudichaud, Ann. Sci. Nat. (Paris) **5**: 102. 1825.
(H) *Pernettya* Scopoli, Intr. 150 ('*Pernetya*'), index. 1777 [CAMPANUL.].
≡ *Canarina* Linnaeus 1771 (*nom. cons.*) (8656).

6212 **Arctostaphylos** Adanson, Fam. Pl. **2**: 165, 520. 1763.
T.: *A. uva-ursi* (Linnaeus) C. Sprengel (*Arbutus uva-ursi* Linnaeus) (*typ. cons.*).

(≡) *Uva-ursi* Duhamel, Traité Arbr. Arbust. **2**: 371. 1755.

6215 **Gaylussacia** Kunth in Humboldt, Bonpland et Kunth, Nova Gen. Sp. **3**: ed. fol. 215, ed. qu. 275. 1819.
T.: *G. buxifolia* Kunth.

6232 **Cavendishia** Lindley, Edward's Bot. Reg. **21**: sub. *t. 1791.* 1835.
T.: *C. nobilis* Lindley.

(H) *Cavendishia* S. F. Gray, Nat. Arr. Brit. Pl. **1**: 689. 1821 [HEPAT.].
≡ *Antoiria* Raddi 1818.
(=) *Chupalon* Adanson, Fam. Pl. **2**: 164, 538. 1763.
T.: non designatus ['Chupalulones, Nieremb.'].

EPACRIDACEAE

6251 **Lebetanthus** Endlicher, Gen. Pl. 1411 ('*Lebethanthus*'), 1458. 1841 (*orth. cons.*).
T.: *L. americanus* (W. J. Hooker) Endlicher (*Prionitis americana* W. J. Hooker) (*typ. cons.*).

(≡) *Allodape* Endlicher, Gen. Pl. 749. 1839.

6254 **Richea** R. Brown, Prodr. 555. 1810.
T.: *R. dracophylla* R. Brown.

(H) *Richea* Labillardière, Voy. Rech. Pérouse **1**: 186, *t. 16.* 1800 [COMP.].
T.: *R. glauca* Labillardière.
(=) *Cystanthe* R. Brown, Prodr. 555. 1810.
T.: *C. sprengelioides* R. Brown.

6260 **Epacris** Cavanilles, Icon. **4**: 25, *t. 344.* 1797.
T.: *E. longiflora* Cavanilles (*typ. cons.*).

(H) *Epacris* J. R. Forster et G. Forster, Char. Gen. Pl. 10. 1775 [EPACR.].
LT.: *E. longifolia* J. R. Forster et G. Forster (vide Regnum Veg. **8**: 262. 1956).

6262a **Leucopogon** R. Brown, Prodr. 541. 1810.
T.: *L. lanceolatus* R. Brown, nom. illeg. (*Styphelia parviflora* H. Andrews, *L. parviflorus* (H. Andrews) Lindley).

(=) *Perojoa* Cavanilles, Icon. **4**: 29. 1797.
T.: *P. microphylla* Cavanilles.

DIAPENSIACEAE

6275 **Shortia** Torrey et A. Gray, Amer. J. Sci. Arts **42**: 48. 1842.
T.: *S. galacifolia* Torrey et A. Gray.

(H) *Shortia* Rafinesque, Aut. Bot. 16. 1840 [CRUC.].
T.: *S. dentata* Rafinesque (*Arabis dentata* Torrey et A. Gray 1838, non Clairville 1811).

6277 **Galax** Sims, Bot. Mag. **20**: *t. 754.* 1804.
T.: *G. urceolata* (Poiret) Brummitt (*Pyrola urceolata* Poiret).

(H) *Galax* Linnaeus, Sp. Pl. 200. 1753 [HYDROPHYLL.].
T.: *G. aphylla* Linnaeus.

MYRSINACEAE

6285 **Ardisia** Swartz, Prodr. 3, 48. 1788.
T.: *A. tinifolia* Swartz (*typ. cons.*).

(=) *Katoutheka* Adanson, Fam. Pl. **2**: 159, 534. 1763.
T.: non designatus ['H.M. 4. t. 28.'].
(=) *Vedela* Adanson, Fam. Pl. **2**: 502. 1763.
T.: non designatus ['*Viscioides* Plum. M.S. vol. 6. t. 100.'].
(=) *Icacorea* Aublet, Hist. Pl. Guiane, Suppl. **1**. 1775.
T.: *I. guianensis* Aublet.
(=) *Bladhia* Thunberg, Nova Gen. Pl. 6. 1781.
T.: *B. japonica* Thunberg.

6288 **Heberdenia** Banks ex A. de Candolle, Ann. Sci. Nat. Bot. ser. 2. **16**: 79. 1841.
T.: *H. excelsa* Banks ex A. de Candolle (Prodr. **8**: 106. 1844), nom. illeg. (*Anguillaria bahamensis* J. Gaertner, *H. bahamensis* (J. Gaertner) Sprague) (etiam vide 974).

6291 **Labisia** Lindley, Edward's Bot. Reg. **31**: ad *t. 48.* 1845.
T.: *L. pothoina* Lindley.

(=) *Angiopetalum* Reinwardt, Syll. Pl. **2**: 7. 1825 vel 1826.
T.: *A. punctatum* Reinwardt.

6301 **Cybianthus** C. F. P. Martius, Nova Gen. Sp. Pl. **3**: 87. 1831 ('1829').
T.: *C. penduliflorus* C. F. P. Martius (*typ. cons.*).

(=) *Peckia* Vellozo, Fl. Flum. 51. 1825.
T.: non designatus.

6304 **Wallenia** Swartz, Prodr. 2, 31. 1788.
T.: *W. laurifolia* Swartz.

6310 **Embelia** N. L. Burman, Fl. Indica 62. 1768.
T.: *E. ribes* N. L. Burman.

(≡) *Ghesaembilla* Adanson, Fam. Pl. **2**: 449. 1763.
(=) *Pattara* Adanson, Fam. Pl. **2**: 447, 588. 1763.
T.: non designatus ['H.M. 5. t. 11.'].

PRIMULACEAE

6318 **Douglasia** Lindley, Quart. J. Sci. Lit. Arts **1827**: 385. 1827.
T.: *D. nivalis* Lindley.

(H) *Douglassia* P. Miller, Gard. Dict. Abr. ed. 4. 1754 [VERBEN.].
≡ *Volkameria* Linnaeus 1753.

(=) *Vitaliana* Sesler in Donati [Auszug Natur-Gesch. Adriat. Meers 66. 1753]; Essai Hist. Nat. Mer Adriat. 69. 1758.
T.: *V. primuliflora* Bertoloni (Fl. Ital. **2**: 368. 1835) (*Primula vitaliana* Linnaeus).

PLUMBAGINACEAE

6348 **Acantholimon** Boissier, Diagn. Pl. Orient. **7**: 69. Jul-Oct 1846.
T.: *A. glumaceum* (Jaubert et Spach) Boissier (*Statice glumacea* Jaubert et Spach).

(≡) *Armeriastrum* (Jaubert et Spach) Lindley, Veg. Kingd. 641. Jan-Mai 1846.

6350 **Armeria** Willdenow, Enum. Pl. Hort. Berol. 333. 1809.
T.: *A. vulgaris* Willdenow (*Statice armeria* Linnaeus).

(≡) *Statice* Linnaeus, Sp. Pl. 274. 1753 (vide P. Miller, Gard. Dict. Abr. ed. 4. 1754; Hitchcock, Prop. Brit. Bot. 143. 1929).

6351 **Limonium** P. Miller, Gard. Dict. Abr. ed. 4. 1754.
T.: *L. vulgare* P. Miller (*Statice limonium* Linnaeus) (*typ. cons.*).

SAPOTACEAE

6365 **Labatia** Swartz, Prodr. **2**: 32. 1788.
T.: *L. sessiliflora* Swartz.

(H) *Labatia* Scopoli, Intr. 197. 1777 [AQUIFOL.].
≡ *Macoucoua* Aublet 1775.

6368a **Planchonella** Pierre, Not. Bot. Sapot. 34. 1890.
T.: *P. obovata* (R. Brown) Pierre (*Sersalisia obovata* R. Brown) (*typ. cons.*).

(=) *Hormogyne* A. de Candolle, Prodr. **8**: 176. 1844.
T.: *H. cotinifolia* A. de Candolle.

6370 **Argania** Roemer et J. A. Schultes, Syst. Veg. **4**: xlvi, 502. 1819.
T.: *A. sideroxylon* Roemer et J. A. Schultes, nom. illeg. (*Sideroxylon spinosum* Linnaeus, *A. spinosa* (Linnaeus) Skeels).

6373 **Dipholis** A. de Candolle, Prodr. **8**: 188. 1844.
T.: *D. salicifolia* (Linnaeus) A. de Candolle (*Achras salicifolia* Linnaeus).

(=) *Spondogona* Rafinesque, Sylva Tell. 35. 1838.
T.: *S. nitida* Rafinesque, nom. illeg. (*Bumelia pentagona* Swartz).

6374 **Bumelia** Swartz, Prodr. 3, 49. 1788.
T.: *B. retusa* Swartz (*typ. cons.*).

(=) *Robertia* Scopoli, Intr. 154. 1777.
T.: *Sideroxylon decandrum* Linnaeus (Mant. 48. 1767).

6382 **Niemeyera** F. Mueller, Fragm. **7**: 114. 1870.
T.: *N. prunifera* (F. Mueller) F. Mueller (*Chrysophyllum pruniferum* F. Mueller).

(H) *Niemeyera* F. Mueller, Fragm. **6**: 96. 1867 [ORCHID.].
T.: *N. stylidioides* F. Mueller.

6384 **Cryptogyne** J. D. Hooker in Bentham et J. D. Hooker, Gen. Pl. **2**: 656. 1876.
T.: *C. gerrardiana* J. D. Hooker.

(H) *Cryptogyne* Cassini, Dict. Sci. Nat. **50**: 491, 493, 498. 1827 [COMP.].
T.: *C. absinthioides* Cassini.

6386a **Manilkara** Adanson, Fam. Pl. **2**: 166, 574. 1763.
T.: *M. kauki* (Linnaeus) Dubard (Ann. Inst. Bot.-Géol. Colon. Marseille ser. 3. **3**: 9. 1915) (*Mimusops kauki* Linnaeus) (*typ. cons.*).

(=) *Achras* Linnaeus, Sp. Pl. 1190. 1753.
T.: *A. zapota* Linnaeus.

EBENACEAE

6408 **Brachynema** Bentham, Trans. Linn. Soc. London **22**: 126. 1857.
T.: *B. ramiflorum* Bentham.

(H) *Brachynema* Griffith, Not. Pl. Asiat. **4**: 176. 1854 [VERBEN.].
T.: *B. ferrugineum* Griffith.

STYRACACEAE

6410 **Halesia** J. Ellis ex Linnaeus, Syst. Nat. ed. 10. 1044, 1369. 1759.
T.: *H. carolina* Linnaeus.

(H) *Halesia* P. Browne, Civ. Nat. Hist. Jamaica 205. 1756 [RUB.].
T.: *Guettarda argentea* Lamarck (vide Standley, N. Amer. Fl. **32**: 245. 1934).

OLEACEAE

6421 **Forsythia** Vahl, Enum. **1**: 39. 1804.
T.: *F. suspensa* (Thunberg) Vahl (*Ligustrum suspensum* Thunberg).

(H) *Forsythia* Walter, Fl. Carol 153. 1788 [SAXIFRAG.].
T.: *F. scandens* Walter.

6422 **Schrebera** Roxburgh, Pl. Corom. **2**: 1, *t. 101.* 1799.
T.: *S. swietenioides* Roxburgh.

(H) *Schrebera* Linnaeus, Sp. Pl. ed. 2. 1662. 1763 [CONVOLVUL.].
T.: *S. schinoides* Linnaeus.

6428 **Linociera** Swartz ex Schreber, Gen. **2**: 784. 1791.
T.: *L. ligustrina* (Swartz) Swartz (*Thouinia ligustrina* Swartz).

(=) *Mayepea* Aublet, Hist. Pl. Guiane 81. 1775.
T.: *M. guianensis* Aublet.
(=) *Ceranthus* Schreber, Gen. 14. 1789.
T.: *C. schreberi* J. F. Gmelin (Syst. Nat. **2**: 26. 1791).

LOGANIACEAE

6450 **Logania** R. Brown, Prodr. 454. 1810.
T.: *L. floribunda* R. Brown, nom. illeg. (*Euosma albiflora* H. Andrews, *L. albiflora* (H. Andrews) Druce) (*typ. cons.*).

(H) *Loghania* Scopoli, Intr. 236. 1777 [MARCGRAV.].
≡ *Souroubea* Aublet 1775.
(≡) *Euosma* H. Andrews, Bot. Repos. **8**: *t. 520.* 1808.

395

6468   **Peltanthera** Bentham in Bentham et J. D. Hooker, Gen. Pl. **2**: 797. 1876.
T.: *P. floribunda* Bentham.

(H) *Peltanthera* Roth, Nov. Pl. Sp. 132. 1821 [APOCYN.].
T.: *P. solanacea* Roth.

GENTIANACEAE

6483   **Belmontia** E. Meyer, Comm. Pl. Afr. Austr. 183. 1838 ('1837').
T.: *B. cordata* E. Meyer, nom. illeg. (*Sebaea cordata* Roemer et J. A. Schultes, nom. illeg., *Gentiana exacoides* Linnaeus, *Belmontia exacoides* (Linnaeus) Druce) (*typ. cons.*)

(≡) *Parrasia* Rafinesque, Fl. Tell. **3**: 78. 1837 ('1836').

6484   **Enicostema** Blume, Bijdr. 848. 1826.
T.: *E. littorale* Blume.

6501   **Bartonia** Muhlenberg ex Willdenow, Ges. Naturf. Freunde Berlin Neue Schriften **3**: 444. 1801.
T.: *B. tenella* Willdenow [= *B. virginica* (Linnaeus) Britton, Sterns et Poggenburg, *Sagina virginica* Linnaeus].

6504   **Orphium** E. Meyer, Comm. Pl. Afr. Austr. 181. 1838 ('1837').
T.: *O. frutescens* (Linnaeus) E. Meyer (*Chironia frutescens* Linnaeus).

6509a **Gentianella** Moench, Methodus 284. 1794.
T.: *G. tetrandra* Moench, nom. illeg. (*Gentiana campestris* Linnaeus, *Gentianella campestris* (Linnaeus) Börner).

(=) *Amarella* Gilibert, Fl. Lit. Inch. **1**: 36. 1782. LT.: *Gentiana amarella* Linnaeus (vide Rauschert, Taxon **25**: 192. 1976).

6513   **Halenia** Borkhausen, Arch. Bot. (Leipzig) **1**(1): 25. 1796.
T.: *H. sibirica* Borkhausen, nom. illeg. (*Swertia corniculata* Linnaeus, *H. corniculata* (Linnaeus) Cornaz).

6526   **Schultesia** C. F. P. Martius, Nova Gen. Sp. Pl. **2**: 103. 1827.
T.: *S. crenuliflora* C. F. P. Martius (*typ. cons.*).

(H) *Schultesia* C. Sprengel, Pugill. **2**: 17. 1815 [GRAM.].
T.: *S. petraea* (Thunberg) C. Sprengel (*Chloris petraea* Thunberg).

6544   **Villarsia** Ventenat, Choix *t. 9*. 1803.
T.: *V. ovata* (Linnaeus f.) Ventenat (*Menyanthes ovata* Linnaeus f.) (*typ. cons.*).

(H) *Villarsia* J. F. Gmelin, Syst. Nat. **2**: 306, 447. 1791 [GENTIAN.].
T.: *V. aquatica* J. F. Gmelin.

APOCYNACEAE

6559   **Carissa** Linnaeus, Syst. Nat. ed. 12. 189. 1767; Mant. Pl. 7, 52. 1767.
T.: *C. carandas* Linnaeus.

(≡) *Carandas* Adanson, Fam. Pl. **2**: 171, 532. 1763.

6562 **Landolphia** Palisot de Beauvois, Fl. Oware **1**: 54. 1805.
T.: *L. owariensis* Palisot de Beauvois.

(=) *Pacouria* Aublet, Hist. Pl. Guiane 268. 1775.
T.: *P. guianensis* Aublet.
(=) *Vahea* Lamarck, Tabl. Encycl. **1**: *t. 169*. 1792.
T.: *V. gummifera* Lamarck (Tabl. Encycl. **2**: 292. 1819).

6564 **Willughbeia** Roxburgh, Pl. Corom. **3**: 77, *t. 280*. 1820.
T.: *W. edulis* Roxburgh.

(H) *Willughbeja* Scopoli ex Schreber, Gen. **1**: 162. 1789, nom. illeg. [APOCYN.].
T.: non designatus.

6583 **Alstonia** R. Brown, Asclepiadeae 64. 1810.
T.: *A. scholaris* (Linnaeus) R. Brown (*Echites scholaris* Linnaeus) (*typ. cons.*).

(H) *Alstonia* Scopoli, Intr. 198. 1777 [APOCYN.].
≡ *Pacouria* Aublet 1775 (vide 6562).

6588 **Aspidosperma** C. F. P. Martius et Zuccarini, Flora **7**(1) (Beil. 4): 135. 1824.
T.: *A. tomentosum* C. F. P. Martius et Zuccarini (*typ. cons.*).

(=) *Macaglia* L. C. Richard ex Vahl, Skr. Naturhist.-Selsk. **6**: 107. 1810.
T.: non designatus.

6616 **Alyxia** Banks ex R. Brown, Prodr. 469. 1810.
T.: *A. spicata* R. Brown (*typ. cons.*).

(≡) *Gynopogon* J. R. Forster et G. Forster, Char. Gen. Pl. 18. 1775.

6626 **Kopsia** Blume, Catalogus 12. 1823.
T.: *K. arborea* Blume.

(H) *Kopsia* Dumortier, Comment. Bot. 16. 1822 [OROBANCH.].
T.: *K. ramosa* (Linnaeus) Dumortier (*Orobanche ramosa* Linnaeus).

6632 **Thevetia** Linnaeus, Opera Var. 212. 1758.
T.: *T. ahouai* (Linnaeus) A. de Candolle (Prodr. **8**: 345. 1844) (*Cerbera ahouai* Linnaeus) (*typ. cons.*).

(≡) *Ahouai* P. Miller, Gard. Dict. Abr. ed. 4. 1754.

6639 **Urceola** Roxburgh, Asiat. Res. **5**: 169. 1799.
T.: *U. elastica* Roxburgh.

(H) *Urceola* Vandelli, Fl. Lusit. Bras. 8. 1788 [SPERMATOPH.].
T.: non designatus.

6670 **Spirolobium** Baillon, Bull. Mens. Soc. Linn. Paris **1**: 773. 1889.
T.: *S. cambodianum* Baillon.

(H) *Spirolobium* Orbigny, Voy. Amér. Mér. **8** (Atlas) Bot. (1): *t. 13*. ?1839 ('1847') [LEGUM.].
T.: *S. australe* Orbigny.

6677 **Chonemorpha** G. Don, Gen. Hist. **4**: 76. 1837.
T.: *C. macrophylla* G. Don (*typ. cons.*).

(=) *Belutta-Kaka* Adanson, Fam. Pl. **2**: 172. 1763.
T.: non designatus ['H.M. 9. t. [p.] 7.'].

6683 **Ichnocarpus** R. Brown, Asclepiadeae 50. 1810.
T.: *I. frutescens* (Linnaeus) W. T. Aiton (Hort. Kew. ed. 2. **2**: 69. 1811) (*Apocynum frutescens* Linnaeus).

397

6691 **Parsonsia** R. Brown, Asclepiadeae 53. 1810.
T.: *P. capsularis* (G. Forster) R. Brown ex Endlicher (Ann. Wiener Mus. Naturgesch. **1**: 175. 1836) (*Periploca capsularis* G. Forster) (*typ. cons.*).

(H) *Parsonsia* P. Browne, Civ. Nat. Hist. Jamaica 199. 1756 [LYTHR.].
T.: *P. herbacea* Jaume Saint-Hilaire (Expos. Fam. Nat. **2**: 178. 1805) (*Lythrum parsonsia* Linnaeus).

6702 **Prestonia** R. Brown, Asclepiadeae 58. 1810.
T.: *P. tomentosa* R. Brown.

(H) *Prestonia* Scopoli, Intr. 218. 1777 [MALV.].
≡ *Lass* Adanson 1763.

ASCLEPIADACEAE

6726 **Camptocarpus** Decaisne in A. de Candolle, Prodr. **8**: 493. 1844.
T.: *C. mauritianus* (Lamarck) Decaisne (*Cynanchum mauritianum* Lamarck) (*typ. cons.*).

(H) *Camptocarpus* K. Koch, Linnaea **17**: 304. 1843 [BORAGIN.].
≡ *Oskampia* Moench 1794.

6772 **Schubertia** C. F. P. Martius, Nov. Gen. Sp. Pl. **1**: 55, *t. 33*. 1824.
T.: *S. multiflora* C. F. P. Martius (*typ. cons.*).

(H) *Schubertia* Mirbel, Nouv. Bull. Sci. Soc. Philom. Paris **3**: 123. 1812 [PIN.].
≡ *Taxodium* L. C. Richard 1810.

6857 **Oxypetalum** R. Brown, Asclepiadeae 30. 1810.
T.: *O. banksii* J. A. Schultes (in Roemer et J. A. Schultes, Syst. Veg. **6**: 91. 1820).

(=) *Gothofreda* Ventenat, Choix *t. 60*. 1808.
T.: *G. cordifolia* Ventenat.

6889 **Pectinaria** Haworth, Suppl. Pl. Succ. 14. 1819.
T.: *P. articulata* (W. Aiton) Haworth (*Stapelia articulata* W. Aiton).

(H) *Pectinaria* Bernhardi, Syst. Verz. **1**: 113. 1800 [UMBELL.].
≡ *Scandix* Linnaeus 1753 (vide Hitchcock, Prop. Brit. Bot. 141. 1929).

6914 **Dregea** E. Meyer, Comm. Pl. Afr. Austr. 199. 1838.
T.: *D. floribunda* E. Meyer.

(H) *Dregea* Ecklon et Zeyher, Enum. Pl. Afric. Austral. 350. 1837 [UMBELL.].
T.: non designatus.

CONVOLVULACEAE

6979 **Bonamia** Du Petit-Thouars, Hist. Vég. Iles France 33, *t. 8*. 1804.
T.: *B. madagascariensis* Poiret (in Lamarck, Encycl. Suppl. **1**: 677. 1810) (*typ. cons.*).

6994 **Calystegia** R. Brown, Prodr. 483. 1810.
T.: *C. sepium* (Linnaeus) R. Brown (*Convolvulus sepium* Linnaeus) (*typ. cons.*).

(≡) *Volvulus* Medikus, Philos. Bot. **2**: 42. 1791.

398

6997 **Merremia** Dennstedt ex Endlicher, Gen. Pl. **1**: 1403. 1841.
T.: *M. hederacea* (N. L. Burman) H. Hallier (*Evolvulus hederaceus* N. L. Burman).

(=) *Operculina* Silva Manso, Enum. Subst. Bras. 16. 1837.
T.: *O. turpethum* (Linnaeus) Silva Manso (*Convolvulus turpethum* Linnaeus).

(=) *Camonea* Rafinesque, Fl. Tell. **4**: 81. 1838 ('1836').
T.: *C. bifida* (Vahl) Rafinesque (*Convolvulus bifidus* Vahl).

7003 **Ipomoea** Linnaeus, Sp. Pl. 159. 1753.
T.: *I. pes-tigridis* Linnaeus (*typ. cons.*).

7003a **Pharbitis** Choisy, Mém. Soc. Phys. Genève **6**: 438. 1833.
T.: *P. hispida* Choisy, nom. illeg. (*P. purpurea* (Linnaeus) J. O. Voigt, *Convolvulus purpureus* Linnaeus) (*typ. cons.*).

(≡) *Convolvuloides* Moench, Methodus 451. 1794.

(=) *Diatremis* Rafinesque, Ann. Gén. Sci. Phys. **8**: 271. 1821.
T.: *Convolvulus nil* Linnaeus.

(=) *Diatrema* Rafinesque, Herb. Raf. 80. 1833 med.
T.: *D. trichocarpa* Rafinesque, nom. illeg. (*Convolvulus carolinus* Linnaeus).

HYDROPHYLLACEAE

7022 **Nemophila** Nuttall, J. Acad. Nat. Sci. Philadelphia **2**(1): 179. 1822 (med.?); Nuttall in W. Barton, Fl. N. Amer. **2**: 71. Jul-Dec 1822.
T.: *N. phacelioides* Nuttall.

(=) *Viticella* J. Mitchell, Diss. Brev. Bot. Zool. 42. 1769.
T.: non designatus.

7023 **Ellisia** Linnaeus, Sp. Pl. ed. 2. 1662. 1763.
T.: *E. nyctelea* (Linnaeus) Linnaeus (*Ipomoea nyctelea* Linnaeus).

(H) *Ellisia* P. Browne, Civ. Nat. Hist. Jamaica 262. 1756 [VERBEN.].
T.: *E. acuta* Linnaeus (Syst. Nat. ed. 10. 1121. 1759).

7029 **Hesperochiron** S. Watson, U.S. Geol. Expl. 40th Par. **5**: 281. 1871.
T.: *H. californicus* (Bentham) S. Watson (*Ourisia californica* Bentham).

(=) *Capnorea* Rafinesque, Fl. Tell. **3**: 74. 1837 ('1836').
T.: *C. nana* (Lindley) Rafinesque (*Nicotiana nana* Lindley).

7033 **Nama** Linnaeus, Syst. Nat. ed. 10. 950. 1759.
T.: *N. jamaicensis* Linnaeus (*typ. cons.*; etiam vide Choisy in A. de Candolle, Prodr. **10**: 182. 1846).

(H) *Nama* Linnaeus, Sp. Pl. 226. 1753 [HYDROPHYLL.].
T.: *N. zeylanica* Linnaeus ('*zaylanica*').

7035 **Wigandia** Kunth in Humboldt, Bonpland et Kunth, Nova Gen. Sp. **3**: ed. fol. 98, ed. qu. 126. 1819.
T.: *W. caracasana* Kunth (*typ. cons.*).

7037 **Hydrolea** Linnaeus, Sp. Pl. ed. 2. 328. 1762.
T.: *H. spinosa* Linnaeus.

7042 **Bourreria** P. Browne, Civ. Nat. Hist. Jamaica 168, 492 (*'Beureria'*). 1756.
T.: *B. succulenta* N. J. Jacquin (Enum. Syst. Pl. 14. 1760) (*typ. cons.*) [= *Cordia bourreria* Linnaeus].

(H) *Beureria* Ehret, Pl. Papil. Rar. *t. 13.* 1755 [CALYCANTH.].
T.: non designatus.

7056 **Trichodesma** R. Brown, Prodr. 496. 1810.
T.: *T. zeylanicum* (N. L. Burman) R. Brown (*Borago zeylanica* N. L. Burman) (*typ. cons.*).

(=) *Borraginoides* Boehmer in Ludwig, Defin. Gen. Pl. ed. 3. 18. 1760.
T.: *Borago indica* Linnaeus (Sp. Pl. 137. 1753).

7082 **Amsinckia** J. G. C. Lehmann, Sem. Hort. Bot. Hamburg. **1831**: 3, 7. 1831.
T.: *A. lycopsoides* Lehmann.

7097 **Alkanna** Tausch, Flora 7: 234. 1824.
T.: *A. tinctoria* Tausch [= *Lithospermum tinctorum* Linnaeus] (*typ. cons.*).

(H) *Alkanna* Adanson, Fam. Pl. **2**: 444, 514. 1763 [LYTHR.].
≡ *Lawsonia* Linnaeus 1753.

7102 **Mertensia** Roth, Catalecta **1**: 34. 1797.
T.: *M. pulmonarioides* Roth.

(=) *Pneumaria* J. Hill, Veg. Syst. **7**: 40. 1764.
T.: non designatus.

7124 **Rochelia** H. G. L. Reichenbach, Flora 7: 243. 1824.
T.: *R. saccharata* H. G. L. Reichenbach, nom. illeg. (*Lithospermum dispermum* Linnaeus f., *R. disperma* (Linnaeus f.) R. Wettstein).

(H) *Rochelia* Roemer et J. A. Schultes, Syst. Veg. **4**: xi, 108. 1819 [BORAGIN.].
≡ *Lappula* Gilibert 1792.

7124a **Vaupelia** A. Brand, Repert. Spec. Nov. Regni Veg. **13**: 82. 1914.
T.: *V. barbata* (Vaupel) A. Brand (*Trichodesma barbatum* Vaupel).

(H) *Vaupellia* Grisebach, Fl. Brit. W. I. 460. 1861 [GESNER.].
T.: *V. calycina* Grisebach.

VERBENACEAE

7139 **Urbania** R. Philippi, Verz. Antofagasta Pfl. 60. 1891.
T.: *U. pappigera* R. Philippi (*typ. cons.*).

(H) *Urbania* Vatke, Österr. Bot. Z. **25**: 10. 1875 [SCROPHULAR.].
T.: *U. lyperiifolia* Vatke.

7148 **Bouchea** Chamisso, Linnaea 7: 252. 1832.
T.: *B. pseudogervao* (A. Saint-Hilaire) Chamisso (*Verbena pseudogervao* A. Saint-Hilaire) (*typ. cons.*).

7151 **Stachytarpheta** Vahl, Enum. **1**: 205. 1804.
T.: *S. jamaicensis* (Linnaeus) Vahl (*Verbena jamaicensis* Linnaeus) (*typ. cons.*).

(≡) *Valerianoides* Medikus, Philos. Bot. **1**: 177. 1789.
(=) *Vermicularia* Moench, Suppl. Meth. 150. 1802.
T.: non designatus.

400

7156 **Amasonia** Linnaeus f., Suppl. Pl. 48, 294. 1782.
T.: *A. erecta* Linnaeus f.

(=) *Taligalea* Aublet, Hist. Pl. Guiane 625. 1775.
T.: *T. campestris* Aublet.

7157 **Casselia** C. G. Nees et C. F. P. Martius, Nova Acta Phys.-Med. Acad. Caes. Leop.-Carol. Nat. Cur. **11**: 73. 1823.
T.: *C. serrata* C. G. Nees et C. F. P. Martius (*typ. cons.*).

(H) *Casselia* Dumortier, Comment. Bot. 21. 1822 [BORAGIN.].
≡ *Mertensia* Roth 1797 (*nom. cons.*) (7102).

7181 **Tectona** Linnaeus f., Suppl. Pl. 20 ('*Tektona*'), 151. 1782.
T.: *T. grandis* Linnaeus f.

(=) *Theka* Adanson, Fam. Pl. **2**: 445. 1763.
T.: non designatus ['H.M. 4. t. 27.'].

7182a **Xerocarpa** Lam, Verben. Malay. Archip. 98. 1919.
T.: *X. avicenniifoliola* Lam.

(H) *Xerocarpa* (G. Don) Spach, Hist. Nat. Vég. Phan. **9**: 583. 1840 [GOODEN.].
T.: non designatus.

7185 **Premna** Linnaeus, Mant. Pl. 154, 252. 1771.
T.: *P. serratifolia* Linnaeus (*typ. cons.*).

(=) *Appella* Adanson, Fam. Pl. **2**: 84, 519. 1763.
T.: non designatus ['H.M. 1. t. 53'].

LABIATAE (LAMIACEAE)

7227 **Stenogyne** Bentham, Edward's Bot. Reg. **15**: sub *t. 1292*. 1830.
T.: *S. rugosa* Bentham (*typ. cons.*).

7250 **Dracocephalum** Linnaeus, Sp. Pl. 594. 1753.
T.: *D. moldavica* Linnaeus (*typ. cons.*).

7299 **Sphacele** Bentham, Edward's Bot. Reg. **15**: sub *t. 1289*. 1829.
T.: *S. lindleyi* Bentham, nom. illeg. (*Stachys salviae* Lindley, *Sphacele salviae* (Lindley) Briquet) (*typ. cons.*).

(=) *Alguelaguen* Adanson, Fam. Pl. **2**: 505. 1763.
T.: non designatus ['Feuill, t. 1.'].
(=) *Phytoxis* Molina, Sag. Stor. Nat. Chili ed. 2. 145. 1810.
T.: *P. sideritifolia* Molina.

7305 **Micromeria** Bentham, Edward's Bot. Reg. **15**: sub *t. 1282*. 1829.
T.: *M. juliana* (Linnaeus) Bentham ex H. G. L. Reichenbach (Fl. Germ. Excurs. 311. 1831) (*Satureja juliana* Linnaeus).

(=) *Xenopoma* Willdenow, Ges. Naturf. Freunde Berlin Mag. **5**: 399. 1811.
T.: *X. obovatum* Willdenow.
(=) *Zygis* Desvaux ex W. Hamilton, Prodr. Pl. Ind. Occid. 40. 1825.
T.: *Z. aromatica* W. Hamilton.

7306 **Saccocalyx** Cosson et Durieu, Ann. Sci. Nat. Bot. ser. 3. **20**: 80. 1853.
T.: *S. satureioides* Cosson et Durieu.

7312 **Amaracus** Gleditsch, Syst. Pl. Stamin. Situ 189. 1764.
T.: *A. dictamnus* (Linnaeus) Bentham (*Origanum dictamnus* Linnaeus) (*typ. cons.*).

(H) *Amaracus* J. Hill, Brit. Herb. 381. 1756 [LAB.].
≡ *Majorana* P. Miller 1754 (*nom. cons.*) (7314).

(=) *Hofmannia* Heister ex Fabricius, Enum. 61. 1759.
T.: *Origanum sipyleum* Linnaeus (Sp. Pl. 589. 1753).

7314 **Majorana** P. Miller, Gard. Dict. Abr. ed. 4. 1754.
T.: *M. hortensis* Moench (Meth. 406. 1794) (*Origanum majorana* Linnaeus) (*typ. cons.*).

7317 **Pycnanthemum** A. Michaux, Fl. Bor.-Amer. **2**: 7. 1803.
T.: *P. incanum* (Linnaeus) A. Michaux (*Clinopodium incanum* Linnaeus) (*typ. cons.*).

(=) *Furera* Adanson, Fam. Pl. **2**: 193, 560. 1763.
T.: *Satureja virginiana* Linnaeus (Sp. Pl. 567. 1753).

7321 **Bystropogon** L'Héritier, Sert. Angl. 19. 1789 ('1788').
T.: *B. plumosus* L'Héritier (*'plumosum'*) (*typ. cons.*).

7342 **Hyptis** N. J. Jacquin, Collectanea **1**: 101, 103. 1787 ('1786').
T.: *H. capitata* N. J. Jacquin (*typ. cons.*).

(=) *Mesosphaerum* P. Browne, Civ. Nat. Hist. Jamaica 257. 1756.
LT.: *M. suaveolens* (Linnaeus) O. Kuntze (*Ballota suaveolens* Linnaeus) (vide O. Kuntze, Revis. Gen. Pl. **2**: 525. 1891).
(=) *Condea* Adanson, Fam. Pl. **2**: 504. 1763.
LT.: *Satureja americana* Poiret (vide O. Kuntze, Revis. Gen. Pl. **2**: 524. 1891).

7346 **Alvesia** Welwitsch, Trans. Linn. Soc. London **27**: 55, *t. 19.* 1869.
T.: *A. rosmarinifolia* Welwitsch.

(H) *Alvesia* Welwitsch, Anais Cons. Ultramar. Parte Não Off. **1858**: 587. 1859 [LEGUM.].
T.: *A. bauhinioides* Welwitsch.

7350 **Plectranthus** L'Héritier, Stirp. Nov. 84 verso. 1788.
T.: *P. fruticosus* L'Héritier (*typ. cons.*).

SOLANACEAE

7377 **Nicandra** Adanson, Fam. Pl. **2**: 219, 582. 1763.
T.: *N. physalodes* (Linnaeus) J. Gaertner (Fruct. Sem. Pl. **2**: 237. 1791) (*Atropa physalodes* Linnaeus) (*typ. cons.*).

(≡) *Physalodes* Boehmer in Ludwig, Defin. Gen. Pl. ed. 3. 41. 1760.

7380 **Dunalia** Kunth in Humboldt, Bonpland et Kunth, Nova Gen. Sp. **3**: ed. fol. 43, ed. qu. 55, *t. 194.* 1818.
T.: *D. solanacea* Kunth.

(H) *Dunalia* C. Sprengel, Pugill. **2**: 25. 1816 [RUB.].
T.: *D. tuberosa* C. Sprengel.

402

7382 **Iochroma** Bentham, Edward's Bot. Reg. **31**: *t. 20*. 1845.
T.: *I. tubulosum* Bentham, nom. illeg. (*Habrothamnus cyaneus* Lindley, *I. cyaneum* (Lindley) M. L. Green) (*typ. cons.*).

(=) *Diplukion* Rafinesque, Sylva Tell. 53. 1838.
T.: non designatus.
(=) *Valteta* Rafinesque, Sylva Tell. 53. 1838.
T.: non designatus.

7388 **Hebecladus** Miers, London J. Bot. **4**: 321. 1845.
T.: *H. umbellatus* (Ruiz et Pavón) Miers (*Atropa umbellata* Ruiz et Pavón) (*typ. cons.*).

(≡) *Kokabus* Rafinesque, Sylva Tell. 55. 1838.
(=) *Ulticona* Rafinesque, Sylva Tell. 55. 1838.
T.: non designatus.
(=) *Kukolis* Rafinesque, Sylva Tell. 55. 1838.
T.: *K. bicolor* Rafinesque.

7392 **Triguera** Cavanilles, Diss. **2** [append.]: I, *t. A.* 1786.
T.: *T. ambrosiaca* Cavanilles (*typ. cons.*).

(H) *Triguera* Cavanilles, Diss. **1**: 41. 1785 [BOMBAC.].
T.: *T. acerifolia* Cavanilles.

7393 **Scopolia** N. J. Jacquin, Observ. Bot. **1**: 32. 1764 (*'Scopola'*); corr. Link, Enum. Hort. Berol. Alt. **1**: 178. 1821.
T.: *S. carniolica* N. J. Jacquin.

(V) *Scopola* N. J. Jacquin, Observ. Bot. **1**: 32. 1764.
(H) *Scopolia* Adanson, Fam. Pl. **2**: 419. Jul-Aug 1763 [CRUC.].
≡ *Ricotia* Linnaeus, Aug 1763 (*nom. cons.*) (2968).

7398 **Athenaea** Sendtner in C. F. P. Martius, Fl. Bras. **10**: 133. 1846.
T.: *A. picta* (C. F. P. Martius) Sendtner (*Witheringia picta* C. F. P. Martius) (*typ. cons.*).

(H) *Athenaea* Adanson, Fam. Pl. **2**: 121. 1763 [COMP.].
≡ *Struchium* P. Browne 1756.
(=) *Deprea* Rafinesque, Sylva Tell. 57. 1838.
T.: non designatus.

7400 **Withania** Pauquy, Diss. Bellad. 14. 1825.
T.: *W. frutescens* (Linnaeus) Pauquy (*Atropa frutescens* Linnaeus) (*typ. cons.*).

7407a **Lycianthes** (Dunal) Hassler, Annuaire Conserv. Jard. Bot. Genève **20**: 180. 1917.
T.: *L. lycioides* (Linnaeus) Hassler (*Solanum lycioides* Linnaeus).

(≡) *Otilix* Rafinesque, Med. Fl. **2**: 87. 1830.
(=) *Parascopolia* Baillon, Hist. Pl. **9**: 338. 1888.
T.: *P. acapulcensis* Baillon.

7414 **Solandra** Swartz, Kongl. Vetensk. Acad. Nya Handl. **8**: 300. 1787.
T.: *S. grandiflora* Swartz.

(H) *Solandra* Linnaeus, Syst. Nat. ed. 10. 1269, 1380. 1759 [UMBELL.].
T.: *S. capensis* Linnaeus.

GOETZEACEAE

7421 **Goetzea** Wydler, Linnaea **5**: 423, *t. 8*. 1830.
T.: *G. elegans* Wydler.

(H) *Goetzea* H. G. L. Reichenbach, Consp. 150. 1828 [LEGUM.].
≡ *Rothia* Persoon 1807 (*nom. cons.*) (3659).

403

7467 **Aptosimum** Burchell ex Bentham, Edward's Bot. Reg. **22**: sub *t. 1882.* 1836.
T.: *A. depressum* Burchell ex Bentham [= *A. procumbens* (J. G. C. Lehmann) Steudel, *Ohlendorffia procumbens* J. G. C. Lehmann].

(=) *Ohlendorffia* J. G. C. Lehmann, Sem. Hort. Bot. Hamburg. **1835**: 7. 1835.
T.: *O. procumbens* J. G. C. Lehmann.

7472 **Hemimeris** Linnaeus f., Suppl. Pl. 45, 280. 1782.
T.: *H. montana* Linnaeus f. (*typ. cons.*).

(H) *Hemimeris* Linnaeus, Pl. Rar. Afr. 8. 1760 [SCROPHULAR.].
T.: *H. bonae-spei* Linnaeus.

7474 **Calceolaria** Linnaeus, Kongl. Vetensk. Acad. Handl. **31**: 286. 1770.
T.: *C. pinnata* Linnaeus.

(H) *Calceolaria* Loefling, Iter Hispan. 183. 1758 [VIOL.].
T.: non designatus.

7485 **Anarrhinum** Desfontaines, Fl. Atlant. **2**: 51. 1798.
T.: *A. pedatum* Desfontaines (*typ. cons.*).

(=) *Simbuleta* Forsskål, Fl. Aegypt.-Arab. 115. 1775.
T.: *S. forskaohlii* J. F. Gmelin (*'Forskåhlii'*) (Syst. Nat. **2**: 242. 1791).

7510 **Tetranema** Bentham, Bot. Reg. **29**: *t. 52.* 1843.
T.: *T. mexicanum* Bentham.

7517 **Manulea** Linnaeus, Syst. Nat. ed. 12. 419. Oct. 1767; Mant. Pl. 12, 88. Oct 1767.
T.: *M. cheiranthus* (Linnaeus) Linnaeus (*Lobelia cheiranthus* Linnaeus).

(≡) *Nemia* P. J. Bergius, Descr. Pl. Cap. 160, 162. Sep 1767.

7518 **Chaenostoma** Bentham, Companion Bot. Mag. **1**: 374. 1836.
T.: *C. aethiopicum* (Linnaeus) Bentham (*Buchnera aethiopica* Linnaeus) (*typ. cons.*).

(=) *Palmstruckia* Retzius, Obs. Bot. Pugill. 15. 1810.
T.: *Manulea foetida* (Andrews) Persoon (*Buchnera foetida* Andrews).

7523 **Zaluzianskya** F. W. Schmidt, Neue Selt. Pfl. 11. 1793.
T.: *Z. villosa* F. W. Schmidt.

(H) *Zaluzianskia* Necker, Hist. & Commentat. Acad. Elect. Sci. Theod.-Palat. **3** (Phys.): 303. 1775 [PTERIDOPH.].
≡ *Marsilea* Linnaeus 1753 (vide Christensen, Index Fil. lvii. 1906).

7532 **Limnophila** R. Brown, Prodr. 442. 1810.
T.: *L. gratioloides* R. Brown, nom. illeg. (*Hottonia indica* Linnaeus, *L. indica* (Linnaeus) Druce).

(≡) *Hydropityon* C. F. Gaertner, Suppl. Carp. 19. 1805.
(=) *Ambuli* Adanson, Fam. Pl. **2**: 208. 1763.
T.: *A. aromatica* Lamarck (Encycl. **1**: 128. 1783).
(=) *Diceros* Loureiro, Fl. Cochinch. 381. 1790.
T.: *D. cochinchinensis* Loureiro.

7534 **Stemodia** Linnaeus, Syst. Nat. ed. 10. 1118, 1374. 1759.
T.: *S. maritima* Linnaeus.

(≡) *Stemodiacra* P. Browne, Civ. Nat. Hist. Jamaica 261. 1756.

7546 **Bacopa** Aublet, Hist. Pl. Guiane 128. 1775.
T.: *B. aquatica* Aublet.

(=) *Moniera* P. Browne, Civ. Nat. Hist. Jamaica 269. 1756.
T.: non designatus.
(=) *Brami* Adanson, Fam. Pl. **2**: 208. 1763.
T.: non designatus ['H.M. 10. t. 14.'].

7549 **Micranthemum** A. Michaux, Fl. Bor.-Amer. **1**: 10. 1803.
T.: *M. orbiculatum* A. Michaux, nom. illeg. (*Globifera umbrosa* J. F. Gmelin, *M. umbrosum* (J. F. Gmelin) Blake).

(≡) *Globifera* J. F. Gmelin, Syst. Nat. **2**: 32. 1791.

7556 **Glossostigma** Wight et Arnott, Nova Acta Phys.-Med. Acad. Caes. Leop.-Carol. Nat. Cur. **18**: 355. 1836.
T.: *G. spathulatum* Arnott, nom. illeg. (*Limosella diandra* Linnaeus, *G. diandrum* (Linnaeus) O. Kuntze).

(≡) *Peltimela* Rafinesque, Atlantic J. **1**: 199. 1833.

7559 **Artanema** D. Don in Sweet, Brit. Fl. Gard. ser. 2. **3**: *t. 234*. 1834.
T.: *A. fimbriatum* (W. J. Hooker ex R. Graham) D. Don (*Torenia fimbriata* W. J. Hooker ex R. Graham).

(=) *Bahel* Adanson, Fam. Pl. **2**: 210. 1763.
T.: *Columnea longifolia* Linnaeus.

7592 **Rehmannia** Liboschitz ex Fischer et C. A. Meyer, Index Sem. Hort. Petrop. **1**: 36. 1835.
T.: *R. sinensis* (Buchoz) Liboschitz ex Fischer et C. A. Meyer ('*chinensis*') (*Sparmannia sinensis* Buchoz) (etiam vide 4957).

7602 **Seymeria** Pursh, Fl. Amer. Sept. **2**: 736. 1814.
T.: *S. tenuifolia* Pursh, nom. illeg. (*Afzelia cassioides* J. F. Gmelin *S. cassioides* (J. F. Gmelin) Blake) (*typ. cons.*) (etiam vide 3509).

7604a **Agalinis** Rafinesque, New Fl. **2**: 61. 1837.
T.: *A. palustris* Rafinesque, nom. illeg. (*Gerardia purpurea* Linnaeus, *A. purpurea* (Linnaeus) Pennell) (*typ. cons.*).

(=) *Chytra* C. F. Gaertner, Suppl. Carp. 184, *t. 214*. 1807.
T.: *C. anomala* C. F. Gaertner.

7632 **Cordylanthus** Nuttall ex Bentham in A. de Candolle, Prodr. **10**: 597. 1846.
T.: *C. filifolius* Nuttall ex Bentham, nom. illeg. (*Adenostegia rigida* Bentham, *C. rigidus* (Bentham) Jepson).

(≡) *Adenostegia* Bentham in Lindley, Nat. Syst. Bot. ed. 2. 445. 1836.

7645 **Bartsia** Linnaeus, Sp. Pl. 602. 1753.
T.: *B. alpina* Linnaeus (*typ. cons.*).

405

7649　**Rhynchocorys** Grisebach, Spic. Fl. Rumel. **2**: 12. 1844.
T.: *R. elephas* (Linnaeus) Grisebach (*Rhinanthus elephas* Linnaeus).

(≡) *Elephas* P. Miller, Gard. Dict. Abr. ed. 4. 1754.

7650　**Lamourouxia** Kunth in Humboldt, Bonpland et Kunth, Nov. Gen. Sp. **2**: ed. fol. 269, ed. qu. 335. 1818 ('1817').
T.: *L. multifida* Kunth.

(H) *Lamourouxia* C. A. Agardh, Syn. Alg. Scand. xiv. 1817 [RHODOPH.].
T.: *L. elegans* (Lamouroux) C. A. Agardh (*Claudea elegans* Lamouroux).

BIGNONIACEAE

7665　**Anemopaegma** C. F. P. Martius ex Meisner, Pl. Vasc. Gen. **1**: 300. 1840; **2**: 208. 1840 ('*Anemopaegmia*') (*orth. cons.*).
T.: *A. mirandum* (Chamisso) A. P. de Candolle (*Bignonia miranda* Chamisso).

(=) *Cupulissa* Rafinesque, Fl. Tell. **2**: 57. 1837.
T.: *C. grandifolia* (N. J. Jacquin) Rafinesque (*Bignonia grandiflora* N. J. Jacquin).

(=) *Platolaria* Rafinesque, Sylva Tell. 78. 1838.
T.: *P. flavescens* Rafinesque, nom. illeg. (*Bignonia orbiculata* N. J. Jacquin).

7668　**Cuspidaria** A. P. de Candolle, Biblioth. Universelle Genève ser. 2. **17**: 125. Sep 1838; Rev. Bignon. 9. Oct 1838.
T.: *C. pterocarpa* (Chamisso) A. P. de Candolle (Prodr. **9**: 178. 1845) (*Bignonia pterocarpa* Chamisso) (*typ. cons.*).

(H) *Cuspidaria* (A. P. de Candolle) Besser, Enum. Pl. **2**: 104. 1822 [CRUC.].
T.: *C. biebersteinii* Andrzejowski ex Besser, nom. illeg. (*Cheiranthus cuspidatus* Marschall von Bieberstein).

7673　**Haplolophium** Chamisso, Linnaea **7**: 556. 1832 ('*Aplolophium*'); corr. Endlicher, Gen. Pl. 712. 1839.
T.: *H. bracteatum* Chamisso.

(V) *Aplolophium* Chamisso, Linnaea **7**: 556. 1832.

7679　**Phaedranthus** Miers, Proc. Roy. Hort. Soc. London ser. 2. **3**: 182. 1863.
T.: *P. lindleyanus* Miers.

(=) *Sererea* Rafinesque, Sylva Tell. 107. 1838.
T.: *S. heterophylla* Rafinesque, nom. illeg. (*Bignonia heterophylla* Willdenow, nom. illeg., *Bignonia kerere* Aublet).

7697　**Lundia** A. P. de Candolle, Biblioth. Universelle Genève ser. 2. **17**: 127. Sep 1838; Rev. Bignon. 11. Oct 1838.
T.: *L. glabra* A. P. de Candolle (Prodr. **9**: 180. 1845) (*typ. cons.*).

(H) *Lundia* H. C. F. Schumacher, Beskr. Guin. Pl. **2**: 5, [231]. 1827 [FLACOURT.].
T.: *L. monacantha* H. C. F. Schumacher.

7714　**Campsis** Loureiro, Fl. Cochinch. 377. 1790.
T.: *C. adrepens* Loureiro.

(=) *Notjo* Adanson, Fam. Pl. **2**: 226, 582. 1763.
T.: non designatus.

7741　**Dolichandrone** (Fenzl) Seemann, Ann. Mag. Nat. Hist. ser. 3. **10**: 31. 1862.
T.: *D. spathacea* (Linnaeus f.) K. Schumann (*Bignonia spathacea* Linnaeus f.) (*typ. cons.*).

(≡) *Pongelia* Rafinesque, Sylva Tell. 78. 1838.

7757 **Enallagma** Baillon, Hist. Pl. **10**: 54. 1888. (≡) *Dendrosicus* Rafinesque, Sylva Tell. 80.
T.: *E. cucurbitina* (Linnaeus) Baillon ex 1838.
K. Schumann (*Crescentia cucurbitina*
Linnaeus) (*typ. cons.*).

7760 **Colea** Bojer ex Meisner, Pl. Vasc. Gen. **1**: (≡) *Odisca* Rafinesque, Sylva Tell. 80. 1838.
301. 1840; **2**: 210. 1840. (=) *Uloma* Rafinesque, Fl. Tell. **2**: 62. 1837
T.: *C. colei* (Bojer ex W. J. Hooker) M. ('1836').
L. Green (*Bignonia colei* Bojer ex W. J. T.: *U. telfairiae* (Bojer) Rafinesque (*Bigno-*
Hooker) (*typ. cons.*). *nia telfairiae* Bojer).

7766 **Tourrettia** Fougeroux, Mém. Acad. Sci. (V) *Tourretia* Fougeroux, Mém. Acad. Sci.
(Paris) **1784**: 205. 1787 ('*Tourretia*'); (Paris) **1784**: 205. 1787.
corr. Schreber, Gen. **2**: 406. 1791.
T.: *T. lappacea* (L'Héritier) Willdenow
(Sp. Pl. **3**: 263. 1800) (*Dombeya lappacea*
L'Héritier) (etiam vide 5053).

OROBANCHACEAE

7792 **Epifagus** Nuttall, Gen. N. Amer. Pl. **2**:
60. 1818.
T.: *E. americana* Nuttall, nom. illeg.
(*Orobanche virginiana* Linnaeus, *E. vir-*
giniana (Linnaeus) Barton).

GESNERIACEAE

7800 **Ramonda** L. C. Richard in Persoon, Syn. (H) *Ramondia* Mirbel in A. P. de Candolle,
Pl. **1**: 216. 1805. Bull. Sci. Soc. Philom. Paris **2**: 179. 1801
T.: *R. pyrenaica* Persoon, nom. illeg. [PTERIDOPH.].
(*Verbascum myconi* Linnaeus, *R. myconi* T.: *R. flexuosa* (Linnaeus) Mirbel (*Ophio-*
(Linnaeus) H. G. L. Reichenbach). *glossum flexuosum* Linnaeus).

7808 **Oreocharis** Bentham in Bentham et J. D.
Hooker, Gen. Pl. **2**: 1021. 1876.
T.: *O. benthamii* C. B. Clarke (in A. de
Candolle et C. de Candolle, Monogr.
Phan. **5**: 63. 1883) (*Didymocarpus oreo-*
charis Hance) (*typ. cons.*).

7809 **Didissandra** C. B. Clarke in A. de Can- (=) *Ellobum* Blume, Bijdr. 746. 1826.
dolle et C. de Candolle, Monogr. Phan. T.: *E. montanum* Blume.
5: 65. 1883.
T.: *D. elongata* (Jack) C. B. Clarke (*Di-*
dymocarpus elongatus Jack) (*typ. cons.*).

7810 **Didymocarpus** Wallich, Edinburgh Phi- (=) *Henckelia* C. Sprengel, Anleit. ed. 2. **2**: 402.
los. J. **1**: 378. 1819. 1817.
T.: *D. primulifolius* D. Don (Fl. Nepal. T.: *H. incana* (Vahl) C. Sprengel (*Roettlera*
123. 1825) (*typ. cons.*). *incana* Vahl).

7824 **Aeschynanthus** Jack, Trans. Linn. Soc. (=) *Trichosporum* D. Don, Edinburgh Philos.
London **14**: 42, *t. 2, f. 3.* 1823 ('1825'). J. **7**: 84. 1822.
T.: *A. volubilis* Jack (*typ. cons.*). T.: non designatus.

407

7835 **Acanthonema** J. D. Hooker, Bot. Mag. **88**: *t. 5339.* 1862.
T.: *A. strigosum* J. D. Hooker.

(H) *Acanthonema* J. G. Agardh, Öfvers. Förh. Kongl. Svenska Vetensk.-Akad. **3**: 104. 1846 [RHODOPH.].
T.: *A. montagnei* J. G. Agardh, nom. illeg. (*Conferva oxyclada* Montagne, *C. aculeata* Montagne 1839, non Suhr 1834).

7853 **Mitraria** Cavanilles, Anales Ci. Nat. **3**: 230. 1801.
T.: *M. coccinea* Cavanilles.

(H) *Mitraria* J. F. Gmelin, Syst. Nat. **2**: 771, 799. 1791 [BARRINGTON.].
≡ *Commersona* Sonnerat 1776, non *Commersonia* J. R. Forster et G. Forster 1775.

7854 **Sarmienta** Ruiz et Pavón, Prodr. 4. 1794.
T.: *S. repens* Ruiz et Pavón, nom. illeg. (*S. scandens* (J. D. Brandis) Persoon, *Urceolaria scandens* J. D. Brandis).

(≡) *Urceolaria* J. D. Brandis in Molina, Vers. Naturgesch. Chili 133. 1786.

7860 **Alloplectus** C. F. P. Martius, Nov. Gen. Sp. Pl. **3**: 53. 1829.
T.: *A. sparsiflorus* C. F. P. Martius (*typ. cons.*).

(=) *Crantzia* Scopoli, Intr. 173. 1777.
T.: *Besleria cristata* Linnaeus.
(=) *Vireya* Rafinesque, Specchio **1**: 194. 1814.
T.: *V. sanguinolenta* Rafinesque.

7866 **Codonanthe** (C. F. P. Martius) Hanstein, Linnaea **26**: 209. 1854 ('1853').
T.: *C. gracilis* (C. F. P. Martius) Hanstein (*Hypocyrta gracilis* C. F. P. Martius) (*typ. cons.*).

(H) *Codonanthus* G. Don, Gen. Hist. **4**: 166. 1838 [LOGAN.].
T.: *C. africana* G. Don.

7874 **Achimenes** Persoon, Syn. Pl. **2**: 164. 1806.
T.: *A. coccinea* (Scopoli) Persoon (*Buchnera coccinea* Scopoli) (*typ. cons.*).

(H) *Achimenes* P. Browne, Civ. Nat. Hist. Jamaica 270. 1756 [GESNER.].
T.: non designatus [*A. Major, herbacea, subhirsuta, oblique assurgens* P. Browne].

7878 **Seemannia** Regel, Gartenflora **4**: 183, *t. 126.* 1855.
T.: *S. ternifolia* Regel.

7887a **Rechsteineria** Regel, Flora **31**: 247. 1848.
T.: *R. allagophylla* (C. F. P. Martius) Regel (*Gesneria allagophylla* C. F. P. Martius).

(≡) *Alagophyla* Rafinesque, Fl. Tell. **2**: 33. 1837.
(=) *Megapleilis* Rafinesque, Fl. Tell. **2**: 57. 1837.
T.: *M. tuberosa* Rafinesque, nom. illeg. (*Gesneria bulbosa* Ker-Gawler).
(=) *Styrosinia* Rafinesque, Fl. Tell. **2**: 97. 1837.
T.: *S. coccinea* Rafinesque, nom. illeg. (*Gesneria aggregata* Ker-Gawler).
(=) *Tulisma* Rafinesque, Fl. Tell. **2**: 98. 1837.
T.: *T. verticillata* (W. J. Hooker) Rafinesque (*Gesneria verticillata* W. J. Hooker).

COLUMELLIACEAE

7897 **Columellia** Ruiz et Pavón, Prodr. 3, *t. 1.* 1794.
T.: *C. oblonga* Ruiz et Pavón (*typ. cons.*).

(H) *Columella* Loureiro, Fl. Cochinch. 85. 1790 [VIT.].
≡ *Cayratia* A. L. Jussieu 1818 (*nom. cons.*) (4918a).

LENTIBULARIACEAE

7900 **Polypompholyx** J. G. C. Lehmann, Nov. Stirp. Pug. **8**: 48. 1844.
T.: *P. tenella* (R. Brown) J. G. C. Lehmann (*Utricularia tenella* R. Brown) (*typ. cons.*).

(=) *Cosmiza* Rafinesque, Fl. Tell. **4**: 110. 1838 ('1836').
T.: *C. coccinea* Rafinesque, nom. illeg. (*Utricularia multifida* R. Brown).

ACANTHACEAE

7908 **Elytraria** A. Michaux, Fl. Bor.-Amer. **1**: 8. 1803.
T.: *E. virgata* A. Michaux, nom. illeg. (*Tubiflora caroliniensis* J. F. Gmelin, *E. caroliniensis* (J. F. Gmelin) Persoon).

(≡) *Tubiflora* J. F. Gmelin, Syst. Nat. **2**: 27. 1791.

7914 **Thunbergia** Retzius, Physiogr. Sälsk. Handl. **1**(3): 163. 1780 ('1776').
T.: *T. capensis* Retzius.

(H) *Thunbergia* Montin, Kongl. Vetensk. Acad. Handl. **34**: 288, *t. 11*. 1773 [RUB.].
T.: *T. florida* Montin ex Retzius (Physiogr. Sälsk. Handl. **1**(3): 163. 1780) (*T. capensis* Montin ex Linnaeus f. 1782, non Retzius 1780).

7932 **Phaulopsis** Willdenow, Sp. Pl. **3**: 342. 1800 ('*Phaylopsis*'); corr. C. Sprengel, Anleit. ed. 2. **2**: 422. 1817.
T.: *P. parviflora* Willdenow, nom. illeg. (*Micranthus oppositifolius* J. C. Wendland, *P. oppositifolia* (J. C. Wendland) Lindau) (etiam vide 1313).

(V) *Phaylopsis* Willdenow, Sp. Pl. **3**: 342. 1800.

7972 **Crabbea** W. H. Harvey, London J. Bot. **1**: 27. 1842.
T.: *C. hirsuta* W. H. Harvey.

(H) *Crabbea* W. H. Harvey, Gen. S. Afr. Pl. 276. 1838 [ACANTH.].
T.: *C. pungens* W. H. Harvey.

7990 **Stenandrium** C. G. Nees in Lindley, Nat. Syst. Bot. ed. 2. 444. 1836.
T.: *S. mandioccanum* C. G. Nees.

(=) *Gerardia* Linnaeus, Sp. Pl. 610. 1753.
T.: *G. tuberosa* Linnaeus.

8028 **Tetramerium** C. G. Nees in Bentham, Bot. Voy. Sulphur 147. 1846.
T.: *T. polystachyum* C. G. Nees (*typ. cons.*).

(H) *Tetramerium* C. F. Gaertner, Suppl. Carp. 90. 1805 [RUB.].
T.: *T. odoratissimum* C. F. Gaertner, nom. illeg. (*Ixora americana* Linnaeus).
(=) *Henrya* C. G. Nees in Bentham, Bot. Voy. Sulphur *t. 49*. 1845; 148. 1846.
T.: *H. insularis* C. G. Nees.

8031 **Dicliptera** A. L. Jussieu, Ann. Mus. Natl. Hist. Nat. **9**: 267. 1807.
T.: *D. chinensis* (Linnaeus) A. L. Jussieu (*Justicia chinensis* Linnaeus) (*typ. cons.*).

(≡) *Diapedium* C. König, Ann. Bot. (König & Sims) **2**: 189. 1805 ('1806').

8039 **Mackaya** W. H. Harvey, Thes. Cap. **1**: 8, *t. 13*. 1859.
T.: *M. bella* W. H. Harvey.

(H) *Mackaia* S. F. Gray, Nat. Arr. Brit. Pl. **1**: 391. 1821 [PHAEOPH.].
T.: non designatus.

8042 **Schaueria** C. G. Nees, Ind. Sem. Hort. Ratisb. 1838; Linnaea **13** (litt.): 119. 1839.
T.: *S. calycotricha* (Link et Otto) C. G. Nees (*Justicia calycotricha* Link et Otto).

(H) *Schauera* C. G. Nees in Lindley, Nat. Syst. Bot. ed. 2. 202. 1836 [LAUR.].
≡ *Endlicheria* C. G. Nees 1833 (*nom. cons.*) (2811a).
(=) *Flavicoma* Rafinesque, Fl. Tell. **4**: 63. 1838 med. ('1836').
T.: non designatus.

8069 **Fittonia** E. Coemans, Fl. Serres Jard. Eur. **15**: 185. 1865.
T.: *F. verschaffeltii* (Lemaire) Van Houtte (*Gymnostachyum verschaffeltii* Lemaire).

(=) *Adelaster* Lindley ex Veitch, Gard. Chron. **1861**: 499. 1861.
T.: *A. albivenis* Lindley ex Veitch.

8079 **Isoglossa** Örsted, Vidensk. Meddel. Dansk Naturhist. Foren. Kjøbenhavn **1854**: 155. 1854.
T.: *I. origanoides* (C. G. Nees) Lindau (*Rhytiglossa origanoides* C. G. Nees).

(≡) *Rhytiglossa* C. G. Nees ex Lindley, Nat. Syst. Bot. ed. 2. 285, 444. 1836.

8096 **Anisotes** C. G. Nees in A. de Candolle, Prodr. **11**: 424. 1847.
T.: *A. trisulcus* (Forsskål) C. G. Nees (*Dianthera trisulca* Forsskål).

(H) *Anisotes* Lindley ex Meisner, Pl. Vasc. Gen. **1**: 117. 1838; **2**: 84. 1838 [LYTHR.].
T.: *A. hilariana* Meisner, nom. illeg. (*Lythrum anomalum* A. Saint-Hilaire).
(≡) *Calasias* Rafinesque, Fl. Tell. **4**: 64. 1838 ('1836').

8097 **Jacobinia** C. G. Nees ex Moricand, Pl. Nouv. Amér. 156, *t. 92.* 1846.
T.: *J. lepida* C. G. Nees ex Moricand.

8100 **Trichocalyx** I. B. Balfour, Proc. Roy. Soc. Edinburgh **12**: 87. 1884.
T.: *T. obovatus* I. B. Balfour (*typ. cons.*).

(H) *Trichocalyx* Schauer, Nova Acta Phys.-Med. Acad. Caes. Leop.-Carol. Nat. Cur. **19** (suppl. 2): 86. 1841 [MYRT.].
≡ *Calytrix* Labillardière 1806.

RUBIACEAE

8126 **Bikkia** Reinwardt, Syll. Pl. **2**: 8. 1825 vel 1826.
T.: *B. tetrandra* (Linnaeus f.) A. Gray (*Portlandia tetrandra* Linnaeus f.).

8130 **Lerchea** Linnaeus, Mant. Pl. **2**: 155, 256. 1771.
T.: *L. longicauda* Linnaeus.

(H) *Lerchia* Haller ex Zinn, Catal. 30. 1757 [CHENOPOD.].
T.: non designatus.

8140 **Lucya** A. P. de Candolle, Prodr. **4**: 434. 1830.
T.: *L. tuberosa* A. P. de Candolle, nom. illeg. (*Peplis tetrandra* Linnaeus, *L. tetrandra* (Linnaeus) K. Schumann).

8158   **Cruckshanksia** W. J. Hooker et Arnott, Bot. Misc. **3**: 361. 1833.
T.: *C. hymenodon* W. J. Hooker et Arnott.

(H) *Cruckshanksia* W. J. Hooker, Bot. Misc. **2**: 211. 1831 [GERAN.].
T.: *C. cistiflora* W. J. Hooker.

8162   **Payera** Baillon, Bull. Mens. Soc. Linn. Paris **1**: 178. 1878.
T.: *P. conspicua* Baillon.

(H) *Payeria* Baillon, Adansonia **1**: 50. 1860 [MEL.].
T.: *P. excelsa* Baillon.

8181   **Wendlandia** Bartling ex A. P. de Candolle, Prodr. **4**: 411. 1830.
T.: *W. paniculata* (Roxburgh) A. P. de Candolle (*Rondeletia paniculata* Roxburgh) (*typ. cons.*).

(H) *Wendlandia* Willdenow, Sp. Pl. **2**: 275. 1799 [MENISPERM.].
≡ *Androphylax* Wendland 1798 (nom. rej. sub 2570).

8183   **Augusta** Pohl, Pl. Bras. **2**: 1. 1828 vel 1829; Flora **12**: 118. 1829.
T.: *A. lanceolata* Pohl (*typ. cons.*) [= *A. longifolia* (C. Sprengel) Rehder, *Ucriana longifolia* C. Sprengel].

(H) *Augusta* Leandro, Denkschr. Königl. Akad. Wiss. München, Cl. Math. Phys. **7**: 235. 1821 [COMP.].
T.: non designatus.

8197   **Hymenodictyon** Wallich in Roxburgh, Fl. Ind. ed. Carey **2**: 128. 1824.
T.: *H. excelsum* Wallich (*typ. cons.*).

(=) *Benteca* Adanson, Fam. Pl. **2**: 166, 525. 1763.
T.: *B. rheedei* Roemer et J. A. Schultes (Syst. Veg. **4**: 706. 1819).

8204   **Manettia** Mutis ex Linnaeus, Mant. Pl. **2**: 553, 558. 1771.
T.: *M. reclinata* Linnaeus.

(H) *Manettia* Boehmer in Ludwig, Defin. Gen. Pl. ed. 3. 99. 1760 [SCROPHULAR.].
≡ *Selago* Linnaeus 1753.
(=) *Lygistum* P. Browne, Civ. Nat. Hist. Jamaica 142. 1756.
T.: *Petesia lygistum* Linnaeus (Syst. Nat. ed. 10. 894. 1759).

8209   **Cosmibuena** Ruiz et Pavón, Fl. Peruv. Chil. **3**: 2. 1802.
T.: *C. obtusifolia* Ruiz et Pavón, nom. illeg. (*Cinchona grandiflora* Ruiz et Pavón, *Cosmibuena grandiflora* (Ruiz et Pavón) Rusby) (*typ. cons.*).

(H) *Cosmibuena* Ruiz et Pavón, Prodr. 10. 1794 [ROS.].
LT.: *Hirtella cosmibuena* Lamarck (vide Regnum Veg. **8**: 271. 1956).

8215   **Schizocalyx** Weddell, Ann. Sci. Nat. Bot. ser. 4. **1**: 73. 1854.
T.: *S. bracteosus* Weddell.

(H) *Schizocalyx* Scheele, Flora **26**: 568, 575. 1843 [LAB.].
T.: non designatus.

8227   **Mitragyna** Korthals, Observ. Naucl. Ind. 19. 1839.
T.: *M. parvifolia* (Roxburgh) Korthals (*Nauclea parvifolia* Roxburgh) (*typ. cons.*).

(H) *Mitragyne* R. Brown, Prodr. 452. 1810 [LOGAN./GENTIAN.].
≡ *Mitrasacme* Labillardière 1804.
(=) *Mamboga* Blanco, Fl. Filip. 140. 1837.
T.: *M. capitata* Blanco.

8228   **Uncaria** Schreber, Gen. **1**: 125. 1789.
T.: *U. guianensis* (Aublet) J. F. Gmelin (Syst. Nat. **2**: 370. 1791) (*Ourouparia guianensis* Aublet).

(≡) *Ourouparia* Aublet, Hist. Pl. Guiane 177. 1775.

411

8237 **Acranthera** Arnott ex Meisner, Pl. Vasc. Gen. **1**: 162. 1838; **2**: 115. 1838.
T.: *A. ceylanica* Arnott ex Meisner.

(=) *Psilobium* Jack, Malayan Misc. **2**(7): 84. 1822.
T.: *P. nutans* Jack.

8241 **Schradera** Vahl, Ecl. **1**: 35, *t. 5.* 1796.
T.: *S. involucrata* (Swartz) K. Schumann (in C. F. P. Martius, Fl. Bras. **6**(6): 295. 1889) (*Fuchsia involucrata* Swartz).

(H) *Schraderia* Heister ex Medikus, Philos. Bot. **2**: 40. 1791 [LAB.].
T.: *Salvia africana-caerulea* Linnaeus.

8244 **Coptophyllum** Korthals, Ned. Kruidk. Arch. **2**: 161. 1850 ('1851').
T.: *C. bracteatum* Korthals.

(H) *Coptophyllum* G. Gardner, London J. Bot. **1**: 133. 1842 [PTERIDOPH.].
T.: *C. buniifolium* G. Gardner.

8250 **Coccocypselum** P. Browne, Civ. Nat. Hist. Jamaica 144. 1756 ('*Coccocipsilum*'); corr. Schreber, Gen. **2**: 789. 1791.
T.: *C. repens* Swartz (*typ. cons.*).

(V) *Coccocipsilum* P. Browne, Civ. Nat. Hist. Jamaica 144. 1756.
(=) *Sicelium* P. Browne, Civ. Nat. Hist. Jamaica 144. 1756.
T.: non designatus.

8265 **Pentagonia** Bentham, Bot. Voy. Sulphur *t. 39.* 1844; 105. 1845.
T.: *P. macrophylla* Bentham.

(H) *Pentagonia* Heister ex Fabricius, Enum. ed. 2. 336. 1763 sero [SOLAN.].
≡ *Nicandra* Adanson, Jul-Aug 1763 (*nom. cons.*) (7377).

8285 **Gardenia** J. Ellis, Philos. Trans. **51**(2): 935, *t. 23.* 1761.
T.: *G. jasminoides* J. Ellis.

(H) *Gardenia* J. Colden, Essays Observ. Phys. Lit. Soc. Edinb. **2**: 2. 1756 [GUTT.].
T.: non designatus.

8296 **Villaria** Rolfe, J. Linn. Soc., Bot. **21**: 311. 1884.
T.: *V. philippinensis* Rolfe.

(H) *Vilaria* Guettard, Mém. Minéral. Dauphiné **1**: clxx. 1779 [COMP.].
T.: *V. subacaulis* Guettard.

8312 **Zuccarinia** Blume, Bijdr. 1006. 1826 vel 1827.
T.: *Z. macrophylla* Blume.

(H) *Zuccarinia* Märklin, Ann. Wetterauischen Ges. Gesammte Naturk. **2**: 252. 1811 [SPERMATOPH.].
T.: *Z. verbenacea* Märklin.

8316 **Duroia** Linnaeus f., Suppl. 30, 209. 1782.
T.: *D. eriopila* Linnaeus f.

(=) *Pubeta* Linnaeus, Pl. Surin. 16. 1775.
T.: non designatus.

8353 **Mesoptera** J. D. Hooker in Bentham et J. D. Hooker, Gen. Pl. **2**: 130. 1873.
T.: *M. maingayi* J. D. Hooker.

(H) *Mesoptera* Rafinesque, Herb. Raf. 73. 1833 [ORCHID.].
≡ *Liparis* L. C. Richard 1818 (*nom. cons.*) (1556).

8357 **Cuviera** A. P. de Candolle, Ann. Mus. Natl. Hist. Nat. **9**: 222. 1807.
T.: *C. acutiflora* A. P. de Candolle.

(H) *Cuviera* Koeler, Descr. Gram. 328 ('382'). 1802 [GRAM.].
T.: *C. europaea* (Linnaeus) Koeler (*Elymus europaeus* Linnaeus).

8365 **Timonius** A. P. de Candolle, Prodr. **4**: 461. 1830.
T.: *T. rumphii* A. P. de Candolle, nom. illeg. (*Erithalis timon* C. Sprengel, *T. timon* (C. Sprengel) Merrill) (*typ. cons.*).

(=) *Porocarpus* J. Gaertner, Fruct. Sem. Pl. **2**: 473. 1791.
T.: *P. helminthotheca* J. Gaertner.
(=) *Polyphragmon* Desfontaines. Mém. Mus. Hist. Nat. **6**: 5. 1820.
T.: *P. sericeum* Desfontaines.
(=) *Helospora* Jack, Trans. Linn. Soc. London **14**: 127. 1823 ('1825').
T.: *H. flavescens* Jack.
(=) *Burneya* Chamisso et Schlechtendal, Linnaea **4**: 188. 1829.
T.: *B. forsteri* Chamisso et Schlechtendal, nom. illeg. (*Erithalis polygama* G. Forster).

8366 **Chomelia** N. J. Jacquin, Enum. Syst. Pl. 1, 12. 1760.
T.: *C. spinosa* N. J. Jacquin.

(H) *Chomelia* Linnaeus, Opera Var. 210. 1758 [RUB.].
LT.: *Rondeletia asiatica* Linnaeus (vide Dandy, Taxon **18**: 470. 1969).

8388 **Psilanthus** J. D. Hooker, Hooker's Icon. Pl. **12**: 28, *t. 1129*. Apr 1873; in Bentham et J. D. Hooker, Gen. Pl. **2**: 115. Apr 1873.
T.: *P. mannii* J. D. Hooker.

(H) *Psilanthus* (A. P. de Candolle) A. L. Jussieu ex M. J. Roemer, Fam. Nat. Syn. Monogr. **2**: 132, 198. 1846 [PASSIFLOR.].
T.: *P. viridiflorus* (Cavanilles) M. J. Roemer (*Passiflora viridiflora* Cavanilles).

8397 **Trichostachys** J. D. Hooker in Bentham et J. D. Hooker, Gen. Pl. **2**: 128. 1873.
T.: *T. longifolia* Hiern (in Oliver, Fl. Trop. Afr. **3**: 227. 1877).

(H) *Trichostachys* Welwitsch, Syn. Mad. Drog. Med. Angola 19. 1862 [PROT.].
T.: *T. speciosa* Welwitsch.

8399 **Psychotria** Linnaeus, Syst. Nat. ed. 10. 929, 1364. 1759.
T.: *P. asiatica* Linnaeus.

(=) *Psychotrophum* P. Browne, Civ. Nat. Hist. Jamaica 160. 1756.
T.: non designatus.
(=) *Myrstiphyllum* P. Browne, Civ. Nat. Hist. Jamaica 152. 1756.
T.: non designatus.

8410 **Geophila** D. Don, Prodr. Fl. Nepal. 136. 1825.
T.: *G. reniformis* D. Don, nom. illeg. (*Psychotria herbacea* N. J. Jacquin, *G. herbacea* (N. J. Jacquin) K. Schumann).

(H) *Geophila* Bergeret, Fl. Basses-Pyrénées **2**: 184. 1803 [LIL.].
T.: *G. pyrenaica* Bergeret.

8411 **Cephaëlis** Swartz, Prodr. 3, 45. 1788.
T.: *C. muscosa* (N. J. Jacquin) Swartz (*Morinda muscosa* N. J. Jacquin) (*typ. cons.*).

(=) *Evea* Aublet, Hist. Pl. Guiane 100. 1775.
T.: *E. guianensis* Aublet.
(=) *Carapichea* Aublet, Hist. Pl. Guiane 167. 1775.
T.: *C. guianensis* Aublet.
(=) *Tapogomea* Aublet, Hist. Pl. Guiane 157. 1775.
T.: *T. violacea* Aublet.

8412 **Lasianthus** Jack, Trans. Linn. Soc. London **14**: 125. 1823 ('1825').
T.: *L. cyanocarpus* Jack (*typ. cons.*).

(H) *Lasianthus* Adanson, Fam. Pl. **2**: 398, 568. 1763 [THE.].
≡ *Gordonia* J. Ellis 1771 (*nom. cons.*) (5148).
(=) *Dasus* Loureiro, Fl. Cochinch. 141. 1790.
T.: *D. verticillata* Loureiro.

8428 **Gaertnera** Lamarck, Tabl. Encycl. **1**(2): 272, *t. 167*. 1792.
T.: *G. vaginata* Lamarck.

(H) *Gaertnera* Schreber, Gen. **1**: 290. Apr 1789 [MALPIGH.].
T.: *Hiptage madablota* J. Gaertner (Fruct. Sem. Pl. **2**: 169. 1790).
(H) *Gaertneria* Medikus, Philos. Bot. **1**: 45. Apr 1789 [COMP.].
T.: *Ambrosia fruticosa* Medikus (Hist. & Comment. Acad. Elect. Sci. Theod.-Palat. **3**: Phys. 244, *t. 20*. 1775), nom. illeg. (*Ambrosia arborescens* P. Miller).

8430 **Paederia** Linnaeus, Syst. Nat. ed. 12. 189. 1767; Mant. Pl. 7, 52. 1767.
T.: *P. foetida* Linnaeus.

(≡) *Daun-contu* Adanson, Fam. Pl. **2**: 146. 1763.
(=) *Hondbessen* Adanson, Fam. Pl. **2**: 158. 1763.
T.: non designatus ['H.M. 7. t. 18.'].

8445 **Nertera** Banks et Solander ex J. Gaertner, Fruct. Sem. Pl. **1**: 124. 1788.
T.: *N. depressa* J. Gaertner.

(=) *Gomozia* Mutis ex Linnaeus f., Suppl. Pl. 17, 129. 1782.
T.: *G. granadensis* Linnaeus f.

8473 **Borreria** G. F. W. Meyer, Prim. Fl. Esseq. 79. 1818.
T.: *B. suaveolens* G. F. W. Meyer (*typ. cons.*).

(H) *Borrera* Acharius, Lichenogr. Universalis 93, 496. 1810. [FUNGI: LICH.].
T.: non designatus.
(=) *Tardavel* Adanson, Fam. **2**: 145. 1763.
T.: non designatus ['H.M. 9. t. 76.'].

8473a **Robynsia** Hutchinson in Hutchinson et Dalziel, Fl. W. Trop. Afr. **2**: 108. 1931.
T.: *R. glabrata* Hutchinson.

(H) *Robynsia* Drapiez in Lemaire, Hortic. Universel **2**: 127, 231. 1841 [AMARYLLID.].
T.: *R. geminiflora* Drapiez.

VALERIANACEAE

8530 **Fedia** J. Gaertner, Fruct. Sem. Pl. **2**: 36. 1790.
T.: *F. cornucopiae* (Linnaeus) J. Gaertner (*Valeriana cornucopiae* Linnaeus) (*typ. cons.*).

(H) *Fedia* Adanson, Fam. Pl. **2**: 152. 1763 [VALERIAN.].
T.: *Valeriana ruthenica* Willdenow.

8535 **Patrinia** A. L. Jussieu, Ann. Mus. Natl. Hist. Nat. **10**: 311. 1807.
T.: *P. sibirica* (Linnaeus) A. L. Jussieu (*Valeriana sibirica* Linnaeus) (*typ. cons.*).

414

DIPSACACEAE

8541 **Cephalaria** H. A. Schrader ex Roemer et J. A. Schultes, Syst. Veg. **3**: 1, 43. 1818.
T.: *C. alpina* (Linnaeus) Roemer et J. A. Schultes (*Scabiosa alpina* Linnaeus) (*typ. cons.*).

(=) *Lepicephalus* Lagasca, Gen. Sp. Pl. 7. 1816.
T.: non designatus.

CUCURBITACEAE

8596 **Ecballium** A. Richard, Dict. Class. Hist. Nat. **6**: 19. 1824.
T.: *E. elaterium* (Linnaeus) A. Richard (*Momordica elaterium* Linnaeus).

(≡) *Elaterium* P. Miller, Gard. Dict. Abr. ed. 4. 1754.

8598 **Citrullus** H. A. Schrader in Ecklon et Zeyher, Enum. Pl. Afric. Austral. 279. 1836.
T.: *C. vulgaris* H. A. Schrader (*Cucurbita citrullus* Linnaeus) (*typ. cons.*).

(≡) *Anguria* P. Miller, Gard. Dict. Abr. ed. 4. 1754.
(=) *Colocynthis* P. Miller, Gard. Dict. Abr. ed. 4. 1754.
T.: non designatus.

8627 **Cayaponia** Silva Manso, Enum. Subst. Braz. 31. 1836.
T.: *C. diffusa* Silva Manso (*typ. cons.*).

8629 **Echinocystis** Torrey et A. Gray, Fl. N. Amer. **1**: 542. 1840.
T.: *E. lobata* (A. Michaux) Torrey et A. Gray (*Sicyos lobata* A. Michaux).

(=) *Micrampelis* Rafinesque, Med. Repos. ser. 2. **5**: 350. 1808.
T.: *M. echinata* Rafinesque.

8636 **Sechium** P. Browne, Civ. Nat. Hist. Jamaica 355. 1756.
T.: *S. edule* (N. J. Jacquin) Swartz (*Sicyos edulis* N. J. Jacquin) (*typ. cons.*).

CAMPANULACEAE

8651 **Michauxia** L'Héritier, Michauxia. 1788.
T.: *M. campanuloides* L'Héritier (*typ. cons.*).

8656 **Canarina** Linnaeus, Mant. Pl. **2**: 148 ('*Canaria*'), 225 ('*Canaria*'), 588. 1771.
T.: *C. campanula* Linnaeus, nom. illeg. (*Campanula canariensis* Linnaeus, *Canarina canariensis* (Linnaeus) Vatke).

(≡) *Mindium* Adanson, Fam. Pl. **2**: 134. 1763 (vide Rafinesque, Fl. Tell. **2**: 78. 1837).

8668 **Wahlenbergia** H. A. Schrader ex Roth, Nov. Pl. Sp. 399. 1821.
T.: *W. elongata* (Willdenow) H. A. Schrader ex Roth (*Campanula elongata* Willdenow) [= *Campanula capensis* Linnaeus, *W. capensis* (Linnaeus) A. de Candolle].

(=) *Cervicina* Delile, Descr. Égypte, Hist. Nat. 7. 1813.
T.: *C. campanuloides* Delile.

8680   **Sphenoclea** J. Gaertner, Fruct. Sem. Pl.
1: 113. 1788.
T.: *S. zeylanica* J. Gaertner.

8706   **Downingia** Torrey, Rep. Explor. Rail-
road Pacif. Ocean **4**(1⁴): 116. 1857.
T.: *D. elegans* (Lindley) Torrey (*Clinto-
nia elegans* Lindley).

(≡) *Bolelia* Rafinesque, Atlantic J. **1**: 120. 1832.

GOODENIACEAE

8716   **Scaevola** Linnaeus, Mant. Pl. **2**: 145.
1771.
T.: *S. lobelia* Murray (Syst. Veg. 178.
1774), nom illeg. (*Lobelia plumieri* Linnaeus, *S. plumieri* (Linnaeus) Vahl).

STYLIDIACEAE

8724   **Stylidium** Swartz ex Willdenow, Sp. Pl.
4: 7, 146. 1805.
T.: *S. graminifolium* Swartz (*typ. cons.*).

(H) *Stylidium* Loureiro, Fl. Cochinch. 220.
1790 [ALANG.].
T.: *S. chinense* Loureiro.

COMPOSITAE (ASTERACEAE)

8751   **Vernonia** Schreber, Gen. **2**: 541. 1791.
T.: *V. noveboracensis* (Linnaeus) Willdenow (Sp. Pl. **3**: 1632. 1803) (*Serratula
noveboracensis* Linnaeus) (*typ. cons.*).

8761   **Piptolepis** C. H. Schultz-Bip., Pollichia
20—21: 380. 1863.
T.: *P. ericoides* (Lamarck) C. H. Schultz-
Bip. (*Conyza ericoides* Lamarck).

(H) *Piptolepis* Bentham, Pl. Hartw. 29. 1840
[OL.].
T.: *P. phillyreoides* Bentham.

8772   **Soaresia** C. H. Schultz-Bip., Pollichia
20—21: 376. 1863.
T.: *S. velutina* C. H. Schultz-Bip.

(H) *Soaresia* Allemão, Trab. Soc. Vellosiana
(Bibliot. Guanabara) 72. 1851 [MOR.].
T.: *S. nitida* Allemão.

8808   **Brachyandra** R. Philippi, Fl. Atac. 34.
1860.
T.: *B. macrogyne* R. Philippi.

(H) *Brachyandra* Naudin, Ann. Sci. Nat. Bot.
ser. 3. **2**: 143. 1844 [MELASTOMAT.].
T.: *B. perpusilla* Naudin.

8818   **Mikania** Willdenow, Sp. Pl. **3**: 1742.
1803.
T.: *M. scandens* (Linnaeus) Willdenow
(*Eupatorium scandens* Linnaeus) (*typ.
cons.*).

8823   **Brickellia** S. Elliott, Sketch Bot. S. Carolina **2**: 290. 1823.
T.: *B. cordifolia* S. Elliott.

(H) *Brickellia* Rafinesque, Med. Repos. ser. 2.
5: 353. 1808 [POLEMON.].
≡ *Ipomopsis* A. Michaux 1803.

416

(=) *Kuhnia* Linnaeus, Sp. Pl. ed. 2. 1662. 1763.
T.: *K. eupatorioides* Linnaeus.

(=) *Coleosanthus* Cassini, Bull. Sci. Soc. Philom. Paris **1817**: 67. 1817.
T.: *C. cavanillesii* Cassini.

8826 **Liatris** J. Gaertner ex Schreber, Gen. **2**: 542. 1791.
T.: *L. squarrosa* (Linnaeus) A. Michaux (Fl. Bor.-Amer. **2**: 92. 1803) (*Serratula squarrosa* Linnaeus) (*typ cons.*).

(≡) *Lacinaria* J. Hill, Veg. Syst. **4**: 49. 1762.

8840 **Bradburia** Torrey et A. Gray, Fl. N. Amer. **2**: 250. 1842.
T.: *B. hirtella* Torrey et A. Gray.

(H) *Bradburya* Rafinesque, Fl. Ludov. 104. 1817 [LEGUM.].
LT.: *B. scandens* Rafinesque (vide Regnum Veg. **100**: 232. 1979).

8843 **Chiliophyllum** R. Philippi, Linnaea **33**: 132. 1864.
T.: *C. densifolium* R. Philippi.

(H) *Chiliophyllum* A. P. de Candolle, Prodr. **5**: 554. 1836 [COMP.].
T.: *C. globosum* (Ortega) A. P. de Candolle (*Anthemis globosa* Ortega).

8844 **Chrysopsis** (Nuttall) S. Elliott, Sketch Bot. S. Carolina **2**: 333. 1823.
T.: *C. mariana* (Linnaeus) S. Elliott (*Inula mariana* Linnaeus) (*typ cons.*).

(≡) *Diplogon* Rafinesque, Amer. Monthly Mag. & Crit. Rev. **4**: 195. 1819.

8852 **Haplopappus** Cassini, Dict. Sci. Nat. **56**: 168. 1828 ('*Aplopappus*'); corr. Endlicher, Gen. Pl. 385. 1837.
T.: *H. glutinosus* Cassini.

(V) *Aplopappus* Cassini, Dict. Sci. Nat. **56**: 168. 1828.

8855 **Bigelowia** A. P. de Candolle, Prodr. **5**: 329. 1836.
T.: *B. nudata* (A. Michaux) A. P. de Candolle (*Chrysocoma nudata* A. Michaux) (*typ. cons.*).

(H) *Bigelowia* Rafinesque, Amer. Monthly Mag. & Crit. Rev. **1**: 442. 1817 [CARYOPHYLL.].
T.: *B. montana* Rafinesque.

8862 **Pteronia** Linnaeus, Sp. Pl. ed. 2. 1176. 1763.
T.: *P. camphorata* Linnaeus.

(=) *Pterophorus* Boehmer in Ludwig, Defin. Gen. Pl. ed. 3. 165. 1760.
T.: non designatus ['Vaill. Act. Paris. 1719.'].

8887 **Amellus** Linnaeus, Syst. Nat. ed. 10. 1225, 1377. 1759.
T.: *A. lychnites* Linnaeus (*typ. cons.*).

(H) *Amellus* P. Browne, Civ. Nat. Hist. Jamaica 317. 1756 [COMP.].
T.: *Santolina amellus* Linnaeus.

8898 **Callistephus** Cassini, Dict. Sci. Nat. **37**: 491. 1825.
T.: *C. chinensis* (Linnaeus) C. G. Nees (Gen. Sp. Aster. 222. 1833) (*Aster chinensis* Linnaeus).

(≡) *Callistemma* Cassini, Bull. Sci. Soc. Philom. Paris **1817**: 32. 1817.

8909 **Celmisia** Cassini, Dict. Sci. Nat. **37**: 259. 1825.
T.: *C. longifolia* Cassini (*typ. cons.*).

(H) *Celmisia* Cassini, Bull. Sci. Soc. Philom. Paris **1817**: 32. Feb 1817 [COMP.].
T.: *C. rotundifolia* Cassini (Dict. Sci. Nat. **7**: 356. Mai 1817).

8916 **Olearia** Moench, Suppl. Meth. 254. 1802.
T.: *O. dentata* Moench, nom. illeg. (*Aster tomentosus* J. C. Wendland, *O. tomentosa* (J. C. Wendland) A. P. de Candolle).

(=) *Shawia* J. R. Forster et G. Forster, Char. Gen. Pl. 48. 1775.
T.: *S. paniculata* J. R. Forster et G. Forster.

8918 **Sommerfeltia** Lessing, Syn. Gen. Compos. 189. 1832.
T.: *S. spinulosa* (C. Sprengel) Lessing (*Conyza spinulosa* C. Sprengel).

(H) *Sommerfeltia* Flörke ex Sommerfelt, Kongel. Norske Videnskabersselsk. Skr. 19de Aarhundr. **2**(2): 60. 1827 [FUNGI: LICH.].
T.: *S. arctica* Flörke.

8919 **Felicia** Cassini, Bull. Sci. Soc. Philom. Paris **1818**: 165. 1818.
T.: *F. tenella* (Linnaeus) C. G. Nees (Gen. Sp. Aster. 208. 1833) (*Aster tenellus* Linnaeus).

(=) *Detris* Adanson, Fam. Pl. **2**: 131, 549. 1763.
T.: non designatus.

8926 **Conyza** Lessing, Syn. Gen. Compos. 203. 1832.
T.: *C. chilensis* C. Sprengel (Novi Prov. 14. 1819) (*typ. cons.*).

(H) *Conyza* Linnaeus, Sp. Pl. 861. 1753 [COMP.].
LT.: *C. squarrosa* Linnaeus (vide M. L. Green, Prop. Brit. Bot. 181. 1929; Regnum Veg. **8**: 275. 1956).

(=) *Eschenbachia* Moench, Methodus 573. 1794.
T.: *E. globosa* Moench, nom. illeg. (*Erigeron aegyptiacus* Linnaeus).

(=) *Dimorphanthes* Cassini, Bull. Sci. Soc. Philom. Paris **1818**: 30. 1818.
T.: non designatus.

(=) *Laënnecia* Cassini, Dict. Sci. Nat. **25**: 91. 1822.
T.: *L. gnaphalioides* (Kunth) Cassini (*Conyza gnaphalioides* Kunth).

8939 **Blumea** A. P. de Candolle, Arch. Bot. (Paris) **2**: 514. 1833.
T.: *B. balsamifera* (Linnaeus) A. P. de Candolle (Prodr. **5**: 447. 1836) (*Conyza balsamifera* Linnaeus) (*typ. cons.*).

(H) *Blumia* C. G. Nees, Flora **8**: 152. 1825 [MAGNOL.].
T.: *B. candollei* (Blume) C. G. Nees (*Talauma candollei* Blume, '*candollii*').

(=) *Placus* Loureiro, Fl. Cochinch. 496. 1790.
LT.: *P. tomentosus* Loureiro (vide Merrill, Trans. Amer. Philos. Soc. ser. 2. **24**: 387. 1935).

8969 **Filago** Linnaeus, Sp. Pl. 927, 1199, add. post indicem. 1753.
T.: *F. pyramidata* Linnaeus (*typ. cons.*).

8994 **Cassinia** R. Brown, Trans. Linn. Soc. London **12**: 126. 1818.
T.: *C. aculeata* (Labillardière) R. Brown (*Calea aculeata* Labillardière) (*typ. cons.*).

(H) *Cassinia* R. Brown in W. Aiton et W. T. Aiton, Hortus Kew. ed. 2. **5**: 184. 1813 [COMP.].
T.: *C. aurea* R. Brown.

9006 **Helichrysum** P. Miller, Gard. Dict. Abr. ed. 4. 1754 ('*Elichrysum*'); corr. Persoon, Syn. Pl. **2**: 414. 1807.
T.: *H. orientale* (Linnaeus) J. Gaertner (*Gnaphalium orientale* Linnaeus) (*typ. cons.*).

(V) *Elichrysum* P. Miller, Gard. Dict. Abr. ed. 4. 1754.

9009 **Podotheca** Cassini, Dict. Sci. Nat. **23**: 561. 1822.
T.: *P. angustifolia* (Labillardière) Lessing (*Podosperma angustifolium* Labillardière).

(≡) *Podosperma* Labillardière, Nov. Holl. Pl. **2**: 35, *t. 177.* 1806.

9028 **Angianthus** J. C. Wendland, Coll. Pl. **2**: 31, *t. 48.* 1810.
T.: *A. tomentosus* J. C. Wendland.

(=) *Siloxerus* Labillardière, Nov. Holl. Pl. **2**: 57, *t. 209.* 1806.
T.: *S. humifusus* Labillardière.

9039 **Disparago** J. Gaertner, Fruct. Sem. Pl. **2**: 463. 1791.
T.: *D. ericoides* (P. J. Bergius) J. Gaertner (*Stoebe ericoides* P. J. Bergius).

9054 **Podolepis** Labillardière, Nov. Holl. Pl. **2**: 56, *t. 208.* 1806.
T.: *P. rugata* Labillardière.

9057 **Heterolepis** Cassini, Bull. Sci. Soc. Philom. Paris **1820**: 26. 1820. ·
T.: *Arnica inuloides* Vahl (Symb. Bot. **2**: 91. 1791 [= *H. aliena* (Linnaeus f.) Druce, *Oedera aliena* Linnaeus f.] (etiam vide 5992).

9059 **Printzia** Cassini, Dict. Sci. Nat. **37**: 463, 488. 1825.
T.: *P. cernua* (P. J. Bergius) Druce (*Inula cernua* P. J. Bergius).

9091 **Pallenis** (Cassini) Cassini, Dict. Sci. Nat. **23**: 566. 1822.
T.: *P. spinosa* (Linnaeus) Cassini (*Buphthalmum spinosum* Linnaeus).

9101 **Lagascea** Cavanilles, Anales Ci. Nat. **6**: 331. 1803 ('*Lagasca*'); corr. Willdenow, Enum. Pl. Hort. Berol. 941. 1809.
T.: *L. mollis* Cavanilles.

(V) *Lagasca* Cavanilles, Anales Ci. Nat. **6**: 331. 1803.
(=) *Nocca* Cavanilles, Icon. **3**: 12. 1795.
T.: *N. rigida* Cavanilles.

419

9147 **Franseria** Cavanilles, Icon. **2**: 78. 1793. (≡) *Gaertneria* Medikus, Philos. Bot. **1**: 45.
T.: *F. ambrosioides* Cavanilles, nom. il- 1789.
leg. (*Ambrosia arborescens* P. Miller
1768).

9150 **Podanthus** Lagasca, Gen. Sp. Pl. 24. (H) *Podanthes* Haworth, Syn. Pl. Succ. 32.
1816. 1812 [ASCLEPIAD.].
T.: *P. ovatifolius* Lagasca. LT.: *P. pulchra* Haworth (vide Mansfeld,
Bull. Misc. Inform. **1935**: 451. 1935).

9155 **Zinnia** Linnaeus, Syst. Nat. ed. 10. 1221, (≡) *Crassina* Scepin, De Acido Veg. 42. 1758.
1377. Mai-Jun 1759. (=) *Lepia* J. Hill, Exot. Bot. *t. 29*. Feb-Sep
T.: *Z. peruviana* (Linnaeus) Linnaeus 1759.
(*Chrysogonum peruvianum* Linnaeus). T.: non designatus.

9166 **Eclipta** Linnaeus, Mant. Pl. **2**: 157, 286. (≡) *Eupatoriophalacron* P. Miller, Gard. Dict.
1771. Abr. ed. 4. 1754.
T.: *E. erecta* Linnaeus, nom. illeg. (*Ver-*
besina alba Linnaeus, *E. alba* (Linnaeus)
Hasskarl) (*typ. cons.*).

9168 **Selloa** Kunth in Humboldt, Bonpland et (H) *Selloa* C. Sprengel, Novi Prov. 36. 1819
Kunth, Nova Gen. Sp. **4**: ed. fol. 208, ed. [COMP.].
qu. 265. 1820. T.: *S. glutinosa* C. Sprengel.
T.: *S. plantaginea* Kunth.

9192 **Wedelia** N. J. Jacquin, Enum. Syst. Pl. 8, (H) *Wedelia* Loefling, Iter Hispan. 180. 1758
28. 1760. [NYCTAGIN.].
T.: *W. fruticosa* N. J. Jacquin. ≡ *Allionia* Linnaeus 1759 (*nom. cons.*)
(2348).

9208 **Salmea** A. P. de Candolle, Cat. Pl. Horti (H) *Salmia* Cavanilles, Icon. **3**: 24. 1795 [LIL.].
Monsp. 140. 1813. T.: *S. spicata* Cavanilles.
T.: *S. scandens* (Linnaeus) A. P. de Candolle (*Bidens scandens* Linnaeus) (*typ.*
cons.).

9215 **Actinomeris** Nuttall, Gen. N. Amer. Pl. (≡) *Ridan* Adanson, Fam. Pl. **2**: 130, 598. 1763.
2: 181. 1818.
T.: *A squarrosa* Nuttall, nom. illeg. (*Co-*
reopsis alternifolia Linnaeus, *A. alterni-*
folia (Linnaeus) A. P. de Candolle) (*typ.*
cons.).

9222 **Guizotia** Cassini, Dict. Sci. Nat. **59**: 237,
247, 248. 1829.
T.: *G. abyssinica* (Linnaeus f.) Cassini
(*Polymnia abyssinica* Linnaeus f.).

9224 **Synedrella** J. Gaertner, Fruct. Sem. Pl. **2**: (≡) *Ucacou* Adanson, Fam. Pl. **2**: 131, 615.
456. 1791. 1763.
T.: *S. nodiflora* (Linnaeus) J. Gaertner
(*Verbesina nodiflora* Linnaeus).

420

9241 **Balduina** Nuttall, Gen. N. Amer. Pl. **2**: 175. 1818.
T.: *B. uniflora* Nuttall (*typ. cons.*).

(=) *Mnesiteon* Rafinesque, Fl. Ludov. 67. 1817.
T.: non designatus.

9247 **Marshallia** Schreber, Gen. **2**: 810. 1791.
T.: *M. obovata* (Walter) Beadle et Boynton (*Athanasia obovata* Walter) (*typ. cons.*).

9258 **Layia** W. J. Hooker et Arnott ex A. P. de Candolle, Prodr. **7**: 294. 1838.
T.: *L. gaillardioides* W. J. Hooker et Arnott) A. P. de Candolle (*Tridax gaillardioides* W. J. Hooker et Arnott, *'galardioides'*).

(H) *Layia* W. J. Hooker et Arnott, Bot. Beechey Voy. 182. 1833 ('1841') [LEGUM.].
T.: *L. emarginata* W. J. Hooker et Arnott.
(=) *Blepharipappus* W. J. Hooker, Fl. Bor.-Amer. **1**: 316. 1833 ('1840').
LT.: *B. scaber* W. J. Hooker (vide Arnott in Lindley, Nat. Syst. Bot. ed. 2. 443. 1836).

9285 **Villanova** Lagasca, Gen. Sp. Pl. 31. 1816.
T.: *V. alternifolia* Lagasca (*typ. cons.*).

(H) *Villanova* Ortega, Nov. Pl. Descr. Dec. 47. 1797 [COMP.].
T.: *V. bipinnatifida* Ortega.
(=) *Unxia* Linnaeus f., Suppl. Pl. 56, 368. 1782.
T.: *U. camphorata* Linnaeus f.

9289 **Thymopsis** Bentham in Bentham et J. D. Hooker, Gen. Pl. **2**: 407. 1873.
T.: *T. wrightii* Bentham, nom. illeg. (*Tetranthus thymoides* Grisebach, *T. thymoides* (Grisebach) Urban).

(H) *Thymopsis* Jaubert et Spach, Ill. Pl. Orient. **1**: 72. 1842 [GUTT.].
T.: *T. aspera* Jaubert et Spach.

9291 **Schkuhria** Roth, Catalecta **1**: 116. 1797.
T.: *S. abrotanoides* Roth.

(H) *Sckuhria* Moench, Methodus 566. 1794 [COMP.].
T.: *S. dichotoma* Moench, nom. illeg. (*Siegesbeckia flosculosa* L'Héritier).

9322 **Oedera** Linnaeus, Mant. Pl. **2**: 159, 291. 1771.
T.: *O. prolifera* Linnaeus, nom illeg. (*Buphthalmum capense* Linnaeus, *O. capensis* (Linnaeus) Druce)

(H) *Oedera* Crantz, Duab. Drac. Arbor. xxx. 1768 [LIL.].
T.: *O. dragonalis* Crantz.

9365 **Peyrousea** A. P. de Candolle, Prodr. **6**: 76. 1838.
T.: *P. oxylepis* A. P. de Candolle, nom. illeg. (*Cotula umbellata* Linnaeus f., *P. umbellata* (Linnaeus f.) Fourcade) (*typ. cons.*).

(H) *Peyrousia* Poiret, Dict. Sci. Nat. **39**: 363. 1826 [IRID.].
≡ *Lapeirousia* Pourret 1788.

9382 **Robinsonia** A. P. de Candolle, Arch. Bot. (Paris) **2**: 333. 1833.
T.: *R. gayana* Decaisne (Ann. Sci. Nat. Bot. ser. 2. **1**: 28. 1834) (*typ. cons.*).

(H) *Robinsonia* Scopoli, Intr. 218. 1777 [QUIIN.].
≡ *Touroulia* Aublet 1775.

9405 **Gynura** Cassini, Dict. Sci. Nat. **34**: 391. 1825.
T.: *G. auriculata* Cassini (Opusc. Phytol. **3**: 100. 1834) (*typ. cons.*).

(=) *Crassocephalum* Moench, Methodus 516. 1794.
T.: *C. cernuum* Moench, nom. illeg. (*Senecio rubens* B. Jussieu ex N. J. Jacquin, *C. rubens* (B. Jussieu ex N. J. Jacquin) S. Moore).

9412 **Ligularia** Cassini, Bull. Sci. Soc. Philom. Paris **1816**: 198. 1816.
T.: *L. sibirica* (Linnaeus) Cassini (Dict. Sci. Nat. **26**: 402. 1823) (*Othonna sibirica* Linnaeus).

(H) *Ligularia* H. A. Duval, Pl. Succ. Horto Alencon. 11. 1809 [SAXIFRAG.].
≡ *Sekika* Medikus 1791.
(=) *Senecillis* J. Gaertner, Fruct. Sem. Pl. **2**: 453. 1791.
T.: non designatus.

9425 **Dimorphotheca** Moench, Methodus 585. 1794.
T.: *D. pluvialis* (Linnaeus) Moench (*Calendula pluvialis* Linnaeus) (*typ. cons.*).

9428 **Tripteris** Lessing, Linnaea **6**: 95. 1831.
T.: *T. arborescens* (N. J. Jacquin) Lessing (*Calendula arborescens* N. J. Jacquin) (*typ. cons.*).

9431 **Ursinia** J. Gaertner, Fruct. Sem. Pl. **2**: 462. 1791.
T.: *U. paradoxa* (Linnaeus) J. Gaertner (*Arctotis paradoxa* Linnaeus).

9434 **Gazania** J. Gaertner, Fruct. Sem. Pl. **2**: 451. 1791.
T.: *G. rigens* (Linnaeus) J. Gaertner (*Othonna rigens* Linnaeus).

(=) *Meridiana* J. Hill, Veg. Syst. **2**: 121**. 1761.
T.: *M. tesselata* J. Hill (Hort. Kew. 26. 1768).

9438 **Berkheya** Ehrhart, Neues Mag. Aertzte **6**: 303. 1784.
T.: *B. fruticosa* (Linnaeus) Ehrhart (*Atractylis fruticosa* Linnaeus).

(≡) *Crocodilodes* Adanson, Fam. Pl. **2**: 127, 545. 1763.

9439 **Didelta** L'Héritier, Stirp. Nov. 55. 1786.
T.: *D. tetragoniifolia* L'Héritier.

(=) *Breteuillia* Buchoz, Grand Jard. *t. 62*. 1785.
T.: *B. trianensis* Buchoz.

9446 **Siebera** J. Gay, Mém. Soc. Hist. Nat. Paris **3**: 344. 1827.
T.: *S. pungens* (Lamarck) A. P. de Candolle (Prodr. **6**: 531. 1838) (*Xeranthemum pungens* Lamarck).

(H) *Sieberia* C. Sprengel, Anleit. ed. 2. **2**(1): 282. 1817 [ORCHID.].
T.: non designatus.

9457 **Saussurea** A. P. de Candolle, Ann. Mus. Natl. Hist. Nat. **16**: 156, 196. 1810.
T.: *S. alpina* (Linnaeus) A. P. de Candolle (*Serratula alpina* Linnaeus) (*typ. cons.*).

(H) *Saussuria* Moench, Methodus 388. 1794 [LAB.].
T.: *S. pinnatifida* Moench, nom. illeg. (*Nepeta multifida* Linnaeus).

9464 **Silybum** Adanson, Fam. Pl. **2**: 116, 605. 1763.
T.: *S. marianum* (Linnaeus) J. Gaertner (Fruct. Sem. Pl. **2**: 378. 1791) (*Carduus marianus* Linnaeus) (*typ. cons.*).

(≡) *Mariana* J. Hill, Veg. Syst. **4**: 19. 1762.

9466 **Galactites** Moench, Methodus 558. 1794.
T.: *G. tomentosa* Moench (*Centaurea galactites* Linnaeus).

9476 **Amberboa** (Persoon) Lessing, Syn. Gen. Compos. 8. 1832.
T.: *A. moschata* (Linnaeus) A. P. de Candolle (Prodr. **6**: 560. 1837) (*Centaurea moschata* Linnaeus) (*typ. cons.*).

(=) *Amberboi* Adanson, Fam. Pl. **2**: 117, 516. 1763.
T.: *Centaurea lippii* Linnaeus.
(=) *Chryseis* Cassini, Bull. Sci. Soc. Philom. Paris **1817**: 33. 1817.
T.: *C. odorata* Cassini, nom. illeg. (*Centaurea amberboi* P. Miller).
(=) *Lacellia* Viviani, Fl. Lib. Sp. 58. 1824.
T.: *L. libyca* Viviani.

9479 **Cnicus** Linnaeus, Sp. Pl. 826. 1753.
T.: *C. benedictus* Linnaeus (*typ. cons.*).

9483 **Moquinia** A. P. de Candolle, Prodr. **7**: 22. 1838.
T.: *M. racemosa* (C. Sprengel) A. P. de Candolle (*Conyza racemosa* C. Sprengel) (*typ. cons.*).

(=) *Moquinia* A. Sprengel, Tent. Suppl. 9. 1828.
T.: *M. rubra* A. Sprengel.

9490 **Stifftia** Mikan, Del. Fl. Faun. Bras. *t. 1.* 1820.
T.: *S. chrysantha* Mikan.

9511 **Schlechtendalia** Lessing, Linnaea **5**: 242. 1830.
T.: *S. luzulifolia* Lessing.

(H) *Schlechtendalia* Willdenow, Sp. Pl. **3**: 2125. 1803 [COMP.].
T.: *S. glandulosa* (Cavanilles) Willdenow (*Willdenowa glandulosa* Cavanilles).

9528 **Gerbera** Linnaeus, Opera Var. 247. 1758.
T.: *G. linnaei* Cassini (Dict. Sci. Nat. **18**: 460. 1821) (*Arnica gerbera* Linnaeus) (*typ. cons.*).

9529 **Chaptalia** Ventenat, Jard. Cels *t. 61.* 1802.
T.: *C. tomentosa* Ventenat.

9545 **Moscharia** Ruiz et Pavón, Prodr. 103. 1794.
T.: *M. pinnatifida* Ruiz et Pavón (Syst. 186. 1798).

(H) *Moscharia* Forsskål, Fl. Aegypt.-Arab. lxxiv, 158. 1775 [LAB.].
T.: *M. asperifolia* Forsskål.

9560 **Krigia** Schreber, Gen. **2**: 532. 1791.
T.: *K. virginica* (Linnaeus) Willdenow
(Sp. Pl. **3**: 1618. 1803) (*Tragopogon virginicus* Linnaeus) (*typ. cons.*).

9574 **Leontodon** Linnaeus, Sp. Pl. 798. 1753.
T.: *L. hispidus* Linnaeus (*typ. cons.*).

9576 **Stephanomeria** Nuttall, Trans. Amer.
Philos. Soc. ser. 2. **7**: 427. 1841.
T.: *S. minor* (W. J. Hooker) Nuttall (*Lygodesmia minor* W. J. Hooker) (*typ. cons.*).

(=) *Ptiloria* Rafinesque, Atlantic J. **1**: 145. 1832.
T.: non designatus.

9578 **Rafinesquia** Nuttall, Trans. Amer. Philos. Soc. ser. 2. **7**: 429. 1841.
T.: *R. californica* Nuttall.

(H) *Rafinesquia* Rafinesque, Fl. Tell. **2**: 96. 1837 ('1836'), nom. altern. [LEGUM.].
≡ *Hosackia* Bentham ex Lindley 1829.

9581 **Podospermum** A. P. de Candolle in Lamarck et A. P. de Candolle, Fl. Franç. ed. 3. **4**: 61. 1805.
T.: *P. laciniatum* (Linnaeus) A. P. de Candolle (*Scorzonera laciniata* Linnaeus) (*typ. cons.*).

(≡) *Arachnospermum* F. W. Schmidt, Samml. Phys.-Ökon. Aufsätze **1**: 274. 1795.

9592 **Taraxacum** Wiggers, Prim. Fl. Holsat. 56. 1780.
T.: *T. officinale* Wiggers (*Leontodon taraxacum* Linnaeus) (*typ. cons.*).

(H) *Taraxacum* Zinn, Catal. 425. 1757 [COMP].
≡ *Leontodon* Linnaeus 1753.

9604 **Pyrrhopappus** A. P. de Candolle, Prodr. **7**: 144. 1838.
T.: *P. carolinianus* (Walter) A. P. de Candolle (*Leontodon carolinianus* Walter) (*typ. cons.*).

9604a **Thorelia** Gagnepain, Notul. Syst. (Paris) **4**: 18. 1920.
T.: *T. montana* Gagnepain.

(H) *Thorelia* Hance, J. Bot. **15**: 268. 1877 [SPERMATOPH.].
T.: *T. deglupta* Hance.

[HETEROPYXIDACEAE]

9712 **Heteropyxis** Harvey, Thes. Cap. **2**: 18. 1863.
T.: *H. natalensis* Harvey.

(H) *Heteropyxis* Griffith, Not. Pl. Asiat. **4**: 524. 1854 [BOMBAC.].
T.: *Boschia griffithii* Masters.

SPHENOPHYLLACEAE

Sphenophyllum A. T. Brongniart, Prodr. Hist. Vég. Foss. 68. 1828.
T.: *S. emarginatum* (A. T. Brongniart) A. T. Brongniart (*Sphenophyllites emarginatus* A. T. Brongniart).

(≡) *Sphenophyllites* A. T. Brongniart, Mém. Mus. Hist. Nat. **8**: 209 (*'Sphoenophyllites'*), 234, *t. 13[2], f. 8*. 1822.
(=) *Rotularia* Sternberg, Versuch Fl. Vorwelt **1**(2): 33. 1822.
T.: *R. marsileifolia* Sternberg.

CALAMARIACEAE

Asterophyllites A. T. Brongniart, Prodr. Hist. Vég. Foss. 159. 1828.
T.: *A. equisetiformis* (Sternberg) A. T. Brongniart (*Bornia equisetiformis* Sternberg).

(H) *Asterophyllites* A. T. Brongniart, Mém. Mus. Hist. Nat. **8**: 210. 1822 [FOSS.].
T.: *A. radiatus* A. T. Brongniart.
(≡) *Bornia* Sternberg, Versuch Fl. Vorwelt **1** (Tentamen): xxiii. 1825.
(=) *Bechera* Sternberg, Versuch Fl. Vorwelt **1** (Tentamen): xxx. 1825.
T.: *B. ceratophylloides* Sternberg.
(=) *Brukmannia* Sternberg, Versuch Fl. Vorwelt **1** (Tentamen): xxix, *t. 19, f. 1–2, t. 45, f. 2, t. 58, f. 1*. 1825.
T.: *B. tenuifolia* Sternberg.

Calamites A. T. Brongniart, Hist. Vég. Foss. **1**: 121. 1828.
T.: *C. radiatus* A. T. Brongniart.

(H) *Calamitis* Sternberg, Versuch Fl. Vorwelt **1**(1): 22. 1820 [FOSS.].
T.: *C. pseudobambusia* Sternberg.

MEDULLOSACEAE

Dolerotheca Halle, Kongl. Svenska Vetenskaps-akad. Handl. ser. 3. **12**: 42, *t. 9, t. 10, f. 1–2*. 1933.
T.: *D. fertilis* (Renault) Halle (*Dolerophyllum fertile* Renault).

(=) *Discostachys* Grand'Eury, Géol. Paléontol. Bassin Houiller Gard *t. 8, fig. 2*. 1890.
T.: *D. cebennensis* Grand'Eury.

MEGALOPTERIDACEAE

Megalopteris (Dawson) E. B. Andrews, Rep. Geol. Surv. Ohio **2**(2): 415. 1875.
T.: *M. dawsonii* (Hartt) E. B. Andrews (*Neuropteris dawsonii* Hartt).

(=) *Cannophyllites* A. T. Brongniart, Prodr. Hist. Vég. Foss. 130. 1828.
T.: *C. virletii* A. T. Brongniart.

GLOSSOPTERIDACEAE

Glossopteris A. T. Brongniart, Prodr. Hist. Vég. Foss. 54. 1828.
T.: *G. browniana* A. T. Brongniart (Hist. Vég. Foss. **1**: 222. 1831).

(H) *Glossopteris* Rafinesque, Anal. Nat. Tabl. Univ. 205. 1815 [PTERIDOPH.].
≡ *Phyllitis* J. Hill 1757.

GINKGOACEAE

Baiera C. F. W. Braun, Beitr. Petrefacten-Kunde **6**: 20. 1843.

T.: *B. muensteriana* (K. B. Presl) Heer (*Sphaerococcites muensterianus* K. B. Presl).

(H) *Bajera* Sternberg, Versuch Fl. Vorwelt **1** (Tentamen): 28. 1825 [FOSS.: CALAMAR.].

T.: *B. scanica* Sternberg.

CORDAITALES

Cardiocarpus A. T. Brongniart, Rech. Graines Foss. Silic. 20, *t. A 1–2.* 1880.

T.: *C. drupaceus* A. T. Brongniart.

(H) *Cardiocarpus* Reinwardt, Syll. Pl. Nov. **2**: 14. 1826 [SIMAROUB.].

T.: *C. amarus* Reinwardt.

Cordaianthus Grand'Eury, Mém. Acad. Roy. Sci. Inst. France **24**: 227, *t. 26, f. 4–12.* 1877.

T.: *C. gemmifer* Grand'Eury.

(=) *Botryoconus* Göppert, Paleontographica **12**: 152, *t. 21, f. 1.* 1864.

T.: *B. goldenbergii* Göppert.

APPENDIX IV

NOMINA UTIQUE REJICIENDA

The names printed in **bold-face** type, and all combinations based on these names, are ruled as rejected under Art. 69, and none is to be used.

These names are neither illegitimate nor invalid under Art. 6.

Later homonyms of a rejected name, and names illegitimate because of inclusion of the type of a rejected name, have no conserved status and are not to be used.

———————

Les noms imprimés en **caractères gras**, et toutes les combinaisons fondées sur ces noms, ont fait l'objet d'une décision de rejet en fonction de l'Art. 69; ni les uns ni les autres ne doivent être employés.

Ces noms ne sont ni illégitimes ni invalides au sens de l'Art. 6.

Les homonymes postérieurs d'un nom rejeté, et les noms rendus illégitimes par l'inclusion du type d'un nom rejeté, n'ont pas le statut d'un nom conservé et ne doivent pas être utilisés.

———————

Die **fett** gedruckten Namen sowie alle auf diesen Namen beruhenden Kombinationen sind nach den Bestimmungen von Art. 69 förmlich verworfen, und keine(r) von ihnen darf verwendet werden.

Diese Namen sind weder illegitim noch ungültig veröffentlicht (vgl. Art. 6).

Jüngere Homonyme eines verworfenen Namens und Namen, die aufgrund des Einschlusses des Typus eines verworfenen Namens illegitim sind, haben keinen geschützten Status und dürfen nicht verwendet werden.

———————

Bromus purgans Linnaeus, Sp. Pl. 76. 1753 [GRAM.].
LT.: *P. Kalm s.n.* (LINN 93. 11) (vide Hitchcock, Contr. U.S. Natl. Herb. **12**: 122. 1908).

INDEX TO APPENDIX III

In this Index, the Roman numerals refer to the sections I–XI preceding the *Spermatophyta* and to section XIII on p. 425. In sections I–XI the conserved generic names are listed alphabetically.

The Arabic numerals refer to the section XII *Spermatophyta*, where the names are arranged according to the Dalla Torre & Harms system.

Names printed in roman type refer to conserved names (left columns).

Names printed in *italics* refer to rejected names (right columns). In the sections I–XI and XIII the italicised names will be found under the heading of the corresponding conserved name (mentioned in each entry). For example: '*Acetabulum* VII (Acetabularia)' means that the rejected name *Acetabulum* will be found in section VII (*Chlorophyta*) under the conserved name *Acetabularia*.

Dans cet index, les chiffres romains désignent les sections I à XI qui précèdent les spermatophytes et XIII qui les suit. Dans les sections I à XI les noms génériques conservés se suivent dans l'ordre alphabétique.

Les chiffres arabes réfèrent à la section XII, spermatophytes. Ils sont ceux de la classification de Dalla Torre & Harms, que suit la disposition des noms conservés dans cette section.

Les noms imprimés en caractères romains sont ceux qui sont conservés (colonnes de gauche).

Les noms imprimés en italiques sont ceux qui sont rejetés (colonnes de droite). Dans les sections I–XI et XIII, on trouvera les noms rejetés par référence au nom conservé correspondant (mentionné chaque fois). Par exemple: '*Acetabulum* VII (Acetabularia)' signifie que le nom rejeté *Acetabulum* se trouve dans la section VII (*Chlorophyta*) à la suite du nom conservé *Acetabularia*.

In diesem Index verweisen römische Zahlen auf die Sektionen I–XI, die den Spermatophyten vorausgehen, und XIII, die ihnen folgt. In den Sektionen I–XI sind die geschützten Namen alphabetisch angeordnet.

Arabische Zahlen verweisen auf Sektion XII, Spermatophyten. Sie entsprechen der Numerierung bei Dalla Torre und Harms, nach welcher die geschützten Namen in dieser Sektion angeordnet sind.

Namen in Borgis-Satz sind geschützt (linke Spalte).

Kursiv gesetzte Namen sind verworfen (rechte Spalte). In den Sektionen I–XI und XIII findet man einen verworfenen Namen, indem man sich auf den entsprechenden geschützten Namen (der stets angegeben ist) bezieht. So bedeutet '*Acetabulum* VII (Acetabularia)', daß der verworfene Name *Acetabulum* in Sektion VII (*Chlorophyta*) hinter dem geschützten Namen *Acetabularia* steht.

Aberemoa 2680	Aerva 2317	Alternaria VIII
Abrotanifolia IV (Cystoseira)	Aeschynanthus 7824	Alvesia 7346
Abumon 1046	Afzelia 3509	Alysicarpus 3810
Acampe 1824	Agalinis 7604a	Alyxia 6616
Acantholimon 6348	*Agallochum* 5430	Amanitopsis VIII
Acanthonema 7835	Agapanthus 1046	Amaracus 7312
Acetabularia VII	*Agardhia* (*Agardia*) VII	*Amarella* 6509a
Acetabulum VII (Acetabularia)	(Mougeotia)	Amasonia 7156
Achimenes 7874	Agaricus VIII	Amberboa 9476
Achras 6386a	Agarum IV	*Amberboi* 9476
Achroanthes 1553	Agathis 20	*Amblostima* 1006
Achyrodes 374	Agathosma 4037	Amblyodon IX
Acidodontium IX	*Agati* 3747	*Ambuli* 7532
Acidoton 4415	*Agialid* 3980	Amellus 8887
Acinaria IV (Sargassum)	Aglaia 4189	*Amerimnon* 3821
Aconiopteris XI	Agonis 5600	Amianthium 955
(Elaphoglossum)	*Agrimonoides* 3377	*Ammios* 6014
Acouroa 3821	*Agyneia* 4302	Amomum 1344
Acranthera 8237	*Ahouai* 6632	Amorphophallus 723
Acronychia 4079	Ailanthus 4124	Ampelocissus 4910
Acrosporum VIII (Oidium)	*Alagophyla* 7887a	*Amphibia* II (Bostrychia)
Actinella III	Alangium 6154	Amphicarpaea 3860
Actinodontium IX	Alaria IV	Amphidium IX
(Lepidopilum)	*Albina* 1328	*Amphinomia* 3657
Actinomeris 9215	Aldina 3575	Amphirrhox 5259
Acuan 3450	Aleurodiscus VIII	Amphisphaeria VIII
Acyntha 1110	*Alga* 57	*Amphithrix* I (Homoethrix)
Adamaram 5544	*Alguelaguen* 7299	Amsinckia 7082
Adelanthus X	*Alicastrum* 1957	*Amyrsia* 5557
Adelaster 8069	*Alina* 2611	Anacampseros 2412
Adelia 4397	*Alismorkis* 1631	Anacolia IX
Adenandra 4038	Alkanna 7097	Anarrhinum 7485
Adenostegia 7632	Allionia 2348	Ancistrocarpus 4948
Adesmia 3800	Allodape 6251	Ancistrocladus 5400
Adlumia 2857	*Alloplectus* 7860	Andira 3841
Adolia 4874	*Allosorus* XI (Cheilanthes)	*Androgyne* 1714
Aduseton 3013	Alocasia 752	*Androphylax* 2570
Aechmea 861	*Aloidella* IX (Aloina)	Androstachys 4299a
Aedycia VIII (Mutinus)	Aloina IX	*Anecochilus* 1500
Aegle 4099	Alpinia 1328	Anemia XI
Aembilla 5304	Alstonia 6583	Anemopaegma 7665

Anepsa 957
Angianthus 9028
Angiopetalum 6291
Angiopteris XI
Angolam 6154
Anguillaria 974
Anguria 8598
Anictangium IX
  (Anoectangium)
Aniotum 3848
Anisonema VIIA
Anisotes 8096
Anneslea 5155
Anneslia 5155
Annulina VII (Cladophora)
Anodontium IX
  (Drummondia)
Anoectangium IX
Anoectochilus 1500
Anthriscus 5938
Antiaris 1956
Anzia VIII
Apalatoa 3495
Apatitia 5768
Aphananthe 1904
Aphanochaete VII
Aphanothece 1
Aphoma 975
Apios 3874
Apona II (Lemanea)
Aponogeton 65
Aposphaeria VIII
Appella 7185
Aptosimum 7467
Apuleia 3532
Aquilaria 5430
Arachnites 1386
Arachnitis 1386
Arachnodiscus III
  (Arachnoidiscus)
Arachnoidiscus III
Arachnospermum 9581
Araiostegia XI
Araliopsis 4073
Arceuthobium 2091
Arctostaphylos 6212
Ardisia 6285
Arduina 6064
Aremonia 3377
Arenga 575
Areschougia II
Argania 6370
Argolasia 1236
Argyrolobium 3673

Aristotela 4927
Aristotelia 4927
Armeria 6350
Armeriastrum 6348
Armoracia 2965a
Aronia 3338a
Arrhenopterum IX
  (Aulacomnium)
Artanema 7559
Arthonia VIII
Artocarpus 1946
Aschersonia VIII
Aschistodon IX (Ditrichum)
Ascidium VIII (Ocellularia)
Ascolepis 454
Ascophyllum IV
Aspidosperma 6588
Assonia 5053
Astasia VIIA
Astelia 1111
Asteristion VIII (Phaeotrema)
Asterophyllites XIII
Astrocaryum 668
Atalantia 4096
Atamosco 1181
Athenaea 7398
Atherurus 787
Atractylocarpus IX
Atrichum IX
Atropis 384
Atylus 2026
Augea 3967
Augia 3967
Augusta 8183
Aulacia 4089
Aulacodiscus III
Aulacomnium IX
Auricula III
Avoira 668
Aytonia X (Plagiochasma)
Azalea 6189

Babiana 1310
Baccifer IV (Cystoseira)
Bacopa 7546
Bahel 7559
Baiera XIII
Baillouviana II (Dasya)
Baitaria 2407
Balanites 3980
Balanoplis 1891a
Balbisia 3932
Balboa 5195

Balduina 9241
Balsamea 4151
Bambos 424
Bambusa 424
Bambusina VII
Banisteria 4226
Banksia 2068
Barbarea 2961
Barbula IX
Barosma 4036
Barraldeia 5525
Barringtonia 5506
Bartonia 6501
Bartramia IX
Bartramidula IX
Bartsia 7645
Baryxylum 3561
Basilaea 1088
Basteria 2663
Bathelium VIII (Trypethelium)
Baumgartia 2570
Baxtera 1044
Baxteria 1044
Bazzania X
Bechera XIII (Asterophyllites)
Belamcanda 1285
Belis 31
Belluccia 5768
Bellucia 5768
Belmontia 6483
Belou 4099
Belutta-Kaka 6677
Belvala 5436
Bembix 5400
Benjamina 4063
Benteca 8197
Benzoin 2821
Berchemia 4868
Bergena 3182
Bergenia 3182
Bergera 4090
Berkheya 9438
Berlinia 3516
Bernardia 4397
Berniera 2804
Bernieria 2804
Bernoullia 5035
Bernullia 5035
Berrya 4938
Bertolonia 5708
Bessera 1055
Beureria 7042
Beverna 1310
Biarum 784

Compsoa 967
Condalia 4862
Condea 7342
Conia VIII (Lepraria)
Conicephala x
  (Conocephalum)
Coniocarpon VIII (Arthonia)
Coniogramme XI
Coniothyrium VIII
Conjugata VII (Spirogyra)
Conocephalum x
Conocybe VIII
Convolvuloides 7003a
Conyza 8926
Copaiba 3490
Copaifera 3490
Copaiva 3490
Coprinarius VIII (Panaeolus)
Coptophyllum 8244
Coralloides VIII (Cladonia)
Cordaianthus XIII
Cordula 1393
Cordyceps VIII
Cordylanthus 7632
Cordyline 1108
Corinophoros VIII (Peccania)
Cornea II (Gelidium)
Coronopus 2884
Correa 4031
Correia 4031
Cortaderia 329
Cortinarius VIII
Corycarpus 356
Corydalis 2858
Corynephorus 269
Cosmibuena 8209
Cosmiza 7900
Coublandia 3837
Coumarouna 3845
Crabbea 7972
Cracca 3745
Crantzia 7860
Crassina 9155
Crassocephalum 9405
Craterella VIII (Craterellus)
Craterellus VIII
Crepidopus VIII (Pleurotus)
Crocodilodes 9438
Crocynia VIII
Crossidium IX
Cruckshanksia 8158
Crudia 3495
Crumenula VII (Lepocinclis)
Crypsis 221

Cryptanthus 846
Cryptogyne 6384
Cryptopleura II
Cryptotaenia 6015
Cryptothecia VIII
Ctenium 286
Ctenodus II (Phacelocarpus)
Cudrania 1942
Culcasia 690
Cumingia 5036
Cummingia 5036
Cunninghamia 31
Cunonia 3275
Cunto 4079
Cupulissa 7665
Cuspidaria 7668
Cussambium 4767
Cuviera 8357
Cyanotis 904
Cyanotris 1087
Cyathula 2312
Cybele 2066
Cybianthus 6301
Cyclobalanopsis 1893
Cylindrocarpon VIII
Cylista 3897
Cymatopleura III
Cymodocea 60
Cynodon 282
Cynodontium IX
Cynontodium IX (Distichium)
Cynophallus VIII (Mutinus)
Cyphella VIII (Aleurodiscus)
Cystanthe 6254
Cysticapnos 2858
Cystophora IV
Cystopteris XI
Cystoseira IV
Cytinus 2180
Cytisogenista 3682a

Daboecia 6195
Dactilon 282
Dactylicapnos 2856
Dalbergia 3821
Daldinia VIII
Dalea 3709
Daltonia IX
Damapana 3796
Danaa XI (Danaea)
Danaea XI
Danthonia 280
Darlingtonia 3131

Dasus 8412
Dasya II
Dasyphylla II (Chondria)
Daun-contu 8430
Decaisnea 2551
Deguelia 3838
Delesseria II
Dendrella III
  (Didymosphenia)
Dendrobium 1694
Dendrorkis 1565
Dendrosicus 7757
Denhamia 4623
Deprea 7398
Deringa 6015
Derminus VIII (Pholiota)
Derris 3838
Descurainia 2997
Desmanthus 3450
Desmarestia IV
Desmodium 3807
Desmoncus 670
Desmotrichum IV
Detris 8919
Diapedium 8031
Diaphanophyllum IX
  (Ditrichum)
Diarrhena 356
Diatoma III
Diatomella III
Diatrema 7003a
Diatremis 7003a
Dicentra 2856
Diceros 7532
Dichiton x (Cephaloziella)
Dichorisandra 909
Dichotomocladia IV
  (Carpomitra)
Dichromena 492
Dichrostachys 3452
Dicliptera 8031
Diclytra 2856
Dictyoloma 4063
Dictyopteris IV
Dictyosiphon IV
Dictyota IV
Didelta 9439
Didissandra 7809
Didymocarpus 7810
Didymosphenia III
Dictomis 134a
Dietes 1265a
Digitaria 166a
Dilasia 899a

433

Dimorphanthes 8926
Dimorphotheca 9425
Diomphala III
 (Didymosphenia)
Dipetalia 3126
Diphaca 3792
Dipholis 6373
Diphryllum 1494
Diplandra 5826
Diplocystis I (Microcystis)
Diplodium 1449
Diplogon 8844
Diplonyx 3722
Diplophyllum X
Diplostromium IV
 (Desmotrichum)
Diplukion 7382
Dipteryx 3845
Disarrenum 206
Disceraea VII
 (Haematococcus)
Discostachys XIII
 (Dolerotheca)
Disiphonia III (Diatomella)
Disparago 9039
Dissotis 5659
Distichium IX
Ditrichum IX
Dolerotheca XIII
Dolichandrone 7741
Dolicholus 3897
Dolichos 3910
Dombeya 5053
Donatia 3204
Dontostemon 3050
Doona 5214
Doryopteris XI
Dothiora VIII
Douglasia 6318
Douglassia 6318
Downingia 8706
Dracocephalum 7250
Dregea 6914
Drepanophyllaria IX
 (Hygroamblystegium)
Drimys 2658
Drummondia IX
Dryandra 2069
Drymoglossum XI
Drynaria XI
Dryopteris XI
Duchekia 894
Dudresnaya II
Dufourea VIII (Xanthoria)

Duguetia 2680
Dunalia 7380
Dupatya 830
Durandea 3947
Duroia 8316

Ecastaphyllum 3821
Ecballium 8596
Echinaria 320
Echinochloa 166
Echinocystis 8629
Eclipta 9166
Ectocarpus IV
Ehrharta 201
Eichhornia 921
Elachista IV
Elaphoglossum XI
Elaphrium 4150
Elaterium 8596
Elatostema 1988
Elayuna 3528
Elephas 7949
Eleutherine 1292
Ellimia 3126
Ellisia 7023
Ellisius II (Heterosiphonia)
Ellobum 7809
Elutheria 4190
Elytraria 7908
Elytrospermum 468b
Embelia 6310
Emex 2194
Enallagma 7757
Enargea 1146
Encentrus 4627
Enchidium 4449
Endespermum 4470
Endlichera 2811a
Endlicheria 2811a
Endophis VIII (Leptorhaphis)
Endosigma III (Pleurosigma)
Endospermum 4470
Enicostema 6484
Enneastemon 2691a
Entada 3468
Enteromorpha VII
Epacris 6260
Ephemerella IX
Ephemerum IX
Ephippium 1704
Ephynes 5665
Epibaterium 2570
Epicostorus 3316

Epidendrum 1614
Epifagus 7792
Epineuron II (Vidalia)
Epipactis 1482
Epiphylla II (Phyllophora)
Eranthis 2528
Erica 1697
Ericaria IV (Cystoseira)
Eriocladus VIII
 (Lachnocladium)
Eriosema 3898
Erophila 2989a
Eroteum 5157b
Erporkis 1516
Erythrospermum 5278
Erythrotrichia II
Eschenbachia 8926
Espera 4938
Etlingera 1344
Euclidium 3038
Eucnide 5384
Eucomis 1088
Eulophia 1648
Eulophus 1648
Euosma 6450
Eupatoriophalacron 9166
Euphyllodium III (Podocystis)
Eupodiscus III
Euriosma 3898
Euscaphis 4667
Eusideroxylon 2793
Eustichium IX (Bryoxiphium)
Euterpe 631
Evea 8411
Exilaria III (Licmophora)
Exocarpos 2097
Eysenhardtia 3708
Eystathes 4281

Fagara 3991
Fagaster 1889
Fagopyrum 2202
Falcaria 6018
Falcata 3860
Fasciata (Fascia) IV
 (Petalonia)
Fastigiaria II (Furcellaria)
Fedia 8530
Felicia 8919
Ferolia 1957
Ficinia 465
Filago 8969
Filaspora VIII (Rhabdospora)

Filix XI (Dryopteris)
Fimbriaria II (Odonthalia)
Fimbristylis 471
Fittonia 8069
Flavicoma 8042
Flemingia 3899
Forsythia 6421
Franseria 9147
Freziera 5157b
Frustulia III
Funckia 1111
Funicularius IV (Himanthalia)
Furcellaria II
Furera 7317
Fuscaria II (Rhodomela)
Fusidium VIII
  (Cylindrocarpon)

Gabura VIII (Collema)
Gaertnera 8428
Gaertneria 9147
Galactites 9466
Galax 6277
Galedupa 3836
Gamoscyphus IX
  (Heteroscyphus)
Gansblum 2989a
Gardenia 8285
Gasparrinia VIII (Caloplaca)
Gastrochilus 1822
Gastroclonium II
Gausapia VIII (Septobasidium)
Gautieria VIII
Gaylussacia 6215
Gazania 9434
Gelidium II
Genosiris 1289
Gentianella 6509a
Geophila 8410
Gerardia 7990
Gerbera 9528
Ghesaembilla 6310
Gigalobium 3468
Giganthemum 3589
Glabraria 4943
Glandulifolia 4038
Gleichenia XI
Glenospora VIII
  (Septobasidium)
Globifera 7549
Glochidion 4302
Gloeocapsa I
Glossopteris XIII

Glossostigma 7556
Glossula 1403a
Glyceria 383
Glycine 3864
Glycycarpus 4600
Glyphocarpa IX (Anacolia)
Glyphocarpa IX
  (Bartramidula)
Goetzea 7421
Goldbachia 2923
Gomozia 8445
Gomphonema III
Gomphonema III
  (Didymosphenia)
Gomphotis 5621
Gongolaria IV (Cystoseira)
Gongrosira VII
Gordonia 5148
Gothofreda 6857
Gracilaria II
Grammita II (Polysiphonia)
Granularius IV (Dictyopteris)
Graphorkis 1648
Grateloupella II
  (Polysiphonia)
Grevillea 2045
Grislea 5538
Grona 3807
Guaiabara 2209
Guarea 4190
Guatteria 2679
Guizotia 9222
Gustavia 5510
Gymnocephalus IX
  (Aulacomnium)
Gymnoderma VIII
Gymnogrammitis XI
  (Araiostegia)
Gymnomitrion X
Gymnopus VIII (Collybia)
Gymnoscyphus X
  (Solenostoma)
Gymnosporia 4627
Gymnostomum IX
Gymnozyga VII (Bambusina)
Gynandropsis 3087
Gynocephalum 4712
Gynopogon 6616
Gynura 9405
Gyrocephalus VIII (Gyromitra)
Gyromitra VIII
Gyrosigma III
Gyrosigma III (Pleurosigma)
Gyroweisia IX

Haematococcus VII
Haenkea 4038
Halenia 6513
Halesia 6410
Halidrys IV
Halimeda VII
Hantzschia III
Haplohymenium IX
Haplolophium 7673
Haplomitrium X
Haplopappus 8852
Haplophyllum 4012a
Hariota 5416
Harissona 4117
Harrisonia 4117
Hartogia 4037
Haworthia 1029
Hebecladus 7388
Heberdenia 6288
Hebokia 4667
Hedusa 5659
Hedwigia IX
Heisteria 2147
Heleophylax 468b
Helichrysum 9006
Helicodiceros 779
Heliconia 1321
Helinus 4905
Helleborine 1482
Helminthocladia II
Helminthora II
Helminthosporium VIII
Helodium IX
Heloniopsis 952
Helosis 2163
Helospora 8365
Helvingia 6157
Helwingia 6157
Hemieva 3187
Hemimeris 7472
Hemiptychus III
  (Arachnoidiscus)
Hemisphaeria VIII (Daldinia)
Henckelia 7810
Hendersonia VIII
  (Stagonospora)
Henrya 8028
Hepetis 878
Herbacea IV (Desmarestia)
Hermesias 3524
Hermupoa 3103
Herposteiron VII
  (Aphanochaete)
Hesperochiron 7029

435

Hessea 1166
Heteranthera 924
Heteranthus 272
Heterolepis 9057
Heteromorpha 5992
Heteropteris 4226
Heteropyxis 9712
Heteroscyphus IX
Heterosiphonia II
Hexalepis 891
Hexonix 952
Hibiscus 5013
Hicorius 1882
Hierochloë 206
Hierochontis 3038
Himanthalia IV
Himantoglossum 1399
Hippeastrum 1208
Hippoperdon VIII (Calvatia)
Hippurina IV (Desmarestia)
Hirneola VIII
Hirneola VIII (Mycobonia)
Hoffmannseggia 3557
Hofmannia 7312
Hohenbuehelia VIII (Pleurotus)
Hoiriri 861
Holcus 257
Holigarna 4604
Holodiscus 3332
Holomitrium IX
Holothrix 1408
Homaïd 784
Homalocenchrus 194
Homoeocladia III (Nitzschia)
Homoeothrix I
Hondbessen 8430
Hookera IX (Hookeria)
Hookeria IX
Hopea 5215
Hormiscia VII (Urospora)
Hormogyne 6368a
Hormosira IV
Hosta 1018
Houttuynia 1857
Hugueninia 2997
Humboldtia 3518
Humiria 3953
Huttum 5506
Hyalina IV (Desmarestia)
Hybanthus 5271
Hydnum VIII
Hydrodictyon VII
Hydrolapatha II (Delesseria)
Hydrolea 7037

Hydropityon 7532
Hydrurus V
Hygroamblystegium IX
Hylogyne 2062
Hymenocarpos 3693
Hymenochaete VIII
Hymenodictyon 8197
Hypaelyptum 452
Hyperbaena 2611
Hypnum IX
Hypocistis 2180
Hypodiscus 816
Hypolaena 815
Hypopeltis XI (Polystichum)
Hypoxylon VIII
Hyptis 7342

Icacorea 6285
Ichnocarpus 6683
Ichthyomethia 3839
Idesia 5331
Ilicioides 4615
Ilmu 1261
Imhofia 1175
Inocarpus 3848
Inochorion II (Rhodophyllis)
Iochroma 7382
Ioxylon 1918
Iphigenia 975
Ipo 1956
Ipomoea 7003
Iresine 2339
Iria 471
Iridaea II
Iridea II (Iridaea)
Iridorkis 1558
Isidium VIII (Pertusaria)
Isoglossa 8079
Isopogon 2026
Ithyphallus VIII (Mutinus)
Ixia 1302

Jacobinia 8097
Jambolifera 4079
Jambosa 5582
Jambosa 5583
Jamesia 3209
Japarandiba 5510
Jimensia 1533
Johnsonia 1037
Josephia 2069
Julocroton 4349
Juncoides 937

Kajuputi 5603
Kalawael 3424a
Kaliformis II (Chylocladia)
Kara-angolam 6154
Karekandel 5525
Karkinetron 2208
Katoutheka 6285
Katou-Tsjeroe 4604
Kennedia 3868
Kernera 2908
Kerstingiella 3910a
Kieseria 5144
Killinga 462
Knightia 2064
Kniphofia 1024
Kokabus 7388
Kokera 2297
Kolman VIII (Collema)
Kopsia 6626
Kosteletzkya 5015
Kozola 952
Krempelhuberia VIII
   (Pseudographis)
Krigia 9560
Kuhnia 8823
Kuhnistera 3710
Kukolis 7388
Kundmannia 6064
Kyllinga 462

Labatia 6365
Labisia 6291
Lacellia 9476
Lachnanthes 1161
Lachnocladium VIII
Lacinaria 8826
Laelia 1617
Laennecia 8926
Laetia 5338
Lagascea 9101
Lagenula 4918a
Lamarckia 374
Laminaria IV
Lamourouxia 7650
Lanaria 1236
Landolphia 6562
Langermannia VIII (Calvatia)
Lannea 4563
Laothoë 1007
Laplacea 5149
Laportea 1980
Larrea 3973
Laschia VIII (Hirneola)

436

Lasianthus 8412
Lass 5007
Laurelia 2775
Laurencia II
Laxmannia 1032
Layia 9258
Leaeba 2570
Lebetanthus 6251
Leda VII (Zygogonium)
Leea 4919
Leersia 194
Leiotheca IX (Drummondia)
Lejeunea X
Lemanea II
Lembidium X
Lenormanda II (Lenormandia)
Lenormandia II
Lens 3853
Leobordia 3657
Leonicenia 5759
Leontodon 9574
Leontopetaloides 1248
Leopoldia 1095a
Leopoldia 1208
Leperzia 1211
Lepia 9155
Lepicephalus 8541
Lepidanthus 816
Lepidocarpus 2035
Lepidopilum IX
Lepidostemon 3022
Lepidozia X
Lepocinclis VIIA
Lepra VIII (Pertusaria)
Lepraria VIII
Leproncus VIII (Pertusaria)
Leptaxis 3196
Leptocarpus 808
Leptochaete I (Homoeothrix)
Leptodon IX
Leptohymenium XI
   (Platygyrium)
Leptorhaphis VIII
Leptorkis 1556
Leptospermum 5599
Leptosphaeria VIII
Leptostomum IX
Lerchea 8130
Lerchia 8130
Lessertia 3756
Letharia VIII
Lettsomia 5157b
Leucadendron 2037
Leucocarpum 4623

Leucoloma IX
Leucopogon 6262a
Leucospermum 2036
Levisticum 6083
Liatris 8826
Libertia 1283
Lichen VIII (Parmelia)
Lichina VIII
Lichtensteinia 5990
Licmophora III
Ligularia 9412
Liliastrum 982
Limnanthes 4542
Limnophila 7532
Limodorum 1483
Limonium 6351
Lindera 2821
Lindleya 3328
Linkia 2023
Linociera 6428
Liparis 1556
Lipocarpha 452
Lippius X (Saccogyna)
Lissochilus 1648
Listera 1494
Lithophragma 3197
Litsea 2798
Lloydia 1077
Lobularia 3013
Locandi 4109
Logania 6450
Loghania 6450
Loiseleuria 6189
Lomatia 2063
Lonchocarpus 3834
Lonchostoma 3286
Lopadium VIII
Lophanthera 4247
Lophidium XI (Schizaea)
Lophiodon IX (Ditrichum)
Lophiostoma VIII
Loranthus 2074
Lorea IV (Himanthalia)
Lotononis 3657
Lotophyllus 3673
Loudetia 278a
Lourea 3899
Lucernaria VII (Zygnema)
Lucya 8140
Ludovia 682
Luehea 4959
Lunanea 5334
Lunania 5334
Lundia 7697

Luzula 937
Luzuriaga 1146
Lycianthes 7407a
Lycopodioides XI (Selaginella)
Lyginia 800
Lygistum 8204
Lygodium XI
Lygos 3675a
Lyngbyea I (Lyngbya)
Lyngbya 1
Lyonia 6200
Lysanthe 2045
Lysigonium III (Melosira)

Macaglia 6588
Machaerium 3823
Mackaia 8039
Mackaya 8039
Maclura 1918
Macrocalyx 7023
Macrodon IX (Leucoloma)
Macrolobium 3517
Macroplodia VIII
   (Sphaeropsis)
Macrosporium VIII
   (Alternaria)
Macrotyloma 3910a
Mahonia 2566
Maianthemum 1119
Majorana 7314
Malache 5007
Malapoenna 2798
Malcolmia 3032
Malnaregam 4096
Malvastrum 4995
Malveopsis 4995
Mamboga 8227
Mammillaria 5411
Mancoa 2973
Manettia 8204
Manilkara 6386a
Manisuris 127
Manuela 7517
Mappia 4693
Marasmius VIII
Marchesinia X
Mariana 9464
Mariscus 459
Marshallia 9247
Martensia II
Martensia 1328
Martinellius X (Radula)
Martinezia 612, 631

437

Mastigophora x
Mastigophora x (Lepidozia)
Matteuccia xi
Matthiola 3042
Maximiliana 660
Maximilianea 660
Mayepea 6428
Meesia ix
Megalangium ix
　(Acidodontium)
Megalopteris xiii
Megapleilis 7887a
Megotigea 779
Meibomia 3807
Meistera 1344
Melaleuca 5603
Melancranis 465
Melanogaster viii
Melocactus 5409
Melosira iii
Membranifolia ii
　(Phyllophora)
Meratia 2663a
Meriana 5692
Meriania 5692
Meridiana 9434
Merkia ix (Pellia)
Merremia 6997
Mertensia 7102
Mesembryanthemum 2405
Mesoptera 8353
Mesosphaerum 7342
Metasequoia 32a
Metrosideros 5588
Metroxylon 565
Metzleria ix
　(Atractylocarpus)
Michauxia 8651
Miconia 5759
Micrampelis 8629
Micrandra 4435
Micranthemum 7549
Micranthus 1313
Microchaete 1
Microcystis 1
Microlepis 5648
Micromelum 4089
Micromeria 7305
Micromphale viii
　(Marasmius)
Microsperma 5384
Microspora vii
Microstylis 1553
Microtropis 4621

Mikania 8818
Milligania 1112
Miltonia 1778
Mindium 8656
Miquelia 4713
Mischocarpus 4820
Mitragyna 8227
Mitragyne 8227
Mitraria 7853
Mittenothamnium ix
Mnesiteon 9241
Mniobryum ix
Mnium ix
Moenchia 2432
Mokof 5153
Mollia 4960
Mondo 1140
Moniera 7546
Monilia viii
Moniliformia iv (Hormosira)
Monochaetum 5665
Monotris 1408
Monstera 700
Montrichardia 730
Moorea 329
Moquinia 9483
Moraea 1265
Moscharia 9545
Mougeotia vii
Mucuna 3877
Muehlenbeckia 2208
Muellera 3837
Muelleriella ix
Muraltia 4278
Murdannia 899a
Murraya 4090
Musaefolia iv (Alaria)
Mutinus viii
Mycobonia viii
Mylia x
Myrinia ix
Myriophylla ii (Botryocladia)
Myriostigma viii
　(Cryptothecia)
Myristica 2750
Myroxylon 3584
Myrstiphyllum 8399
Myrteola 5557
Myrtopsis 4020
Mystacinus 4905
Myxonema vii
　(Stigeoclonium)

Nageia 13
Nalagu 4919
Nama 7033
Nani 5588
Naravelia 2542
Nardia x
Naregamia 4172
Naron 1265a
Narthecium 944
Nasturtium 2965
Naudinia 4060
Nazia 143
Neckera ix
Neckeria ix (Neckera)
Nectandra 2790
Needhamia 3718
Neesia 5040
Nelanaregam 4172
Nemia 7517
Nemopanthus 4615
Nemophila 7022
Neolitsea 2797
Neottia 1495
Nephroia 2570
Nereidea ii (Plocamium)
Nerine 1175
Nertera 8445
Nervilia 1468
Neslia 2988
Nestronia 2109
Neurocarpus iv (Dictyopteris)
Nicandra 7377
Nidularia viii
Niemeyera 6382
Nigredo viii (Uromyces)
Nissolia 3784
Nissolius 3823
Nitophyllum ii
Nitzschia iii
Nocca 9101
Nodularia i
Nodularius iv (Ascophyllum)
Nodulosphaeria viii
　Leptosphaeria
Nomochloa 468a
Nothofagus 1889
Nothopegia 4600
Nothoscordum 1050
Notjo 7714
Nunnezharia 594
Nuphar 2514
Nyctophylax 1332
Nymphaea 2513
Nymphozanthus 2514

438

439

Physalodes 7377
Physedium IX (Ephemerella)
Physocarpa 3316
Physocarpus 3316
Phytocrene 4712
Phytoxis 7299
Piaropus 921
Pickeringia 3619
Picramnia 4131
Pierrea 5221
Pigafetta 567
Pilea 1984
Pileocalyx 5585
Piliocalyx 5585
Piliostigma 3528
Pimelea 5467
Pinellia 787
Pinnularia III
Piptolepis 8761
Piratinera 1957
Piscidia 3839
Pitcairnia 878
Pithecellobium 3441
Pittosporum 3252
Placodion VIII (Peltigera)
Placus 8939
Plagiochasma x
Plagiochila x
Planchonella 6368a
Plaso 3876
Platanthera 1410
Platisphaera VIII
  (Lophiostoma)
Platolaria 7665
Platonia 5205
Platychloris VII
  (Chloromonas)
Platygyrium IX
Platylepis 1516
Platylophus 3269
Platyphyllum VIII (Cetraria)
Plaubelia IX (Trichostomum)
Plectranthus 7350
Plectronia 5428
Plenckia 4637
Pleonosporium II
Pleospora VIII
Pleurendotria 3197
Pleuridium IX
Pleurochaete IX (Tortella)
Pleurolobus 3807
Pleuropus VIII (Panus)
Pleurosigma III
Pleurospa 730

Pleurotus VIII
Pleurozium IX
Plocamium II
Plocaria II (Gracilaria)
Plumaria II
Plumaria II (Ptilota)
Pneumaria 7102
Podalyria 3621
Podanthes 9150
Podanthus 9150
Podocarpus 13
Podocarpus 15
Podocratera VIII (Tholurna)
Podocystis III
Podolepis 9054
Podosperma 9009
Podospermum 9581
Podospora VIII
Podotheca 9009
Pogomesia 910
Poiretia 3789
Polemannia 6045
Polia 2455
Polichia 2467
Pollichia 2467
Pollinia 134c
Polyacanthus 4627
Polyblastia VIII
Polycarpaea 2455
Polychroa 1987
Polycystis VIII (Urocystis)
Polygonastrum 1118
Polyneura II
Polyphragmon 8365
Polypompholyx 7900
Polyschidea IV (Saccorhiza)
Polysiphonia II
Polystachya 1565
Polystichum XI
Pongam 3836
Pongamia 3836
Pongelia 7741
Pongelion 4124
Porina VIII
Porocarpus 8365
Porphyra II
Porphyridium II
Porphyrostromium II
  (Erythrotrichia)
Posidonia 57
Possira 3574
Premna 7185
Prestoea 612
Prestonia 6702

Printzia 9059
Prionitis II
Pritchardia 542
Protea 2035
Protium 4137
Pseudo-brasilium 4131
Pseudo-fumaria 2858
Pseudographis VIII
Pseudomonilia VIII (Candida)
Psilanthus 8388
Psilobium 8237
Psophocarpus 3914
Psychotria 8399
Psychotrophum 8399
Pteretis XI (Matteuccia)
Pteridium XI
Pterigynandrum IX
  (Platygyrium)
Pterocarpus 3828
Pterococcus 4421
Pterogonium IX (Platygyrium)
Pterolepis 5632
Pterolobium 3553
Pteronia 8862
Pterophorus 8862
Pterophyllus VIII (Pleurotus)
Pteropsis XI (Drymoglossum)
Pterospermum 5080
Pterostylis 1449
Pterota 3991
Pterygoneurum IX
Ptilochaeta 4234
Ptiloria 9576
Ptilota II
Ptychomitrium IX
Ptyxostoma 3286
Pubeta 8316
Puccinellia 384
Pucciniola VIII (Uromyces)
Pulina VIII (Lepraria)
Pungamia 3836
Pupal 2314
Pupalia 2314
Pycnanthemum 7317
Pygmaea VIII (Lichina)
Pyrenacantha 4709
Pyrenodesmia VIII (Caloplaca)
Pyrrhopappus 9604
Pythion 723
Pythium VIII

Quinata 3823
Quinchamalium 2120

Racodium VIII
Raddetes VIII (Conocybe)
Radula x
Rafinesquia 9578
Ramalina VIIIA
Ramaria VIII
Ramonda 7800
Ramondia 7800
Raphanis 2965a
Raphanozon VIII (Telamonia)
Rapistrum 2956
Razoumofskya 2091
Reboulia x
Rechsteineria 7887a
Rehmannia 7592
Reichardia 3553
Reineckea 1129
Reineria 3718
Renealmia 1331
Restio 804
Resupinatus VIII (Pleurotus)
Retama 3657a
Reticula VII (Hydrodictyon)
Reussia 923
Rhabdonema III
Rhabdospora VIII
Rhaphiolepis 3339
Rhaphis 134c
Rhipidium VIII
Rhipsalis 5416
Rhizosolenia III
Rhodomela II
Rhodophyllis II
Rhodopis 3871
Rhodopsis 3871
Rhodothamnus 6191
Rhodymenia II
Rhynchanthera 5676
Rhynchocorys 7649
Rhynchosia 3897
Rhynchospora 492
Rhyssopteris 4222
Rhytiglossa 8079
Riccardia x
Richaeia 5528
Richea 6254
Ricotia 2968
Ridan 9215
Riedelia 1332
Robertia 6374
Robillarda VIII
Robinsonia 9382
Robynsia 8473a
Rochea 3171

Rochelia 7124
Romulea 1261
Rothia 3659
Rottboelia 127
Rottboellia 127
Rotularia XIII
  (Sphenophyllum)
Rourea 3424
Ruelingia 5060
Rulingia 5060
Rupinia x (Plagiochasma)
Ryania 5341
Rymandra 2064
Rynchanthera 5676

Saccharina IV (Laminaria)
Saccidium 1408
Saccocalyx 7306
Saccogyna x
Saccolabium 1822
Saccorhiza IV
Sagotia 4452
Saguerus 575
Sagus 565
Salgada 2793
Salken 3838
Salmea 9208
Salmia 9208
Salomonia 4277
Samadera 4109
Samyda 5337
Sanseverinia 1110
Sansevieria 1110
Santalodes 3424a
Santaloides 3424a
Sarcanthus 1824
Sarcoderma II (Porphyridium)
Sarcodum 3753
Sargassum IV
Sargentia 4074
Sarmienta 7854
Sarothamnus 3682a
Satyrium 1430
Saurauia 5109
Saussurea 9457
Saussuria 9457
Savastana 206
Scaevola 8716
Scaligera 5964
Scaligeria 5964
Scalius x (Haplomitrium)
Scalptrum III (Gyrosigma)
Scalptrum III (Pleurosigma)

Scandalida 3699
Scapania x
Schauera 8042
Schaueria 8042
Schefflera 5852
Schelhameria 962
Schelhammera 962
Schisandra 2656
Schizaea XI
Schizocalyx 8215
Schizonotus 3323
Schizothecium VIII
  (Podospora)
Schkuhria 9291
Schlechtendalia 9511
Schleichera 4767
Schlotheimia XIII
  (Asterophyllites)
Schmidtia 312
Schoenodum 808
Schoenolirion 1006
Schoenoplectus 468b
Schotia 3506
Schouwia 2940
Schradera 8241
Schraderia 8241
Schranckia 3448
Schrankia 3448
Schrebera 6422
Schubertia 6772
Schultesia 6526
Schultzia 6058
Schulzia 6058
Sciadophyllum 5852
Sckuhria 9291
Sclerodontium IX
  (Leucoloma)
Scleropyrum 2103
Sclerotinia VIII
Scolochloa 381
Scolopia 5304
Scopolia 7393
Scopularia 1408
Scurrula 2074
Scutarius II (Nitophyllum)
Scutia 4874
Scytophyllum 4627
Scytosiphon IV
Scytosiphon IV
  (Dictyosiphon)
Sechium 8636
Securidaca 4275
Securigera 3694
Securinega 4297

441

Tardavel 8473
Tariri 4131
Tauschia 5977
Tectona 7181
Tekel 1283
Telamonia VIII
Telopea 2062
Tema 166
Tephrosia 3718
Terminalia 5544
Terminalis 1108
Ternstroemia 5153
Tessella III (Rhabdonema)
Tetradonta VII (Chloromonas)
Tetragonolobus 3699
Tetralix 5353
Tetramerium 8028
Tetranema 7510
Tetrapodiscus III
  (Aulacodiscus)
Thamnea 3284
Thamnia 3284
Thamnolia VIII
Theka 7181
Thelopsis VIII
Thelypteris XI
Theodora 3506
Thespesia 5018
Thevetia 6632
Tholurna VIII
Thorelia 9604a
Thorntonia 5015
Thouinia 4733
Thryallis 4244
Thryptomene 5621
Thunbergia 7914
Thymelaea 5453
Thymopsis 9289
Thysanotus 992
Timmia IX
Timonius 8365
Tinantia 910
Tingulong 4137
Tissa 2450
Tithymaloides 4501
Tithymalus 4498a
Tittmannia 3285
Tobira 3252
Toddalia 4077
Tolmiea 3196
Toluifera 3584
Tomentella VIII
Torresia 206
Torreya 17

Tortella IX
Tortula IX
Touchiroa 3495
Toulichiba 3597
Tounatea 3574
Tournesol 4355
Tourrettia 7766
Tovara 3081
Tovaria 3081
Trachyspermum 6014
Tragus 143
Tremella VIII
Trentepohlia VII
Treubia X
Triceros 4666
Trichilia 4195
Trichocalyx 8100
Trichocolea X
Trichodesma 7056
Trichodesmium I
Tricholoma VIII
Trichosporum 7824
Trichostachys 8397
Trichostomum IX
Trichostomum IX (Ditrichum)
Tricondylus 2063
Tricyrtis 967
Trigoniastrum 4264
Trigonostemon 4449
Triguera 7392
Trinia 5998
Triplochiton 5022a
Tripodiscus III (Aulacodiscus)
Tripteris 9428
Trochera 201
Trophis 1917
Trypethelium VIII
Tryphia 1408
Tsjeru-caniram 2124
Tubercularia VIII
Tubiflora 7908
Tuburcina VIII (Urocystis)
Tulbaghia 1047
Tulisma 7887a
Tumboa 48
Turpinia 4666

Ucacou 9224
Ugena XI (Lygodium)
Uloma 7760
Ulticona 7388
Ulva VII
Uncaria 8228

Unifolium 1119
Unxia 9285
Urbania 7139
Urceola 6639
Urceolaria 7854
Urceolina 1211
Urocystis VIII
Uromyces VIII
Uropedium 1393b
Urospora VII
Ursinia 9431
Urticastrum 1980
Uva-ursi 6212

Vaginata VIII (Amanitopsis)
Vagnera 1118
Vahea 6562
Vahlia 3201
Valerianoides 7151
Vallota 1178
Valota 1178
Valteta 7382
Vanieria 1942
Variolaria VIII (Pertusaria)
Vaupelia 7124a
Vaupellia 7124a
Vedela 6285
Veitchia 639
Venana 3225
Ventenata 272
Ventenatia 272
Venturia VIII
Vermicularia 7151
Vernonia 8751
Verrucaria VIII
Versipellis VIII (Xerocomus)
Vertebrata II (Polysiphonia)
Verticordia 5625
Vibo 2194
Viborgia 3661
Viborquia 3708
Vidalia II
Vigna 3905
Vilaria 8296
Villanova 9285
Villaria 8296
Villarsia 6544
Vireya 7860
Virgilia 3608
Vismia 5171
Vitaliana 6318
Viticella 7022
Voandezia 3905

Vochysia 4266
Volubilaria II (Vidalia)
Volutella VIII
Volvulus 6994
Vossia 124
Vouacapoua 3841
Vouapa 3517
Vriesea 891

Wahlenbergia 8668
Wallenia 6304
Walpersia 3647
Warburgia 5256
Warmingia 1739
Washingtonia 543
Watsonia 1315
Wedelia 9192
Weihea 5528
Weingaertneria 269
Weinmannia 3276
Weisiodon IX (Gyroweisia)
Welwitschia 48
Wendia 3931
Wendlandia 8181
Wendtia 3931

Westia 3516
Wiborgia 3661
Wigandia 7035
Wikstroemia 5446
Wilckia 3032
Willughbeia 6564
Willughbeja 6564
Windmannia 3276
Wisteria 3722
Withania 7400
Wolffia 796
Wolfia 796
Wurfbainia 1344

Xanthophyllum 4281
Xanthoria VIII
Xenopoma 7305
Xerocarpa 7181a
Xerocomus VIII
Xylaria VIII
Xylophyllos 2097
Xylopia 2717
Xylopicrum 2717
Xylosma 5320

Zaluzianskia 7523
Zaluzianskya 7523
Zamia 7
Zantedeschia 748
Zelkova 1901
Zephyranthes 1181
Zerumbet 1328
Zeugites 358
Zeuxine 1502
Zingiber 1324
Zinnia 9155
Zinziber 1324
Zollingeria 4747
Zonaria IV
Zoophthalmum 3877
Zoysia 150
Zuccagnia 3558
Zuccangnia 3558
Zuccarinia 8312
Zygia 3441
Zygis 7305
Zygnema VII
Zygoglossum 1704
Zygogonium VII

INDEX

The primary language of this index is English; French and German words only appear in it when they differ appreciably from their English equivalent.

The references are not to pages but to the Articles, Recommendations, etc., of the Code, as follows:

Pre.	= Preamble (Préambule, Präambel)
Roman numerals	= Principles (Principes, Grundsätze)
Arabic numerals	= Articles (Artikel)
Arabic numerals followed by letters	= Recommendations (Recommandations, Empfehlungen)
Div. III (Teil III)	= Division III (Teil III)
H.	= App. I (Anh. I)
T.	= Guide for the determination of types (Guide pour la détermination des types, Anleitung für die Bestimmung der Typen)
App. II–IV (Anh. II–IV)	= Appendix (Appendice) II–IV (Anhang II–IV)

Other abbreviations:	
Anm.	= Anmerkung
etiam v.	= etiam vide, see also, voir aussi, siehe auch
Ex.	= example (exemple, Beispiel)
s. dort	= siehe dort, quod vide
v.	= vide, see, voir, siehe

References to the Appendices have been restricted to a minimum.

A separate index to Appendix III (Nomina generica conservanda et rejicienda) will be found on pp. 428–444.

448

Berberis, 14.Ex.2.
Berichtigung (Druckfehler), 73.1; – (Epitheta bei Pilznamen), 73H; – (Name), 45.2, 73; – (Rechtschreibfehler), 73.
Bertol. (abbreviation), 46A.3.
Beschreibung (als Bedingung f. gültige Veröffentlichung), 32, 32A, 32E, 36, 36A, 41, 42; – (als Typus), 9.3, T.4b; – (außerdem Abbildung erforderlich), 38, 39; – (f. Gattung u. Art gemeinsam), 42; – (in lateinischer Sprache), 36, 36A, 39, – (monotyp. Gattung), 42.
Bibliographic error (not invalidating publ.), 33.2.
Bibliographic references, v. citation.
Bibliothèques (publ.eff.), 29.1.
Bigeneric hybrids, H.6.
Binaire, nom ou combinaison, 23; – (infraspécifique), 24.4; – (spécifique), 23.1; – (homonyme ou tautonyme), 23.4, 55.1(a).
Binary name (change of status from species to hybrid), 50.
Binary name or combination (infraspecific), 24.4; – (specific), 23.1; – (homonym or tautonym), 23.4, 55.1(a).
Binary nomenclature (not consistently employed), 23.6(c).
Bindestrich (Bastard, Formel), H.10.3; – (Epitheton), 23.1, 23B.1(d), 73.9; – (Gattungsname), 20.3.
Binding decision (on homonyms), 64.2(footnote).
Biverbal (epithets), 23.1; – (generic names), 20.3.
Blephilia, – ciliata, 33.Ex.2.
Boletellus, 75B.Ex.1.
Boletus, 75B.Ex.1; – aereus carne lutea, 23.Ex.10; – piperatus, 50E.Ex.2; – testaceus scaber, 23.Ex.10; – vicesimus sextus, 23.Ex.8.
Boopis, 73G.1(a.3).
Bornet & Flahault (Révision Nostocacées), 13.1(e).
Botanical nomenclature (independent of zoological nom.), I.
Bouchea, 73B.Ex.1.
Bougainvillea, 73.Ex.4.
Br., R. (abbreviation), 46A.5.
Brackets (use in citation), 50F.
Braddleya (Bradlea, Bradleja), 64.Ex.6.
Brassavola, H.6.Ex.6.
Brassica, 18.5; – campestris, H.9.Ex.3; – nigra, 23.Ex.4.
Brassicaceae, 18.5.
brauniarum, 73C.1(b).
Brazzeia, 34.Ex.7.
brienianus, 73C.4(b).

British Desmidieae (Ralfs), 13.1(e).
Bromeliineae, 17.Ex.2.
Bromus iaponicus (japonicus), 73.Ex.8.
Brosimum, 34.Ex.9.
Bryophyta (nomenclature committee), Div. III.2; – (starting points), 13.1(b, c).
Buchstaben (Änderung), 73.5; – (Umstellung), 73B.Anm.1.
Bulbostylis, 14.Ex.6.
Bureau of Nomenclature, Div. III.3.

Cacalia napaeifolia (napeaefolia), 73.Ex.12.
Cainito, 63.Ex.1.
Calamintha calamintha, – officinalis, 55.Ex.7.
Calandrinia polyandra, 72.Ex.2.
Callicarpa, 75A.Ex.2.
Callistemon, 73G.1(c).
Callixene, 14.Ex.4.
Calluna, – vulgaris, H.9.Ex.2.
Camellia, 13.Ex.3.
Campanopsis, 60.Ex.1.
Campanula sect. Campanopsis, 60.Ex.1.
candollei, 73C.4(d).
cannaefolius, 73G.1(b).
Capital initial letter (epithet), 21.2, 73.2, 73F.
Caractères diagnostiques, 32.2; – (modification), 47, 47A, 51.1.
Cardamine, 57.Ex.2.
Cardaminum, 14.Ex.3.
Carex, 35.Ex.2; – sect. Eucarex, 21.Ex.1; – sect. Scirpinae, 35.Ex.2; – bebbii, 50B.Ex.1; – leptostachys, 20.Ex.10; – stipata, 46E.Ex.1.
caricaefolius, 73G.1(b).
-carpa (-aea, -ium, -on, -os, -um, -us), 75A.Ex.2.
Carphalea, 41.Ex.1.
Caryophyllaceae, 18.Ex.2.
Caryophyllus, 18.Ex.2.
Cassipourea, 14.Ex.1.
Cat. Pl. Hisp. Blanco Lect. (Webb & Heldreich), 29.Ex.2.
Catalogue commercial (publ. eff.), 29.5.
Catalogues (publ. in), 29.5, 45A.
Category, v. rank.
Cattleya, H.6.Ex.6, Ex.7.
Caulis (inadmissible as generic name), 20.Ex.5.
Cedrus, 63.Ex.7.
Celsia sect. Aulacospermae, 64.Ex.12.
Cenomyce ecmocyna, 72.Ex.3.
Centaurea jacea, – vulgaris, 51.Ex.2.
Centrospermae, 17.Ex.1.
Cephaëlis, 73.Note 2.
Cephalotos (Cephalotus), 64.Ex.11.
-ceras, 75A.2(c).
Cercospora aleuritidis, 59.Ex.3.

Cervicina, 60.Ex.1.
ceylanica, 64.Ex.8.
Chamaecyparis, H.6.Ex.1.
Champignons, v. Fungi.
Change, v. alteration.
Change of Code, Div. III.
Change of name, Pre.8; etiam v. choice, retention, rejection.
Change of termination, 16A.4, 17.3, 18.4, 19.6, 32.5, 61A.1.
Changement (dans la circonscription d'un taxon), 47, 51; – (de condition, hybride), 50; – (de nom), Pre.9 etiam v. choix, rétention, rejet; – (orthographique), 73; – (de rang, choix des noms), 60–61; – (de rang, citation d'auteur), 49.
-cheilos (*-chilos*, *-chilus*), 75A.2(c).
chinensis, 64.Ex.8, 73E.Ex.1.
-chlamys, 75A. 2(b).
Chloris radiata, 63.Ex.10.
Choice of lectotype, v. lectotype.
Choice of name, 51–72; – (change of rank), 60–61A; – (pleomorphic fungi), 59; – (union of taxa), 57–58; – (union of non-fossil and fossil taxa,) 58.
Choix des noms, 51–72; – (champignons pléomorphes), 59; – (changement de rang), 60–61; – (division de taxons), 51–53; – (union de taxons), 57–58.
Choix du type, 7.3–7.8, 7B, 9.2, 52, 53, T.
Chrysophyllum, 63.Ex.1; – *cainito*, – *sericeum*, 63.Ex.2.
Chrysophyta, 16.2.
Cichoriaceae, (*Cichorieae*, *-inae*, *-oideae*), 19.Ex.4.
Cichorium, 19.Ex.4.
Cineraria sect. *Eriopappus*, 49.Ex.3.
Circonscription (changement dans la délimitation, citation de l'auteur), 47, 47A; – (changement, maintien du nom), 51–53; – (nom correct), 6.5, 11.1; – (nom provisoire), 34.1.
Circumscription (alteration, citation of author), 47, 47A; – (alteration, retention of name), 51–53; – (correct name), IV, 6.5, 11.1; – (provisional name), 34.1(b); – (superfluous name), 63.1.
Cistus aegyptiacus, 49.Ex.4.
Citation (error, valid publ.) 33.2; – (homonym), 50C; – (misidentification), 50D; – (misspelled name), 50F; – (name publ. as synonym), 50A; – (nomen conservandum), 50E.1; – (nomen nudum), 50B; – (original spelling), 50F; – (sanctioned name), 50E.2.
Citation (exprimant le statut etc.), 50A–F.

Citation du nom d'auteur, 16.1, 19.3, 22.1, 26.1, 46–50F.
Citation of author's name, 46–50E; – (abbreviation), 46A; – (alteration of circumscription), 47, 47A; – (alteration of status), 50; – (author *ex* other author), 46E, 50A.2; – (author *in* other author), 46D; – (basionym), 49; – (change of rank), 19.6, 49; – (conserved name), 14.8; – (first author), 46; – (hybrid becoming species, v.v.), 50; – (homonym), 50C; – (infrageneric taxa), 49; – (manuscript name), 23B.1(i), 34A, 50A.2; – (misapplication of name), 55.2, 56.2; – (omission), 19.3, 22.1, 26.1; – (pre-starting point author), 46E.2; – (romanization), 46B.
-clado-, 16.2.
Cladonia ecmocyna, 72.Ex.3.
Class (classis), 3.1, 4.1; – (name), 16, 16A.3, 16A.4; – (priority), 11.4, 16.Note 1; – (typification), 10.5.
Classical gender, 75A.1.
Claudopus, 57.Ex.6.
Climacieae (*-oideae*), 19.Ex.5.
Clusia, 18.5.
Clusiaceae, 18.5.
clusianus (*clusii*), 23A.1.
Clutia (*Cluytia*), 73.Ex.9.
Clypeola minor, 45.Ex.1.
Cnidium peucedanoides, 33.Ex.2.
Coal-balls, 9.4.
-cocco-, 16.2.
Cochlioda H.6.Ex.7.
Code, v. International Code.
Code (Änderung), Pre.6, Teil III.1; – (Anwendungsbereich), I; – (Geltungsdauer), Pre.10.
-codon, 75A.2(a).
Coeloglossum viride, H.11.Ex.2.
× *Cogniauxara*, H.8.Ex.2.
Cohors (for ordo), 17.2.
Coix lacryma-jobi, 73.Ex.15.
Collaea, 73B.1(a).
Collective epithet, H.3.3, H.3.Note 2, H.11.
Colon (:), 50E.2.
Columella (*Columellia*), 64.Ex.11.
Combinaison (binaire), 23.1, 24.4; – (définition), 6.7; – (illégitime), 72.Note 1, 72A; – (publication valide), 33, 45; – (ternaire pour les taxons infraspécifiques), 24, 56; etiam v. épithète.
Combination (binary), 21.1, 23.1, 24.4; – (definite indication), 33.1; – (definition), 6.7; – (ternary), 56.1(a); – (type of), 7.10, 56.2; – (valid publication), 33.1, 33.2; etiam v. infraspecific name, specific or infraspecific epithet.

450

DC. (abbreviation), 46A.5.
Dedication of genera, 20A.1(h).
Definitions, 6; etiam v. the word defined.
Délimitation, v. circonscription.
Delphinium tribus *Brevipedunculata*, – tribus *Involuta*, 33.Ex.9.
Dendromecon, 75A.2(b).
-dendron, 75A.2(c).
Dendrosicus, 14.Ex.5.
Dentaria, 57.Ex.2.
Descriptio generico-specifica, 42.1.
Description (accompanying name), 32, 32A, 32B, 32E, 36, 36A, 41, 42; – (author), 46D; – (combined generic and specific), 42; – (generic), 41.2, 42; – (Latin), 36, 36A, 39; – (monotypic genus), 42; – (prelinnaean), 32A, T.4(b); – (reference to), 32, 32A, 36, 38, 39, 41, 42.1; – (requirement valid publ.) 32.1(c), 36, 41, 42; – (as a type), 9.3.
Descriptive phrase (instead of epithet), 23.Ex.9.
Designation (unitary, of species), 20.4(b).
Désignation (épithète dans une combinaison), 33.1; – (rang), 33.4–5, 35; – (type), 7–9, 37, T.
Desmidiaceae (starting point), 13.1(e).
Desmodium griffithianum, 73C.1(d).
Desmostachya (*Desmostachys*), 64.Ex.9.
De Wild. (abbreviation), 46A.1.
Diacritical signs, 46B.2, 73.6, 73A.2, 73B.1(c), 73C.3.
Diaeresis, 73.Note 2.
Diagnose (als Bedingung für gültige Veröff.), 32, 41.1; – (monotyp. Gattung), 42; – (Taxon nichtfossiler Pflanzen), 36.
Diagnosis (definition), 32.3; etiam v. description.
Diagnostic characters (change), 47, 47A; – (change, retention of name), 51.
Dianthus monspessulanus, 23.Ex.1.
Dicera, – *dentata*, 52.Ex.1.
Didymopanax gleasonii, 46C.Ex.1.
Different senses (name used in), v. name (excluding type).
Different spelling (Linnaean generic names), 13.4.
Digitalis grandiflora, – *mertonensis*, – *purpurea*, H.3.Ex.3.
Dillenia, 73B.1(b).
Dionysia – sect. *Ariadne*, – sect. *Dionysiopsis*, 54.Ex.2.
Diospyros, 75A.1.
Diphthongs, 73.Note 2, 73G.1(a).
Dipterocarpus, 75A.Ex.2.
Direct reference (valid publ.), 32.1, 33.2, 33.3, 45.1.

Discordant elements (type), [70], T.4(e).
Distribution d'imprimés (publ. eff.), 29.1.
Distribution of printed matter (eff. publ.), 29.1.
Divisio(n) 3.1, 4.1; – (name), 16, 16A.1, 16A.4; – (priority), 11.4, 16.Note 1; – (typification), 10.5.
Division of a genus (retention or choice of name), 52; – (gender of new names), 75B.
Division of a species (retention or choice of name), 53.1.
Division of infraspecific taxa (retention or choice of name), 53.2.
Division of taxa (retention or choice of name), 51–53.
Doppelpunkt (:), 50E.2.
Doubt (taxonomic, and valid publ.), 34.2.
Doubtful consequences, Pre.9.
Doute, Pre.9; – (taxonomique), 34.2.
Dracunculus, – *vulgaris*, 55.Ex.6.
Drimys, 18.Ex.2.
Druckfehler (Berichtigung), 73.1.
Druckschrift (unabhängig von Exsikkaten, gült, Veröff.), 31.Anm.1; – (Verteilung, wirksame Veröff.), 29.1, 30A.
Drypeteae (*-inae*), 61A.Ex.1.
Dublett, 7.6, T.4(c).
dubuyssonii, 73C.4(c).
Duplicate, 7.6, T.4(c).
Durvillaea, 64.Ex.9, 73B.Ex.1.
Dussia martinicensis, 6.Ex.1.

e (transcription of è, é or ê), 73.6.
-e, 73C.1(a).
-ea, 73B.1(a).
-eae, 19.2, 19.6, 61A.1.
Earlier homonyms, v. homonyms.
Earlier names, v. priority.
Eccilia, 57.Ex.6.
Echinocarpus, 57.Ex.1.
Eclipta alba, – *erecta*, – *prostrata*, 57.Ex.5.
Economic importance, 14.2.
Ectocarpus mucronatus, 33.Ex.3.
Editorial committee, Div.III.2.
Effective publication, 6.1, 29–31; – (conditional for valid publ.), 32.1; – (date), 30, 30A; – (descriptions on exsiccata), 31.
Egeria, 32.Ex.1.
Ehrhart (Beiträge Naturk., Phytophylacium), 20.Ex.10.
Einschließen (Typus), 63.
Einschränkung (Priorität), 11–14, 16.Anm.1.
Element (type), 7.2–7.8, 9.1, 10A, T.4(e).
Elementa Botanica (Necker), 20.Ex.11.

452

Eléments (d'un taxon), 7, 7B, 9.1–2, T.; – (du protologue), 7B.
Elenchus Fungorum (Fries), 13.1(d).
Elenchus Veg. (Kramer), 23.Ex.11.
× *Elyhordeum*, H.8.Ex.1.
× *Elymopyrum*, 40.Ex.7.
× *Elymotriticum*, H.8.Ex.1.
Elymus, 8.Ex.1. 20A.1(j), 40.Ex.7, H.8.Ex.1; – *arenarius*, 8.Ex.1; – *europaeus*, 63.Ex.11; – *sibiricus*, 8.Ex.1.
Embelia sarasiniorum, 23.Ex.1.
Embranchement, v. divisio.
emendavit (emend.) 47A, 48.
Empfehlung (Aufgabe), Pre.5.
Enallagma, 14.Ex.5.
Enantioblastae, 17.Ex.1.
Enargea, 14.Ex.4.
Ending, v. termination.
Endung (Änderung,) 61A.1; – (falscher Gebrauch), 73.10; – (inkorrekt, zu ändern), 32.5; – (regelwidrige, Abteilung, Unterabteilung, Klasse, Unterklasse), 16A.4; – (regelwidrige, Familie), 18.4; – (regelwidrige, Ordnung oder Unterordnung), 17.3; – (regelwidrige, Unterfamilie, Tribus, Untertribus), 19.6.
Englera, 73B.Ex.1.
Englerastrum, 73B.Ex.1.
Englerella, 73B.Ex.1.
-ensis 73D.
Entoloma, 57.Ex.6.
Enumeration (ordinal adjective, not epithet), 23.6(b).
Enumération des éléments subordonnés (insuffisante pour valider publ.), 34.1(e).
Ephemeral publications, 29A.
Epiphyllum, H.6.Ex.4.
Epithet, v. final, infrageneric, specific, etc.
Epitheta (als Formel angesehen), H.6–H.9; – (Reihenfolge in der Formel), H.2A.
Epithète (application erronée lors du transfert), 55.2, 56.2; – (collective), H.3; – (cultivar), 28.Note 2; – (finale), 26, 27, 63.3; – (infraspécifique), 24, 24A, 24B, 26, 27; – (–, répétée dans différentes espèces), 24.5, 24B; – (–, répétée dans la même espèce), 26, 26A, 27, 64.3; – (orthographe), 73; – (spécifique), 23, 23A, 23B; – (subdivision de genre), 21–22A; – (variations orthographiques), 75; etiam v. combinaison, etc.
Epitheton (Ableitung von geograph. Namen), 73D; – (Ableitung aus d. Griechischen, Transkription ins Lateinische), 73A; – (Ableitung von Personennamen), 73C; – (Anfangsbuchstabe, Schreibung), 21.2, 73F; – (Basio-

nym), 33.2; – (Beibehaltung, s. dort); – (Bindestrich), 23.1, 23B.1(d); – (dasselbe für zwei Unterabteilungen derselben Gattung), 64.3; – (einer Art, Bildung), 23, 23A, 23B; – (einer Gattungs-Unterabteilung), 21–22A; – (einer Sorte oder Cultivar), 28.Anm.2; – (Etymologie), 73.1; – (infraspezif., s. dort); – (in illegitimen Namen, legitime andere Kombination), 66.Anm.2, 68, 72.Anm.1; – (neues, Schreibweise), 73E; – (orthograph. Variante), 75; – (Rechtschreibung), 73; – (zusammengesetztes, Bildung), 73G; – (zwei od. mehr Wörter), 23.1.
Equisetum palustre var. *americanum*, – f. *fluitans*, 6.Ex.2.
-er (personal names ending in), 73B.1(b), 73C.1.
Erica, 19.Ex.3, 19A.Ex.1, H.9.Ex.2; – *cinerea*, H.9.Ex.2.
Ericaceae, 19.Ex.3, 19A.Ex. 1.
× *Ericalluna*, – *bealei*, H.9.Ex.2.
Ericeae (*-oideae*), 19.Ex.3.
Erigeron, 75A.Ex.1.
Erreur, v. error.
Erreur de détermination, 50D.
Erroneous application (epithet, on transfer), 55.2, 56.2.
Error (bibliographic, valid publ.), 33.2; – (typographic or othographic), 73.
Erscheinungsdaten (Angabe), 45B; – (Separate), 45C.
Erwähnung (beiläufige), 34.1(c); – (lediglich untergeordnete Taxa), 34.1(e).
Eryngium nsect. *Alpestria*, – sect. *Alpina*, – sect. *Campestria*, H.9.Ex.1; – *amorginum*, 73D.Ex.1.
Erysimum hieraciifolium var. *longisiliquum*, 64.Ex.16.
Erythrina, – *micropteryx*, – *poeppigiana*, 34.Ex.6.
Eschweilera (*Eschweileria*), 64.Ex.5.
Espèce 2, 3.1, 4.1; – (en tant qu'hybride), 50; – (type du nom), 9, T.; – (considérée comme la somme de ses taxons subordonnés), 25; etiam v. épithète spécifique.
Esprit rude, 73A.2.
Established custom, Pre.9.
et, 46C.1.
Etablissement automatique, 19.4, 22.2, 26.2.
et al., 46C.2.
Etching (eff. publ.), 29.4.
Etymology (name or epithet), 73I.
Eu-, 21.3.
Euanthe, – *sanderiana*, H.8.Ex.2.
Euastrum binale, 46E.Ex.2.

453

456

457

Institution botanique (publ. eff.), 29.1.
Institutional votes, Div.iii.4(b).
Intentional latinizations, 73.7.
Intergeneric hybrids, 20.Note 1, H.1, H.6–9.
International Association for Plant Taxonomy, Div.iii.2, Div.iii.4.
International Botanical Congress, 15, 64.2(footnote), Div.iii.
International Code of Nomenclature of Bacteria, Pre.7, 14.4 (footnote), 65.Note 1.
International Code of Nomenclature of Cultivated Plants, Pre.7, 28, H.3.Note 2, H.4.Note 1.
International Code of Zoological Nomenclature, 14.4 (footnote), 45.4 (footnote).
International Commission for the Nomenclature of Cultivated Plants, Pre.7.
International Union of Biological Sciences, Div.iii (footnote).
Interprétation des règles en cas de doute, Pre.9.
Inula, – candida, – limonifolia, 55.Ex.3.
-inus, 73D.
Ionopsis, H.6.Ex.7.
Iria, 64.Ex.9.
Iridaea cordata var. *splendens, – splendens*, 7.Ex.2.
Iridophycus splendens, 7.Ex.2.
Iris, 64.Ex.9.
Irrtum (bibliograph.), 33.2.
Isosyntype, T.4(c).
Isotype(-us), 7.4, 7.6, T.4(c); – (definition), 7.6.
-ites, 75A.4.

j (use as vowel), 73.5.
Journal (abstracting), 29A.
Journaux (publ. eff.), 29.5.
Juncus bufonius var. *occidentalis, – sphaerocarpus*, 33.Ex.8.
Juniperus, 63.Ex.7.
Juss. (abbreviation), 46A.2, 46A.4.
jussieui, 73C.4(d).

k (permissible in Latin plant names), 73.4.
Kadali (*Kadalia*), 64.Ex.7.
Kernera, 73B.1(b).
Kingdom (regnum), 3.1, 4.1.
Klammern (f. erklärende Worte), 50F; – (Zitieren d. Autors), 49.
Klasse (Name, Bildung), 16A.3; – (Rangstufe), 3–4.
Kombination, 6.7; – (binäre, Art), 23.1; – (binäre, unzulässig, infraspez. Taxon), 24.4; – (gült. Veröff.), 33; – (legitime, s. dort); – (Name einer Art), 23.1; – (Name eines infraspezif. Taxons), 24.1; – (ternäre), 56.1.
Konservierung (bei Ausschluß d. Typus), 14.8, 48.Anm.2; – (bes. Schreibweise), 14.10; – (von Namen), 14; – (von Namen, vorläufiger Gebrauch), 15, 15A.
Korrekter Name, 6.5; – (bei Änderung d. Rangstufe), 61; – (bei Vereinigung, Taxa nichtfossiler u. foss. Pfl.), 58; – (bei Veröff. überflüssig), 63.3; – (Familie u. darunter), 11; – (mehr als einer zulässig), iv, 11.1, 18.6; – (nomenklator. Typus), 7.2; – (nur einer zulässig), iv, 11.1.
Korrekturzettel (wirks. Veröff.), 29A.
Kramer (Elenchus Veg.), 23.Ex.11.
Kratzmannia, 32.Ex.4.
Kultur (v. Typusmaterial), 9.5, 9A.
Kulturpflanzen (Internat. Code d. Nomenklatur d. K.), Pre.7, 28, H.4.Anm.1; – (Namen), 28.
Kultursorten, 4.Anm.1.
Kyllinga, 20.Ex.9.

L. (abbreviation), 46A.5.
Labiatae, 18.5.
Labyrinthodyction, 45.Ex.6.
laceae, 73C.1(a).
Lactuca, 19.Ex.3.
Lactuceae, 19.Ex.3.
Laelia, H.6.Ex.6, Ex.7.
lafarinae, 73C.4(c).
Lam. (abbreviation), 46A.1.
Lamiaceae, 18.5.
Lamium, 18.5.
Lanceolatus, 20.Ex.4.
Languages (combined in epithets), 23B(c).
Lapageria, H.9.Ex.1.
Lapeirousia, 73B.Ex.1; – *erythrantha* var. *welwitschii*, 46C.Ex.2.
Lasiobelonium corticale, 33.Ex.6.
Lasiosphaeria elinorae, 34.Ex.12.
Later homonyms, v. homonyms.
Latin (accepted usage), 73E; – (compounds), 73G; – (diacritic signs), 73.6; – (difficult to pronounce), 20A.1(b, c), 23B.1(b); – (names for hybrids), 40, H.9.1; – (generic names, gender), 75A; – (letters foreign to), 73.4; – (names), v.
Latin description or diagnosis, 36, 36A, 37A, H.9.1.
Latin personal names (specific epithets from), 73C.2.
Latin termination (epithet), 23B.1(a); – (generic

459

Magnoliaceae, 73G.1(a.2).
magnoliiflorus, 73G.1(a.2).
Mahonia, 14.Ex.2.
Mail vote (preliminary), Div.III.4.
Maintien d'un nom, 51–56; – (dans un sens excluant le type), 48.2.
Male or female (signs), v. signs; – (type specimens), 7.5; etiam v. gender.
Malpighia, 22.Ex.1, Ex.2; – subg. *Homoiostylis*, – subg. *Malpighia*, 22.Ex.1; – sect. *Apyrae*, – sect. *Malpighia*, 22.Ex.2; – *glabra*, 22.Ex.1.
Maltea, H.6.Ex.5.
Malvastrum bicuspidatum subsp. (var.) *tumidum*, 34.Ex.11.
Malvineae, 17.Ex.2.
Manihot, 20.Ex.1, 75A.Ex.5; – *gossypiifolia*, 75A.Ex.5.
Manuscript (eff. publ.), 29.1.
Manuscript name (citation), 50A.
Martia, 73B.Ex.1.
martii, 73C.2, 73C.4(e).
Martiusia, 73B.Ex.1.
Material (handwritten, eff. publ.), 29.4; – (living culture, from type), 9A; – (original, typification), 7.5, 8, T.5.
Material (handgeschriebenes, wirksame Veröff.), 29.1; – (Original-, Aufbewahrung), 7A; – (Original-, Typisierung), 7–9, T.
Matériel non publié (publ. eff.), 29.1.
Matériel original (conservation), 7A; – (typification), 7–9, T.
Mazocarpon, 3.Ex.1.
Mechanical method (typification), 8, T.4.
-mecon, 75A.2(b).
Medicago orbicularis, – *polymorpha* var. *orbicularis*, 49.Ex.1.
Melilotus 73G.1(c).
Meliola albiziae, – *albizziae*, 73H.Ex.1.
Meliosma, 73G.1(c).
Melissa calamintha, 55.Ex.7.
Mentha, 62.Ex.1; – *aquatica*, H.2.Ex.1, H.11.Ex.3; – *arvensis*, H.2.Ex.1; – × *piperita*, – nsubsp. *piperita*, – nsubsp. *pyramidalis*, H.11.Ex.3; – f. *hirsuta*, H.12.Ex.1; – × *smithiana*, H.3.Ex.1; – *spicata*, – subsp. *spicata*, – subsp. *tomentosa*, H.11.Ex.3.
Mention (incidental), 34.1(c), 34.3; – (subordinate taxa, not valid publ.), 34.1(e).
Mention incidente, 34.1(c), 34.3.
Merkmale (Änderung), 47, 47A, 51; – (unterscheidende, Angabe), 32B.
Mesembryanthemum (*Mesembrianthemum*), 73.Ex.1; – sect. *Minima*, 34.Ex.3.
Mespilodaphne mauritiana, 68.Ex.1.

Mespilus, – *arbutifolia* var. *nigra*, 33.Ex.4.
Metallic etching (eff. publ.), 29.4.
Metasequoia, – *disticha*, – *glyptostroboides*, 58.Ex.2.
Méthode des types, II, 7–10, T.
Michx. (abbreviation), 46A.3.
Michaux (Flora Bor.-Amer.), 30.Ex.1.
Microfilm (eff. publ.), 29.1.
Micromeria benthamii, – × *benthamineolens*, – *pineolens*, H.10.Ex.3.
Micropteryx poeppigiana, 34.Ex.6.
Microspecies (Gandoger), 33.Ex.10.
Miller (Gardener's Dictionary), 23.Ex.11, 33.Ex.1.
Mimosa cineraria, – *cinerea*, 64.Ex.15.
Minthe, 62.Ex.1.
Minuartia, – *stricta*, 55.Ex.2.
Minuscules, 73.2, 73F.
Misapplication (new comb.) 48.Note 1, 55.2, 56.2.
Misapplied name (citation), 50D; – (new name for), 33.Note 1.
Misidentifications (citation), 50D.
Misipus, 52.Ex.1.
Misplaced term (rank), 33.4–5.
Misspelled name (citation), 50F; – (correction), 73.
Mixture (type), 9.2.
Modification des caractères diagnostiques, 47, 47A, 51.
Modification des limites des taxons, 47, 47A, 48, 51–53.
Modification of the Code, Pre.6, Div.III.
-monado-, 16.2.
Monarda ciliata, 33.Ex.2.
Monochaete (*Monochaetum*), 64.Ex.9.
Monogr. Iconogr. Oedogoniaceen (Hirn), 13.1(e).
Monogr. Oscillariées (Gomont), 13.1(e).
Monotropeae (*-oideae*) 19A.Ex.1.
Monotypic genus (valid publ. name), 42.
Monstrosity, [71].
Montia parvifolia, – subsp. *flagellaris*, – subsp. *parvifolia*, 25.Ex.1.
Moose (Ausgangspunkte), 13.1(b–c).
Morphe (von Pilzen), 59, 59A.
Morphological technical term (as name), 20.2.
Mouriri subg. *Pericrene*, 6.Ex.2.
Mucor chrysospermus, 59.Ex.5.
Müll. Arg. (abbreviation), 46A.4.
Multigeneric hybrids, H.6.3–4.
Multiplication sign (hybrids), H.1–2, H.3A.
Multiplikationszeichen (Bastarde), H.1–2, H.3A.

munronis, 73C.2.
Musci (starting point), 13.1(b).
mutatis characteribus (mut. char.), 47A.
-myces, 75A.2(a).
-mycetes (-idae), 16A.3.
Mycographie Suisse (Secretan), 23.Ex.10.
Mycosphaerella aleuritidis, 59.Ex.3.
-mycota, 16A.1.
-mycotina, 16A.2.
Myogalum boucheanum, 34.Ex.5.
Myosotis, 51.Ex.1, 73G.1(b).
Myrcia laevis, – lucida, 7.Ex.1.
Myrtus serratus, 50A.Ex.1.
Myxomycetes (starting point), 13.1(d).

n- (= notho-), H.3.1.
-n-, 73C.1(c).
ñ (transcription of), 73.6.
Name(s) v. authors, species, genus, etc.; – (definition), 6.6; – (excluding type), 48, 69; – (likely to be confused), 64.2; – (ultimately based on generic names), 7.1, 10.5, 16.
napaulensis, 64.Ex.8.
Nasturtium, 14.Ex.3; – *nasturtium-aquaticum*, 23.Ex.3.
Natural order, natürliche Ordnung (ordo naturalis, instead of family), 18.2.
Nauclea, 73G.1(a.3).
nec (use in citation), 50C.
Necker (Elementa Botanica), 20.Ex.11.
-nema, 75A.2(c).
-nemato-, 16.2.
Neotype(-us), 7.4, 7.8, 8, 9.1, T.5; – (definition), 7.8.
nepalensis, 64.Ex.8.
Nepeta × faassenii, 40.Ex.1.
Neves-armondia, 20.Ex.7.
New combination, v. infrageneric name, specific epithet, infraspecific epithet.
New name (chosen when no legitimate one available), 72; – (substitute, typification), 7.9, 7.10, T.2; – (without rank), 35.2; etiam v. avowed substitute.
Newspapers (eff. publ.), 29.5.
Nicht-fossile Pflanzen, Pre.7, 9.3; – (Definition), Pre.7(Fußnote), 13.3; – (nomenkl. Ausgangspunkt), 13.1; – (Vereinigung mit foss. Pfl.), 58.
Nicht-Gefäßpflanzen, 42.2, 44.2.
nidus-avis, 73G.1(b).
nipalensis, 64.Ex.8.
Nixus (for ordo), 17.2.
nobis, nob., 46F.
Nolanea, 57.Ex.6.

Nom (définition selon le Code), 6; etiam v. épithète.
nom. cons. (abbreviation, used in citation), 50E.1.
Nom conservé, 14, 15, 15A, App.ii, App.iii: – (approbation provisoire), 15; – (citation), 50E; – (homonyme rejeté), 62.2; – (exclusion du type original), 48.Note 1; – (modification de l'orthographe), 14.10, 73.Note 1; – (type), 7.14, 10.3, 10A, 14.8.
Nom correct. iv, 6.5, 11, 58, 61.
Nom d'auteur, v. citation.
Nom de lieu (dans un nom de plante), 23A–B, 73.7, 73D–E.
Nom de personne (dans un nom de plante), 20A.1(i), 23A, 73.7, 73B–C, H.6.3–4.
Nom de remplacement, v. nomen novum.
Nom d'un taxon de rang supérieur au genre, 16–19.
Nom générique, 20, 20A; – (choix), 57A; – (conservation), 7.14, 14, 15, 15A, 73.Note 1, App.iii; – (dérivé d'un nom de personne), 20A.1(i), 73B; – (formé de deux mots), 20.3; – (genre), 20A.1(i), 75A–B; – (hybrides), H.6–9; – (maintien en cas de division), 52; – (maintien en cas de réunion), 57, 57A; – (publication valide), 41, 42; – (publiés dans le Species Plantarum ed. 1), 13.4–5, 41.Note 1; – (trait d'union), 73.Note 3; – (type), 7.14, 10.1–3; – (utilisé comme épithète), 73F; – (variantes orthographiques), 75.
Nom illégitime, 6.4, 18.3, 63–68.
Nom légitime, 6.3; – (champignons pléomorphes), – 59; (maintien), 57, 61, 62; – (priorité), 11.2, 45.3, 57, 60, 72.1.
nom. nud. (abbreviation), 50B.
Nomen conservandum, v. conserved name and nom. cons.
Nomen novum, v. avowed substitute.
Nomen nudum (citation), 50B.
Nomenclator Botanicus (Steudel), 33.Ex.1.
Nomenclatural synonym, 14.4.
Nomenclatural type, v. type, holotype, isotype, lectotype, neotype, syntype.
Nomenclaturally superfluous name, 63.
Nomenclature (contrary to Rules), Pre.8; – (independent of zoological nom.), i.
Nomenclature bactériologique, Pre.7, 14 (note infrap.).
Nomenclature binaire (non employée d'une façon constante), 23.6(c).
Nomenclature Committees, Div.iii.2.
Nomenclature Section. Div.iii.

461

name of type element), 10A; – (original status), 50; – (subdivision of genus), 21A.
Parietales, 17.Ex.1.
Particle, 46A.1, 73C.4.
Parts, v. works appearing in parts.
Pecopteris, 3.Ex.2.
Peltophorum (*Peltophorus*), 64.Ex.9.
Penicillium brefeldianum, 59.Ex.1.
Peperomia san-felipensis, 73.Ex.15.
Peponia (*Peponium*), 64.Ex.9.
Pereskia opuntiaeflora (*opuntiiflora*), 73.Ex.11.
Peridermium balsameum, 23.Ex.4.
Periodicals (popular), 29A.
Périodiques de référence, 29A.
Permanence of text (eff. publ.), 29A.
Permanent conservation of type specimen, 7A, 37B.
Pernettya, 40.Ex.5.
Personal names (in plant names), 20A.1(i), 23A, 73.7, 73B–C, H.6.3–4.
Persoon (Synopsis Method. Fung.), 13.1(d); etiam v. sanctioned names.
Petalodinium, 45.Ex.5.
Petrefactenkunde (Schlotheim), 13.1(f).
Petrophiloides, 58.Ex.1.
Petrosimonia brachiata, – *oppositifolia*, 62.Ex.4.
Peyrousea, 73B.Ex.1.
Peziza corticalis, 33.Ex.6.
Pflanzen, fossile, 3.2.; – (Ausgangspunkt, gült. Veröff.), 13.1(f); – (Ausschuß), Teil III.2; – (mehr als ein korrekter Name zulässig), 3.3, 11.1; – (Name, gült. Veröff.), 36.1; – (Name einer Art od. darunter, gült. Veröff.), 38; – (Typisierung), 7.15–16, 9.4, T.6; – (Vereinigung mit Taxon nichtfossiler Pfl.), 58.
Pflanzen, nichtfossile (Ausgangspunkte, gült. Veröff.), 13.1; – (Namen neuer Taxa), 36A; – (Vereinigung mit Taxon foss. Pfl.), 58.
Pflanzen, subfossile, 58.
Phaelypea, 42.Ex.3.
Phaeocephalum, 20.Ex.10.
Phantasienamen (Sorten), 28.Anm.2.
× *Philageria*, H.9.Ex.1.
Philesia, H.9.Ex.1.
Philgamia, – *hibbertioides*, 42.Ex.4.
Phippsia, H.6.Ex.5.
Phlox, – *divaricata* subsp. *divaricata*, – subsp. *laphamii*, H.3.Ex.3; – *drummondii* 'Sternenzauber', 28.Ex.1; – *pilosa* subsp. *ozarkana*, H.3.Ex.3.
Phlyctidia, – *andensis*, – *boliviensis*, – *brasiliensis*, – *hampeana*, – *ludoviciensis*, – *sorediiformis*, 43.Ex.2.

Phlyctis andensis, – *boliviensis*, – *brasiliensis*, – *sorediiformis*, 43.Ex.2.
Phoenicosperma, 57.Ex.1.
Pholiota, 33.Ex.11.
Phoradendron (-*dendrum*), 73.Ex.1.
Phrase (descriptive, instead of epithet), 23. Ex.9.
Phrase descriptive (au lieu d'épithète), 23.Ex.9.
-*phyceae*, 16.2, 16A.3.
-*phycidae*, 16A.3.
Phyllachora annonicola (*anonicola*), 73H.Ex.1.
Phyllanthus, 47A.Ex.1.
Phyllerpa prolifera var. *firma*, 24.Ex.4.
Physospermum, 29.Ex.1.
-*phyta*, 16.2, 16A.1.
Phyteuma, 75A.Ex.1.
-*phytina*, 16A.2.
Phytophylacium (Ehrhart), 20.Ex.10.
Picea abies, – *excelsa*, 63.Ex.4.
Pilze (Abteilungen und Unterabteilungen, Bildung der Namen), 16A; – (Ausgangspunkte), 13.1; – (Klassen und Unterklassen, Bildung der Namen), 16A.3; – (mehr als ein korrekter Name zulässig), 11.1, 59.5; – (mit pleomorphem Entwicklungsgang), 59; (Nomenklatur-Ausschuß), Teil III.2; – (parasitische, Angabe d. Wirts), 32E; – (Schreibweise d. Epitheta), 74H; – (Spezialformen), 4.Anm.2.
Pilzkomponenten (Flechten), 13.1(d).
Pinus abies, – *excelsa*, 63.Ex.4; – *mertensiana*, 55.Ex.9.
Piptolepis, – *phillyreoides*, 42.Ex.2.
Piratinera, 34.Ex.9.
Pirus, – *mairei*, 50F.Ex.1.
Pisocarpium, 75A.Ex.2.
Planera aquatica, 43.Ex.3.
Plantae Veron. (Séguier), 41.Ex.1.
Plante vivante (comme type), 9.5.
Plantes cultivées, Pre.7, 28.
Plantes dioïques (types), 7.5.
Plantes fossiles, Pre.7, 3.2; – (Comité), Div.III.2; – (point de départ), 13.1(f), 13.3; – (publication valide), 36.1, 38; – (typification), 7.15, 9.4; – (union avec un taxon de plantes nonfossiles), 58.
Plantes herbacées (type), 9.1.
Plantes non-vasculaires (publication valide), 42.2, 44.2; – (type), 9.1.
Platycarya, 58.Ex.1.
Plectranthus, – *fruticosus*, – *punctatus*, 7.Ex.3.
Pleomorphic fungi, 13.6, 59, 59A, 62.1; etiam v. anamorph, holomorphic fungi.
Pleonasm (spec. name), 23B.1(e).
Pleuripetalum (*Pleuropetalum*), 64.Ex.5.

463

Plumbaginaceae, 18.Ex.1.
Plumbago, 18.Ex.1.
Plural adjective (used as substantive), 18.1, 19.1, 21.2, 21B.
Poa, 18.5, 19.Ex.2.
Poaceae, 18.5, 19.Ex.2.
Poëae, 19.Ex.2.
-pogon, 75A.2(a).
poikilantha (*-anthes*), 64.Ex.8.
Point de départ (nomencl.), 13; – (citation d'auteurs antérieurs au –), 46E.
Point d'interrogation (publication valide), 34.2.
polyanthemos (*-anthemus*), 64.Ex.8.
Polycarpaea, 75A.Ex.2.
Polycarpon, 75A.Ex.2.
Polycnemum oppositifolium. 62.Ex.4.
Polygamous species (holotype), 9.Ex.1.
Polygonales, 17.Ex.2.
Polygonum pensylvanicum, 73D.Ex.1.
Polyploid(e), H.3.Note 1.
Polypodium, – *australe*, – × *font-queri*, – × *shivasiae*, 63.Ex.12; – *vulgare*, 63.Ex.12, H.2.Ex.1, H.3.Ex.1; – nsubsp. *mantoniae*, H.3.Ex.1; – subsp. *prionodes*, – subsp. *vulgare*, 63.Ex.12, H.2.Ex.1.
Polypogon, H.2.Ex.1, H.6.Ex.1; – *monspeliensis*, H.2.Ex.1.
Pooideae, 19.Ex.2.
Popular periodicals, 29A.
Populus × *canadensis* var. *marylandica*, – var. *serotina*, H.12.Ex.1.
Porella, – *pinnata*, 13.Ex.1.
porsildiorum, 23A.1.
Position (correct name), IV, 6.5, 11.1.
Potentilla atrosanguinea, – *atrosanguinea-pedata*, – *pedata*, H.10.Ex.1.
× *Potinara*, H.6.Ex.6.
p.p. (pro parte), 47A.
Präfixe (Behandlung in Artnamen), 73C.4.
Präparat (Typus), 9.1–2.
Prasinophyceae, 16.2.
Precision (achieved by citation), 46–50F.
Prefix, 4.1, 16A.2, 73B.Note 1, 73C.4.
Preliminary mail vote, Div.III.4.
Pre-linnean authors (citation), v. pre-starting-point authors.
Pre-linnean publications (validation by), 7.13, 32A.
Preparation (type), 9.1–2.
Preservation of original material, 7A; – (place), 37B.
President International Association Plant Taxonomy, Div.III.2.
President Nomenclature Section, Div.III.3.

Pre-starting-point authors (citation), 46E.2.
Primula sect. *Dionysiopsis*, 54.Ex.2.
Principles, Pre.2, Div.I; – (priority and typification, not above family), 10.5, 11.4.
Printed matter (effective publication), 29–31.
Priorität (d. Veröffentlichung), III, IV; – (Autonym), 57.3; – (Einschränkung), 11–15; – (illegitimer Name), 66.Anm.1, 67.Anm.1; – (legitimer Name), 45.3; – (Name außerhalb d. eigenen Rangstufe), 60; – (Namen von Bastarden), 40.2; – (oberhalb d. Familie), 11, 16.Anm.1, 16B.
Priorité, III, 11–15, 19, 22, 26, 45, 60, 66, 67.
Priority, III, IV; – (above family), 11.4, 16.Note 1, 16B; – (and conservation), 14.1; – (autonyms), 57.3; – (illegitimate combinations), 66. Note 1, 67.Note 1; – (inside rank), 61; – (legitimate names taken into consideration), 45.3; – (limitation), 11.2–3, 13–15; – (names of pleomorphic fungi), 59.4; – (names without rank), 35.2; – (outside rank), 60; – (of publication), III.
pro hybr., 50.
pro parte (p.p.), 47A.
pro. sp., 50.
pro syn. (use in citation), 50A.
Procédés de reproduction (publ. eff.), 29.
Prodromus (Swartz), 63.Ex.9.
Proposals for amendment of the Code, Div. III.4.
Proposals to conserve names, 14.11, 15, 15A.
Proposition, v. proposals.
Protea, 50E.Ex.1.
Protodiniferidae, 45.Ex.7.
Protolog, v. protologue.
Protologue, 8, 10.2–3, T.4–5; – (definition), 8(footnote).
Provisional approval (conserved or rejected name), 15, 15A.
Provisional name, 34.1(b).
× *Pseudadenia*, H.6.Ex.3.
Pseudocompounds, 73G.1(b).
Pseudorchis, H.6.Ex.3.
Pseudo-salvinia, 73.Ex.14.
Psilotum truncatum, 63.Ex.8.
Pteridium aquilinum subsp. (var.) *caudatum*, 26A.Ex.2.
Pteridophyta (Committee), Div.III.2; – (starting point), 13.1(a).
Pteris caudata, 26A.Ex.2.
pteroides (*-oideus*), 64.Ex.8.
Ptilostemon, 55.Ex.4; – sect. *Cassinia*, – nsect. × *Platon*, – sect. *Platyrhaphium*, – nsect. × *Plinia*, – sect. *Ptilostemon*, H.7.Ex.1; – *chamaepeuce*, – *muticus*, 55.Ex.4.

464

Public meeting (eff. publ.), 29.1.
Publication, v. valid, effective, etc.
Publication effective, 6.1, 29–31; – (condition pour valider), 32.1; – (date), 30, 30A; – (description avec exsiccata), 31.
Publication éphémère, 29A.
Publication simultanée, 34.4, 57.2, 64.4.
Publication valide, 6.2., 12, 32–45; – (algues), 36, 39, 39A, 45.4; – (acceptation du nom), 34; – (basionyme), 33.2–3; – (combinaison), 33; – (date), 45, 45A–C; – (diagnose latine), 36; – (énumération des éléments subordonnés), 34.1(e); – (genres linnéens) 13.4, 41.Note 1; – (genre monotype), 42; – (hybrides), 40, H.9; – (au moyen d'illustrations), 41.Note 2, 42.4, 44; – (indication du rang), 33.4–5, 35; – (mention incidente), 34.1(c), 34.3; – (mention de type), 37, 37A–B; – (noms alternatifs), 34.4, 34.Note 1; – (noms génériques), 41.2, 42; – (noms provisoires), 34.1(b); – (plantes fossiles), 38; – (point de départ de la nomenclature), 13; – (par référence), 32.1(c), 32.3, 32A, 41.1(b), 45.1; – (synonymes), 34.1(d); – (taxons assignés à un autre code), 45.4; – (noms infragénériques), 43.
Publikation, v. Veröffentlichung.
Publishing author, 34A, 46, 46C–F.
Puccinellia, H.6.Ex.5.
× *Pucciphippsia*, H.6.Ex.5.
Pulsatilla montana subsp. *australis*, – subsp. *dacica*, – var. *serbica*, 49.Ex.6.
Purpose (of giving name), Pre.1.
Pyroleae (-*oideae*), 19A.Ex.1.
Pyrus, 33.Ex.4; – *calleryana*, – *mairei*, 50F.Ex.1.

quercetum, 73G.1(a.2).
quercifolius, 73G.1(a.2).
Quercus alba, – × *deamii*, – *macrocarpa*, – *muehlenbergii*, H.10.Ex.4.
Question mark (valid publ.), 34.2.
Quisqualis, 20.Ex.7.
Quotation marks, 50F.

Radicula, 20.Ex.2.
Radiola, – *linoides*, – *radiola*, 72.Ex.1.
Radix (inadmissible as generic name), 20.Ex.5.
Ralfs (British Desmidieae), 13.1(e).
Rang(s) v. rank(s).
Rangstufe (Änderung s. dort); – (fehlend, nicht gült. veröff. Name), 35.1; – (Grundrangstufe) 2; – (Taxon), 1.

Rangstufen (Bastarde), H.5; – (Haupt-), 3; (Reihenfolge), 3, 4.1, 5; – (zusätzliche), 4.2.
Rank(s), 1–5; – (change of), 51, 60, 61, 61A; – (change, citation), 19.6, 49; – (correct name), IV, 6.5, 11; – (hybrids), 3.Note 1, 4.Note 1, 50, H.1.1, H.3.1, H.5, H.12.2; – (indication), 21A, 24.1, 35; – (misplaced term), 33.4, 33.5; – (principal), 3; – (priority inside rank), 60, 61; – (supplementary), 4.2; – (valid publ.), 35.
Raphidomonas, 16.Ex.1.
Raphidophyceae, 16.Ex.1.
Rapporteur-général, Div.III.2, Div.III.3.
Ravenelia cubensis, 59.Ex.2.
Ravensara, 68.Ex.1.
Reasons for changing a name, Pre.8.
Recent v. non-fossil.
Rechtschreibung, 73, 73E, 73F, 73H.
Recommendations, Pre.5.
Recorder, Div.III.3.
recula, 73G.1(a.2).
Rediscovery of original material (typification), 8, T.4(f), T.5.
Reference (direct or indirect, valid publ.), 32.1(c), 41; – (full and direct), 33.2, 33.3, 45.1; – (to illustration), 38, 39, 39A; – (to Latin diagnosis), 36; – (to pre-starting point descr.), 7.13, 32A; – (validating family or generic name), 41; etiam v. citation.
Référence (à un basionyme ou synonyme remplacé), 33.2–3; – (à une diagnose latine), 36; – (directe ou indirecte, publ. valide), 32.1, 32.4, 32A, 45.1; – (à une illustration), 38, – (pour valider un nom générique ou de famille), 41; etiam v. citation.
Regelgemäß, 6.3.
Regeln (Aufgabe), Pre.4; – (Fehlen), Pre.9; – (Folgerungen zweifelhaft), Pre.9; – (Geltungsbereich), Pre.7; – (rückwirkende Kraft), VI.
Règles (définition, objet), Pre; – (rétroactivité), VI.
Regnum (kingdom), 3.1, 4.1.
Régularité des noms, Pre.1.
Reihe (Rangstufe, anstatt Ordnung; for ordo), 17.2.
Reihenfolge (in Bastardformel), H.2A; – (Rangstufen), 3.1, 4.1, 5.
Rejected names, 14, 69, App.III–IV.
Rejection of names, 15.1, 15A, 62–72; – (name of subdivision of a genus), 66; – (homonyms), 64; – (inappropriate names, etc.), 62.1; – (names based on discordant elements), [70]; – (names based on monstrosity), [71]; – (name

465

used in sense excluding type), 69; – (specific and infraspecific names), 67; etiam v. nomina rejicienda.

Rejet des noms, 14, 15.1, 15A, 62–72.

Relative order of ranks, 5; etiam v. misplaced term.

Relevant rule (absence), Pre.9.

Remodelling of taxa (retention of name), 51–53.

Remplacement (de noms illégitimes), 72.

remyi, 73C.4(d).

Renanthera, H.8.Ex.2.

Repetition of epithet, 22, 22A, 26, 26A, 27.

Repetition of generic name (as epithet), 22.

Replacement (of illegitimate names), 72.

Reprints, v. separates.

Requirements for publication, v. effective, valid.

Restoration of a rejected name, 14.6–7.

Rétablissement (d'une épithète, lors d'une division), 53; – (d'une épithète, lors d'un transfert), 54–56; – (d'un nom générique), 52; – (d'un nom rejeté), 14.6–7.

Retention of a name or epithet, 51–56; – (change of circumscription), 51; – (change of rank) 60A; – (division of taxon), 51–53; – (excluding type, 48.Note 2; – (generic), 52; – (infrageneric), 54–56; – (specific or infraspecific), 53, 55, 56; – (union of taxa), 57.

Retention of original orthography, 73, 73E, 75.

Retention of the stem of a name, 61A.

Retroactive rules, VI.

Réunion, v. union.

Revision Nostocacées (Bornet & Flahault), 13.1(e).

Rhamnus subg. (sect.) *Pseudofrangula*, – *alnifolia*, 22A.Ex.1.

Rhaptopetalaceae, 34.Ex.7.

Rhaptopetalum, 34.Ex.7.

Rheedia kappleri, 9.Ex.1.

Rheum × *cultorum*, 40.Ex.2.

Rhizoctonia microsclerotia, 59.Ex.4.

Rhododendreae (-*oideae*), 19.Ex.3.

Rhododendron, 19.Ex.3, 20.Ex.1, 22.Ex.3; – subg. *Anthodendron*, – subg. *Pentanthera*, – *luteum*, 22.Ex.3.

Rhodomenia (*Rhodymenia*), 14.Ex.8.

Rhodophyllus, 57.Ex.6.

Rhodora, 19.Ex.3.

Rhodoreae, 19.Ex.3.

Rhynchostylis, H.6.Ex.7.

Rich. (abbreviation), 46A.2.

Richardia, 62.Ex.5.

Richardsonia, 62.Ex.5.

richardsonis, 73C.2.

Ricinocarpos sect. *Anomodiscus*, 21.Ex.1.

× *Rodrettiopsis*, H.6.Ex.7.

Rodriguezia, H.6.Ex.7.

Romanization (author's name), 46B.

Rorippa, 14.Ex.3, 20.Ex.2.

Rosa, 18.Ex.1, 19.Ex.1, 20.Ex.1, 46.Ex.1; – *gallica*, – var. *gallica*, 46.Ex.1; – *glutinosa* var. *leioclada*, – *jundzillii* var. *leioclada*, 24.Ex.5; – *pissardii* (-*di*, -*ti*), 73.Ex.16; – *webbiana*, 73C.1(d).

Rosaceae, 18.Ex.1, 19.Ex.1, 46.Ex.1.

Roseae (-*oideae*), 19.Ex.1.

Rubia, 64.Ex.9.

Rubus, 64.Ex.9; – *amnicola*, 23.Ex.4; – *quebecensis*, 73D.Ex.1.

Rückkreuzung, H.4.1.

Rules (definition, object), Pre.; – (retroactive), VI.

-*rum*, 73C.1.

s. ampl. (sensu amplo), 47A.

s. str. (sensu stricto), 47A.

Sacheria, 48.Ex.1.

Sadleria hillebrandii, – *pallida*, 33.Ex.7.

saharae, 23A.1.

Saint-Hilaire, 46A.5.

Salicaceae, 18.Ex.1.

Salix, 18.Ex.1; – sect. *Argenteae*, – sect. *Glaucae*, – subsect. *Myrtilloides*, 49.Ex.7; – *aurita*, – *caprea*, H.2.Ex.1; – × *capreola*, H.3.Ex.1; – *glaucops* (× *glaucops*), 50.Ex.2; – *myrsinifolia*, – *myrsinites*, 63.Ex.3.

Salvia, – sect. *Hemisphace*, 32.Ex.5; – *grandiflora* subsp. *willeana*, 24.Ex.3; – *oxyodon*, 29.Ex.2.

Samentauschliste (keine wirksame Veröff.), 29.5.

Sammelepitheton, H.3.3, H.3.Anm. 2, H.11.1.

Sanctioned names, 13.1(d), 18.5, – (citation), 50E.2; – (homonyms), 64.1; – (type), 7.17, 18.5.

Sapium, 57.Ex.4; – subsect. *Patentinervia*, 21.Ex.1.

Saponaria sect. *Vaccaria*, 54.Ex.1.

Satureja, – *calamintha*, 55.Ex.7.

Saxifraga aizoon, – var. *aizoon*, – subvar. *brevifolia*, – f. *multicaulis*, – subf. *surculosa*, 24.Ex.1.

Scale (figures), 32D.3.

Scandix pecten-veneris, 23.Ex.2.

Schaenoides, 20.Ex.9.

Schiedea gregoriana, – *kealiae*, 36.Ex.1.

Schlotheim (Petrefactenkunde), 13.1(f).

Schoenus, 20.Ex.9; – *fuscus*, 20.Ex.10.

Schreibweise (Epitheta bei Pilznamen), 73H; –
(Gattungsnamen bei Linné), 13.4; – (Name,
als Synonym zitiert), 50F; – (ursprüngliche,
bei Ableitung), 73E; – (ursprüngliche, Beibe-
haltung), 73.1, 73B.1(c), 73C.3; – (ursprüngli-
che, Zitieren), 50F; – (veränderte, geschützt),
73.Anm.1.
Scientific plant names (Latin), v.
Scilla peruviana, 62.Ex.3.
Scirpoides, 20.Ex.9, 41.Ex.1; – *paradoxus*,
43.Ex.4.
Scirpus, 20.Ex.9; – sect. *Pseudoëriophorum*,
73.Ex.13; – *caespitosus* (*cespitosus*), 73.Ex.1.
Sclerocroton, – *integerrimus*, – *reticulatus*
57.Ex.4.
Scyphophora ecmocyna, 72.Ex.3.
Scytanthus, 64.Ex.5.
Scytopetalaceae, 34.Ex.7.
Scytopetalum, 34.Ex.7.
Séance publique, 29.1.
Sebastiano-schaueria, 20.Ex.7.
Sebertia, – *acuminata*, 34.Ex.1.
Secretan (Mycographie Suisse), 23.Ex.10.
Secretary International Association Plant Taxo-
nomy, Div.III.2.
Sectio(n), 4.1; – (change of rank), 61A.2; – (epi-
thet), 21, 21A–B, 22, 22A; – (name illegiti-
mate), 66; – (name derived from personal
name), 73B; – (name), 21, 21A–B, 22, 22A.1; –
(type-, epithet), 22, 22A.1; – (valid publ.), 43;
etiam v. subdivision of a genus.
Section de Nomenclature, Div.III.
Seed lists (eff. publ.), 29.5.
Séguier (Plantae Veron.). 41.Ex.1.
Sektion (Änderung d. Rangstufe), 61A.2; –
(Epitheton, Bildung), 21, 21B, 22, 22A.
Selaginella, 30.Ex.2.
Selenicereus, H.6.Ex.1.
× *Seleniphyllum*, H.6.Ex.1.
Senecio napaeifolius, 64.Ex.9, 73.Ex.12; – *na-
peaefolius*, 73.Ex.12; – *napifolius*, 64.Ex.9.
sensu amplo (s.ampl.), 47A.
sensu stricto (s.str.), 47A.
Separates, 30.2, 45C.
Sepedonium chrysospermum, 59.Ex.5.
Serie (Epitheton, Bildung), 21, 21B.
Series, 4.1, 21.1; etiam v. subdivision of a genus.
Serratula chamaepeuce, 55.Ex.4.
Sersalisia, – *acuminata*, 34.Ex.1.
Sicyos, 75A.Ex.1.
Signes diacritiques, 73.6, 73A.2, 73B.1(c),
73C.3.
Signs (♀, ♂), 23.3, H.2A.
Silene, – *behen*, – *cucubalus*, – *vulgaris*, 55.Ex.8.

Siltaria, 3.Ex.1.
Simarouba (*Simaruba*), 64.Ex.11.
Simultaneous publication (alternative names),
34.4; – (homonyms), 64.4; – (pleomorphic
fungi), 34.Note 1; – (starting point works),
13.1(e), 13.5.
sinensis, 64.Ex.8, 73E.Ex.1.
Skidanthera, 52.Ex.1.
Skytanthus, 64.Ex.5.
Sloanea, 57.Ex.1, 73B.1(a).
Small letter (initial), 73.2, 73F.
Small plants (type), 9.1.
Smithia, 14.Ex.7.
Solanum ferox – *indicum*, – *insanum*, 63.Ex.9; –
saltense (*saltiense*), 64.Ex.7; – *torvum*,
63.Ex.9.
× *Solidaster*, 40.Ex.4.
× *Sophrolaeliocattleya*, H.6.Ex.7.
Sophronitis, H.6.Ex.6, Ex.7.
Sorten-Epitheta, 28.Anm.2.
Sous-classe, v. subclass(is).
Sous-embranchement, v. subdivisio(n).
Sous-espèce, v. subspecies.
Sous-genre, v. subgenus.
Sous-famille, v. subfamily(-ia).
Sous-ordre, v. suborder.
Sous-section, v. subsectio(n).
Sous-tribu, v. subtribe(-us).
Spartium biflorum, 55.Ex.5.
Spathiphyllum solomonense (*-sis*), 50F.Ex.3.
Special forms, 4.Note 2.
Species, 2–4; – (as hybrid), 50; – (division of),
53.1; – (regarded as sum of its subordinate
taxa), 25; etiam v. specific name or epithet.
Species Muscorum (Hedwig), 13.1(b).
Species naturales (Necker), 20.Ex.11.
Species Plantarum (Linnaeus), v. Linnaeus.
Species Plantarum (Willdenow), 30.Ex.1.
Specific name or epithet, 23–23B; – (change of
rank), 61; – (conservation), 14, 15, 15A; –
(erroneous application on transfer), 55.2; –
(etymology), 73I; – (formation), 23B; – (hybrids), H.10; – (illegitimate), 67; – (not illegitimate under illeg. generic name), 68; – (initial
letter), 73.2, 73F; – (orthography, homonyms), 64.2; – (from personal name), 73C; –
(repetition), 26; – (retention on change of
rank), 61; – (retention on division), 53; –
(transfer to another genus), 55; – (type), 9; –
(valid publication), 42–44.
Specimen (basis of illustration), 32D.2, 39A; –
(type), 7, 7A, 8, 9, 9A, 10, 10A, 37B.
Spelling, v. orthography, orthographic variants.
Spergula stricta, 55.Ex.2.

467

blished as), 34.1(d); – (nomenclatural, defined), 14.4; – (objective), 14.4(footnote); – (subjective), 14.4(footnote); – (taxonomic, defined), 14.4; – (taxonomic, when homonym), 64.Note 1.

Synonym (als nicht gült. veröff. Name), 34.1(d); – (nomenklatorisches), 14.4; – (Schreibweise, Zitierung), 50F; – (taxonomisches), 14.4, 64.Anm.1; – (Zitieren 'als Synonym'), 50A.1.

Synonyme (antérieur d'un nom conservé), 14; – (citation, orthographe), 50F; – (citation d'un nom publié comme), 50A; – (publication comme), 34.1(d); – (taxonomique et homonyme), 64.Note 1.

Synopsis Method. Fung. (Persoon), 13.1(d).

Synthlipsis berlandieri var. *berlandieri*, – var. *hispida*, 57.Ex.8.

Syntype(-us), 7.4, 7.7, T.4(c); – (definition), 7.7.

Systema Mycologicum (Fries), 13.1(d), 33.5.

Talinum polyandrum, 72.Ex.2.

Tamus, 62.Ex.1.

Taonabo, – *dentata*, – *punctata*, 75A.Ex.3.

Tapeinanthus, 41.Ex.1, 64.Ex.1.

Taraxacum (*Taraxacvm*), 73.Ex.6.

Tautonym (creation on transfer), 55.1(a); – (inadmissible), 23.4, 72.7.

Tautonym (unzulässig), 23.4, 55.1(a).

Taxa not treated as plants, v. groups not covered by this Code.

Taxon (Taxa), 1; etiam v. secondary keywords.

Taxonomic group, 1.

Taxonomic synonym, 14.4; – (when homonym), 64.Note 1.

Taxus baccata cv. Variegata, – var. *variegata*, 28.Ex.1.

Technical term (used as name), 20.2.

Teleomorphs, 59, 59A.

Tephroseris sect. *Eriopappus*, 49.Ex.3.

Terme morphologique, 20.2.

Termes désignant les rangs, Pre.1, 1–5.

Terminaison (changement), 17.3, 18.4, 19.6, 32.5, 61A, 73.10; – (embranchement etc.), 16A, 17.1; – (espèce), 73C.1–2; – (famille), 18.1; – (genre), 20A.1(a), 73B; – (sous-famille etc.), 19.1–2.

Termination (change of rank), 61A.1; – (epithets), 73C; – (generic name), 20A.1(a); – (improper, family names), 18.4; – (improper, order or suborder), 17.3; – (improper, subfamily, tribe, etc.), 19.6; – (improper, Latin, to be changed), 32.5; – (Latin), 73C; – (orthographic error), 73.10; – (taxa above order), 16A.

Terms (denoting ranks), Pre.1, 1–5; – (technical, used in morphology), 20.

Ternary combination (infraspecific), 56.1(a).

Teucrium charidemi, 46D.Ex.1.

Texte holographe ou dactylographié (publ. eff.), 29.1.

Thamnos (*Thamnus*), 62.Ex.1.

Thea, 13.Ex.3.

Thevetia nereifolia (*neriifolia*), 73.Ex.2.

Thuspeinanta, 41.Ex.1, 64.Ex.1.

Thymus, – *calamintha*, 55.Ex.7.

Tiarella cordifolia, H.11.Ex.1.

Tillaea, 62.Ex.1.

Tilandsia bryoides, 9.Ex.2.

Tillia, 62.Ex.1.

Tirés-à-part (date), 30.2, 45C.

Tithymalus jaroslavii, 34.Ex.10.

Tmesipteris elongata, – *truncata*, 63.Ex.8.

Token words, 20.Ex.9.

Torreya, 64.Ex.3.

trachycaulon (-*caulum*), 64.Ex.8.

Trade catalogues (eff. publ.), 29.5.

Trait d'union (épithètes), 23.1, 23B.1(d), 73.9, 73.Notes 3–4; – (nom générique), 20.3, 73.9, 73.Note 3; – (hybrides), H.10.3.

Transcription (diacritic signs), 73.6, 73A–B, 73C.3; – (symbols), 23.3–4.

Transfer (indication of basionym), 33.2; – (infrageneric taxa) 49, 54–56; etiam v. groups not covered by this Code.

Transkription (v. Autornamen), 46B.

Transliteration (Greek), 73A.

trianae, 73C.1(a).

Triaspis mossambica (*mozambica*), 73.Ex.1.

Tribe(-us), 4.1, 33.Ex.9; – (Fries, Systema Mycologicum), 33.5; – (name), 19.2, 19A; etiam v. subdivision of a family.

Trichipteris kalbreyeri, 33.Ex.5.

Tricholomataceae (Tricholomées), 18.Ex.5.

Trifolium stellatum f. *nanum*, 24.Ex.2.

Trigeneric hybrids, H.6.4.

trinervis (-*ius*), 64.Ex.8.

Triticum, H.8.Ex.1; – *aestivum*, – *monococcum*, H.3.Ex.3.

× *Tritordeum* H.8.Ex.1.

Tropaeolum majus, 23.Ex.4.

Tsuga, – *heterophylla*, – *mertensiana*, 55.Ex.9.

tubaeflorus, 73G.1(b).

Tuber, – *gulosorum*, 20.Ex.3.

Type (of name), II, 7–10A, T.; – (above family), 16; – (alternative family names), 10.4, 18.5; – (autonyms), 7.18; – (avowed substitute), 7.9; – (combination), 7.10; – (conserved name), 7.14, 10.3, 10A, 14, 48.Note.2; – (description),

accepted by author), 34.1(a); – (nomen novum), 33.2; – (orthographic variant), 75; – (provisional names), 34.1(b); – (rank to be indicated), 35; – (by reference), 7.13, 32.1(c), 32.2, 32A, 41.1(b), 45.1; – (species in monotypic genus), 42.1; – (starting point), 13; – (synonym), 34.1(d); – (in works written in a modern language), 45A.

vanbruntiae, 73C.4(e).

Vanda, H.8.Ex.2; – *lindleyana*, 73C.1(c).

vanderhoekii, 73C.4(e).

Variant, v. orthographic variants.

Variante orthographique (citation), 50F; – (conservation), 14.10; – (correction), 73, 75.3; – (chez Linné), 13.4.

Variants arising in cultivation, 4.Note 1, 28.

Variety(-as), 4.1; – (change of rank), 60, 60A; – (choice of name on division), 53.2; – (epithet), 24, 24A–B, 26, 26A, 27; – (valid publ.), 43; – (without rank before 1890), 35.3; etiam v. infraspecific name or epithet.

× *Vascostylis*, H.6.Ex.7.

vechtii, 73C.4(e).

Verbascum sect. *Aulacosperma*, 64.Ex.12; – *lychnitis*, – *nigro-lychnitis*, H.10.Ex.2; – *nigrum*, 23.Ex.4, H.10.Ex.2; – × *schiedeanum*, H.10.Ex.2.

Verbena hassleriana, 73C.1(d).

Verbesina alba, – *prostrata*, 57.Ex.5.

Verbindungsform (inkorrekte), 73.8.

Vereinigung von Taxa gleicher Rangstufe, 14.5; – (Beispiele), 51.1, 57, 58; – (Taxon nichtfossiler Pfl. mit Taxon foss. Pfl.), 58.

Verfügbar (zoolog. Nomenklatur), 45.4 (Fußnote).

veridicus, 24.3.

verlotiorum, 73C.1(b).

Vernacular names (in names or epithets), 73.7, 73F; – (gender as generic names), 75A.3.

Veröffentlichung (gültig), 6.2, 12, 13.1, 18, 32, 45A; – (nicht gültig), 33, 34, 35.1, 45.1; – (nicht wirksam), 29, 31.1; – (wirksam), 6.1, 29–31.

Veronica anagallis-aquatica, 23.Ex.2, 73.Ex.15.

Versetzung (Art in andere Gattung), 55; – (Gattungs-Unterabteilung), 54; – (infragener. Taxon in anderes Taxon mit oder ohne Änderung d. Rangstufe), 49; – (infraspezif. Taxon in andere Gattung od. Art), 56; etiam v. Überführung.

verus, 24.3.

Verwerfung (Artname), 67; – (infraspezif. Name), 67; – (Name einer Gattungs-Unterabteilung), 66; – (Name f. Taxon, das

Typus nicht einschließt), 69; – (Name illegitim), 63.1, 64.Anm.1.

Vexillifera micranthera, 6.Ex.1.

Vffenbachia, 73.Ex.6.

Viburnum × *bodnantense* 'Dawn', 28.Ex.1; – *ternatum*, 46D.Ex.1.

Vice-Rapporteur, Div.III.3.

Vicia, 18.5.

Vinca major, 23.Ex.4.

Vincetoxicum, 62.Ex.1.

Viola hirta, 24.Ex.5; – '*qualis*', 23.Ex.5; – *tricolor* var. *hirta*, 24.Ex.5.

Volksnamen (als Namen od. Epitheta), 73.7, 73F, 75A.3.

vonhausenii, 73C.4(e).

Votes (amendement du Code), Div.III.4.

Voting, Div.III.4.

Vowel (connecting), 73.8, 73G.1(a); – (use in names), 18.1, 73.5–6, 73B, 73C.1, 73G.

Voyelle de liaison, 73.8, 73G.

Vredo pvstvlata, 73.Ex.7.

vulgaris, T.4(d).

w (permissible in Latin plant names), 73.4.

Wahl von Namen, 51–72; – (Änderung der Rangstufe), 60–61A; – (Vereinigung von Taxa gleicher Rangstufe), 57.2.

Wahlenbergia, 60.Ex.1.

Walter (Flora Carol.), 20.Ex.8.

Waltheria americana, – *indica*, 57.Ex.3.

Webb & Heldreich (Cat. Pl. Hisp. Blanco Lect.), 29.Ex.2.

Weihea, 14.Ex.1.

Wiederaufnahme (älterer, auf anderen Typus gegründeter Name), 14.6; – (Epitheton in illegitimen Namen), 66.Anm.2, 72.Anm. 1.

Willdenow (Species Plantarum), 30.Ex.1.

Wilsonara, H.6.Ex.7.

wilsoniae, 73C.1(b).

Wintera, 18.Ex.2.

Winteraceae, 18.Ex.2.

Wirksam, 6.1; – (Veröffentlichung, s. dort).

Wirt (Angabe), 32E.

Wirtspflanzen (als Epitheta von Pilznamen), 73H.

Wörter (keinen Namen bedeutend), 20.4(a), 23.6(a), 43.Anm.1; – (zusammengesetzte), 73G; – (zusammengesetzte, Geschlecht), 75A.2.

Wood, fossil, 9.4.

Words (not intended as names), 20.4(a); 23.6(a), 43.Note 1; – (compound), 73G; – (compound, gender), 75A.2.

Works appearing in parts (dates of publication), 35.4, 45B–C.

x (vs. ×), H.3A.
Xanthoceras, 75A.2.
Xanthoxylon, 50F.Ex.2.
Xerocomus, 75B.Ex.1.

y (permissible in plant names), 73.4.

Zanthoxylum caribaeum var. *floridanum*, – *cribrosum*, 50F.Ex.2.
Zeichen (diakritische), 73.6, 73B.1(c), 73C.3; – (männlich, weiblich), H.2A; – (Symbole von Linné), 23.3.
Zeitschrift (populäre), 29A; – (referierende), 29A.
Zeitung (nichtwissenschaftl. wirksame Veröff.), 29.5.
Zerlegung (Art), 53.1; – (Gattung), 52; – (infraspezif. Taxon), 53.2

zeylanica, 64.Ex.8.
Zitieren, 46–50; – (Anführungszeichen), 50F; – (Art als Bastard aufgefaßt), 50; – (Autor), 46, 46A–F; – (Autor, bei Änderung d. Merkmale), 47, 47A; – (Autor, bei Änderung d. Rangstufe), 19.6, 49; – (Autor, bei Änderung d. Umgrenzung), 47, 47A; – (Autor, bei regelwidriger Endung), 17.3, 18.4, 19.6, 32.5; – (Autor, Transkription), 46B; – (Autor, Versetzung eines infragener. Taxons), 49; – (Autor, vor Ausgangspunkt), 46E.2; – (Autor, Weglassung), 19.3, 22.1, 26.1, 46; – (Bastard als Art aufgefaßt) 50; – ('ex'), 46E, 50A.2; – (Fehlbestimmung), 50D; – (Homonym), 50C; – ('in'), 46D; – (Manuskriptname, als Synonym veröff.), 50.A.2; – (Name, als Synonym veröff.), 50A.1; – (nomen conservandum), 50E; – (sanktionierter Name), 50D; – (ursprüngliche Form d. Namens), 50F.
Zoological nomenclature, I; – (International Code of), 14.4(footnote), 45.4(footnote).
Zweifel (taxonomischer, Angabe), 34.2.
Zygophyllum billardierei (*billardierii*), 73.Ex.10.